DAS GROSSE
KARL MAY-LEXIKON

Michael Petzel

DAS GROSSE KARL MAY-LEXIKON

LEXIKON
LEXIKON IMPRINT VERLAG

»SIHDI... – EIN LEXIKON!«

Halef – Du mutiger Freund und Beschützer von Kara Ben Nemsi, liebender Mann Deiner Hanneh – bist Du es wirklich, der da spricht? Bist Du aufgetaucht aus den Nebeln längst vergessener Abenteuerphantasien? Aus jener Zeit, da fast drei Viertel der Mitschüler Deinen ellenlangen Namen heraussprudeln konnten – als wäre er ein geheimes Zauberwort, dessen fehlerlose Beherrschung den Zugang zu einer anderen Welt eröffnen könnte! Warum schlägst Du die Hände über dem Turban (»drei volle Fuß im Durchmesser«) zusammen und läßt Deine Barthaare (»acht rechts, neun links«) aufgeregt erzittern?

Vielleicht, weil es höchste Zeit ist, daß der rührige Schwarzkopf sich endlich auch Karl May nähert. Denn ist es nicht erstaunlich, daß dem → meistgelesenen Autor deutscher Zunge bisher kein eigenes Lexikon gewidmet ist? Für Goethe gibt es das – warum erst jetzt für Karl May? 82 Bände umfassen seine → Gesammelte Werke (und noch immer werden es mehr!), die → Auflage geht auf 100 Millionen zu, und sogar ins → Chinesische und → Lateinische ist er übersetzt worden!

Was aber das Entscheidende ist: Karl May ist nicht ein simpler Verfasser von Romanen. Er ist der → Hakawati, der ein Universum erschaffen hat, ein Reich der Phantasie und einen schier grenzenlosen Kosmos von Figuren und Landschaften. Selbst in der banalen Realität ist ein Abglanz dieser Karl-May-Welt auszumachen. Es gibt praktisch keinen Bereich unseres Alltags, den sie nicht durchdrungen hätte. Karl May betrifft unsere Ernährung (→ Bier), unsere Kleidung (→ Unterwäsche) und unser Freizeitverhalten (→ Sex). Es gibt kaum jemanden, den er nicht beeinflußt hätte (→ Helmut Kohl) oder dessen Weltbild von ihm geprägt wurde (→ Einstein). Seinen Anhängern vermittelt er Kenntnisse zu Menschheitsfragen (→ Umweltschutz), Technik und Wissenschaft (→ Plastinol) und juristischen Spezialproblemen (→ Markenrecht). Eine Menge also, das wert ist, aufgeschrieben und festgehalten zu werden.

Das Karl-May-Lexikon liefert dem May-Anwender sachliche Informationen, aber auch vergnügliche Nebensächlichkeiten aus allen Bereichen des kulturellen Lebens. Es liegt in der Natur der Sache, daß manche Information dem intimen Kenner von Mays Biographie vertraut ist; aber es gibt auch eine Vielzahl von Fakten, die speziell für diesen Band recherchiert wurden und in dieser Form bisher noch nicht veröffentlicht wurden. Dazu gehört auch ein kleiner, bisher unbekannter May-Text (→ Rezensionen).

Auf diese Weise ist ein buntes Kompendium einer seltsam faszinierenden Welt entstanden, die zahlreiche Menschen in ihren Bann gezogen hat. In den 60er Jahren wurde sogar eine ganze Generation von Karl May beeinflußt – damals, als Winnetou in der Gestalt des schönen → Pierre Brice gemeinsam mit seinem smarten Old Shatterhand alias → Lex Barker über die Leinwand ritt. Heute wirken die Helden von einst rührend altmodisch. Machtvoll hat sie das dröhnende Star-Wars-Imperium in den Hintergrund gedrängt.

Doch man sollte sich nicht täuschen: Es gibt sie noch, die Welt jenseits von Luke Skywalker und den Finsterlingen vom Todesstern. Die mutigen Helden des Westens und des Orients sind nicht gestorben. Sie sind zeitlos, denn sie sind inzwischen zu Figuren eines Mythos geworden, zugegeben, eines sehr deutschen Mythos. So wird Hadschi Halef seinen Sihdi auch in Zukunft beschützen, und Winnetou und Shatterhand reiten immer wieder der untergehenden Sonne entgegen. Der Leser von einst blickt ihn nach und schickt ihnen ein Augenzwinkern hinterher.

Im Januar 2000 *Michael Petzel*

Ohne Marens Geduld und Thomas' unermüdliche Hilfe kein Buch. Jürgen Wehnert, dem kenntnisreichen, präzisen und uneitlen May-Liebhaber, danke ich für all seine freundschaftliche Hilfe. Ekki, der Begeisterungsfähige, hat unterdessen Karl May zum Südpol gebracht.

A

ABENTEUER

»Abenteuerromane gehören zur meistgelesenen Literatur. Und zwar von Kind auf. Was besagt, daß viele von uns, heranwachsend, die alltägliche Erfahrungswelt auch aus der Sicht möglicher Abenteurerei beäugt haben. Mal in der Hoffnung, mal in der Furcht, es möchte etwas, das wir gerade tun oder erleben, abenteuerlich verlaufen.« (Volker Klotz)

Literatur: Volker Klotz: *Ausverkauf der Abenteuer. Karl Mays Kolportageroman ›Das Waldröschen‹*. In: Fritz Martini (Hrsg.): *Probleme des Erzählens in der Weltliteratur*. Stuttgart 1971. S. 159-194. – Harald Eggebrecht: *Sinnlichkeit und Abenteuer. Die Entstehung des Abenteuerromans im 19. Jahrhundert*. Berlin/Marburg 1985.

ABRAHIM MAMUR

Romanfigur in → *Durch die Wüste* und *Von Bagdad nach Stambul*. Hält in seinem Harem das Mädchen → Senitza gefangen, das von Kara Ben Nemsi befreit wird. In Damaskus raubt er das Juwelengeschäft des Kaufmanns Jacub Afarah aus. Kara Ben Nemsi verfolgt ihn bis zu den Ruinen von Baalbek. In Konstantinopel stellt ihn Karas Begleiter Omar Ben Sadek und stürzt ihn vom Turm von Galata. – Die Figur erscheint im Film → *Die Sklavenkarawane* (1958) als Murad Ibrahim, dargestellt von Rafael Luis Calvo.

ABU EL MOT

D.i. »Vater des Todes«. Romanfigur. Erscheint in → *Die Sklavenkarawane*. Grausamster Sklavenjäger im Gebiet des oberen Nils. Leitspruch: »Ein Sklavenjäger muß morden können, ohne mit der Wimper zu zucken«. Erinnert in Gestalt und Antlitz an einen Toten und spricht mit Grabesstimme. Mit seinem Komplizen Abd el Mot (»Diener des Todes«) ist er Anführer einer Raubkarawane. Seine Seribah »Omm et Timah« ist ein Umschlagplatz für Sklaven. Wird vom deutschen Arzt Emil Schwarz zur Strecke gebracht und schließlich zu Tode gepeitscht, eine Grausamkeit, die er selbst zahlreichen Menschen angetan hat. – Im Film → *Die Sklavenkarawane* (1958) mit finsterer Brutalität von José Guardiola dargestellt.

ABU KITAL

siehe: »Babel und Bibel«.

ABZIEHBILDER

Vorläufer der heutigen Sticker. Gebrauchsanleitung: mit Wasser von der Trägerfolie ablösen, dann auf Schulranzen, Poesiealbum oder Zahnputzbecher pappen – aber vorsichtig, sonst entstehen Falten! Für die Karl-May-Generation der 60er Jahre gab es Winnetou, Old Shatterhand und Nscho-tschi. Allerdings waren die so kostbar, daß sie gesammelt und nicht geklebt wurden.

Für Sammler: Abziehbilder *Winnetou*. Bielefeld: bsb-decorbild-verlag 1966.

ADORF, MARIO

Schauspieler (geb. 8.9.1930 Zürich, Schweiz). Spielt Nscho-tschis Mörder → Santer in → *Winnetou 1. Teil* (1963). Schlimmster Schurke der Karl-May-Filme. Gehört zu den wenigen deutschen Schauspielern, die international bekannt sind. Sohn eines italienischen Arztes und einer deutsch-französischen Mutter. Nach Abitur und Schauspielschule 1956 Durchbruch mit *Nachts, wenn der Teufel kam* (Regie: → Robert Siodmak). Spielte anschließend Gauner, Irre, Schläger und Naturburschen mit dem naiven Gemüt eines Kindes. »Er ist in seiner Art ein seltener Typ, der nicht so leicht durch andere zu ersetzen ist«, stellte 1966 die Zeitschrift *Freundin / Film-Revue* fest. Bis heute hat er weit über 100 Filme gedreht; dazu kommen internationale Fernsehproduktionen, Bühnenauftritte, Bücher und CDs. Der Schauspieler ist in zweiter Ehe mit seiner langjährigen Lebensgefährtin Monique Faye verheiratet und lebt vorwiegend in Rom. *Winnetou 1. Teil* gehört vielleicht nicht zu Adorfs bedeutendsten Filmen; sein Gesicht hat sich dadurch jedoch einer ganzen Generation eingeprägt. »Dieser Mann hat Nscho-tschi erschossen. Santer hieß er damals in *Winnetou* und war ein räudiges, schwarzhaariges, schwarzbärtiges und schwarzhütiges Biest, das sich nicht scheute, die Unschuld zu morden. Sanft und schön und tot lag die Schwester des edlen Wilden in Old Shatterhands Armen.« (Gundolf S. Freyermuth 1998 im *Stern*. – Der Hut war weiß.)

Ausgewählte Filme: *08/15* (1954); *08/15 2. Teil* (1955); *Nachts, wenn der Teufel kam* (1957); *Der Arzt von Stalingrad*

Mario Adorf in »Winnetou 1. Teil«.

(1957); *Das Mädchen Rosemarie* (1958); *Das Totenschiff* (1959); *Am Tag, als der Regen kam* (1959); *Schachnovelle* (1960); *Mein Schulfreund* (1960); *Lulu* (1962); *Moral 63* (1963); *Winnetou 1. Teil* (1963); *Der letzte Ritt nach Santa Cruz* (1964); *Sierra Chariba* (1964); *Die Goldsucher von Arkansas* (1964); *Ganovenehre* (1966); *Fahrt zur Hölle, ihr Halunken* (1969); *Die Herren mit der weißen Weste* (1970); *Der feurige Pfeil der Rache* (1970); *Toll trieben es die alten Germanen* (1971); *Die Reise nach Wien* (1973); *Die verlorene Ehre der Katharina Blum* (1975); *Mitgift* (1976); *Deutschland im Herbst* (1978); *Die Blechtrommel* (1979); *Lola* (1971); *Fedora* (1978); *Momo* (1986); *Stille Tage in Clichy* (1990); *Rossini* (1997); *Fräulein Smillas Gespür für Schnee* (1997). **TV:** *Die zwölf Geschworenen* (1963); *Marco Polo* (1982); *Via Mala* (1985); *Kir Royal* (1986); *Heimatmuseum* (1987); *Fantaghirò* (1991); *Der große Bellheim* (1992); *König der letzten Tage* (1993); *Der Schattenmann* (1996); *Tresko* (1996). **Bücher:** *Der Mäusetöter*; *Der Dieb von Trastevere*; *Der Fenstersturz.*

Autogrammadresse: Mario Adorf, c/o Agentur Hanni Lentz, Holbeinstr. 4, D-81679 München.

Link: http://german.imdb.com/Name?Adorf,+Mario

ÄGYPTEN

Reiseziel Karl Mays auf seiner → Orientreise. Am 4.4.1899 fährt er mit der »Preußen« von Genua nach Port Said und von dort mit der Bahn nach Kairo. Am 19.4.1899 besucht er mit einer Reisegruppe die Pyramiden. Er schreibt stapelweise Ansichtskarten, mit denen er beweisen will, daß er tatsächlich der Weltenbummler ist, als der er sich ausgibt. – 1936 wurde in Ägypten der Karl-May-Film → *Durch die Wüste* gedreht. 1998 entstand in Kairo und an den Pyramiden der Filmessay von → Erich Loest *Karl May reist zu den lieben Haddedihn* (Sendung: 6.9.1998, ZDF).

ALADSCHY, DIE BEIDEN

Romanfiguren. Erscheinen in *Durch das Land der Skipetaren* und → *Der Schut*. Skipetarisches Brüderpaar Sandar und Bybar, zur Bande des → Schut gehörig. Lauern Kara Ben Nemsi auf, der sie in der Maske eines harmlosen → Scherifs täuscht. Im Kampf büßt Bybar eine Hand ein, während Sandar mit dem Beil ins Knie getroffen wird. Die Aladschy erscheinen im Film → *Der Schut* (1964, gespielt von Zika Denic und Dusan Perkovic) und in der Fernsehserie → *Kara Ben Nemsi Effendi* (1975, gespielt von Heinz Baumann und Domingo Melero).

ALBERS, HANS

Schauspieler (geb. 22.9.1892 Hamburg; gest. 24.7.1960 München). War als Old Shatterhand in der UFA-Großproduktion *Die ewigen Jagdgründe* vorgesehen. Das seit 1936 geplante Projekt (vorgesehener Regisseur: der Goebbels-Schwager Maximilian W. Kimmich) sollte eine der teuersten deutschen Filmproduktionen werden (Außenaufnahmen geplant in Böhmen und Mähren, mit Kriegsgefangenen aus Kaukasien, Turkmenistan und Sibirien als Indianerstatisten). Wegen des Krieges wurden die Vorbereitungen 1944 gestoppt. Nach

Kriegsende gab es Versuche, das Vorhaben wieder aufzunehmen (weiterhin mit Albers in der Hauptrolle), es kam aber nicht zu einer Realisierung. *Der Karl-May-Fan meint:* Der blonde Hans als Seebär-Shatti ist uns leider erspart geblieben; wer die Albers-Filme *Wasser für Canitoga* (1939) und *Münchhausen* (1943) miteinander kreuzt, kann sich ausrechnen, was den Zuschauer erwartet hätte.
Literatur: Michaela Krützen: *Hans Albers. Eine deutsche Karriere*. Weinheim/Berlin 1995. Eberhard Spiess: *Hans Albers. Eine Filmographie*. Frankfurt/Main: Kommunales Kino 1977.

ALEXANDER, PETER

D.i. Peter A. Neumeyer. Sänger, Schauspieler und Entertainer (geb. 30.6.1926 Wien). Auf dem Höhepunkt der Karl-May-Welle erschien er 1965 in der Westernparodie *Graf Bobby, der Schrecken des Wilden Westens* (Regie: Paul Martin). In der österreichischen Klamotte tappt er mit Gunther Philipp tranig durch die Kulissenstadt, in der bereits → *Old Shatterhand* gedreht wurde. Den Karl-May-Fan erfreuen wenigstens die zahlreichen jugoslawischen Schauspieler, die er bereits aus den → Karl-May-Filmen kennt.

ALLAH

Arabisch: »Gott«. Bezeichnung Gottes im Islam. Erscheint bei Karl May in »Religionsgesprächen« zwischen Kara Ben Nemsi und Hadschi Halef Omar (u.a. am Anfang des Orient-Zyklus in *Durch die Wüste*). – Der Band GWB 60 *Allah il Allah!* ist ursprünglich ein Teil des → Kolportageromans → *Deutsche Herzen, deutsche Helden* (1885-87) und wurde vom → Karl-May-Verlag zu einer eigenständigen Reiseerzählung umgearbeitet.

»ALLES ODER NICHTS«

Legendäre Abfragesendung in der ARD mit Quizmaster Erich Helmensdorfer. Der 25jährige Regierungsinspektor *Gerd Frank* aus München wurde 1969 mit dem Thema *Karl May* Champion und gewann die 8000-Mark-Frage. Danach dachte er sich selbst Fragen aus und verfaßte ein Karl-May- → Quizbuch.
Literatur: Gerd Frank: *Kennen Sie Karl May? Ein spannendes Quizbuch vom Karl-May-Experten der Fernseh-Reihe »Alles oder nichts«*. Bamberg 1970.

ALTCHEMNITZ

siehe: Chemnitz.

DER ALTE DESSAUER

D.i. Fürst Leopold I. von Anhalt-Dessau (geb. 1676; gest. 1747). Erfinder des Gleichschritts und des eisernen Ladestocks. Heiratete die Apothekerstochter Anna Luise Föse, mit der er zehn Kinder hatte. Um den im Volk populären Fürsten rankten sich zahlreiche Anekdoten. Karl May widmete dem »alten Dessauer« eine Reihe von Humoresken, die im Grenzgebiet zwischen Elbe und Jeetzel spielen (erschienen ab 1876). Er plante sogar, eine lustige Oper über den legendären Fürsten zu schreiben. Um weiteres Material zu sammeln, reiste er 1898 nach Gartow an der Elbe. Daß man ihn dort wegen überreicher Trinkgelder in Polizeigewahrsam nahm, bis seine Identität geklärt war, schockierte ihn zutiefst: Das Werk kam nie zustande.

Werke: Karl May: *Der alte Dessauer* (= GWB 42).

ALTENBRAK

Gemeinde im Harz. Auf der Waldbühne zwischen 1993 und 1998 Karl-May-Aufführungen (im Rahmen der *Theater- und Musikfestspiele*). Kleines Freilichttheater (gegründet 1951) im idyllischen Bodetal mit rund 900 Sitzplätzen. Bespielt vom *Nordharzer Städtebundtheater* (Standorte: Halberstadt und Quedlinburg). Das Theater hatte zuvor bereits in → Thale Karl-May-Stücke aufgeführt. *Der Karl-May-Fan meint:* Kleine Bühne, wenig Pferde, wenig Banditen: Das war Karl May im Sparpack. Die Schauspieler machten das beste draus und spielten, als ginge es um ihr Leben. Sehenswert war → Djamal Atassi als Winnetou (er spielte den Apatschen auch auf der Freilichtbühne Greifensteine bei → Annaberg-Buchholz).

Karl-May-Inszenierungen: *Der Schatz im Silbersee* (1993); *Winnetou* (1994-1995); *Winnetous Tod* (1996); *Unter Geiern* (1997-1998).

Anschrift: Nordharzer Städtebundtheater, Marschlinger Hof 17/18, D-06484 Quedlinburg, Tel. (03946) 96220.

Link: http:/www.Halberstadt.de

ALTERSWERK

Epische und dramatische Texte, die nach Karl Mays »seelischem Umbruch« auf der → Orientreise 1899/1900 entstanden sind und die sich deutlich von seinen früheren Reiseerzählungen unterscheiden. Zum Alters- oder Spätwerk zählen die Romane: *Im Reiche des silbernen Löwen Bd. III und IV* (= GWB 28 *Im Reiche des silbernen Löwen*, GWB 29 *Das versteinerte Gebet*), *Und Friede auf Erden!* (GWB 30), *Ardistan und Dschinnistan* (GWB 31 *Ardistan*, 32 *Der Mir von Dschinnistan*), *Winnetou IV* (= GWB 33 *Winnetous Erben*), die Erzählungen *Abdahn Effendi*, *Merhameh* und *Schamah* (in GWB 48) und das Drama *Babel und Bibel* (in GWB 49). Durchgängiges Kennzeichen des Alterswerkes ist, daß die Abenteuerhandlung zugunsten von Reflexionen über die menschliche Existenz zurücktritt und alle Personen, Landschaften und Handlungen eine tiefere, symbolische Bedeutung besitzen.

Literatur: Hans Wollschläger: *Erste Annäherung an den ›Silbernen Löwen‹. Zur Symbolik und Entstehung.* Jb-KMG 1979.

ALTSTARS, DEUTSCHE

Große Namen, teilweise mit UFA-Vergangenheit. In den → Karl-May-Filmen traten auf: → Lil Dagover, → Käthe Gold, → Marianne Hoppe, Marianne Hold, Mady Rahl, → Kristina Söderbaum, Antje Weisgerber, → Dieter Borsche, Wolfgang Büttner, → Heinz Erhardt, Rudolf Fernau, Gerhard Frickhöffer, Erich Haußmann, → Attila Hörbiger, → Helmut Käutner, → Viktor de Kowa, Carl Lange, Rudolf Lenz, → Theo Lingen, Wolfgang Lukschy, Heinz Moog, Hans Nielsen, → Werner Peters, → Rudolf Prack, Rudolf Schündler, → Viktor Staal, Willy Trenk-Trebitsch, → Georg Thomalla, → Carl de Vogt. – Besonders viele Altstars tummelten sich 1974 in dem mystisch-pompösen Film → *Karl May* von → Hans Jürgen Syberberg.

AMAD EL GHANDUR

Romanfigur aus → *Durch die Wüste,* → *Durchs wilde Kurdistan* und *Von Bagdad nach Stambul.* Sohn von Mohammed Emin, dem Scheik der Haddedihn. Wird von Kara Ben Nemsi aus dem Gefängnis von Amadijah befreit. Erscheint in den Filmen → *Durchs wilde Kurdistan* (1965) und → *Im Reiche des silbernen Löwen* (1965) als Ahmed el Corda, gespielt von → Gustavo Rojo.

AMERIKAREISE KARL MAYS

Am 5.9.1908 reist Karl May, 66 Jahre alt, von Bremen aus zum ersten Mal nach Amerika. Die Überfahrt über Cherbourg nach New York mit dem Passagierdampfer »Großer Kurfürst« (Norddeutscher Lloyd) dauert elf Tage. In seiner Begleitung befindet sich seine zweite Frau → Klara. In New York besucht das Ehepaar das *American Museum of Natural History* und einen Gottesdienst im Tempel der *Christian Scientists.* Weiter am 21.9.1908 mit dem Dampfer »New York« den Hudson River aufwärts nach Albany. Aufenthalte in Pittsfield, Mount Lebanon und Buffalo (Besuch der Statue des Seneca-Häuptlings *Sa-go-ye-wat-ha*). 28.9. – 4.10.1908 → Niagara-Fälle (Hotel Clifton House auf der kanadischen Seite). 5.10.1908 Lawrence, Massachusetts (Besuch bei dem ehemaligen Schulfreund und Arzt Ferdinand Pfefferkorn). Ausflug nach Andover (Wohnhaus und Grab von Harriet Beecher-Stowe). 18.10.1908 Vortrag Mays vor deutschen Auswanderern in der Turnhalle von Lawrence zum Thema: »Drei Menschheitsfragen: Wer sind wir? Woher kommen wir? Wo gehen wir hin?«. 24.10.1908 Rückreise von Lawrence über Boston nach New York. 27.10.1908 Abreise aus den USA mit »Kronprinzessin Cecilie« (Norddeutscher Lloyd) nach Plymouth. Nach achttägiger Überfahrt am 3.11.1908 Ankunft in Bremerhaven. Am 3. oder 4.11.1908 ist

Amerikareise: Karl May in einem Indianerreservat.

der Schriftsteller wieder in Radebeul. Die Überfahrten abgerechnet dauerte dieser einzige Amerikaaufenthalt Karl Mays ganze 42 Tage. Um einen längeren Aufenthalt vorzutäuschen, fuhr das Ehepaar May im November / Dezember 1908 nach → London und verschickte von dort stapelweise Postkarten: »Herzlichsten Gruß aus Old England, auf der Heimreise von Amerika.«

Literatur: *In fernen Zonen. Karl Mays Weltreisen.* Bamberg 1999 (= GWB 82).

ANNABERG-BUCHHOLZ

Gemeinde im Erzgebirge (Sachsen). Auf der *Naturbühne Greifensteine* seit 1987 Karl-May-Spiele. Drittes Theater in der DDR, das Karl-May-Spiele organisierte (nach → Rathen und → Jonsdorf). Romantisch gelegenes Naturtheater mit unterschiedlichen Spielflächen. 1.200 Sitzplätze. Erste Aufführungen auf der Bühne bereits im Jahr 1846. Die May-Inszenierungen werden vorgenommen vom Eduard-von-Winterstein-Theater in Annaberg. Winnetou wird überzeugend dargestellt von → Djamal Atassi, der in gleicher Funktion auch in → Altenbrak auftrat. *Der Karl-May-Fan meint:* Wer die Bühne erst einmal gefunden hat, den erwarten eine beeindruckende Naturkulisse und gutes Karl-May-Spiel. Die Akustik läßt zu wünschen übrig, dafür kann man unverfälschtes Sächsisch hören. »Übermäßig viel Pferde waren nicht gerade im Einsatz. Das kleine Theater konnte sich wohl nur zwei oder drei leisten. Die meisten Strecken mußten die Helden zu Fuß zurücklegen, was die Tante Droll mehrmals zu nörgelnden Bemerkungen über das ›eewiche Geloofe‹ veranlaßte.« (Hans Buchwitz, 1997)

Karl-May-Inszenierungen: *Winnetou und Old Shatterhand* (1987-1989); *Winnetous Tod* (1992-93); *Der Schatz im Silbersee* (1996-98); *Winnetou* (1999); *Winnetou II* (2000).

Anschrift: Eduard-von-Winterstein-Theater, Buchholzer Str. 65, D-09456 Annaberg-Buchholz, Tel. (03733) 1407-131.

ANNIE HELMERS

Figur aus dem Film → *Unter Geiern* (1964), gespielt von → Elke Sommer. Kommt bei Karl May nicht vor. Die Drehbuchautoren haben im Buch *Unter Geiern* die Erzählung → *Der Geist des Llano Estacado* gelesen. Dort erscheint ein ehemaliger deutscher Oberförster, der den Namen Helmers trägt.

ANSCHLEICHEN

siehe auch: Motive.

Unvergeßlich: Das Anschleichen auf Finger- und Zehenspitzen, um keine Spuren zu hinterlassen. Hohe Schule der Leibesübungen, die die physischen Möglichkeiten des Menschen übersteigt. Anschleichen ist eines der wichtigen Motive, die typische Karl-May-Atmosphäre schaffen. Sehr gut übernommen in den Filmen → *Der Schatz im Silbersee* (1962) und *Winnetou 1. Teil* (1963). Auch deshalb waren diese Filme gut – im Gegensatz zu späteren.

ANTIQUARIATE

Auf Karl May haben sich mehrere Antiquariate spezialisiert. Die Preise liegen – bei allmählich sinkender Tendenz – vergleichsweise hoch; es hat sich unter Händlern herumgesprochen, daß Karl-May-Fans vor nichts zurückschrecken.

Antiquariate: Ekkehard Bartsch (Bücherkiste) Riihimäkistr. 32, D-23795 Bad Segeberg. **Ekkehard Fröde** Käthe-Kollwitz-Str. 8, D-09337 Hohenstein-Ernstthal. **Antiquariat Hamm** Heinrichstr. 8, D-01097 Dresden. **Peter Ober** (Don Vincente) Katharinenstr. 6, 10711 Berlin. **Hermann Wiedenroth** (Das Bücherhaus) Im Beckfeld 48, D-29551 Bargfeld. **Thomas Winkler** (Karl-May-Sammlung) Harmsweg 9 b, D-22179 Hamburg.

Link: http://www.zvab.com (Zentrales Verzeichnis antiquarischer Bücher).

APANATSCHI

Figur aus dem Film → *Winnetou und das Halbblut Apanatschi* (1966, gespielt von → Ursula Glas). Halbblut. Tochter des Pelztierjägers Mac Haller und seiner indianischen Frau Mine-Yota. Die Figur gibt es bei Karl May nicht. Sie ist ein Phantasieprodukt des Drehbuchautors → Fred Denger.

APANATSCHKA

Romanfigur aus *Old Surehand*. Eigentlich: Fred Bender. Sohn von → Kolma Puschi und Bruder → Old Surehands. Unwissend um die wahren Verwandtschaftsverhältnisse trägt er einen Zweikampf mit Old Surehand aus, der unentschieden endet, weil die beiden Brüder gleich stark sind.

APATSCHEN

Auch: Apachen. Indianerstamm im Südwesten der USA. Bedeutende Häuptlinge: Mangas Colorados (er organisierte einen Aufstand von 5.000 Apatschen); Cochise (der Blutsbruder von Tom Jeffords stirbt 1874; im gleichen Jahr wird Karl May zufolge Winnetou erschossen), Geronimo und Vittorio (Apatschenkrieg 1835-86). Die realen Apatschen waren wegen ihrer Grausamkeit berüchtigt. May hat ein idealisiertes Bild des Stammes geschaffen. In seinem Werk verwandeln sie sich in »die geschicktesten Jäger und verwegensten Krieger«. Am angesehensten ist der Unterstamm der Mescaleros, dem Intschu tschuna und Winnetou, Häuptlinge aller Apatschen, angehören.

ARDISTAN

Land auf dem Stern → Sitara. Bild für die Welt im → Alterswerk Karl Mays. Erscheint in *Der Mir von Dschinnistan* (1907-09) und im *Märchen von Sitara* (enthalten in der Autobiographie *Mein Leben und Streben*, 1910). Ebenes und ungesundes Tiefland. »Ardistan ist die Heimat der niedrigen, selbstsüchtigen Daseinsformen und das Land der Gewalt- und Egoismusmenschen.« Aufgabe des Menschen ist es, von Ardistan über das Zwischenland Märdistan aufzusteigen nach → Dschinnistan, das Reich der Humanität und Nächstenliebe.

Apanatschka: Klaus-Hagen Latwesen bei den Karl-May-Spielen Bad Segeberg 1965.

Werke: Karl May: *Ardistan* (= GWB 31). – *Der Mir von Dschinnistan* (= GWB 32). **Literatur:** Dieter Sudhoff, Hartmut Vollmer: *Karl Mays ›Ardistan und Dschinnistan‹*. Paderborn 1997.

ARENT, EDDI

Schauspieler (geb. 5.5.1925 Danzig). Spielte den Lord Castlepool in → *Der Schatz im Silbersee* (1962), → *Winnetou 2. Teil* (1964) und → *Winnetou und Shatterhand im Tal der Toten* (1968). Einer der herausragenden Komiker des deutschen Films der 60er Jahre. Blickte leicht indigniert, aber mit unerschütterlichem Optimismus auf eine Welt, die ist, wie sie eigentlich nicht sein darf. In den Karl-May-Filmen wurden ihm regelmäßig die Hüte und Helme durchlöchert. Er ertrug es mit britischer Gelassenheit und kaufte Kopfbedeckungen auf Vorrat. Bekannt wurde Arent durch seine Rollen in den Edgar-Wallace-Filmen von Winnetou-Produzent → Horst Wendlandt. »Eddi ist ein Meister des Understatements. Mit seinem beherrschten Gesicht und seinem korrekten Augenaufschlag macht er alle Charaktere glaubhaft. Er vermittelt Situationskomik mit leisem Spott, ist nuancenreich und schlitzohrig.« (Eva Ebner, langjährige Regieassistentin von Eddi Arent). Der sensible Spaßmacher wurde in vielen Filmen unter Wert beschäftigt: Arent hätte »das Zeug zu einem Hofmarschall Kalb, einem Schwejk, einem Eulenspiegel« (Rainer Dick). 1997 erhielt er für seine Verdienste um Karl May den → Scharlih. Der Schauspieler führt mit seiner Frau das Hotel »Neustädter Hof« in Titisee-Neustadt.

Filme: *Der Arzt von Stalingrad* (1958); *Der Frosch mit der Maske* (1959); *Der rote Kreis* (1960); *Die Bande des Schreckens* (1960); *Die toten Augen von London* (1961); *Der grüne Bogenschütze* (1961); *Der Fälscher von London* (1961); *Die seltsame Gräfin* (1961); *Das Rätsel der roten Orchidee* (1962); *Die Tür mit den sieben Schlössern* (1962); *Das Gasthaus an der Themse* (1962); *Der Schatz im Silbersee* (1962); *Das Geheimnis der schwarzen Witwe* (1963); *Der Fluch der gelben Schlange* (1963); *Der Zinker* (1963); *Der schwarze Abt* (1963); *Das indische Tuch* (1963); *Winnetou 2. Teil* (1964); *Zimmer 13* (1964); *Die Gruft mit dem Rätselschloß* (1964); *Der Hexer* (1964); *Das Verrätertor* (1964); *Neues vom Hexer* (1965); *Der unheimliche Mönch* (1965); *Maigret und sein größter Fall* (1966); *Der Bucklige von Soho* (1966); *Feuer frei auf Frankie* (1967); *Mister Dynamit – Morgen küßt euch der*

Eddi Arent in »Winnetou 2. Teil«.

Tod (1967); *Ich spreng euch alle in die Luft* (1968); *Winnetou und Shatterhand im Tal der Toten* (1968); *Hilfe, ich liebe Zwillinge* (1969); *Wenn du bei mir bist* (1970); *Das gelbe Haus am Pinnasberg* (1970); *Kompanie der Knallköppe* (1971); *Hilfe, die Verwandten kommen* (1971); *Immer Ärger mit Hochwürden* (1972); *Grün ist die Heide* (1972); *Unsere Tante ist das Letzte* (1973); *Alter Kahn und junge Liebe* (1973); *Lady Dracula* (1977); *Himmel, Scheich und Wolkenbruch* (1978); *Das Karussell des Todes* (1995, TV); *Die Katze von Kensington* (1996, TV). **Schallplatte:** *Ich bin der Chef vom Detektivbüro 00 / An jedem Finger eine.* EMI Electrola E 23190 (ca. 1965).
Autogrammadresse: Eddi Arent, c/o Hotel Neustädter Hof, Am Postplatz, D-79822 Titisee-Neustadt.
Link: http://german.imdb.com/Name?Arent,+Eddi

ARGENTINIEN

Karl-May-Land. Schauplatz der Südamerikaromane *Am Rio de la Plata* und *In den Kordilleren*. In der Arena von Buenos Aires kämpft Vater → Jaguar gegen einen ausgebrochenen Jaguar. In den Antiquariaten der Stadt findet man zahlreiche alte Karl-May-Ausgaben (teuer!). In den 60er Jahren liefen in den Kinos des Pampa-Staates zahlreiche → Karl-May-Filme in spanischer Synchronfassung (so etwa → *Winnetou 1. Teil* als *Winnetou el guerrero*).

ARMBRUSTER, BENJAMIN

Schauspieler und Sänger (geb. 22.1.1946 Mühlbach, Siebenbürgen). Populärer Winnetou-Darsteller bei den Karl-May-Spielen in → Elspe (seit 1988) mit

Benjamin Armbruster (l.) kämpft mit Meinolf Pape bei den Karl-May-Festspielen in Elspe.

großer Fan-Gemeinde vor allem in Nordrhein-Westfalen. Der gebürtige Rumäne, der seit 1979 in Deutschland lebt, wirkte in seiner Heimat in mehr als 30 Action-Filmen mit. Ihm gelang das Kunststück, sich von dem langjährigen Elspe-Star → Pierre Brice mit einer sportlich geprägten Interpretation der Winnetou-Rolle abzusetzen.

Aufführungen bei den Karl-May-Spielen in Elspe: *Der Schatz im Silbersee* (1988); *Der Ölprinz* (1988); *Der Schatz im Silbersee* (1989); *Unter Geiern* (1990); *Im Tal des Todes* (1991); *Halbblut* (1992); *Winnetou I* (1993); *Der Ölprinz; Der Schatz im Silbersee* (1994); *Unter Geiern* (1995); *Der Schatz im Silbersee* (1996); *Winnetous letzter Kampf* (1997); *Im Tal des Todes* (1998); *Das Halbblut – Der letzte Kampf um Fort Grant* (1999).

CD: *Du ich weiß – Lang ist's her* (Cotton Hill Music 1992).

Autogrammadresse: Benjamin Armbruster, c/o Elspe-Festival, Zur Naturbühne 1, D-57368 Lennestadt.

ARRANZ, JUAN

Spanischer Comic-Zeichner. Produzierte zahlreiche Karl-May-Geschichten. Greller und spekulativer Stil. Seine Adaptionen erschienen in den 70er und 80er Jahren in zahlreichen Ausgaben (z.B. *Karl May Extra* im → Kauka-Verlag); sie wurden auch im Ausland (u.a. Dänemark, Niederlande) veröffentlicht. *Der Karl-May-Fan meint:* Arranz ist vermutlich der am weitesten verbreitete Karl-May-Zeichner im Comic-Bereich. Leider, denn von Karl May hat er keine Ahnung. Die Qualität des → Lehning-Zeichners → Helmut Nickel erreicht er bei weitem nicht.

ÄRZTE

siehe auch:Medizin.

Karl May wäre selbst gern Arzt geworden. Während der Zeit seiner → Hochstapeleien gab er sich einmal als »Dr. med. Heilig, Augenarzt aus Rochlitz« aus und schrieb einem jungen Mann sogar ein Rezept aus. In seinen Werken kommen immer wieder Ärzte vor. Der berühmteste ist Dr. → Karl Sternau, die Hauptfigur in → *Das Waldröschen*, der als Chirurg in Mexiko und Spanien praktiziert. Über medizinische Kenntnisse verfügt auch Winnetou: »Er kann zersplitterte Knochen wieder festmachen und besitzt ein ausgezeichnetes Mit-

Juan Arranz: Karl-May-Comic

tel gegen Wundfieber.« Kuriosester Mediziner ist Don Parmesan alias El Carnicero (»der Fleischhauer«) in *Das Vermächtnis des Inka*. Er hält sich für einen bedeutenden Chirurgen, dessen Spezialität die Amputation ist: »Ich säble alles, alles herunter!«

Literatur: Ludwig Patsch: *Dr. med. Karl May*. Manuskript Wien 1939. – Gert Asbach: *Die Medizin in Karl Mays Amerika-Bänden*. Med. Diss. Düsseldorf 1972.

ASKIN, FIRUZ

Türkischer Maler (geb. 3.8.1924 Istanbul, Türkei). Schuf farbenprächtige Illustrationen zu → Karl-May-Filmen und Karl-May-Büchern. Lebt seit 1959 in München. Entwarf Filmplakate *(Strafbataillon 999)* und malte Bilder mit vorwiegend phantastischen und mythologischen Sujets. In den achtziger Jahren Poster mit Karl-May-Filmmotiven für die Zeitschrift → *BRAVO*, Collagen für das → Karl-May-Fest (u.a. 1994), Titelbild für das Karl-May-Filmbuch (1998), Titelbilder für Karl-May-Ausgabe des → Weltbild-Verlags (1999).

Adresse: Firuz Askin, Grimmstr. 5, D-80336 München.

ÄSTHETIK-GALERIE

Unternehmen in Bamberg, begründet von Hugo Hein (→ Heinerle). Produziert und vertreibt Büsten von Winnetou und Karl May. Die Winnetou-Büste ist eine Replik des von dem Münchner Bildhauer Vittorio Güttner geschaffenen Kunstwerks (entstanden um 1935).

Adresse: Ästhetik Galerie, Jahnstr. 14, D-96050 Bamberg.

ATASSI, DJAMAL

Schauspieler. Gutaussehender Doppel-Winnetou. Brachte das Kunststück zustande, pro Spielzeit gleich auf zwei Freilichtbühnen aufzutreten (in → Altenbrak im Harz und in → Annaberg-Buchholz). *Der Karl-May-Fan meint*: »Meiner Meinung nach nicht der beste Winnetou. Meine Begleiter(innen) sahen das jedoch anders.« (Torsten Greis, 1993).

Karl-May-Aufführungen: In *Altenbrak:* *Der Schatz im Silbersee* (1993); *Winnetous Tod* (1996); *Unter Geiern* (1997-1998). **In *Annaberg-Buchholz:*** *Der Schatz im Silbersee* (1996-1998); *Winnetou* (1999).

»AUF FREMDEN PFADEN«

Sammelband mit zuvor nicht in Buchform veröffentlichten Geschichten. Enthält als GWB 23 die Erzählungen: *Der Talisman* (urspr.: *Saiwa tjalem*). 2. *Das Kafferngrab* (urspr.: *Der Boer van het Roer*). 3. *Blutrache*. 4. *Der Kutb*. 5. *Der Händler von Serdetsch* (urspr.: *Der Kys-Kaptschiji*). 6. *Maria oder Fatima*. 7. *Der Flucher* (urspr.: *Old Cursing-Dry* bzw. *Gott läßt sich nicht spotten*). 8. *Ein Blizzard*. – Während der Karl-May-Filmwelle der 60er Jahre sollte daraus – wie auch immer – der Film *Winnetou auf fremden Pfaden* entstehen. Den Drehbuchautoren wäre schon was eingefallen.

AUFLAGE

Karl May gilt unwidersprochen als der »meistgelesene deutsche Autor«. In Bestsellerlisten taucht er jedoch nicht auf – was daran liegt, daß dort nur Neuerscheinungen erfaßt werden. Die Auflage der im → Karl-May-Verlag erschienenen Bücher (incl. Lizenzausgaben der Verlage *Tosa* und *Ueberreuter*) erreicht im Jahr 2000 die Marke von 80 Mio. In dieser Zahl nicht enthalten sind die Ausgaben, die seit Ablauf des Urheberschutzes im Jahr 1962 von anderen Verlagen veröffentlicht wurden. Rechnet man diese Ausgaben ein (die Auflagenhöhe läßt sich hier nur schätzen), kann eine deutsche Gesamtauflage von 100 Mio. vermutet werden. Hinzu kommt eine Vielzahl von ausländischen Ausgaben; in zahlreichen Ländern hat Karl May ebenfalls Millionenauflagen erlebt. Da die Auslandsauflagen jedoch zum größten Teil nicht erfaßt sind, ist eine genaue Erhebung kaum möglich. Zum Vergleich: Von Heinz G. Konsalik werden 84 Mio. Bücher gemeldet, von Johannes Mario Simmel 73 Mio. – weltweit. Trotz hoher Auflagen: Lesefutter für Jugendliche ist Karl May heute nur noch selten.

Die Auflagenentwicklung (alle Angaben: Karl-May-Verlag): **1913** 1,610.000 Exemplare; **1926** 4,372.000 Ex.; **1938** 7,253.000 Ex.; **1945** 9,380.000 Ex.; **1955** 12,363.000 Ex.; **1963** 25,156.000 Ex.; **2000**: 80 Mio. Ex.

Literatur: *50 Jahre Verlagsarbeit für Karl May und sein Werk.* Bamberg 1963.

AUGSBURG

Stadt in Bayern. Am 8.12.1909 hielt Karl May im Schießgrabensaal den Vortrag *Sitara, das Land der Menschheitsseele* (»unter gefl. Mitwirkung des Männergesangsvereins *Concordia*«). Der Auftritt stieß in der Stadt auf große Anteilnahme; auch der 11jährige → Bertolt Brecht soll sich dafür interessiert haben. Aus dem Bericht der *Augsburger Abendzeitung* vom 9.12.1909: May »besitzt eine wenn auch nicht imponierende, so doch durchaus sympathische Erscheinung und eine Art, sich zu geben, die ihm das Interesse des Zuhörers von vornherein sichert. Daneben bricht allerdings ab und zu eine große Selbstgefälligkeit und eine überspannte Eigenwertung durch, geeignet, den nicht fanatischen May-Anhänger doch etwas stutzig zu machen. May bezeichnet jetzt die *Menschheitsseele* und die *Menschheitsfrage* als das letzte Ende all seines literarischen Denkens und Tuns. Ganz schön, der Gedanke, und wie er's so vorträgt, mag's ganz leidlich klingen. Aber warum hat er uns in diese seine großen weltbeglückenden Pläne und Ideen nicht schon früher eingeweiht?«

Literatur: Roland Schmid (Hrsg.): *Karl Mays Augsburger Vortrag.* Bamberg 1989.

AUKTIONEN

Karl-May-Bücher gehören zu den Spitzenreitern bei Buchauktionen. Preisbeispiele: *Die Liebe des Ulanen*, Zeitschriften-Erstdruck: Zuschlag bei 4.200 Mark; *Der Ölprinz*, Union-Band 2. Auflage: Zuschlag bei 1.550 Mark; *Satan und Ischariot Bd. 1-2*, blauer Fehsenfeld: Zuschlag bei 1.750 Mark. Zahlreiche May-Bände sind regelmäßig im Angebot bei den Versteigerungen des Auktionshauses *Kiefer* (Pforzheim). Die wichtigste Auktion von Karl-May-Filmmaterialien wird organisiert von *Thomas Winkler* (Hamburg). Ihre einstige Bedeutung verloren hat die Versteigerung auf den Tagungen der Karl-May-Gesellschaft: Dort laden Sammler weitgehend ihre Ausschußware ab, die Profis suchen woanders.

Literatur: Dirk Zaumsegel: *Zum 1. ... 2. und ... 3!! Auktionsergebnisse »Karl May«*. Linsengericht (1995).

AUSSTELLUNGEN

Sie sind nicht ganz so aufwendig wie Mammutschauen à la »Das Gold der Pharaonen« und nicht ganz so publikumsträchtig. Dennoch finden Ausstellungen über Karl May regelmäßig ein begeistertes Publikum.

Eine der frühesten: Eine »Karl-May-Ausstellung« veranstaltete 1949 das Museum für Völkerkunde, Wien. Es gab sogar schon einen kleinen Katalog.

Österreich, die zweite: »Karl May – Der große Hakawati«. 1992 vom Kunstverein »Veritas« in der Hofburg durchgeführt.

Mit dem größten Andrang: »Karl May – Aus einer Cottbusser Sammlung«. Von dem Karl-May-Fan Reinhard Seidler 1987 während der Karl-May-Renaissance in der DDR organisiert.

Die phantasievollste: »Die Seele ist ein weites Land« von Peter Krauskopf und Thomas Range. Reale Motive aus der Biographie Karl Mays werden mit Objekten seiner Traumwelt kombiniert. Gezeigt erstmals 1993 in Dresden, danach u.a. in Dortmund, Bochum, Hohenstein-Ernstthal, Bad Segeberg und Göttingen.

Die professionellste: Hieß schlicht »Karl May« und wurde konzipiert von Sabine Lehmann, Martin Sadek sowie Günther Sommer. Sie ging als Wanderschau ebenfalls durch verschiedene Städte.

Karl May und der Film: Eine umfangreiche Ausstellung über Karl May und seinen Filmproduzenten → Artur Brauner organisierte das Deutsche Filmmuseum 1996 anläßlich des → Karl-May-Festes in Berlin. In dem Frankfurter Museum ist auch das Winnetou-→ Kostüm zu bewundern.

Literatur: *Karl-May-Ausstellung*. Museum für Völkerkunde Wien 1949. – *Karl May. Ein Katalog zur Ausstellung von Sabine Lehmann, Martin Sadek und Günther Sommer*. Hamburg 1984. – Peter Krauskopf, Thomas Range: *Karl May und die Jagdgründe der Phantasie. Foto-Inszenierungen*. Sonderheft KMG 106 (1995).

AUSTRALIEN

Der einzige Kontinent, der als Handlungsort bei Karl May nicht vorkommt. Immerhin ist er bis in die pazifische Inselwelt (Samoa) vorgedrungen (in *Der Ehri*, enthalten in GWB 11 *Am Stillen Ozean*). Und von Sir David Lindsay berichtet May, daß er Australien durchquert habe. Die Einwohner danken es ihm: »In vielen Häusern in Australien stehen Reihen der → *Grünen Bände* und auch Taschenbuchausgaben seiner Bücher« (Dr. William E. Thomas, australischer Karl-May-Fan, 1998).

AUTOBIOGRAPHIE

siehe: »Mein Leben und Streben«.

»AVE MARIA«

Komposition von Karl May. Erstmals veröffentlicht 1897 in der katholischen Familienzeitschrift → *Deutscher Hausschatz*. Eingebaut in die Handlung von *Winnetou III*: Die Siedler singen das Lied für den sterbenden Winnetou (»Es will das Licht des Tages scheiden; / Es bricht die stille Nacht herein.«) Gegen Kitsch kann man nicht streiten.

Literatur: Hartmut Kühne, Christoph F. Lorenz: *Karl May und die Musik*. Bamberg 1999.

AVENARIUS, FERDINAND

Schriftsteller und Redakteur (geb. 20.12.1856 Berlin; gest. 22.9.1923 Kampen/Sylt). Gründer des »Dürerbundes« und Herausgeber der konservativen Zeitschrift *Kunstwart*. Prägte 1902 mit Blick auf die Lektüre von Karl-May-Büchern den zwar bösen, doch originellen Begriff: »eine Art Volksgehirnerweichung«.

Ave Maria, gesungen von der Gächinger Kantorei.

B

»BABEL UND BIBEL«

»Arabische Fantasia in zwei Akten«. Drama von Karl May, erschienen 1906. Abu Kital, der »Vater des Kampfes«, will Abendland und Christentum besiegen und die Weltherrschaft erringen. Aber → Marah Durimeh und der Scheik der Todeskarawane (in Wirklichkeit sein totgeglaubter Sohn) wollen Frieden. Sie bewegen den Gewaltmenschen Abu Kital zur Umkehr durch Einsicht, nicht durch Kampf. Er begibt sich am Ende zur Geisterschmiede nach Märdistan, wo er zum → Edelmenschen geformt werden soll. – In seiner Autobiographie → *Mein Leben und Streben* schreibt May bekümmert: »Ich habe ein einziges Mal etwas Künstlerisches schreiben wollen, mein *Babel und Bibel*. Was war die Folge? Es ist als elendes Machwerk bezeichnet und derart mit Spott und Hohn überschüttet worden, als ob es von einem Harlekin oder Affen verfaßt worden sei. Da weicht man zurück und wartet auf seine Zeit. Und diese kommt gewiß.« (1910) Allerdings wartet das Stück noch heute auf seine erste Inszenierung.

Literatur: Karl May: *Lichte Höhen* (= GWB 49).

BACHMANN, INGEBORG

Österreichische Schriftstellerin (geb. 25.6.1926 Klagenfurt; gest. 16.10.1973 Rom). Die Lyrikerin (*Die gestundete Zeit*), gerühmt für ihre zarte Unerbittlichkeit, hat 1965 ein Karl-May-Urteil von klassischer Prägnanz gefällt: »Ich habe auch, ohne Schaden zu nehmen, einige Bände von ihm überstanden.«

Nachzulesen in: Rainer Gagelmann: *Soll die Jugend Karl May lesen?* Bamberg 1967.

BACKUS, GUS

Amerikanischer Schlagersänger (geb. 12.9.1937 New York). Sang 1964 *Ach wär ich doch Old Shatterhand*. Der in Nashville, Tennessee, produzierte Song (Komponist: Werner Scharfenberger) sollte an den Erfolg der Karl-May-Filme anknüpfen. Der Karl-May-Held in der Titelzeile führt jedoch auf eine falsche Fährte: tatsächlich handelt es sich um ein Liebeslied. Der in Deutschland zwischen 1959 und 1964 sehr erfolgreiche Sänger nahm über 50 Schallplatten auf. Ein anderer Backus-Titel aus dem Westernmilieu erwies sich als Dauerbrenner: *Da sprach der alte Häuptling der Indianer* (1961). »Mit viel Erfolg hat Produzent Gerhard Mendelson seinen Schützling immer wieder deutsche Westernsongs singen lassen, die mit amerikanischer Country Music so viel gemeinsam haben wie Feuer und Wasser« (Horst-Dieter Czembor).

Single: Gus Backus: *Ach wär ich doch Old Shatterhand.* Polydor Nr. 52 295 NH (1964).

Auch auf CD: Gus Backus: *Die Singles 1961 – 64.* Bear Family Records 15873 AH (1995).

BAD BENTHEIM

Stadt in Niedersachsen (nahe der holländischen Grenze). Karl-May-Spiele mit langem Atem. 1953 wurde *Winnetou* aufgeführt, nach langer Pause 1960 *Der Schatz im Silbersee.* Spielort war die Freilichtbühne in den Bentheimer Bergen (gegründet 1925). Veranstaltet vom Amateurtheater *Freilichtspiele Bentheim.*

Karl-May-Inszenierungen: *Winnetou* (1953); *Der Schatz im Silbersee* (1960).

BADESALZ

Comedy-Duo, bestehend aus Gerd Knebel und Henni Nachtsheim. Wurde bekannt mit der Fernsehserie *Och Joh* (kultig!). Darin auch ein Sketch »Winnie und Shatty«, in dem die beiden als hessisch babbelnde Blutsbrüder mit Kostüm und Pferden auftraten.

Anzuschauen in: Badesalz: *Vazdazden?* Niedernhausen/Ts. 1993 (mit Fotos der Komödianten als Winnetou und Old Shatterhand).

BADETUCH

Badetücher und Strandlaken mit Karl-May-Motiven stellte in den 70er Jahren die Textilfabrik *A. Wattendorff* (Borghorst) her. Je nach persönlicher Vorliebe konnte man sich mit Winnetou und Old Shatterhand, aber auch mit Sam Hawkens oder Nscho-tschi abrubbeln.

BAD SEGEBERG

Kreisstadt in Schleswig-Holstein (15.000 Einwohner). *Freilichttheater am Kalkberg* mit alljährlichen *Karl-May-Spielen.* Seit 1952 Mekka der Karl-May-Fans. Bühne mit der längsten, ununterbrochenen Karl-May-Tradition in Deutschland. Bis zum Jahr 2000 insgesamt fast 6 Mio. Besucher. Das am Fuße des 91 m hohen → Kalkbergs liegende Amphitheater zählt zu den schönsten Freilichtbühnen Deutschlands (8.000 Plätze). 1937 von den Nationalsozialisten als Thingstätte für den Nordmark-Gau eingeweiht. 1952 entwickelte Oberspielleiter Robert Ludwig die Idee, auf der Bühne *Winnetou-Festspiele* durchzuführen. Auf Initiative von Bürgermeister Ludwig Kasch kam es 1952 zu einem Beschluß des Magistrats, die Spiele als städtische Einrichtung durchzuführen (ab 1980 von der Kalkberg GmbH veranstaltet, an der die Stadt 75% der Gesellschaftsanteile hält). Unter der Intendanz von Ludwig hatten die Spiele im Gründungsjahr 98.400 Zuschauer. Zur zentralen Persönlichkeit der Spiele wurde zwischen 1954 und 1970 Intendant → Wulf Leisner, unter dessen Ägide zahlreiche Karl-May-Romane erstmals dramatisiert wurden. Weitere Intendanten waren → Harry Walther, → Toni Graschberger, → Klaus Hagen Latwesen,

Peter Hick, Jürgen Lederer, Norbert Schultze jr. Zum Bekanntheitsgrad der Spiele trugen jährliche Fernsehausstrahlungen bei, die bis 1979 vom Norddeutschen Rundfunk durchgeführt wurden (Regie: Udo Langhoff). In den 70er Jahren gelang den Veranstaltern eine weitere Steigerung der Besucherzahlen durch die Verpflichtung namhafter Gaststars. In Bad Segeberg traten auf: → Raimund Harmstorf, → Ralf Wolter, → Chris Howland, → Ingrid van Bergen, → Freddy Quinn, → Ingrid Steeger, → Reiner Schöne, → Peter Hofmann, → Horst Janson und → Elke Sommer. Absolute Saisonrekorde wurden während des Engagements von → Pierre Brice in den Jahren 1988 bis 91 erreicht (über 300.000 Besucher). Die Segeberger Karl-May-Spiele gehören zu den bedeutendsten Touristenattraktionen Norddeutschlands. Neben dem Freilichttheater laden das *Indian Village* mit Blockhäusern, Tipis und Marshall-Office sowie die Kalkberghöhlen zum Besuch ein. Obwohl die Spiele in Bezug auf die Besucherzahlen von → Elspe übertroffen wurden, haben sie von allen Karl-May-Veranstaltungen in Deutschland weiterhin den größten Bekanntheitsgrad.

Die Inszenierungen (in Klammern Spielzeit): *Winnetou* (1952); *Winnetou* (1953); *Der Schatz im Silbersee* (1954); *Hadschi Halef Omar* (1955); *In den Schluchten des Balkan* (1956); *Winnetou* (1957); *Der Schatz im Silbersee* (1958); *Hadschi Halef Omar* (1959); *In den Schluchten des Balkan* (1960); *Der Ölprinz* (1961); *Unter Geiern* (1962); *Durch die Wüste* (1963); *Der Schatz im Silbersee* (1964); *Old Surehand* (1965); *Winnetou II – Ribanna und Old Firehand* (1966); *Unter Geiern – Der Sohn des Bärenjägers* (1967); *In den Schluchten des Balkan* (1968); *Die Felsenburg* (1969); *Der Ölprinz* (1970); *Winnetou* (1971); *In den Schluchten des Balkan* (1972); *Unter Geiern* (1973); *Das Vermächtnis des Inka* (1974); *Old Surehand* (1975); *Winnetou I + II* (1976); *Der Schwarze Mustang* (1977); *Durchs wilde Kurdistan* (1978); *Old Firehand* (1979); *Im Tal des Todes* (1980);

Bad Segeberg: Das Kalkbergtheater in den 60er Jahren.

Der Schatz im Silbersee (1981); *Winnetou – Der rote Gentleman* (1982); *Old Surehand* (1983); *Unter Geiern – Die Felsengeier* (1984); *Der Ölprinz* (1985); *Halbblut* (1986); *Winnetou I – Blutsbrüder* (1987); *Winnetou, der Apache* (1988); *Der Schatz im Silbersee* (1989); *Winnetous letzter Kampf* (1990); *Winnetou – Das Vermächtnis* (1991); *Old Surehand* (1992); *Der Ölprinz* (1993); *Der Schatz im Silbersee* (1994); *Winnetou I* (1995); *Winnetou und der Scout* (1996); *Winnetou und Old Firehand* (1997); *Unter Geiern* (1998); *Halbblut* (1999); *Der Ölprinz* (2000).

Fernsehaufführungen: *Winnetou* (NDR 26.7.1957 live); *Der Schatz im Silbersee* (NDR 18.8.1958 live); *Hadschi Halef Omar* (NDR 7.8.1959 live); *In den Schluchten des Balkan* (NDR 21.7.1960 live); *Der Ölprinz* (4.8.1961 live); *Unter Geiern* (NDR 20.7.1962 live); *Durch die Wüste* (NDR 26.7.1963); *Der Schatz im Silbersee* (NDR 24.7.1964); *Old Surehand* (NDR 28.7.1965); *Winnetou II – Ribanna und Old Firehand* (NDR 29.7.1966); *Unter Geiern – Der Sohn des Bärenjägers* (NDR 28.7.1967); *In den Schluchten des Balkan* (NDR 26.7.1968); *Die Felsenburg* (NDR 25.7.1969); *Der Ölprinz* (NDR 30.7.1970); *Winnetou* (NDR 31.7.1971); *In den Schluchten des Balkan* (NDR 30.7.1972); *Unter Geiern* (NDR 29.7.1973); *Das Vermächtnis des Inka* (NDR 28.7.1974); *Old Surehand* (NDR 27.7.1975); *Winnetou I* (NDR 1976); *Der Schwarze Mustang* (NDR 1977); *Durchs wilde Kurdistan* (NDR 1978); *Old Firehand* (NDR 1979).

Literatur: Wilhelm Rebhuhn: *Karl May lebt.* Bamberg 1962. – Herbert G. Hegedo: *Karl May in Bad Segeberg.* Balve 1962. – *Der wilde Westen live. 40 Jahre Karl-May-Spiele Bad Segeberg.* Bad Segeberg 1992. – Hans-Peter Sparr: *Der Kalkberg. Naturdenkmal und Wahrzeichen der Stadt Bad Segeberg.* Hamburg 1997. – Reinhard Marheinecke, Nicolas Finke: *Karl May am Kalkberg.* Bamberg 1999. – Hans-Peter Sparr: *125 Jahre Kreis Segeberg. Eine Fotoreise durch die Zeiten.* Bad Segeberg 1992.

Anschrift des Veranstalters: Kalkberg GmbH, Karl-May-Platz, D-23795 Bad Segeberg. **Vorsitzender des Aufsichtsrats:** Bürgermeister Udo Fröhlich. **Geschäftsführerin:** Ute Thienel. **Anschrift der Stadtverwaltung:** Rathaus, Lübecker Str. 7, 23795 Bad Segeberg.

Link: http://www.karl-may-spiele.de/

BAHR, RÜDIGER

Schauspieler (geb. 19.1.1939 Frankfurt/Oder). Spielte den Old Shatterhand auf der mißglückten → Winnetou-Tournee 1982. Bekannt geworden durch die Hauptrolle in dem ZDF-Vierteiler *Lockruf des Goldes* (1975). Auftritte in den Kriminalfilmserien *Der Kommissar* und *Tat-*

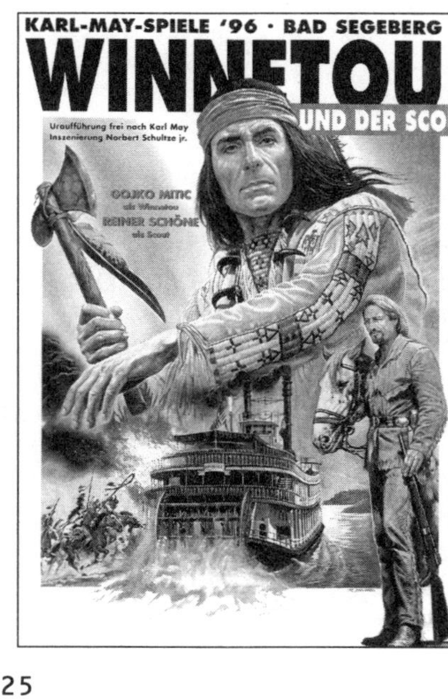

Bad Segeberg: Programmheft der Karl-May-Spiele.

ort. Intendant und Schauspieler bei den Burgfestspielen in Jagsthausen. Schrieb den Roman *Der schwarze Bumerang* (auch verfilmt).

Ausgewählte Filme: *Der scharfe Heinrich* (1971); *Libero* (1973); *Lockruf des Goldes* (1975, TV); *Jauche und Levkojen* (1979,TV); *Der Weihnachtsmörder* (1997, TV).

Link: http://german.imdb.com/Name?Bahr,+R%Fcdiger

BALCÁZAR, ALFONSO

Pseud.: Al Bagran. Spanischer Filmproduzent, Regisseur und Drehbuchautor (geb. 2.3.1925 Barcelona, Spanien; gest. 28.9.1993 Barcelona, Spanien). 1965 Coproduzent (gemeinsam mit → Artur Brauner) von → *Durchs wilde Kurdistan* (span.: *El Salvaje Kurdistan*) und → *Im Reiche des silbernen Löwen* (span.: *Ataque de los Kurdos*). Balcázar entstammt (wie Winnetou-Produzent → Preben Philipsen) einer im Pelzhandel reich gewordenen Familie. 1951 gründete er die Filmproduktionsfirma *Producciones Cinematograficas Balcázar* (Sitz: Barcelona/Madrid), die in den 60er Jahren bedeutendster Hersteller von »Paella-Western« war (Studiogelände in Barcelona: *Estudios Balcázar* mit eigener Western-Stadt). An der Firma waren mit Francisco Balcázar und Jaime Jesus Balcázar weitere Familienmitglieder beteiligt. Eigener Filmverleih *Filmax* (u.a. Vertrieb von → *Der Schatz im Silbersee* in Spanien).

Ausgewählte Filme (als Produzent oder Regisseur): *Durchs wilde Kurdistan* (1965); *Im Reiche des silbernen Löwen* (1965); *Die Gejagten der Sierre Madre* (1965); *Die Todesminen von Canyon City* (1965); *Eine Pistole für Ringo* (1965); *Ringo kommt zurück* (1965); *Vergeltung in Catano* (1965); *Die unerbittlichen Fünf* (1966); *Operation Taifun* (1966); *Der Mann, der kam um zu töten* (1966); *100.000 Dollar für Ringo* (1966); *Sancho – Dich küßt der Tod* (1966); *Yankee* (1966); *Tal der Hoffnung* (1967); *Für ein paar Leichen mehr* (1968); *Ein Einsamer kehrt zurück* (1972).

Link: http://german.imdb.com/Name?Balc%E1zar,+Alfonso

BALOH, MIHAIL

Auch: Miha Baloh. Slowenischer Schauspieler (geb. 21.5.1928 Jesenice, Slowenien). Spielte böse Buben in den Karl-May-Filmen → *Unter Geiern* (der falsche Mormonenprediger Burton alias Weller), → *Winnetou 3. Teil* (Gomez), → *Winnetou und das Halbblut Apanatschi* (Judge) und → *Winnetou und sein Freund Old Firehand* (Capitano Quilvera). Einer der besten Darsteller der jugoslawischen Equipe bei den Karl-May-Verfilmungen.

Ausgew. Filme: *Unter Geiern* (1964); *Winnetou 3. Teil* (1965); *Winnetou und das Halbblut Apanatschi* (1966); *Winnetou und sein Freund Old Firehand* (1966); *Todesschüsse am Broadway* (1968); *Die Schlacht an der Neretva* (1969); *Morava 76* (1976, TV).

Link: http://german.imdb.com/Name?Baloh,+Miha

BAMBERG

Bischofs- und Bierstadt in Oberfranken. Der berühmte Dom birgt die Ruhestätten von Heinrich II. und Papst Klemens II. Weltkulturerbe der Unesco. Seit 1960 Sitz des → Karl-May-Verlags (Hainstraße 51, ab 1995 Schützenstraße

30). Zuvor hatten bereits der Verlag → Joachim Schmid und der → Ustad-Verlag den Boden für Karl May bereitet. In den 60er Jahren sollte im Bamberger Hain ein Karl-May-Museum mit Cafeteria entstehen. Das Projekt platzte jedoch. Eine besondere Nähe zu Karl May entwickelte die Stadt an der Regnitz nie. Der Bamberger Reiter steht stumm im Dom. Hatatitla galoppiert im Wilden Westen.

BAMBERGER AUSGABE

Bezeichnung für die vom Bamberger Karl-May-Verlag herausgegebenen → *Gesammelten Werke* Karl Mays. Wer es volkstümlich mag, sagt → »Grüne Bände«. Die schönste Ausgabe für den Bücherschrank. Die meisten Bände sind bearbeitet (»von Unstimmigkeiten und Weitschweifigkeiten befreit«). Die höheren Bandnummern (ab 71, erschienen 1967) enthalten Urtexte. Von Karl-May-Experten wurde die Ausgabe oft heftig kritisiert, weil sie weitgehend keinen authentischen Karl-May-Text enthält. Andererseits hat die Bearbeitung, die sich an den Bedürfnissen der Leser orientiert, Karl Mays Verbreitung gesteigert. Die Einzelbände kosten gegenwärtig (2000) 26.80 Mark; der, gemessen an der Ausstattung, niedrige Preis ist möglich aufgrund hoher Auflagen und der Tatsache, daß für Karl May keine Autorenhonorare mehr anfallen. Auch Zahlungen an die → Karl-May-Stiftung fallen nicht mehr an.

Für Sammler: 1 *Durch die Wüste.* 2 *Durchs wilde Kurdistan.* 3 Von Bagdad nach Stambul. 4 *In den Schluchten des Balkan.* 5 *Durch das Land der Skipetaren.* 6 *Der Schut.* 7 *Winnetou I.* 8 *Winnetou II.* 9 *Winnetou III.* 10 *Sand des Verderbens.* 11 *Am stillen Ozean.* 12 *Am Rio de la Plata.* 13 *In den Kordilleren.* 14 *Old Surehand I.* 15 *Old Surehand II.* 16 *Menschenjäger.* 17 *Der Mahdi.* 18 *Im Sudan.* 19 *Kapitän Kaiman.* 20 *Die Felsenburg.* 21 *Krüger Bei.* 22 *Satan und Ischariot.* 23 *Auf fremden Pfaden.* 24 *Weihnacht.* 25 *Am Jenseits.* 26 *Der Löwe der Blutrache.* 27 *Bei den Trümmern von Babylon.* 28 *Im Reiche des silbernen Löwen.* 29 *Das versteinerte Gebet.* 30 *Und Friede auf Erden.* 31 *Ardistan.* 32 *Der Mir von Dschinnistan.* 33 *Winnetous Erben.* 34 *Ich.* 35 *Unter Geiern.* 36 *Der Schatz im Silbersee.* 37 *Der Ölprinz.* 38 *Halbblut.* 39 *Das Vermächnis des Inka.* 40 *Der blaurote Methusalem.* 41 *Die Sklavenkarawane.* 42 *Der alte Dessauer.* 43 *Aus dunklem Tann.* 44 *Der Waldschwarze.* 45 *Zepter und Hammer.* 46 *Die Juweleninsel.* 47 *Professor Vitzliputzli.* 48 *Das Zauberwasser.* 49 *Lichte Höhen.* 50 *In Mekka* (Fortsetzung von *Am Jenseits* von Franz Kandolf). 51 *Schloß Rodriganda.* 52 *Die Pyramide des Sonnengottes.* 53 *Benito Juarez.* 54 *Trapper Geierschnabel.* 55 *Der sterbende Kaiser.* 56 *Der Weg nach Waterloo.* 57 *Das Geheimnis des Marabut.* 58 *Der Spion von Ortry.* 59 *Die Herren von Greifenklau.* 60 *Allah il Allah!* 61 *Der Derwisch.* 62 *Im Tal des Todes.* 63 *Zobeljäger und Kosak.* 64 *Das Buschgespenst.* 65 *Der Fremde aus Indien.* 66 *Der Peitschenmüller.* 67 *Der Silberbauer.* 68 *Der Wurzelsepp.* 69 *Ritter und Rebellen.* 70 *Der Waldläufer.* 71 *Old Firehand.* 72 *Schacht und Hütte.* 73 *Der Habicht.* 74 *Der verlorene Sohn.* 75 *Sklaven der Schande.* 76 *Der Eremit.* 77 *Die Kinder des Herzogs.* 78 *Das Rätsel von Miramare.* 79 *Old Shatterhand in der Heimat.* 80 *Auf der See gefangen.* 81 *Abdahn Effendi* (erscheint Herbst 2000). 82 *In fernen Zonen.*

BÄRENTÖTER

siehe auch: Gewehre; Henrystutzen; Silberbüchse. Legendäres Gewehr von Old Shatterhand / Kara Ben Nemsi, das er für weitentfernte Ziele benutzt. »Der Bärentöter ist ein doppelt Vorderlader mit 2löthigen Kugeln. Treffsicherheit 1.800 Meter, Gewicht 20 alte Pfund; es gehört also ein sehr kräftiger Mann dazu. Verfertigt von der berühmten Firma M. Flirr, San Francisco. Es ist das einzige Gewehr seiner Art.« (Karl May 1894 an Carl Jung) Die im → Karl-May-Museum gezeigte Büchse wurde 1896 von dem Büchsenmacher Oskar Max Fuchs angefertigt und hat ein Kaliber von 22 Millimeter. Schwer vorzustellen, daß der spillrige Karl May das Gewehr durch den Wilden Westen schleppte.

Literatur: Klaus Hoffmann, Jochen Rascher, Peter Richter: *Silberbüchse – Bärentöter – Henrystutzen. Die berühmtesten Gewehre des Wilden Westens.* Radebeul 1990 (Schriftenreihe des Karl-May-Museums).

BARKER, CHRISTOPHER

Schauspieler und Sänger (geb. 2.5.1960 Rom, Italien). Sohn von → Lex Barker und der Schweizerin Irene Labhart. Spielte bei den Karl-May-Spielen in Bad Segeberg 1992 und 1993 den Old Shatterhand an der Seite von Gojko Mitic. Wurde 1991 auf dem → Karl-May-Fest in → Bad Segeberg von → Artur Brauner entdeckt (wie bereits 30 Jahre zuvor sein Vater!) und für eine Fernsehserie engagiert. Gleichzeitig versuchte Barker, der in den USA eine Gesangsausbildung absolviert hatte, in der Schlagerbranche Fuß zu fassen. Weder TV-Filme noch verschiedene CD-Produktionen verhalfen ihm zum Durchbruch. Auch die Auftritte bei den Karl-May-Spielen endeten glücklos.

Karl-May-Inszenierungen in Bad Segeberg: *Old Surehand* (1992); *Der Ölprinz* (1993).

Filme: *Zwei Halbe sind lange noch kein Ganzes* (1992, TV); *Die große Freiheit* (1992, TV); *Mit dem Herzen einer Mutter* (1992, TV); *Die Eisprinzessin* (1995, TV); *Dr. Stefan Frank* (1995, TV); *Ein unvergeßliches Wochenende ... in Kanada* (1995, TV). **CDs:** *If I only had Time.* DSB3100-5 (1993); *From my Heart.* DSB 3101-2 (1993); *You're the only one.* DSB 3179-5 (1993); *The Hour of your Glory.* DSB 3284-5 (1993).

Autogrammadresse: Christopher-Barker-Fanclub, Ilse Pfannenschmidt, Schulze-Delitzsch-Str. 12, D-46244 Bottrop.

Link: http://german.imdb.com/Name?Barker, +Christopher

Christopher Barker mit Gojko Mitic bei den Karl-May-Spielen Bad Segeberg.

BARKER, LEX

D.i. Alexander Crichlow Barker. Amerikanischer Schauspieler (geb. 8.5.1919 Rye, New York, USA; gest. 11.5.1973 New York, USA). Legendärer → Old Shatterhand der Karl-May-Filme. Spielt auch → Kara Ben Nemsi und Dr. → Sternau. Erscheint als Old Shatterhand in → *Der Schatz im Silbersee,* → *Winnetou 1. Teil,* → *Old Shatterhand,* → *Winnetou 2. Teil,* → *Winnetou 3. Teil,* → *Winnetou und das Halbblut Apanatschi,* → *Winnetou und Shatterhand im Tal der Toten.* Als Kara Ben Nemsi in → *Der Schut,* → *Durchs wilde Kurdistan* und → *Im Reiche des silbernen Löwen.* Als Dr. Sternau in den → *Der Schatz der Azteken* und → *Die Pyramide des Sonnengottes.* – Niemand sah deutscher aus als der blonde Hüne (193 cm) aus Amerika. Ein Old Shatterhand nach dem Bilde Karl Mays war er nicht. Das war gut so. Original-Shatterhand im Roman kam als ein eher mickriges Männchen daher, trug Stulpenstiefel und Bart. Den rasierte sich Film-Shatterhand Barker bereits im *Schatz im Silbersee* ab, und auch sonst sorgte der US-Schauspieler dafür, daß kein nationaler Mief die Heldenfigur umwehte. Von großer Schauspielkunst war er unangefochten; dafür aber wurde der Whiskytrinker und Waffensammler zum Helden der Jungen und Schwarm der Frauen. Mit den eigenen Frauen hatte er sein leblang Pech. Fünfmal war er verheiratet: mit Constance Thurlow (1942-49, Kinder: Lynne und Alexander), Arlene Dahl (1951-52; Barker: »eine Katastrophe«), Lana Turner (1953-57), Irene Labhardt (1959-62). Die letzte Verbindung schließlich ist die längste und gleichzeitig die unglücklichste: mit Maria Carmen Cervera, genannt »Tita« ist er von 1964 bis zum Tod verheiratet (die Scheidung läuft, ist aber noch nicht ausgesprochen). Lex Barker stirbt am 11.5.1973 auf offener Straße in New York, drei Tage nach seinem 54. Geburtstag, an einem Herzanfall. Tita dagegen findet ihr Glück als Frau des Stahlbarons und Kunstsammlers Heini von Thyssen. Pierre Brice über Lex Barker: »In meinem Herzen wird Lex immer weiterleben. Wir waren nicht nur Kollegen, sondern auch die besten Freunde. Als er starb, glaubte ich, daß auch ein Teil von mir gestorben sei.«

Ausgewählte Filme: *Doll Face* (1945); *Die Farmerstochter* (1947); *Tarzan und das blaue Tal* (1948); *Tarzan und das Sklavenmädchen* (1949); *Tarzan rettet die Dschungelkönigin* (1950); *Tarzan – Verteidiger des Dschungels* (1951); *Tarzan bricht die Ketten* (1953); *Schonungslos* (1955); *Rebell der roten Berge* (1957); *Lederstrumpf: Der Wildtöter* (1957); *Die Vergeltung des roten Korsaren* (1958); *Das süße Leben* (1959); *Küste der Piraten* (1960); *Im Stahlnetz des Dr. Mabuse* (1961); *Die unsichtbaren Krallen des Dr. Mabuse* (1961); *Frauenarzt Dr. Sibelius* (1962); *Der Schatz im Silbersee* (1962); *Das Todesauge von Ceylon* (1963); *Frühstück im Doppelbett* (1963); *Kali-Yug* (1963); *Der Henker von Venedig* (1963); *Winnetou 1. Teil* (1963); *Old Shatterhand* (1964); *Die Verdammten der blauen Berge* (1964); *Der Schut* (1964); *Winnetou 2. Teil* (1964); *Der Schatz der Azteken* (1965); *Die Pyramide des Sonnengottes* (1965); *In Beirut sind die Nächte lang* (1965); *Die Hölle von Manitoba* (1965); *Durchs wilde Kurdistan* (1965); *Winnetou 3. Teil* (1965); *Im Reiche des silbernen Löwen* (1965); *Wer kennt Jonny R.?* (1965); *Gern hab' ich die Frauen gekillt* (1966); *Winnetou und das Halbblut Apanatschi* (1966); *Mister Dynamit*

Lex Barker mit seiner Frau Tita.

– *Morgen küßt euch der Tod* (1966); *Siebenmal lockt das Weib* (1967); *Die Schlangengrube und das Pendel* (1967); *Winnetou und Shatterhand im Tal der Toten* (1968); *Aoom!* (1970); *Wenn Du bei mir bist* (1970).

Literatur: Manfred Christ: *Von Tarzan bis Old Shatterhand. Lex Barker und seine Filme. Mit allen Karl May Filmen ab 1958.* Tuningen 1994. – Arild Rafalzik / Fritz Tauber: *Lex Barker. »Mr. Old Shatterhand«. Sein Leben – seine Filme.* München 1994.

Link: http://us.imdb.com/Name?Barker,+Lex **und** http://members.tripod.com/~ Raven _Newland/barkerd.htm

BARSCHEL, UWE

Ehemaliger Ministerpräsident von Schleswig-Holstein. Ehrenhäuptling der Karl-May-Spiele Bad Segeberg. Trug den Namen: »Sicherer Pfeil«.

BARTHEL, WALDFRIED

Filmproduzent und -verleiher (gest. 11.8.1979 München). Mitbegründer und Chef des → Constantin-Filmverleihs (bis 1975). Initiator der Karl-May-Filmwelle der 60er Jahre (zusammen mit → Horst Wendlandt). Besaß Jacht und Firmenflugzeug. Starb nach dem Konkurs der Firma (1977) völlig verarmt.

Literatur: Manfred Barthel: *So war es wirklich. Der deutsche Nachkriegsfilm.* München / Berlin 1986. Joachim Kramp: *Hallo! Hier spricht Edgar Wallace. Die Geschichte der deutschen Kriminalfilmserie von 1959 – 1972.* Berlin 1998.

BASTEI-VERLAG

siehe auch: Bessy;
Vandersteen, Willy.

Verlag für Comics, Romanhefte und Bücher (Sitz: Bergisch Gladbach). Gegründet von Gustav H. Lübbe. Beschäftigte sich immer wieder gern mit Karl May. Es erschienen u.a. Comics mit Karl-May-Geschichten und Romanhefte mit Titelblättern aus Karl-May-Filmen.

Für Sammler: Bastei Wildwest-Roman: (z.T. mit Karl-May-Filmfotos). **Bastei Silvia-Roman:** (z.T. mit Karl-May-Filmfotos). **Die großen Western:** 402 Karl-May-Zeichnung. **Berühmte Geschichten:** 38 *Der Schatz im Silbersee.* **Bessy:** 46-61 Karl-May-Comics von Vandersteen ohne Karl-May-Namen. **Felix Extra:** 23 *Durch die*

Ein Bastei-Titelbild mit Lex Barker als Old Shatterhand.

Wüste. **Lasso Western:** (z.T. mit Karl-May-Filmfotos). **Silberpfeil:** (z.T. mit Karl-May-Filmberichten). **Skull-Ranch:** (z.T. mit Karl-May-Zeichnung). **Welt-Bestseller:** 19 *Durch die Wüste*.

BATTAGLIA, RIK

Italienischer Schauspieler (geb. 18.2.1927 Venedig, Italien). Bösewicht vom Dienst in den Karl-May-Filmen der 60er Jahre. Mörder Winnetous in → *Winnetou 3. Teil* (1965). Spielt den Banditen Dixon in → *Old Shatterhand* (1964), den → Schut in → *Der Schut* (1964), Hauptmann → Verdoja in → *Der Schatz der Azteken* (1965) und → *Die Pyramide des Sonnengottes* (1965), den Stierkämpfer Perillo in → *Das Vermächtnis des Inka* (1966) und Murdock in → *Winnetou und Shatterhand im Tal der Toten* (1968). Nur ein einziges Mal steht er auf der Seite der Guten: als Mendozza in → *Winnetou und sein Freund Old Firehand* (1966). Der schwarzhaarige Italiener war auf gefährliche Dunkelmänner abonniert, obwohl er im Privatleben als charmanter Herzensbrecher von sich reden machte. Die Geschichte seiner Entdeckung könnte ein Zeitungsreporter nicht besser erfinden: Für seinen Film *Die Frau vom Fluß* (1955) mit Sophia Loren in der Hauptrolle suchte der italienische Produzent Carlo Ponti verzweifelt einen Hauptdarsteller. Alle Partner der Loren hatten sich als zu klein erwiesen. Da entdeckten seine Späher in einer Bar einen Mann, der wie eine Mischung aus Muskelfürst und Schönheitskönig aussah. Als Rik Battaglia in Pontis Büro auftauchte, war er engagiert. Der Film wurde zu einem großen Erfolg und bescherte dem Schauspieler eine Karriere, die ihn durch ganz Europa führte. Sein Leben bis dahin war weniger märchenhaft. Seinen Vater hatte er nie gesehen, seine Mutter kaum. Er wuchs bei Großmutter und Tante auf. Mit 17 heuerte er auf einem Frachter an und fuhr nach Korfu, Istanbul und zum Schwarzen Meer. Nach dem Ponti-Film folgten zwei Jahre Schauspielschule, die er als Jahrgangsbester abschloß. Er trat in zahlreichen Kostümfilmen auf, wie sie in den 60er Jahren in Italien populär waren. Höhepunkt seiner Karriere bildeten die Karl-May-Filme, wobei ihm seine ungemein intensive Darstellung des »Schut« den Durchbruch brachte. Später tauchte er in zahlreichen → Italo-Western auf, erschien in Jack-London-Filmen

Rik Battaglia.

und spielte an der Seite von → Terence Hill in *Nobody ist der Größte* (1975). Auf dem → Karl-May-Fest 1995 wurde dem sympathischen Darsteller, der heute in Rom lebt, für seine Karl-May-Rollen der → Scharlih verliehen.

Wichtige Filme: *Die Frau vom Fluß* (1955); *Nackt, wie Gott sie schuf* (1958); *Hannibal* (1960); *Sodom und Gomorrah* (1962); *Old Shatterhand* (1964); *Der Schut* (1964); *Der Schatz der Azteken* (1965); *Die Pyramide des Sonnengottes* (1965); *Winnetou 3. Teil* (1965); *Das Vermächtnis des Inka* (1966); *Winnetou und sein Freund Old Firehand* (1966); *Feuer frei auf Frankie* (1967); *Radhapura – Endstation der Verdammten* (1968); *Winnetou und Shatterhand im Tal der Toten* (1968); *Seine Winchester pfeift das Lied vom Tod* (1968); *Todesmelodie* (1972); *Die Schatzinsel* (1972); *Ruf der Wildnis* (1972); *Die Teufelsschlucht der schwarzen Wölfe* (1974); *Ein Unbekannter rechnet ab* (1974); *Nobody ist der Größte* (1975); *Gelbe Emanuelle* (1976); *Sein bester Freund Buck* (1991).

Autogrammadresse: Rik Battaglia, Via Monte Grappa 10, Colle Verde, I-00013 Guidonia M. / Roma. **Link:** http://us.imdb.com/Name?Battaglia,+Rik

BAUMANN

Romanfigur. Erscheint in → *Der Sohn des Bärenjägers* und → *Der Geist des Llano Estacado*. Bärenjäger, genannt »Mato-Poka«. Seine Frau und seine Tochter wurden von einem Bären gefressen. Führt eine Gruppe Steinschneider in den Yellowstone Park und wird von Oglala-Indianern gefangengenommen. Old Shatterhand und Winnetou befreien ihn gemeinsam mit einer Gruppe von Westmännern, darunter ist auch sein 16jähriger Sohn Martin. – Erscheint auch im Film → *Unter Geiern* (1964, glaubhaft dargestellt von Walter Barnes). Dort fallen Frau und Tochter den → Geier-Banditen zum Opfer.

Werke: Karl May: *Unter Geiern* (= GWB 35).

BAYERN

siehe auch: Lederhose, München.

Was ein Bayer von einem Sachsen lernen kann: »Wie man einen Tomahawk schmeißt, was das Hackel von die Indianer und was ein Lasso ist, womit man einen jeden fangt, wenn man damit umgehen kann. Zum einem Turnschuh sagen die Indianer Makassin und zu einer Pip Calumet. Eine Frau ist eine Squaw und die Indianer haben nicht viel übrig dafür. Ein Ochse heißt Bison und ein Gaul Mustang und ein Tabak Kinnikinnig. Wenn sie sich über etwas wundern, dann sagen sie nicht ›Mensch‹ oder ›Da legst dich nieder‹, sondern ›Uff, uff!‹. Er sagte, er hat alles vom Karl May und da steht noch viel mehr drin.« (Eugen Oker)

Literatur: Eugen Oker: *Winnetou in Bayern. Ein Roman für erwachsene Kinder.* München 1961. – Herbert Schneider: *Karl May in der Lederhose*. München 1961. (2. Aufl. 1989).

BEARBEITUNGEN

Reizthema der Karl-May-Forschung in den 70er und 80er Jahren: Die wichtigsten Buchausgaben Karl Mays (→ Karl-May-Verlag, → Bertelsmann, Lingen Verlag, → Verlag Neues Leben) waren z.T. einschneidend bearbeitet worden, um den Käufererwartungen an leicht lesbare, übersichtliche und widerspruchsfreie Texte entgegenzukommen – oft ohne deutlichen Hinweis auf die Eingriffe. Von literaturwissenschaftlicher Seite wurde das heftig kritisiert (speziell die Bearbeitung der → Kolportageromane und des → Alterswerks) und die Herausgabe authentischer May-Texte verlangt – vor allem mit dem Argument, daß May selbst jede Änderung an seinen Werken untersagt hatte: »Es darf kein Wort, keine Zeile davon geändert werden. Jede kleine Änderung, sogar die allerkleinste, bedeutet eine Wunde« (1905). Der marktführende Karl-May-Verlag (KMV) wies das u. a. mit Hinweis darauf zurück, daß Karl May dem Verlagsgründer → Euchar Albrecht Schmid konkrete Vorstellungen zur Bearbeitung seiner Werke vorgetragen habe (Aufzeichnungen, die das dokumentieren, sind allerdings bisher nicht vorgelegt worden) und daß Mays Witwe → Klara am 21.8.1930 dem KMV eine Generalvollmacht erteilt habe: »Die von Dr. Schmid und seinen Mitarbeitern vorgenommenen Bearbeitungen, die Karl May selber nicht mehr vornehmen konnte, haben als einzig giltige (sic!) Ausgabe letzter Hand, als *editio ne varietur* zu gelten.« (Daß auf dem Wege der Bearbeitung durch Dritte und Vierte eine definitive Werkausgabe entstehen soll, ist freilich in der Literaturgeschichte ein singulärer Fall.) – Der philologische Streit ist inzwischen beigelegt. Das von May zu Lebzeiten veröffentlichte Originalwerk ist durch Reprintausgaben vor allem des KMV (→ Freiburger Ausgabe, → Union-Bände), der → Karl-May-Gesellschaft und der → Olms Presse (Hildesheim) wieder vollständig zugänglich. Seit 1987 erscheint zusätzlich eine → Historisch-kritische Ausgabe des Gesamtwerks. Auch einige im Neusatz erschienene Ausgaben (u.a. im → Pawlak-Verlag) griffen auf die Originalwerke zurück. Bei den → Grünen Bänden des KMV findet in den letzten Jahren eine behutsame Rückbearbeitung statt, die den Einwänden Rechnung trägt. Damit muß sich die philologische Kritik zufriedengeben. In der Massenliteratur kommt es nicht auf eine authentische Textgestalt an. Auch Defoes *Robinson Crusoe* oder Stevensons *Schatzinsel* werden nicht in der Urfassung gelesen. Bearbeitete Texte, die das Flair der Originale vermitteln, sind unverzichtbar, um Karl Mays Popularität in breiten Leserschichten zu sichern.

Literatur: Jürgen Wehnert: *Zur abenteuerlichen Textgeschichte bei Karl May.* In: Helmut Schmiedt: *Karl May.* Frankfurt/M. 1983. – Rolf Harder: *Karl May und seine Münchmeyer-Romane. Eine Analyse zu Autorschaft und Datierung.* Ubstadt 1996. – Wilhelm Brauneder: *Die »Leben-Werk-Assoziationen«. Eine Kritik insbesondere anhand von Rolf Harders Buch ›Karl May und seine Münchmeyer-Romane‹.* KMG-Sonderheft 121 (1999).

BECKHAUS, FRIEDRICH G.

Schauspieler (geb. 11.12.1927 Berlin). Darsteller des Karl May in dem Fernsehfilm → *Freispruch für Old Shatterhand* (1965). Es ist der erste biographische Film über Karl May (im Zuge der Karl-May-Welle produziert von → Artur Brauner). Beckhaus spielt sowohl den jungen wie auch alten May mit erstaunlicher Intensität. Der Schauspieler wurde später bekannt durch die TV-Serie *Raumpatrouille*, in der er das Crew-Mitglied Atan Shubashi mimt.

Wichtige Filme: *Stahlnetz* (1958-1966, TV); *Freispruch für Old Shatterhand* (1965, TV); *Um Null Uhr schnappt die Falle zu* (1966); *Raumpatrouille* (1967, TV); *Und Jimmy ging zum Regenbogen* (1971); *Liebe ist nur ein Wort* (1971); *Cafe Wernicke* (1978, TV); *Der Mann im Pyjama* (1981); *Ein Schweizer namens Nötzli* (1988).

Link: http://german.imdb.com/Name?Beckhaus,+Friedrich+G.

BEHRINGER

Spielzeugfirma in Nürnberg (Behringer & Co). Ließ 1965 von der Firma *Anton* → *Friedel GmbH & Co KG* (Neustadt bei Coburg) *Karl-May-Filmfiguren* herstellen, die bei Sammlern heute hoch im Kurs stehen. Es erschienen zehn handbemalte Figuren (Modelleur: Wittig) in einer Größe von 12 cm. Vorausgegangen war ein Lizenzvertrag zwischen der Fa. Behringer und dem → Constantin-Filmverleih. Da Behringer 1967 Konkurs anmelden mußte, waren die Figuren nur kurze Zeit auf dem Markt, weitere geplante Modelle erschienen nicht mehr. – Auch die Firma → *Hausser* hätte gern → Elastolin-Filmfiguren herausgebracht, wurde daran jedoch durch den bestehenden Lizenzvertrag gehindert. Erst 1967 zog die Firma mit einer *Old-Shatterhand-* und einer *Winnetou*-Figur nach, die Lex Barker und Pierre Brice zeigten. Da die Karl-May-Welle zu diesem Zeitpunkt ihren Zenit bereits überschritten hatte, blieb der erhoffte Erfolg jedoch aus.

Die Karl-May-Figuren von Behringer: *Winnetou (Pierre Brice), Old Shatterhand (Lex Barker), Sam Hawkens (Ralf Wolter), Santer (Mario Adorf), Luke (Klaus Kinski), Lord Tuff-Tuff (Chris Howland), Nscho-tschi (Marie Versini), Forrester (Anthony Steel), Old Surehand (Stewart Granger)* und *Ölprinz (Harald Leipnitz)*. Angekündigt, aber nicht mehr produziert wurden *Intschu tschuna, Klekih-petra, Oberst Merril, Leutnant Merril, Lord Castlepool, Ribanna, Belle, Tangua* und *Annie*. Der Ladenverkaufspreis betrug DM 3,75.

Friedrich G. Beckhaus (r.) als verkleideter Karl May in »Freispruch für Old Shatterhand«.

BEIBLER, WILHELMINE
Geb. Höhne (geb. 31.7.1837 Retzau; gest. 27.6.1909 Radebeul). Schwiegermutter Karl Mays. Mutter von Klara Beibler verwitw. → Plöhn, der zweiten Frau Karl Mays.

BENELUX-STAATEN
Die Karl-May-Bastion der Benelux-Staaten sind die → Niederlande. Die Nachbarstaaten fallen dagegen ab. In Belgien erschien die erste Karl-May-Ausgabe im Jahr 1900. In den 60er Jahren kamen fast alle Karl-May-Filme in die Kinos des Landes (französisch synchronisiert). Dazu erschienen schöne Plakate (mit französischem und flämischem Filmtitel), die unter Sammlern sehr begehrt sind. Im polyglotten Luxemburg sind keine eigenen Ausgaben bekannt geworden; die Karl-May-Filme liefen im Fürstentum ebenfalls mit großem Erfolg (auf deutsch, auch auf englisch mit französischen Untertiteln).

»DER BEOBACHTER AN DER ELBE«
Zeitschrift mit dem Untertitel »Unterhaltungsblätter für Jedermann«. Erschien im Verlag von → H.G. Münchmeyer in Dresden. Im Jahr 1875 tritt Karl May hier seine erste Stelle als Redakteur an. »Was den ›Beobachter an der Elbe‹ betrifft, so sah ich gleich mit dem ersten Blick, daß er verschwinden müsse.« May läßt das unrentable Blatt eingehen und gründet drei andere: das *Deutsche Familienblatt*, *Feierstunden* und *Schacht und Hütte*.

Benelux-Staaten: Kinoanzeige in Belgien für »Winnetou 2. Teil«.

BERGEN, CLAUS
Maler (geb. 1885, gest. 1964). Illustrierte (zwischen 1907 und 1912) 23 Bände der im Verlag → *Fr. E. Fehsenfeld* (Freiburg i. Br) erschienenen Reiseerzählungen Karl Mays (sog. → Illustrierte Fehsenfeld-Ausgabe, auch »blaue Fehsenfeld-Ausgabe«). Insgesamt schuf der Künstler für die Reihe 317 Bilder. Der später vor allem als Marinemaler bekanntgewordene Bergen war der wohl einfühlsamste Illustrator von Karl-May-Büchern; ihm gelangen stimmungsvolle Landschaftsbilder mit ungewöhnlichen Perspektiven.

BERGEN, INGRID VAN

Schauspielerin. 1992 eindrucksvolle Darstellerin bei den Karl-May-Spielen → Bad Segeberg als »Kolma Puschi«. Die Schauspielerin beherrschte monatelang die Spalten der Klatschzeitungen, als sie 1977 ihren Lebensgefährten erschoß. Sie wurde wegen Totschlags verurteilt und nach viereinhalb Jahren aus dem Gefängnis entlassen.

Ausgewählte Filme: *Des Teufels General* (1954); *Drillinge an Bord* (1959); *Rosen für den Staatsanwalt* (1959); *Das kunstseidene Mädchen* (1960); *Das Geheimnis der gelben Narzissen* (1961); *Ich bin auch nur eine Frau* (1962); *Allotria in Zell am See* (1963); *Katz und Maus* (1967); *Grimms Märchen von lüsternen Pärchen* (1969); *Zum zweiten Frühstück: Heiße Liebe* (1972); *Unser Lehrer Dr. Specht* (1994, TV); *Gigolo – Bei Anruf Liebe* (1998, TV).

Link: http://german.imdb.com/Name? van +Bergen, +Ingrid

BERGER, SENTA

Schauspielerin. Einer der wenigen echten Stars in Deutschland. Ihr Entdecker → Artur Brauner hätte sie gern in einem seiner Karl-May-Filme eingesetzt, doch sie wollte nicht. Warum nur, liebe Senta? Mario Adorf hat der *Winnetou* doch auch nicht geschadet, ganz im Gegenteil. Nun gehören Sie mit Romy Schneider und Heinz Rühmann zu den wenigen deutschen Schauspielern, die nie bei Karl May mitgespielt haben. Schade! Oder war es doch Charakterstärke?

BERLIN

Neben → Hohenstein-Ernstthal, → Radebeul und → Dresden die wichtigste Karl-May-Stadt in Deutschland. Erstmals besucht Karl May Berlin 1875 anläßlich einer Werbereise für seine Zeitschrift → *Schacht und Hütte*. 1898 Aufenthalt im *Central-Hotel* am Bahnhof Friedrichstraße (damals: Centralbahnhof) zusammen mit seiner ersten Frau Emma. 1907 Treffen des Ehepaars Karl und Klara May mit dem Journalisten → Rudolf Lebius im *Café Bauer*, dem beliebtesten Caféhaus Berlins. Am 26.9.1909 Besuch des Flugplatzes Johannisthal mit einer *Internationalen Flugwoche*, der ersten Veranstaltung dieser Art in Deutschland überhaupt. Ganz in der Nähe entstanden gut zehn Jahre später die drei Karl-May- → Stummfilme. 1910 Freispruch von Lebius vor dem Amtsgericht → Charlottenburg. 1911 in der Berufungsverhandlung vor dem Landgericht III in Moabit seine Verurteilung. 1920 Gründung der → Ustad-Film in der Friedrichstraße (Richtung Hallesches Tor). 1929 Aufführung von *Winnetou, der rote Gentleman* im Theater in der Königgrätzer Straße (heute: Hebbel-Theater, Stresemannstraße, Bezirk Kreuzberg). 1936 Endfertigung des Films → *Durch die Wüste* bei der UFA in Potsdam-Babelsberg. Ab 1962 Produktion der Karl-May-Filme durch die Filmfirmen → Rialto und → CCC (mit festlichen Premierenveranstaltungen).

Was noch zu sehen ist: CCC-Studios (Verlängerte Daumstr. 16, Spandau; in den 60er Jahren Innenaufnahmen der Karl-May-Filme); **Deutschlandhalle** (am Messegelände, Charlottenburg; Karl-May-Festival 1966 und 1968); **Freilichtbühne Rehberge** (Wedding;

Karl-May-Spiele, 1963); **Hebbel-Theater** (Stresemannstr. 29, Kreuzberg; einst *Theater in der Königgrätzer Straße*; Aufführung von *Winnetou*, 1929); **Jofa-Atelier** (Am Flughafen 6, Johannisthal; 1920 Aufnahmen zu den Karl-May-Stummfilmen); **Schloß Charlottenburg** (Charlottenburg; 1964 Innenaufnahmen zu *Der Schatz der Azteken*); **UCI Zoo-Palast** (an der Gedächtniskirche, Charlottenburg; Erstaufführungen einiger Karl-May-Filme). **Literatur:** *Karl May in Berlin.* KMG-Sonderheft 33 (1981).

BERTELSMANN

siehe auch: Stuttgarter Ausgabe.

Medienimperium mit Sitz in Gütersloh. Hat sich schon früh mit Karl May befaßt. Zwischen 1963 und 1967 erschien im *Bertelsmann Lesering* die erste Karl-May-Gesamtausgabe außerhalb des → Karl-May-Verlages. Sie umfaßte 30 Bände und war bearbeitet von dem Ratgeber-Autor Roland Gööck alias »Peter Korn« (Illustrationen: Heiner Rothfuchs). 1984 erfolgte eine Neuauflage mit leicht verändertem Einband. Eine Lizenzausgabe erschien 1966 im Mosaik Verlag, Hamburg *(Illustrierte Karl-May-Bibliothek)*. In hoher Auflage wurden für den Buchclub außerdem → Filmbildbücher, → Hörspiele und Filmmusik-Schallplatten produziert. 1992-96 erschien im konzerneigenen *VS Verlagshaus Stuttgart (Edition Stuttgart)* eine Gesamtausgabe in 53 Bänden mit dem Titel *Karl May's illustrierte Werke* (→ Stuttgarter Ausgabe). Die Reihe wurde im Mail-Order-Vertrieb angeboten; Werbung: »Lernen Sie einen alten Freund ganz neu kennen!«.

BESSY

siehe auch: Bastei-Verlag; Willy Vandersteen.

Comic-Heftreihe aus dem → Bastei-Verlag (Bergisch Gladbach). Brachte den ungewöhnlichsten Karl-May-Comic. Als der Verlag 1967 das bisher vierzehntägig erscheinende *Bessy*-Heft auf wöchentliche Erscheinungsweise umstellte und man dafür schnell neues Material brauchte, griff der Zeichner → Willy Vandersteen zu einem Trick: Er adaptierte die ersten 16 Alben seiner in Belgien erschienenen Karl-May-Reihe, indem er einfach die Karl-May-Namen abänderte und den Hund Bessy in die Bilder hineinzeichnete. Die Hefte erschienen als *Bessy* Bd. 46 – 61. Später beschritt der gewiefte Künstler den umgekehrten Weg: Ab *Karl May* Bd. 20 bilden umgezeichnete *Bessy*-Geschichten die Grundlage der Karl-May-Reihe.

BIBLIOGRAPHIE

Ein Gesamtverzeichnis der zu Lebzeiten erschienenen Veröffentlichungen Karl Mays hat Hainer Plaul 1989 vorgelegt. Er weist darin 601 Drucke (einschließlich der Nachdrucke) aus den Jahren 1875-1912 nach. Aufgrund neuerer Funde wäre diese Liste heute um rund 50 Titel zu ergänzen; hierzu gehören die im → *Neuen deutschen Reichsboten* entdeckten May-Texte, die bereits seit 1872 erschienen sind. Über den Zeitraum 1913 bis 1945 unterrichtet eine Bibliographie von Uwe Kahl (1993). Für die Karl-May-Veröffentlichungen nach 1945 liegt bisher keine Spezialbibliographie vor – angesichts der zahllosen Ausgaben und Auflagen im deutschsprachigen Raum sowie weltweiter Übersetzungen erscheint ein solches Projekt kaum realisierbar.

Literatur: Hainer Plaul: *Illustrierte Karl May Bibliographie.* Leipzig 1988. (Lizenzausgabe: München 1989.) – Uwe Kahl: *Karl-May-Bibliographie 1913-1945.* In: *Lexikon der Reise- und Abenteuerliteratur.* 21. Lieferung 1993.

BIBLIOTHEK KARL MAYS

Das Geheimnis, warum Old Shatterhand soviel weiß und Kara Ben Nemsi sich in allen Ländern der Welt auskennt: hier findet man es. Karl May verfügte in der → »Villa Shatterhand« über eine umfangreiche Bibliothek, aus der er die Zutaten seiner Traumwelt schöpfte; er brauchte und gebrauchte seine Bücher, schrieb in sie hinein, ordnete und katalogisierte sie. Die Bibliothek wurde 1960 vom inzwischen in Bamberg ansässigen → Karl-May-Verlag in den Westen geholt; seit 1994 befindet sie sich wieder an ihrem angestammten Platz in Radebeul. »Wären die Bibliothek und andere Habe Karl Mays in der DDR verblieben, hätte sie sehr wahrscheinlich Schalck-Golodkowski wie viele andere Kulturgüter gegen harte Währung veräußert« (Karl-May-Verleger Lothar Schmid). Karl Mays handschriftliches Bibliotheksverzeichnis wurde von → Karl-May-Stiftung und → Karl-May-Verlag als Reprint herausgegeben.

Literatur: Karl May: *Karl Mays handschriftliches Bibliotheks-Verzeichnis.* Bamberg 1995. Franz Kandolf: *Karl Mays Bücherei.* In: KMJb 1931.

BIEDENKOPF, KURT

Politiker (geb. 1930 Ludwigshafen). Sächsischer Ministerpräsident (seit 1990). Herrscher (»König Kurt«) im Karl-May-Land. Karl-May-Fan. »Bei Karl May erinnere ich mich an den größten Verlust, der mir je widerfahren ist. Als wir 1945 über Nacht Schkopau verlassen mußten und von der Militärkommandantur nach West-Deutschland transportiert wurden, da durften wir nur einen einzigen Koffer mitnehmen. Meine gesamte Karl-May-Sammlung – etwa 30 bis 40 Bände – mußte ich zurücklassen.« *(Mittelbayerische Zeitung* vom 22.2.1992)

BIER

Karl May Jubiläums-Pils, gebraut erstmals 1992 anläßlich des 150. Geburtstags von May (in den folgenden Jahren als *Premium-Pils*) von der Glückauf-Brauerei Gersdorf. Laut Werbung ein Pils »aus erlesenen Premium-Malzen und edlem Hopfen gebraut, das durch harmonischen, feinwürzigen Geschmack mit einer aromatischen Hopfenbittere besticht«. Der Bierexperte meint: »Ein geschmacklich sehr anständiges Ost-Bier« (M. Güdelhöfer). Für den Karl-May-Fan gibt es bei der Brauerei passende Jubiläumsgläser mit Karl-May-Porträt. Für größere Gelage empfiehlt sich der *Karl-May-Humpen* (135,00 Mark, aus dem → Karl-May-Museum).

Anschrift: Glückauf-Brauerei, Hauptstr. 176, D-09355 Gersdorf.

Link: http://www.glueckaufbiere.de/html/sort/karl_may.html

BILDENDE KUNST

siehe: Ästhetik-Galerie; Fitzenreiter, Wilfried; Werner, Selmer.

BILDPLATTE

Speichermedium für Spielfilme, inzwischen veraltetes System. Auf Bildplatte erschienen die Karl-May-Filme *Winnetou 1. Teil* und *Winnetou 2. Teil.*

Für Sammler: Taurus Video.

BILD UND FUNK

siehe auch: Bunte Illustrierte; Micky Maus; Mickyvision.

Rundfunkillustrierte aus dem Burda-Verlag (Offenburg). Veröffentlichte zwischen 1962 und 1967 Bildergeschichten zu Karl-May-Filmen. Mit diesem Coup, der von der Filmpresseagentur *ringpress* eingefädelt worden war, gelang es der *Hörzu*-Konkurrenz, ihre Auflage enorm zu steigern. Da man während der Hoch-Zeit der Karl-May-Welle mit den Startterminen der Filme nicht mehr Schritt halten konnte, durfte ab 1965 auch die Schwesterzeitschrift → *Bunte* Karl-May-Serien drucken.

Filme und Bildergeschichten: *Der Schatz im Silbersee* (15 Folgen, Nr. 45/1962 – 8/1963), *Die Sklavenkarawane* (14 Folgen, Nr. 25-39/1963); *Winnetou 1. Teil* (30 Folgen, Nr. 41/1963 – 20/1964); *Old Shatterhand* (16 Folgen, Nr. 21-36/1964); *Winnetou 2. Teil* (20 Folgen, Nr. 37/1964 – 5/1965); *Unter Geiern* (20 Folgen, Nr. 6-26/1965); *Der Schatz der Azteken / Die Pyramide des Sonnengottes* (14 Folgen, Nr. 27-41/1965); *Winnetou 3. Teil* (39 Folgen, Nr. 42/1965 – 29/1966); *Winnetou und das Halbblut Apanatschi* (19

Karl-May-Bier aus Gersdorf.

Folgen, Nr. 30-49/1966); *Winnetou und sein Freund Old Firehand* (30 Folgen, Nr. 49/1966 – 28/1967).

BILD-ZEITUNG (SCHLAGZEILEN)

Der Aufschneider Hadschi Halef Omar kann es nicht besser. Legendäre BILD-Schlagzeilen: »Karl May: Das erste Gedicht war seine eigene Grabschrift« *(15.7. 1994)*. – »Karl-May-Land: Wie ein großer Traum zerplatzt...« *(13.2.1997)* – »Krise im Karl-May-Museum. Schuldenberg – zu wenig Besucher« *(7.4.1997)*. – »Karl May – Woher hatte er seine Ideen? Ein Forscher behauptet: Aus dem Jenseits.« *(5.10.1998)*.

BILD-ZEITUNG (WERBESPOT)

Ein Kinowerbespot der *BILD*-Zeitung (produziert von der Agentur *Jung von Matt* in Hamburg) brachte 1996 Winnetou und Old Shatterhand wieder auf die Leinwand – allerdings anders, als man es von den alten Winnetou-Filmen gewohnt war. Ein vertrauter Anfang: Martin Böttchers charakteristische Musik erklingt, die beiden Blutsbrüder reiten auf ihren Rappen ins Bild – Lex Barker und Pierre Brice lassen grüßen. Schlechte Nachrichten: Der Weg für das Feuerroß soll durch das Land der Apatschen gebaut werden. Doch Winnetou weiß schon Bescheid – weil er das große Blatt des weißen Mannes liest. Es erscheint das *BILD*-Logo, und dann geschieht's: Winnetou und Shatterhand reiten händchenhaltend (→ Arno Schmidt läßt grüßen) davon. Old Shatterhand: »Ich hab' Dich lieb!« Der Häuptling: »Winnetou weiß das!« Tableau. – Der Spot (Länge: 60 Sekunden) war der bis dato erfolgreichste der *BILD*-Kampagne. Das Fan-Blatt *Karl May & Co* kritisierte: »Es werden hier nicht nur die Karl-May-Filme, sondern auch Karl May selbst verunglimpft.«

BIOGRAPHIEN

Karl Mays Leben ist selbst ein Roman. Zahlreiche Autoren haben versucht, es literarisch nachzugestalten. Mal faktenreich, mal phantasievoll. Mal dröge, mal unterhaltsam.

Biographien in der Reihenfolge ihres Erscheinens: Karl Heinz Dworczak *Das Leben Old Shatterhands.* Radebeul 1935. Salzburg 1950. **Franz Josef Weiszt** *Karl May. Der Roman seines Lebens.* Böhmisch-Leipa 1940. **Hans Wollschläger** *Karl May*

Karl-May-Biographie von Albrecht P. Kann.

in Selbstzeugnissen und Bilddokumenten. Reinbek bei Hamburg 1965. Bearbeitete Neuausgabe: *Karl May. Grundriß eines gebrochenen Lebens.* Zürich 1976 (5. Auflage 1987). **Werner Raddatz** *Das abenteuerliche Leben Karl Mays.* Gütersloh 1965. **Albrecht P. Kann:** *Karl May. So war sein Leben.* Hamburg 1979. (Ursprünglich als Fortsetzungsgeschichte in der *Hör Zu.*) **Erich Loest** *Swallow, mein wackerer Mustang.* Leipzig 1996 (erstmals 1980). **Christian Heermann** *Der Mann, der Old Shatterhand war. Eine Karl-May-Biographie.* Berlin 1988. **Otto Kreiner** *Der Schatten. Phantasien über den Volksschriftsteller Karl May.* Salzburg/Wien 1989. **Burghard Bartos** *»Old Shatterhand das bin ich«. Karl May.* Hamburg 1991. **Walther Ilmer** *Karl May – Mensch und Schriftsteller. Tragik und Triumph.* Husum 1992. **Hermann Wohlgeschaft** *Große Karl May Biographie. Leben und Werk.* Paderborn 1994.

BISCHOFSWERDA

Kreisstadt in der Oberlausitz. Die *Spielgemeinschaft Gojko Mitic* veranstaltet seit 1993 »die kleinsten Karl-May-Spiele der Welt mit den jüngsten Darstellern«. Hervorgegangen aus einem Projekt mit Grundschulkindern. Gespielt wird in einer ehemaligen Sandgrube am Stadtrand. Vereinsvorsitzender, Autor und Regisseur: Uwe Hänchen. Besucher 1998: 3.200.

Inszenierungen (in Klammern Spielzeit): *Winnetou* (1993); *Winnetou I* (1994); *Winnetou und das Gold der Apachen* (1995); *Der Schatz im Silbersee* (1998); *Der Ölprinz* (1999), *Der Schwarze Mustang* (2000).

BISMARCK

Figur in Karl Mays Kolportageschmöker → *Das Waldröschen.* Der Eiserne Kanzler entsendet den jungen Curt Helmers nach Mexiko, um Kaiser Maximilian zur Flucht zu verhelfen. Zuvor schlägt Kaiser Wilhelm I. den Romanhelden noch schnell zum Ritter der zweiten Klasse des roten Adlerordens. Doch es hilft nichts – den unabänderlichen Gang der Geschichte kann er nicht aufhalten. – Kein Zweifel: Würde Karl May heute leben, käme auch Gerhard Schröder in einer Nebenrolle vor (oder doch lieber der bekennende May-Fan → Helmut Kohl?)

BISS

Ein Ereignis, auf das hartgesottene Reporter ein Leben lang warten: Bei den Proben zu den Karl-May-Spielen 1991 (*Winnetou – Das Vermächtnis*) wurde Pierre Brice von dem mitspielenden Baby-Bär »Charlie« in die Hand gebissen. Es tat weh, aber der Werbeeffekt war unbezahlbar. Das Foto von dem Ereignis ging durch alle Zeitungen Deutschlands. Es konnte nie geklärt werden, warum im entscheidenden Moment ein Fotograf der Deutschen Presse-Agentur genau an der richtigen Stelle stand. Honi soit qui mal y pense.

BLANC, ANNE-MARIE

Schweizer Schauspielerin (geb. 2.9.1919). War die Marah Durimeh in *Im Reiche des silbernen Löwen* (1965). Vornehm und würdevoll – eine Dame. Für die Dummheit des Drehbuchs konnte sie nichts.

Ausgewählte Filme: *Wachtmeister Studer* (1939); *Ich warte auf dich* (1952); *Roman eines Frauenarztes* (1954); *Via Mala* (1961); *Im Reiche des silbernen Löwen* (1965); *Klassentreffen* (1988); *Anna Göldin, die letzte Hexe* (1991); *Timing* (1999).

Link: http://german.imdb.com/Name?Blanc,+Anne-Marie

»BLAUE FEHSENFELD«

siehe: Illustrierte Fehsenfeld-Ausgabe.

»DER BLAUROTE METHUSALEM« (BUCH)

Erstmals 1888/89 unter dem Titel *Kong-Kheou, das Ehrenwort* als Fortsetzungsroman erschienen in der Zeitschrift → *Der Gute Kamerad* (Stuttgart). Gehört zu den speziell für die Jugend geschriebenen Erzählungen Karl Mays. Das China-Abenteuer des ewigen Studenten Fritz Degenfeld sollte zweimal verfilmt werden: 1939 (Bavaria-Filmkunst) und 1964 (→ CCC-Film, in der Titelrolle geplant: O. W. Fischer). Ist nie was draus geworden. Immer gab es zuwenig Chinesen.

Literatur: Karl May: *Der blaurote Methusalem* (= GWB 40).

BLAUROTER METHUSALEM

D.i. Fritz Degenfeld. Romanfigur. Erscheint in *Der blaurote Methusalem.* Ewiger Student aus einer nicht genannten deutschen Universitätsstadt. Seinen Namen verdankt er seiner Nase, die durch üppiges Biertrinken und einen Mensurhieb eine blaurote Färbung angenommen hat. Wird von Gottfried von Bouillon und einem riesigen Neufundländer begleitet, der das Bierglas seines Herrn im Maul trägt. Mit dem jungen Richard Stein unternimmt er eine Reise nach China, um dessen verschollenen Onkel zu suchen. Dabei lernt er Heimdall Turnerstick und Willem van Aardappelenbosch kennen, die ihn bei seinen Abenteuern begleiten.

BLOCH, ERNST

siehe auch: Kolportage.

Philosoph und Karl-May-Leser (geb. 8.7.1885 Ludwigshafen; gest. 4.8.1977 Tübingen). Renaissance-Gelehrter. Letzter Titan der philosophischen Disziplin (»Das Prinzip Hoffnung«). Prägte einige der markantesten Karl-May-Urteile: »Es gibt nur Karl May und Hegel, alles dazwischen ist eine unreine Mischung.« – »Karl May ist einer der besten deutschen Erzähler, und er wäre vielleicht der beste schlechthin, wäre er eben kein armer, verwirrter Proletarier gewesen…« (Ernst Bloch, Frankfurter Zeitung 31.3.1929).

Ernst Bloch über Karl May: *Die Silberbüchse Winnetous.* In: Helmut Schmiedt (Hrsg.): *Karl May.* Frankfurt/M. 1983. – *Urfarbe des Traums.* In: Jb-KMG 1971. – *Traumbasar.* In: KMJb 1930.

BLOODY FOX

Romanfigur. Erscheint in → *Der Geist des Llano Estacado* und → *Old Surehand I.* Seine Eltern wurden von der → Geier-Bande umgebracht. In ein weißes Büffelfell gehüllt, macht er als geheimnisvoller *Geist des → Llano Estacado* Jagd auf die Banditen und tötet sie mit einem Schuß in die Stirn. Schließlich trifft er auf → Tobias Preisegott Burton, den Mörder seiner Eltern, der sich auf der Flucht den Hals bricht.

Werke: Karl May: *Unter Geiern* (= GWB 35). *Old Surehand I* (= GWB 14).

BLUDAU, JOCHEN

Geschäftsführer der Karl-May-Spiele in Lennestadt-→ Elspe, Old-Shatterhand-Darsteller, Regisseur und Autor von Karl-May-Stücken. Erfinder von Karl-May-Aufführungen im Turbozeitalter (kurze Stücke, wenig Worte, viel Action). Der Angehörige eines kleinen, schlauen Bergvolkes (Sauerländer) baute eine kleine Freilichtbühne mit Laiendarstellern zum Mega-Unternehmen der Freizeitindustrie aus (*Elspe Festival* mit Bühne, Freizeitpark, Gastronomie). 1976 holte das Multitalent (früherer Beruf: Volksschullehrer) den einstigen Film-Winnetou → Pierre Brice auf die Elsper Bühne und erreichte damit einen enormen Besucheraufschwung (ca. 400.000 Zuschauer pro Saison). Organisierte

Links: Jochen Bludau.
Rechts: Winnetou und Old Shatterhand schließen Blutsbrüderschaft.

erfolgreiche Karl-May-Gastspiele in → Ratingen und → Wien. Würde heute merkwürdigerweise gern auf Karl May verzichten, wenn er einen attraktiveren Stoff für seine Bühne fände. Gibt's bloß nicht.

BLUTSBRÜDERSCHAFT

Szene in *Winnetou I.* Nachdem Old Shatterhand das Gottesurteil gegen → Intschu tschuna bestanden hat und nachweist, daß er Winnetou aus der Gewalt der Kiowas befreit hat (mittels einer Haarsträhne), wird er in den Stamm der Apatschen aufgenommen. Die mythische Szene der Blutsbrüderschaft (»er wird das Blut Winnetous trinken, und dieser wird das seinige genießen; dann ist er Blut von unserm Blute und Fleisch von unserm Fleische«) ist eine Besiegelung der Seelenverwandtschaft zwischen Old Shatterhand und Winnetou. Gegenüber seinen Lesern distanziert sich Old Shatterhand (Karl May) zwar von dem »heidnischen« Ritual, tatsächlich aber ist der Akt der Blutsbrüderschaft Teil seiner Entwicklung zu einer halbgottähnlichen Gestalt. – Auch im Film → *Winnetou 1. Teil* (1963) hat die Szene (dezenter dargestellt als bei Karl May und ohne religiöse Grundierung) nichts von ihrer Wirkung verloren; sie gehört, wie die *Süddeutsche Zeitung* schrieb, zu den mythischen Momenten des deutschen Kinos.

BORSCHE, DIETER

Schauspieler (geb. 25.10.1909 Hannover; gest. 5.8.1982 Nürnberg). Der einstige Frauenschwarm des deutschen Films (*Nachtwache, Königliche Hoheit*)

Dieter Borsche als Sir David Lindsay in »Durchs wilde Kurdistan«. Zusammen mit Chris Howland als Butler Archie.

zeigte in den Karl-May-Filmen Mut zur Schrulligkeit und überwinterte so im müden Film der 60er. Darsteller des Lord David Lindsay in → *Der Schut* (1964), → *Durchs wilde Kurdistan* (1965) und → *Im Reiche des silbernen Löwen* (1965). Zwar in der Darstellung von der Karl-May-Figur abweichend, liefert er dennoch eine überzeugendere Vorstellung ab als → Theo Lingen in derselben Rolle.

Ausgewählte Filme: *Nachtwache* (1949); *Es kommt ein Tag* (1950); *Fanfaren der Liebe* (1951); *Vater braucht eine Frau* (1952); *Königliche Hoheit* (1953); *Die Barrings* (1955); *Königin Luise* (1957); *U-47 – Kapitänleutnant Prien* (1957); *Die toten Augen von London* (1961); *Das Halstuch* (1962, TV); *Scotland Yard jagt Dr. Mabuse* (1963); *Der Henker von London* (1963); *Die Goldsucher von Arkansas* (1964); *Der Schut* (1964); *Die schwedische Jungfrau* (1964); *Durchs wilde Kurdistan* (1965); *Im Reiche des silbernen Löwen* (1965); *Wenn Ludwig ins Manöver zieht* (1967); *Lady Hamilton – Zwischen Schmach und Liebe* (1969); *Der Pfarrer von St. Pauli* (1970).

Link: http://us.imdb.com/Name?Borsche,+Dieter

BÖTTCHER, MARTIN

Ps.: Michael Thomas. Winnetou-Komponist und Meister der Karl-May-Musik (geb. 17.6.1927 Berlin). Schuf den typischen »Karl-May-Sound« und komponierte die Musik zu den meisten Karl-May-Filmen der 60er Jahre: → *Der Schatz im Silbersee* (1962), → *Winnetou 1. Teil* (1963), → *Der Schut* (1964), → *Winnetou 2. Teil* (1964), → *Unter Geiern* (1964), → *Der Ölprinz* (1965), → *Winnetou 3. Teil* (1965), → *Old Surehand 1. Teil* (1965), → *Winnetou und das Halbblut Apanatschi* (1966), → *Winnetou und Shatterhand im Tal der Toten* (1968); außerdem zu den Fernsehfilmen → *Kara Ben Nemsi Effendi* (1973/75) und → *Winnetous Rückkehr* (1998). Die Laufbahn des Komponisten, der eigentlich Pilot werden wollte (»Aber nach dem Krieg waren Flieger nicht mehr so gefragt«), begann als Gitarrist beim NWDR in Hamburg und spielte unter bekannten Orchesterleitern wie Willi Steiner, Franz Thon und Alfred Hause. 1955, Böttcher ist gerade 28 Jahre alt, taucht sein Name zum ersten Mal auf der Leinwand auf: Für den Produzenten → Artur Brauner schreibt er die Musik zu *Der Hauptmann und sein Held*. Nach seinem zweiten Film *Die Halbstarken* (1956) gilt der Jazz-

Martin Böttcher (l.) mit Pierre Brice.

Liebhaber in der Filmbranche als besonders kreativ. Er ist von jetzt an ein gefragter Mann und vertont Film auf Film, darunter die ersten Streifen der Edgar-Wallace-Serie. Produzent → Horst Wendlandt trägt ihm 1962 die Musik zu *Der Schatz im Silbersee* an. Er hat eine Melodie aus dem Brauner-Film *Das verbotene Paradies* im Gedächtnis, die der musikalischen Stimmung, wie er sie sich vorstellt, entspricht. Nach dem überragenden Erfolg des ersten Karl-May-Films schreibt ein Kritiker den Satz, der zu den schönsten Komplimenten in der Karriere Böttchers zählt: »An dem Erfolg ist zur Hälfte die Musik beteiligt.« Den charakteristischen May-Sound (schwellendes Streicher-Velvet mit sparsamer Bläserunterstützung) erreicht er mit einer Orchesterbesetzung, die im allgemeinen so aussieht: 4 Hörner, 4 Posaunen, ca. 30 Streicher, Klavier, Baß, Gitarre, diverse Schlagzeuge und spezielle Rhythmusinstrumente, zuweilen Mundharmonika, eine Alt-Flöte und Harfe. Besonders der Mundharmonikaspieler Jonny Müller trug zum unverwechselbaren Sound mancher Melodien bei (»Old-Shatterhand-Melodie«). Die Aufnahmen entstanden mit einem speziell zusammengestellten Orchester (»Ein großes Filmorchester« bzw. »Orchester Martin Böttcher«), das sich u.a. aus Musikern des Sinfonieorchester Hamburg und der Berliner Philharmoniker zusammensetzte. Die Arbeitsbelastung, die so groß war, daß Böttcher 1965 einen Herzanfall erlitt, wurde noch gesteigert durch ein intensives Interesse des Publikums. *BRAVO*-Reporter »Harry Fix« beschied im Jahr 1965 Leserin Karin S. aus Heessen: »Spezialwünsche auf Tonband zu musizieren, dazu hat Martin Böttcher natürlich keine Zeit.« Als Gastdirigent arbeitete Böttcher mit dem Rundfunkorchester Hannover des NDR, dem Radio-Sinfonie-Orchester München und dem Filmorchester Babelsberg. Der bescheidene Musiker, der Max Steiner und Henry Mancini als seine Vorbilder nennt, lebt mit seiner Frau in Lugano und auf Sardinien. Sein Flügel steht seit Anfang der 90er Jahre im Steigenberger Parkhotel in Radebeul. 1995 erhält er den Deutschen Filmmusikpreis. Für seine Verdienst um Karl May wird ihm 1994 der → *Scharlih* verliehen. Karl May hat er nie gelesen.

Karl-May-Melodien: *Old Shatterhand-Melodie* (1962); *Tramp-Melodie* (1962); *Schut-Melodie* (1964); *Rih-Melodie* (1964); *Winnetou-Melodie* (1964); *Old-Surehand-Melodie* (1964); *Ölprinz-Melodie* (1965); *Chinla-River-Song* (1965); *Apanatschi* (1966); *Grand-Canyon-Melodie* (1968); *Kara Ben Nemsi Effendi* (1973).

Ausgewählte Filme: *Der Hauptmann und sein Held* (1955); *Die Halbstarken* (1956); *Endstation Liebe* (1957); *Kindermädchen für Papa gesucht* (1957); *Das verbotene Paradies* (1958); *Meine 99 Bräute* (1958); *Schmutziger Engel* (1958); *Ihr 106. Geburtstag* (1958); *Ohne Mutter geht es nicht* (1958); *Am Tag, als der Regen kam* (1959); *Willy, der Privatdetektiv* (1960); *Das schwarze Schaf* (1960); *Marina* (1960); *Auf Engel schießt man nicht* (1960); *Unser Haus in Kamerun* (1961); *Mörderspiel* (1961); *Und sowas nennt sich Leben* (1961); *Der Fälscher von London* (1961); *Max, der Taschendieb* (1962); *Das Gasthaus an der Themse* (1962); *Er kann's nicht lassen* (1962); *Der Schatz im Silbersee* (1962); *Winnetou 1. Teil* (1963); *Das Geheimnis der schwarzen Witwe* (1963); *Der schwarze Abt* (1963); *Winnetou 2. Teil* (1964); *Wartezimmer zum Jenseits* (1964); *Unter Geiern* (1964); *Das Ungeheuer von London City* (1964); *Die Diamantenhölle am Mekong* (1964); *Das*

Phantom von Soho (1964); *Der Schut* (1964); *Das Verrätertor* (1964); *Der Ölprinz* (1965); *Winnetou 3. Teil* (1965); *Old Surehand 1. Teil* (1965); *Winnetou und das Halbblut Apanatschi* (1966); *Lange Beine – lange Finger* (1966); *Die blaue Hand* (1967); *Der Mönch mit der Peitsche* (1967); *Die Ente klingelt um halb acht* (1968); *Winnetou und Shatterhand im Tal der Toten* (1968); *Klassenkeile* (1969); *Dr. med. Fabian – Lachen ist die beste Medizin* (1969); *Bengelchen liebt kreuz und quer* (1969); *Ich schlafe mit meinem Mörder* (1970); *Verliebte Ferien in Tirol* (1971); *Willi wird das Kind schon schaukeln* (1972); *Derrick* (1974, TV); *Es muß nicht immer Kaviar sein* (1977, TV); *Der Alte* (1977, TV); *Brot und Steine* (1979); *Der Trotzkopf* (1983, TV); *Schöne Ferien* (1985, TV); *Forsthaus Falkenau* (1989, TV); *Air Albatros* (1994, TV); *Winnetous Rückkehr* (1998, TV).
Autogrammadresse: Martin Böttcher, Via Longhena 3, CH-6900 Lugano.
Link: http://german.imdb.com/Name?B%F6ttcher,+Martin **und** http://home.t-online.de/home/filmmusik/index.htm

BRANDT, GUSTAV

siehe: Fürst des Elends.

BRAUNER, ARTUR

Filmproduzent (geb. 1.8.1918 Lodz, Polen). Kinozar in Berlin. Produzierte die Karl-May-Filme → *Old Shatterhand* (1964), → *Der Schut* (1964), → *Der Schatz der Azteken* (1965), → *Die Pyramide des Sonnengottes* (1965), → *Durchs wilde Kurdistan* (1965), → *Im Reiche des silbernen Löwen* (1965), → *Winnetou und Shatterhand im Tal der Toten* (1968) sowie den Fernsehfilm → *Freispruch für Old Shatterhand* (1965). Schon zu Lebzeiten eine Filmlegende (»Atze«, die Familie nennt ihn »Don Arturo«). Entdecker von Lex Barker. Lebt in immerwährender Konkurrenz zum Winnetou-Produzenten und Pierre-Brice-Entdecker → Horst Wendlandt (»Selznick von der Spree«), der einst bei ihm angestellt war. Seine Memoiren überschrieb er mit »Mich gibt's nur einmal«. Das ist kein Indiz für Größenwahn, bei Brauner stimmt es wirklich. Keiner hat die Geschichte des deutsche Films nach 1945 so nachhaltig beeinflußt wie der filmbesessene Workaholic aus Lodz in Polen. Die von ihm im September 1946 gegründete *Central Cinema Company* (CCC-Film) gehörte zeitweise zu den erfolgreichsten Filmproduktionen in Europa und ist heute diejenige Produktionsfirma in Deutschland, die am längsten ununterbrochen im Geschäft ist. 1950 nahmen die *CCC-Studios* in → Spandau ihren Betrieb auf; die seinerzeit modernen Atelieranlagen waren auf den Grundmauern einer chemischen Fabrik errichtet worden, die im 2. Weltkrieg Giftgas produziert hatte. Hunderte von Filmen wurden hier gedreht, ebenso ein Großteil der ersten ZDF-Produktionen. Schon als jugendlicher Kinogänger konnte sich der Sohn eines jüdischen Holzgroßhändlers nicht sattsehen an Indianergeschichten. Mit → Robert Siodmak diskutierte er in den 60er Jahren im Schneideraum, wie viele Azteken-Indianer jeweils von rechts oder links ins Bild zu reiten hätten. An praktisch allen wichtigen Filmserien war er beteiligt; er entdeckte Caterina Valente und Senta Berger, drehte Schlager- Mabuse- und Edgar-Wallace-Filme. Mit der monströsen Verfilmung *Kampf um Rom* erlitt er einen kapitalen Schiffbruch, doch bis zur Pleite wäre es schon damals für ihn ein weiter Weg gewesen. Diskussionen gab es 1990 um den Vorschlag, seinen Film *Hitlerjunge Salomon* zur Nominierung für den »Oscar« vorzuschlagen. Die verantwortlichen Gremien lehnten dies jedoch gegen den Widerstand von Fachleuten ab. Brauner, inzwischen im 9. Lebensjahrzehnt, 1998 über das Geheimnis seines Erfolges: »Ich arbeite seit über vierzig Jahren in Berlin und erlaube mir einen minimalen Urlaub an einigen Tagen im Sommer und einigen Tagen im Winter, sofern es die Zeit erlaubt. Meine Kollegen Produzenten haben eine Yacht, ein Haus in Schliersee oder in der Toscana, sie fahren nach Tahiti und erlauben sich, vier, sechs oder acht Wochen Urlaub zu machen. Diese Zeit, die sie nicht nutzen, wird von mir genutzt. So kann ich, wenn ich dazu noch ein wenig Glück habe, auch erfolgreicher sein.« 1996 fand aus Anlaß des 50jährigen Bestehens der CCC das → Karl-May-Fest in Berlin statt. Für seine Verdienste um Karl May wurde Artur Brauner mit dem → Scharlih geehrt.

Artur Brauner.

Produzierte Filme (Auswahl): *Herzkönig* (1947); *Morituri* (1948); *Mädchen hinter Gittern* (1949); *Maharadscha wider Willen* (1950); *Schwarze Augen* (1951); *Hollandmädel* (1953); *Die Kaiserin von China* (1953); *Die Privatsekretärin* (1953); *Stern von Rio* (1955); *Die Ratten* (1955); *Der 20. Juli* (1955); *Hotel Adlon* (1955); *Mein Vater, der Schauspieler* (1956); *Die Frühreifen* (1957); *... und abends in die Scala* (1958); *Mädchen in Uniform* (1958); *Es geschah am hellichten Tag* (1958); *Der Tiger von Eschnapur* (1959); *Das indische Grabmal* (1958); *Liebling der Götter* (1960); *Die 1000 Augen des Dr. Mabuse* (1960); *Der brave Soldat Schwejk* (1960); *Es muß nicht immer Kaviar sein* (1961); *Im Stahlnetz des Dr. Mabuse* (1961); *Das Geheimnis der schwarzen Koffer* (1962); *Die unsichtbaren Krallen des Dr. Mabuse* (1961); *Das Testament des Dr. Mabuse* (1962); *Sherlock Holmes und das Halsband des Todes* (1962); *Der Fluch der gelben Schlange* (1962); *Frühstück im Doppelbett* (1963); *Der Würger von Schloss Blackmoor* (1963); *Scotland Yard jagt Dr. Mabuse* (1963); *Der Henker von London* (1963); *Old Shatterhand* (1964); *Das Phantom von Soho* (1964); *Das Ungeheuer von London-City* (1964); *Der Schut* (1964); *Die Todesstrahlen des Dr. Mabuse* (1964); *Dschinghis Khan* (1965); *Das 7. Opfer* (1964); *Der Schatz der Azteken* (1965); *Die Pyramide des Sonnengottes* (1965); *Die Hölle von Manitoba* (1965); *Durchs wilde Kurdistan* (1965); *Im Reiche des silbernen Löwen* (1965); *Wer kennt Jonny R?* (1966); *Die Nibelungen 1. Teil: Siegfried* (1966); *Die Nibelungen 2. Teil: Kriemhilds Rache* (1967); *Geheimnisse in goldenen Nylons* (1967); *Kampf um Rom* (1968); *Winnetou und Shatterhand im Tal der Toten* (1968); *Das Geheimnis der schwarzen Handschuhe* (1970); *Der Kurier des Zaren* (1970); *Vampyros Lesbos* (1971); *Black Beauty* (1971); *Der Teufel kam aus Akasava* (1971); *X 312 – Flug zur Hölle* (1971); *Der Todesrächer von Soho* (1971); *Das Geheimnis des gelben Grabes* (1972); *Ruf der Wildnis* (1972); *Die Schatzinsel* (1972); *Leidenschaftliche Blümchen* (1978); *Die Spaziergängerin von Sans Souci* (1982); *S. A. S. Malko – Im Auftrag des Pentagon* (1983); *Eine Liebe in Deutschland* (1983); *Hanussen* (1988); *Der Rosengarten* (1990); *Hitlerjunge Salomon* (1990); *Von Hölle zu Hölle* (1996).

Literatur: Artur Brauner: *Mich gibt's nur einmal. Rückblende eines Lebens.* München / Berlin 1976. – Claudia Dillmann-Kühn: *Artur Brauner und die CCC. Filmgeschäft, Produktionsalltag, Studiogeschichte 1946 – 1990.* [Ausstellungskatalog]. Frankfurt/M. 1990. – Karl-May-Archiv (Hrsg.): *50 Jahre CCC-Film Artur Brauner.* Göttingen 1996. – Herlinde Koelbl: *Jüdische Portraits.* Frankfurt/M. 1998.

Autogrammadresse: Artur Brauner, c/o CCC-Film, Verlängerte Daumstr. 16, D-13599 Berlin.

Link: http://www.dem.de/entertainment/stars/index2.html

BRÄUNSDORF

Gemeinde in Sachsen. Hier stahl Karl May am 4.6.1869 dem Gastwirt Schreier ein altes Pferd, das immerhin noch 66 Taler kosten sollte.

BRAVO (ZEITSCHRIFT)

siehe auch: Starschnitt.

Jugendzeitschrift. Herausgegeben vom *Heinrich-Bauer-Verlag* (München), vormals vom *Kindler & Schiermeyer Verlag* (München). Erschien erstmals am

26.8.1956 als »Zeitschrift für Film und Fernsehen«. In den sechziger Jahren unter der Chefredakteurin Lieselotte Krakauer wichtige Marketingbastion der Karl-May-Filme. In wechselseitiger Abhängigkeit zehrte *BRAVO* vom Erfolg der Filme und förderte gleichzeitig das Interesse an ihnen. Zwar hatte das Blatt den Anfang der Welle regelrecht verschlafen, aber 1964 rückten die Karl-May-Stars → Pierre Brice, → Marie Versini und → Lex Barker mit massiver *BRAVO*-Unterstützung an die Spitze der beliebtesten Filmschauspielern. Sie verdrängten Ruth Leuwerik und → O.W. Fischer von ihren angestammten Plätzen und konkurrierten mit den Beatles um die Vorherrschaft auf den Titelseiten. Pierre Brice und Marie Versini wurden zum neuen Traumpaar des deutschen Films aufgebaut. *BRAVO* berichtete über alle Schicksalsschläge: »Marie und Pierre mußten sich trennen. Während Marie mit Lex Barker in Jugoslawien den Karl-May-Film *Der Schut* dreht, steht Pierre in Südamerika vor der Kamera. Daß die beiden getrennt filmen, ist für ihre zahllosen Fans bitter. Aber *BRAVO* hat für alle Anhänger dieses beliebten Paares einen Trost bereit: Filmproduzenten sind bereits eifrig auf der Suche nach einer neuen Film-Story, die Marie und Pierre vor der Kamera wieder vereint.« *Harry Fix* beantwortete knifflige Leseranfragen, und Reporter *Dirk Fonda* (= Dieter Bochnow) informierte die Leser in ausführlichen Fortsetzungsgeschichten über Details aus dem Leben der Karl-May-Stars: »Ein Mann mit 1000 Abenteuern: Pierre Brice« (11 Folgen); »Lex Barker packt aus« (7 Folgen); »Marie Versini: Alle Tage meines Lebens« (9 Folgen). Es gab ein Winnetou-Mobile, die Schnittanleitung für ein Winnetou-Kostüm und eine Schallfolie mit den Stimmen der Stars. Alle *BRAVO*-Kreativität kulminierte in der genialen Idee mit dem → Starschnitt. Scheibchenweise wurden die Karl-May-Stars vom Fuß bis zum Scheitel ins Haus geliefert. Über 70 Wochen wurden die jugendlichen Leserinnen und Leser damit beschäftigt, die Einzelteile zu sammeln, auszuscheiden und zusammenzukleben. Als besondere technische Herausforderung erwies es sich seinerzeit, das überlange Gewehr von Lex Barker an die Wand zu heften. Popularitätsbarometer der Stars war die jährliche »*BRAVO*-Otto-Wahl«. Die Trophäe, ursprünglich ein Berliner Beleuchter, wurde unter dem Eindruck der Karl-May-Welle in einen putzigen kleinen Indianer umgewandelt. Jahrelang waren Pierre Brice und Marie Versini die beliebtesten Filmstars in Deutschland. Brice heimste den Otto insgesamt 11mal ein.

Literatur: Thommi Herrwerth: *Partys, Pop und Petting. Die Sixties im Spiegel der* BRAVO. Marburg 1997.

Anschrift: BRAVO, Charles-de-Gaulle-Str. 8, D-81737 München.

Link: http://online.prevezanos.com/schlager/bravo.shtml

BRECHT, BERTOLT

Schriftsteller, Dramatiker, Regisseur (geb. 10.2.1898 Augsburg; gest. 14.8.1956 Berlin, DDR). Karl-May-Fan. Ein Freund berichtete: »1909 hielt in → Augsburg Karl May einen Lesevortrag. Ich weiß noch, daß sich Brecht für diese Veranstaltung sehr interessierte. Brecht beschäftigte sich viel früher mit

Literatur als wir. Als er längst alle Karl-May-Bände durchgelesen hatte, begannen auch wir damit.«

BRICE, PIERRE

D. i. Pierre Louis de Bris. Französischer Schauspieler (geb. 6.2.1929 Brest). Der beste Winnetou, den es je gab – echter als das Vorbild. Spielte den Häuptling der Apatschen in *Der Schatz im Silbersee* (1962); → *Winnetou 1. Teil* (1963); → *Old Shatterhand* (1964); → *Winnetou 2. Teil* (1964); → *Unter Geiern* (1964); → *Der Ölprinz* (1965); → *Winnetou 3. Teil* (1965); → *Old Surehand 1. Teil* (1965); → *Winnetou und das Halbblut Apanatschi* (1966); → *Winnetou und sein Freund Old Firehand* (1966); → *Winnetou und Shatterhand im Tal der Toten* (1968) sowie in den Fernsehfilmen → *Mein Freund Winnetou* (1980) und → *Winnetous Rückkehr* (1998). Trat außerdem als Winnetou auf bei den Karl-May-Spielen in → Elspe (1976-79, 1982-86) und → Bad Segeberg (1988-91, 1999 als Regisseur) sowie bei Theatergastspielen in Dortmund (1982, geplatzte → Winnetou-Tournee) und → Wien (1980/83). Der Sohn eines bretonischen Bahnbeamten wollte ursprünglich Innenarchitekt werden; doch anstatt das Dasein von Menschen zu verschönern, läßt sich der patriotische junge Mann zur Marine verpflichten und geht als Soldat nach Algerien, später nach Indochina. Mit 23 quittiert er den Militärdienst, der ihm traumatische Erlebnisse bescherte, über die er sich erst Jahrzehnte später als gereifter Mann öffentlich äußert. Er faßt den Plan, Schauspieler zu werden und übt sich neben Brigitte Bardot als Tänzer oder als Model in Fotoromanen. Später spielt er einen sympathischen Mörder in *Unschuld im Kreuzverhör* (1959) oder edle Helden in albernen italienischen Historienfilmen. Bei den Berliner Filmfestspielen 1962 sieht ihn → Horst Wendlandt, der auf der Suche nach einem geeigneten Winnetou ist. Doch als ihn der Produzent sprechen will, ist Brice bereits aus Berlin abgereist. Erst ein Anruf seines Schauspielerkollegen Ivan Desny holt ihn wieder zurück und verhilft ihm zu der Rolle, die sein Leben von Grund auf verändern wird. Als edler Apatschenhäuptling, den Brice mit behender Eleganz und sinnlicher Ausstrahlung verkörpert, steigt der grünäugige Franzose zum beliebtesten Schauspieler Deutschlands auf. Niemand sammelt mehr → *BRAVO*-Ottos ein als er; zeitweise muß er mehrere Sekretärinnen beschäftigen, um die Fanpost zu bewältigen. Zusammen mit seiner Filmschwester → Marie Versini bildet er das neue Traumpaar des deutschen Kinos. Als die Karl-May-Welle 1968 zu Ende geht, bedeutet das einen unerwarteten Karriereknick für ihn. 1976 jedoch wird der Schauspieler von den Karl-May-Spielen → Elspe als Besuchermagnet verpflichtet. Damit beginnt für ihn eine Freilichtbühnenkarriere, die ihn ab 1988 auch nach → Bad Segeberg führt und letztlich Auslöser ist für zwei *Winnetou*-Fernsehverfilmungen (1980 und 1998), die jedoch nicht an den Erfolg der früheren Kinofilme anschließen können. Pierre Brice lebt mit seiner Frau Hella, einer deutschen Arzttochter, die er 1976 auf einem Filmball kennenlernte, in Paris. Für seine Verdienste um Karl May wurde ihm 1999 von → Theo Waigel der → *Scharlih* überreicht. Ans Aufhören denkt er nicht, auch seine oft angekündigten Memoiren schiebt er von Jahr zu Jahr auf. Alles ist möglich bei Winnetou. Wie sagte der Apatsche in *Winnetous Rückkehr*? »Der große Geist hat entschieden, daß meine Zeit noch nicht gekommen ist.«

Filme: *Harte Fäuste – heisses Blut* (1954); *Der Tag und die Nacht* (1958); *Die sich selbst betrügen* (1958); *Schrei, wenn du kannst* (1958); *Aufstand der Tscherkessen* (1959); *Unschuld im Kreuzverhör* (1959); *Die Mühle der versteinerten Frauen* (1960); *Die Frau der Pharaonen* (1960); *Die Bacchantinnen* (1960); *Tartaren in der Teufelsschlucht* (1961); *Ritt in die Freiheit* (1961); *Sie nennen es Liebe* (1961); *Akiko* (1961); *Der Schatz im Silbersee* (1962); *Robin Hood in der Stadt des Todes* (1963); *Zorro gegen Maciste – Kampf der Unbesiegbaren* (1963); *Winnetou 1. Teil* (1963); *Old Shatterhand* (1964); *Die goldene Göttin vom Rio Beni* (1964); *Winnetou 2. Teil* (1964); *Unter Geiern* (1964); *Schüsse im Dreivierteltakt* (1965); *Die Hölle von Manitoba* (1965); *Der Ölprinz* (1965); *Winnetou 3. Teil* (1965); *Old Surehand 1. Teil* (1965); *Gern hab' ich die Frauen gekillt* (1966); *Winnetou und das Halbblut Apanatschi* (1966); *Winnetou und sein Freund Old Firehand* (1966); *Kampf der Titanen gegen Rom* (1966); *Die Nacht gehört uns* (1967); *Winnetou und Shatterhand im Tal der Toten* (1968); *Die Reue des Pièrre Guilhem* (1968); *Erika* (1971); *Die Puppe des Gangsters* (1974); *Mein Freund Winnetou* (1980, TV); *Zärtliche Chaoten* (1987); *Die Hütte am See* (1992, TV); *Der blaue Diamant* (1992, TV); *Klinik unter Palmen* (1996, TV); *Winnetous Rückkehr* (1998, TV). **Als Winnetou bei den Karl-May-Spielen Elspe:** *Der Ölprinz* (1976); *Der Schatz im Silbersee* (1977); *Winnetou I* (1978); *Winnetou II* (1979); *Winnetou III* (1980); *Der Schatz im Silbersee* (1982); *Der Ölprinz* (1983); *Winnetou 1* (1984); *Winnetou 2* (1985); *Winnetou 3* (1986). **Als Winnetou bei den Karl-May-Spielen Bad Segeberg:** *Winnetou, der Apache* (1988); *Der Schatz im Silbersee* (1989); *Winnetous letzter Kampf* (1990); *Winnetou – Das Vermächtnis* (1991); **Als Regisseur bei den Karl-May-Spielen Bad Segeberg:** *Halbblut* (1999). **Auszeichnungen:** *Bravo-Otto:* 1964 (Bronze), 1965-1971 (Gold), 1972 (Silber), 1976-1977 (Gold), 1978 (Bronze). *Bambi:* 1964-1966, 1987 (Jubiläumsbambi), 1990.

Autogrammadresse: Pierre Brice, c/o Agentur Riese-Burghardt, Grunerstr. 60 b, D-40239 Düsseldorf.

Link: http://us.imdb.com/Name?Brice,+Pierre **und** http://www.dem.de/entertainment/stars/index2.html

BRIEFMARKE

Winnetou als Briefmarke, das ist wie ein Oscar für → Pierre Brice. Winnetou hat es geschafft, nachdem Karl-May-Fans zähe Lobbyarbeit vollbracht hatten: Am 12.2.1987 erschien aus Anlaß des 75. Todestags des Autors endlich das längst verdiente 80-Pfennig-Sonderpostwertzeichen »Karl May« mit dem Motiv des Bucheinbandes von *Winnetou I* (Entwurf: Helga Regenstein nach einem Originalbild von → Carl Lindeberg, Größe: 27,5 x 32,8 mm, Druck: Vierfarben-Rastertiefdruck der Bundesdruckerei Berlin).

BRINKLEY

Romanfigur. Genannt »der rote Cornel«. Erscheint in → *Der Schatz im Silbersee*. Anführer der Tramps. Hat rotgefärbte Haare. Um sich in den Besitz des

Plans vom → Silbersee zu setzen, ermordet er die Familie Engel. Bestiehlt → Old Firehands Reisegefährten Butler. Mit 400 Tramps überfällt er die Butler-Farm, später eine Eisenbahnstation. Old Firehand zerschießt ihm eine Hand, der Indianer Nintropan-hauey schneidet ihm ein Ohr ab. Er stirbt qualvoll am Marterpfahl der Utahs. – Erscheint auch im Film → *Der Schatz im Silbersee* (1962, überzeugend dargestellt von → Herbert Lom). Er behält sein Ohr (aus Gründen des Jugendschutzes) und endet nicht am Marterpfahl, sondern im Schlamm des Silbersees, in dem der Schatz versinkt.

Werke: Karl May: *Der Schatz im Silbersee* (= GWB 36).

BUFFALO BILL

D. i. William Frederick Cody. Kavalleriescout, Büffeljäger, Zirkusunternehmer (geb. 26.2.1846 Scott County, Iowa, USA; gest. 10.1.1917 Denver, Colorado, USA). »Buffalo Bill kenne ich persönlich; er war Spion und guter Führer, sonst nichts. Zu den Westmännern à la Old Firehand wurde er nicht gerechnet. Sein eigentlicher Name ist Cody.« So geflunkert von Karl May 1894 gegenüber Carl Jung. → Patty Frank, später Hüter des → Karl-May-Museums, war dermaßen angetan von *Buffalo Bill's Wild West Schau*, daß er nach einem Besuch im Wiener Palmengarten gleich als Helfer (»Junger Mann zum Mitreisen gesucht!«) dabeiblieb.

BULGARIEN

Karl May war in Bulgarien immer populär. Die Zuneigung ist gegenseitig: Bulgaren kommen bei ihm positiv weg, so der Knecht *Janik* und die Magd *Anka*, denen Kara Ben Nemsi zur Heirat verhilft. Erste Karl-May-Ausgabe in bulgarischer Sprache 1918. Zwischen 1933 und 1944 erscheinen 28 Titel, die zumeist aus dem Französischen übersetzt waren. 13 weitere Titel folgen zwischen 1945 und 1947. Nach einer langen Phase des Stillstands kommt es ab 1970 zu einer Karl-May-Renaissance, als der bedeutendste bulgarische Karl-May-Kenner Wesselin Radkov zahlreiche Bände in die Landessprache übersetzt. – 1966 entsteht der Karl-May-Film *Das Vermächtnis des Inka* (Regie: → Georg Marischka) zu großen Teilen in Bulgarien (bulg.: *Zavetut na inkata*).

Literatur: Pete Wolf: *Karl May in »Ost« und »West«. Zur Karl-May-Rezeption in CSSR, Ungarn, Polen und anderen Ländern.* Sonderheft KMG 77.

BUNTE ILLUSTRIERTE

siehe auch: Bild und Funk; Micky Maus; Mickyvision.

Zeitschrift aus dem Burda-Verlag (Offenburg). Zwischen 1965 und 1966 veröffentlichte das Familienblatt vier Bildergeschichten zu Karl-May-Filmen. Sie ahmte damit das auflagensteigernde Muster ihrer Schwesterzeitschrift → *Bild und Funk* nach, die im selben Verlag erschien.

Filme und Bildergeschichten: *Der Ölprinz* (20 Folgen, Nr. 23-43/1965); *Durchs wilde Kurdistan* (10 Folgen, Nr. 44/1965 – 2/1966); *Old Surehand 1. Teil* (31 Folgen, Nr. 3-

34/1966); *Im Reiche des silbernen Löwen* (Titel: *Durchs wilde Kurdistan* 2, 14 Folgen, Nr. 35-49/1966).

BURIAN, ZDENEK

Tschechischer Maler (geb.11.2.1905; gest. 1.7.1981). Schuf Ende der 50er und Anfang der 60er Jahre atmosphärisch dichte Illustrationen zu Karl Mays Werken. Entwickelte besonderes Interesse an der Darstellung von Indianern und Wildwest-Motiven. Schuf Illustrationen zu zahlreichen Jugendbüchern der Weltliteratur (u.a. John Fenimore Cooper, Daniel Defoe, Alexandre Dumas, Zane Grey, Rudiyard Kipling, Robert Kraft, Jack London, Frederick Marryat, Jules Verne). Daneben ausgedehnte Serie mit Urzeitmotiven.

Literatur: Petr M. Sadecky: *Zdenek Burian. Monographie in 5 Teilen.* Bonn 1982. – Eva Hochmanová-Burianová: *Zdenek Burian – pravek a dobrodruzstvi.* Prag 1991.

BURTON, TOBIAS PREISEGOTT

Eigentlich: Henry Fox. Spitzname: Stealing-Fox. Verbrecher, der als Mormone auftritt. Trägt einen hohen Chapeau claque und eine Brille. Unter dem Namen Weller bestiehlt er den Bärenjäger → Baumann. Mörder der Eltern von Bloody-Fox. Führt als Anführer der Geier im → Llano Estacado Auswanderertrecks ins Verderben. Bricht sich auf der Flucht den Hals. – Erscheint im Film *Unter Geiern* (1964, hervorragend verkörpert von → Mihail Baloh).

Werke: Karl May: *Unter Geiern* (= GWB 35).

»DAS BUSCHGESPENST« (BUCH)

Die Geschichte des jungen Förstersohns Gustav Brandt, der unschuldig des Mordes angeklagt wird und fliehen muß. Nach 20 Jahren kehrt er unerkannt als steinreicher Fürst von Befour in seine Heimat zurück, um die wahren Schuldigen ihrer verdienten Strafe zuzuführen. Ursprünglich Teil des Kolportageromans → *Der verlorene Sohn oder Der Fürst des Elends*, erschienen 1884-86 im Verlag von → H.G. Münchmeyer. Der Originaltext ist über die Webseite der → Karl-May-Gesellschaft als Download verfügbar.

Werke: Karl May: *Das Buschgespenst* (= GWB 64). *Der Fremde aus Indien* (= GWB

Zdenek Burian: Indianerbild (verwendet als Titel GWB 33 »Winnetous Erben«).

65). *Der verlorene Sohn* (= GWB 74). *Sklaven der Arbeit* (= GWB 75). *Der Eremit* (GWB 76). **Link:** http://karlmay.uni-bielefeld.de/kmg/primlit/roman/sohn/index.htm

»DAS BUSCHGESPENST« (FILM)

Fernsehfilm (DDR 1986). Mit Rolf Ludwig (Arndt), Kurt Böwe (Förster Wunderlich), Marianne Wünscher (Barbara Wunderlich), Detlef Gieß (Fritz Seidelmann), Barbara Dittus (Frau Seidelmann), Andreas Herrmann (Eduard Hauser), Heike Meyer (Angelika Hofmann), Ulrich Mühe (Kaufmann Strauch), Hermann Beyer (Leichengräber), Peter Bause (Pfarrer), Fred Delmare (Wirt). Buch: Friedemann Schreiter. Regie: Vera Loebner. – *Inhalt:* In einer kleinen Stadt im Erzgebirge leiden die Weber unter der drückenden Herrschaft des Tuchhändlers. Der einst unschuldig verurteilte Arndt sorgt als *Fürst des Elends* für Gerechtigkeit und legt dem Buschgespenst das Handwerk. – »Fernsehleckerbissen nach Karl May« (Junge Welt 1986). Der meistausgezeichnete Karl-May-Film: *Bester Fernsehfilm der DDR 1986*. Kritikerpreis *Die große Klappe* der Sektion Theorie und Kritik des Verbandes der Film- und Fernsehschaffenden der DDR 1987. VIII. Leistungsvergleich des Bereichs Fernsehdramatik des DDR-Fernsehens 1987 für dramatische Produktionen des Jahres 1986: *Goldener Bildschirm*. *Der Karl-May-Fan meint:* Wirklich gut. Der Film ist deshalb so gelungen, weil nichts anderes als ins Märchen transponierte DDR-Wirklichkeit gezeigt wird. Mit dem Wilden Westen hätte das nicht geklappt.
Literatur: Michael Petzel: *Karl-May-Filmbuch*. Bamberg 1998.

Das Buschgespenst: Rolf Ludwig als Waldmensch.

C

CALDERN

Gemeinde bei Marburg (Hessen). Karl-May-Spiele in den Jahren 1996 und 1997. Das Nordhessische Landestheater führte jeweils das Stück *Winnetou* auf. Gespielt wurde auf dem Gelände des Reit- und Fahrvereins Oberlahntal in Caldern. *Der Karl-May-Fan meint:* Ohne Karl-May-Begeisterung von uninteressierten Profis gespielt.

CALL, DANIEL

Bühnenautor (geb. 1967 Aachen). Schrieb das Stück *Tumult auf Villa Shatterhand* (Uraufführung: 29.11.1997 Stadttheater Dortmund). Nach Studium der Philosophie, Geschichte und Theaterwissenschaft an Theatern in Aachen, Göttingen und Parchim tätig. Lebt seit 1992 als freier Autor, Dramaturg und Regisseur in Berlin. Bisher 14 Stücke (*Wetterleuchten*, übersetzt ins Englische, Französische, Finnische und Griechische). Sein Karl-May-Stück kritisierte Karl-May-Verleger → Lothar Schmid im Internet: »Die zahlreichen Zweideutigkeiten, sexuellen Anspielungen und bisweilen Abrutscher in Fäkalsprache drücken einen recht pubertären Pennälerhumor aus. Übrig bleibt ein entstelltes Porträt des Künstlers, der der Lächerlichkeit preisgegeben und sowohl von geträumten wie realen Personen als Witzfigur behandelt wird.« (1998)

CAMERON, ROD

D.i. Nathan Roderick Cox. Kanadischer Schauspieler (geb. 7.12.1910 Calgary, Alberta, Kanada; gest. 21.12.1983 Gainesville, Florida, USA). Spielte in → *Winnetou und sein Freund Old Firehand* (1966) den bisher einzigen → Old Firehand der Filmgeschichte. Komplettierte in den Winnetou-Filmen von → Horst Wendlandt nach Old Shatterhand und Old Surehand die Reihe der »Olds«. Der zur Zeit der Dreharbeiten 56jährige Western-Veteran (»Kanadas Cow-Greis« nannte ihn respektlos eine Zeitung) hatte über 125 Filme gedreht, darunter jedoch keinen Titel, der der Erinnerung wert gewesen wäre. Wie viele US-Schauspieler war er Anfang der 60er Jahre nach Europa gekommen und hatte 1964 einen Part in dem → Sauerkraut-Western *Die letzten Zwei vom Rio Bravo* übernommen. Mit der Wahl des sympathischen Schauspielers (hatte im Judo den vierten Kiu-Grad errungen) bewies Winnetou-Produzent → Horst Wendlandt eine wenig glückliche Hand: Als »Held der Jungen« nach Lex Barker und Stewart Granger hatte der Waschbärfell-bemützte Cameron keine Chance. Ebensowenig konnte der unromantische *Firehand*-Film mit der harten → Italo-Konkurrenz mithalten. Enttäuscht ging der Schauspieler zurück in die USA. 1971 konnte man ihn noch einmal in dem Stunt-Film *Evil Knievel* sehen.

Ausgewählte Filme: *The Old Maid* (1939); *Die scharlachroten Reiter* (1940); *Zum Leben verdammt* (1941); *Keine Zeit für die Liebe* (1943); *Tagebuch einer Frau* (1944); *Rivalen am reißenden Strom* (1948); *Apachenschlacht am schwarzen Berg* (1951); *Reiter gegen Sitting Bull* (1951); *Karawane westwärts* (1952); *Spur in der Wüste* (1953); *Amigo mio – Der Bandit von Vera Cruz* (1956); *Stadt ohne Sheriff* (1963); *Die letzten Zwei vom Rio Bravo* (1964); *Winnetou und sein Freund Old Firehand* (1966); *Evil Knievel* (1971); *Love and the Midnight Auto Supply* (1978).

Link: http://german.imdb.com/Name?Cameron,+Rod

CAMUS, MARCEL

Französischer Regisseur und Drehbuchautor (geb. 21.4.1912 Chappes, Frankreich; gest. 13.1.1982 Paris, Frankreich). Regisseur der französisch-deutsch-schweizerischen Fernsehserie → *Mein Freund Winnetou* (mit → Pierre Brice, → Siegfried Rauch und → Ralf Wolter). Camus war bekannt geworden durch den Film *Orfeu Negro* (1959), der sein einziger internationaler Erfolg bleiben sollte. Die 14teilige *Winnetou*-Serie realisierte er in Mexiko im Alter von 66 Jahren. Leider fehlte ihm jegliche May-Kenntnis; herausgekommen ist ein langweiliger Indianer-Kulturfilm, der penetrant die Botschaft vom naturverbundenen roten Mann verkündet.

Ausgewählte Filme: *Mort en fraude* (1957); *Orfeu Negro* (1959); *Brasilianische Rhapsodie* (1960); *Le Chant du monde* (1965); *Le Mur de l'Atlantique* (1970); *Mein Freund Winnetou* (1980, TV); *Le Féminin pluriel* (1982, TV).

Link: http://german.imdb.com/Name?Camus,+Marcel

CARRELL, RUDI

Holländischer Showmaster und Entertainer (geb. 19.12.1934 Alkmaar, Holland). In der von Radio Bremen produzierten *Rudi-Carrell-Show* gab es am 5.6.1971 den letzten gemeinsamen Auftritt von → Lex Barker, → Pierre Brice und → Marie Versini in ihren Karl-May-Kostümen. Lex Barker starb am 11.5.1973.

CARSTENS, LINA

Schauspielerin (geb. 6.12.1892 Wiesbaden; gest. 22.9.1978). Spielt 1973 in der Fernsehserie → *Kara Ben Nemsi Effendi* die Mersina, die energische Wirtschafterin des Selim Agha.

Ausgewählte Filme: *Tom Sawyers und Huckleberry Finns Abenteuer* (1968, TV); *Der Bastian* (1973, TV); *Kara Ben Nemsi Effendi* (1973, TV); *Drei Männer im Schnee* (1974);

Lina Braake (1975); *Berlinger – Ein deutsches Abenteuer* (1975); *Die Ilse ist weg* (1976, TV); *Der Schimmelreiter* (1978).

Link: http://german.imdb.com/Name?Carstens,+Lina

CCC

siehe auch: Artur Brauner.

Filmproduktionsfirma und Filmstudio in Berlin-Spandau. Die CCC (gegründet 1946) ist die älteste ununterbrochen arbeitende Filmfirma in Deutschland. Produzierte (unter verschiedenen Firmierungen) die Karl-May-Filme → *Old Shatterhand* (1964), → *Der Schut* (1964), → *Der Schatz der Azteken* (1965), → *Die Pyramide des Sonnengottes* (1965), → *Durchs wilde Kurdistan* (1965), → *Im Reiche des silbernen Löwen* (1965) und → *Winnetou und Shatterhand im Tal der Toten* (1968), außerdem den Fernsehfilm → *Freispruch für Old Shatterhand* (1965). In den CCC-Studios (eröffnet 1950) entstanden die Innenaufnahmen zu den CCC-Filmen ebenso wie zu allen Winnetou-Filmen von → Horst Wendlandt (mit Ausnahme von *Der Schatz im Silbersee*). Anläßlich des 50jährigen Jubiläums der CCC fand das → Karl-May-Fest 1996 in Berlin statt.

Anschrift: CCC-Filmkunst GmbH, Verlängerte Daumstr. 16, D-13599 Berlin.

Link: http://www.cinegraph.de/etc/ateliers/ccc.html

Rudi Carrell (m.) mit Marie Versini und Lex Barker.

CEYLON

Heute: Sri Lanka. Wird von Karl May auf seiner Orientreise im Jahr 1899 besucht. Er kommt mit der »Bayern« (Norddeutscher Lloyd) am 6.10. in *Colombo* an, wo er sich bis zum 28.10. aufhält. Mit der »Vindobona« (Triester Lloyd) reist er am 3.11. zur Insel *Penang* vor der Küste von Malacca (damals britisch). Vom 4. bis 10.11. fährt der Schriftsteller mit dem Schiff nach *Padang* auf Sumatra. Am 24.11.1899 kehrt er auf der »Bromo« (Rotterdamer Lloyd) zurück nach Port Said in Ägypten.

CHANSON

Das einzige Chanson auf Karl May hat 1976 → Stephan Sulke gesungen, obwohl er kein Chansonnier, sondern ein Liedermacher ist: »Mein lieber Onkel May«.
Schallplatte: Stephan Sulke: *Stephan Sulke.* Intercord 160.048. **Wiederveröffentlicht auf CD:** Stephan Sulke: *Ausgewähltes.* Intercord 460.190.

CHARLOTTENBURG

Bezirk von Berlin. Vor dem Amtsgericht Charlottenburg wurde am 12.4.1910 die Beleidigungsklage Karl Mays gegen den Journalisten und Schriftsteller → Rudolf Lebius verhandelt. Dieser hatte May als »geborenen Verbrecher« bezeichnet. Das Urteil war sensationell: Lebius wurde die »Wahrnehmung berechtigter Interessen« zugebilligt und deshalb freigesprochen. Die Berufungsverhandlung fand vor dem Landgericht Berlin III in → Moabit statt.

CHEMNITZ

Karl-May-Stadt. Bei der Firma *C.F. Solbrig und Söhne* in Altchemnitz ist Karl May im Jahr 1861 als Fabrikschullehrer angestellt. Wegen Diebstahls an dem Buchhalter der Firma (er soll ihm eine Taschenuhr, Tabakspfeife und Zigarrenspitze entwendet haben) verbüßt er vom 8.9. – 20.10.1862 eine sechswöchige Haftstrafe im *Bretturm* (ehemalige Stadtbefestigung) von Chemnitz. Nach der Haftentlassung wird er aus dem Schuldienst entlassen und erkrankt an einer schweren Depression.

Chinesische Ausgabe von »Old Surehand I«.

CHINA

Handlungsort u.a. in *Kong-Kheou, das Ehrenwort* (1988/89, bearb. GWB 40 *Der blaurote Methusalem*) und *Et in terra pax* (1901, bearb. GWB 30 *Und Friede auf Erden*). Chinesen spielen eine wichtige Rolle in *Der schwarze Mustang* (1896/97, bearb. GWB 38 *Halbblut*). Zwar gibt May vor, sechs Dialekte des Chinesischen zu beherrschen, tatsächlich hat er sich vor allem Klischeevorstellungen angelesen: »Der Chinese zeichnet sich mehr durch List und Verschlagenheit als durch Körperkraft aus; er bramarbasiert gern, läßt sich aber durch Energie und Charakter sofort einschüchtern, und selbst wenn sich hier und da ein körperlicher Riese findet, so wohnt grad oft in einem großen Gehäuse eine desto kleinere und verzagtere Seele.« *(Am stillen Ozean)* – Im Reich der Mitte war man nicht nachtragend: Erstmals 1999 erschien eine chinesische Karl-May-Ausgabe, herausgegeben vom Verlag *Women's Publishing House* in gleich 22 Bänden (GWB 1-10, 14-16, 18-21, 23, 24, 36, 37 und 41). Am China-Abenteuer → *Der blaurote Methusalem* hatte der Verlag verständlicherweise kein Interesse. Die Startauflage ist für chinesische Verhältnisse ungewöhnlich niedrig: je Band 5.000 Exemplare. Nach → Latein und → Esperanto ist Chinesisch die 39. Sprache, in die Karl Mays Werke übersetzt wurde.

Literatur: Erwin Koppen: *Karl May und China*. In: Jb-KMG 1986. – Walter Schinzel-Lang: *Fundierte Kenntnisse oder phantasievolle Ahnungslosigkeit? Die Verwendung der chinesischen Sprache durch Karl May*. In: Jb-KMG 1991. – Werner Kittstein: *Ein Buch ist so gut wie sein Anfang. ›Kong-Kheou, das Ehrenwort‹ alias ›Der blau-rote Methusalem‹*. In: Jb-KMG 1994.

CINEMASCOPE

Filmtechnisches Verfahren. Mit anamorphotischer Linse arbeitendes Breitwandsystem. Entwickelt von Henry Chrétien, dessen Patentrechte von der Twentieth Century-Fox ausgewertet wurden. Da die → Karl-May-Filme in die weite Welt hinausführen, wurden sie durchweg in Breitwand gedreht (seit 1962, auch UltraScope, TechniScope). Welch ein majestätisches Gefühl, wenn der Kinovorhang noch ein Stück weiter auseinanderrückte!

CLUB DER WINNETOU-FREUNDE

Club für Leser des *Winnetou*-Comic aus dem → Walter-Lehning-Verlag. Gab es Mitte der sechziger Jahre. Mitglieder erhielten Club-Ausweis, Anstecknadel und Wimpel. Gesetze: »1. Sei immer ein guter Kamerad! 2. Sei immer hilfsbereit! 3. Rede nicht, handle! 4. Sei bestrebt, keinem zu schaden! 5. Sei gut zu Tieren!« Na, eben wie Winnetou.

COHRS, EBERHARD

Schauspieler (geb. 1921 Dresden; gest. 17.8.1999 Diensdorf). Komiker bei den Karl-May-Spielen → Bad Segeberg. Spielte Tante Droll in *Der Schatz im Silbersee* (1981), den Kantor in *Der Ölprinz* (1985), Tante Droll in *Halbblut* (1986), Sam Hawkens in *Winnetou I – Blutsbrüder* (1987) und abermals Tante

Droll in *Der Schatz im Silbersee* (1989). Der »kleene Sachse mit der großen Gusche« war ein Star in der ehemaligen DDR. 1977 ging er in den Westen, wo sein subversiver Humor naturgemäß keine Resonanz mehr fand und er sich mühsam eine neue Karriere aufbauen mußte. Von → Klaus-Hagen Latwesen wurde er nach Bad Segeberg geholt, wo er vor allem in der Rolle der → Tante Droll reüssierte. 1999 schoß er im Morphiumrausch auf seine Frau und verletzte sie schwer. Zu einer Anklage kam es nicht mehr; der Schauspieler erlag einem schweren Krebsleiden.

Ausgewählte Filme: *Hauptmann Florian von der Mühle* (1968); *Kreuzberger Liebesnächte* (1979); *Man ist so jung, wie man sich fühlt* (1990).

Link: http://german.imdb.com/Name?Cohrs,+Eberhard

COMEDY

Der Humor der 90er Jahre. Weil die, die ihn fabrizieren, auch ihre Jugenderinnerungen verarbeiten, darf Karl May natürlich nicht fehlen. An Winnetou und Old Shatterhand haben sich inzwischen nahezu alle Größen der Comedy-Branche versucht – und das Publikum dabei nicht selten an den Marterpfahl gebunden. Im Fernsehen war u.a. das Duo → *Badesalz* 1993 mit einer Parodie auf auf »Winnie und Shatty« zu sehen. Ab 1998 und mit einer neuen Staffel ab 1999 erschien das Heldenpaar als Dauergast in der *Pro-7*-Serie *Switch!* Comedy-Ursprungsmedium ist der Hörfunk; zahlreiche Interpreten haben ihre Gags auch auf CD veröffentlicht.

Comedy auf CD: Bodo Bach *Winnetou, Kapitel 1 – 5*. Auf: *Au Weia!* Sony 486597 (1996). Winnetou auf hessisch ist wirklich witzig! **Oliver Kalkofe, Oliver Welke** *Winnetou 1-Winnetou 17*. Auf: *Kalk & Welk*. Frühstyxradio 5031-2 (1996). **Michael Mittermeier** *Winnetou im Tal der Bluter*. Auf: *Zapped!* Zampano 74321 47109 2 (1997). **Radio Eins Live Comedy** *Winnetou reitet wieder*. Auf: *Nur wir sind so*. Emi Electrola 724382330929 (1997). ***Im toten Tal der Silbertränen** oder Winnetou und Else Kling*. Auf: *Die Straße der Gebeutelten*. WDR WortArt 780 41 (ca. 1999). **Helge Schneider** *Auf den Spuren Kara Ben Nemsis*. Auf: *Es rappelt im Karton*. Emi Electrola 724383669127 (ca. 1999). **Switch** *Winnetou. Kiffer, Winnetou: Squaw*. Auf: *Switch. Die CD Vol. 2*. Edel 0058472ERE (1999).

Karl-May-Comic (Unipart-Verlag).

COMICS

siehe auch: Arranz, Juan; Bessy; Filmbildgeschichten; Kauka, Rolf; Lehning-Verlag; Vandersteen, Willy.

Mit Auslaufen des Urheberschutzes für Karl Mays Werke im Jahr 1962 kamen verschiedene Comic-Adaptionen auf den Markt. Die wichtigsten Veröffentlichungen erschienen im → Walter-Lehning-Verlag (seit 1963; Zeichner: → Helmut Nickel) und im → Kauka-Verlag (im Rahmen der Zeitschrift *Fix und Foxi*). In den Niederlanden beauftragte der Verlag *Standaard* das belgische Zeichenstudio von → *Willy Vandersteen* mit der Herstellung einer Karl-May-Serie, die es auf 87 Hefte brachte. In Deutschland wurden diese Geschichten und unter Verzicht auf den Karl-May-Bezug in umgearbeiteter Form in der Comic-Zeitschrift → *Bessy* veröffentlicht. Eine zweite Welle von Karl-May-Comics gab es in den siebziger Jahren, als Geschichten des spanischen Zeichners → Juan Arranz in zahlreichen Ausgaben auf dem Markt erschienen. Die qualitativ besten Serien erschienen bei Lehning. – Im Ausland erschienen Karl-May-Comics u.a. in den Niederlanden, in Dänemark, in Polen, in der Tschechoslowakei und in Ungarn. – In Zusammenhang mit den Comics sind die → Filmbildgeschichten zu sehen, die in den 60er und 70er Jahren in den Zeitschriften → *Bild und Funk*, → *Bunte Illustrierte*, → *Micky Maus* und → *Mickyvision* erschienen. In der Grundstruktur ähneln sie Comic-Geschichten, jedoch ist das gezeichnete Bild durch ein Filmfoto ersetzt.

COMPUTERSPIELE

Super Mario und Linda Croft herrschen über den Bildschirm wie einst Winnetou und Shatterhand über die Prärie. Aber Achtung: Die Western von gestern sind auch vom Pentium nicht umzubringen, gegen echte Westleute ist jeder Virenkiller machtlos. 1993 erschien das erste Computerspiel nach Karl May unter dem verkaufsfördernden Titel *Der Schatz im Silbersee*, ein VGA-Grafik-Adventure mit damals höchst moderner Pop-Up-Menüsteuerung. Karl May sagt »Hallo! Ich bin Karl May«, und → Old Firehand trifft seinen alten Kumpel Winnetou. Einige Aufgaben: dem gefährlichen Panther einen Knüppel an den Kopf schmeißen, → Tante Droll per Spren-

Computerspiel »Der Schatz im Silbersee«.

gung befreien und den Stöpsel aus dem → Silbersee ziehen, damit der Bösewicht in den Untergang gesaugt wird. Das Game ist so schön altmodisch, daß es sich heute gar nicht mehr installieren läßt.

Für Sammler: *Karl-May-Edition: Der Schatz im Silbersee.* Eutin: Software 2000 (1993).

CONSTANTIN-FILM

Deutscher Filmverleih. Finanzier und Verleiher der Winnetou-Filme der 60er Jahre. Gegründet 1950 von dem dänischen Produzenten → Preben Philipsen und → Waldfried Barthel in Frankfurt/M. als *Constantin-Filmverleih GmbH.* 1957 wird der Firmensitz nach München verlegt. Anfang der 60er Jahre Aufstieg zur bedeutendsten europäischen Filmfirma (»Was Constantin bringt, kommt an!«). Entscheidenden Anteil am Erfolg der Firma hat der Chefdramaturg Gerhard F. Hummel, der zuerst die Edgar-Wallace- und später die Karl-May-Serie begründet. 1964 Umbenennung in *Constantin Film GmbH.*

Nach dem Start der Karl-May-Welle beteiligt sich die Constantin an der Herstellung des Sergio-Leone-Films *Für eine Handvoll Dollar* und gibt damit die Initialzündung zum Boom des → Euro-Western. In den 70er Jahren nimmt die Zahl der verliehenen Filme zu, die Qualität des Angebots jedoch ab. Zum Jahresende 1975 scheidet Firmengründer Waldfried Barthel aus der Geschäftsleitung aus. Im Zuge der allgemeinen Filmkrise geht die Constantin 1977 in Konkurs. Als Auffanggesellschaft wird die *Neue Constantin Film GmbH* (Sitz: München) gegründet, an der – im Lauf der Jahre in unterschiedlicher Konstellation – vor allem → Bernd Eichinger und Leo Kirch beteiligt sind. Als einziger Karl-May-Film wird von der *Neuen Constantin* noch einige Jahre → *Winnetou und Shatterhand im Tal der Toten* verliehen, während die Rechte der anderen Winnetou-Filme an die Produzenten → Brauner und → Wendlandt zurückfallen. 1999 wird die Constantin unter Führung von Eichinger in eine Aktiengesellschaft umgewandelt.

Bedeutende Constantin-Filme: *Wir Wunderkinder* (10.1958); *Der Frosch mit der Maske* (1959); *Die Bande des Schreckens* (1960); *Der grüne Bogenschütze* (1961); *Der Fälscher von London* (1961); *Die seltsame Gräfin* (1961); *Das Rätsel der roten Orchidee* (1962); *Die Tür mit den 7 Schlössern* (1962); *Das Gasthaus an der Themse* (1962); *Der Schatz im Silbersee* (1962); *Der Zinker* (1963); *Der schwarze Abt* (1963); *Das indische Tuch* (1963); *Das Haus in Montevideo* (1963); *Winnetou 1. Teil* (1963); *Zimmer 13* (1964); *Die Gruft mit dem Rätselschloß* (1964); *Old Shatterhand* (1964); *Freddy und das Lied der Prärie* (1964); *Der Hexer* (1964); *Winnetou 2. Teil* (1964); *Das Verrätertor* (1964); *Unter Geiern* (1964); *Dr. med. Hiob Prätorius* (1965); *Für eine Handvoll Dollar* (1965); *Neues vom Hexer* (1965); *In Beirut sind die Nächte lang* (1965); *Der Ölprinz* (1965); *Winnetou 3. Teil* (1965); *Old Surehand 1. Teil* (1965); *Der unheimliche Mönch* (1965); *Hokuspokus – oder: Wie lasse ich meinen Mann verschwinden?* (1966); *Für ein paar Dollar mehr* (1966); *Kommissar X – In den Klauen des goldenen Drachen* (1966); *Die Liebe einer Blondine* (1966); *Django* (1966); *Der Bucklige von Soho* (1966); *Das Geheimnis der weißen Nonne* (1966); *Die Nibelungen 1. Teil: Siegfried* (1966); *Die Hölle von Macao* (1967); *Die Nibelungen 2. Teil: Kriemhilds Rache* (1967); *Der Mörderclub von Brooklyn*

(3.1967); *Die blaue Hand* (1967); *Mord und Totschlag* (1967); *Die Rache des Dr. Fu Man Chu* (1967); *Der Mönch mit der Peitsche* (1967); *Herrliche Zeiten im Spessart* (1967); *Die Schlangengrube und das Pendel* (1967); *Rocco, der Einzelgänger von Alamo* (1967); *Die Wirtin von der Lahn* (1968); *Engelchen – oder: Die Jungfrau von Bamberg* (1968); *Die Lümmel von der ersten Bank* (1968); *Der Gorilla von Soho* (1968); *Morgens um sieben ist die Welt noch in Ordnung* (1968); *Die Artisten in der Zirkuskuppel: ratlos* (1968); *Winnetou und Shatterhand im Tal der Toten* (1968); *Quartett im Bett* (1968); *Kampf um Rom 1. Teil* (1968); *Kampf um Rom 2. Teil* (1969); *Pippi Langstrumpf* (1969); *Marquis de Sade: Justine* (1969); *Komm nach Wien, ich zeig Dir was* (1970); *Erinnerungen an die Zukunft* (1970); *Der Swimmingpool* (1970); *Josefine Mutzenbacher* (1970); *Schulmädchen-Report* (1970); *Der Kurier des Zaren* (1971); *Laßt uns töten, Companeros* (1971); *Herzflimmern* (1972); *Willi wird das Kind schon schaukeln* (1972); *Der Stoff aus dem die Träume sind* (1972); *Der Schrei der schwarzen Wölfe* (1972); *Alle Menschen werden Brüder* (1973); *Der unsichtbare Aufstand* (1973).

Literatur: Manfred Barthel: *So war es wirklich. Der deutsche Nachkriegsfilm.* München / Berlin 1986. – Joachim Kramp: *Hallo! Hier spricht Edgar Wallace. Die Geschichte der deutschen Kriminalfilmserie von 1959-1972.* Berlin 1998.

COTTBUS

Karl-May-Stadt. Sitz des → *Freundeskreises Karl May* (gegründet 1987 als erster Zusammenschluß von Karl-May-Freunden in der Noch-DDR).

CURLY-BILL

Der Bösewicht in dem Film → *Winnetou und das Halbblut Apanatschi* (1966, recht harmlos gespielt von Ilija Dzuvalekovski). Ohne Vorbild bei Karl May; die Figur hat sich Drehbuchautor → Fred Denger ausgedacht.

CUXHAVEN

Stadt an der Nordsee, Niedersachsen. Karl-May-Spiele 1964 (*Winnetou*) und 1965 (*Der Schatz im Silbersee*), veranstaltet vom Schauspiel Cuxhaven. Die Inszenierungen besorgten → Toni Graschberger, der spätere Intendant der Karl-May-Spiele → Bad Segeberg, und Bruno Thost, der als Schauspieler ebenfalls nach Bad Segeberg ging. Eine weitere Spielstätte des Theaters befand sich in → Wiesmoor.

D

DAGOVER, LIL

D. i. Marie Antonia Siegelinde Martha Seubert. Schauspielerin (geb. 30.9.1887 Madiun, Java; gest. 24.1.1980 München). Spielte Karl Mays zweite Frau Klara in → Hans Jürgen Syberbergs → *Karl May*. Die große Dame des deutschen Films war als Schauspielerin von der Stummfilmzeit bis kurz vor ihrem Tod aktiv: »Ich war immer in meinen Beruf verliebt. So sehr, daß ich eigentlich nur in den Filmstudios wirklich gelebt habe.« 1919 steht sie gemeinsam mit → Carl de Vogt, dem ersten Kara-Ben-Nemsi-Darsteller der Filmgeschichte, in dem Stummfilm *Die goldene Spinne* (Regie: Fritz Lang) vor der Kamera. Als sie an der Seite von → Helmut Käutner die Klara May spielt, ist sie 86 Jahre alt und überzeugt durch erstaunliche Intensität.

Ausgewählte Filme: *Die goldene Spinne* (1919); *Das Kabinett des Dr. Caligari* (1920); *Der müde Tod* (1921); *Dr. Mabuse, der Spieler* (1922); *Schlußakkord* (1936); *Es leuchten die Sterne* (1938); *Friedrich Schiller* (1940); *Bismarck* (1940); *Königliche Hoheit* (1953); *Die Barrings* (1955); *Bekenntnisse des Hochstaplers Felix Krull* (1957); *Die Buddenbrooks* (1959); *Die seltsame Gräfin* (1961); *Karl May* (1974); *Der Richter und sein Henker* (1976); *Geschichten aus dem Wienerwald* (1979).

Link: http://german.imdb.com/Name?Dagover,+Lil

DALL, KARL

Komiker und Talkmaster (geb. 1.2.1941 Emden). Ausgebildeter Schriftsetzer. Bekannt geworden als Mitglied der Berliner Blödelgruppe Insterburg & Co (*Ich hatte ein Mädchen...)*. Der Charakterkopf mit Schlupflid rühmt sich in Talkshows gern seiner Mitwirkung in Filmwerken wie *Dirndljagd am Kilimandscharo*. Er verschweigt hingegen, daß er bereits in → *Winnetou 1. Teil* in einer klitzekleinen Szene als → Komparse im Saloon von Roswell zu sehen war (mit rotkariertem Holzfällerhemd). Die Szene wurde in den → CCC-Studios in Berlin gedreht, wo Dall als Gelegenheitsstatist jobbte. Warum stehst Du nicht zu Karl, Karl?

Ausgewählte Filme: *Winnetou 1. Teil* (1963); *Freddy und das Lied der Prärie* (1964); *Quartett im Bett* (1968); *Hänsel und Gretel verliefen sich im Wald* (1970); *Gib Gas, ich will Spaß* (1982); *Das verrückte Strandhotel* (1983); *Dirndljagd am Kilimandscharo*

(1983); *Sunshine Reggae auf Ibiza* (1983); *Sieben Tage, sieben Köpfe* (1996, TV); *Karl-Dall-Show* (1999, TV). **Gesangstitel:** *Millionen Frauen lieben mich* (1988).
Link: http://german.imdb.com/Name?Dall,+Karl

DÄNEMARK

Kein Land der großen Karl-May-Begeisterung wie etwa die → Niederlande. Zwischen 1908 und 1930 erschienen neun May-Bücher, während der deutschen Besetzung acht Bände, und schließlich brachte 1962 der *Skandinavisk bogforlag* (Odense) eine sechsbändige Taschenbuchreihe heraus (darin *Der Schatz im Silbersee, Das Vermächhtnis des Inka, Die Sklavenkarawane*). Es war der dänische Filmproduzent → Preben Philipsen, der mit seinem Kapital dafür gesorgt hat, daß die Karl-May-Filme der 60er Jahre ein weiteres Kapitel in der Erfolgsstory des Autors bildeten.

Karl-May-Filme in Dänemark: Skatten I Solvsoen (*Der Schatz im Silbersee*, 1962); Winnetou – Praeriens Son (*Winnetou 1. Teil*, 1963); OLD SHATTERHAND (*Old Shatterhand*, 1964); KAMPEN I DE SORTE BJERGE (*Der Schut*, 1964); KRIGERHOVDINGEN WINNETOU (*Winnetou 2. Teil*, 1964); WINNETOU OG VESTENS SJAKALER (*Unter Geiern*, 1964); OLIEN FLAMMER OVER ARIZONA (*Der Ölprinz*, 1965); WINNETOU I DODENS FAVNTAG (*Winnetou 3. Teil*, 1965); WINNETOU OG NEVADA-BANDITTERNE (*Old Surehand 1. Teil*, 1965); MASSER AF GULD (APANATCHI) (*Winnetou und das Halbblut Apanatschi*, 1966); GRINGO-HAEVNEREN (*Winnetou und sein Freund Old Firehand*, 1966); INDIANEROVERFALDET I DODENS DAL (*Winnetou und Shatterhand im Tal der Toten*, 1968).

DDR I

Hans Knötzsch, der Regisseur des Fernsehfilm → *Präriejäger in Mexiko*: »Wenn ich in die Buchhandlung ging und nach einem Karl May-Buch fragte, sahen mich die Verkäuferinnen an, als hätte ich ihnen ein unsittlichen Antrag gemacht.«

DDR II

Karl May ist nach dem 2. Weltkrieg in der DDR nicht erwünscht. Er gilt als bürgerlich-dekadenter Autor. Dem in Radebeul ansässigen → Karl-May-Verlag wird es verwehrt, den Geschäftsbetrieb fortzusetzen, das → Karl-May-Museum wird umbenannt

Dänemark: Video von »Der Schatz im Silbersee«.

Pierre Brice besucht Karl-May-Museum und »Villa Bärenfett« in Radebeul.
Er hält das Duplikat von Karl Mays Silberbüchse.

in »Indianermuseum«. Mühsam halten Karl-May-Freunde aus Ost und West miteinander Kontakt. 32 Jahre nach Gründung der DDR setzt zur Jahreswende 1981/82 überraschend eine Karl-May-Renaissance ein. Vorausgegangen ist ein positives Votum des SED-Generalsekretärs → Erich Honecker im Politbüro. Januar 1983 erscheint im → *Verlag Neues Leben* (Berlin) das erste Karl-May-Buch in der DDR (*Winnetou I* mit einer Startauflage von 250.000 Bänden). Das Nachwort stammt vom 1. Sekretär des DDR-Schriftstellerverbandes, Gerhard Henniger. Am 1. Weihnachtstag 1982 ist vom DDR-Fernsehen bereits die Dokumentation *Ich habe Winnetou begraben* ausgestrahlt worden. 1983-86 kommen die Winnetou-Filme mit → Pierre Brice in die DDR-Kinos. 1984 erhält das Radebeuler Museum wieder seine ursprüngliche Bezeichnung *Karl-May-Museum*. Die Hölderlinstraße vor der Villa Shatterhand wird in *Karl-May-Straße* zurückbenannt. Im gleichen Jahr finden erstmals seit 1941 in → Rathen wieder Karl-May-Festspiele statt. 1985 wird in → Hohenstein-Ernstthal das → Karl-May-Haus als Museum eröffnet. 1986 entsteht mit → *Das Buschgespenst* der erste DDR-Spielfilm nach Karl May (in den Hauptrollen → Rolf Ludwig und Kurt Böwe). 1988 stattet Winnetou Pierre Brice dem Radebeuler Karl-May-Museum und den Karl-May-Spielen Rathen einen aufsehenerregenden Besuch ab. Als die Wende erfolgt, ist Karl May in der DDR Normalität.

Literatur: Christian Heermann: *Old Shatterhand ritt nicht im Auftrag der Arbeiterklasse.* Dessau 1995.

»DEADLY DUST«

Reiseerzählung. Erschienen 1880 in der Zeitschrift → *Deutscher Hausschatz* (Regensburg). Wird 1993 in den Band *Winnetou III* (Kap. 1 – 4) übernommen. Erster Auftritt von → Old Shatterhand. In der Geschichte, die teilweise im kalifornischen Goldgräbergebiet spielt, ist er mit seinen Begleitern Sans-ear, dem Juwelier Bernhard, dessen Diener Bob und zuletzt auch Winnetou auf der Spur der Verbrecher Fred und Patrik Morgan (Vater und Sohn). Die Schurken werden schließlich gefangen genommen und bei einem Fluchtversuch von Sans-ear getötet.

DENGER, FRED

Drehbuchautor (geb. 12.6.1920 Darmstadt; gest. 1983 Hohegeiß). Schrieb Drehbücher zu den Karl-May-Filmen → *Der Ölprinz* (Co-Autor), → *Old Surehand 1. Teil* (Co-Autor) und → *Winnetou und das Halbblut Apanatschi*. Nicht verfilmt wurden seine Vorlagen zu den Filmprojekten → *Trapper Geierschnabel* (1964) und *Winnetou und Kapitän Kaiman* (1966). Er war 13mal verheiratet (eine seiner Frauen heiratete er zweimal) und hatte 16 Kinder. Ständig in Geldnot, verfaßte er Vorlagen für über hundert Spielfilme. Bekannt wurde er vor allem durch das Theaterstück *Langusten* und das Buch *Der große Boss*, eine parodistische Fassung des Alten Testaments. Seine Beteiligung an den Karl-May-Filmen ist nicht in jedem Fall genannt, da er bisweilen seine Urheberrechte an Mitautoren verkaufte.

Ausgewählte Filme: *Auf Wiedersehen* (1961); *Der Ölprinz* (1965); *Onkel Toms Hütte* (1965); *Der unheimliche Mönch* (1965); *Old Surehand 1. Teil* (1965); *Um Null Uhr schnappt die Falle zu* (1966); *Winnetou und das Halbblut Apanatschi* (1966); *Hexen geschändet und zu Tode gequält* (1972); *Der Ostfriesen-Report* (1974).
Link: http://german.imdb.com/Name?Denger,+Fred

DEUTSCHE BAHN

Der Intercity IC 722 »Karl May« verkehrt zwischen Hannover und Dresden. »Von Zeit zu Zeit legte ich das Ohr an die Schienen und spähte dann wieder hinaus in die Gegend, woher der Zug kommen mußte« (Karl May in *Winnetou III)*.

»DEUTSCHE HERZEN, DEUTSCHE HELDEN«

Kolportageroman Karl Mays. In 109 Heften (2610 Seiten) anonym erschienen von 1885 bis 1887 im Verlag von → H.G. Münchmeyer (Dresden-Niedersedlitz). Unter Verfassernamen als illustrierte Buchausgabe ab 1901/02 in dem von → *Adalbert Fischer* übernommenen Verlag mit den Einzelbänden *Eine deutsche Sultana, Die Königin der Wüste, Der Fürst der Bleichgesichter I/II* und *Der Engel der Verbannten*. Zentrales Thema ist das Schicksal der Familie von Adlerhorst, deren Mitglieder rund 16 Jahre lang durch verbrecherische Machenschaften auseinandergerissen und ihres Besitzes beraubt waren. Der Held des Romans, Oskar Steinbach, entlarvt die Schurken Ibrahim-Bei und den ehemaligen Kammerdiener Florin und führt die Familienmitglieder derer von Adlerhorst wieder zusammen. – Als Theaterstück uraufgeführt am 16.5.1992 durch das E.T.A.-Hoffmann-Theater im Garten des Wasserschlosses Concordia in Bamberg (Regie Rainer Lewandowski). Nach → *Das Waldröschen* war es die zweite Bearbeitung eines Kolportageromans von Karl May.
Literatur: Karl May: *Allah il Allah* (=GWB 60); Karl May: *Der Derwisch* (= GWB 61); Karl May: *Im Tal des Todes* (= GWB 62); Karl May: *Zobeljäger und Kosak* (= GWB 63).

»DEUTSCHER HAUSSCHATZ«

Vollständiger Titel: »Deutscher Hausschatz in Wort und Bild«. Katholische Familienzeitschrift, hrsg. vom Verlag *Friedrich Pustet* (Regensburg). Veröffentlichte zwischen 1879 und 1909 zahlreiche Arbeiten Karl Mays, darunter die meisten seiner großen Reiseerzählungen. Zu Pustet unterhielt May die längste literarische Beziehung, die er je mit einem Verlag eingegangen ist.
Wichtigste May-Veröffentlichungen: 1879 *Three carde monte. Unter Würgern.* **1880** *Deadly Dust.* **1881** *›Giölgeda padishanün‹. Reise-Erinnerungen aus dem Türkenreiche. – Reise-Abenteuer in Kurdistan* (bis 1882). **1882** *Die Todes-Karavane. – In Damaskus und Baalbeck. Reise-Erinnerung* (bis 1883). **1883** *Stambul. Reise-Erinnerungen.* **1884** *Giölgeda padishanün. Reise-Erinnerungen aus dem Türkenreiche – Der letzte Ritt* (bis 1886). **1888** *Durch das Land der Skipetaren. Reise-Erinnerungen aus dem Türkenreiche. – Der Scout* (bis 1889). **1889** *Lopez Jordan – El Sendador, Theil I* (bis 1890). **1890** *Der Schatz*

der Inkas – El Sendador, Theil II (bis 1891). **1891**: *Der Mahdi. Erster Band. Am Nile. Reiseerzählung* (bis 1892). **1892** *Der Mahdi. Zweiter Band. Im Sudan. Reiseerzählung* (bis 1893). **1893** *Die Felsenburg. Reiseerzählung* (bis 1894). **1894** *Krüger-Bei. Reiseroman* (bis 1895). **1895** *Die Jagd auf den Millionendieb. Reiseerzählung* (bis 1896). **1896** *Freuden und Leiden eines Vielgelesenen.* **1897** *Im Reiche des silbernen Löwen* (bis 1898). **1907** *Der Mir von Dschinnistan* (bis 1909).

»DEUTSCHES FAMILIENBLATT«

Familienzeitschrift, erschien in zwei Jahrgängen 1875 – 1877 im Verlag → *H.G. Münchmeyer* (Dresden). Redaktionell von Karl May betreut. Das Blatt enthält sechs Erzählungen Mays, darunter → *Inn-nu-woh, der Indianerhäuptling* (1875). In dieser Geschichte, der ersten mit einem exotischen Handlungsort, tritt erstmals → Old Firehand auf. Der Sioux-Häuptling Inn-nu-woh stellt eine Vorstufe der Winnetou-Figur dar. Die Hauptmotive der Erzählung arbeitete May zum Anfangskapitel von → *Der Schatz im Silbersee* um.

DEUTSCHLANDHALLE BERLIN

siehe auch: Low, Bruce; Rojo, Gustavo.

Veranstaltungshalle in → Berlin (Messedamm). 1935 als weltweit größte Mehrzweckhalle (11.000 Sitzplätze) eröffnet. Veranstaltete in den Jahren 1966 und

Gustavo Rojo als Winnetou macht Reklame auf dem Kurfürstendamm für das Karl-May-Festival 1966 in der Deutschlandhalle.

1968 ein Karl-May-Festival mit den Stücken *Winnetou* und *Der Schatz im Silbersee*. Der legendäre Direktor Ferry Ohrtmann (»der General«) profitierte von der Karl-May-Filmwelle, die nur wenige Kilometer entfernt vom Rialto-Produzenten → Horst Wendlandt ausgelöst worden war. Die Hauptrollen übernahmen der Sänger → Bruce Low und der Schauspieler → Gustavo Rojo, der bereits in mehreren Karl-May-Filmen mitgespielt hatte. 1968 wirkte → Raimund Harmstorf in einer kleinen Rolle mit. Die Regie hatte bei beiden Inszenierungen Wolfgang Schleif. Im Einsatz waren 100 Darsteller, 50 Pferde und vier Planwagen. »Das Publikum ließ sich sein Vergnügen weder dadurch nehmen, daß Winnetou mitunter Mühe hatte, sein Pferd zu besteigen, noch dadurch, daß des öfteren ein höchst unamerikanischer Feuerwehrmann zwischen den Pappfelsen der ›Blutschlucht‹ zu sehen war. Besonders mit Beifall bedacht wurden Old Shatterhands Sangeskünste.« (*Frankfurter Rundschau* vom 3.10.1966) Nach 62 Jahren schloß die Berliner Deutschlandhalle am 31.12.1997 mit der letzten Vorstellung von *Menschen, Tiere, Sensationen* endgültig ihre Tore.

Literatur: *50 Jahre Deutschlandhalle.* Berlin 1985.

DILL, KLAUS

Maler und Grafiker (geb. 6.10.1922 Neustadt a. d. Weinstraße). Zwischen 1989 und 1993 Gemäldezyklus zur *Winnetou*-Figur. Die Bilder erschienen als Kalender, auf der Karl-May-Ausgabe des → Parkland-Verlags sowie in dem Buch *WesternArt* (1997). Bekannt geworden ist Dill als Maler von Filmplakaten. Er schuf rund 600 Plakate, darunter den Originalentwurf zu *12 Uhr mittags*. Ab 1965 zeichnete Dill 15 Jahre lang die Titelentwürfe für die → *Bessy*-Serie (→ Bastei-Verlag). Seit 1975 lebt und arbeitet er in Glashütten-Oberems im Taunus.

Werke: Klaus Dill: *Karl May, Winnetou. Der Kalender für das Karl-May-Jahr 1992*. Frankfurt/M. 1991. Klaus Dill: *Karl May, Winnetou II. Der Kalender im Karl-May-Jahr*. Frankfurt/M. 1992. Klaus Dill: *WesternArt*. Bergisch Gladbach 1997.

Link: http://www.germany.net/entertainment/literatur/klaus_dill.html

DIMMLER, HERMANN

Bühnenautor. Schrieb das erste Karl-May-Theaterstück *Winnetou* (uraufgeführt am 8.11.1919 in → München, Deutsches Theater).

Literatur: Hermann Dimmler: *Winnetou. Reiseerzählung von Karl May, für die Bühne bearbeitet*. Radebeul 1928.

DINSLAKEN

Stadt am Niederrhein (Nordrhein-Westfalen). Freilichttheater *Burghofbühne* mit Karl-May-Spielen 1959 (*Winnetou*, mit Artur Brauss), 1965 und 1966 (*Unter Geiern*, mit Claus-Theo Gärtner).

DITTRICH, MAX

Hauslehrer, Journalist, Militärschriftsteller (geb. 10.6.1844 Dresden; gest. 10.5.1917 Saalhausen bei Dresden). Dittrich lernte Karl May während gemeinsamer Haftjahre im Arbeitshaus Schloß Osterstein (→ Zwickau) kennen; er verbüßte dort eine 18-monatige Haftstrafe wegen Betrugs und Unterschlagung. Später arbeitete er als Redakteur für verschiedene Zeitungen, seit 1891 als freier Schriftsteller in Dresden. Für den mit ihm befreundeten Karl May setzte er sich nach 1900 publizistisch ein, indem er von May inspirierte oder sogar verfaßte Texte unter seinem Namen veröffentlichte (→ Rezensionen). Hierzu gehörte vor allem die Broschüre *Karl May und seine Schriften. Eine literarisch-psychologische Studie für Mayfreunde und Mayfeinde* (Dresden 1904; Reprint in: Schriften zu Karl May. Ubstadt 1976).

DOKTORARBEITEN

Karl May galt jahrzehntelang als Autor, der keiner wissenschaftlichen Beschäftigung würdig war. Die erste Doktorarbeit über ihn (vom Zeitgeist durchweht) stammt aus dem Jahr 1936 (→ Heinz Stolte: *Der Volksschriftsteller Karl May*. Phil. Diss. Jena 1936). Der Verfasser wurde später führendes Mitglied der → Karl-May-Gesellschaft und galt als Nestor der Karl-May-Forschung. Die wohl kurioseste Dissertation fertigte Gert Asbach über Thema *Die Medizin in Karl Mays Amerika-Bänden* an (Med. Diss. 1972).

Dissertationen: Heinz Stolte: *Der Volksschriftsteller Karl May*. Phil. Diss. Jena 1936. – Winfried-Johannes Weber: *Die deutschen Räuberromane und ihr Einwirken auf Karl May*. Phil. Diss. Berlin 1941. – Emanuel Kainz: *Das Problem der Massenwirkung Karl Mays*. Phil. Diss. Wien 1949. – Viktor Böhm: *Karl May und das Geheimnis seines Erfolges*. Phil. Diss. Wien 1955. – Gertrud Willenborg: *Von deutschen Helden. Eine Analyse der Karl-May-Romane*. Phil. Diss. Köln 1967. – Albert Klein: *Die Krise des Unterhaltungsromans im 19. Jahrhundert. Ein Beitrag zur Theorie der ästhetisch geringwertigen Literatur*. Phil. Diss. Bochum 1969. – Gert Asbach: *Die Medizin in Karl Mays Amerika-Bänden*. Med. Diss. 1972. Ingrid Bröning: *Die Reiseerzählungen Karl Mays als literaturpädagogisches Problem*. Phil. Diss. Marburg 1970. – Friedhelm Munzel: *Karl Mays Frühwerk »Das Waldröschen«. Eine didaktische Untersuchung als Beitrag zur Trivialliteratur der Wilhelminischen Zeit*. Phil. Diss. Dortmund 1977. – Helmut Schmiedt: *Karl May. Studien zu Leben, Werk und Wirkung eines Erfolgsschriftstellers*. Phil. Diss. Bonn 1977. – Christoph F. Lorenz: *Karl Mays zeitgeschichtliche Kolportageromane*. Phil. Diss. Köln 1980. – Ralf-Peter Märtin: *Wunschpotentiale. Geschichte und Gesellschaft in Abenteuerromanen von Retcliffe, Armand, May*. Phil. Diss. TU Berlin 1981. – Feruzan Gündogar: *Trivialliteratur und Orient: Karl Mays vorderasiatische Reiseromane*. Phil. Diss. Bochum 1982. – Annette Deeken: *»Seine Majestät das Ich«. Zum Abenteuertourismus Karl Mays*. Phil. Diss. 1983. – Reinhold Frigge: *Das erwartbare Abenteuer. Massenrezeption und literarisches Interesse am Beispiel der Reiseerzählungen von Karl May*. Phil. Diss. Bochum 1983. *– Ulrich Schmid: Das Werk Karl Mays 1895-1905*. Phil. Diss. München 1987. – Jeffrey L. Sammons: *Ideology, mimesis, fantasy: Charles Sealsfield, Friedrich Gerstaecker, Karl May, and other German novelists of America*. Phil. Diss. Chapel Hill 1988.

DOKTORTITEL

Am 14.5.1903 ersucht Karl May das Kultusministerium zu Dresden um die Genehmigung zur Führung eines Doktortitels der Philosophie. Der 61jährige Schriftsteller legt ein ausländisches Diplom vor, das ihm seine Frau Klara beschafft hat. Am 17.3.1903 antwortet das Ministerium, daß »es nach den hinsichtlich ausländischer Doktortitel festgehaltenen Grundsätzen zu seinem Bedauern außer Standt ist, die nachgesuchte Genehmigung zu erteilen.«

Literatur: Rudolf Lebius: *Die Zeugen Karl May und Klara May. Ein Beitrag zur Kriminalgeschichte unserer Zeit.* Berlin-Charlottenburg 1910. Reprint (mit einer Einleitung von Jürgen Wehnert): Lütjenburg 1991. (Veröffentlichungen aus dem Karl-May-Archiv 1).

DÖMKEN, CARL-HEINZ

Maler, Karikaturist, Journalist (geb. 14.4.1929 Hannover). Karl-May-Experte mit großer Sammlung. War als Pressezeichner, Filmkritiker und Schauspieler tätig. Schöpfer zahlreicher liebevoll-heiterer Karl-May-Karikaturen. Malte Titelbilder zu Karl-May-Büchern. Züchter von Araber-Pferden mit eigenem Gestüt (eigenes Pferd → »Rih«). Veröffentlichte 1979 das Buch »Mein Rih«, eine Kompilation von Texten über Kara Ben Nemsis Wunderhengst (Neuauflage 1997).

Werke: Carl-Heinz Dömken: *Mein Hengst Rih.* Bamberg 1997. Neuauflage von: Carl-Heinz Dömken: *Mein Rih.* Friedberg 1979.

Autogrammadresse: Carl-Heinz Dömken, Göddenstedter Mühlenberg 5, D-29571 Rosche.

DOMPLASTIK

→ Wundertüten mit Plastik-Figuren, einst erhältlich auf Rummelplätzen und an Vorstadt-Kiosken. Vertrieben von den Firmen *Manurba* und → *Heinerle.* Es erschienen zwölf Wildwest- und sechs Orient-Figuren in einfarbiger Weichplastik. Modelleur: Willy Limpert (schuf auch die späten → Hausser-Figuren).

Einige Domplastik-Figuren: *Winnetou, Old Shatterhand, Lord Castlepool, Dicker Jemmy, Langer Davy, Kara Ben Nemsi, Hadschi Halef Omar, Lord David Lindsay.*

Literatur: Malte Ristau: *Aufstellfiguren nach Karl May.* In: Figuren-Magazin 2 (1995).

DOR, KARIN

D.i. Kätherose Derr. Schauspielerin (geb. 22.2.1938 Wiesbaden). Spielte Ellen in → *Der Schatz im Silbersee* (1962), → Ribanna in → *Winnetou 2. Teil* und Mabel in → *Winnetou und Shatterhand im Tal der Toten* (1968). Neben → Marie Versini die wichtigste Schauspielerin der Karl-May-Filme. Ist in den 60er Jahren vielbeschäftigte »Miß Krimi« in zahlreichen Edgar-Wallace-Streifen und gilt als eine der schönsten Frauen des deutschen Films. Als 17jährige Schauspielschülerin 1954 in Wiesbaden entdeckt von → Harald Reinl (erster Film: *Rosen-Resli*). 1954 heiratet sie den 30 Jahre älteren Regisseur, dessen bevorzugte Hauptdarstellerin sie wird. Nach diversen Heimatfilmen findet sie ab

1960 ihr bevorzugtes Rollenfach als verfolgte und schutzsuchende Unschuld im deutschen Krimi. Mit den Karl-May-Filmen, speziell ihrer Rolle als Winnetous großer Liebe Ribanna, steigt sie zu einer der populärsten Schauspielerinnen Deutschlands auf und ist Hauptdarstellerin in zahlreichen Abenteuer- und Actionfilmen. Höhepunkt ihrer Karriere ist 1966 ein Auftritt als Partnerin von Sean Connery in dem James-Bond-Film *Man lebt nur zweimal* und 1969 eine Rolle in *Topas* von Alfred Hitchcock. Eine schwere Erkrankung und Mangel an Angeboten beenden ihre Filmlaufbahn. Nach privaten Krisen gelingt ihr eine neue Karriere als Theaterschauspielerin. Die Ehe mit Harald Reinl wird 1968 geschieden (Sohn Andreas, geb. 1955). Von 1972 bis 74 ist die Schauspielerin verheiratet mit Günther Schmucker, dem Erben der Weinbrand-Dynastie Asbach. 1985 heiratete sie ihren langjährigen Freund, den amerikanischen Filmproduzenten George Robotham. 1994 erhält sie für ihre Karl-May-Rollen den → Scharlih. Karin Dor lebt in Kalifornien und Deutschland.

Ausgewählte Filme: *Rosen-Resli (1954); Der schweigende Engel* (1954); *Solange du lebst* (1955); *Die Zwillinge vom Zillertal* (1957); *Kleiner Mann – ganz groß* (1957); *Skandal um Dodo (1958); Dreizehn alte Esel* (1958); *Das blaue Meer und du* (1959); *Die Bande des Schreckens* (1960); *Am Sonntag will mein Süßer mit mir segeln* gehn (1961); *Der grüne Bogenschütze* (1961); *Der Fälscher von London* (1961); *Die unsichtbaren Krallen des Dr. Mabuse* (1961); *Ohne Krimi geht die Mimi nie ins Bett* (1962); Der *Schatz im Silbersee* (1962); *Das Geheimnis der schwarzen Witwe* (1963); *Die weiße Spinne* (1963); *Der Würger von Schloß Blackmoor* (1963); *Winnetou 2. Teil* (1964); *Ich, Dr. Fu Man Chu* (1965); *Der letzte Mohikaner* (1965); *Der unheimliche Mönch* (1965); *Gern hab ich die Frauen gekillt* (1966); *James Bond 007: Man lebt nur zweimal* (1966); *Die Nibelun-*

Links: Carl-Heinz Dömken.
Rechts: Karin Dor als Ribanna in »Winnetou 2. Teil« (1964).

gen (1966); *Wie tötet man eine Dame?* (1966); *Die Schlangengrube und das Pendel* (1967); *Caroline Cherie* (1967); *Winnetou und Shatterhand im Tal der Toten* (1968); *Dracula jagt Frankenstein* (1968); *Topas* (1969); *Haie an Bord* (1970); *Die Antwort kennt nur der Wind* (1974); *Frauenstation* (1976); *Mein Freund, der Lipizzaner* (1994, TV); *Der Preis der Liebe* (1997). **TV:** *Der Chef; Ihr Auftritt, Al Mundy*.**Link:** http://german.imdb.com/Name?Dor,+Karin

DORTMUND

In der traditionsreichen Westfalenhalle wurde 1982 das »Action- und Musik-Schauspiel« *Winnetou* aufgeführt. Die als Tournee geplante Produktion mit → Pierre Brice in der Hauptrolle endete als Fiasko: Trotz aufwendiger Werbemaßnahmen kamen nur wenige zahlende Zuschauer, den Schauspielern konnten die Gagen nicht ausgezahlt werden, das Unternehmen mußte abgebrochen werden.

DREHORTE

siehe auch: Jugoslawien; Mali Alan; Peru; Spanien; Zrmanja.

Bilder von der Karl-May-Welt gibt es nur in der Ferne, aber nicht daheim. Deshalb fanden die Außenaufnahmen zu den Karl-May-Filmen ausschließlich im Ausland statt. Nur die → Stummfilme wurden gänzlich in Deutschland gedreht.

DREHORT-TOURISMUS

siehe auch: Reisen auf den Spuren Karl Mays.

Karl-May-Fans haben schon immer ein Vergnügen daran gehabt, die Leseabenteuer der Phantasie geographisch in der Realität oder zumindest auf der Landkarte nachzuerleben (»Auf den Spuren Karl Mays«; »Karl-May-Atlas«). Noch eine Skurrilitätsdrehung weiter bewegen sich jene, die die Drehorte der Karl-May-Filme in Jugoslawien und Spanien ausfindig machen und aufsuchen. Bereits 1982 bot der Karl-May-Fan Thomas Winkler eine »Winnetour« nach Jugoslawien an, auf der die Filmversionen von → Rio Pecos und → Nugget tsil besucht werden sollten. Ergebnis der Rechercheanstrengungen war eine umfangreiche Broschüre (erschienen im → Karl-May-Archiv), in der alle Drehorte penibel aufgelistet sind (mit Klassifikation von »sehenswert« bis »muß man hin«).

Literatur: Karl-May-Archiv (Hrsg.): *Die Drehorte der Karl-May-Filme.* Göttingen: Selbstverlag 1986.

DRESDEN

Hauptstadt des ehemaligen Königreichs Sachsen (bis 1918), bis 1952 und seit 1989 Hauptstadt des Freistaates Sachsen. Karl-May-Stadt. Karl May wohnte (unter wechselnden Adressen) von 1883 bis 1896 in der Stadt. Nur wenige Kilometer entfernt liegt Mays Wohn- und Sterbeort Radebeul.

Wichtige Karl-May-Ereignisse: 1920 Uraufführung des ersten Karl-May-Stummfilm (Kammer-Lichtspiele). 1936 Uraufführung des ersten Karl-May-Tonfilms *Durch die Wüste* (Prinzeß-Theater). 1993 Tagung der Karl-May-Gesellschaft.

DROOP, ADOLF

Lehrer, Schriftsteller, Filmproduzent (geb. 6.9.1882 Hannover, gest. 26.12.1938 Freiburg). Veröffentlichte 1909 eine Analyse von Karl Mays Reiseerzählungen und stellte sich an die Seite des Autors. 1913 Vorsitzender der *Karl-May-Vereinigung*. Nach Heirat mit Marie Luise Fritsch ab 1920 Teilhaber der → Ustad-Film Dr. Droop & Co (Berlin).

Literatur: Adolf Droop: *Karl May. Eine Analyse seiner Reise-Erzählungen.* Köln-Weiden 1909. (Nachdruck Bamberg 1993.)

DROOP, MARIE LUISE

Geb. Fritsch. Schriftstellerin und Filmproduzentin (geb. 15.1.1890 Stettin; gest. 22.8.1959 Lahr). Besuchte als begeisterte May-Leserin 1907 den Schriftsteller in Radebeul und setzte sich in der Folgezeit publizistisch für ihn ein. Polemisierte gegen den Karl-May-Kritiker → Rudolf Lebius; wurde als »Mays schöne Spionin« bezeichnet. May widmete »Lu« Fritsch 1909 die Erzählung → *Merhameh*. 1912 heiratete sie den Lehrer → Adolf Droop. Tätigkeit als Schriftstellerin und Dramaturgin. Ab 1920 Teilhaberin der → Ustad-Film Dr. Droop & Co (Berlin) und Produzentin der Karl-May- → Stummfilme → *Auf den Trümmern des Paradieses* (1920), → *Die Todeskarawane* (1920) und → *Die Teufelsanbeter* (1921).

Literatur: Wolfgang Jacobsen und Heike Klapdor: *Merhameh. Karl Mays schöne Spionin*. In: Jörg Schöning (Hrsg.): *Triviale Tropen. Exotische Reise- und Abenteuerfilme aus Deutschland 1919 – 1939*. München 1997.

Link: http://www.cinegraph.de/cgbuch/b9/droop_idx.html

DSCHINGHIS KHAN

Popgruppe, gegründet 1979 von → Ralph Siegel für seinen Grand-Prix-Titel *Dschinghis Khan*. Mitglieder u.a. Henriette Heichel, Edina Pop, Steve Bender, Wolfgang Heichel, Leslie Mandoki, Louis Hendrik Potgieter. Wandelte im gleichen Jahr erfolgreich auf den Spuren von Karl May mit dem Titel *Hadschi Halef Omar*. Wohl das erste Mal, daß man Karl May in Diskotheken hören konnte.

Gesangstitel: *Dschinghis Khan* (1979); *Moskau* (1979); *Hadschi Halef Omar* (1979); *Rom* (1980); *Pistolero* (1981); *Wir sitzen alle im selben Boot* (1981); *Klabautermann* (1982); *Himalaya* (1983).

DSCHINNISTAN

Land auf dem Stern → Sitara. Bild für die ideale Welt im → Alterswerk Karl Mays. Erscheint in *Der Mir von Dschinnistan* (1907-09) und im *Märchen von Sitara* (enthalten in der Autobiographie *Mein Leben und Streben*, 1910). Gebirgiges, gesundes und ewig junges Hochland. »Dschinnistan ist das Territorium der wie die Berge aufwärtsstrebenden Humanität und Nächstenliebe, das einst verheißene Land der → Edelmenschen.« Jenseits von Dschinnistan sollen die Tore zum irdischen Paradies liegen. Herrscher ist der Mir von Dschinnistan, der den Frieden zu seiner Aufgabe gemacht hat. Den Herrscher von → Ardistan besiegt er, indem er den lebenswichtigen Fluß Ssul trocken legt. Er sendet nach überall Boten des Friedens aus.

Werke: Karl May: *Ardistan* (= GWB 31). *Der Mir von Dschinnistan* (= GWB 32). **Literatur:** Dieter Sudhoff, Hartmut Vollmer: *Karl Mays ›Ardistan und Dschinnistan‹*. Paderborn 1997.

DUKATENBAUER

D. i. Heinrich Graf. Figur in der erzgebirgischen Dorfgeschichte *Der Dukatenhof* (veröffentlicht 1877, bearb. in GWB 44 *Der Waldschwarze*). Reicher Bauer, der als Symbol seiner Macht eine Dukatenkette trägt. Seine verstorbene Frau Anna wurde einst von seinem Jugendfreund Franz Grunert geliebt, dessen Beine durch ein Komplott Heinrichs zerquetscht wurden. Der Dukatenbauer fällt in die Hände von Betrügern und verspielt seine eigene Tochter. Er wird als »Pascherkönig« entlarvt und erleidet am selben Ort wie einst Franz das gleiche Schicksal. Als beinloser Krüppel versöhnt er sich mit dem Jugendfreund.

Werke: Karl May: *Der Waldschwarze* (= GWB 44). **Literatur:** Jürgen Hein: *Die ›Erzgebirgischen Dorfgeschichten‹. Zum Erzähltyp ›Dorfgeschichte‹ im Frühwerk Karl Mays.* In: Jb-KMG 1976.

»DURCH DIE WÜSTE« (BUCH)

Reiseerzählung. Erstmals 1881 erschienen in der Wochenzeitschrift → *Deutscher Hausschatz* unter dem Titel *Durch Wüste und Harem* (bearb. GWB 1 *Durch die Wüste*). → Kara Ben Nemsi und → Hadschi Halef Omar finden auf ihrem Ritt durch die Wüste die Leiche eines Mannes. Auf dem Salzsee erschießt der mutmaßliche Mörder Hamd el Amasat den Führer; Kara und Halef können sich jedoch retten. Am Nil in der Nähe von Kairo befreien sie die schöne → Senitza aus der Gewalt von → Abrahim Mamur. Der Schurke wird festgenommen, kann später aber entkommen. Nachdem die Gefährten ans Rote Meer gelangt sind, werden sie von Abu Seif, dem Führer eines räuberischen Stammes, überfallen. Nach einem gefährlichen Aufenthalt in Mekka gelingt es ihnen, den Wüstenräuber gefangenzunehmen. Bei einem Fluchtversuch wird er von Halef getötet. Bei den Haddedihn erhält Kara das Pferd → Rih zum Geschenk. Die Gefährten brechen nach Amadijah auf, um → Amad el Ghandur, den Sohn von Scheich Mohammed Emin, zu befreien. – Der Roman wurde mehrfach verfilmt: Kinofilme erschienen 1936 unter dem Titel → *Durch die Wüste* sowie 1965 unter dem Titel → *Durchs wilde Kurdistan* und → *Im Reiche des silbernen Löwen*. Ebenfalls wurden Motive verwendet in den Fernsehserien → *Mit Karl May im Orient* (1963) und → *Kara Ben Nemsi Effendi* (1. Staffel 1973).

Die erste Bühnenfassung kam 1955 unter dem Titel *Hadschi Halef Omar* bei den Karl-May-Spielen in → Bad Segeberg heraus (1963 in ähnlicher Gestaltung unter dem Titel *Durch die Wüste*).

Werke: Karl May: *Durch die Wüste* (= GWB 1). **Literatur:** Volker Klotz: *Durch die Wüste und so weiter*. In: Helmut Schmiedt (Hrsg.): *Karl May*. Frankfurt/M. 1983.

»DURCH DIE WÜSTE« (FILM)

Kinofilm (D 1936). Mit Fred Raupach (Kara Ben Nemsi), Heinz Evelt (Hadschi Halef Omar), Erich Haußmann (Abu Seif), Gretl Wawra (Hanneh), Aruth Wartan (Scheich Malek), Katharina Berger (Senitza). Produktion: Hanns Beck-Gaden (für Tobis). Regie: J. A. Hübler Kahla. – *Inhalt:* Kara Ben Nemsi und

»Durch die Wüste«: Filmprogramm.

Halef entkommen dem Wüstenräuber Abu Seif aus der Falle des Salzsees. Sie befreien das Mädchen Senitza und gelangen in die heilige Stadt Mekka, wo Abu Seif die Gläubigen gegen sie aufhetzt. Als die Leute des Banditen das Lager der Atebeih überfallen, kommt es zur großen Schlußabrechnung. – *Der Karl-May-Fan meint:* Der erste Karl-May-Tonfilm, noch in schwarzweiß. Ohne dramatische Höhepunkte und spannungsarm wie ein Kulturfilm. Interessant für Filmhistoriker. **Link:** http://www.movieline.de/c/display.n/DATA0013413

»DURCHS WILDE KURDISTAN« (BUCH)

Reiseerzählung. Erstmals ab 1881 erschienen in der Wochenzeitschrift → *Deutscher Hausschatz* (bearb. GWB 2 *Durchs wilde Kurdistan*). → Kara Ben Nemsi und → Hadschi Halef Omar retten die Dschesidi (Teufelsanbeter) vor den Kanonen des Paschas von Mossul. In Amadijah gewinnt Kara das Vertrauen des Mutesselim und befreit → Amad el Ghandur. Die Freunde, denen sich Sir → David Lindsay anschließt, machen Bekanntschaft mit dem Bey von Gumri und geraten in die Streitigkeiten zwischen Berwari-Kurden und Nestorianern. Zu Hilfe kommt ihnen → Marah Durimeh, die sich im Lauf des Geschehens als geheimnisumwitterter Höhlengeist Ruh 'i Kulyan zu erkennen gibt. – Motive aus dem Roman wurden verwendet in dem Kinofilm → *Durchs wilde Kurdistan* (1965) und in der Fernsehserie → *Kara Ben Nemsi Effendi* (1. Staffel 1973).
Werke: Karl May: *Durchs wilde Kurdistan* (= GWB 2).

»DURCHS WILDE KURDISTAN« (FILM)

Kinofilm (D/Sp 1965). Mit Lex Barker (Kara Ben Nemsi), Marie Versini (Ingdscha), Ralf Wolter (Hadschi Halef Omar), Dieter Borsche (Lord David Lindsay), Chris Howland (Archie), George Heston (Machredsch von Mossul), Werner Peters (Mütesselin), Wolfgang Lukschy (Ali Bei), Gustavo Rojo (Ahmed el Corda), Charles Fawcett (Scheik Mohammed Emin, Scheik Kadir Bei). Produzent: Artur Brauner (CCC). Regie: Franz Joseph Gottlieb. – *Inhalt*: Ahmed el Corda, der Sohn von Scheik Mohammed Emin, wird von dem brutalen Machredsch von Mossul gefangen genommen. Kara Ben Nemsi rettet ihn vom Galgen und gerät selbst in die Fänge des Machredsch. Im Dorf der Chaldäer kommt es zur Abrechnung. – *Der Karl-May-Fan meint:* Großangelegtes Orient-Abenteuer mit schwachem Drehbuch und einer Musikuntermalung, die an den Nerven zerrt. Eindrucksvolle Aufnahmen in der südspanischen Wüste. Spitzenleistung: Werner Peters als weinseliger Mütesselin.
Video: Polyband. **Link:** http://www.movieline.de/c/display.n/DATA0013419

DVD

Digital Versatile Disc. Nach dem S-8-Film fürs → Heimkino, → Video und → Bildplatte das vierte Speichermedium, auf dem Karl-May-Filme erschienen sind. Auf DVD erhältlich sind → *Der Schatz im Silbersee*, → *Winnetou 1. Teil*, → *Winnetou 2. Teil* und → *Winnetou 3. Teil* (ab 2000).
Anbieter: Kinowelt Home Entertainement, Schwere-Reiter-Str, 35, D-80797 München.

E

EBERSBACH, ROSALIE

Figur in → *Der Ölprinz*, gesprochen: »Rosalje«. Die genaue Kenntnis des Familienstandes beweist den echten Karl-May-Kenner: »Rosalie Ebersbach, geb. Morgenstern, verwitwete Leiermüllerin«. Nicht zu verwechseln mit der patenten Person gleichen Namens aus dem Kinofilm → *Der Ölprinz* (1965, dargestellt von Antje Weißgerber). Die echte Frau Ebersbach hat Haare auf den Zähnen!

EDELMENSCH

Nach Karl May die höchste Form des Menschseins. Der veredelte Bürger, der durch überlegene körperliche Fähigkeiten und wahre Herzensbildung dem Guten zum Sieg über das Böse verhilft. Seine Erfüllung und Vollendung findet er im »Reich der Edelmenschen« (→ *Sitara*). Der Maysche Edelmensch, wie er vor allem im allegorischen → Alterswerk, im Ansatz aber auch schon in den frühen → Kolportageromanen erscheint, ist ein chauvinistisches und zugleich trivialisiertes Zerrbild des Übermenschen bei Nietzsche. In ihm verkörpert sich Mays unpolitischer Idealismus.

EICH, GÜNTER

Schriftsteller und Hörspielautor (geb. 1.2.1907 Lebus, Oder; gest. 20.12.1972 Salzburg). Bedeutender deutscher Hörspielautor. Von ihm stammt eins der ersten Karl-May-Hörspiele: → *Fährten in der Prärie. Ein Spiel um Old Shatterhand und Winnetou.* Es wurde ausgestrahlt vom Reichssender Berlin am 11.7.1936, die Regie hatte Harald Braun, zu den Sprecher zählten Bernhard Minetti, Albert Florath, Paul Dahlke und Fritz Genschow. Am 30.3.1937, Mays 25. Todestag, brachte ebenfalls der Reichssender Berlin das Eich-Hörspiel → *Die letzte Spur*. Lothar Körner spricht den Old Shatterhand, Albert Florath ist »der Dichter«. Regie führte wiederum Harald Braun. – Eine Neuinszenierung von *Fährten in der Prärie* erfolgte beim Norddeutschen Rundfunk in den 50er Jahren in der Regie von Gustav Burmester mit → Will Quadflieg als Winnetou sowie Richard Münch, Walter Richter und Uwe Friedrichsen.

Werke: *Gedichte* (1939); *Träume* (1953); *Allah hat hundert Namen* (1958); *Stimmen* (1958); *Gesammelte Maulwürfe* (1972).

EICHINGER, BERND

Filmproduzent (geb. 1949). War Produktionsleiter bei Hans Jürgen → Sybergs → *Karl May* (1974). Gründete 1977 nach dem Konkurs des Karl-May-Verleihers → Constantin-Film die *Neue Constantin.* 1999 Umwandlung der Firma in eine Aktiengesellschaft. Gilt als erfolgreichster deutscher Produzent der Gegenwart (*Die Kinder vom Bahnhof Zoo, Die unendliche Geschichte, Der Name der Rose, Das Geisterhaus, Der bewegte Mann, Fräulein Smillas Gespür für Schnee, Der große Bagarozy*).

Autogrammadresse: Bernd Eichinger, c/o Constantin-Film GmbH, Kaiserstr. 39, D-80801 München.

Link: http://www.mediabiz.de/firmen/people_2.afp?Nr=104&Firma=1447&Typ=4&Biz=cinebiz&Premium=N

EIKON-VERLAG

Ein kleiner Schweizer Verleger machte mit Karl May das Geschäft seines Lebens. *Eugen Jordi* aus dem Dorf Belp bei Bern hatte die Idee, Sammelbilder mit Karl-May-Filmbildern zu produzieren. Die kleinen Farbfotos kriegte man in den 60er Jahren beim Zeitungshändler oder im Geschäft um die Ecke. Das Geschäft lief so flott, daß der clevere Schweizer in seinem *Eikon-* und *Zyklo-Verlag* eine ganze Reihe von Filmalben veröffentlichte, die er ständig nachdrucken mußte. Weil auch ein Geschäftspartner mitverdienen wollte, gab es später noch eine ähnliche *Winnetou*-Serie aus einem deutschen Verlag (Lahr: SBV). Die Alben sind heute, obwohl sie in hoher Auflage erschienen, gesuchte Sammelstücke. Es existieren sogar ausländische Versionen (englisch / französisch) und Ausgaben mit Firmeneindruck.

Die Eikon- / Zyklo-Alben: *Winnetou I. Winnetou II. Unter Geiern. Der Ölprinz Bd. 1 + 2. Durchs wilde Kurdistan Bd. 1 + 2. Winnetou III* (alle Eikon). *Old Surehand Bd. 1 + 2* (Zyklo). *Old Firehand Bd. 1 + 2* (Zyklo).

EINSTEIN, ALBERT

Physiker und Nobelpreisträger (geb. 14.3.1879 Ulm; gest. 18.4.1955 Princeton, N.J.). Karl-May-Fan. »Die meisten Reisebücher, die ich las, haben mich gelangweilt, ein Karl-May-Buch nie.«

EISENBAHN

Gehört zum Wilden Westen wie die Schwebebahn zu Wuppertal. Wichtiges Motiv bei Karl May. Spielt vor allem in den nordamerikanischen Abenteuern eine große Rolle (*Winnetou, Kapitän Kaiman, Der Schatz im Silbersee, Halbblut*). Der Bau der transkontinentalen Eisenbahn in den USA wurde zur Zeit Karl Mays überall auf der Welt mit Bewunderung verfolgt. Am 10.5.1869 fand die historische Schienenhochzeit am Promontory Point in Utah statt. Eine Eisenbahn kommt in drei Karl-May-Filmen vor: → *Winnetou 1. Teil* (1963), → *Old Surehand 1. Teil* (1965) und → *Winnetou und das Halbblut Apanatschi* (1966). Verwendet wurde jeweils eine adaptierte Lok der jugoslawischen Staatsbahn. In einem Karl-May-Theaterstück fuhr eine funktionierende Eisenbahn erstmals im Jahr 1975 bei den Karl-May-Festspielen → Elspe über die Bühne *(Im Tal des Todes).*

ELASTOLIN

siehe auch: Hauser.

Markenname sowohl für die frühen Masse- als auch für die Plastikfiguren der Firma → *O. & M. Hausser* (Neustadt bei Coburg). Begehrtes, aber teures Kinderspielzeug der 50er und 60er Jahre. Die *Karl-May-Figuren* waren bedeutender Bestandteil des Figurenprogramms (daneben gab es Motivreihen aus den Bereichen Wildwest, Prinz Eisenherz, Römer, Soldaten, Tiere u.a.)

Literatur: *Andreas Pietruschka, Fritz Müller: Elastolin Kunstoff-Figuren. Bestimmungsbuch und Preiskatalog. Band 1.* Berlin 1993.

ELBSANDSTEINGEBIRGE

Elbdurchbruch mit wildromantischen Felsformationen und Tafelbergen beim Kurort Rathen. Ein Hauch von Monument Valley an der Elbe. Hier träumte Karl May vom Wilden Westen. Vom Aussichtspunkt *Bastei* Blick auf die umliegenden Tafelberge Lilienstein, Königstein, Rauenstein. Seit 1936 Karl-May-Spiele auf der Felsenbühne → Rathen. Auf die Ähnlichkeit der Landschaft mit den nordamerikanischen Schauplätzen von Karl Mays Romanen wies bereits sein Verleger → Euchar Albrecht Schmid hin.

Literatur: Euchar Albrecht Schmid: *Der unterirdische Gang.* Bamberg 1984.

ELEKTRONISCHES BUCH

Thomas Delekat in der *Welt* vom 9.10.1999 über einen Selbstversuch mit dem elektronischen »Rocket e-Book«: »Das ›Rocket e-Book‹ zu Kinderzeiten, das hätte ich gern gehabt. Für Johanna Spyri, Enid Blyton und Karl May, die ich nach ›Gutenachtschlafschön‹ nachts im Taschenlampenschein unter der Bettdecke las. Im Dunkeln wäre mir die leuchtende Schrift gewiß noch viel verheißungsvoller, strahlender und noch abenteuerlicher vorgekommen.« Schade eigentlich, daß heute niemand mehr unter der Bettdecke liest.

ELSPE

Ortsteil der Stadt Lennestadt im Sauerland (Nordrhein-Westfalen). Karl-May-Spiele auf der Naturbühne seit 1958. Neben → Bad Segeberg die bekannteste deutsche Karl-May-Spielstätte (mit höheren Besucherzahlen). Bezeichnet sich selbst als Freilichtbühne Nr. 1 in der Welt. Professionell geführtes Theater mit separatem Freizeitpark. Von Dorfbewohnern 1950 als Laientheatergruppe *(Naturbühne Elspe e.V.)* gegründet. Erste Stücke: *Wilhelm Tell, Dreizehnlinden, Die Jungfrau von Orleans.* 1958 Aufführung der ersten Karl-May-Inszenierung *Winnetou* (19.000 Besucher). Zur prägenden Gestalt der Bühne wurde Anfang der 70er Jahre der Volksschullehrer → Jochen Bludau, dem es gelang, das Laientheater zum Profiunternehmen zu entwickeln. 1974 Gründung der Western Country GmbH. 1975 Bau eines Saloons und einer Western-Eisenbahn. Der entscheidende Durchbruch gelang 1976 mit der Verpflichtung des Franzosen → Pierre Brice (er spielte den Winnetou bis 1979 und abermals 1982-1986). Mit den dramatisch gewachsenen Besucherzahlen (1975: 145.623; 1976: 252.602; 1977: 326.127; 1978: 392.663; 1979: 387.092; 1980: 404.758) ging der bauliche Ausbau des Bühnengeländes einher. 1978 erhält der Zuschauerraums eine Überdachung, die dem Zeltdach des Münchner Olympia-Stadions nachempfunden ist (Textilmembrane, aufgehängt an vier 37 m hohen Pylonen). Elspe ist damit die einzige Karl-May-Bühne, die ihren Zuschauern auch bei Regen trockene Sitzplätze bietet. 1982 erfolgt die Einführung einer hochmodernen Computer-Reservierung. 1994: Eine Festival-Halle mit aufwendiger Showtechnik (Baukosten: 10 Mio. Mark) wird eingeweiht. Die Bühne (96 m breit, 25 m ansteigend, 34 m tief) ist eine Naturkulisse aus Fichten, Wacholderbüschen und Kalksandsteinfelsen. Zur Bühnentechnik gehört ein künstlicher Wasserfall (20 m hoch, 750.000 l Wasser), ein Gasleitungssystem (820 m lang) für pyrotechnische Effekte und eine Westerneisenbahn (Dampflok und drei Waggons). Der Zuschauerraum umfaßt 4.403 Sitzplätze. Die Inszenierungen in Elspe (Regie 1950-65 Heinz Plankemann, 1965-73 Karl Streck, 1973-95 Karl-Heinz Walther, ab 1996 Jochen Bludau) sind geprägt durch filmische Action-Elemente (akrobatische Zweikämpfe, schnelle Ritte, Stürze von Felsen) und technische Tricks (1999: Explosion eines Forts auf der Bühne). 1977 wurde als Regisseur → Harald Reinl verpflichtet, der jedoch nach wenigen Tagen die Arbeit niederlegte. Zwischen 1974 und 1980 gab das Ensemble von Elspe Gastspiele auf der Freilichtbühne Blauer See in → Ratingen, die durchweg ausverkauft waren. 1978 und 79 absolvierte die Bühne zwei erfolgreiche Gastauftritte in der Stadthalle → Wien (150.00 bzw. 130.000 Besucher). 1993 wird der Kinofilm *Texas – Doc Snyder hält die Welt in Atem* in Elspe gedreht. Die Figur des Winnetou wird seit 1988 von → Benjamin Armbruster verkörpert, zu den Publikumslieblingen

Karl-May-Spiele Elspe 1978: Old Shatterhand (Jochen Bludau) und Winnetou (Pierre Brice) betrauern den Tod von Nscho-tschi und Intschu tschuna.

zählt außerdem der Charakterdarsteller Meinolf Pape, der seit den Anfangsjahren der Bühne zum Stamm der Darsteller gehört.

Inszenierungen (in Klammern Spielzeit): *Winnetou* (1958); *Der Schatz im Silbersee* (1959); *In den Schluchten des Balkan* (1960); *Hadschi Halef Omar* (1964); *Der Ölprinz* (1965); *Old Surehand* (1966); *Winnetou* (1967); *Der Schatz im Silbersee* (1968); *In den Schluchten des Balkan* (1969); *Im Tal des Todes* (1970); *Der Ölprinz* (1971); *Unter Geiern – Der Geist des Llano Estacado* (1972); *Der Schatz im Silbersee* (1973); *Halbblut* (1974); *Im Tal des Todes* (1975); *Der Ölprinz* (1976); *Der Schatz im Silbersee* (1977); *Winnetou I* (1978); *Winnetou II* (1979); *Winnetou III* (1980); *Im Tal des Todes* (1981); *Der Schatz im Silbersee* (1982); *Der Ölprinz* (1983); *Winnetou 1* (1984); *Winnetou 2* (1985); *Winnetou 3* (1986); *Der Schatz im Silbersee* (1987-1988); *Der Ölprinz* (1988); *Der Schatz im Silbersee* (1989); *Unter Geiern* (1990); *Im Tal des Todes* (1991); *Halbblut* (1992); *Winnetou I* (1993); *Der Ölprinz; Der Schatz im Silbersee* (1994); *Unter Geiern* (1995); *Der Schatz im Silbersee* (1996); *Winnetous letzter Kampf* (1997); *Im Tal des Todes* (1998); *Das Halbblut – Der letzte Kampf um Fort Grant* (1999); *Winnetou I* (2000).

Literatur: Jochen Bludau, Fred Aurich: *Elspe. Deutschlands wilder Westen. Old Shatterhand erzählt.* Gerabronn 1981.

Anschrift: Elspe-Festival, Zur Naturbühne 1, D-57368 Lennestadt-Elspe, Tel. (02721) 1451. **Geschäftsführer:** Jochen Bludau.

Link: http://www.elspe.de – http://www.elspe1000.de

»EMPOR INS REICH DER EDELMENSCHEN«

Titel der Rede, die Karl May bei seinem letzten öffentlichen Auftritt am 22.3.1912, acht Tage vor seinem Tod, vor großem Publikum im → Sophiensaal in Wien hielt. Unter den Zuhörern soll sich → Adolf Hitler befunden haben. Eine Rekonstruktion der weitgehend frei gehaltenen Rede durch → Klara May ist in GWB *34 Ich* aufgenommen.

Literatur: Ekkehard Bartsch: *Karl Mays Wiener Rede. Eine Dokumentation.* In: Jb-KMG 1970.

ERHARDT, HEINZ

Schauspieler, Schriftsteller und Komiker (geb. 20.2.1909, Riga, Lettland; gest. 5.6.1979, Hamburg). Spielte den Kantor Aurelius Hampel in → *Der Ölprinz* (1965) und Prof. Morgenstern in → *Das Vermächtnis*

Heinz Erhardt in »Der Ölprinz« (1965).

des Inka (1966). War der Otto Waalkes des Nierentischzeitalters. Brachte den Deutschen nach dem Krieg wieder das Lachen bei. Stammt aus einer musikalischen Familie und studierte am Konservatorium in Leipzig, bevor er die großväterliche Musikalienhandlung übernehmen sollte: »Ob man mit Musik oder Käse handelt, ist völlig egal – Hauptsache, man kauft billig ein und verkauft dann teuer weiter.« Entschloß sich dann doch lieber zu einer Karriere als Pianist von La Jana, Rundfunkhumorist und Kabarettist (am berühmten Berliner »Kabarett der Komiker«). Mit sanftem Humor, mal als Schlawiner, mal als Trottel, eroberte er kalauernd die Herzen seiner Zuhörer (»Noch'n Gedicht!«), seiner Zuschauer (»Immer die Autofahrer«) und schließlich seiner Leser (»Das große Heinz-Erhardt-Buch«). Viele seiner Filme »unterbieten mühelos jeden Qualitätsanspruch« (Rainer Dick); trotzdem erlebten die alten Streifen Jahre nach Erhardts Tod in den 80er Jahren eine erstaunliche Renaissance. »Vielleicht«, mutmaßte ein Journalist, »läßt sich der Zustrom der Jugendlichen zu diesen Filmen als eine Art versöhnlicher Brückenschlag zu den Vätern interpretieren«. 1971, eine Woche nach Drehschluß zu *Willi wird das Kind schon schaukeln*, erleidet der Schauspieler einen schweren Schlaganfall. Der Meister des Wortes kann nicht mehr sprechen und bleibt bis zu seinem Tod 1979 halbseitig gelähmt.

Ausgewählte Filme: *Die gestohlene Hose* (1956); *Der müde Theodor* (1957); *Witwer mit fünf Töchtern* (1957); *Immer die Radfahrer* (1958); *Vater, Mutter und neun Kinder* (1958); *Der Haustyrann* (1959); *Natürlich die Autofahrer* (1959); *Drillinge an Bord* (1959); *Der letzte Fußgänger* (1960); *Kauf dir einen bunten Luftballon* (1960); *Mein Mann, das Wirtschaftswunder* (1961); *Drei Mann in einem Boot* (1961); *Freddy und der Millionär* (1961); *Axel Munthe, der Arzt von San Michele* (1962); *Ohne Krimi geht die Mimi nie ins Bett* (1962); *Wenn man baden geht auf Teneriffa* (1964); *Die große Kür* (1964); *Der Ölprinz* (1965); *Das Vermächtnis des Inka* (1966); *Otto ist auf Frauen scharf* (1968); *Klein-Erna auf dem Jungfernstieg* (1969); *Die Herren mit der weißen Weste* (1969); *Was ist denn bloß mit Willi los?* (1970); *Das kann doch unser'n Willi nicht erschüttern* (1970); *Unser Willi ist der Beste* (1971); *Willi wird das Kind schon schaukeln* (1972).

Literatur: Rolf Thissen: *Heinz Erhardt und seine Filme*. München 1986. – Rainer Berg, Norbert Klugmann: *Heinz Erhardt, dieser Schelm*. Hannover 1987. – Manfred Hobsch: *Film ab: Heinz Erhardt*. Berlin 1999.

Link: http://german.imdb.com/Name?Erhardt,+Heinz

ERNSTTHAL

Kleinstadt in Sachsen. Geburtsort Karl Mays (Niedergasse). Wurde 1898 mit Hohenstein zur Doppelstadt → Hohenstein-Ernstthal vereinigt. Zur Zeit von Karl Mays Geburt unterstand der Ort den Grafen von Schönburg-Hinterglauchau. Die Schönburgische Souveränität ging am 15.11.1878 auf Sachsen über. Der Ort erscheint in der Erzählung *Die Rose von Ernstthal* (1874/75).

Werke: Karl May: *Aus dunklem Tann* (= GWB 43).

ERZGEBIRGE

Mittelgebirgslandschaft in Sachsen. Heimat Karl Mays. Im 19. Jh. vor allem bewohnt von Webern, Bergleuten und Kleinbauern. Wie große Teile der Bevölkerung waren auch die Eltern von Karl May als Heimweber tätig. Das Weberelend veranlaßte viele Bewohner zum Schmuggel (Pascherei). Die Landschaft und das Webermilieu bilden den Hintergrund in zahlreichen Werken Karl Mays (vor allem in → *Der verlorene Sohn* (1883-85), auch in *Der Waldkönig* (1878/79) und den *Erzgebirgischen Dorfgeschichten* (1903; → Rezensionen).

Werke: Karl May: *Erzgebirgische Dorfgeschichten. Reprint der Erstausgabe 1903*. Bamberg 1995.

ESPERANTO

1887 entwickelte Kunstsprache. 1999 erschien der erste Karl-May-Text in Esperanto (*Liberigo – Eine Befreiung*). Bereits 1888 war ein Karl-May-Text in der Kunstsprache → Volapük erschienen.

Literatur: Karl May: *Liberigo – Eine Befreiung*. Bamberg 1999.

ESSEN

Karl-May-Stadt. Im Filmtheater → *Lichtburg* fanden zwischen 1964 und 1966 die größten Kinopremieren der Karl-May-Filmgeschichte statt. → Pierre Brice, → Lex Barker und → Stewart Granger waren immer dabei.

»ET IN TERRA PAX«

Reiseerzählung von Karl May. Erstmals erschienen 1901 in dem von Joseph Kürschner herausgegebenen nationalistischen Sammelwerk *China. Schilderungen aus Leben und Geschichte, Krieg und Sieg. Ein Denkmal den Streitern und der Weltpolitik*. Im Zentrum der Handlung steht der militante amerikanische Missionar Waller, der mit seiner Tochter Mary nach China reisen will. Er ist von dem wahnhaftem Eifer besessen, Heiden zu bekehren. In die Geschichte hat May Eindrücke einfließen lassen, die er auf seiner Orientreise 1899/1900 gesammelt hatte. 1904 erweiterte May den Text für die Buchausgabe *Und Friede auf Erden!* Der Roman wird gern herangezogen, um Mays pazifistische Haltung zu belegen.

Literatur: Karl May: *Und Friede auf Erden* (= GWB 30).

»EUROPA« (SCHALLPLATTEN)

siehe auch: Halver, Konrad; Hörspiele.

Schallplatten-Label der Firma *Miller International* (Quickborn b. Hamburg). Brachte die umfangreichste und qualitativ beste Hörspielserie nach Karl May heraus. Der Erfolg der *Europa*-Platten bewirkte – ähnlich wie die Karl-May-Filmwelle zehn Jahre zuvor – einen Boom von Nachfolgeproduktionen anderer Hersteller. Die Hörspiele erschienen anfangs auf Langspielplatten; im Lauf der Zeit setzte sich zunehmend die bequemere Musiccassette durch.

EUROPA-Hörspiele: *Der Schatz im Silbersee 1,2. Winnetou I 1, 2. Winnetou II 1, 2. Winnetou III 1, 2. Old Surehand 1, 2. Das Vermächtnis des Inka. Der Ölprinz. Durch die Wüste. Durchs wilde Kurdistan. Von Bagdad nach Stambul. In den Schluchten des Balkan. Durch das Land der Skipetaren. Der Schut. Kara Ben Halef. Der Sohn des Bärenjägers. Unter Geiern. To-kei-chun. Die Sklavenkarawane. Old Shatterhand 1, 2. Old Firehand 1, 2. Mein Freund Winnetou 1-7. Mein Freund Winnetou Originalmusik.*

EURO-WESTERN

siehe: Italo-Western; Sauerkraut-Western.

Der europäische Western-Film der 60er und 70er Jahre (nach den wichtigsten Herkunftsländern auch → *Italo-Western*, *Paella-Western* und → *Sauerkraut-Western* genannt) ist eine Spätwirkung Karl Mays. Der kommerzielle Erfolg von → *Der Schatz im Silbersee* (1962) und → *Winnetou 1. Teil* (1963) machte italienische und spanische Filmproduzenten auf das Westerngenre aufmerksam. Artur Brauner produzierte seinen Film → *Old Shatterhand* (1964) unter italienischer und französischer Beteiligung, auf gleiche Weise entstand *Freddy und das Lied der Prärie* (1964). Die deutsche → Gloria-Film stellte mit einem italienischen Partner den Film *Buffalo Bill* (1964) her. Ebenfalls 1964 beteiligte sich die → Constantin-Film, Finanzier und Verleiher der Winnetou-Filme, an der Coproduktion von *Für eine Handvoll Dollar*. Der enorme Erfolg dieses Streifens bildete schließlich die Initialzündung zu einer gesamteuropäischen Westernproduktion (vornehmlich mit den Herstellungsländern Italien und Spanien, aber auch Frankreich, Großbritannien und der CSSR). Fazit: Ohne Karl May kein *Spiel mir das Lied vom Tod.*

Die wichtigsten Euro-Western: 1963: *Überfall auf Fort Yellowstone; Mit Colt und Maske.* **1964:** *Freddy und das Lied der Prärie; Buffalo Bill; Für eine Handvoll Dollar; Das letzte Gewehr; Die letzte Kugel traf den Besten; Minnesota Clay; Samson und der Schatz der Inkas; Die Gejagten der Sierra Nevada.* **1965:** *Für ein paar Dollar mehr; Ein Loch im Dollar; Ringo kommt zurück; Viva Maria; Eine Pistole für Ringo.* **1966:** *Django; Zwei glorreiche Halunken; Mögen sie in Frieden ruh'n; Töte Amigo; Ein Tag zum Kämpfen; Die gefürchteten Vier; Der Gehetzte der Sierra Madre; Jonny Madoc; Arizona Colt.* **1967:** *Von Angesicht zu Angesicht; El Cisco; Der Tod ritt Dienstag; San Sebastian; Rocco – Der Einzelgänger von Alamo; Gott vergibt – wir beide nie!* **1968:** *Spiel mir das Lied vom Tod; Leichen pflastern seinen Weg; Mercenario – der Gefürchtete; Vier für ein Ave Maria; Shalako; Django – Die Geier stehen Schlange; Stoßgebet für einen Hammer; Friß oder stirb.* **1969:** *Sabata; Hügel der blutigen Stiefel; Lauf um dein Leben; Die rechte und die linke Hand des Teufels.* **1970:** *Adios Sabata; Adios Companeros.* **1971:** *Chato's Land; Vier Fäuste für ein Hallelujah; Todesmelodie; Halleluja... Amigo.* **1972:** *Sie verkaufen den Tod; Sabata kehrt zurück; Verflucht, verdammt und Halleluja.* **1973:** *Mein Name ist Nobody; Wolfsblut; Django – Der Tag der Abrechnung; Wilde Pferde.*

Literatur: Oliver Baumgarten u.a.: *Um sie weht der Hauch des Todes. Der Italowestern – die Geschichte eines Genres.* Bochum 1998. Joe Hembus: *Das Western-Lexikon. Erweiterte Neuausgabe von Benjamin Hembus.* München 1995. Stefan Otto: *Für eine Handvoll Dollar. Die Geburt des Italo-Western.* Stuttgart 1999. Thomas Weisser: *Spaghetti*

Westerns – the Good, the Bad and the Violent. A Comprehensive, Illustrated Filmography of 558 Eurowesterns and Their Personnel, 1961 – 1977. Jefferson, N.C. 1992.

EWIGE JAGDGRÜNDE

»Himmel der Indianer«. Bei Karl May ohne besondere mythologische Differenzierung verwendet. Der Ausdruck »in die ewigen Jagdgründe eingehen« ist durch Indianerromane zur umgangssprachlichen Metapher für »sterben« geworden. – Der seit 1936 geplante UFA-Großfilm mit → Hans Albers als Old Shatterhand sollte den Titel *Die ewigen Jagdgründe* tragen.

EXLIBRIS

Kunstvoll gestaltetes Blättchen, das als Eigentümervermerk auf die Innenseite des vorderen oder hinteren Buchdeckels geklebt wird. Gilt als graphische Kleinkunst und ist begehrtes Sammlerobjekt. Karl-May-Motive sind seit 1900 häufig; eine Auswahl wurde anläßlich der Tagung der → Karl-May-Gesellschaft in Erlangen vom 19. bis 21.9.1997 gezeigt.

Literatur: Joachim Klarner (Hrsg.): *Die abenteuerliche Welt Karl Mays im Exlibris. Katalog zur Ausstellung.* Nürnberg 1997.

EY, MINNA

Schwägerin von → Heinrich Gotthold Münchmeyer (geb. 1843; gest. 1918). Potentielle Ehefrau Mays. Der Verleger, bei dem May als Redakteur der Zeitschriften *Der Beobachter an der Elbe, Schacht und Hütte, Deutsches Familienblatt* und *Feierstunden am häuslichen Heerde* angestellt ist, will seinen fähigsten Mitarbeiter 1876 enger an sich binden und bietet ihm die Hand der jüngeren Schwester seiner Frau an. Freunde der Beteiligten reimen »Karl May und Minna Ey / die werden niemals zwei«. So kam es dann auch: May verläßt den Verlag im Februar 1877 und geht am 17.8.1880 die unglückliche Ehe mit → Emma Pollmer ein, die er 1876 kennengelernt hatte.

F

FANCLUBS

Für Karl-May-Leser: Karl-May-Gesellschaft e.V. (vorwiegend ältere Jahrgänge). Für Pierre-Brice-Anhänger: Pierre-Brice-Club (Winnetou lieben alle Alterstufen). Für Liebhaber von Karl-May-Spielen: Mescalero e.V. (vorwiegend jüngere Jahrgänge). Für Filmfans: Karl-May-Sammlung Thomas Winkler (die mittleren Jahrgänge). Für Karl-May-Freunde mit Heimatgefühl: → Freundeskreis Karl May Cottbus, Freundeskreis Karl-May-Freunde → Hoyerswerda, → Freundeskreis Karl May Leipzig e.V., → Freundeskreis Karl-May-Museum e.V., Radebeul.

Adressen: Karl-May-Gesellschaft e.V. Karl-May-Str. 5, D-01445 Radebeul. **Mescalero e.V.** Hauptstr. 39, D-57614 Borod. **Pierre-Brice-Club** Frank Wunderlich, Leonhardyweg 24-26, D-12101 Berlin. **Karl-May-Sammlung Thomas Winkler** Harmsweg 9 b, D-22179 Hamburg.

FANPOST AN KARL MAY

»Ihre w. Zuschrift kann leider nicht von meinem Manne beantwortet werden, weil er gegenwärtig auf einer Reise um die Erde von hier abwesend ist. Hochachtend Emma May.« – Eine von May redigierte Sammlung von 178 Leserbriefen enthält die von ihm selbst verfaßte Broschüre *Karl May als Erzieher und ›Die Wahrheit über Karl May‹ oder Die Gegner Karl Mays in ihrem eigenen Lichte von einem dankbaren May-Leser* (Freiburg 1902).

Literatur: Karl May: *Der dankbare Leser.* Ubstadt 1974.

FANS

siehe auch: Prominente Karl-May-Fans.

»Beim May=fan findet nun einmal die ästhetische Indifferenz des künstlerisch noch ganz Rohen statt, (der deswegen aber durchaus Ordinarius sein kann, oder Minister). Ich empfehle, bei einer derart verdeppten & gleichzeitig fanatisch zahlenden Abnehmerschaft, Modelle der ›Silberbüchse‹ aus Bakelit anzubieten; Autogramme des ›Leibzwergs‹ Halef; oder von Karabennemsi eigenhändig beschossene Lanzen, (leicht & billig herzustellen: gebt mir nur Bohnenstangen & 1 Drillbohrer!).« (Arno Schmidt, 1965.)

Karl-May-Fans.

FANZINES

Sprechendes Papier gefällig? Karl-May-Freunde lieben das große Palaver. Hier eine Auswahl (alphabetisch geordnet) von Fanzines der letzten 20 Jahre. Achtung: Auch was seriös daherkommt, hat für Fans großen Unterhaltungswert.

Karl May & Co. Nr. 51 (1993), davor: *Karl-May-Rundbrief*. Streitbares Fanzine in professionellem Design (hrsg. von Torsten Greis), Schwerpunkt Karl-May-Spiele, aber auch mit Berichten und Informationen zu Karl-May-Filmen und -Schauspielern.

Karl May in Leipzig. Nr. 1(1990) ff. Mitteilungsblatt des Freundeskreises Karl May Leipzig mit umfangreicher Pressedokumentation und Berichten aus der lokalen Karl-May-Szene.

Karl-May-Rundbrief. Nr. 1 (1984) – Nr. 50 (1992). Fanzine (begründet von Jörg Wörner) mit Schwerpunkt Karl-May-Spiele, aber auch Berichte zu Karl-May-Filmen und -Schauspielern. Fortgeführt ab Nr. 51 (1993) durch *Karl May & Co.*

Karl May Star Club-Journal. Nr. 1 (1978) – Nr. 5 (1979). Ab Nr. 6 (1980) bis Nr. 10 (1981): *Karl May Star- und Filmjournal.* Frühes Fanzine (hrsg. von Gaby Scheibe) mit Schwerpunkt Pierre Brice, aber auch anderen Karl-May-Schauspielern. In den höheren Heftnummern oft mit erstmals veröffentlichten Fotos.

KMG-Nachrichten. Nr. 72 (1987) ff. (davor: Geschäftsführerbrief der KMG) Konkurrenzprodukt der Karl-May-Gesellschaft im eigenen Hause. Oft interessanter als die länger bestehenden *Mitteilungen der Karl-May-Gesellschaft.*

Mitteilungen der Karl-May-Gesellschaft. Nr. 1 (1969) ff. Offizielles Organ der Karl-May-Gesellschaft mit vorwiegend literaturwissenschaftlichen und biographischen Untersuchungen, mal seriös, mal schrill.

Pierre-Brice-Club-Kurier. Nr. 1 (1979) ff. Pierre-Brice-Fanzine (hrsg. von Martina Kruse, Claudia Braun, Martina Schneider). Begleitet den ewigen Winnetou auf seinem Lebensweg.

Westerns all'Italiana! Vol. 1 (1983) ff. Kompetentes US-Fanzine (hrsg. von Tim Ferrante, Tom Betts); enthält regelmäßig Hinweise auf die Karl-May-Filme und Berichte über Karl-May-Darsteller.

FEHSENFELD, FRIEDRICH ERNST

Verleger (geb. 16.12.1853 Groß Lengden bei Göttingen; gest. 16.9.1933 Freiburg i. Br.). Verleger der ersten Werkausgabe Karl Mays. Nach Schulbesuch in Berlin Beginn einer Buchhändlerlehre bei

Karl-May-Fanzine.

Schmorl & von Seefeld (Hannover). 1879 Erwerb der Universitätsbuchhandlung in Gießen (bis 1885). 1890 Eröffnung einer eigenen Verlagsbuchhandlung in Freiburg i. Br. 1891 Bekanntschaft mit Karl May. Über den Hergang berichtet Fehsenfeld später: »Im Jahr 1891, als jungem Buchhändler, kam mir der → ›Deutsche Hausschatz‹ in die Hände. Ich stieß auf die Erzählung ›Im Schatten des Großherrn‹ von Karl May. Ich begann zu lesen und kam nicht davon los... Diese Erzählungen aus ihrer Zerstückelung in den Zeitschriften herauszuholen, sie in Bücher zu fassen und so der deutschen Jugend und dem ganzen Volke zu schenken, das war ein Gedanke, der mich nicht wieder losließ. Und alsbald ging ich ans Werk. Ich verschaffte mir Karl Mays Anschrift und fragte bei ihm an, ob er mit mir in Verbindung treten wollte. Nach vier Monaten – ich hatte schon jede Hoffnung aufgegeben – kam die Antwort: ›Soeben von einer Reise zurück, finden ich Ihren Brief vor. Kommen Sie!‹« Es kommt zur Begründung der Reihe *Carl May's Gesammelte Reiseromane* (→ Freiburger Ausgabe). Bereits am 21.1.1892 geht die 1. Lieferung von Bd. 1 *Durch Wüste und Harem* an die Buchhändler. Nach dem Tod Mays wird am 1.7.1913 in Radebeul der *Verlag der Karl-May-Stiftung Fehsenfeld & Co* gegründet. Ab 1.1.1915 lautet der Firmenname *Karl-May-Verlag Fehsenfeld u. Co.* – Karl May merkte rasch, welchen Glücksgriff er mit seinem Verleger getan hatte. Für Fehsenfeld reimte er die Zeilen: »Im lieben, schönen Lößnitzgrund / Da saßen Zwei selbander; / Die schlossen einen Freundschaftsbund, / Gehn niemals auseinander. / Der eine schickt Romane ein, / Der Andre läßt sie drucken, / Und's Ende wird vom Liede sein: / 's wird Beiden herrlich glucken!«

Literatur: Ekke W. Guenther: *Karl May und sein Verleger Friedrich Ernst Fehsenfeld.* Jb-KMG 1978.

FEHSENFELD-AUSGABE

siehe: Freiburger Ausgabe; Illustrierte Fehsenfeld-Ausgabe.

FELMY, HANSJÖRG

Schauspieler (geb. 31.1.1931 Berlin). Lange bevor er als *Tatort*-Kommissar Haverkamp Karriere machte, war er bereits Winnetou. 1956 sprach er in dem zehnteiligen Hörspiel *Winnetou* (WDR) die Titelrolle. Die etwas dröge Produktion wurde von Kurt Meister inszeniert, Kurt Lieck war der Old Shatterhand. Später kam er mit Karl May nicht mehr in Kontakt, obwohl er sicher gut in einen der Filme der 60er Jahre gepaßt hätte. Dafür spielte er in der biederen Konkurrenzproduktion *Die Flußpiraten vom Mississippi* (1963, Regie: Jürgen Roland, nach Friedrich Gerstäcker) den Sheriff.

Ausgewählte Filme: *Haie und kleine Fische* (1957); *Der Maulkorb* (1958); *Wir Wunderkinder* (1958); *Und ewig singen die Wälder* (1959); *Die Buddenbrooks* (1959); *Die Botschafterin* (1960); *Die Ehe des Herrn Mississippi* (1961); *Die glücklichen Jahre der Thorwalds* (1962); *Die Flußpiraten vom Mississippi* (1963); *Der Henker von London* (1963); *Das Ungeheuer von London City* (1964); *Das 7. Opfer* (1964); *Der zerrissene Vorhang*

(1966); *Die Tote aus der Themse* (1971); *Tatort* (1974 – 1980, TV); *Hagedorns Tochter* (1994, TV).
Autogrammanschrift: Obere Bergstr. 19, D-84174 Berghofen/Eching.
Link: http://german.imdb.com/Name?Felmy,+Hansj%F6rg

»DIE FELSENBURG« (BUCH)

siehe auch: Satan und Ischariot.
Roman von Karl May, erstmals 1893/94 in Fortsetzungen erschienen im → Deutschen Hausschatz, als Buch *Satan und Ischariot I* 1896. Bearb.: GWB 20 *Die Felsenburg*. Der verbrecherische Mormone Harry Melton bringt mit Hilfe der Yumas eine Gruppe von Auswanderern in seine Gewalt. Er zwingt sie zu Fronarbeit in dem Quecksilberbergwerk Almaden Alto, in dem sie wie Sklaven gehalten werden. Old Shatterhand und Winnetou setzen sich auf Meltons Spur. Im Folgeband GWB 21 → *Krüger Bei* kommt es zur Rettung der Auswanderer. – Die Geschichte wurde nach Bühnenfassungen von → Wulf Leisner und → Jochen Bludau mehrfach bei den Karl-May-Spielen → Bad Segeberg und → Elspe aufgeführt. Eine Verfilmung ist nie realisiert worden.

FERMAN

Paß des Padischah, im Besitz von Kara Ben Nemsi. Seine Präsentation hat die wunderbare Wirkung, daß Beamte sich vor Ehrerbietung überschlagen und Behörden dem Bittsteller jeden Wunsch von den Lippen ablesen. Das Dokument gibt es leider nur im Reich des Padischah und ist sehr engen Vertrauten des Herrschers vorbehalten. Hierzulande kann ersatzweise die Verwendung eines Presseausweises empfohlen werden, der auf dem Stehempfang der Zahnärztekammer den Zugang zum Büfett sichert.

FERNSEHEN

Mattscheibe in Schwarzweiß taugt nicht für die bunte Welt von Karl May. Spät erst hat sich das Fernsehen an Karl May herangetraut, und dann ging's gleich schief: Der erste Fernsehfilm → *Mit Karl May im Orient* (1963) erfüllte nicht die Erwartungen der Programmacher und wurde nie gesendet – er verschwand im Archiv des ZDF. Vor diesem Zeitpunkt gab es allerdings bereits im NDR Übertragungen von den Karl-May-Spielen → Bad Segeberg, die anfangs noch live übertragen wurden (Regie: Udo Langhoff). Die Segeberg-Sendungen liefen alljährlich von 1957 bis 1979 und waren in den 60er Jahren die große Konkurrenz zu den *Winnetou*-Filmen (ein Wettstreit, den sie natürlich nur verlieren konnten).

FERNSEHFILME

siehe auch: Fernsehen; Karl-May-Filme.
Bis 1998 wurden zehn große Fernsehfilme bzw. -serien (mit bis zu 26 Einzelfolgen) nach und über Karl May produziert. Darunter befanden sich auch → Zeichentrickfilme.

Die Karl-May-Fernsehfilme (in chronologischer Reihenfolge): → *Mit Karl May im Orient* (1963); *Freispruch für Old Shatterhand* (1965); → *Kara Ben Nemsi Effendi* (1973/75); → *Mein Freund Winnetou* (1980); → *Das Buschgespenst* (1986); *Hallo – Hier Karl May* (1987); → *Präriejäger in Mexiko* (1988); *Karl May* (1992); *Winnetou* (1996); → *Winnetous Rückkehr* (1998).

Literatur: Michael Petzel: *Karl-May-Filmbuch.* Bamberg 1998. (Erweiterte Fassung: Gütersloh 1999.)

FEUERWASSER

Klingt hübscher als Schnaps, kommt aber auf dasselbe hinaus. Für Fans gibt es diverse Spezialabfüllungen. Die werden weniger getrunken, sondern eher gesammelt.

Für Genießer: *Old Firewater* (Vertrieb: Karl-May-Verlag, Bamberg). *Elsper Feuerwasser* (Vertrieb: Elspe Festival, Lennestadt-Elspe). *Old Wabble Straight Bourbon Whiskey* (Vertrieb: Pabst & Richarz, Elsfleth).

FEUERWEHR

siehe auch: Pyrotechnik.

In den Jahren 1882 und 1883 war Karl May Mitglied der Freiwilligen Feuerwehr von → Hohenstein-Ernstthal. Feuer hatte eine faszinierende Wirkung auf ihn. In seinen Werken brennt es immer wieder mal (z.B. in *Der verlorene Sohn, Wanda, Ein Ölbrand*).

Literatur: Wilhelm Vinzenz: *Feuer und Wasser. Zum Erlösungsmotiv bei Karl May.* Sonderheft KMG 26 (1980).

FIGUREN

siehe auch: Behringer, Elastolin, Friedel, Hausser, Heinerle, Hopf, Linde, Mattel, Plastinol, Preiser, Zinnfiguren.

Spielfiguren aus Masse, Weichplastik oder Elastolin (meist ca. 7 cm hoch) fanden sich in den 50er und 60er Jahren in vielen Kinderzimmern. Karl May war gut vertreten. Die Großväter-Generation spielte mit Figuren aus → Zinn.

FILM

siehe auch: Fernsehen; Karl-May-Filme.

Medium, das entscheidend dazu beitrug, daß Karl May bis in die 70er Jahre der → meistgelesene deutsche Autor blieb. Die Filmserie der 60er Jahre beförderte Karl May endgültig zur Kultmarke. Der Erstkontakt mit Karl May erfolgt heute bei zurückgehendem Leseinteresse in der Mehrzahl der Fälle nicht durch das Buch, sondern durchs → Fernsehen (hier vor allem durch die regelmäßige Ausstrahlung der Kinofilme). Zur Jahrtausendwende wird der *Mythos Karl May* weniger durch Buchseiten, sondern in der Hauptsache durch Bilder transportiert.

FILMBILDBÄNDE

Der Verleger Heinz Peters aus Gütersloh hatte 1964 eine glorreiche Idee: Wenn so viele Leute in die überaus populären → Karl-May-Filme gingen, dann müßte es doch genug Käufer für Bildbände mit Fotos aus diesen Filmen geben. Er hatte recht und wurde damit zum Urahn der Fanbücher à la *Lindenstraße*, *GZSZ* und *Marienhof*. Mit enormer Auflage erschien eine ganze Reihe von Filmbildbänden. Der Band *Winnetou I*, mit dem die Serie begann, erreichte allein im Erscheinungsjahr 1964 eine Auflage von 70.000 Exemplaren. Die Reihe wurde herausgegeben von dem bekannten Ratgeber-Autor Roland Gööck (unter dem Pseudonym »Peter Korn«) und erschien gleichzeitig in einer Buchhandels- *(Phoenix Verlag)* und einer Buchclubausgabe *(Bertelsmann)*. Einige Bände wurden in geringer Auflage in einer dritten Variante *(Präsentverlag Heinz Peters)* herausgegeben. Der Band zum ersten Film der Serie, → *Der Schatz im Silbersee*, erschien als letzter und hatte, da das Interesse inzwischen abgeflaut war, die geringste Auflage. Er gehört deshalb unter Sammlern heute zu den höchstdotierten Ausgaben.

Für Sammler: *Der Schatz im Silbersee. Film-Bildbuch.* München: Phoenix 1967. – *Winnetou I. Film-Bildbuch.* München: Phoenix 1964. – *Winnetou II. Film-Bildbuch.* München: Phoenix 1965. – *Unter Geiern. Film-Bildbuch.* München: Phoenix 1965. – *Der*

Filmbildband zu »Winnetou 1. Teil«.

Ölprinz. Film-Bildbuch. München: Phoenix 1966. – *Winnetou III. Film-Bildbuch.* München: Phoenix 1966. – *Old Surehand. Film-Bildbuch.* München: Phoenix 1966.

FILMBILDGESCHICHTEN

Comic Strip mit Fotos als Fortsetzungsgeschichte. Erfindung, die zum Erfolg der Karl-May-Filme beitrug und gleichzeitig die Auflage der Zeitschrift steigerte. Zum Start von → *Der Schatz im Silbersee* (1962) erschien in der Programmzeitschrift → *Bild und Funk* aus dem Burda-Verlag (Offenburg) eine ganzseitige Bilderserie zum Film. Sie lief über insgesamt 15 Ausgaben. Die Idee knüpfte an die Tradition der italienischen *Fotonovelas* an und erwies sich als so erfolgreich, daß von da an alle Karl-May-Filme als Bildgeschichten erschienen. Um alle Filme unterbringen zu können, beteiligte sich auch das Schwesterblatt → *Bunte Illustrierte* an dem Deal; außerdem kam später der Ehapa-Verlag mit seinen Jugendzeitschriften → *Micky Maus* und → *Mickyvision* (später umgetitelt in *MV 66 und MV 67*) hinzu. Die Serie der Bildgeschichten endete 1967. In den siebziger Jahren erschienen einfachere Neufassungen in *Bild und Funk* und → *Bravo*.

Für Sammler: In *Bild und Funk*: *Der Schatz im Silbersee* (1962f.); *Die Sklavenkarawane* (1963); *Winnetou 1.* Teil (1963f.); *Old Shatterhand* (1964); *Winnetou 2. Teil* (1964f.); *Unter Geiern* (1965); *Der Schatz der Azteken / Die Pyramide des Sonnengottes* (1965); *Winnetou 3. Teil* (1965f.); *Winnetou und das Halbblut Apanatschi* (1966); *Winnetou und sein Freund Old Firehand* (1966f.). **In *Bunte Illustrierte*:** *Der Ölprinz* (1965); *Durchs wilde Kurdistan* (1965f.); *Old Surehand 1. Teil* (1966); *Im Reiche des silbernen Löwen* (1966, Titel: »Durchs wilde Kurdistan 2«). **In *Micky Maus:*** *Der Schut* (1964f.); *Winnetou 3. Teil* (1965f.). **In *Mickyvision* / *MV 66* / *MV 67:*** *Old Surehand 1. Teil* (1966); *Winnetou und das Halbblut Apanatschi* (1966f.); *Winnetou und sein Freund Old Firehand* (1967).

FILMMUSIK

Wenn in Zusammenhang mit Karl May von Musik die Rede ist, erinnert man sich weniger an seine eigenen Kompositionen (»Ave Maria«, »Vergiß mich nicht«). Eher summen Fans die »Old-Shatterhand-Melodie« von → Martin Böttcher. (Die übrigens lassen viele Karl-May-Fans von ihrem Anrufbeantworter ertönen, so auch das Karl-May-Museum in Radebeul und der Karl-May-Verlag in Bamberg.) Martin Böttcher ist Schöpfer des typischen »Karl-May-Sounds« (satte Streicherklänge und Mundharmonika-Soli). Die anderen Karl-May-Filmkomponisten sind → Erwin Halletz *(Der Schatz der Azteken, Die Pyramide des Sonnengottes)*, → Riz Ortolani *(Old Shatterhand)*, Raimund Rosenberger *(Durchs wilde Kurdistan, Im Reiche des silbernen Löwen)*, → Ulrich Sommerlatte *(Die Sklavenkarawane, Der Löwe von Babylon)* und → Peter Thomas *(Winnetou und sein Freund Old Firehand,* TV: *Mein Freund Winnetou)*. Eine Ausnahmestellung nimmt der Italiener Francesco Angelo Lavagnino ein. Seine Musik zu *Das Vermächtnis des Inka* wurde nicht speziell für den Film

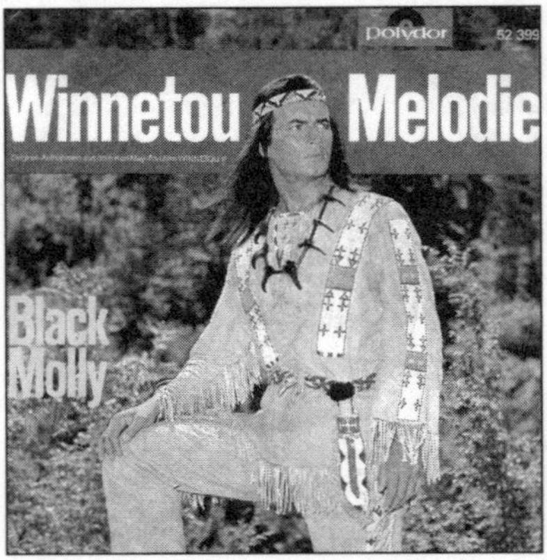

Filmmusik-Schallplatten zu den Karl-May-Filmen (von oben links nach rechts unten): Der Schatz im Silbersee, Der Schut, Winnetou 2. Teil, Unter Geiern, Der Ölprinz, Durchs wilde Kurdistan.

komponiert, sondern war ursprünglich eine Auftragsarbeit für einen Italo-Western.

Literatur: Michael Stemmer: *Western Movie Composers. A Selected, annoted Listing of 2006 Genre Films, shown in Germany*. Berlin 1996.

FILMPROGRAMME

Das Filmprogramm, früher an der Kino-Kasse gekauft, war vorher Einstimmung auf den Film und hinterher Erinnerungsstück zum Sammeln. Praktisch zu jedem Film gab es ein eigenes Programm. Herausgeber waren nach dem Zweiten Weltkrieg die *Vereinigten Verlagsgesellschaften Franke & Co* in München. Mit der Kinokrise sanken die Auflagen kontinuierlich. 1969 mußte der Verlag seinen Geschäftsbetrieb einstellen. Einen Höhenflug verschafften kurz zuvor noch einmal die Karl-May-Filme. Das Programm von → *Der Schatz im Silbersee* lief so gut, daß es in mehreren Auflagen nachgedruckt werden mußte. Anschließend schuf man für besonders publikumsträchtige Filme die neue Serie *Illustrierter Film-Kurier* mit größerem Umfang und farbigem Titelbild. In dieser Reihe erschienen ab → *Winnetou 1. Teil* alle weiteren Karl-May-Filme. Parallel dazu gab es in Österreich eine eigene Reihe *(Neues Filmprogramm, Neuer Film-Kurier)*, die zwar von geringerer Qualität war, aber den Vorteil hatte, die deutsche Serie zu überdauern. Eines der begehrtesten Programme ist der sehr seltene *Illustrierte Film-Kurier* Nr. 285 → *Winnetou und Shatterhand im Tal der Toten*.

Illustrierter Film-Kurier (bis 1945): Nr. 1389: *Durch die Wüste*. **Das Neue Filmprogramm (Mannheim):** 4197: *Die Sklavenkarawane*. Ohne Nr.: *Der Löwe von Babylon*. **Illustrierte Film-Bühne (München):** Nr. 4610: *Die Sklavenkarawane*. 5020: *Der Löwe von Babylon*. 6335: *Der Schatz im Silbersee*. **Illustrierter Film-Kurier (München):** Nr. 4: *Winnetou 1. Teil*. 9: *Old Shatterhand*. 12: *Der Schut*. 15: *Winnetou 2. Teil*. 21: *Unter Geiern*. 39: *Der Schatz der Azteken*. 50: *Die Pyramide des Sonnengottes*. 56: *Der Ölprinz*. 64: *Durchs wilde Kurdistan*. 66: *Winnetou 3. Teil*. 76: *Old Surehand 1. Teil*. 84: *Im Reiche des silbernen Löwen* (2 Fassungen). 106: *Das Vermächtnis des Inka*. 126: *Winnetou und das Halbblut Apanatschi*. 159: *Winnetou und sein Freund Old Firehand*. 285: *Winnetou und Shatterhand im Tal der Toten*. **Neues Filmprogramm (Wien):** Nr. 1248: *Die Sklavenkarawane*. 1639: *Der Löwe von*

Filmprogramm zu »Der Löwe von Babylon«.

Babylon. 2965: *Der Schatz im Silbersee.* 3381: *Winnetou 1. Teil.* 3526: *Old Shatterhand.* 3682: *Der Schut.* 3689: *Winnetou 2. Teil.* 3792: *Unter Geiern.* 3889: *Der Schatz der Azteken.* 3916: *Die Pyramide des Sonnengottes.* 4142: *Im Reiche des silbernen Löwen.* 4231: *Das Vermächtnis des Inka.* **Neuer Film-Kurier (Wien):** Nr. 1: *Der Ölprinz.* 3: *Durchs wilde Kurdistan.* 4: *Winnetou 3. Teil.* 6: *Old Surehand 1. Teil.* 13: *Winnetou und das Halbblut Apanatschi.* 19: *Winnetou und sein Freund Old Firehand.* 29: *Winnetou und Shatterhand im Tal der Toten.* 120: *Karl May.*

Literatur: Christian Unucka (Hrsg.): *Karl May im Film. Eine Bilddokumentation.* Revidierte 2. Auflage. Hebertshausen 1991. – Peter Kranzpiller (Hrsg.): *Preiskatalog 1988/89 Neues Filmprogramm / Illustrierte Filmbühne / Illustrierter Filmkurier.* Vogt 1988.

Spezialist für Filmprogramme: Christian Unucka, Am Kramerberg 7 a, D-85241 Hebertshausen.

FILMRESTAURATION

Filme halten nicht ewig. Sie verändern ihre Farben und sind langfristig vom Zerfall bedroht. Auch die → Karl-May-Filme sind davon nicht ausgenommen. Grundsätzlich besteht die archivalische Aufgabe, die Filme in ihrer Originalfassung zu sichern und zu erhalten. Es sind jedoch immer weniger Kinokopien im Umlauf, die zum Teil bereits dramatisch verstümmelt sind. Nicht in jedem Fall ist eine Rettung durch Rückgriff auf das Original möglich, da manche Filme durch Schnitt des Negativs nicht mehr in ihrem ursprünglichen Zustand vorhanden sind. Ein Beispiel für die schwierige Arbeit der Rekonstruktion ist der Film *Das Vermächtnis des Inka* (1966). Das Negativ gilt als verschollen. Die Fernseh- und Videokopie ist stark geschnitten. Die wenigen bekannten Kinokopien sind in unterschiedlichem Maß verstümmelt. Die Aufgabe der Rekonstruktion besteht darin, aus dem vorhandenen Material den Film in seiner Premierenfassung wiederherzustellen. – Im → Karl-May-Archiv (Göttingen) wird diese komplizierte Aufgabe von *Ekkehard Sieker* wahrgenommen.

FINNLAND

Bereits 1898 erschien *Der Schatz im Silbersee* auf finnisch – merkwürdigerweise in den USA. Ab 1912 wurde Karl May auch im Land selbst verlegt. Vor allem der Verleger Werner Söderström (Porvoo) versuchte, den Autor in seiner Heimat populär zu machen. 1942 brachte er als ersten Band *Der Schatz im Silbersee* heraus; es folgten *Das Vermächtnis des Inka*, *Die Sklavenkarawane, Durch die Wüste, Der Ölprinz* und weitere Titel. 1990 erschien der *Silbersee* in seinem Verlag bereits in 8. Auflage. Als die Karl-May-Filme in den 60er Jahren nach Finnland kamen, stießen sie deshalb auf ein kundiges Publikum.

Karl-May-Filme in Finnland: *Hopeajärven aarre* (*Der Schatz im Silbersee*, 1962); *Winnetou* (*Winnetou 1. Teil*, 1963); *Apashien kapina* (*Old Shatterhand*, 1964); *Winnetou ja kuoleman ratsastajat* (*Winnetou 2. Teil*, 1964); *Winnetou ja lännen haaskalinnut* (*Unter Geiern*, 1964); *Atsteekkien aarre* (*Der Schatz der Azteken*, 1965); *Winnetou ja lännen öljyrosvot* (*Der Ölprinz*, 1965); *Erämaan sankarit* (*Durchs wilde Kurdistan*, 1965); *Viimeiset lainsuojattomat* (*Winnetou 3. Teil*, 1965); *Lännen sankarit – Winnetou ja Old Sure-*

hand (*Old Surehand 1. Teil*, 1965); *Kultalaakson korppikotkat* (*Winnetou und das Halbblut Apanatschi*, 1966); *Ukkosta rajalla* (*Winnetou und sein Freund Old Firehand*, 1966).

FISCHER, ADALBERT

Verleger (geb. 1855; gest. 7.4.1907 Dresden-Niedersedlitz). Veröffentlichte nach Übernahme des Verlages von → H.G. Münchmeyer ab 1901 die ursprünglich anonym erschienenen → Kolportageromane Karl Mays unter seinem vollen Namen (»Karl May's Illustrierte Werke«). Insgesamt erschienen in dieser Reihe 25 Bände mit geschickt gewählten Einzeltiteln. Der gewiefte Geschäftsmann Fischer (er war zuvor als Möbelhändler tätig gewesen) hatte den Verlag nach dem Tod von Münchmeyer vor allem wegen der Romane Mays erworben und brachte sie ohne Absprache mit dem Autor heraus, der auf keinen Fall mit seinen Frühwerken in Verbindung gebracht werden wollte. Nach einem Vergleich Mays mit Fischers Erben im Jahr 1907 durfte der Münchmeyer-Verlag die Bände nur noch anonym veröffentlichen.

Die Fischer-Ausgabe: Deutsche Herzen und Helden (1901/02) **I** *Eine deutsche Sultana.* **II** *Die Königin der Wüste.* **III** *Der Fürst der Bleichgesichter, I. Teil.* **IV** *Der Fürst der Bleichgesichter, II. Teil.* **V** *Der Engel der Verbannten.* (Ein Reprint der Serie erschien 1976 in der → Olms Presse.) **Das Waldröschen oder Die Verfolgung rundum die Erde** (1902/03) **I** *Die Tochter des Granden.* *II Der Schatz der Mixtekas.* **III** *Matava-se, der Fürst des Felsens.* **IV** *Erkämpftes Glück I.* *V Erkämpftes Glück II.* **VI** *Erkämpftes Glück III.* **Der Weg zum Glück** (1904) **I** *Die Murenleni.* **II** *Der Wurz'nsepp.* **III** *Der Geldprotz.* **IV** *Der Krikelanton.* **Der verlorene Sohn** (1904/05) **I** *Sklaven des Elends.* **II** *Sklaven der Arbeit.* **III** *Sklaven der Schande.* **IV** *Sklaven des Goldes.* **V** *Sklaven der Ehre.* **Die Liebe des Ulanen** (1905/06) **I** *Die Herren von Königsau.* **II** *Napoleons letzte Liebe.* **III** *Der Kapitän der Kaisergarde.* **IV** *Der Spion von Ortry.* **V** *Durch Kampf zum Sieg.*

FISCHER, JOSEPH (JOSCHKA)

Bundesminister des Auswärtigen (geb. 12.4.1948 Gerabronn). Der Marathon-Läufer erwies sich in einem → *SPIEGEL*-Interview 1999 als Karl-May-Kenner, behielt aber nicht das letzte Wort. *SPIEGEL*: »Eine Laufbahn wie in den vergangenen zehn Jahren werden Sie kaum noch einmal hinlegen können.« *Fischer*: »Warum sollen wir denn zurückschauen? Wie Winnetou müssen wir vorausschauen.« *SPIEGEL*: »Sie wissen, was mit dem passiert ist?« *Fischer*: »Er ist eine Figur der Weltliteratur geworden. Zunächst für Knaben.« *SPIEGEL*: »Aber früh abgetreten.«

FITZENREITER, WILFRIED

Bildhauer (geb. 1932 Salza/Harz). Schuf 1992 die künstlerisch wohl interessanteste Karl-May-Büste (Hohenstein-Ernstthal). Außerdem stellte er eine Reihe von plastischen Karl-May-Miniaturen aus Bronzeguß her (»Karl-May-Collektion«). Der Künstler war Meisterschüler an der Deutschen Akademie der Künste (Berlin/DDR) und arbeitet seit 1961 freischaffend. Zu seinen bedeutendsten Arbeiten zählen der *Brunnen am Alexanderplatz* in Berlin, der *Luther-*

Kopf in Genf und die *Saale-Nixen* in Halle. Fitzenreiter lebt und arbeitet in Berlin.

FITZGERALD, ELLA

Ehrenhäuptling der Karl-May-Spiele → Bad Segeberg. Trägt den Namen: »Rising Sun«. Es ist nicht bekannt, ob die amerikanische Jazzsängerin vor ihrem Auftritt in Bad Segeberg jemals etwas von Karl May gehört hatte.

»FIX UND FOXI«

Comic-Zeitschrift, hrsg. von Rolf Kauka (Rastatt: Pabel-Verlag). Veröffentlichte zwischen 1963 und 1966 mehrere Comic-Geschichten nach Karl-May-Erzählungen. Folgte damit dem → Walter-Lehning-Verlag, der kurz nach Erlöschen der → Urheberschutzfrist für Mays Werke eine Comic-Serie auf den Markt gebracht hatte. Während Lehning seine Karl-May-Geschichten in einer eigenständigen Heftreihe herausbrachte, waren die Kauka-Stories Bestandteil der bereits existierenden Zeitschrift *Fix und Foxi.* Zeichner war Walter Neugebauer (außer *Durch die Wüste*, wo der Zeichner bisher nicht ermittelt ist). Die farbigen Zeichnungen sind einfach, aber wirkungsvoll; der Qualitätsstandard der Lehning-Serie wird jedoch nicht erreicht. Die erste *Winnetou*-Folge zeichnete Neugebauer bereits 1937; der stilistische Unterschied ist deutlich erkennbar. Die Winnetou-Serie ist auch als Comic-Album erschienen (unter dem Titel »Filmbildalbum«; jedoch ohne Bezug zu den Karl-May-Filmen).

Für Sammler: *Fix und Foxi* **Band 377 – 425:** *Winnetou, der Häuptling der Apatschen (= Winnetou I – III).* **430 – 442:** *Durch die Wüste.* **517 – 532:** *Old Surehand.*

»Fix und Foxi«: Karl-May-Comic.

FONDA, DIRK

Keine Verwandtschaft mit Jane, sondern Pseudonym für Dieter Bochnow. Routinierter Illustriertenschreiber, der die Karl-May-Fans der 60er Jahre via → *Bravo* am Leben der Stars teilhaben ließ. Eine ganze Leser-Generation kannte seinen Namen und wartete allwöchentlich auf die neue Folge seiner Serien: »Ein Mann mit 1000 Abenteuern: Pierre Brice«; »Lex Barker packt aus«; »Marie Versini: Alle Tage meines Lebens«, »Marie Versini: Mein roter Bruder und ich«.

FORST-BATTAGLIA, OTTO

Schriftsteller (geb. 21.9.1889; gest. 2.5.1965). Schrieb mit *Karl May. Leben eines Träumers – Traum eines Lebens* (Zürich/Leipzig/Wien 1931) die erste seriöse Monographie über den Autor. (Neuausgabe mit einem biographischen Nachwort von Roger Forst-Battaglia: Bamberg 1966.)

FOTOGRAFIEN VON KARL MAY

Einer der besten Reklametricks, die Karl May je hatte. 1896 läßt der Schriftsteller 101 Aufnahmen von sich anfertigen. Fotograf ist der Student und Karl-May-Verehrer → Alois Schießer. In der Zeitschrift → *Deutscher Hausschatz* heißt es: »Herr Dr. Karl May ist dem Drängen so vieler Verehrer endlich nachgekommen und hat eine Reihe von photographischen Aufnahmen anfertigen lassen, die nicht allein zeigen, ›wie er aussieht‹, sondern auch, wie er wohnt, liest und schreibt. Die Abbildungen zeigen ihn uns als Old Shatterhand und Kara Ben Nemsi, also in zwei Gestalten, die den Lesern seit Jahren vertraut sind. Das Kostüm ist dasselbe, wie Karl May es auf seinen Reisen getragen hat.« Die Negativplatten werden von dem Fotografen → Adolf Nunwarz (Linz-Urfahr, Österreich) erworben, der mit Karl May einen Vertrag abschließt und eine Anzahl der Bilder in eigenem Verlag vertreibt (»Jedes Bild trägt die eigenhändige Unterschrift des allverehrten Schriftstellers.«) Ab Mitte 1897 werden die Bilder auch durch den *Photographie-Verlag Max Welte* in Dresden und seit 1998 durch Mays Verleger → *Fr. E. Fehsenfeld* in Freiburg i.Br. vertrieben. Um 1900 wird der Verkauf eingestellt, als May beginnt, seinem Werk eine symbolische Gesamtkonzeption zu verleihen.

Fotografien: »Karl May, genannt Old Shatterhand, respektive Kara Ben Nemsi«.

Karl-May-Fotografien aus dem Verlag Adolf Nunwarz: 1 Dr. Karl May als Old Shatterhand. Brustbild. **2** dito, Stehfigur mit »Silberbüchse«. **3** dito, Stehfigur mit »Silberbüchse« und Fell des »Präriewolfes«. **4** Dr. Karl May als Kara Ben Nemsi. Brustbild. **5** dito, Stehfigur. **6** dito, Stehfigur mit Revolver in der Hand. **7** Villa Shatterhand des Herrn Dr. Karl May (hoch und quer). **8** Herr Dr. Karl May in seiner Bibliothek. **9** dito, in seinem Arbeitszimmer am Schreibtisch (hoch) **10** dito, in seinem Arbeitszimmer am Schreib-

tisch (quer). **11** dito, in seinem Arbeitszimmer auf dem Sopha lesend mit Schreibtisch. **12** dito, in seinem Arbeitszimmer auf dem Sopha lesend ohne Schreibtisch.
Link: http://karlmay.uni-bielefeld.de/kmg/fotos/kostuem/index.htm

FRANK, LEONHARD

Schriftsteller (geb. 4.9.1882 Würzburg; gest. 18.8.1961 München). Verfaßte den in Würzburg spielenden Jugendroman *Die Räuberbande* (1914). Zum ersten Mal erscheint ein Karl-May-Motiv in einem ernstzunehmenden literarischen Werk. Geschildert werden die Pubertätskonflikte einer Gruppe von Jugendlichen um *Winnetou* und *Oldshatterhand* (in dieser Schreibweise!). Die frisch erzählte Geschichte endet mit einem Anflug von Tragik. Der Optimismus der Jungen, gefördert durch die Karl-May-Lektüre, hat keinen Bestand. Winnetou, den aufbegehrenden Rebellen, zieht es als Mönch in den Schoß der Kirche. Oldshatterhand, ein sensibler Stotterer, macht einen qualvollen Entscheidungsprozeß durch und wird Maler, dem es aufgegeben ist, den Schmerz der Welt zu gestalten. – Der Roman wurde 1928 verfilmt. Über die Berliner Premiere schrieb ein Kritiker: »Eine lebensfrohe Jugendschar hat sich zusammengetan, um nach Karl Mays Vorbild das Unrecht aus der Welt zu bannen und um im wilden Westen Kämpfe auszufechten. Aber trotz Jugendstreiche und Tollheiten werden zum Schluß doch alle Beteiligten gute und tüchtige Menschen – wie es eben im Film nicht anders sein kann.« (*Neue Zeit*, 16.11.1928)
Werke: *Die Räuberbande* (1914); *Der Mensch ist gut* (1920); *Das Ochsenfurter Männerquartett* (1927); *Links wo das Herz ist* (1952).

FRANK, PATTY

D.i. Ernst Tobis. Artist und Indianerfreund (geb. 19.1.1876 Wien, gest. 23.8.1959 Radebeul). Hüter der → »Villa Bärenfett« von 1928 bis zu seinem Tod. Der skurrile Kauz galt vielen Besucher als die Seele des Karl-May-Museums (»Hau-Ko-La! Wie wär's mit aam Kinnikinnik-Röllchen?«) Strickte wie Karl May emsig an der eigenen Legende und nannte sich selbst »Isto maza« (= Eisenarm). Seine Indianerbegeisterung wurde entscheidend beeinflußt durch einen Auftritt von *Buffalo Bill's Wild West Schau* 1890 im Wiener Palmengarten. Er schloß sich der Truppe als Helfer

Patty Frank in der »Villa Bärenfett« in Radebeul.

an und wurde Artist. Mit 21 Jahren leitet er unter dem Künstlernamen »Patty Frank« eine eigene Artistentruppe und unternimmt Gastspielreisen u.a. nach Südafrika und in die USA. Daß es bei einer dieser Reisen zu einer Beinahe-Begegnung zwischen ihm und Karl May in New York gekommen sein soll, gehört zu den zahlreichen von ihm in die Welt gesetzten Fabeln. Möglicherweise aber legt er auf diesen Reisen den Grundstock zu einer großen ethnographischen Indianer-Sammlung, deren Zustandekommen jedoch weitgehend ungeklärt bleibt. 1925 schreibt er an den Karl-May-Verleger → Euchar Albrecht Schmid: »Ich bin pleite.« Daraufhin kommt es am 31.1.1926 zu einem Vertrag mit Karl Mays Witwe Klara über die Einbringung der Indianersammlung in das geplante Karl-May-Museum samt lebenslangem Wohnrecht für den Artisten. 1926 entsteht im Garten der »Villa Shatterhand« das Blockhaus »Villa Bärenfett«, in der er Quartier bezieht. 1928 wird das Karl-May-Museums eröffnet. Patty Frank wird sein Verwalter und bleibt es bis zu seinem Lebensende. Er stirbt im 84. Lebensjahr. Sein Grabmal befindet sich auf dem Friedhof Radebeul-Ost (Serkowitzer Straße), nahe dem Grab Karl Mays. Die Inschrift auf dem Stein lautet: »Patty Frank der Indianerfreund / Drum lebt er auch / nach seinem Tod / noch fort und ist / so wirksam als er / lebte. Die gute Tat / das schöne Wort sie / sind unsterblich wie / er sterblich strebte.«

Werke: Patty Frank: *Ein Leben im Banne Karl Mays.* Dresden 1935 (in 7 Auflagen bis 1942). – *Wilder Westen. Leben und Sterben der Indianer Nordamerikas.* Wien / Heidelberg 1951. – *Die Indianerschlacht am Little Big Horn.* Berlin (DDR) 1957. 6. Auflage 1984. – **Literatur:** Wolfgang Seifert: *Patty Frank, der Zirkus, die Indianer, das Karl-May-Museum.* Bamberg 1998.

Französische Ausgabe von Winnetou (1980).

FRANKREICH

Erscheint als Handlungsort im Kolportageroman → *Die Liebe des Ulanen* (1885-87) und in der spannenden Erzählung → *Robert Surcouf* (erstmals erschienen 1882, bearb. in GWB 38 *Halbblut*). – In Frankreich wurde die erste Übersetzung eines Karl-May-Werks überhaupt veröffentlicht. Am 12.11.1881 begann die Pariser Tageszeitung *Le Monde* mit dem Abdruck von Teilen des Orientzyklus → *Giölgeda Padishanün,* die erst kurz zuvor in der Familienzeitschrift → *Deutscher Hausschatz* erschienen waren. In Buchform kam das Werk 1884 in dem namhaften Verlag *Alfred Mame et Fils* in Tours heraus. Besonders der Verlag *Flammarion* brachte nach dem 2. Weltkrieg zahlreiche Karl-May-Ausgaben heraus. – Französische Filmfirmen beteiligten sich als Coproduzenten an zahlreichen Karl-May-Filmen (vor allem die *Sociéte Nouvelle de Cinématographie*, Paris). Fast alle Filme waren in französischen Kinos zu sehen und liefen teilweise auch im Fernsehen (in synchronisierter Fassung). Die TV-Serie → *Mein Freund Winnetou* wurde federführend von der französischen Gesellschaft *Intertel/Sofitel* produziert (für Antenne 2). Der aufwendige Bildband zu dem Fernsehwerk *(Winnetou, le Mescalero)* erschien ausschließlich in Frankreich (wieder bei *Flammarion*).

Karl-May-Filme in Frankreich: LA CARAVANE DES ESCLAVES (*Die Sklavenkarawane*, 1959); Le Lion De Babylone (*Der Löwe von Babylon*, 1959); LE TRESOR DU LAC D'ARGENT (*Der Schatz im Silbersee*, 1962); WINETOU 1re époque (*Winnetou 1. Teil*, 1963); LES CAVALIERS ROUGES (*Old Shatterhand*, 1964); LE PRINCE NOIR (*Der Schut*, 1964); LE TRESOR DE MONTAGNES BLEUES (*Winnetou 2. Teil*, 1964); PARMI LES VAUTOURS (*Unter Geiern*, 1964); LES MERCENAIRES DU RIO GRANDE (*Der Schatz der Azteken / Die Pyramide des Sonnengottes*, 1965); WINNETOU ET L'APPAT DE L'OR NOIR (*Der Ölprinz*, 1965); WINNETOU III (DESPERADO TRAIL) (*Winnetou 3. Teil*, 1965); VIVA GRINGO (*Das Vermächtnis des Inka*, 1966); TONNERRE SUR LA FRONTIERE (*Winnetou und sein Freund Old Firehand*, 1966).

FRAUEN

siehe auch: Droop, Lu; Harbou, Thea v.; Plöhn, Klara; Pollmer, Emma; Suttner, Berta; Versini, Marie.

Hier hätte Alice Schwarzer etwas zu reparieren. Frauen spielen bei Karl May keine Rolle, jedenfalls nicht als gleichberechtigte Partner der jeweiligen Helden. Bevorzugt kommen sie als Großmütter (→ Marah Durimeh) oder Mütter (Mother Thick) vor. Sind sie jünger, ist ihnen oft die Rolle der kalten Verführerin zugedacht (Josefa → Cortejo). Noch jünger, werden sie erschossen, bevor sie dem Helden gefährlich werden könnten (→ Nscho-tschi).

FREGONESE, HUGO

Filmregisseur (geb. 8.4.1908 Mendoza, Argentinien; gest. 17.1.1987 Buenos Aires, Argentinien). Inszenierte mit → *Old Shatterhand* (1964) den einzigen Karl-May-Film von internationalem Format, allerdings ohne May-Flair. Der routinierte, wenn auch künstlerisch nie profilierte Regisseur hatte Medizin studiert und arbeitete in seiner argentinischen Heimat als Journalist und Viehtreiber, bevor er in Hollywood als Berater in Filmen mit südamerikanischem Hintergrund tätig wird. Seit 1938 arbeitet er in der argentinischen Filmindustrie und debütiert 1943 mit seinem ersten Spielfilm. 1949 kehrt er nach Hollywood zurück, wo er für die *Universal* zahlreiche »B-Pictures« dreht, vorwiegend Kriminalfilme und Western. Eine größere Karriere ist dem Regisseur jedoch versagt; er geht deshalb Ende der 50er Jahre nach Europa und arbeitet in England und Italien. 1963 engagiert ihn → Artur Brauner wenige Tage vor

Drehbeginn von *Old Shatterhand* in Rom, nachdem der ursprünglich vorgesehene Regisseur Leopold Lahola den Erwartungen nicht gerecht geworden war. Die Verpflichtung sollte sich als Glücksfall erweisen; Fregonese arbeitete sich in nur wenigen Tagen in den Film ein, von dem noch nicht einmal ein komplettes Drehbuch existierte. Sein Handicap war, daß ihm die Mentalität Karl Mays fremd war; so erscheint, was der gröbste Fehler ist, Winnetou in Kriegsbemalung. Nach einem weiteren Film für Brauner ging der Argentinier nach Spanien, wo er nach einem eigenen Stoff den Western *Die Verfluchten der Pampas* drehte. Ende der 60er Jahre kehrte er nach Buenos zurück, wo er weiterhin in der Filmproduktion tätig war. Er starb im Alter von 78 Jahren an einem Herzschlag.

Ausgewählte Filme: *Ohne Gesetz* (1950); *Das Zeichen des Verräters* (1951); *Trommeln des Todes* (1951); *Der Tag der Vergeltung* (1952); *Wilde Glut* (1953); *Unter zwei Flaggen* (1954); *Die Pranke des Tigers* (1958); *Old Shatterhand* (1964); *Die Todesstrahlen des Dr. Mabuse* (1964); *Die Verfluchten der Pampas* (1965); *Dracula jagt Frankenstein* (1969); *La mala vida* (1973; *Más allá sol* (1975).

Link: http://german.imdb.com/Name?Fregonese,+Hugo

FREIBURGER AUSGABE

Bezeichnung für die Karl-May-Ausgabe des Verlags → *Fr. E. Fehsenfeld*, Freiburg (*Carl May's Gesammelte Reiseromane*). Erste Ausgabe von gesammelten Werken Karl Mays überhaupt. Erschienen ab 1892 in 33 Bänden. Der Verfassername auf den Titelseiten der Bände 1 – 13 wurde »Carl May« geschrieben, ab Band 14 »Karl May«. Als originalgetreuer Reprint wiederveröffentlicht im → Karl-May-Verlag (Karl May: *Freiburger Erstausgaben. Faksimilierter Text. 33 Bände. Hrsg. v. Roland Schmid.* Bamberg 1982-84). Parallel zu der Standardausgabe wurde im Fehsenfeld-Verlag zwischen 1907 und 1912 eine weitere Reihe *Karl Mays Illustrierte Reiseerzählungen* (in größerem Format) herausgegeben (→ Illustrierte Fehsenfeld-Ausgabe).

Für Sammler: **1** *Durch Wüste und Harem* (1892). **2** *Durchs wilde Kurdistan* (1892). **3** *Von Bagdad nach Stambul* (1892). **4** *In den Schluchten des Balkan* (1892). **5** *Durch das Land der Skipetaren* (1892). **6** *Der Schut* (1892). **7** *Winnetou der Rote Gentleman I* (1893). **8** *Winnetou der Rote Gentleman II* (1893). **9** *Winnetou der Rote Gentleman III* (1893). **10** *Orangen und Datteln* (1893). **11** *Am Stillen Ocean* (1894). **12** *Am Rio de la Plata* (1894). **13** *In den Cordilleren* (1894). **14** *Old Surehand I* (1894). **15** *Old Surehand II* (1894). **16** *Im Lande des Mahdi I* (1895/96). **17** *Im Lande des Mahdi II* (1895/96). **18** *Im Lande des Mahdi III* (1896). **19** *Old Surehand III* (1895). **20** *Satan und Ischariot I* (1896). **21** *Satan und Ischariot II* (1897). **22** *Satan und Ischariot III* (1897). **23** *Auf fremden Pfaden* (1897). **24** *Weihnacht!* (1897). **25** *Am Jenseits* (1899). **26** *Im Reiche des silbernen Löwen I* (1898). **27** *Im Reiche des silbernen Löwen II* (1898). **28** *Im Reiche des silbernen Löwen III* (1902). **29** *Im Reiche des silbernen Löwen IV* (1903). **30** *Und Friede auf Erden!* (1904). **31** *Ardistan und Dschinnistan I* (1909). **32** *Ardistan und Dschinnistan II* (1909). **33** *Winnetou IV* (1910).

FREILICHTTHEATER

siehe auch: Theater.

Wenn Kinder gern Indianer spielen, dann muß das auch im Theater funktionieren. Vorzugsweise geeignet für Karl May sind Freilichttheater, weil es da Büsche zum Anschleichen gibt und man in der Pause Eis kaufen kann. Mit diesem Rezept wurden die jährlichen Aufführungen im schleswig-holsteinischen → Bad Segeberg (seit 1952) zum Synonym für Karl-May-Spiele. Zum weniger namhaften, aber zahlenmäßig erfolgreicheren Konkurrenten entwickelten sich die Karl-May-Festspiele in → Elspe (seit 1958), die auf ein großes Besucherpotential aus dem nahen Ruhrgebiet setzen können. Begonnen hatte Karl Mays Open-Air-Tradition bereits in der Vorkriegszeit mit den Spielen in → Rathen im → Elbsandsteingebirge (1938-1941; dann wieder ab 1984). Weitere größere Freilichtaufführungen fanden statt in → Werder/Havel (1940), → Ratingen (Naturbühne Blauer See, 1949-94), → Bentheim (1953/60), → Homburg/Saar (1965), Berlin (Freilichtbühne → Rehberge, 1963/64), → Mülheim a.d. Ruhr (Freilichtbühne an der Dimbeck, 1971), Barkhausen (Freilichtbühne Porta Westfalica, 1973), → Annaberg-Buchholz (Freilichtbühne Greifensteine, seit 1987), → Mörschied (seit 1990), → Thale (1991-92, 1998) und → Altenbrak (seit 1993). In Österreich entwickelte sich seit Ende der 80er Jahre eine reiche Karl-May-Festspieltradion mit den Orten Staatz (1987-99), Gföhl (seit 1988), Winzendorf (seit 1994) und Weitensfeld (seit 1995).

Literatur: Sigrid Bensemann (Hrsg.): *Wildwest-Romantik auf deutschen Freilichtbühnen.* [Katalog Friedrich-Gerstäcker-Museum] Braunschweig 1995.

FREUNDESKREIS KARL MAY COTTBUS

Verein mit Sitz in Cottbus (gegr. 1987 von Reinhold Seidler). Zweiter Zusammenschluß von Karl-May-Freunden in der DDR (nach der seit 1983 bestehenden *Interessengemeinschaft Karl-May-Haus* in Hohenstein-Ernstthal). Organisierte die erste Karl-May-Ausstellung in der DDR.

Anschrift: Ulrich Böhm, Marienstraße 4, D-03046 Cottbus.

FREUNDESKREIS KARL MAY LEIPZIG E.V.

Verein mit Sitz in Leipzig (gegr. 1988). Wurde als dritte Karl-May-Vereinigung in der DDR gegründet (nach der *Interessengemeinschaft Karl-May-Haus* in Hohenstein-Ernstthal und dem → Freundeskreis Karl May Cottbus). Gründungsmitglieder: Jörg-M. Bönisch, Hans Buchwitz, Christian Heermann, Rosemarie Zimmermann. Monatliche Veranstaltungen. Aus dem Vortragsprogramm: *Karl May und die Frauen; 3000 Meilen auf den Spuren Karl Mays durch Nordamerika; Der deutsche Traum – Karl May und das Kaiserreich; Warum mußte Winnetou sterben? Karl May und die Pferde; War Adolf Hitler ein Karl-May-Fan?*

Veröffentlichungen: Informationsblatt *Karl May in Leipzig* (seit 1990).

Anschrift: Freundeskreis Karl-May-Leipzig e.V., Joachim Mihank, Wilmar-Schwabe-Ring 2, D-04457 Mölkau.

FREUNDESKREIS KARL-MAY-MUSEUM E.V.

Verein mit Sitz in Radebeul (gegr. 1988). Aufgabe laut Satzung ist die »Pflege und Förderung des Mayschen Kulturerbes im weitesten Sinne«. Dazu tragen Ausstellungen, Veranstaltungen und Vorträge im → Karl-May-Museum bei. Die Mitglieder (Gesamtzahl 1999: ca. 120) treffen sich einmal im Monat am Kaminfeuer der → »Villa Bärenfett« oder zu Exkursionen. Aus dem Veranstaltungsprogramm: *Ein Nachmittag bei Winnetou und seinen Freunden; Eine Wanderung auf den Spuren Karl Mays; Zur Geschichte des Nahen Ostens und der Orientalika der May-Sammlung; Wir feiern Weihnachten bei ›Ritter und Rebellen‹.*

Anschrift: Freundeskreis Karl-May-Museum e.V., Karl-May-Str. 5, D-01445 Radebeul, Tel.: (0351) 83730-10.

Link: http://www.karl-may-stiftung.de/freundeskreis/verein.html

FRIEDEL

Modellbaufirma, ehemals in Neustadt bei Coburg. Hersteller von Karl-May-Filmfiguren, die von der Firma → Behringer vertrieben wurden. Die schönen und heute sehr gesuchten Karl-May-Figuren wurden vom Modelleur Bauer gestaltet.

FRITSCH, LU

siehe: Droop, Marie-Luise.

FÜRST DES ELENDES

D.i. Gustav Brandt. Romanfigur aus → *Der Verlorene Sohn*. Wird unschuldig für zwei Morde verurteilt, die der verbrecherische Franz von Helfenstein begangen hat. Kehrt nach 20 Jahren unerkannt als unermeßlich reicher *Fürst von Belfour* in seine Heimat zurück. Als *Fürst des Elendes* hilft Brandt in zahlreichen Verkleidungen den Armen und bringt schließlich den wahren Täter zur Strecke. – Das Vorbild der Figur ist unverkennbar *Der Graf von Monte Christo* von Alexandre Dumas. Sie erscheint auch in dem TV-Film → *Das Buschgespenst* (DDR 1986, mit sanfter Melancholie gespielt von Rolf Ludwig).

FÜRST DES FELSENS

siehe: Sternau, Karl.

G

GEDENKSTÄTTEN
siehe: Grabmal; Karl-May-Haus; Karl-May-Museum Bamberg; Karl-May-Museum Radebeul.

GEDICHTE
siehe: Lyrik.

GEIER
Bei Karl May nicht eine vom Aussterben bedrohte Tierart, sondern Verbrecherbande. Erscheint in GWB 35 → *Unter Geiern*. Führt mittels umgesteckter Wegmarkierungen Auswanderertrecks in die Irre und raubt sie aus. Seit Karl May bedeutet »Unter Geiern« sprichwörtlich: »unter die Räuber gefallen sein«. – Die Geier-Bande erscheint im Film → *Unter Geiern* (1964), dargestellt von professionellen jugoslawischen → Kaskadeuren.

GENSCHER, HANS-DIETRICH
Politiker (geb. 21.3.1927 Reideburg, Saalkreis). Bundesaußenminister und Vizekanzler (1974-1992). Karl-May-Fan. »Ich habe alle Bände von Karl May gelesen und hätte als kleiner Junge in Halle niemals erträumt, einmal selbst so viel zu reisen wie Karl May in seiner Phantasie. Mein Lieblingsheld war Old Shatterhand – wegen der durchschlagenden Wirkung.« (*Mittelbayerische Zeitung* vom 22.2.1992)

GEORGE, GÖTZ
Schauspieler (geb. 23.7.1938 Berlin). Jugendlicher Held der Karl-May-Filme. Darsteller in → *Der Schatz im Silbersee* (1962; Rolle: Fred Engel), → *Unter Geiern* (1964; Rolle: Martin Baumann) und → *Winnetou und das Halbblut Apanatschi* (1966; Rolle: Jeff). Sohn des Schauspielerehepaars Heinrich George und Berta Drews. Spielte zwischen 1959 und 1969 in 26 Spielfilmen. Während der Kinokrise in den 70er Jahren Theaterauftritte und Tourneen. 1981 verkörperte er erstmals den Ruhrpott-Kommissar Schimanski, eine Figur, mit der er identifiziert wurde wie Sean Connery mit James Bond. Seine frühen Erfah-

rungen mit Karl May hat er lange ignoriert. Erst in den 90er Jahren bekam er ein entspannteres Verhältnis zu den Filmen, die der eigentliche Auslöser für seine Popularität in Deutschland waren: »Horst Wendlandt, der Produzent, kam extra nach Göttingen, um mich zu überzeugen. Er sagte: ›Du hast den richtigen Körper, du kannst dich ausziehen, kannst reiten, dich prügeln...‹ Ich war von Haus aus sportlich. Bei Karl May bekam ich den letzten Schliff, weil ich immer mit den Kaskadeuren zusammenarbeitete. Die haben mir sehr imponiert, und bei ihnen lernte ich, was ich für *Schimanski* bis heute brauche: meinen Körper zu beherrschen.« Götz George wurde ausgezeichnet mit zwei *Bundesfilmpreisen*, dem *Deutschen Kritikerpreis*, dem *Bayerische Fernsehpreis*, dem *Grimme-Preis*, dem *Goldenen Bären* und dem *Schauspielerpreis beim Filmfestival von Venedig*.

Wichtige Filme: *Wenn der weiße Flieder wieder blüht* (1956); *Alter Kahn und junge Liebe* (1956); *Kirmes* (1960); *Die Fastnachtsbeichte* (1960); *Der Teufel spielt Balaleika* (1961); *Mörderspiel* (1961); *Unser Haus in Kamerun* (1961); *Das Mädchen und der Staatsanwalt* (1962); *Der Schatz im Silbersee* (1962); *Nur tote Zeugen schweigen* (1962); *Liebe will gelernt sein* (1963); *Mensch und Bestie* (1963); *Wartezimmer zum Jenseits* (1964); *Herrenpartie* (1964); *Unter Geiern* (1964); *Ferien mit Piroschka* (1965) *Sie nannten ihn Gringo* (1965); *Winnetou und das Halbblut Apanatschi* (1966); *Ich spreng' euch alle in die Luft* (1968); *Der Todeskuß des Dr. Fu Man Chu* (1968); *Himmelfahrtskommando El Alamein* (1969); *Ostwind* (1969); *Spion unter der Haube* (1969, TV); *Der Illegale* (1972, TV); *Tatort: Rattennest* (1972, TV); *Aus einem deutschen Leben* (1977); *Abwärts* (1984); *Zahn um Zahn* (1985); *Zabou* (1987); *Die Katze* (1988); *Der Bruch* (1989); *Schtonk*! (1992); *Ich und Christine* (1993); *Die Sturzflieger* (1995); *Der Totmacher* (1995); *Rossini* (1997); *Nichts als die Wahrheit* (1999). **Literatur:** Berndt Schulz: *Götz George. Schauspieler und Superstar*. Bergisch Gladbach 1988. Heiko R. Blum: *Götz George. Das liebenswerte Rauhbein*. München 1989.

Autogrammadresse: Götz George, c/o Agentur Ute Nicolai, Schorlemerallee 16, D-14195 Berlin

Link: http://www.dem.de/entertainment/stars/index2.html

Götz George in »Unter Geiern« (1964).

GESAMMELTE WERKE

Karl May's Gesammelte Werke lautet der Reihentitel der in Deutschland bekanntesten Karl-May-Ausgabe, die Erscheinungsbild und Wirkung des Schriftstellers grundlegend geprägt hat. Sie ist im → Karl-May-Verlag

(Bamberg) erschienen und wird als → Bamberger Ausgabe (abgekürzt: GWB) bezeichnet. Auch der Name → *Grüne Bände* ist gebräuchlich. Vorläuferausgabe ist die zwischen 1913 und 1945 im Karl-May-Verlag (Radebeul) erschienene → *Radebeuler Ausgabe* (*Karl May's Gesammelte Werke*). Erste Karl-May-Gesamtausgabe überhaupt ist die ab 1892 vom Verlag Friedrich Ernst Fehsenfeld herausgegebene → *Freiburger Ausgabe*. Ab 1907 kam bei Fehsenfeld auch eine illustrierte Ausgabe heraus, die sich von der Erstausgabe durch die Numerierung der Bände (und einzelne Titel) unterschied (gängige Bezeichnung: → *Illustrierte Fehsenfeld-Ausgabe,* auch *Blaue Fehsenfeld*).
Neben diesen wichtigsten Reihen gibt es verschiedene weitere umfangreiche Ausgaben, die nach Erlöschen des Urheberschutzes für Karl May erschienen sind. Dazu zählen Ausgaben der Verlage → Bertelsmann (Gütersloh), → Lingen (Köln), → Haffmans (Zürich), → Pawlak (Herrsching am Ammersee), → Neues Leben (Berlin), → Parkland (Stuttgart), VS Verlagshaus Stuttgart (Bertelsmann; sogenannte → Stuttgarter Ausgabe), → Weltbild (Ausgsburg). Eine → Historisch-kritische Ausgabe wird von Hermann Wiedenroth (Bargfeld) herausgegeben.

GETRÄNKE

siehe: Bier; Feuerwasser; Wein.

GEWEHRE

siehe auch: Bärentöter; Henrystutzen; Silberbüchse.
»Es gab im Wilden Westen drei Gewehre, an deren Berühmtheit kein viertes reichte: das waren Old Shatterhands Henrystutzen, sein Bärentöter und Winnetous Silberbüchse.« (Karl May in *Der Ölprinz*, 1894) Die drei Wunderwaffen bewahrte Karl May in der → Villa Shatterhand auf. Seinen Lesern galten sie als Indiz für den Wahrheitsgehalt seiner Erzählungen. Tatsächlich wurden → Silberbüchse und Bärentöter 1896 insgeheim von dem Radebeuler Büchsenmacher Oskar Max Fuchs (1873-1954) angefertigt. Der → Henrystutzen wurde 1902 von Fuchs aus der Schweiz beschafft. Zu diesem Zeitpunkt allerdings hatte May, der seit 1900 seinem Werk eine höhere Bedeutung zu geben versuchte, an den Waffen kein Interesse mehr.
Literatur: Klaus Hoffmann, Jochen Rascher, Peter Richter: *Silberbüchse – Bärentöter – Henrystutzen. Die berühmtesten Gewehre des Wilden Westens.* Radebeul 1990 (Schriftenreihe des Karl-May-Museums).

GFÖHL

Gemeinde im Waldviertel, Niederösterreich (bei Krems). Auf der Freilichtbühne Gföhlerwald seit 1988 *Karl-May-Festspiele* (seit 1995: *Winnetou-Spiele,* seit 1999: *Winnetou & Old Shatterhand Spiele*). Zweites Freilichttheater, das in Österreich Karl-May-Stücke aufführte (nach → Staatz). Gegründet von → Heinz Koziol und Peter Görlach. Als Träger fungiert die *Gföhler Veranstaltungs GmbH.* Große Naturbühne mit See (ehemals Kiesgrube), die viele Auftrittsmöglichkeiten bietet. 3.000 Sitzplätze. 1988: 5.000 Besucher (Winnetou: Peter Görlach, Old Shatterhand: Heinz Koziol). 1997: 14.764 Besucher. Ursprünglich von Laiendarstellern bespielt. Inzwischen agieren Profi-Schauspieler (Winnetou: Johannes Wolf, Old Shatterhand 1999: Michael Werner). Regie: Jean-Jacques Pascal, seit 1999 Rochus Millauer. Separate Western-Show. Konkurriert mit → Staatz um den Titel »Größte Freilichtbühne Österreichs«. *Der Karl-May-Fan meint:* Die Bühnenanlage allein ist eine Reise wert. Das rasante Westernspektakel läuft sehr frei nach Karl May ab. Die Geschichte ist jedoch auf eine Weise erzählt, daß man annehmen könnte, sie sei von Karl May erzählt. *Über Laienschauspieler:* »Jeder bemühte sich, schlecht zu spielen, doch der Darsteller des Hawkens lief allen den Rang ab. Seine Darstellung war dermaßen entartet, dumm, affig und unglaubwürdig, daß ich ihn am liebsten von der Bühne geholt hätte.« (Torsten Greis, 1993)

Inszenierungen: *Winnetous Abenteuer* (1988); *Der Ölprinz* (1989); *Im Tal des Todes* (1990); *Der Schatz im Silbersee* (1991); *Winnetou II* (1992); *Der Atem Manitous* (1993); *Winnetou und Old Firehand – Die Tränen der Paloma Nakama* (1995); *Winnetou und Old Surehand – Der Fluch der Black Hills* (1996); *Winnetou und Old Shatterhand – Der rote Sand der Sierra Madre* (1997); *Winnetou und Old Shatterhand – Die Geier des Llano Estacado* (1998); *Der Schatz im Silbersee* (1999); *Der Ölprinz* (2000).

Anschrift: Winnetou-Spiele Gföhl, Gföhler Veranstaltungs GmbH, Körnermarkt 4, A-3542 Gföhl.

Link: http://www.wvnet.at/winnetouspiele

GIEFER, HERMANN

Schauspieler und Bayer. Spielte mit sympathischem Holzfäller-Charme den *Old Shatterhand* bei den Karl-May-Spielen in Bad Segeberg.

Inszenierungen in Bad Segeberg: *Der Schatz im Silbersee* (1989); *Winnetous letzter Kampf* (1990); *Winnetou – Das Vermächtnis* (1991); *Halbblut* (1999).

GILLER, WALTER

Schauspieler (geb. 23.8.1927 Recklinghausen). Spielte den Fritze Kiesewetter in → *Das Vermächtnis des Inka* gemeinsam mit → Heinz Erhardt und → Chris Howland, angekündigt als das »beste deutsche Komiker-Trio«. Sollte wie sein Vater Zahnarzt werden, nahm aber lieber Schauspielunterricht beim legendären Eduard Marks in Hamburg. Erste Filmrolle 1949 in *Artistenblut*. Spielte in Filmen von Rolf Thiele lässige und linkische Liebhaber und wurde zu einem der beliebtesten Charakterkomiker der 50er Jahre. Hatte seinen größten Erfolg mit *Rosen für den Staatsanwalt* (1959). Verheiratet seit 1956 mit Nadja Tiller, die einst als eleganteste Filmschauspielerin Deutschlands galt. Bei den Dreharbeiten zum *Inka*-Film zog sich der Schauspieler eine schwere Brandverletzung an der Hand zu. Um Ameisen zu simulieren, die an den gefangenen Komikern entlangkrabbeln sollten, hatten die Filmleute Schießpulver verwendet. Giller zündete sich gedankenverloren eine Zigarette an, was explosive Folgen hatte. Aufmerksame Zuschauer erkennen im Film deutlich die bandagierte Hand.

Ausgewählte Filme: *Wildwest in Oberbayern* (1951); *Sie* (1954); *Die Drei von der Tankstelle* (1955); *Drei Mann auf einem Pferd* (1957); *Peter Voß, der Millionendieb* (1959); *Rosen für den Staatsanwalt* (1959); *Schloß Gripsholm* (1963); *Tonio Kröger* (1964); *Fanny Hill* (1964); *Das Vermächtnis des Inka* (1966); *Die Herren mit der weißen Weste* (1969).
Autogrammadresse: Walter Giller, c/o Agentur Jovanovic, Kathi-Kobus-Str. 24, D-80797 München.
Link: http://german.imdb.com/Name?Giller,+Walter

»GIÖLGEDA PADISHANÜN«

D.i. *Im Schatten des Großherrn*. Ursprünglicher Titel des Orientzyklus von Karl May. Besteht aus den Romanen *Durch Wüste und Harem* (bearb. GWB 1 *Durch die Wüste*), *Durchs wilde Kurdistan, Von Bagdad nach Stambul, In den Schluchten des Balkan, Durch das Land der Skipetaren, Der Schut*. Erstmals erschienen als Fortsetzungsroman zwischen 1881 und 1888 in der Wochenzeitschrift → *Deutscher Hausschatz* (Regensburg).

GIRARDON, MICHELE

Französische Schauspielerin (geb. 9.8.1938 Lyon, Frankreich; gest. 25.3.1975 Lyon, Frankreich). Spielte in → *Der Schatz der Azteken* (1965) und → *Die Pyramide des Sonnengottes* (1965) die Rolle der Josefa → Cortejo. Ihre wenigen Auftritte gehören zu den Glanzpunkten der weitgehend mißratenen Doppelproduktion. Die Schauspielerin starb im Alter von nur 36 Jahren in ihrer Heimatstadt Lyon.
Ausgewählte Filme: *Pesthauch des Dschungels* (1956); *Die Liebenden* (1959); *Die sieben Todsünden* (1962); *Hatari!* (1962); *Soraya – Sklavin des Orients* (1964); *Der Schatz der Azteken* (1965); *Die Pyramide des Sonnengottes* (1965); *Der Unbesiegbare* (1966); *Les petit filles modèles* (1970).
Link: http://german.imdb.com/Name?Girardon,+Mich%E8le

GIROTTI, MARIO

siehe: Hill, Terence.

GLAS, USCHI

Schauspielerin (geb. 2.3.1944 Landau/Isar). Hatte nur ein einziges Mal mit Karl May zu tun, aber von da an startete ihre Karriere durch. War → *Apanatschi* in *Winnetou und das Halbblut Apanatschi* (1966). Die ein-

Uschi Glas als Apanatschi in »Winnetou und das Halbblut Apanatschi« (1966).

stige Sekretärin wurde von Karl-May-Produzent → Horst Wendlandt für den Film entdeckt und erhielt von ihm einen Siebenjahresvertrag: »Wir werden die Rollen für sie sehr sorgfältig auswählen und dieses junge, vielversprechende Talent methodisch aufbauen. Schließlich macht man so eine Entdeckung wie Uschi nicht alle Tage.« Der clevere Produzent hatte wieder einmal recht: Neben Pierre Brice war Uschi Glas die erfolgreichste Entdeckung, die er je gemacht hatte. Ihren ersten Auftritt erlebte die kecke Münchnerin in einem Edgar-Wallace-Streifen, anschließend hatte sie als Halbblut an Winnetous Seite ihren ersten großen Erfolg (wegen ihres bayerischen Dialekts mußte sie im Film synchronisiert werden). Noch mehr Glück als das indianische Lederwams brachte ihr ein weißes Rüschenmieder aus Omas Wäschetruhe, das sie in dem Film *Zur Sache, Schätzchen* (mit Werner Encke, Regie: May Spils) auf dem wohlgeformten Leibe trug. Von nun an galt sie jedermann als »Schätzchen« und stieg zur populärsten Darstellerin des deutschen Kinos auf. Künstlerische Spuren hinterließ sie dabei nicht, machte aber, was für die Produzenten entscheidend war, mit ihrer patenten, propperen Ausstrahlung Kasse (»Im Grund bin ich halt der Typ, der bei den Leuten ankommt.«). Seit den 80er Jahren erscheint sie vorwiegend in quotenträchtigen TV-Serien (*Zwei Münchner in Hamburg, Ein Schloß am Wörthersee, Syvia – Eine Klasse für sich*). Uschi Glas lebt mit ihrem Mann, dem Filmproduzenten Bernd Teewag, in München.

Ausgewählte Filme: *Der unheimliche Mönch* (1965); *Winnetou und das Halbblut Apanatschi* (1966); *Zur Sache, Schätzchen* (1968); *Die Lümmel von der ersten Bank* (1968); *Klassenkeile* (1969); *Die Feuerzangenbowle* (1970); *Wer zuletzt lacht, lacht am besten* (1971); *Wenn mein Schätzchen auf die Pauke haut* (1971); *Hochwürden drückt ein Auge zu* (1971); *Black Beauty* (1971); *Hundert Fäuste und ein Halleluja* (1972); *Waldrausch* (1977); *Zwei Münchner in Hamburg* (1989, TV); *Tierärztin Christine* (1993, TV); *Anna Maria – Eine Frau geht ihren Weg* (1994, TV); *Sylvia – Eine Klasse für sich* (1998, TV); *Heimlicher Tanz* (1999, TV). **Gesangstitel:** *Laylalon* (1968); *Denn ich liebe die Welt* (1971).

Autogrammadresse: Uschi Glas, c/o CBM Film Produktion, Hirtenweg 2, D-82031 Grünwald. **Link:** http://german.imdb.com/Name?Glas,+Uschi

GLAUCHAU

Stadt in Sachsen. In der Armenschule war der 19jährige Karl May 1861 als Hilfsschullehrer tätig. Sein Dienst dauerte nur 14 Tage. Am 17.10.1861 gibt der Kaufmann Ernst Theodor Meinhold zu Protokoll, daß der bei ihm zur Untermiete wohnende May »in der unwürdigsten Weise sich bemüht habe, die Ehefrau von ihm abwendig und seinen schändlichen Absichten geneigt zu machen«. May wird fristlos gekündigt.

GLORIA-FILM

Bedeutender Filmverleih der deutschen Nachkriegsfilmgeschichte. Gegründet von Ilse Kubaschewski. Brachte die Karl-May-Filme → *Der Schut*, → *Der Schatz der Azteken*, → *Die Pyramide des Sonnengottes* und → *Durchs wilde Kurdistan* auf den deutschen Markt. Produzent → Artur Brauner ließ die Filme von Gloria im Agentur-Verhältnis auswerten (= der Verleih erhält eine anteilige Vertriebspauschale), so daß der Großteil des Gewinns in seine Taschen floß. Die Firmenchefin orientierte sich der Legende nach bei Filmeinkäufen am Geschmack ihrer Putzfrau. Zu den größten Erfolgen in der Firmengeschichte gehörten die Filme *Grün ist die Heide* und *Die Trapp-Familie*. In den 60er Jahren stand die Gloria bereits im Schatten des Großverleihs → Constantin. Ihre Orient- und Südamerika-Filme erreichten nie die Umsatzmarken der konkurrierenden Winnetou-Abenteuer.

Literatur: Manfred Barthel: *So war es wirklich. Der deutsche Nachkriegsfilm.* München-Berlin 1986.

GOLDENE LEINWAND

Deutscher Filmpreis. Erfolgsbarometer der Karl-May-Filme. Gestiftet vom *Hauptverband Deutscher Filmtheater* und der Zeitschrift *Filmecho/Filmwoche.* Wird seit 1964 verliehen für Filme, die in Deutschland mindestens drei Millionen Besucher innerhalb von zwölf Monaten erzielen (ab 1994: innerhalb von achtzehn Monaten). Unter den ersten zwanzig ausgezeichneten Filmen befinden sich allein acht Karl-May-Filme.

Die ersten zwanzig Filme mit Goldener Leinwand: *Der Schatz im Silbersee* (Jahr der Verleihung: 1964); *Kohlhiesels Töchter* (1964); *Das Mädchen Irma la Douce* (1964); *Winnetou 1. Teil* (1964); *Das Haus in Montevideo* (1965); *Heimweh nach St. Pauli* (1965); *Der Schut* (1965); *Die große Kür* (1965); *Old Shatterhand* (1965); *Winnetou 2. Teil* (1965); *Polizeirevier Davidswache* (1965); *Goldfinger* (1965); *Unter Geiern* (1965); *James Bond 007 – Feuerball* (1966); *Dr. med. Hiob Prätorius* (1966); *Angélique I* (1966); *Der Ölprinz* (1966); *Winnetou 3. Teil* (1966); *Dr. Schiwago* (1967); *Angélique II* (1967).

GOTTLIEB, FRANZ JOSEF

Regisseur und Autor. Führte Regie bei den Karl-May-Filmen → *Durchs wilde Kurdistan* (1965) sowie → *Im Reiche des silbernen Löwen* (1965) und schrieb auch das Drehbuch. Beide Filme wurden in Spanien in einem Produktionsgang hergestellt. Weil er sich weigerte, den Film schnell abzudrehen, wurde er von Produzent → Artur Brauner vor Beendigung der Dreharbeiten entlassen. Herstellungsleiter Eberhard Meichsner über die Arbeitsweise des Regisseurs: »Gottlieb hat offensichtlich vor, einen Film in den Dimensionen von *Lawrence von Arabien* zu drehen!« Der Österreicher gehörte in den 70er Jahren zu den erfolgreichsten Regisseuren des Kommerzkinos und drehte Dutzende von seichten Kinokomödien

Ausgewählte Filme: *Saison in Salzburg* (1961); *Die Försterchristel* (1962); *Das Geheimnis der schwarzen Witwe* (1963); *Der Fluch der gelben Schlange* (1963); *Der schwarze Abt* (1963); *Das Siebente Opfer* (1964); *Das Phantom von Soho* (1964); *Die Gruft mit dem Rätselschloß* (1964); *Durchs wilde Kurdistan* (1965); *Im Reiche des silbernen Löwen* (1965); *Ferien mit Piroschka* (1966); *Das Wunder der Liebe* (1967); *Mister Dynamit – Morgen küßt Euch der Tod* (1967); *Van de Velde: Die vollkommene Ehe* (1968); *Klas-*

senkeile (1969); *Wenn Du bei mir bist* (1970); *Wenn die tollen Tanten kommen* (1970); *Das haut den stärksten Zwilling um* (1970); *Tante Trude aus Buxtehude* (1971); *Hilfe, die Verwandten kommen* (1971); *Trubel um Trixie* (1972); *Betragen ungenügend* (1972); *Der Geheimnisträger* (1976); *Lady Dracula* (1977); *Popcorn und Himbeereis* (1978); *Der Stein des Todes* (1986); *Zärtliche Chaoten* (1987); *Ein Schloß am Wörthersee* (1990, TV); *Mit dem Herzen einer Mutter* (1992, TV); *Hallo, Onkel Doc!* (1994, TV); *Unser Charly* (1995, TV); *Mona M.* (1996, TV).
Link: http://german.imdb.com/ Name?Gottlieb,+Franz+Josef

GOTTSCHALK, THOMAS

Showmaster. Karl-May-Fan. Viele große Karl-May-Stars waren in seinen Sendungen schon zu Gast (→ Pierre Brice, → Marie Versini, → Karin Dor, → Harald Leipnitz u.a.) In dem Kinofilm *Zärtliche Chaoten* (1987) reitet Thommy an der Seite von Pierre Brice als Old Shatterhand über die Leinwand, erreicht die Ausstrahlung von Lex Barker aber nicht ganz. → Harald Leipnitz mimte einen verzweifelten Regisseur.
Autogrammadresse: Thomas Gottschalk, c/o ZDF, Postfach 4040, D-55100 Mainz.

GRABMAL KARL MAYS

Prunkhaftes Mausoleum auf dem Friedhof in Radebeul-Ost, Serkowitzer Straße. Gestiftet von Karl May als Grabstätte für Richard Plöhn, den ersten Mann seiner späteren Frau Klara. Erbaut von dem Architekten Paul Friedrich Ziller (1846-1931) in Anlehnung an den Nike-Tempel in Athen. Fertiggestellt 1903. Im Innern Bildwerk von → Selmar Werner. Eine von Karl May verfaßte, für Richard Plöhn bestimmte Inschrift am Grabmal lautet: »Sei uns gegrüßt!

Thomas Gottschalk als Old Shatterhand (mit Pierre Brice).

Wir, deine Erdentaten / erwarten dich hier am Himmelstor; / du bist die Ernte deiner eignen Saaten / und steigst mit uns nun zu dir selbst empor.« – Spätere Beisetzungen: → Wilhelmine Beibler (1909), Karl May (1912), Klara May (1945). 1942 wurden die sterblichen Überreste des »Halbjuden« Richard Plöhn und von Wilhelmine Beibler aus der Gruft entfernt und eingeäschert. An beide erinnert seit 1998 eine Gedenktafel.

Literatur: Hans-Dieter Steinmetz: *Karl Mays Grabmal in Radebeul.* Jb-KMG 1995.

GRANGER, STEWART

D.i. James Lablanche Stewart. Schauspieler (geb. 6.5.1913 London, England; gest.16.8.1993 Santa Monica, California, USA). Spielte den Old Surehand in → *Unter Geiern* (1964), → *Der Ölprinz* (1965) und → *Old Surehand 1. Teil* (1965). Der international bekannteste Star, der je in einem Karl-May-Film mitgewirkt hat. »Das Grinsen dieses ungemein gutaussehenden Akteurs, befreiend und ironisch, konnte Steine zum Zerbersten bringen.« (*Süddeutsche Zeitung,* 1997) Der Vater Stewarts ist Oberst in der britischen Armee, die Vorfahren mütterlicherseits stammen aus Frankreich und Italien. Nach abgebrochenem Medizinstudium besucht er die Schauspielschule und spielt ab 1936 am berühmten Old Vic Theatre in London (Partnerin ist Vivien Leigh). 1943 wird er mit dem Film *Der Herr in Grau* schlagartig bekannt. Um nicht mit dem gleichnamigen Hollywoodschauspieler verwechselt zu werden, nimmt er den Namen Stewart Granger an. Ab 1949 wird er in Hollywood zum begehrten Star in Abenteuer- und Kostümfilmen. Bekannte Produktionen sind *König Salomons Diamanten*, *Die Thronfolgerin* und *Im Schatten der Krone*. Allerdings bleibt ihm ein überragender Erfolgsfilm versagt. Wie viele amerikanische Schauspieler geht er Anfang der 60er Jahre nach Italien und dreht 1962 in Rom *Sodom und Gomorrha*. 1964 gelingt es Winnetou-Produzent → Horst Wendlandt, Granger für die höchste Gage zu verpflichten, die je an einen Karl-May-Star gezahlt wurde (75.000 Dollar). Die Karl-May-Welle bedeutet für Granger einen letzten Karrierehöhepunkt. 1967 sieht man ihn in *Die letzte Safari* von Henry Hathaway, danach erscheint er bis zu seinem Tod 1993 nur noch in drei Kinofilmen. Zuletzt dreht er 1989 den spanischen Streifen *Oro Fino* unter der Regie von José Antonio de la Loma, der bereits an der Pro-

Grabmal Karl Mays.

duktion der Karl-May-Filme → *Durchs wilde Kurdistan* und → *Im Reiche des silbernen Löwen* beteiligt war. Granger, der dreimal verheiratet war und zwei Kinder hat, erliegt am 16.8.1993 in einem Krankenhaus in Santa Monica (Kalifornien) einem Krebsleiden. *Der Karl-May-Fan meint:* Seine lässig-ironische Art als bester Schütze des Wilden Westens macht das Zuschauen zum Vergnügen – wenn man vergißt, daß es sich um einen Karl-May-Film handelt. Mit Karl Mays Old Surehand hat Stewart Granger nichts am Hut – er kennt ihn nicht mal. Dafür lächelt er so entwaffnend, daß man ihm nicht böse sein kann.

Ausgewählte Filme: *Der Herr in Grau* (1943); *Caesar und Cleopatra* (1945); *Unruhiges Blut* (1947); *König Salomons Diamanten* (1950); *Scaramouche – Der galante Marquis* (1952); *Im Schatten der Krone* (1952); *Die Thronfolgerin* (1953); *Beau Brummell – Rebell und Verführer* (1954); *Die letzte Jagd* (1956); *Knotenpunkt Bhowani* (1956); *Land der tausend Abenteuer* (1960); *Sodom und Gomorrha* (1962); *Geheimauftrag Dubrovnik* (1964); *Unter Geiern* (1964); *Das Geheimnis der drei Dschunken* (1965); *Der Ölprinz* (1965); *Old Surehand 1. Teil* (1965); *Wie tötet man eine Dame* (1966); *Gern hab ich die Frauen gekillt* (1966); *Das Geheimnis der weißen Nonne* (1966); *Die letzte Safari* (1967); *Die Leute von der Shiloh Ranch* (1970-71, TV); *Die Wildgänse kommen* (1978); *Kreuzfeuer* (1986, TV); *Das Erbe der Guldenburgs* (1987, TV).

Link: http://www.dem.de/entertainment/stars/index2.html

GRASCHBERGER, TONI

Regisseur, Autor und Intendant. Inszenierte erstmals Anfang der 50er Jahre ein Karl-May-Stück in Ingolstadt. Als Intendant des Schauspiels → Cuxhaven brachte er zwischen 1964 und 1967 die Stücke *Winnetou, Der Schatz im Silbersee* und *Unter Geiern* auf die Bühne (Aufführungsorte: Freilichtbühnen Schloß Ritzebüttel und Wiesmoor). Von 1971 bis 1974 als Nachfolger von → Wulf Leisner Intendant und Regisseur bei den Karl-May-Spielen → Bad Segeberg. Mit *Das Vermächtnis des Inka* (Haukaropora: → Klaus-Hagen Latwesen) nahm er erstmals einen Südamerika-Stoff von Karl May auf den Spielplan. Zwar hatte Graschberger 1971 mit *Winnetou* einen guten Start gehabt, aber an die Erfolge seines Vorgängers konnte er mit seinen unspektakulären Inszenierungen nicht anknüpfen. Bereits nach vier Jahren wurde er von → Harry Walther abgelöst.

Stewart Granger in »Unter Geiern« (1964).

Inszenierungen: **In** ***Cuxhaven*:** *Winnetou* (1964); *Der Schatz im Silbersee* (1965); Unter Geiern (1967); **In** ***Bad Segeberg*:** *Winnetou* (1971); *In den Schluchten des Balkan* (1972); *Unter Geiern* (1973); *Das Vermächtnis des Inka* (1974).

GRÄWERT, GÜNTER

Regisseur, Autor, Schauspieler (geb. 22.91930 Memel; gest. 29.4.1996 München). Führte Regie bei der Fernsehserie → *Kara Ben Nemsi Effendi* (1973/75) und verfaßte die Drehbücher. Als Schauspieler (*Doktor Marterstein*) ist er zu sehen in der Folge *Das Geheimnis der Schluchthütte* (1975). Studium der Malerei an der Kunstakademie München. Schauspielschule in Stuttgart. Zeitweise Mitglied des Brecht-Ensembles. 1963 Filmdebüt mit *Zwei Whiskey und ein Sofa*, (die Hauptrolle spielte Kara Ben Nemsi → Karl Michael Vogler). 1964 mit Heinz Rühmann *Vorsicht, Mr. Dodd*. Seit Beginn der sechziger Jahre Fernsehregisseur. Inszenierte Dokumentarspiele wie *Der Röhmputsch* (1967, von Axel Eggebrecht und Inge Stolten), *Johannes durch den Wald* (1968, von Frank Wisbar) und *Maximilian von Mexiko* (1970, von Maria Matray und Answald Krüger). Sein Themenspektrum reichte vom *Tatort* (1972-1979) bis hin zur Beschäftigung mit der deutsch-deutschen Problematik in *Es geht alles seinen Gang* (1980, nach → Erich Loest). *Kara Ben Nemsi Effendi* realisierte er in zwei Staffeln à 13 Folgen mit vergleichsweise bescheidenen Mitteln für das ZDF (Auftragsproduzent: Elan-Film Gierke & Co). Die Dreharbeiten fanden in Tunesien, → Bulgarien und → Spanien statt. Die Serie gilt als eine werkgetreue Adaption der Karl-May-Vorlage und wurde allgemein hochgelobt. Der Erfolg war auch Verdienst eines hervorragenden Darstellerensembles, an seiner Spitze → Karl-Michael Vogler als Kara Ben Nemsi und → Heinz Schubert als Hadschi Halef Omar.

Ausgewählte Filme: *Zwei Whiskey und ein Sofa* (1963); *Vorsicht, Mr. Dodd* (1964). **Fernsehfilme:** *Die zwölf Geschworenen* (ZDF 1963); *Die schwarze Hand* (ZDF 1966); *Der Zauberer Gottes* (ZDF 1966); *Der Röhm-Putsch* (ZDF 1967); *Die selige Edwina* (ZDF 1967); *Johannes durch den Wald* (ZDF 1968); *Der Senator* (ZDF 1968); *Spion unter der Haube* (ZDF 1969); *Maximilian von Mexiko* (ZDF/ORF 1970); *Heißer Sand* (1971, ZDF); *Der trojanische Sessel* (SFB 1971); *Der Illegale* (ZDF 1972); *Tatort: Rattennest* (SFB 1972); *Kara Ben Nemsi Effendi* (1. Staffel 1973); *Ein deutsches Attentat* (ZDF 1975); *Kara Ben Nemsi Effendi* (2. Staffel 1975); *Einöd* (ZDF 1976); *Tatort: Transit ins Jenseits* (SFB 1976); *Jauche und Levkojen* (1979); *Es geht seinen Gang oder Mühen in unserer Ebene* (ZDF 1980); *Dies Bildnis ist zum Morden schön* (ZDF 1987); *Der Alte* (ZDF 1989-1991); *Derrick* (ZDF 1989-1991); *Tresko* (1996).
Link: http://german.imdb.com/Name?Gr%E4wert,+G%FCnter

GREIFENSTEINE

siehe: Annaberg-Buchholz.

GRENO, FRANZ

siehe: Historisch-kritische Ausgabe.

GRIECHENLAND

Kara Ben Nemsi reiste auch durch griechisches Gebiet. Im 19. Jh. befanden sich noch große Teile des heutigen Griechenlands unter osmanischer Herrschaft. Karl May selbst hielt sich während seiner → Orientreise im Juli 1900 in Athen auf. Große Bedeutung haben Old Shatterhand und Kara Ben Nemsi im Griechenland der klassischen Heroen und Halbgötter jedoch nie erlangt. Bisher ist nur eine einzige Übersetzung ins Griechische bekanntgeworden (*Winnetou*, Athen 1994). In den 60er Jahren liefen einige Karl-May-Filme im Land; auch sie waren nur mäßig erfolgreich.

GROSSBRITANNIEN

Splendid isolation. Einzige Weltmacht, die Karl May bisher nicht für sich gewinnen konnte. Erst 1971 gab es das erste Karl-May-Buch in England. Der Verlag Neville Spearman (London) wählte zwei seltenere Titel (»Canada Bill« und »Captain Cayman«) und eine niedrige Auflage (jeweils 3.000 Exemplare). Das konnte nur scheitern, und so ist das Vereinigte Königreich bis auf weiteres Mayfreie Zone. Mit einer Einschränkung: Die Karl-May-Filme der 60er Jahre liefen auf der Insel immerhin nicht ganz erfolglos. Trotzdem machen Fans auch hier eher leidvolle Erfahrungen: Fotos und Plakate von diesen Aufführungen sind so gut wie nicht aufzutreiben. Mysterious.

GROSZ, GEORGE

Maler und Graphiker (geb. 26.7.1893 Berlin; gest. 6.7.1959 Berlin). Attackierte mit seinen Zeichnungen Militarismus, Kapitalismus und die Bourgeoisie. Mitbegründer der Berliner Dada-Bewegung. Besuchte Karl May in der → Villa Shatterhand in → Radebeul: »Das also war Old Shatterhand in Wirklichkeit: ein kleiner, feiner, hochzugeknöpfter Herr mit weißem Schnurrbart, mit der napoleonischen Fliege unter dem Kinn und dem etwas gewollten langen Haupthaar, wie man es um 1870 trug. Die Augen waren hellblau, wie mit Weiß gemischt, und tränten an den Ecken, als seien sie in den Wind oder Zug gekommen. Nichts Furchteinflößendes, schrecklich Blondes war um diesen Herrn, aber auch nichts besonders Anziehendes. Man hatte den Eindruck, der sei innerlich voll Ruhe, Heimlichkeit und Vorsicht gewesen.« (*Mein Besuch bei Karl May*, 1958).

Literatur: George Grosz: *Ein kleines Ja und ein großes Nein. Sein Leben von ihm selbst erzählt.* Reinbek 1992.

GRÜNE BÄNDE

Volkstümliche Bezeichnung für *Karl May's Gesammelte Werke*. Erscheinen seit 1892 im Verlag F. E. Fehsenfeld (→ Freiburger Ausgabe), seit 1913 im → Karl-May-Verlag (→ Radebeuler Ausgabe, → Bamberger Ausgabe). Die Ausstattung der Bücher ist so bekannt wie eine Coca-Cola-Flasche (olivgrüner Leineneinband mit schwarz-goldener Ornamentverzierung und aufgeklebtem Titelbild). Die beste Idee ist die Bandnummer auf dem Rücken: verführt zum Weitersammeln. Zehn Bände nebeneinandergestellt adeln jedes Ikea-Regal zum Designermöbel.

GURLITT, LUDWIG

Reformpädagoge und Karl-May-Forscher (geb. 31.5.1855 Wien; gest. 12.7.1931 Freudenstadt). Schrieb mit *Gerechtigkeit für Karl May!* 1919 die erste bedeutsame Verteidigungsschrift für den Autor. Zahlreiche Beiträge in den → Karl-May-Jahrbüchern.

Werke: *Gerechtigkeit für Karl May!* Radebeul 1919.

»DER GUTE KAMERAD«

Jugendzeitschrift, hrsg. vom Verleger → Wilhelm Spemann (Stuttgart). Zwischen 1887 und 1896 erscheinen acht Reiseerzählungen von Karl May, die zu seinen beliebtesten Werken gehören, sowie eine größere Zahl kleinerer Beiträge, die der Auor meist als Begleittext zu vorliegenden Illustrationen verfaßte. Die »illustrierte Knaben-Zeitung«, die sich vor allem an Gymnasiasten richtet, ist neben → *Der deutsche Hausschatz* (Regensburg) die wichtigste Zeitschrift, für die Karl May arbeitete. Die Romane erscheinen nach ihrem Zeitschriftenabdruck ab 1890 in der → *Union Deutsche Verlagsgesellschaft* (Stuttgart) in Buchform. Die Bände sind heute gesuchte Sammlerobjekte. Alle Erzählungen bis auf → *Das Vermächtnis des Inka* wurden verfilmt.

Karl-May-Veröffentlichungen: *Der Sohn des Bärenjägers* (1887, bearb. in GWB 35 *Unter Geiern*). *Der Geist des Llano Estacado* (1888, bearb. in GWB 35 *Unter Geiern*). *Kong-Kheou, das Ehrenwort* (1888, bearb. GWB 40 *Der blaurote Methusalem*); *Die Sklavenkarawane* (1889/90). *Der Schatz im Silbersee* (1890). *Das Vermächtnis des Inka* (1891). *Der Ölprinz* (1893). *Der schwarze Mustang* (1896, bearb. in GWB 38 *Halbblut*).

Die »Grünen Bände« aus dem Karl-May-Verlag.

H

HAARE

»Sein langes, dichtes, schwarzes Haar war in einen hohen, helmartigen Schopf geordnet und mit einer Klapperschlangenhaut durchflochten. Keine Adlerfeder schmückte diese indianische Frisur.«(Karl May, *Der Sohn des Bärenjägers*)

HAASE, JÜRGEN

Schauspieler. Spielte seit 1984 sowohl Winnetou als auch Old Shatterhand auf der Felsenbühne → Rathen. Der erste Winnetou in der DDR nach den Jahren der Karl-May-Abstinenz. Haase über einen Besuch bei → Pierre Brice in → Bad Segeberg: »Ich sah, was Theater als Dienstleistung bedeutet. ›Winnetou‹ in Bad Segeberg ist vor allem Show und Kommerz. Da lob' ich mir doch die Theaterinszenierungen auf der Felsenbühne.« Über die Philosophie der Indianer: »Sie haben eine größere Achtung vor dem anderen, vor den Kindern, den Alten. So wie unsere Gesellschaft mit Menschen umgeht, sie beiseite schiebt, wenn sie noch nicht oder nicht mehr funktionieren, hat sie wohl keine große Zukunft.«

Jürgen Haase als Winnetou: *Der Schatz im Silbersee* (1984-1986); *Winnetou* (1987-1990); **Als Old Shatterhand:** *Winnetou* (1991); *Der Ölprinz* (1991); *Winnetou II* (1992); *Winnetou I, Winnetou II* (1993); *Winnetou I* (1994); *Old Surehand* (1995-1997); *Unter Geiern* (1998); *Unter Geiern oder Der Geist des Llano Estacado* (1999).

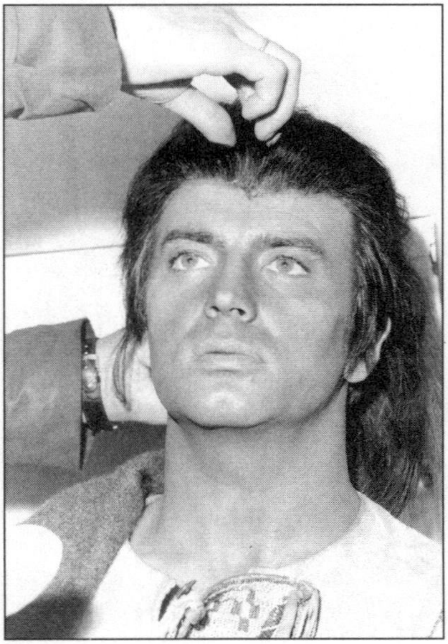

Haare: Pierre Brice während der Aufnahmen zu »Der Ölprinz«.

HADSCHI HALEF OMAR

Romanfigur. Die originellste Gestalt, die Karl May geschaffen hat. Vollständiger Name: Hadschi Halef Omar Ben Hadschi Abul Abbas Ibn Hadschi Dawuhd al Gossarah. Genannt: Halef. Erscheint im Orient-Zyklus (*Durch die Wüste* etc.), *Ardistan und Dschinnistan, Am Jenseits, Im Reiche des silbernen Löwen* und in verschiedenen Kalendergeschichten. Freund und Diener → Kara Ben Nemsis: »Ein eigentümliches Kerlchen. Er war so klein, daß er mir kaum bis unter die Arme reichte, und dabei so hager und dünn, daß man hätte behaupten mögen, er habe ein volles Jahrzehnt zwischen den Löschpapierblättern eines Herbariums in fortwährender Pressung gelegen. Dabei verschwand sein Gesichtchen vollkommen unter einem Turban, der drei volle Fuß im Durchmesser hatte, und sein einst weiß gewesener Burnus, welcher jetzt in allen möglichen Fett- und Schmutznuancen schimmerte, war jedenfalls für einen weit größeren Mann gefertigt worden, so daß er ihn, sobald er vom Pferde gestiegen war und nun gehen wollte, empornehmen mußte wie das Reitkleid einer Dame. Aber trotz dieser äußeren Unansehnlichkeit mußte man allen Respekt vor ihm haben. Er besaß einen ungemeinen Scharfsinn, viel Mut und Gewandtheit und eine Ausdauer, welche ihn die größten Beschwerden überwinden ließ. Und da er auch außerdem alle Dialekte sprach, welche zwischen dem Wohnsitz der Uelad Bu Seba und den Nilmündungen erklingen, so kann man sich denken, daß er meine vollste Zufriedenheit besaß, so daß ich ihn mehr als Freund denn als Diener behandelte.« Er begleitet Kara Ben Nemsi »durch Wüste und Harem« und »durchs wilde Kurdistan«, bis am Ende einer langen Reise »der Schut« zur Strecke gebracht wird. Zu seinen charakteristischen Erkennungsmerkmalen gehört sein Bart (sieben Barthaare am Kinn, acht rechts, neun links von der Nase). Den Titel »Hadschi« hat er sich selbst zugelegt, trägt ihn aber später nach einem Besuch der heiligen Stadt Mekka zu recht. Heiratet → Hanneh und wird mit ihr von Scheik Mohammed Emin in den Stamm der Haddedihn aufgenommen. Mit Hanneh hat er einen Sohn → Kara Ben Halef. Er bedient sich einer blumigen Redeweise, schneidet gern auf und verschafft seinem »Sihdi« oft mit der »Kurbatsch« (Nilpferdpeitsche) Respekt. Als fanatischer Moslem will er Kara Ben Nemsi zum Islam bekehren; am Ende jedoch tritt das Gegenteil ein, und Halef wird innerlich zum Christen. – Die Halef-Figur hat im Werk Mays mehrere Vorgänger (Omar-Arha Ben Afradin, Hassan el Kebihr, Ali-el-Hakemi-ebn-Abbas-Ebner-Rumi-Ben-Hafis-Omar-En-Nasafi). Mays zweite Frau Klara berichtet, daß der Schriftsteller geplant habe, Halef sterben zu lassen. Dazu kam es nicht: »Ich bringe es nicht übers Herz. Es geht über meine Kraft. Ich habe den kleinen Burschen zu lieb, ist er doch ein Teil meines eigenen Ich.« – Im Film wurde Halef gespielt von Meinhart Maur (in → *Auf den Trümmern des Paradieses*, 1920; → *Die Todeskarawane*, 1920; → *Die Teufelsanbeter*, 1921); Heinz Evelt (in → *Durch die Wüste*, 1936); → Georg Thomalla (in → *Die Sklavenkarawane*, 1958; → *Der Löwe von Babylon*, 1959); → Ralf Wolter (in → *Der Schut*, 1964; → *Durchs wilde Kurdistan*, 1965; → *Im Reiche des silbernen Löwen*, 1965). Im Fernsehen stellten Osman

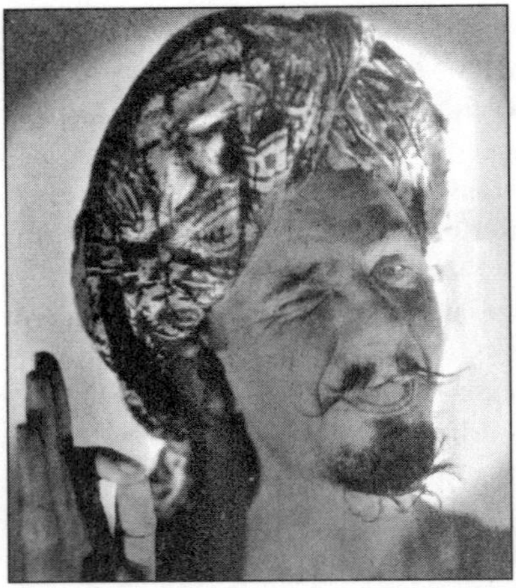

Ragheb (→ *Mit Karl May im Orient*, 1963) und → Heinz Schubert (→ *Kara Ben Nemsi Effendi*, 1973/75) die Figur dar. Bei den Karl-May-Spielen → Bad Segeberg gab es 1955 und 1959 ein eigenes Stück *Hadschi Halef Omar*.

HAFFMANS VERLAG

Verlag in Zürich. Inhaber und Verlagsleiter: Gerd Haffmans. Übernahm 1991 die → Historisch-kritische Ausgabe von Karl Mays Werken (hrsg. von Hermann Wiedenroth und → Hans Wollschläger), stellte sie aber (sog. → Züricher Ausgabe) aufgrund mangelnden Erfolgs und juristischer Angriffe des → Karl-May-Verlags ein. Haffmans: »Ich lasse mich nicht zerfleischen.«

Haffmans-Bibliotheksausgabe: *Der beiden Quitzows letzte Fahrten. Das Vermächtnis des Inka. Winnetou Band I. Winnetou Band II.*

HAIS, OLAF

Schauspieler (geb. 1966). Darsteller des Winnetou bei den Karl-May-Spielen in → Rathen seit 1991. Ausbildung an der Filmhochschule Potsdam. Diplomschauspieler. Hat als Junge nie Karl May gelesen. In Aussehen und Gestik frappierende Ähnlichkeit mit der literarischen Vorlage. Genau so muß Karl Mays Winnetou ausgesehen haben. – *Der Karl-May-Fan meint:* »Ein Winnetou zum Verlieben. Olaf Hais gehört für mich neben Pierre Brice zu den besten Winnetou-Darstellern, die ich bisher auf der Freilichtbühne gesehen habe.« (Andrea Stange)

Karl-May-Aufführungen: *Winnetou* (1991); *Der Ölprinz* (1991); *Winnetou II* (1992); *Winnetou I, Winnetou II* (1993); *Winnetou I* (1994); *Old Surehand* (1995-1997); *Unter Geiern* (1998); *Unter Geiern oder Der Geist des Llano Estacado* (1999).

HAKAWATI

»Märchenerzähler«. Figur im Drama → *Babel und Bibel* (erschienen 1906). Stellt eine Ehrfurcht erweckende Erscheinung dar, über 100 Jahre alt. Wird von Schefaka (»Seele«) betreut. → Marah Durimeh ist seine Freundin. Beim Stamm des Gewaltmenschen Abu Kital setzt er sich für Frieden ein. Gewöhnlich sieht man in der Figur eine Selbststilisierung Mays. Für viele Karl-May-Fans ist May nicht »Autor« oder »Schriftsteller«, sondern »Hakawati«. Klingt irgendwie phantasievoller.

Literatur: Karl May: *Lichte Höhen* (= GWB 49).

»HALBBLUT« (BUCH)

siehe auch: Ik Senanda.

Sammelband. Enthält als GWB 38 die Erzählungen: *Halbblut (= Der Schwarze Mustang); Joe Burkers, das Einaug; Der Gitano; An den Ufern der Dwina; Von*

6 x Hadschi Halef Omar (von oben l. nach r. unten): Heinz Evelt in »Durch die Wüste« (1936), Georg Thomalla in »Der Löwe von Babylon« (1959), Gerd Teller als Hadschi Halef Omar bei den Karl-May-Spielen Bad Segeberg 1963, Ralf Wolter in »Durchs wilde Kurdistan« (1965), Heinz Schubert in »Kara Ben Nemsi Effendi« (1973), Jürgen Feindt bei den Karl-May-Spielen Bad Segeberg 1978.

Mursuk bis Kairwan; Der Kaperkapitän. Der Karl-May-Film → *Winnetou und das Halbblut Apanatschi* hat mit dem Buch nichts zu tun.

HALEF

siehe: Hadschi Halef Omar.

HALLERVORDEN, DIETER

Schauspieler (geb. 5.9.1935 Dessau). In der TV-Serie → *Kara Ben Nemsi Effendi* (1973) war »Didi« der Darsteller des Wekil. 1960 begründete er in Berlin das Kabarett *Die Wühlmäuse.* Sein größter Erfolg wurde die TV-Serie *Nonstop Nonsens*, mit der er sich als Grimassenschneider der Nation etablierte. Daß er auch ganz andere Fähigkeiten hat, bewies er neben seinem Kabinettstückchen bei Karl May auch in dem Fernsehfilm *Das Millionenspiel* von Wolfgang Menge.

Ausgewählte Filme: *Die Hochzeitsreise* (1969); *Was?* (1973); *Ach du lieber Harry* (1981); *Alles im Eimer* (1981); *Der Schnüffler* (1983); *Didi der Doppelgänger* (1984); *Didi und die Rache der Enterbten* (1985); *Didi auf vollen Touren* (1986); *Der Experte* (1987); *Bei mir liegen Sie richtig* (1990); *Alles Lüge* (1992).

Autogrammadresse: Dieter Hallervorden, c/o Die Wühlmäuse, Nürnberger Str. 33, D-10777 Berlin.

Link: http://german.imdb.com/Name?Hallervorden,+Dieter

HALLETZ, ERWIN

Österreichischer Komponist (geb. 12.7.1923 Wien). Schrieb die Filmmusik zu den Karl-May-Filmen → *Der Schatz der Azteken* (1965) und → *Die Pyramide des Sonnengottes* (1965). Leitete eigenes Tanzorchester und komponierte die Musik für rund 120 Filme. Zu seinen großen Erfolgen zählen der Louis-Armstrong-Titel *Uncle Satchmo's Lullaby* (für den CCC-Film *La Paloma*) und der Martin-Lauer-Schlager *Die letzte Rose der Prärie.* Die *Azteken*-Musik spielte Halletz mit dem renommierten Symphonie-Orchester Graunke in München ein. Die mexikanisch angehauchte Titelmelodie entlieh der schwerbeschäftigte Komponist bei sich selbst: Er hatte sie bereits Jahre zuvor als Schlager veröffentlicht.

Ausgewählte Filme: *Wunschkonzert* (1955); *Liane, das Mädchen aus dem Urwald* (1956); *Einmal eine große Dame sein* (1957); *Der kühne Schwimmer* (1957); *Liane, die weiße Sklavin* (1957); *Träume von der Südsee* (1957); *Peter Voss, der Held des Tages* (1959); *La Paloma* (1959); *Unsere tollen Tanten in der Südsee* (1963); *Der letzte Ritt nach Santa Cruz* (1964); *Heiß weht der Wind* (1964); *Fanny Hill* (1964); *Die große Kür* (1964); *Das Liebeskarussell* (1965); *Der Schatz der Azteken* (1965); *Die Pyramide des Sonnengottes* (1965); *Wenn es Nacht wird auf der Reeperbahn* (1967); *Heubodengeflüster* (1967); *Der Arzt von St. Pauli* (1968); *Das kann doch unseren Willi nicht erschüttern* (1970).

Schallplatte: *Der Schatz der Azteken / Die Pyramide des Sonnengottes.* Teldec BLE 14367-P (1965).

CD: *Der Schatz der Azteken / Die Pyramide des Sonnengottes.* Musik Mosaik KR 001(1995).

Autogrammadresse: Erwin Halletz, Leopold-Steiner-Gasse 15, A-1190 Wien.
Link: http://german.imdb.com/Name?Halletz,+Erwin

HALVER, KONRAD

Schauspieler (geb. 1935 Hamburg). König der Winnetou- → Hörspiele. Sprecher des *Winnetou* in zahlreichen Hörspielproduktionen. Schallplattenaufnahmen anfangs für *Miller International* (Label: → *Europa*), später für *BASF*. Der Pastorensohn schrieb auch Textbücher und führte in vielen Hörspielen Regie.

HAMMERDULL, DICK

Romanfigur. Erscheint u.a. in → *Old Surehand II* und *III*. Skurriler Westmann. Bildet zusammen mit → Pitt Holbers die unzertrennlichen *Verkehrten Toasts*, so genannt, weil sie Rücken an Rücken kämpfen. Mit → Sam Hawkens verbindet ihn, daß er von Indianern bei lebendigem Leibe skalpiert wurde. Sein Gewehr nennt er nach einer einstigen Geliebten *Mary*.

HANNEH

Romanfigur. Ehefrau von → Hadschi Halef Omar. Damit die 15jährige Hanneh eine Pilgerreise nach Mekka unternehmen kann, willigt Halef in eine Scheinehe ein. Doch er verliebt sich in sie, nimmt sie zur Frau und hat mit ihr einen Sohn → *Kara Ben Halef* (→ *Durch die Wüste; Von Bagdad nach Stambul*). Später steht er unter ihrem Pantoffel (*Am Jenseits*). Hanneh erscheint auch in den Kinofilmen → *Durch die Wüste* (1936), → *Die Sklavenkarawane* (1958), → *Der Löwe von Babylon* (1959) und → *Durchs wilde Kurdistan* (1965). Während sie im ersten Film als zarte Schönheit dargestellt wird, ist sie in allen weiteren Verfilmungen der Hausdrache, bei dem Halef ausnahmsweise einmal nicht das letzte Wort hat.

HARBOU, THEA VON

Schriftstellerin und Drehbuchautorin (geb. 27.12.1888 Tauperlitz; gest. 1.7.1954 Berlin). Verheiratet seit 1921 mit dem Regisseur → Fritz Lang. Hätte gern, wie sie gegenüber → Klara May äußerte, einen Karl-May-Film geschrieben. Verfaßte das Drehbuch zu *Das indische Grabmal* (1921), das von Karl May inspiriert sein könnte. Für Lang schrieb sie die Drehbücher zu *Der müde Tod* (1921), *Die Nibelungen* (1924), *Metropolis* (1927), *Spione* (1928), *M* (1931) und *Das Testament des Dr. Mabuse* (1932). Während ihr Mann vor den Nazis nach Frankreich floh, trat sie in die Partei ein und ließ sich noch im selben Jahr von ihm scheiden. Über Winnetou: »Wenn die zwei Worte ›Erste Liebe‹ das Gefühl umgrenzen, das ein junges Geschöpf zum ersten Mal zu allen Höhen der Glückseligkeit und allen Tiefen der Verzweiflung schleudert, dann galt meine erste Liebe Winnetou, dem großen Häuptling der Apatschen. Diese Liebe kam in mein Leben, als ich zwölf Jahre alt war; und ich bin ihr treu geblieben bis auf den heutigen Tag.« (1926)

Ausgewählte Filme (Drehbuchautor oder Story): *Der müde Tod* (1921); *Das indische Grabmal* (1921); *Dr. Mabuse, der Spieler* (1922); *Phantom* (1922); *Die Prinzessin Suwarin* (1923); *Die Nibelungen: Siegfried* (1924); *Die Nibelungen: Krimhilds Rache* (1924); *Metropolis* (1927); *Frau im Mond* (1929); *M* (1931); *Das Testament des Dr. Mabuse* (1933); *Der alte und der junge König* (1935); *Eskapade* (1936); *Der Tiger von Eschnapur* (1938); *Das indische Grabmal* (1938); *Mit den Augen einer Frau* (1942); *Via Mala* (1944); *Es kommt ein Tag* (1950); *Dr. Holl* (1951); *Der Tiger von Eschnapur* (1959); *Das indische Grabmal* (1959); *Das Testament des Dr. Mabuse* (1962).
Link: http://german.imdb.com/Name?von+Harbou,+Thea

HARMSTORF, RAIMUND

Schauspieler (geb. 7.10.1940 Hamburg; gest. 3.5.1998 Marktoberdorf). Star der Karl-May-Spiele → Bad Segeberg in den Jahren 1976 als → Santer und 1979 als → Old Firehand. Hatte bereits beim Karl-May-Festival 1968 in der Berliner → Deutschlandhalle eine kleine Rolle als Indianer übernommen. 1994 schließlich spielte er als 54jähriger in der → Wiener Stadthalle den Old Shatterhand in einer Produktion der Freilichtbühne → Gföhl. Seine Popularität verdankte der Schauspieler praktisch einer einzigen Filmszene: In dem erfolgreichen ZDF-Vierteiler *Der Seewolf* nach Jack London zerquetscht er als Kapitän Larsen eine Kartoffel (die berühmte!) mit bloßer Hand. Seitdem galt er als Kraftmensch und wurde als deutsche Antwort auf Arnold Schwarzenegger gehandelt. Meist mimte er den Helden (so in einigen Jack-London-Verfilmungen), manchmal war er es, der sich verprügeln lassen mußte (in dem Bud-Spencer-Film *Sie nannten ihn Mücke*). In seinen letzten Lebensjahren hatte der Schauspieler damit zu kämpfen, daß seine körperliche Vitalität, die sein Image begründet hatte, nachließ. Zu einer Verletzung kamen psychische Probleme. Am 3.5.1998 starb Raimund Harmstorf im Alter von 57 Jahren. Man fand ihn erhängt auf dem Dachboden seines bayerischen Bauernhofs.

Karl-May-Aufführungen: In *Berlin*: *Der Schatz im Silbersee* (1968, Kleiner Bär); **In *Bad Segeberg*:** *Winnetou I* (1976, Santer); *Old Firehand* (1979, Old Firehand); **In *Wien*:** *Winnetou und Old Shatterhand* (1994, Old Shatterhand). **Filme:** *Babeck* (1968, TV); *Der Seewolf* (1971, TV); *Blutiger Freitag* (1972); *Der Schrei der schwarzen Wölfe* (1972); *Ruf der Wildnis* (1972); *Wolfsblut* (1973); *Die Teufels-*

Raimund Harmstorf als Old Firehand bei den Karl-May-Spielen Bad Segeberg 1979.

schlucht der schwarzen Wölfe (1974); *Nobody ist der Größte* (1975); *Michael Strogoff* (1976, TV); *Sie nannten ihn Mücke* (1978); *Götz von Berlichingen mit der eisernen Hand* (1979); *S.A.S. Malko – Im Auftrag des Pentagon* (1982); *Geld oder Leber* (1986); *Alaska Kid* (1993, TV); *Küstenwache* (1997, TV).

Literatur: Oliver Kellnert, Ulf Marek: *Seewolf & Co.* Berlin 1999.

Link: http://german.imdb.com/ Name?Harmstorf,+Raimund

HATATITLA

siehe auch: Iltschi; Rih.

D. i. »Blitz«. Pferd → Old Shatterhands. »Mein bestes Pferd war Hatatitla, den Winnetou mir in Amerika schenkte. Rih war wertvoller.« (Karl May 1894 an Carl Jung)

HAUKAROPORA

Romanfigur. Erscheint in → *Das Vermächtnis des Inka*. Letzter Nachkomme des Inka Atahualpa. Trägt einen Streitkolben, der unter einer schwarzen Farbschicht aus purem Gold besteht. Von dem alten Anciano erzogen, soll Haukaropora das Reich der Inkas wieder auferstehen lassen. Die Bekanntschaft mit dem jungen Deutschen Anton Engelhardt, einem Begleiter von Vater → Jaguar, bestätigt ihn aber in seiner im stillen gehegten Auffassung, daß sein Volk nur im Frieden überleben kann. So berührt es ihn nicht, daß der unermeßliche Inka-Schatz durch die Unvorsichtigkeit des Verbrechers Antonio Perillo vernichtet wird. Er geht nach Deutschland, wo er als Jäger arbeitet. Anciano begleitet ihn. – Die Figur erscheint auch in dem Film → *Das Vermächtnis des Inka* (1966, gespielt von → William Rothlein). In dem Film ist Engelhardt durch das Mädchen Graziella ersetzt. Haukaropora opfert am Ende sein Leben für den Frieden. – Auf der Bühne wurde Haukaropora bei den Karl-May-Spielen → Bad Segeberg 1974 dargestellt von → Klaus-Hagen Latwesen.

Literatur: Karl May: *Das Vermächtnis des Inka* (= GWB 39).

HAUSDURCHSUCHUNG

Bereitet nicht nur Banken und Politikern Ungemach. Auch Karl May kannte das Gefühl. Am 9.11.1907 beginnt morgens um 7 Uhr eine überraschende Hausdurchsuchung in der → Villa Shatterhand, veranlaßt vom Königlichen Landgericht Dresden.

Haukaropora: Klaus-Hagen Latwesen bei den Karl-May-Spielen Bad Segeberg 1974.

Gesucht werden Beweisstücke für eine Meineidsuntersuchung, die die Witwe seines ehemaligen Verlegers Münchmeyer gegen May angestrengt hatte: »Volle 8 Stunden lang. Von einem Staatsanwalte, einem Untersuchungsrichter und vier Kriminalgendarmen. Man nahm eine ganz bedeutende Menge von Skripturen mit.« (May an Untersuchungsrichter Larrass) Das Verfahren gegen May wird 1909 eingestellt.

HAUSSER

Hersteller von handbemalten Modellfiguren. Die traditionsreiche Firma *O. & M. Hausser* (Neustadt bei Coburg), die von 1912 bis 1983 bestand, zählte zu den bedeutenden europäischen Spielwarenfirmen und war die wohl angesehenste Manufaktur im Bereich der vollplastischen Figurenherstellung (Markenname: → Elastolin). Anfang der 50er Jahre bringt Hausser erstmals mit *Winnetou* und *Old Shatterhand* zwei Karl-May-Figuren auf den Markt, die aus Masse hergestellt wurden. Ab 1955 produziert die Firma Karl-May-Figuren aus Hartkunststoff (Polystyrol), die bis zum Konkurs des Unternehmens 1983 im Lieferprogramm bleiben. Zur ersten Plastik-Serie gehören acht verschiedene Figuren, darunter (nach den Masse-Figuren) eine neue Ausgabe von *Winnetou* und *Old Shatterhand. Sam Hawkens* und *Will Parker* werden im darauffolgenden Jahr durch neue Varianten ausgetauscht. 1957 und 1961 kommen insgesamt fünf weitere Figuren hinzu. 1967 erscheinen eine *Old-Shatterhand*- und eine *Winnetou*-Figur, die sich an den Filmgestalten Lex Barker und Pierre Brice orientieren. Die Veröffentlichung, von Hausser schon lange beabsichtigt, war aus Lizenzgründen erst durch den Konkurs der Konkurrenzfirma → Berhringer möglich geworden. 1976 werden erstmals vier Figuren aus dem Orient-Bereich auf den Markt gebracht, nachdem 1973 und 1975 die Fernsehserie → *Kara Ben Nemsi Effendi* ausgestrahlt worden war. Schließlich kommen 1977 noch einmal vier Figuren heraus, darunter erstmals *Santer*. Damit umfaßt die gesamte Serie 25 Figuren. Sie erscheinen in einer 7-cm-Ausgabe; ab 1967 gibt es für einige Figuren zusätzlich auch eine 4-cm-Variante. Die Bemalung der Figuren geschah entweder durch Frauen in Heimarbeit oder in einem Bemalwerk. Je nach Produktionsdatum werden bei den 7-cm-Figuren drei Bemalphasen unterschieden, wobei die beiden ersten Varianten die aufwendigsten waren. Später werden einzelne Bemalschritte fortgelassen, so daß die Qualität der Figuren immer weiter zurückging. 1983 muß Hausser seinen Geschäftsbetrieb einstellen. Das Karl-May-Programm wird ab 1984 von der Firma *Preiser* in veränderter Form fortgeführt. Dem Bereich der Modell- und speziell auch der Elastolin-Figuren hat sich eine Sammlerszene verschrieben (Publikationen: *Figuren-Magazin, Spielzeug antik, Modell-Fan*), deren Mitglieder einst als Kinder mit diesen Figuren gespielt haben. Jährlich im Herbst findet eine Sammlerbörse in Bad Nauheim statt.

Hausser-Figuren nach Erscheinungsjahr (mit alten / neuen Artikelnummern): um 1950: *Winnetou, schwörend* (Nr. 6803), Old Shatterhand mit zwei Gewehren (Nr. 6962); **1955:** *Old Shatterhand als Landvermesser* (Nr. 8031/7531), *Sam Hawkens, 1. Version* (Nr.

8032/7532), *Will Parker, 1. Version* (Nr. 8033/7533), *Dick Stone* (Nr. 8034/7534), *Rattler* (Nr. 8035/7535), *Klekih-petra* (Nr. 8037/7537), *Intschu-tschuna* (Nr. 8038/7538), *Winnetou* (Nr. 8039/7539); **1956:** *Sam Hawkens, 2. Version* (Nr. 8032/7532), *Will Parker, 2. Version* (Nr. (8033/7533); **1957:** *Nscho-tschi* (Nr. 8040/7540), *Old Shatterhand, kämpfend* (Nr. 8041/7541), *Metan-akva, kämpfend* (Nr. 8042/7542); **1961:** *Old Shatterhand zu Pferd* (Nr. 7550), *Winnetou zu Pferd* (Nr. 7551); **1967:** *Old Shatterhand (= Lex Barker)* (Nr. 7521), *Winnetou (= Pierre Brice)* (Nr. 7529); **1976:** *Kara Ben Nemsi* (Nr. 7543), *Hadschi Halef Omar* (Nr. 7544), *Schut* (Nr. 7545), *Kara Ben Nemsi zu Pferd* (Nr. 7552); **1977:** *Santer* (Nr. 7522), *Tangua* (Nr. 7523), *Abu Seif* (Nr. 7546), *Krüger Bei* (Nr. 7547).

Literatur: Andreas Pietruschka, Fritz Müller: *Elastolin Kunststoff-Figuren. Bestimmungsbuch und Preiskatalog. Band 1.* Berlin 1993.

HAWKENS, SAM

Romanfigur, erscheint in *Winnetou I, II* und *Der Ölprinz*. Berühmter Westmann mit skurrilem Äußeren. Stammt aus Sachsen. Bildet zusammen mit → Will Parker und → Dick Stone das *Kleeblatt*. Wurde von den Pawnee-Indianern skalpiert und trägt seitdem eine Perücke. Zu seiner unverwechselbaren Ausstattung gehört das Gewehr *Liddy*. Er reitet das Maultier *Mary*. Ist redselig, aber auch schlau und gewitzt. Seine ständige Redensart: »Wenn ich mich nicht irre... hihihi.« Er ist der Freund Old Shatterhands, der von ihm das Handwerk eines Westmanns erlernt. Später jedoch übertrifft der Schüler den Lehrer. Zusammen mit → Hobble Frank die beliebteste humoristische Gestalt in den Amerikaromanen Karl Mays. Seine Popularität zeigt sich auch darin, daß er in mehr Filmen als Büchern vorkommt (→ *Der Schatz im Silbersee*, → *Winnetou 1. Teil*, → *Old Shatterhand*, → *Winnetou 3. Teil*, → *Winnetou und das Halbblut Apanatschi*, → *Winnetou und Shatterhand im Tal der Toten*, außerdem in der Fernsehserie → *Mein Freund Winnetou*, jeweils gespielt von → Ralf Wolter).

HEIMKINO

Heimkino – das ist der Papa von → Video, der Großvater der → Laserdisc und der Urgroßvater von → DVD. Seine große Zeit waren die 60er und auch die 70er Jahre. Die Filme erschienen in der Frühzeit des Heimkinos im 16-mm-Format

Sam Hawkens (Ralf Wolter).

(»Kalle-Sicherheitsfilm«), später in Normal-8-, dann in Super-8-Fassungen; der Ton kam hinzu, schließlich die Farbe. Das alles war nicht billig, aber als in den 60er Jahren erstmals einige → Karl-May-Filme auf den Heimkino-Markt kamen (wie alle Filme nur in Ausschnittfassungen), da waren sie die Renner. Es gab Karl-May-Fans, die erwarben die Streifen, ohne sie ansehen zu können – weil sie keinen Projektor besaßen. Mit dem rasanten Aufkommen der Videotechnik verfiel der Schmalfilm in Bedeutungslosigkeit. Bis heute hat sich jedoch eine lebendige Sammlerszene für Super-8- Filme erhalten. Für diesen Kreis erschienen in den 90er Jahren zwei komplette (!) Karl-May-Filme in Farbe und CinemaScope.

Alle Heimkinofilme: *Winnetou, du Stolz der roten Rasse.* 16 mm SW stumm. Kalle ca. 1930. *Durch die Wüste* (aus *Die Sklavenkarawane*). 2 Teile SW stumm. Piccolo ca. 1965. *Die Sklavenkarawane* (aus: *Die Sklavenkarawane*). 6 Teile SW stumm. Piccolo ca. 1965. *Kara Ben Nemsi in der Teufelsschlucht* (aus: *Die Sklavenkarawane*). 1 Teil SW stumm. Revue (Foto-Quelle) ca. 1965. *Im Reiche des silbernen Löwen* (aus: *Der Löwe von Babylon*). 2 Teile SW stumm. Eumig ca. 1965. *Im Reich des silbernen Löwen* (aus: *Der Löwe von Babylon*). 2 Teile SW stumm. Revue (Foto-Quelle) ca. 1965. *Durch die Wüste* (aus: *Durch die Wüste*). 3 Teile SW Ton. Schongerfilm 1973. *Der Schatz im Silbersee* (aus: *Der Schatz im Silbersee*). 2 Teile F Ton. marketing film 1973. *Durch die Wüste – Im Tal des Todes* (aus: *Die Sklavenkarawane*). 1 Teil F Ton. Piccolo 1973. *Durch die Wüste – Die Sklavenkarawane* (aus: *Die Sklavenkarawane*). 1 Teil F Ton. Piccolo 1973. *Winnetou I* (aus: *Winnetou 1. Teil*). 2 Teile F Ton. marketing film 1974. *Winnetou II* (aus: *Winnetou 2. Teil*). 3 Teile F Ton. marketing film 197 .*Winnetou III* (aus: *Winnetou 3. Teil*). 3 Teile F Ton. marketing film 197 . *Unter Geiern* (aus: *Unter Geiern*). 3 Teile F Ton. marketing film 197 . *Old Shatterhand.* Komplettfassung F CinemaScope Ton. Wolfgang Plank / Günter Sippert 1996. *Der Schatz im Silbersee.* Komplettfassung F CinemaScope Ton. Karl-May-Archiv / Wolfgang Plank 1998.

HEINERLE

Firma in Bamberg. Synonym für → Wundertüten wie *Tempo* für Taschentücher. Heinerle-Tüten gab es in den 50er und 60er Jahren auf Rummelplätzen und am Kiosk; die Füllung bestand oft aus »Karl May«. Ein massenhaft verbreiteter Wundertüten-Artikel aus den frühen sechziger Jahren waren einfarbige Plastikindianer und -westleute (sog. → *Domplastik*-Figuren). Das aus Weichplastik gefertigte Spielzeug galt als billiges Konkurrenzprodukt zu den edlen → Haus-

Heimkino: »Durch die Wüste«.

ser-Figuren. Begehrt war eine Tütenserie mit qualitativ hochwertigen → Postkarten aus dem Film → *Der Schut* (insgesamt 48 Motive), die 1965 erschien. Schließlich brachte Heinerle 1980 zu der TV-Serie → *Mein Freund Winnetou* (1980) ein Sammelalbum mit Filmbildern heraus. Diesem Merchandising-Produkt aber blieb der Erfolg ebenso versagt wie dem uninspirierten Fernsehabenteuer. Eine Besonderheit im Programm der Firma sind die heute sehr gesuchten *Heinerle-Jugendtaschenbücher.* Die Ausgaben 10 bis 13 enthielten unter dem Titel *Winnetou* schaurig-schön colorierte Bilder aus dem gleichnamigen Karl-May-Film.
Firmengründer Hugo Hein berichtet über die Anfänge des Unternehmens: »Irgendwie kam ich nach dem Krieg auf den Gedanken, Wundertüten zu machen. Bekannt war mir, daß in Nürnberg und in Neustadt bei Coburg noch viel Kleinspielzeug, insbesondere sogenannte gedrückte Figuren, vorhanden war. Jede Woche fuhr ich einmal nach Nürnberg, Fürth oder Coburg und kam mit meinem vollem VW zurück, gefüllt mit Ware für 200 DM. In den anderen Tagen nahm ein Mitarbeiter von mir den Wagen und verkaufte die abgefüllten Wundertüten. Mitte der fünfziger Jahre erwarb ich dann zwei Kunststoffspritzmaschinen, und wir produzierten die ersten eigenen Kleinspielzeuge. Wenige Jahre später bauten wir eine große Halle und schließlich eine sog. Puffreisstation, eine Anlage zur Herstellung von Puffreis.« Hugo Hein überließ die Wundertüten-Firma Heinerle seinen Kindern und vertreibt heute in seiner → Ästhetik-Galerie Kleinplastiken von Goethe, Beethoven und natürlich: Karl May.

Adresse: Hugo Hein, c/o Ästhetik Galerie, Jahnstr. 14, D-96050 Bamberg.

HELD

»Am Helden der Kolportage ist ein Mut, der, meist wie sein Leser, nichts zu verlieren hat.« (Ernst Bloch)

HENRYSTUTZEN

siehe auch: Bärentöter; Gewehre; Silberbüchse.

Legendäres Gewehr von → Old Shatterhand (außerdem hat er den → Bärentöter in Gebrauch). 25schüssige Zauberflinte, die das Greenhorn Shatterhand vom Büchsenmacher Henry in St. Louis erhält. May berichtet stolz: »Dieser Stutzen hatte den Apachen und Comanchen, den Chinesen und Malaien, den Kaffern und Hottentotten, den Türken, Kurden und Persern imponiert.« Die Waffe, die im → Karl-May-Museum gezeigt wird, wurde 1902 von dem Dresdener Büchsenmacher Oskar Max Fuchs beschafft, der für May bereits 1896 Bärentöter und → Silberbüchse hergestellt hatte. »Der Henrystutzen ist gezogen; der Lauf wird nicht warm, was eben sein größter Vorzug ist. Treffsicherheit 1500 Meter. Die Patronen sind in einer exzentrisch sich drehenden Kugel enthalten.« (Karl May 1894 an Carl Jung) – Einen »Henrystutzen« bietet der Western-Versender *Hundertmark* (Humboldtstr. 15, D-21509 Glinde) an. Auszug aus dem Katalog: »Erinnerungen an Old Shatterhand. Griff Holz. Messing-

braun oder grau. DM 219,00.« Allerdings kann das Gewehr die Utah-Indianer nicht schrecken. Es ist nicht mal zum Abfeuern von Platzpatronen geeignet.
Literatur: Klaus Hoffmann, Jochen Rascher, Peter Richter: *Silberbüchse – Bärentöter – Henrystutzen. Die berühmtesten Gewehre des Wilden Westens.* Radebeul 1990 (Schriftenreihe des Karl-May-Museums).

HERMES

Griechischer Gott der Diebe. Pseudonym Karl Mays, als er 1865 beim Kürschner Friedrich Erler in Leipzig einen Pelzmantel ergaunerte.

HESSE, HERMANN

Schriftsteller (geb. 2.7.1877 Calw; gest. 9.8.1962 Montagnola, Schweiz). Karl-May-Fan: »Er ist der glänzendste Vertreter eines Typs von Dichtung, der zu den ganz ursprünglichen gehört, und den man etwa ›Dichtung als Wunscherfüllung‹ nennen könnte...« Lobte Karl May als Jugendschriftsteller, als seine Werke noch zur Schundliteratur zählen: »Ich empfehle seine Bücher den Onkeln von Herzen, die der Jugend Bücher schenken wollen. Sie sind phantastisch, unentwegt und hanebüchen, von einer gesunden, prächtigen Struktur, etwas völlig Frisches und Naives, trotz aller flotten Technik. Wie muß er auf die Jugend wirken! Hätte er doch den Krieg noch erlebt und wäre Pazifist gewesen! Kein Sechzehnjähriger wäre mehr eingerückt.« (1919)
Quelle: Hermann Hesse: *Gesammelte Werke. 12. Bd. Schriften zur Literatur II.* Stuttgart 1970. **Literatur:** Ludwig Gurlitt: *Hermann Hesse über Karl May.* In: KMJb 1923.

HEUSER, KURT

Drehbuchautor. Schrieb Treatment zum Karl-May-Film → *Die Sklavenkarawane* (1958) und leistete wesentliche Vorarbeiten zur Stoffentwicklung. Renommierter Autor der UFA, Zusammenarbeit mit Leni Riefenstahl. Für den Karl-May-Film schien er als der geeignete Autor, weil er sich längere Zeit in Afrika aufgehalten und bereits Filmstoffe über den schwarzen Kontinent bearbeitet hatte. Zuletzt wurde *Die Sklavenkarawane* jedoch ohne Mitwirkung Heusers gedreht – in → Spanien, wo es auch schöne Wüsten gibt.
Drehbücher: *Schlußakkord* (1936); *Condottieri* (1937); *Die drei Codonas* (1940); *Ohm Krüger* (1941); *Rembrandt* (1942); *Paracelsus* (1943); *Der Prozeß* (1948); *Die Sklavenkarawane* (1958, Treatment); *Unser Haus in Kamerun* (1961); *Via Mala* (1961); *Lausbubengeschichten* (1965).

HEUSS, THEODOR

Politiker (geb. 31.1.1884 Brackenheim, Württemberg; gest. 12.12.1963 Stuttgart). Erster deutscher Bundespräsident. Karl-May-Fan. In einer Erinnerung an seine Jugendlektüre: »Wir verschlangen von ihm, was erreichbar war, und abonnierten die in Heften erscheinenden neuen Werke. Er bezauberte uns. Was frugen wir nach Echtheit, nach Wirklichkeit! Es genügte, daß immer etwas los war, daß man in fremden Ländern und Sitten mit sicherer Hand geleitet wurde, daß es Käuze gab, über die man lachen konnte, Helden, für die man schwärmen durfte, Bösewichter, die man verachten mußte.« (*Vorspiele des Lebens*. Tübingen 1953)

HICK, PETER

Schauspieler und Regisseur. Darsteller bei den Karl-May-Spielen → Bad Segeberg zwischen 1978 und 1985. Von 1988 bis 1991 Intendant der Spiele. Erreichte während dieser Zeit Besucherrekorde, da → Pierre Brice den Winnetou spielte. Hatte jedoch keinen Einfluß auf Buch (jeweils von Pierre Brice) und Regie (1988 Manfred Seide, 1989/90 Serge Nicolaescú, 1991 Pierre Brice und Dagmar Kurr). Baute nach seinem Weggang aus Bad Segeberg die sehr erfolgreichen *Störtebecker-Festspiele* in Ralswiek (Rügen) auf.

Karl-May-Aufführungen in Bad Segeberg: *Durchs wilde Kurdistan* (1978, Schauspieler); *Old Firehand* (1979, Schauspieler); *Im Tal des Todes* (1980, Schauspieler); *Der Schatz im Silbersee* (1981, Hobble-Frank); *Winnetou – Der rote Gentleman* (1982, Rattler); *Old Surehand* (1983, Old Wabble); *Unter Geiern – Die Felsengeier* (1984, Der schwere Mokassin); *Der Ölprinz* (1985, Mexicano); *Winnetou, der Apache* (1988, Intendanz); *Der Schatz im Silbersee* (1989, Intendanz); *Winnetous letzter Kampf* (1990, Intendanz); *Winnetou – Das Vermächtnis* (1991, Intendanz).

HILGERS, HEINZ INGO

Schauspieler (geb. 7.8.1926 Duisburg). Legendärer Winnetou bei den Karl-May-Spielen in → Bad Segeberg. Legte 1948 Schauspielexamen bei Gustav Gründgens ab und trat in Rollen wie Faust, Egmont und Prinz von Homburg auf. 1960 holt ihn Intendant → Wulf Leisner als Kara Ben Nemsi nach Bad Segeberg. 1961 verkörpert er erstmals den Winnetou. Nachdem er auf der Segeberger Bühne 1962 → Wokadeh und 1963 den Beduinenfürst Tarik gespielt hatte, übernimmt er 1964 wieder den Part des Apatschenhäuptlings, den er anschließend alljährlich bis 1970 darstellt. In der Rolle ist er so erfolgreich, daß er Mitte der 60er Jahre, als die Karl-May-Filmwelle ihren Höhepunkt erreicht, ausgedehnte Kaufhaustourneen durch ganz Deutschland unternimmt. 1971 folgt er Intendant → Wulf Leisner auf die Freilichtbühne → Mülheim a.d. Ruhr, wo er

Heinz Ingo Hilgers als Winnetou bei den Karl-May-Spielen Bad Segeberg 1964.

ein letztes Mal als Winnetou auftritt. Resümiert: »Ich habe im Laufe der Jahre, in denen ich ›Winnetou‹ war, ungefähr 600 Pferde ausprobiert.« Karl May bleibt er durch Schallplattenaufnahmen weiterhin verbunden. Seit 1978 tritt er als Gast am Schleswig-Holsteinischen Landestheater auf (Spielorte: Rendsburg, Schleswig, Flensburg). Hilgers, der mit seiner Frau in Rendsburg lebt, sagt von sich: »Ich bin der Pionier der Karl-May-Spiele.« *Der Karl-May-Fan meint:* Unvergeßlich sind seine Autogrammstunden bei Karstadt, auf denen er von Jugendlichen dicht umlagert wurde. An Pierre Brice kam er nicht heran, aber dafür war er ein Winnetou, den man (fast) anfassen konnte. Und wenn er mit sonorer, wohlklingender Stimme redete, dann verstummte die ganze Meute und lauschte ihm andächtig: Winnetou sprach, der Mittler zwischen Rot und Weiß.

Alle Karl-May-Aufführungen in Bad Segeberg: *In den Schluchten des Balkan* (1960); *Der Ölprinz* (1961); *Unter Geiern* (1962); *Durch die Wüste* (1963); *Der Schatz im Silbersee* (1964); *Old Surehand* (1965); *Winnetou II – Ribanna und Old Firehand* (1966); *Unter Geiern – Der Sohn des Bärenjägers* (1967); *Die Felsenburg* (1969); *Der Ölprinz* (1970).
In Mülheim a. d. Ruhr: *Winnetou – Das Geheimnis der Bonanza* (1971).
Autogrammadresse: Heinz Ingo Hilgers, Pastor-Schröder-Str. 23, D-24768 Rendsburg.

HILL, TERENCE

Italienischer Schauspieler (geb. 29.3.1939 Venedig). Begann seine Karriere unter dem Namen »Mario Girotti« als blauäugiger Herzensbrecher in den Karl-May-Filmen. Spielte in → *Winnetou 2. Teil* (1964) den mutigen Leutnant Merril, in → *Unter Geiern* (1964) den jungen Baker, in → *Der Ölprinz* (1965) den smarten Falschspieler Richard Forsythe und in → *Old Surehand 1. Teil* (1965) den ungelenken Rechtsanwaltsgehilfen Toby. Der Sohn eines italienischen Vaters und einer deutschen Mutter (aus Lommatzsch bei Dresden) wirkte bereits 1951 als 12jähriger in einem Film mit. Nach zahlreichen kleineren Rollen und Auftritten in Kostümfilmen hat er einen ersten Erfolg in dem Visconti-Film *Der Leopard* (1963). Im Jahr darauf geht er nach Deutschland, wo ihn Produzent → Horst Wendlandt erfolgreich in seinen Winnetou-Filmen einsetzt. Nach

Terence Hill alias Mario Girotti in »Winnetou 2. Teil« (1964).

Abflauen der Karl-May-Welle kehrt er nach Italien zurück und dreht 1968 als Terence Hill den Western *Gott vergibt – Django nicht* (1967). Der Imagewechsel zahlte sich aus: »Als Mario Girotti machte er sich einen Namen – als Terence Hill macht er Dollars« *(BRAVO)*. Zusammen mit Bud Spencer (= Carlo Pedersoli, 120 Kilo schwer, finster) bildet Hill (rank, blauäugig) das Duo »der Kleine« und »der müde Joe«. Nachdem die beiden anfänglich in blutigen → Italowestern auftraten, verschafft ihnen 1972 der Film *Vier Fäuste für ein Halleluja* den Durchbruch als erstes international bekanntes Spaßmacher-Paar seit Laurel und Hardy (»Dick und Doof«). Aber auch ohne seinen schwergewichtigen Partner war Hill erfolgreich (*Mein Name ist Nobody*, 1973, unter Beteiligung von Horst Wendlandt als Coproduzent). In späteren Filmen verließ er das Western-Genre, blieb aber dem Slapstick-Stil seiner Filme treu. 1994 drehte er mit Bud Spencer und Horst Wendlandt als Produzent eine erfolglose Reminiszenz an die früheren Klamauk-Western *(Troublemakers)*. Im selben Jahr besucht er seine sächsische Heimatstadt und wurde aus diesem Anlaß auch im → Karl-May-Museum Radebeul empfangen. Terence Hill, der einstige Mario Girotti, lebt auf seiner Farm in den USA.

Ausgewählte Filme: *Hannibal* (1960); *Karthago in Flammen* (1960); *Pirat der sieben Meere* (1962); *Der Leopard* (1963); *Winnetou 2. Teil* (1964); *Unter Geiern* (1964); *Schüsse im Dreivierteltakt* (1965); *Der Ölprinz* (1965); *Duell vor Sonnenuntergang* (1965); *Old Surehand 1. Teil* (1965); *Ruf der Wälder* (1965); *Die Nibelungen* (1966); *Blaue Bohnen für ein Halleluja* (1967); *Joe, der Galgenvogel* (1967); *Gott vergibt – Django nicht* (später: *Gott vergibt – wir beide nie* und *Zwei vom Affen gebissen*, 1967); *Django und die Bande der Gehenkten* (1968); *Hügel der blutigen Stiefel* (1969); *Vier für ein Ave Maria* (1969); *Freibeuter der Meere* (1971); *Die rechte und die linke Hand des Teufels* (1971); *Sie verkaufen den Tod* (1972); *Zwei Himmelhunde auf dem Weg zur Hölle* (1972); *Vier Fäuste für ein Halleluja* (1972); *Mein Name ist Nobody* (1973); *Zwei Missionare* (1974); *Nobody ist der Größte* (1975); *Zwei außer Rand und Band* (1976); *Mr. Billion* (1977); *Das Krokodil und sein Nilpferd* (1979); *Der Supercop* (1980); *Keiner haut wie Don Camillo* (1983); *Vier Fäuste gegen Rio* (1984); *Die Miami Cops* (1985); *Renegade* (1988); *Lucky Luke* (1991); *Troublemakers* (1994).

Autogrammadresse: Terence Hill, P.O. Box 808, Stockbridge, MS 01262.

Link: http://german.imdb.com/Name?Hill,+Terence

HISTORISCH-KRITISCHE AUSGABE

Für Forscher wäre es das Nonplusultra: alle Karl-May-Texte original, unbearbeitet und mit kritischem Apparat aller abweichenden Lesarten, die in den vom Verfasser autorisierten Drucken zu finden sind. Seit 1987 versucht Hermann Wiedenroth (bis zum Zerwürfnis 1998 gemeinsam mit → Hans Wollschläger) eine *Historisch-kritische Ausgabe* von Karl Mays Werken herauszubringen – allerdings ohne Apparat, dafür mit »editorischem Bericht«, der über Entstehungsgeschichte und wesentliche Varianten der einzelnen Werke informiert. Die auf 99 Bände in neun »Abteilungen« angelegte Edition wurde 1987 im Verlag *Franz Greno* (Nördlingen) begonnen und nach dessen Konkurs 1991 vom

Verlag von → *Gerd Haffmans* (Zürich) fortgeführt. Neben einer sorgfältig ausgestatteten »Bibliotheksausgabe« (bei Haffmans mit Deckelbildern von → Michael Sowa) erschien in beiden Verlagen auch eine Taschenbuchausgabe, bei Haffmans zusätzlich eine gebundene »Volksausgabe« (als direkte Konkurrenz zu den grünen Bänden des → Karl-May-Verlags), die jedoch bereits nach vier Bänden eingestellt wurde. Als Haffmans-Lizenz (ohne editorische Berichte) erschien 1992 im *Parkland-Verlag* (Stuttgart) eine → *Züricher Ausgabe*: 17 Amerika- und 16 Orientromane Mays, darunter erstaunlicherweise viele Titel, die weder bei Greno noch bei Haffmans in der »Bibliotheksausgabe« erschienen sind. Eine weitere gebundene Haffmans-Lizenzausgabe in zehn Bänden (»Karl Mays Reiseerzählungen«) wurde 1995 von der sonst unbekannten *Planet Medien AG* (Zug/Schweiz) zum Dumpingpreis (4,98 Mark pro Band) über die ALDI-Märkte vertrieben. – Derzeit erscheint die Historisch-kritische Ausgabe im Eigenverlag von Hermann Wiedenroth (*Bücherhaus Bargfeld*). Ziel der Edition ist es, »erstmals einem breiten Publikum verläßliche und in ihrer Entstehung durchschaubare Texte aller Schriften Karl Mays zugänglich zu machen. Sie greift, je nach Überlieferungslage, auf Manuskripte, Erstdrucke, autorisierte Nachdrucke und Ausgaben letzter Hand zurück.« Das Unternehmen leidet jedoch unter dem Umstand, daß dem Herausgeber die im Karl-May-Verlag vorhandenen Manuskripte Karl Mays verschlossen sind. Es konnten daher bisher nur solche Werke publiziert werden, die bereits durch Reprintdrucke in ihrer ältesten erreichbaren Textgestalt vorliegen.

Für Sammler: Bisher sind folgenden Bände erschienen: Abteilung I (Frühwerk): Bd. 4: *Der beiden Quitzows letzte Fahrten* (1992). Abteilung II (Fortsetzungsromane): Bd. 1: *Scepter und Hammer* (1987; ²1998). 2: *Die Juweleninsel* (1987; ²1999). 3-8: *Das Waldröschen I-VI* (1997-1999). 9-13: *Die Liebe des Ulanen I-V* (1994). 14-19: *Der verlorne Sohn I-VI* (1995-1996). 20-25: *Deutsche Herzen, deutsche Helden I-VI* (1996-1997). 26-31: *Der Weg zum Glück I-VI* (1999-2000); Abteilung III (Erzählungen für die Jugend): Bd. 2: *Kong-Kheou, das Ehrenwort* (1988). 3: *Die Sklavenkarawane* (1987). 4: *Der Schatz im Silbersee* (1987). 5: *Das Vermächtnis des Inka* (1990); Abteilung IV (Reiseerzählungen): Bd. 1: Durch die Wüste (1988). 2: Durchs wilde Kurdistan (1988). 3: *Von Bagdad nach Stambul* (1988). 4: *In den Schluchten des Balkan* (1988). 5: *Durch das Land der Skipetaren* (1988). 7: *Am Rio de la Plata* (1988). 8: *In den Cordilleren* (1988). 12: *Winnetou I* (1990). 13: *Winnetou II* (1991). 21: *»Weihnacht!«* (1987); Abteilung V (Spätwerk): bisher nichts; Abteilung VI (Autobiographische Schriften): bisher nichts; Abteilung VII (Nachlaß): bisher nichts; Abteilung VIII (Briefe): Bd. 6.1-2 Leseralbum I-II (1997-1998); IX (Supplemente): Bd. 1: *Die »Rettung« des Herrn Cardauns* (1993). 2: *Katalog der Bibliothek Karl Mays* (1995).

Anschrift: Hermann Wiedenroth (Bücherhaus Bargfeld), Im Beckfeld 48, D-29351 Bargfeld.

Link: http://karlmay.uni-bielefeld.de/kmg/primlit/histkrit.htm

HITLER, ADOLF

siehe auch: Nationalsozialismus, Wendehals.

Hitler mochte Karl May. Sein Wohlwollen schützte die Werke des Autors, dessen Stellung in der Zeit des Nationalsozialismus keineswegs ungefährdet war. Winnetou war der Lieblingsheld des Führers (wie 50 Jahre später für Bundespräsident Roman Herzog). Rudolf Augstein: »Hitler und Karl May waren beide außergewöhnlich narzistisch introvertierte Menschen. Ihre Phantasiewelt war für sie realer als die Realität selbst.« (1995). Hitlers Karl-May-Sympathie ist durch zahlreiche Äußerungen belegt: »Ich lese, da ich erst sehr spät nachts einschlafen kann, zur Zeit eine ganze Reihe der Karl-May-Bände... Wissen Sie, ich halte von Karl May sehr viel. Ein echter Jugendschriftsteller muß eine reiche Phantasie besitzen, anständige Gesinnung vermitteln und zeigen, was Lebenstüchtigkeit bedeutet. Vor allem aber muß er Humor haben.« (Hans Severus Ziegler: *Adolf Hitler aus dem Erleben dargestellt.* Göttingen 1965.) David Irving (ein nicht immer seriöser Gewährsmann) schreibt: »Hitler klagte über die Unfähigkeit seiner Generale... ›Diese Generale sind zu korrekt‹, schimpfte er nach einer Besprechung. ›Sie wurzeln in überholten Begriffen... Ihnen fallen keine Listen ein. Sie hätten mehr Karl May lesen sollen!« (David Irving, *Hitler und seine Feldherrn.* Berlin 1975.) Albert Speer schildert ein Gespräch mit Hitler: »Noch heute greife er bei seinen nächtlichen Lesestunden in anscheinend aussichtslosen Situationen zu diesen Erzählungen, sie richteten ihn innerlich auf wie andere Menschen ein philosophischer Text oder ältere Leute die Bibel.« (Albert Speer: *Spandauer Tagebücher.* Frankfurt/M. 1975.)

Literatur: Klaus Mann: *Cowboy-Mentor des Führers.* In: Helmut Schmiedt: *Karl May.* Frankfurt/M. 1983. – Gerhard Linkemeyer: *Was hat Hitler mit Karl May zu tun?* Ubstadt 1987. – Harald Eggebrecht (Hrsg.): *Karl May, der sächsische Phantast. Studien zu Leben und Werk.* Frankfurt/M. 1987.

HITPARADE

Siebenmal gelang einem Karl-May-Titel der Durchmarsch in die *Deutsche Hitparade.* Die längste Aufenthaltsdauer schaffte das → *Medium-Terzett*, das gleich zweimal vertreten war. Ebenfalls zweimal war → Martin Böttcher mit den Titelmelodien zu den Filmen → *Der Schatz im Silbersee* (1962) und → *Der Schut* (1964) vertreten. (Angegeben sind: Interpret, Titel, Eintritt in die Hitparade, Beste Plazierung, Wie viele Wochen unter den Top 50.)

Medium-Terzett: *Der Schatz im Silbersee.* 13.4.1963. Platz 15. 20 Wochen.

Silbersee-Trio: *Winnetous bester Freund.* 3.8.1963. Platz 28. 12 Wochen.

Medium-Terzett: *Winnetou.* 7.9.1963. Platz 15. 21 Wochen.

Orchester Martin Böttcher: *Old-Shatterhand-Melodie.* 20.4.1963. Platz 49, 3 Wochen.

Orchester Martin Böttcher: *Schut-Melodie.* 5.12.1964. Platz 49. 1 Woche.

Pierre Brice: *Ich steh allein.* 24.4.1965. Platz 9. 13 Wochen.

Dschinghis Khan: *Hadschi Halef Omar.* 14.1.1980. Platz 7. 18 Wochen.

Quelle: *Hit-Bilanz. Deutsche Chart Singles 1956 – 1980.* Hamburg 1990.

HOBBLE-FRANK

Romanfigur. Erscheint in → *Unter Geiern*, → *Der Schatz im Silbersee*, → *Der Ölprinz* und → *Halbblut*. Eigentlich: Heliogabalus Morpheus Edeward Franke. Eine der populärsten Karl-May-Figuren. Ursprünglich Forstgehilfe auf Schloß → Moritzburg, mußte er nach Amerika emigrieren, weil er im Streit um die richtige sächsische Aussprache des Wortes »meistenteils« dem Nachtwächter ein Bierglas an den Kopf geworfen hatte.

HOCHSTAPLER

Mehr scheinen als sein ist Karl Mays geheimes Lebensmotto. Hochstapelei, Renommiersucht und Angebertum sind Kennzeichen des Kleinbürgers, der »großes Leben haben will« (Ernst Bloch). Der Bogen der Hochstapelei führt von Mays frühen Straftaten als falscher Arzt oder Kriminalbeamter bis hin zu den goldenen Lettern an der → »Villa Shatterhand«. – Die Geisteshaltung des großen Märchenerzählers färbt bisweilen auch auf seine Verehrer ab. So sorgte in den Reihen der → Karl-May-Gesellschaft (KMG) ein wissenschaftlicher Mitarbeiter für Heiterkeit, der seine Korrespondenz von fiktiven Mitarbeitern unter der Adresse einer in Florida ansässigen Hochschule verschickte, obwohl er die Briefe selbst am heimatlichen Schreibtisch verfaßte. – Weitaus abenteuerlicher ist die Geschichte eines früheren Vorstandsvorsitzenden der → Karl-May-Stiftung. Der als Manager tätige Mann, der zuvor in der Karl-May-Szene nicht in Erscheinung getreten war, versprach der klammen Ost-Stiftung reichen Geldsegen. Die dagegen mußte in Wirklichkeit immer nur zahlen: für kostspielige Luft-Projekte, die der Karl-May-Fan teilweise mit Unterstützung von KMG-Vertretern entwickelt hatte. Zum Eklat kam es, als sich herausstellte, daß gegen den Mann von seinem Arbeitgeber ein Verfahren wegen finanzieller Unregelmäßigkeiten angestrengt wurde. Der peinliche Skandal stürzte die Stiftung (Aufsichtsratsvorsitzender: Wolfgang Mischnick) in eine Vertrauenskrise, der Vorstandsvorsitzende tauchte unter wie einst Karl May und wurde nie mehr gesehen.

HOFFMANN, GERT GÜNTHER

Synchronsprecher und Schauspieler (geb. Berlin; gest. 18.11.1997 Ödenpullach). Deutsche Stimme von → Lex Barker in allen Karl-May-Filmen (außer *Der Schatz im Silbersee*). Synchronisierte Sean Connery, Rock Hudson, Paul Newman und Captain Kirk in *Raumschiff Enterprise*. Galt als »König der Synchronsprecher«. Als Schauspieler wurde er durch die TV-Serie *Sonderdezernat K 1* bekannt.

Filme: *Am Tag, als der Regen kam* (1959); *Brennender Sand* (1960); *Lebensborn* (1961); *Um Null Uhr schnappt die Falle zu* (1966); *Ich spreng' euch alle in die Luft* (1968); *Der starke Ferdinand* (1976); *Sonderdezernat K 1* (1977, TV); *Es muß nicht immer Kaviar sein* (1977, TV).

Link: http://german.imdb.com/Name?Hoffmann,+Gert+G%FCnter

HOFMANN, PETER

Wagnertenor, Musicalstar und Schauspieler (geb. 22.8.1944 Marienbad, Böhmen). Spielte 1997 bei den Karl-May-Spielen → Bad Segeberg in dem Stück *Winnetou und Old Firehand* die Rolle des → Old Firehand. Karrierehöhepunkte bei den Bayreuther Festspielen, an der Pariser Oper und der Met in New York. Seit 1984 auch als Popsänger erfolgreich. Sang in Hamburg die Titelrolle in dem Andrew-Lloyd-Webber-Musical *Phantom der Oper*. In Bad Segeberg klagte er darüber, daß er von Pressevertretern zehnmal am Tag gefragt werde, ob Karl May für ihn ein »Abstieg« sei. Die *Lübecker Nachrichten* urteilten: »Hofmann genießt den Ruf eines Weltstars, doch die Bühne am Kalkberg fordert andere Qualitäten.« Der Sänger lebt mit seiner Lebensgefährtin Keely Sims auf dem Jagdschloß Schönreuth in der Nähe von Bayreuth.

HOHENSTEIN-ERNSTTHAL

Stadt in Sachsen, 15.000 Einwohner. Karl-May-Stadt. Geburtsort Karl Mays (in Ernstthal 1842). → Karl-May-Haus in der Karl-May-Straße 54 (ursprünglich Niedergasse, später Bahnstraße). Ursprünglich zwei eigenständige Orte, die 1898 zur Doppelstadt vereint wurden. Hohenstein, der ältere Teil, verdankt seine Entstehung dem Bergbau, nachdem bei Freiberg Silber gefunden worden war. Mit den Bergleuten siedelten sich auch Handwerker und Bauern an; bereits seit dem 16. Jh. breitet sich vor allem die Weberei aus. Im später entstandenen Ernstthal wohnten hauptsächlich Arbeiter. Im Haus *Am Markt 2* wohnte Karl May jungvermählt von Herbst 1880 bis April 1883, nachdem er

Hohenstein-Ernstthal: Kirche St. Trinitatis 1907.

kurz zuvor seine erste Ehe mit → Emma Pollmer eingegangen war. Insgesamt gibt es in der Stadt über 20 Häuser, die nachweislich einen Bezug zum berühmtesten Sohn der Stadt haben. Karl May wohnte, wenn auch mit Unterbrechungen, über 40 Jahre in der Stadt. Vom Pfaffenberg (481 m) kann man Sachsen in fast seiner ganzen Länge überblicken. Im Süden liegt der Kamm des → Erzgebirges, im Norden ist bei gutem Wetter das Völkerschlachtdenkmal in Leipzig zu erkennen. Die reizvolle Landschaft lädt zu Wanderungen auf Mays Spuren ein, etwa zum nahen Oberwald mit der Karl-May-Höhle.

Karl-May-Örtlichkeiten: Karl-May-Haus; Kirche St. Trinitatis (Ernstthal); Kirche St. Christophori (Hohenstein); Hotel »Drei Schwanen«; Rathaus; Oberwald mit Karl-May-Höhle.

Anschrift: Stadtinformation Hohenstein-Ernstthal, Altmarkt 30, D-09337 Hohenstein-Ernstthal, Tel. (03723) 402474.

HOHENTHAL, K.

Autoren- → Pseudonym Karl Mays.

HOLBERS, PITT

Romanfigur. Erscheint u.a. in → *Old Surehand II* und *III*. Skurriler Westmann, der zusammen mit → Dick Hammerdull die *Verkehrten Toasts* bildet. Alles an ihm ist unendlich lang, sein Hengst dagegen kurz und dick. In seiner ruhigen Art bestätigt er Dick mit seiner ständigen Redensart: »Wenn du denkst, lieber Dick...«.

HOLLAND

siehe: Niederlande.

HOMBURG/SAAR

Stadt im Saarland. *Karl-May-Jugendspiele* in den Jahren 1965 bis 1971 auf der *Waldbühne am Rabenhorst*. Die Darsteller waren Kinder und Jugendliche der »Spielschar des Verkehrsvereins Homburg«, verstärkt durch Kinder des »Schülerheims Heinz Stolpe«. Der Initiator Heinz Stolpe war Leiter eines Internats in Homburg, er verfaßte die Stücke und hatte auch die Spielleitung. Für die Aufführung *Der Überfall auf Fort Tucson* (1965) hatten die Kinder ein

Homburg/Saar: Karl-May-Jugendspiele.

solides Holzfort gebaut und mit Steinen, die sie aus dem Bauschutt der Stadt gesammelt hatten, einen Canyon mit schroffen Felszacken gemauert. Aus der Pressekritik: »Es ist ein recht eindrucksvolles Kriegsgetümmel um das Fort. Es knallt und donnert, Speere fliegen durch die Luft, grün-weiß berockte Soldaten bleiben tot auf der Brüstung der Palisaden liegen, und getroffene Kiowas rollen den Hang hinunter. Old Shatterhand ist eine sympathische Erscheinung; nur noch ein bißchen nervös war er bei der Uraufführung.«

Karl-May-Inszenierungen: *Der Überfall auf Fort Tucson* (1965); *Der schwarze Mustang* (1966); *Der Kampf um die Bonanza* (1967); *Der Schatz im Silbersee* (1968); *Das Vermächtnis des Inka* (1969); *Der Ölprinz* (1971).

HONECKER, ERICH

Generalsekretär der SED und Staatsratsvorsitzender der DDR (geb. 25.8.1912 Neunkirchen/Saar; gest. 29.5.1994 Santiago de Chile). Rehabilitierte 1983 Karl May. Am 14.1.1985 schrieb Egon Krenz an den »lieben Genossen Erich Honecker«: »Nach Deiner Anregung wurde in Dresden das Karl-May-Museum entsprechend den Traditionen gestaltet. Wie mir Genosse Hans Modrow heute mitteilte, wurde eine neue Ausstellung ›Karl May – Leben und Werk‹ in der Villa ›Shatterhand‹ vorbereitet. Die Villa ›Bärenfett‹ wurde komplex renoviert. Es ist vorgesehen, das Karl-May-Museum in der neuen Gestalt am 9. Februar 1985 zu eröffnen. Die Dresdener Genossen planen, vorher die Massenmedien zu informieren, damit im Zusammenhang mit dem Eröffnungstag eine angemessene Berichterstattung erfolgt. Ich bitte um Kenntnisnahme bzw. Entscheidung, ob anders verfahren werden soll.« Honecker zeichnete das Schreiben mit der üblichen Formel ab: »Einverstanden. E.H. 14.1.85.«

Literatur: Henrik Eberle, Denise Wesenberg: *Einverstanden, E. H.* Berlin 1999.

HOPF

Die Modellbaufirma *Richard Hopf* (Mengersgereuth-Hämmern) produzierte in den 50er Jahren in der DDR zwei Masse-Figuren, die grobe Reproduktionen der → Hauser-Figuren *Winnetou* und *Old Shatterhand* darstellten. Da Karl May zu diesem Zeitpunkt in der DDR verpönt war, trugen die beiden Figuren die Bezeichnung *Indianer, schwörend* und *Trapper, stehend*. Beide Figuren kamen um 1960 auch als Weichplastik-Variante heraus.

HOPPE, AUGUSTE WILHELMINE

Geb. May (geb. 1.12.1837 Ernstthal; gest. 27.5.1880 Ernstthal). Schwester Karl Mays. Gehört zu den drei überlebenden Geschwistern Karl Mays. 10 Geschwister starben kurz nach der Geburt.

HOPPE, MARIANNE

Schauspielerin (geb. 26.4.1909 Rostock). Heiratet 1936 Gustav Gründgens (Scheidung 1946). Ist 1939 jüngste Staatsschauspielerin. Tritt nach dem Krieg zum katholischen Glauben über. 1962 kommt sie in Kontakt zu Karl May. Mit knarrender Hoppe-Stimme spielt sie in → *Der Schatz im Silbersee* die resolutherzliche Farmersfrau Mrs. Butler. Kurz darauf erscheint sie noch einmal im Westernmilieu: in der Gerstäcker-Verfilmung *Die Goldsucher von Arkansas*. 1999 findet im Theater am Schiffbauerdamm, Brechts Theater, eine große Feier zu ihrem 90. Geburtstag statt. Hoppe: »Man muß sich selber einen Reiz abgewinnen, sonst kann man sich in den Papierkorb werfen.« John Fords *Ringo* gehörte einst zu ihren Lieblingsfilmen. Man kann viel unter einen Hut bringen in einem Leben.

Ausgewählte Filme: *Der Schimmelreiter* (1934); *Krach um Jolanthe* (1934); *Auf Wiedersehen, Franziska!* (1941); *Romanze in Moll* (1943); *Dreizehn alte Esel* (1958); *Die seltsame Gräfin* (1961); *Der Schatz im Silbersee* (1962); *Die Goldsucher von Arkansas* (1964); *Falsche Bewegung* (1974).

Autogrammadresse: Marianne Hoppe, c/o Herald Management, Ahornring 3 / XI, D-82084 Taufkirchen. **Link:** http://german.imdb.com/Name?Hoppe,+Marianne+(I)

HÖRBUCH

Chicer Kulturkonsum in den Neunzigern: Auf langen Autofahrten Literatur hören – per Cassette. Dafür hat die Tonträgerindustrie das Hörbuch erfunden, und die Geschäfte damit sollen gar nicht schlecht laufen. Für den Ritt über die Autobahn empfiehlt sich das Hörbuch *Winnetou* (Buch-Gesamtauflage: 3,7 Millionen). Der Text wurde eingerichtet von → Carl-Heinz Dömken. Es liest leicht sächsisch angehaucht: Stefan Wigger (geb. 26.3.1932 Leipzig). Gleichzeitig mit Erscheinen strahlte der MDR das Werk in 25 Folgen aus.

Karl-May-Hörbücher: *Hörbuch Winnetou I. Gelesen von Stefan Wigger. Textfassung von Carl-Heinz Dömken.* Bamberg: Karl-May-Verlag 1998. Spielzeit 658 Min. DM 98,00. – Auch empfehlenswert: *Wann sehe ich dich wieder, du lieber, lieber Winnetou? Hermann Wiedenroth liest Texte von Karl May.* Augsburg: Verlag Franz Josef Knape. Spielzeit 90 Min. DM 24,00.

HÖRSPIELE (RUNDFUNK)

Die ersten Hörspiele nach Karl-May-Erzählungen waren Produktionen für den Rundfunk. Bereits 1929 verfaßte Günther Bibo das Hörspiel *Der Schatz im Silbersee* (Druckfassung erschienen im Arcadia-Verlag, Berlin). Vor dem Zweiten Weltkrieg wurden folgende Produktionen ausgestrahlt: *Durch die Wüste, Der Schatz im Silbersee, Hadschi Halef Omar* und *Wie Old Shatterhand und Winnetou Freunde wurden*. Da es sich, wie damals üblich, um Livesendungen handelte, sind Aufzeichnungen nicht erhalten. – In der Nachkriegszeit entwickelte sich der *Westdeutsche Rundfunk* (Köln) zur Pflegestätte des Karl-May-Hörspiels. Die Rundfunkanstalt produzierte im Rahmen des Kinderfunks Hörspielfassungen von *Winnetou* (10 Folgen, Buch: Betty Sörensen, Regie: Kurt Meister), *Der Schatz im Silbersee* (8 Folgen, Buch: Kurd E. Heyne), *Old Surehand* (10 Folgen, Buch: Betty Sörensen, Regie: Kurt Meister) und *Durch die Wüste* (7 Folgen, Buch: Walter Jensen, Regie: Manfred Brückner). Die Hörspiele liefen Ende der 50er und Anfang der 60er Jahre während der Hochzeit

Hörspiele auf Schallplatte.

der Karl-May-Filmwelle. – Der bekannte Hörspielautor Kurt Vethake, der auch zahlreiche Karl-May-Erzählungen für die Schallplatte dramatisierte, verfaßte für den *Süddeutschen Rundfunk* (Stuttgart) das Hörspiel *Winnetou* (6 Folgen, Regie: Harry Schweizer, Sendung: ab 7.6.1964) und für den *Südwestfunk* (Baden-Baden) *Der blaurote Methusalem* (4 Folgen, Sendung: ab 15.7.1965). Danach bricht die Reihe der Karl-May-Dramatisierungen ab. Kinderfunk-Hörspiele nach Karl May hat es seitdem (in der Bundesrepublik Deutschland) nicht mehr gegeben; die späteren Adaptionen – oft ironisch-verkitschte Bearbeitungen der Kolportageromane Mays – wenden sich vor allem an Erwachsene. Den Auftakt einer neuen Hörspiel-Rezeption macht 1977 der *Bayerische Rundfunk* (München). Unter dem Titel *Die Sklaven der Arbeit* haben Bernd Lau und Walter Adler eine Funkfassung von → *Der verlorene Sohn* geschaffen (Co-Produktion mit dem *Südwestfunk*). 1985 ist ein Boom-Jahr für Karl May im Hörfunk: Der Hessische Rundfunk bringt in 47 Halbstunden-Folgen *Deutsche Herzen, Deutsche Helden* (Bearb.: Rainer Lewandowski). Auf 38 Folgen bringt es eine Lesefassung *von Der Schatz im Silbersee* im Österreichischen Rundfunk (Bearb.: Johannes Twaroch). Im Südwestfunk (Baden-Baden) läuft ab 1.10.1985 ebenfalls als Endlos-Serie *Schloß Wildauen* (Bearb.: Christian Wallner, Redaktion: Klaus Langer). Eine Funkfassung von *Winnetou I* in 25 Folgen, gelesen von Stefan Wigger, bringt der MDR vom 3.8. bis 4.9.1998 (Bearb.: Carl-Heinz Dömken). Die Produktion erscheint gleichzeitig als Hörbuch im Karl-May-Verlag.

HÖRSPIELE (SCHALLPLATTE UND CD)

Kein anderer deutscher Autor ist so massenhaft in Hörspielform verbreitet worden wie Karl May. Vor allem in den 70er Jahren erschienen Hunderte verschiedener Hörspielfassungen (auf Schallplatte und Cassette, seit den 90er Jahren vereinzelt auch auf CD). Eine Reihe dieser Hörspiele war inhaltlich identisch, erschien aber in unterschiedlicher Ausstattung bei mehreren Plattenfirmen. Drei Reihen sind besonders erwähnenwert: 1. Die Serie von → *Philips* (Hamburg) aus den frühen 60er Jahren. Winnetou wurde gesprochen von Charles Brauer, dem späteren Kollegen von *Tatort*-Kommissar Stöver, Sam Hawkens von dem unvergessenen Joseph Offenbach, der bei den ersten Aufnahmen auch Regie führte. 2. Die → »Europa«-Serie der Schallplattenfirma *Miller International* (Quickborn). Den Winnetou sprach → Konrad Halver. 3. Die »maritim«-Serie aus dem Verlagshaus *Gruner + Jahr* (Hamburg), die 30 Schallplatten (bzw. Cassetten) umfaßte. Die Karl-May-Editionen erschienen jeweils in einheitlicher Aufmachung.

Nachgewiesene Karl-May-Hörspiele: Alcophon: *Unter Geiern. Old Surehand.* **Ariola:** *Winnetou auf dem Kriegspfad / Die Jagd auf Santer; Old Firehand stellt eine Falle / Der Überfall auf den Geldtransport; Halbbluts Ende.* **Ariola Bertelsmann Sonderauflage:** *Winnetou: Old Shatterhand greift ein. Winnetou auf dem Kriegspfad.* **Ariola:** *Karl May: Old Shatterhand greift ein / Winnetou auf dem Kriegspfad / Old Firehand stellt eine Falle. Karl May: Winnetou und der schwarze Mustang / Old Shatterhand rettet Firwood-Camp / Halb-*

bluts Ende. **auditon:** *Winnetou 1, 2, 3. Der Schatz im Silbersee. Das Vermächtnis des Inka. Old Surehand 1, 2.* **Ausgewählte Goldstücke:** *Winnetou 1.* **Bärli:** *Winnetou 1, 2, 3. Winnetou und Old Shatterhand.* **BASF First Class***: In den Händen der Sioux. Durch die Wüste.* **BASF Paradiso:** *Der Schatz im Silbersee. In den Händen der Sioux. Durch die Wüste. Old Firehand.* **Bimbo***: Der Ölprinz. Durch die Wüste. Der Schut. Unter Geiern. Winnetou 1,*

2, 3. **Blacky:** *Der Schut.* **box:** *Winnetou 1, 2, 3. Der Schatz im Silbersee. Das Vermächtnis des Inka. Old Surehand 1,2.* **Busch Phonothek:** *Der Schatz im Silbersee.* **CBS:** *Winnetou 1-6. Das Vermächtnis des Inka 1-6. Der Schatz im Silbersee 1,2. Winnetou II 1,2.* **Clariphon:** *Durch die Wüste. Der Schatz im Silbersee. Old Surehand. Unter Geiern. Der Schut. Der Ölprinz.* **Condor:** *Winnetou 1-3. Der Schatz im Silbersee. Der Ölprinz. Durch die Wüste.* **Delta (Titel: Segeberg):** *Old Surehand. Der Schatz im Silbersee. Unter Geiern. Der Ölprinz. Winnetou I 1, 2. Winnetou II 1, 2. Winnetou III 1, 2.* **Delta (Titel: Filmzeichnung):** *Old Surehand. Der Schatz im Silbersee. Unter Geiern. Der Ölprinz. Winnetou I 1, 2. Winnetou II 1, 2. Winnetou III 1, 2.* **Delta (Rücken: gelb, Titel: Zeichnung):** *Old Surehand. Der Schatz im Silbersee. Unter Geiern. Der Ölprinz. Winnetou I 1, 2. Winnetou II 1, 2. Winnetou III 1, 2.* **Difiton:** *Winnetou I, II. Der Schatz im Silbersee. Der Ölprinz. Durch die Wüste.* **e:** *Unter Geiern. Der Ölprinz.* **Echo:** *Winnetou 1, 2. Der Schut. Old Surehand.* **Eins Extra:** *Winnetou 1, 2, 3. Der Schatz im Silbersee.* **EUROPA (Titel: Segeberg):** *Der Schatz im Silbersee 1,2. Winnetou I 1, 2. Winnetou II 1, 2. Winnetou III 1, 2. Old Surehand 1, 2. Das Vermächtnis des Inka. Der Ölprinz. Durch die Wüste. Durchs wilde Kurdistan. Von Bagdad nach Stambul. In den Schluchten des Balkan. Durch das Land der Skipetaren. Der Schut. Kara Ben Halef. Der Sohn des Bärenjägers. Unter Geiern. To-kei-chun. Die Sklavenkarawane. Old Shatterhand 1, 2. Old Firehand 1, 2.* **EUROPA (Titel: Zeichnung):** *Der Schatz im Silbersee 1,2. Winnetou I 1, 2. Winnetou II 1, 2. Winnetou III 1, 2. Old Surehand 1, 2. Das Vermächtnis des Inka. Der Ölprinz. Durch die Wüste. Durchs wilde Kurdistan. Von Bagdad nach Stambul. In den Schluchten des Balkan. Durch das Land der Skipetaren. Der Schut. Kara Ben Halef. Der Sohn des Bärenjägers. Unter Geiern. To-kei-chun. Die Sklavenkarawane. Old Shatterhand 1, 2. Old Firehand 1, 2. Mein Freund Winnetou 1-7. Mein Freund Winnetou Originalmusik.* **Falcon:** *Der Ölprinz. Durch die Wüste. Der Schatz im Silbersee. Der Schut. Unter Geiern. Old Surehand.* **FASS:** *Winnetou. Der Schatz im Silbersee. Old Surehand. Der Ölprinz. Unter Geiern – Der Sohn des Bärenjägers. Old Firehand. Durch die Wüste. Durchs wilde Kurdistan. Von Bagdad nach Stambul. In den Schluchten des Balkan. Der Schut.* **FASS:** *Winnetou / Der Schatz im Silbersee. Old Surehand / Old Firehand. Der Ölprinz / Unter Geiern. Durch die Wüste / Durchs wilde Kurdistan. In den Schluchten des Balkan / Der Schut.* **FASS (Titel: andere Zeichnung):** *Winnetou. Der Schatz im Silbersee. Old Surehand. Der Ölprinz. Unter Geiern – Der Sohn des Bärenjägers. Old Firehand. Durch die Wüste. Durchs wilde Kurdistan. Von Bagdad nach Stambul. In den Schluchten des Balkan. Der Schut.* **Gaucho siehe maritim. Intercord:** *Winnetou 1, 2.* **junior (Schweiz):** *Winnetou. Unter Geiern. Winnetou 1: Blutsbrüder. Winnetou 2: Der große Kampf. Winnetou 3: Winnetous Tod. Winnetou 4: Unter Geiern. Winnetou 5: Halbblut. Winnetou 6: Der Ölprinz.* **Karl-May-Verlag / mdr:** *Winnetou I.* **Karussell:** *Von Bagdad nach Stambul. Durchs wilde Kurdistan. Durch die Wüste. Der Schatz im Silbersee. Old Firehand. Unter Geiern. Der Ölprinz. In den Schluchten des Balkan. Old Surehand. Der Schut. Winnetou I 1, 2. Winnetou II 1, 2. Winnetou III 1, 2. Kapitän Kaiman. Halbblut. Der blaurote Methusalem.* **King:** *Der Schut. Der Schatz im Silbersee. Unter Geiern.* **Kiosk:** *Winnetou 1-3.* **Klax:** *Winnetou 1-3. Im Land der Skipetaren.* **Liliput:** *Der Schatz im Silbersee. Der Ölprinz. Durch die Wüste. Old Surehand.* **Litera (DDR):** *Die Schlacht in der Mapimi. Hadschi Halef Omar.* **Mandolino:** *Unter Geiern. Der Schut. Der Schatz im Silbersee. Old Surehand. Der Ölprinz.*

Durch die Wüste. **MARCATO:** *Winnetou und Old Shatterhand: Winnetou und der Schwarze Mustang, Winnetou rettet Firwood-Camp.* **MÄRCHEN-LAND (= OPP):** *Der Schatz im Silbersee. Der Ölprinz. Durch die Wüste. Der Schut. Old Surehand. Unter Geiern. Winnetou. Old Firehand. Im Land der Skipetaren.* **MÄRCHEN-LAND (= Polyband):** *Der Schatz im Silbersee. Der Ölprinz. Durch die Wüste. Der Schut. Old Surehand. Unter Geiern. Winnetou. Old Firehand. Im Land der Skipetaren.* **maritim:** *Winnetou 1-3. Der Schatz im Silbersee. Unter Geiern. Old Surehand. Durch die Wüste. Der Ölprinz. Der Schut. Winnetou und der Schwarze Mustang. Halbbluts Ende. Die Sklavenkarawane.* **maritim Karl-May-Serie:** *Karl May 1: Durch die Wüste. Karl May 2: Durchs wilde Kurdistan. Karl May 3: In den Schluchten des Balkan. Karl May 4: Der Schut. Karl May 5: Winnetou I. Karl May 6: Winnetou II. Karl May 7: Winnetou III. Karl May 8: Winnetou IV. Karl May 9: Am Rio de la Plata. Karl May 10: In den Kordilleren. Karl May 11: Old Surehand I. Karl May 12: Old Surehand II. Karl May 13: Im Lande des Mahdi I. Karl May 14: Im Lande des Mahdi II. Karl May 15: Im Lande des Mahdi III. Karl May 16: Satan und Ischariot I. Karl May 17: Satan und Ischariot II. Karl May 18: Im Reiche des silbernen Löwen. Karl May 19: Unter Geiern. Karl May 20: Der Schatz im Silbersee. Karl May 21: Der Ölprinz. Karl May 22: Halbblut. Karl May 23: Das Vermächtnis des Inka. Karl May 24: Der blaurote Methusalem I. Karl May 25: Der blaurote Methusalem II. Karl May 26: Die Sklavenkarawane I. Karl May 27: Die Sklavenkarawane II. Karl May 28: Die Pyramide des Sonnengottes. Karl May 29: Trapper Geierschnabel. Karl May 30: Die Juwelen-Insel.* **maritim (Gaucho):** *Der Shut (sic!). Winnetou 1-4. Der Schatz im Silbersee. Trapper Geierschnabel. Die Juweleninsel.* **mcp Magnetics (Österreich):** *Winnetou: Unter Geiern.* **melocord:** *Durch die Wüste. Der Schatz im Silbersee.* **METRONOME – UNSERE KLEINE WELT:** *Winnetou 1-3. Der Schatz im Silbersee. Der Ölprinz. Unter Geiern. Der Schut. Old Shurehand (sic!). Old Firehand. Im Land der Skipetaren. Von Bagdad nach Stambul. Im Tal des Todes. In den Schluchten des Balkan.* **MIRROR:** *Winnetou erzählt.* **MUSIC (Schweiz):** *Old Surehand. Durch die Wüste.* **music mobile:** *Durch die Wüste. Der Schatz im Silbersee.* **one records:** *Winnetou. Der Ölprinz.* **Original Stereo Sound (= Supertone):** *Durch die Wüste. Der Ölprinz.* **PARADISO neue mode:** *Der Schatz im Silbersee. Winnetou I 1. Folge (Cover: Segeberg). Winnetou I 1. Folge (Cover: Film). Winnetou I 2. Folge (Cover: Segeberg). Winnetou I 2. Folge (Cover: Film). Winnetou II 1. Folge (Cover: Film). Winnetou II 2. Folge (Cover: Film). Winnetou III 1. Folge (Cover: Film). Winnetou III 2. Folge (Cover: Film). Unter Geiern. Winnetou und Old Shatterhand.* **PEG:** *Der Schatz im Silbersee. Winnetou 1-3. Unter Geiern. In den Händen der Sioux. Durch die Wüste. Old Firehand. Old Surehand 1, 2. Das Vermächtnis des Inka. Halbblut.* **PEG (= BASF):** *Winnetou I 1, 2. Winnetou II 1, 2. Winnetou III 1, 2.* **PEG (= bellaphon):** *Old Firehand.* **Pelikan-Malbuch (= Ariola-Eurodisc):** *Schatz im Silbersee.* **Penny (= Metronome):** *Winnetou I + II. Der Schatz im Silbersee.* **PERL SERIE:** *Der Schatz im Silbersee. Durch die Wüste. Der Ölprinz. Der Schut. Old Surehand. Unter Geiern.* **PHILIPS:** *Winnetou 1-6. Der Schatz im Silbersee 1-6. Der Schut 1-4. Unter Geiern 1-4. Der Ölprinz 1-4. Old Surehand 1-4. Durch die Wüste. Durchs wilde Kurdistan. Von Bagdad nach Stambul. In den Schluchten des Balkan. Old Firehand.* **PICCOLO (= bellaphon):** *Winnetou I 1, 2. Winnetou II 1, 2, 3. Winnetou III 1, 2 , 3. Winnetou und Old Shatterhand. Das Vermächtnis des Inka. Old Surehand 1, 2. Kapitän Kaiman. Der Ölprinz.* **pit:** *Der Schatz im Silbersee.*

Durch die Wüste. **plp (= Metronome):** *Old Shatterhand 1, 2. Winnetous Tod. Der blaurote Methusalem. Winnetous Erbe. Satan und Ischariot.* **pmc (= Metronome) (Rücken: weiß):** *Der Schatz im Silbersee. Der Ölprinz. Winnetou 1-3. Old Surehand.* **pmc (= Metronome) (Rücken: bunt):** *Unter Geiern. Der Schut. Old Surehand. Im Land der Skipetaren. In den Kordilleren.* **POLY:** *Durch die Wüste. Der Schatz im Silbersee.* **potztausend tapes:** *Durch die Wüste.* **primaphon:** *Der Schatz im Silbersee. Der Ölprinz. Durch die Wüste. Der Schut. Old Surehand.* **PUZZLE (= Metronome):** *Winnetou Teil 1-2-3.* **silber Hit:** *Winnetou 1-3. Der Schatz im Silbersee. Old Surehand. Durch die Wüste. Unter Geiern. Old Firehand.* **Silver Sound:** *Durch die Wüste. Unter Geiern.* **Sonderpressung für DEUTSCHE SHELL:** *Winnetou.* **Sonderpressung für KARL-MAY-SPIELE ELSPE:** *Der Schatz im Silbersee.* **Song:** *Durch die Wüste. Der Ölprinz.* **SST (Rücken: weiß):** *Unter Geiern. Old Surehand. Der Ölprinz. Der Schatz im Silbersee. Winnetou.* **SST (Rücken: gelb):** *Durch die Wüste. Der Schatz im Silbersee. Winnetou. Old Surehand.* **S+S Supersound:** *Winnetou 1.* **SUPRAPHON (CSSR):** *Old Shatterhand 1-3.* **TELEFUNKEN musik für alle:** *Winnetou.* **TELEFUNKEN musik für alle:** *Winnetou und Old Shatterhand.* **Tempo:** *Winnetou I, 1-6.* **Starlet:** *Winnetou und Old Shatterhand.* **Starlet:** *Winnetou 1-3. Der Ölprinz. Der Schatz im Silbersee. Old Surehand. Winnetou und Old Shatterhand.* **Starlet:** *Winnetou 1-3.* **SUPERTONE:** *Winnetou 1-3.* **SUPERTONE siehe auch: ORIGINAL STEREO SOUND. tempo:** *Winnetou 1-3 (2 Ausgaben).* **TOP STAR TAPES:** *Unter Geiern. Der Schut. Der Ölprinz. Durch die Wüste. Der Schatz im Silbersee. Old Surehand.* **TRAUMWELT:** *Winnetou. Unter Geiern.* **tt Record:** *Old Surehand.* **TWEN star:** *Durch die Wüste. Der Ölprinz.* **UNSERE KLEINE WELT siehe METRONOME. UNSERE WELT (= METRONOME):** *Winnetou I+II. Von Bagdad nach Stambul / In den Schluchten des Balkan. In den Kordilleren / Das Vermächtnis des Inka. Im Tal des Todes / In der Hölle der Silbermine. Old Shatterhand. Trapper Geierschnabel. Im Lande des Mahdi.* **VM RECORDS (Österreich):** *Der Schatz im Silbersee. Unter Geiern.* **wela Ton:** *Winnetou und Old Shatterhand.* **ZAUBER:** *Winnetou. Unter Geiern.* **zebra:** *Der Schatz im Silbersee 1, 2. Unter Geiern. Winnetou 1, 2, 3. Durch die Wüste. Der Ölprinz. Der Schut. Im Land der Skipetaren. Old Firehand. Von Bagdad nach Stambul. In den Schluchten des Balkan. Im Tal des Todes. In den Kordilleren.*
Link: http://home.t-online.de/home/konga/welcome.htm

HOWGH!

siehe auch: Uff! Indianischer Ausdruck der Bekräftigung. Sagen Rundfunkreporter am Ende ihrer Ausführungen, wenn sie über Karl May berichten (lustig!)

HOWLAND, CHRIS

Plattenplauderer, Sänger und Schauspieler (geb. 30.7.1928 London, Großbritannien). Kaum glaublich: Der ehemalige *Musik-aus-Studio-B*-Moderator ist einer der aktivsten Karl-May-Schauspieler. Natürlich nicht als Held oder Bösewicht, sondern zuständig fürs komische Fach. Erster Karl-May-Auftritt 1963 als Tuff Tuff in → *Winnetou 1. Teil*. Zusammen mit → Dieter Borsche als Diener Archie in → *Der Schut* (1964), → *Durchs wilde Kurdistan* (1965) und → *Im Reiche des silbernen Löwen* (1965). Schließlich Don Parmesan in → *Das*

Vermächtnis des Inka (1966). Nach langer Pause 1980 Rückkehr zu Karl May in der Rolle des Musicmann in *Im Tal des Todes* bei den Karl-May-Spielen → Bad Segeberg. Nach → Pierre Brice war er der zweite Star der Karl-May-Filme, der in Bad Segeberg eine Rolle übernahm. Howland kam als Besatzungssoldat nach Deutschland. 1946 Ansager beim britischen Soldatensender BFN in Hamburg. 1952 Wechsel zum NWDR. Bald populärster Diskjockey in Deutschland. Seit 1954 Filmrollen. Moderator der Fernsehsendung *Musik aus Studio B.* Eigene Fernsehreihe *Vorsicht Kamera.* Nach Einstellung der *Studio-B*-Sendung und privaten Krisen Karriereknick. In den neunziger Jahren jedoch wieder stark beschäftigt (oft in Nostalgie-Sendungen). Erfolgreich auch als Schriftsteller. Howland 1998:»Ich blicke mit viel Freude zurück auf die Dreharbeiten von Winnetou im damaligen Jugoslawien und bin stolz, in einem ›Klassiker‹ mitgearbeitet zu haben.«

Ausgewählte Filme: *Witwer mit 5 Töchtern* (1957); *Das Geheimnis der schwarzen Koffer* (1961); *Der schwarze Panther von Ratana* (1962); *Winnetou 1. Teil* (1963); *Unsere tollen Tanten in der Südsee* (1963); *Der Henker von London* (1963); *Der Schut* (1964); *Fanny Hill* (1964); *Durchs wilde Kurdistan* (1965); *Im Reiche des silbernen Löwen* (1965); *Das Vermächtnis des Inka* (1966); *Sartana* (1966); *Küß mich, Monster* (1970).

Autogrammadresse: Chris Howland, Vordersten Büchel 11, D-51503 Rösrath.

Link: http://german.imdb.com/Name?Howland,+Chris/ http://online. prevezanos.com /schlager/h/howland.shtml

HOYERSWERDA

Die Stadt mit dem Negativ-Image hat auch gute Nachrichten zu bieten: Hier gibt es einen Karl-May-Freundeskreis. Die Veranstaltungen finden in der Fahrschule *Für Sie* im ehemaligen Lehrlingswohnheim Thomas-Müntzer-Str. in Hoyerswerda statt. **Anschrift:** Karl-May-Freunde Hoyerswerda, c/o Wolfram Höppner, F.-Mehring-Str. 10, D-02977 Hoyerswerda.

HÜBCHEN, HENRY

Schauspieler (geb. 20.2.1947 Berlin). Titeldarsteller in der TV-Serie → *Karl May* (1992) von Klaus Überall. Sprach bereits 1990 den Winnetou in dem Puppentrickfilm → *Die Spur führt zum Silbersee*. Absolvierte 1970 die Staatliche Schauspielschule in Berlin. Anschließend Theaterengage-

Chris Howland.

ments in Magdeburg und Berlin. Erste herausragende Filmrolle 1976 in *Die Moral der Banditen*. Wirkte in zahlreichen Folgen der Kriminalfilmreihe *Polizeiruf 110* mit und gehörte in der DDR zu den beliebtesten Schauspielern. Stellt in *Karl May* enorme Wandlungsfähigkeit unter Beweis, indem er den Schriftsteller sowohl als jungen Mann als auch als Greis verkörpert. In den 90er Jahren einer der wichtigsten Schauspieler an der Berliner Volksbühne unter dem Intendanten Frank Castorf.

Ausgewählte Filme: *Jakob, der Lügner* (1974); *Frau Jenny Treibel* (1975); *Dantons Tod* (1977, TV); *Seitensprung* (1980); *Johann Sebastian Bachs vergebliche Reise in den Tod* (1980); *Der Bastard* (1983, TV); *Heiße Ware in Berlin* (1984, TV); *Es steht der Wald so schweigend* (1985, TV); *Karl May* (1992, TV); *Ein Mann für jede Tonart* (1993); *Der Schattenmann* (1996, TV); *Das Mambospiel* (1997, TV); *Der König von St. Pauli* (1998, TV). **Autogrammadresse:** c/o Agentur Astrid Rahn, Nazarethkirchstr. 53, D-13347 Berlin. **Link:** http://german.imdb.com/Name?H%FCbchen,+Henry

HÜBLER-KAHLA, J(OHANN) A(LEXANDER)

Regisseur, Produzent, Autor (geb. 23.6.1902 Wien; gest. o.A.). Regisseur des ersten Karl-May-Tonfilms → *Durch die Wüste* (1936). Nach 1945 vorwiegend Tätigkeit als Produzent in Österreich und Deutschland. Sein preisgekrönter Film *Der Prozeß* (1948; die erste Nachkriegsarbeit von G.W. Pabst, Drehbuch: Karl-May-Autor → Kurt Heuser) erzählt, wie das Verschwinden eines Mädchens in einem ungarischen Dorf der jüdischen Gemeinde als Ritualmord angelastet wird. 1951 versuchte Hübler-Kahla erneut einen Karl-May-Film im Orient-Milieu zu realisieren. Der Versuch scheiterte jedoch.

Ausgewählte Filme: *Tanzmusik* (1935); *Blutsbrüder* (1935); *Das Veilchen vom Potsdamer Platz* (1936); *Durch die Wüste* (1936); Der *Prozeß* (1948, als Produzent); *Mikosch rückt ein* (1952); *Hollandmädel* (1953); *Wirtin an der Lahn* (1955); *Frauenarzt Dr. Bertram* (1957, als Produzent); *Blitzmädel an die Front* (1958, als Produzent); *Arzt aus Leidenschaft* (1959, als Produzent).

Link: http://german.imdb.com/Name?H%FCbler-Kahla,+J.A.

Henry Hübchen als Karl May (1992).

I

ICH

Die »Majestät des Ich« (Freud) ist bei Karl May besonders stark ausgeprägt. Folgerichtig hat der → Karl-May-Verlag die Autobiographie → *Mein Leben und Streben* in einen Band mit dem Titel *Ich* (GWB 34) verpackt.

Fernsehsendung: *Ich, Old Shatterhand und Kara Ben Nemsi* (21.3.1962 SDR/ARD).

IK SENANDA

D.i. »Böse Schlange«. Romanfigur. Erscheint in *Der schwarze Mustang*. Halbblut. Sohn eines Weißen und einer Comanchin. Will als Verräter die Eisenbahner-Siedlung Firwood Camp an seinen Großvater Tokvi Kava ausliefern, wird aber von Old Shatterhand und Winnetou durchschaut. Als er sich später noch einmal mit den beiden Helden anlegt, erhält er eine saftige Tracht Prügel. Glück gehabt. Normalerweise gibt es an dieser Stelle immer das göttliche Strafgericht. – Der Film → *Winnetou und das Halbblut Apanatschi* (1966) hat mit dem Band *Halbblut* nicht das geringste zu tun. Ik Senanda kommt nicht vor, einzig das Motiv eines verräterischen Spions hat sich erhalten.

Literatur: Karl May: *Halbblut* (= GWB 38).

ILTSCHI

siehe auch: Hatatitla.

»Ich«: Gesammelte Werke Bd. 34, 3. Auflage.

D.i. »Wind«. Pferd Winnetous. Stammt aus der gleichen Zucht wie Hatatitla. Zum ersten Mal vorgestellt in *Satan und Ischariot*.

ILLUSTRIERTE FEHSENFELD-AUSGABE

Auch als »Blaue Fehsenfeld-Ausgabe« bezeichnet (nach der Einbandfarbe). Zwischen 1907 und 1912 im *Verlag Friedrich Ernst Fehsenfeld* (Freiburg i. Br.) erschienene Werkausgabe mit dem Reihentitel *Karl May's illustrierte Reiseerzählungen*. Zuvor war im selben Verlag die Ausgabe *Karl May's gesammelte Reiseromane* erschienen (sog. → Freiburger Ausgabe). Die Reihe umfaßt 30 Titel. Die ersten neun Bände wurden von Karl May bearbeitet und sind damit »Ausgaben letzter Hand«. Die Illustrationen stammen hauptsächlich von → Claus Bergen, aber auch von Willy Moralt, Willy Planck, Peter Schnorr. Die Reihenfolge der Titel weicht teilweise von der Erstausgabe ab. Die geplanten Bände 31 *Ardistan und Dschinnistan I*, 32 *Ardistan und Dschinnistan II* und 33 *Winnetou IV* sind nicht erschienen.

Für Sammler: Bd. 1 *Durch die Wüste*. 2 *Durchs wilde Kurdistan*. 3 *Von Bagdad nach Stambul*. 4 *In den Schluchten des Balkan*. 5 *Durch das Land der Skipetaren*. 6 *Der Schut*. 7 *Winnetou der Rote Gentleman I*. 8 *Winnetou der Rote Gentleman II*. 9 *Winnetou der Rote Gentleman III*. 10 *Orangen und Datteln*. 11 *Old Surehand I*. 12 *Old Surehand II*. 13 *Old Surehand III*. 14 *Im Lande des Mahdi I*. 15 *Im Lande des Mahdi II*. 16 *Im Lande des Mahdi III*. 17 *Am Stillen Ocean*. 18 *Auf fremden Pfaden*. 19 *Am Rio de la Plata*. 20 *In den Cordilleren*. 21 *Satan und Ischariot I*. 22 *Satan und Ischariot II*. 23 *Satan und Ischariot III*. 24 *Weihnacht!*. 25 *Am Jenseits*. 26 *Im Reiche des silbernen Löwen I*. 27 *Im Reiche des silbernen Löwen II*. 28 *Im Reiche des silbernen Löwen III*. 29 *Im Reiche des silbernen Löwen IV*. 30 *Und Friede auf Erden!*.

IMMOBILIEN

Immobilienangebot im Wilden Osten anno 1995. Aus dem Verkaufsprospekt »Wohnen am See«: »Für Geierswalde prophezeite das ›Tageblatt‹: ›Mallorca läßt grüßen‹. Nördlich von → Hoyerswerda wird ein Natur- und Wildpark wachsen, der als *Karl-May-Reservat* Garant für eine naturnahe Erholungslandschaft sein soll. Wohnen am See – wie Winnetou.« (Das *Karl-May-Reservat* blieb eine Wunschphantasie. Geahnt hatte man es ja schon immer...)

»IM REICHE DES SILBERNEN LÖWEN« (BUCH)

Romanzyklus, bestehend aus den Bänden GWB 26 *Der Löwe der Blutrache*, GWB 27 *Bei den Trümmern von Babylon*, GWB 28 *Im Reiche des silbernen Löwen*, GWB 29 *Das versteinerte Gebet*. Erstmals erschienen ab 1897 in der Zeitschrift → Deutscher Hausschatz und im Regensburger Marien-Kalender *(Silberlöwe I und II)* sowie 1902/03 als Bd. 28 und 29 der → Freiburger Ausgabe im Verlag Fr. E. Fehsenfeld *(Silberlöwe III und IV)*. In sich uneinheitliches Werk: Während die ersten beiden Bände den traditionellen Reiseerzählungen zuzurechnen sind, gehören die Bände III und IV zum »symbolischen« Spätwerk. Die Grundstrukturen des zweiten Teils verweisen auf Karl Mays Eheprobleme und den Kampf gegen seine Kritiker. Kara Ben Nemsi und Hadschi Halef Omar werden von einer Krankheit an den Rand des Todes gebracht. Erholung finden sie beim → Ustad, der der idealen Gemeinschaft der Dschamikun vorsteht. Mit ihm führt Kara lange Gespräche über die Liebe, die »Schatten« und das Licht. Der geheimnisvolle Ahriman Mirza ist der Führer dunkler Mächte und entpuppt sich als böser Gegenherrscher des Schahs. Bei einem Wettrennen wird er von Kara besiegt und endet im Wahnsinn. Das »Hohe Haus« des Ustad stürzt ein und gibt das verborgene Bild des »verzauberten Gebets« frei. Die Feinde, die »Schatten« fliehen und werden gefangen. Der Ustad kann seine Herrschaft neu errichten. – Der Film → *Im Reiche des silbernen Löwen* (1965) hat keine Beziehung zum Roman, sondern geht auf die Reiseerzählungen *Durch die Wüste* und *Durchs wilde Kurdistan* zurück. Dagegen verwendet der Film → *Der Löwe von Babylon* Handlungsmotive aus GWB 27 *Bei den Trümmern von Babylon*.

Literatur: Hans Wollschläger: *Erste Annäherung an den ›Silbernen Löwen‹. Zur Symbolik und Entstehung.* In: Jb-KMG 1979. – Dieter Sudhoff, Hartmut Vollmer (Hrsg.): *Karl Mays ›Im Reiche des silbernen Löwen‹.* Paderborn 1993.

»IM REICHE DES SILBERNEN LÖWEN« (FILM)

Kinofilm (D/Sp 1965). Mit Lex Barker (Kara Ben Nemsi), Marie Versini (Ingdscha), Ralf Wolter (Hadschi Halef Omar), George Heston (Machredsch von Mossul), Dieter Borsche (Lord David Lindsay), Chris Howland (Archie), Sieghardt Rupp (Abu Seif), Gustavo Rojo (Ahmed el Corda), Fernando Sancho (Padischah), Charles Fawcett (Scheik Kadir Bei). Produzent: Artur Brauner (CCC). Regie: Franz Josef Gottlieb. – *Inhalt:* Nach *Durchs wilde Kurdistan* geht die Jagd weiter: Der Machredsch hat den Sturz vom Felsen doch tatsächlich überlebt! Gemeinsam mit Abu Seif will er den Schatz der Chaldäer rauben. Kara Ben Nemsi und seine Freunde wissen das zu verhindern. – *Der Karl-May-Fan meint:* Mit Karl Mays Buch hat der Film nichts zu tun, was kein Nachteil sein muß. Was der Titel mit dem Film zu tun hat, wird allerdings auch nicht deutlich. Er klingt halt hübsch.

Video: Polyband.

Link: http://www.movieline.de/c/display.n/DATA0023211

»IM TAL DES TODES« (BUCH)

Roman von Karl May, erstmals unter dem Titel *Die Jagd auf den Millionendieb* 1895/96 in Fortsetzungen erschienen in der Zeitschrift → *Deutscher Hausschatz*, als Buch *Satan und Ischariot III* 1897. Letzter Band des Zyklus → *Satan und Ischariot* (besteht außerdem aus GWB 20 *Die Felsenburg*, GWB 21 *Krüger Bei*). – In New Orleans wird die Verfolgung der Meltons wieder aufgenommen. – Die *Satan-und-Ischariot*-Serie gehört zu den spannendsten Romanen Karl Mays. Unter dem Titel *Die Felsenburg* wurde der Nordamerika-Teil des Abenteuers von → Wulf Leisner und → Jochen Bludau für die Freilichtbühne dramatisiert. Eine Verfilmung ist nie realisiert worden.

Werke: Karl May: *Satan und Ischariot* (= GWB 22).

»IN DEN SCHLUCHTEN DES BALKAN« (BUCH)

Reiseerzählung. Erstmals 1881 erschienen in der Wochenzeitschrift → *Deutscher Hausschatz* (bearb. GWB 4 *In den Schluchten des Balkan*). Im vierten Band des Orient-Zyklus erfahren Kara Ben Nemsi und Hadschi Halef Omar zum ersten Mal vom → Schut, einem gefürchteten Bandenführer. In der berühmten Szene im Taubenschlag belauschen sie die Banditen Manach el Barscha und Barud al Amasat. In Ostromdscha lernen sie den Mübarek kennen, der in einer Doppelrolle einen Heiligen und einen Bettler spielt und zu den Vertrauten des Schut gehört. – Der Buchtitel von Karl May wurde zur sprichwörtlichen Metapher für die Landschaften des ehemaligen Jugoslawiens. Bereits 1963 trug ein halbstündiger Filmbericht über die Dreharbeiten zu *Winnetou 1. Teil* den Titel *Winnetou in den Schluchten des Balkan*. – Motive des Romans wurden in dem Kinofilm → *Der Schut* (1964) und der Fernsehserie → *Kara Ben Nemsi Effendi* (1973/75) verarbeitet. Die erste Aufführung einer Bühnenfassung fand 1956 bei den Karl-May-Spielen → Bad Segeberg statt.

INDONESIEN

Das heute zu Indonesien gehörige Sumatra wurde von Karl May während seiner → Orientreise im Oktober 1899 besucht. Erstaunlich viele seiner Bücher sind in den Inselstaat gelangt. Der Grund ist die lange holländische Vergangenheit; in den → Niederlanden war Karl May immer sehr populär. 1950 erschien in Djakart (Verlag Nordhoff-Kolff) *Der Ölprinz*, gefolgt von *Winnetou III*, *Winnetous Erben* und *In den Schluchten des Balkan*. Zwischen 1962 und 1965 veranstaltete der Verlag Pradnjaparamita (Djakarta) eine Karl-May-Edition, bei der verschiedene Romane in Heftform herausgegeben wurden. Die Ausgabe wurde zwischen 1972 und 1980 neu aufgelegt und um weitere Titel vermehrt. Der Verlag Gramedia (Djakarta) schließlich brachte die Bände *Winnetou* (1976), *Durchs wilde Kurdistan* (1979) und *Der Sohn des Bärenjägers* (1985) heraus. In den 60er Jahren waren auch die meisten Karl-May-Filme in Indonesien zu sehen.

INGDSCHA

D.i. »Perle«. Romanfigur aus *Durchs wilde Kurdistan*. Erscheint auch → *Im Reiche des silbernen Löwen II*. Stieftochter des Nestorianers Nedschir-Beys. Junges Mädchen mit zarter Sympathie für Kara Ben Nemsi. Führt ihn zum Höhlengeist *Ruh 'i Kulyan*, hinter dem sich → Marah Durimeh verbirgt. Erscheint in den Filmen → *Durchs wilde Kurdistan* und → *Im Reiche des silbernen Löwen* (1965, jeweils gespielt von → Marie Versini). Dort ist sie Tochter des Chaldäers Kadir Bei und Enkelin von Marah Durimeh.

Werke: Karl May: *Durchs wilde Kurdistan* (= GWB 2). – *Bei den Trümmern von Babylon* (= GWB 27).

INN-NU-WOH

Hauptfigur der 1875 erschienenen Erzählung *Inn-nu-woh*. Häuptling der Sioux-Dakota. Der erste Indianer in Karl Mays Werk. Der Autor ist zur Entstehungszeit Redakteur des Unterhaltungsblattes *Feierstunden am häuslichen Heerde*. »Im ersteren Blatte begann ich sofort mit ›Winnetou‹, nannte ihn aber einem andern Indianerdialekt gemäß einstweilen Inn-nu-woh.« (*Mein Leben und Streben* 1910)

Werke: *Old Firehand* (= GWB 71).

INTSCHU TSCHUNA

D.i. »Gute Sonne«. Romanfigur in → *Winnetou I*. Häuptling der Mescalero-Apatschen und Oberhäuptling über alle Apatschenstämme. Vater Winnetous und Nscho-tschis. Ihm gehört die → Silberbüchse, die später in den Besitz Winnetous übergeht. Wird im Zweikampf von Old Shatterhand besiegt. Aus dem Hinterhalt von → Santer ermordet. Über seine Frau (und die Mutter Winnetous) erfährt man merkwürdigerweise kein einziges Wort. – Erscheint in treffender Darstellung im Film → *Winnetou 1. Teil* (1963, gespielt von Mavid Popovic).

ITALIEN

Im Land von → Emilio Salgari sind auch die bunten Abenteuer Karl Mays verschlungen worden, wenn auch erst nach zögerlichem Beginn. Die ersten Ausgaben gab es in den 30er Jahren. 1953 erschien *Der König der Apachen (= Winnetou I)* im Verlag Carroccio (Mailand). 1955 folgte *Old Surehand* (Mailand: Bompiani), 1960 *Das Vermächtnis des Inka* und 1961-64 ein dreibändiger Winnetou (beide Ausgaben bei Salani in Florenz). Die bedeutendste Edition kam ab 1972 beim Verlag Paoline (Catania) heraus. Es erschienen *Winnetou I-III, Old Surehand I-II*, der *Orient*-Zyklus (in Teilen), *Der Ölprinz, Der Fremde aus Indien, Die Juweleninsel, Das Buschgespenst* sowie *Zepter und Hammer*. Danach nahm das Interesse ab; nur 1990 kam noch der Band *Menschenjäger* (Rom: Bariletti) heraus. – Fast alle Karl-May-Filme, oft unter italienischer Beteiligung coproduziert, waren in den Kinos des Landes in synchronisierter Fassung zu sehen und liefen teilweise mit außergewöhnlichem Erfolg. *Winnetou 1. Teil* erzielte nach einem Einsatz in 16 Schlüsselstädten eine Einnahme von 42 Mio. Lire (rund 300.000 Mark) und zählte damit zu den Spitzenreitern unter den ausländischen Filmen.

Karl-May-Filme in Italien: LA CAROVANA DELLE SCHIAVE (*Die Sklavenkarawane*, 1958); IL LEONE DI BABILONIA (*Der Löwe von Babylon*, 1959); IL TESORO DEL LAGO D'ARGENTO (*Der Schatz im Silbersee*, 1962); LA VALLE DEI LUNGHI COLTELLI (*Winnetou 1. Teil*, 1963); LA BATTAGLIA DI FORTE APACHE (*Old Shatterhand*, 1964); UNA CARABINA PER SCHUT (*Der Schut*, 1964); GIORNI DI FUOCO (*Winnetou 2. Teil*, 1964); LA DOVE SCENDE IL SOLE (Unter Geiern, 1964); I VIOLENTI DI RIO BRAVO (*Der Schatz der Azteken / Die Pyramide des Sonnengottes*, 1965); DANZA DI GUERRA (*Der Ölprinz*, 1965); IL GIUSTIZIERE DI KURDISTAN (*Durchs* *wilde Kurdistan*, 1965); DESPERADO TRAIL (Winnetou 3. Teil, 1965); SUREHAND (MANO VELOCE) (*Old Surehand 1. Teil*, 1965); GUNTER IL TEMERARIO (*Im Reiche des silbernen Löwen*, 1965); VIVA GRINGO (*Das Vermächtnis des Inka*, 1966); IL GIORNO PIU LUNGO DI KANSAS CITY (*Winnetou und das Halbblut Apanatschi*, 1966); TEMPESTATE ALLA FRONTIERA (*Winnetou und sein Freund Old Firehand*, 1966); L'UOMO DAL LUNGO FUCILE (*Winnetou und Shatterhand im Tal der Toten*, 1968).

Literatur: Klaus-Peter Heuer: *Karl May in Italien.* Sonderheft KMG 30 (1981).

ITALO-WESTERN

Die Ära der Italo-Western ist nicht vorstellbar ohne den entscheidenden Einfluß der Karl-May-Filme. Der enorme Erfolg von → *Der Schatz im Silbersee* (1962) schuf die Voraussetzungen dafür, daß sich vor allem Produzenten aus Italien auf die Herstellung von Western-Filmen verlegten. Den unmittelbaren Auslöser der Italo-Western-Welle bildet der Film *Für eine Handvoll Dollar* mit Clint Eastwood, gedreht 1964 unter der Regie des bis dahin weitgehend unbekannten Sergio Leone. Co-Produzent war die deutsche → Constantin-Film, Finanzier und Verleiher der *Winnetou*-Filme. – Der Begriff Italo-Western (auch »Spaghetti-Western«) beschreibt eine Spielart des Western, die radikal mit dem Muster des traditionellen amerikanischen Western bricht. Wichtigstes Kennzeichen ist die gewandelte Figur des Helden: ein Einzelgänger, der ohne nach

Italien: Filmplakat zu »Der Schatz im Silbersee«.

einer Moral zu fragen sich nur vom persönlichen Nutzen leiten läßt, oft zynisch, im besten Fall mit selbstironischem Witz ausgestattet. Im Gefolge der Karl-May-Filme, vor allem aber nach *Für eine Handvoll Dollar* wurden in ganz Europa Western-Filme hergestellt. Ein weiteres wichtiges Produktionsland war von Anfang an Spanien (»Paella-Western«). Sehr häufig wurden Filme von italienischen und spanischen Produzenten in Co-Produktion hergestellt. Eigenständige Western gab es auch in Frankreich und Großbritannien. In Deutschland (»Sauerkraut-Western«) orientierten sich die Produzenten stilistisch an den Karl-May-Filmen, die sie qualitativ aber nie erreichten. In der DDR entsteht mit den Indianerfilmen der DEFA eine eigene Western-Filmkultur. Selbst in Japan wurden Western à la Italien gedreht.

IWOWSKI, KLÄRE

Einst größter Karl-May-Fan von Berlin. Die Rentnerin spielte Nervensäge bei Filmproduzent → Horst Wendlandt, um ihn 1965 davon abzuhalten, *Winnetou 3. Teil* zu drehen (»Winnetou darf nicht sterben!«). Schwärmte auch mit 70 noch leidenschaftlich für Pierre Brice. Dichtete. »Wat ich nie für möchlich dachte / lebend Winnetou zu seh'n / un det's mia so jlücklich machte / is im Alta nu jescheh'n. / Ich loof, könnt Ihr's mia vadenken / hin zu Winnetou wie doll! / Ick muß ihm mein Herze schenken! / Et is sonst zu übavoll!«

Kläre Iwowski: Die Berliner Karl-May-Oma.

J

JADRAN-FILM

Kroatische Filmproduktionsgesellschaft (Sitz: Zagreb). Coproduzent der *Winnetou*-Serie der 60er Jahre (gemeinsam mit → Horst Wendlandt). Die Firma besitzt eine der größten und bedeutendsten Studioanlagen Europas mit Ateliers, Schneideräumen, Fundus und Kopieranstalt (ehemalige Dubrava-Studios). Erlebte mit den Karl-May-Filmen und dem anschließenden Produktionsboom einen nie wieder erreichten Gipfelpunkt. Gegründet Anfang der 50er Jahre als jugoslawisches Staatsunternehmen, war Jadran anfangs eine beliebte, weil preiswerte Produktionsstätte für Produzenten aus dem benachbarten Italien. In den Studios entstanden Ende der fünfziger und Anfang der sechziger Jahre zahlreiche *Schwerter und Sandalen*-Filme um Heroengestalten der antiken Mythologie. Das Know How in der Herstellung von Großproduktionen bedeutete eine günstige Ausgangsbasis für die Herstellung des ersten Karl-May-Films → *Der Schatz im Silbersee* im Jahr 1962. Unter ihrem Generaldirektor → Ivo Vrhovec organisierte Jadran-Film bei diesem wie bei allen folgenden Karl-May-Filmen der → Rialto-Produktion die Außenaufnahmen in Jugoslawien (die Studioaufnahmen fanden nur beim *Schatz im Silbersee* in den Jadran-Studios statt, in allen anderen Fällen in den Berliner → CCC-Studios). Die Karl-May-Filme brachten der Firma Devisen und Reputation; zahlreiche ausländische Produzenten nutzten in den Folgejahren die kroatischen Studios. Für den *Oscar*-prämierten Film *Die Blechtrommel* (nach Günter Grass) führte Jadran Teile der Aufnahmen durch; selbst einige Hollywood-Produktionen wurden in Zagreb in den siebziger und achtziger Jahren hergestellt. Das Ende des Sozialismus bedeutete für die Firma eine existentielle Krise; für ausländische Produzenten war es finanziell nicht mehr interessant, in der jungen Republik Kroatien Filmaufnahmen durchzuführen. An den Karl-May-Filmen hält die Firma heute keine Rechte mehr. Ursprünglich war sie als Mitproduzent Inhaber der Verwertungsrechte für bestimmte Länder (namentlich die ehemaligen Ostblockstaaten). Inzwischen hat sie sämtliche Rechte an Rialto-Film abgetreten.

Wichtige Jadran-Filme: *Sonne über der Adria* (1954); *Im Zeichen Roms* (1958); *David und Goliath* (1959); *Das blaue Meer und du* (1959); *Maciste – Rächer der Pharaonen* (1960); *Die Sklavin Roms* (1960); *Austerlitz* (1960); *Samson – Befreier der Versklavten*

(1961); *Die Rache des Herkules* (1961); *Konstantin der Große* (1962); .*Giulio Cesare contro i pirati* (1962); *Der Schatz im Silbersee* (1962); *Herkules, Samson und Odysseus* (1963); *Der Prozeß* (1963); *Winnetou 1. Teil* (1963); *Taras Bulba, il cosacco* (1963); *Der Brand von Rom* (1963); *Le Verdi bandiere di Allah* (1964); *Winnetou 2. Teil* (1964); *Unter Geiern* (1964); *Der Ölprinz* (1965); *Winnetou 3. Teil* (1965); *Old Surehand 1. Teil* (1965); *Winnetou und das Halbblut Apanatschi* (1966); *Winnetou und sein Freund Old Firehand* (1966); *Isadora Duncan* (1966); *Winnetou und Shatterhand im Tal der Toten* (1968); *Nicholaus und Alexandra* (1971); *Sabata kehrt zurück* (1971); *Die blutigen Geier von Alaska* (1973); Scaramouche (1975); *Steiner – Das Eiserne Kreuz* (1977); *Götz von Berlichingen mit der eisernen Hand* (1979); *Die Blechtrommel* (1979); *Höllenjagd bis ans Ende der Welt* (1983); *Oberst Redl* (1985); *Feuersturm und Asche* (1989, TV); *Death Train* (1992); *Kull, der Eroberer* (1997).

JAGUAR

D.i. Vater Jaguar. Eigentlich: Karl Hammer. Der Held in → *Das Vermächtnis des Inka*. In der Arena von Buenos Aires bezwingt er einen ausgebrochenen Jaguar. Führt den jungen Anton Engelhardt über die Anden und wird in eine Auseinandersetzung mit der Verschwörergruppe um Antonio Perillo und den Gambusino hineingezogen. Rettet den skurrilen deutschen Gelehrten Dr. Morgenstern und seine Gefährten aus einer gefährlichen Situation am Krokodilsumpf. In Gambusino entdeckt er den langgesuchten Mörder seines Bruders. Sieht schließlich den unermeßlichen Schatz der Inkas, der durch die Unvorsichtigkeit der Banditen vernichtet wird. – Im Film → *Das Vermächtnis des Inka* (1966) wird Jaguar als Westmann nach amerikanischem Muster von → Guy Madison dargestellt.

JANSON, HORST

Schauspieler (geb.4.10.1935 Mainz). Bei den Karl-May-Spielen → Bad Segeberg spielte er 1998 in dem Stück *Unter Geiern* den Old Shatterhand. »Karl May war in meiner Jugendzeit mein Lieblingsautor. Er führte mich in ferne Länder, zu fremden Völkern und weckte in mir die Sehnsucht nach Reisen und Abenteuern.« Den Höhepunkt seiner Karriere erlebte Janson mit der TV-Serie *Der Bastian* (1973) nach dem gleichnamigen Roman von Barbara Noack. Zusammen mit → Christopher Barker stand er 1992 bei → Artur Brauner für die Fernsehserie *Zwei Halbe sind noch lange kein Ganzes* vor der Kamera.

Filme: *Die Buddenbrooks* (1959); *Das Glas Wasser* (1959); *Das Mädchen und der Staatsanwalt* (1962); *Salto mortale* (1968, TV); *Der Kerl liebt mich und das soll ich glauben?* (1969); *Zwei wilde Companeros* (1972); *Providenza – Mausefalle für zwei schräge Vögel* (1972); *Die Zwillinge vom Immenhof* (1973); *Der Bastian* (1973, TV); *Ein toter Taucher nimmt kein Gold* (1974); *Steiner – Das Eiserne Kreuz* (1978); *Zwei Halbe sind noch lange kein Ganzes* (1992, TV); *Tierärztin Christine* (1993-95, TV); *Sylvia – Eine Klasse für sich* (1998, TV); *Der Bunker – Eine todsichere Falle* (1999).

Autogrammadresse: Horst Janson, Schlehdornstr. 8, D-82031 Grünwald.

Link: http://german.imdb.com/Name?Janson,+Horst

JAPAN

Unbekanntes Karl-May-Land. Kara Ben Nemsi war hier nie. Karl-May-Bücher gibt es aber auch im Land des Lächelns. In japanischer Übersetzung liegen vor die Bände *Durch die Wüste, Durchs wilde Kurdistan, Winnetou I, Winnetou II* und *Der Schatz im Silbersee*. In den 60er Jahren durften sich die Japaner auch über die Karl-May-Filme freuen. In den Kinos liefen u.a. die Filme *Old Shatterhand* und *Unter Geiern*. Traum eines Karl-May-Fans: Einmal hören, wie das klingt, wenn Winnetou zu Old Shatterhand spricht: »Sie hat dich geliebt. Schöner Tag leuchtet nicht mehr. Mein Bruder. Wir sind jetzt allein!«

JAHRBUCH

siehe: Karl-May-Gesellschaft; Karl-May-Jahrbuch.

JERUSALEM

Heilige Stadt. Besuchte May auf seiner Orientreise im Mai 1900.

JONSDORF

Gemeinde im Zittauer Gebirge (Oberlausitz). Auf der Waldbühne fanden zwischen 1985 und 1989 Karl-May-Aufführungen statt. Veranstaltet vom Gerhart-Hauptmann-Theater, Zittau. 1984 hatten auf der Felsenbühne → Rathen erstmals in der DDR Karl-May-Spiele stattgefunden. Der Erfolg von Rathen inspirierte zahlreiche andere Bühnen, Freilichtaufführungen nach Karl May auf den Spielplan zu setzen. Old Shatterhand in Jonsdorf: Roland Kurzweg, Winnetou: Uwe Teufer.

Karl-May-Aufführungen: *Der Schatz im Silbersee* (1985-1986); *Winnetou – mein Bruder* (1988-1989).

Japan: Filmplakat zu »Old Shatterhand«.

JUGOSLAWIEN

Für viele Filmfans das Karl-May-Land schlechthin. Im ehemaligen Jugoslawien entstanden die → Karl-May-Filme der 60er Jahre. Bis auf Mazedonien durchstreiften die Filmleute alle Teilrepubliken. Die meisten Aufnahmen fanden in → Kroatien statt.

JÜNGER, FRIEDRICH GEORG

Schriftsteller (geb. 1.9.1898 Hannover; gest. 20.7.1977 Überlingen). Wie sein berühmterer Bruder Ernst Frontsoldat im 1. Weltkrieg. Gab einmal Lebenshilfe in Sachen Karl May. In den 60er Jahren fragte der 17jährige Karl-May-Leser Rainer Gagelmann prominente Schriftsteller, ob er so lange Karl May lesen dürfe, wie es ihm Spaße mache, oder ob die Lektüre verderblich für junge Menschen sei. Aus Überlingen am Bodensee antwortete Jünger am 27.1.1966: »Warum sollten Sie nicht Karl May lesen? Ich entsinne mich, daß ich ihn mit zwölf Jahren las, eifrig mit Vergnügen. Mit siebzehn war ich Soldat und las andere Bücher. Die Behauptung, daß Karl May die Jugend verderbe, ist, wie sich versteht, Unfug. Eher verdirbt die Jugend die Bücher, die sie liest.«

Literatur: Rainer Gagelmann: *Soll die Jugend Karl May lesen?* Bamberg 1967.

JURA

Juristen und Prozesse haben das Leben Karl Mays vom 20. Lebensjahr bis zu seinem Tode geprägt. Für die in der Jugend begangenen Verfehlungen, so der Strafrechtsprofessor → Claus Roxin, sei May unverhältnismäßig hart bestraft worden; nach heutiger Rechtsprechung hätte er im einzelnen Fall ein weitaus geringeres Strafmaß zu erwarten oder wäre sogar straflos geblieben: »Immerhin läßt sich heute mit ziemlicher Sicherheit sagen, daß May an einer schweren narzistischen Neurose litt. Es gibt auch genügend Anzeichen dafür, daß diese Neurose zeitweilig zu psychotischen Eskalationen geführt hat. Nach den heutigen Maßstäben der forensischen Psychologie und Psychiatrie würde May wohl eine erheblich verminderte Schuldfähigkeit (mit entsprechender Strafmilderung) zugebilligt werden. Dagegen läßt sich ein fortschreitender Krankheitsprozeß (etwa schizophrener Art) bei May mit Sicherheit ausschließen; denn seine seelische Energie und geistige Spannkraft blieben trotz schwerster äußerer Belastungen bis zum Tode ungebrochen.«

Literatur: Claus Roxin: *Vorläufige Bemerkungen über die Straftaten Karl Mays.* In: Jb-KMG 1971. – Claus Roxin: *Karl May, das Strafrecht und die Literatur.* In: Jb-KMG 1978. – Florian Kann: *Der Fall ›Karl May‹.* Frankfurt/M.: Eichborn 1999.

JÜRGENS, CURD

Deutscher Schauspieler, Sänger und Regisseur (geb. 13.12.1915 München; gest. 18.6.1982 Wien). Normannischer Kleiderschrank. War *Des Teufels General* und hätte gut in einen Karl-May-Film gepaßt. 1981 nahm er den Gesangstitel *Winnetou* auf. Als Sänger erfolgreicher war er allerdings mit *60 Jahre und kein bißchen weise* (1975). Seine Ehefrauen waren die Schauspielerinnen Lulu Basler, Judith Holzmeister, Eva Bartok, das Fotomodell Simone Bichéron und Margie Schmitz. Bekannte einmal, daß er gerne den Old Shatterhand gespielt hätte.

Für Sammler: Curd Jürgens: *Winnetou.* RCA (1981).

JÜRGENS, FRIEDRICH

Kaufmann und Seilermeister. Führte in den 60er und 70er Jahren die *Karl-May-Werkstätten* in → Bad Segeberg und produzierte Indianerrequisiten für Karl-May-Festspiele, Winnetou-Filme und Spielwarengeschäfte. Der ideenreiche Tüftler und Kinderfreund nutzte die Winnetou-Konjunktur und fertigte mit Liebe und Akribie die Innenausstattung des Karl-May-Universums. Bis eines Tages die Kinder genug hatten vom Indianerspielen. Aber da war Meister Jürgens so alt, daß er zufrieden in Rente ging.

Auszug aus der Preisliste von 1968: *Kopfschmuck mit 12 bunten Federn* DM 1,20; *Kopfschmuck mit zwei Feder- und zwei Fellschwänzen* DM 4,80; *Halskette mit imitierten Grizzlybärzähnen* DM 1,70; *Friedenspfeife aus Pfefferrohr* DM 2,30; *Tomahawk aus Schaumgummi silber* DM 1,40; *Gummimesser* DM 0,75; *Gummispeer 120 cm lang* DM 1,60; *Flitzbogen 80 cm groß,* DM 0,75; *Medicinbeutel, Leder,* DM 3,60; *Kopfband »Winnetou« aus Pythonschlange* DM 4,50; *Indianer-Anzug aus Velveton* DM 25,-. Summa summarum: Preiswert war der Wilde Westen.

Friedrich Jürgens in seinem Geschäft in Bad Segeberg.

K

KAFKA, FRANZ

Wunsch, Indianer zu werden ist der Titel eines kleinen, weniger bekannten Stückes von Franz Kafka (geb. 3.7.1983 Prag; gest. 3.6.1924 Sanatorium Kierling bei Wien). Es gab den Anstoß zu dem Roman von Peter Henisch *Vom Wunsch, Indianer zu werden. Wie Franz Kafka Karl May traf und trotzdem nicht in Amerika landete.* (Salzburg/Wien 1994). Auf dem Ozeandampfer *Der Große Kurfürst* trifft Karl May auf Franz Kafka und schlägt ihm vor, in Koproduktion einen Amerikaroman zu entwerfen. Er drängt Kafka zu einem ersten Satz. – Der Autor Peter Henisch (geb. 1943) lebt in Wien.

KAINZ, EMANUEL

Karl-May-Forscher. Schrieb 1949 die erste österreichische → Doktorarbeit über Karl May mit dem Titel *Das Problem der Massenwirkung Karl Mays.*

KALENDER

Starkalender begleiten Fans durchs ganze Jahr. Wichtiger als die Zeitansage ist die Ausstattung mit mindestens 12 Hochglanz-Farbseiten. Populäre Motive der Neuzeit: Claudia Schiffer, Leonardi di Caprio, die Spice Girls. Zwischen 1965 und 1972 gab es alljährlich auch einen *Karl-May-Kalender* (Neustadt an der Weinstraße: Rocky Kalenderverlag). Alle zwei Wochen konnte man ein neues Prachtbild von → Pierre Brice, → Lex Barker, → Marie Versini und → Karin Dor bewundern. Umweltschutz war selbstverständlich: Die Kalenderblätter wurden nicht weggeworfen, sondern gesammelt. – Schon Karl May selbst wußte Kalender zu schätzen – als Autor. Für katholische Volkskalender schrieb er erbauliche Erzählungen.

Literatur: *Christus oder Muhammed. Marienkalender-Geschichten von Karl May. Mit einem Vorwort von Herbert Meier.* Hamburg 1879.

KALINKE, ERNST W.

Kameramann (geb. 23.9.1918 Berlin; gest. 14.1.1992 München). Drehte als Chefkameramann unter Regisseur → Harald Reinl die Karl-May- Filme → *Der Schatz im Silbersee* (1962), → *Winnetou 1. Teil* (1963), → *Winnetou 2. Teil*

(1964), → *Winnetou 3. Teil* (1965) und → *Winnetou und Shatterhand im Tal der Toten* (1968). Prägte mit grandiosen Landschaftstotalen die optische Oberfläche der Karl-May-Filme und trug wesentlich mit bei zum Erfolg der Filme.

KALKBERG

Wahrzeichen → Bad Segebergs. Bestandteil des Freilichttheaters und imposante Kulisse der Karl-May-Spiele. Höhe: 90,6 m. Wurde in früheren Inszenierungen gern zum Abseilen verwendet, was heute aus Gründen des Naturschutzes untersagt ist. Namensgeber der Kalkberg GmbH, die die Karl-May-Spiele veranstaltet.

Anschrift: Kalkberg GmbH, Karl-May-Platz, D-23795 Bad Segeberg.

KANDIDATEN (QUIZ-)

Rateshows sind im deutschen Fernsehen unverwüstlich wie Tagesschau und Wetterkarte. Nur das Design ändert sich hin und wieder. Die Klassiker des Genres stammen aus den sechziger und siebziger Jahren: Heinz Maegerleins *Hätten Sie's gewußt?*, *Einer wird gewinnen* mit Hans-Joachim Kulenkampff und Wim Thoelkes *Der große Preis*. Überall gab es Karl-May-Fragen oder sogar Karl-May-Experten, die sich einer Intensivprüfung unterziehen mußten. Am bekanntesten wurde der Postbeamte Gerd Frank. Er trat 1969-70 in mehreren Folgen der populären Quizsendung *Alles oder nichts* mit Erich Hemensdorfer auf und kämpfte sich bis zur 8.000-Mark-Frage vor. Heute unvorstellbare 17 Mio. Zuschauer sahen die letzte Sendung am 5.1.1970. Er gewann – und schrieb anschließend ein Karl-May-Quizbuch.

Literatur: Gerd Frank: *Kennen Sie Karl May? Ein spannendes Quizbuch vom Karl-May-Experten der Fernseh-Reihe »Alles oder nichts«*. Bamberg 1970.

KANDOLF, FRANZ

Karl-May-Forscher und Schriftsteller (geb.1886; gest. 1949). Wichtigster Mitarbeiter des → Karl-May-Verlags in der Frühphase. Bearbeitete die Mayschen Originaltexte für die → Radebeuler Ausgabe. Zahlreiche Veröffentlichungen (u.a. *Der werdende Winnetou*). Schrieb mit *In Mekka* ein komplettes »Karl-May-Buch« innerhalb der Gesammelten Werke (GWB 50, Fortsetzung von *Am Jenseits*).

Ernst W. Kalinke bei den Aufnahmen zu »Winnetou 2. Teil«.

KANT, HERMANN

Schriftsteller (geb. 14.6.1926 Hamburg). Karl-May-Fan, ironisch distanziert. Humorvoller Erzähler, der anekdotenhaft das Leben im real existierenden Sozialismus schildert. Präsident des Schriftstellerverbandes der DDR. Schrieb in seinem wichtigsten Werk *Die Aula* (1965) die vielzitierte Laudatio auf Karl May: »Oh, herrlicher sächsischer Lügenbold, gepriesen sei dein vielgeschmähter Name! Dank dir, du genialer Spinner aus Hohenstein-Ernstthal!« Mit diesem Bekenntnis war Kant in der DDR des Jahres 1965 fast ein Dissident...

Werke: Hermann Kant: *Die Aula*. Berlin 1965.

»KAPITÄN KAIMAN«

Sammelband. Enthält als GWB 19 die Erzählungen: *Kapitän Kaiman, Der Kanada-Bill, Das sprechende Leder und Der Pfahlmann.* Vom → Karl-May-Verlag gebildet aus dem ursprünglich zweiten Band der dreiteiligen → Old-Surehand-Ausgabe. Die Erzählung *Kapitän Kaiman* sollte während der Karl-May-Filmwelle als *Winnetou und Kapitän Kaiman* verfilmt werden. Das Projekt kam nicht zustande.

KARA BEN HALEF

Romanfigur. Sohn von → Hadschi Halef Omar und → Hanneh. Wird während Halefs Abwesenheit geboren und wächst zu einem reifen Knaben heran. In späteren Jahren wird er als tapferer und stolzer Mann geschildert, dem die komischen Züge seines Vaters völlig fehlen. Erscheint in *Von Bagdad nach Stambul, Der Schut, Am Jenseits, Im Reiche des silbernen Löwen I, III* und *IV*. Kara Ben Halef ist auch Titelheld eines eigenen → Hörspiels (Schallplattenproduktion von → *Europa*).

KARA BEN NEMSI

D. i. »Sohn der Deutschen«. Name des Ich-Erzählers in Karl Mays Orient-Erzählungen. Traum-Ich Karl Mays. Erscheint erstmals im Zyklus → *Giölgeda Padishanün*. Zieht mit seinem Diener und Freund → Hadschi Halef Omar durch *Wüste und Harem* und *durchs wilde Kurdistan* über *Bagdad nach Stambul* bis in die *Schluchten des Balkan*, wo er schließlich den *Schut* zur Strecke bringt. Mutiger Deutscher, der die Beamten in den von ihm bereisten Gebieten seine Überlegenheit spüren läßt. Er besitzt einen Ferman des Padischah, der bewirkt, daß ihm höchster Respekt und jegliche Hilfeleistung entgegengebracht wird. Wie Old Shatterhand setzt er den Jagdhieb ein, um Feinde unschädlich zu machen, schont aber ihr Leben. Er ist geistesgegenwärtig, von scharfer Beobachtungsgabe und ein kundiger Spurenleser. Er liebt Verkleidungen, entlarvt Verbrecher und hilft den Schutzlosen. Das Geld, das er den Bösen abnimmt, läßt er durch Halef an Bedürftige oder Geschädigte verteilen. Seine Umgebung überzeugt er durch sein praktisches Handeln; es macht ihn glaubwürdig auch als Vertreter seiner Religion: »Mir ist die Gabe der Rede versagt, aber ich muß wuchern mit dem Pfunde, das Gott mir verliehen hat. Darum läßt es mich in

der Heimat nimmer ruhen; ich muß immer wieder hinaus, um zu lehren und zu predigen, nicht durch das Wort, sondern dadurch, daß ich jedem Bruder, bei dem ich einkehre, nützlich bin.« *(Durchs wilde Kurdistan)* Zum Mythos Kara Ben Nemsi gehört das Pferd → Rih, mit dem er vertraut ist wie mit einem Menschen und dessen physische und charakterliche Vollkommenheit ihn todesgefährliche Situationen überstehen läßt. Die Szene, in der Rih stirbt, ist von ähnlicher emotionaler Intensität wie der Tod Winnetous: »Ja, er kam, der Rappe, in langsamem Trabe, wankend und strauchelnd; die Liebe zu mir hatte ihn noch einmal auf- und mir nachgetrieben. Es war ein Anblick zum Herzbrechen. Wir sprangen ihm entgegen; aus seiner Brust floß ein fingerstarker Blutstrahl. Ich war der erste bei ihm und schlang ihm beide Arme um den Hals. Er schnaubte mich freudig an und leckte mir die Wange und den Hals; dann brach er langsam erst hinten und dann vorn zusammen. Nach einer vergeblichen Anstrengung, sich wieder aufzuraffen, hob er den schönen, kleinen Kopf, sah mit brechenden Augen zu mir auf und wieherte leise, leise und ersterbend, wie ich noch nie ein Pferd habe wiehern hören. Des Rappen Maul lag in meiner Hand; er leckte sie fort und fort, immer leiser und langsamer, bis er die Zunge nicht mehr bewegen konnte; dann noch ein letztes, sich verhauchendes Schnauben, ein krampfhaftes Zucken — Rih war tot!« *(Der Schut)* Im → Alterswerk ist Kara Ben Nemsi die zentrale Gestalt des mit sich ringenden Menschen, der geistige Vollkommenheit erstrebt und zur Höhe eines veredelten Menschseins strebt. Die späten Erzählungen *Im Reiche des silbernen Löwen* und *Ardistan und Dschinnistan* benutzen zwar noch die vertrauten Personen der Abenteuerromane, tatsächlich sind sie jedoch nur noch Demonstrationsobjekte für Mays weltanschauliche Spekulationen. – Im Film dargestellt u.a. von → Carl de Vogt, Fred Raupach, → Lex Barker und → Karl-Michael Vogler.

»KARA BEN NEMSI EFFENDI« (FILM)

Fernsehserie (D 1973 und 1975, jeweils 13 Folgen. Mit Karl-Michael Vogler (Kara Ben Nemsi), Heinz Schubert (Hadschi Halef Omar), Will Danin (Omar Ben Sadek), Joachim Regelien (Hamd el Amasat / Baruch el Amasat / Ali Manach el Amasat), Hans Epskamp (Mübarek), Ferdy Mayne (Sir David Lindsay), Günther Lamprecht (Dschemal), Hans-Helmut Dickow (Scharka), Gerd Baltus (Marko), Eduardo Fajardo (Schut). Produktion: Max Gierke (Elan für ZDF). Regie: Günter Gräwert. – *Inhalt:* In der Wüste finden Kara Ben Nemsi und Hadschi Halef Omar einen Toten. Sie nehmen die Verfolgung des Mörders auf, die sie durch die Wüste, durchs wilde Kurdistan und die Schluchten des Balkan führt. Am Ende der langen Reise stoßen sie auf den Schut, das Oberhaupt der weitverzweigten Verbrecherbande. – *Der Karl-May-Fan meint:* Die Fernsehserie war so lang wie die Jagd auf den Schut. Das war ihr einziger Nach-

6 x Kara Ben Nemsi (von oben links nach rechts unten): Fred Raupach in »Durch die Wüste« (1936), Viktor Staal in »Die Sklavenkarawane« (1958), Helmuth Schneider in »Der Löwe von Babylon« (1959), Lex Barker in »Der Schut« (1964), Manfred Petersen bei den Karl-May-Spielen Bad Segeberg (1972), Karl-Michael Vogler in »Kara Ben Nemsi Effendi« (1973).

teil. Zwar bot der Bildschirm nicht den Glamour der Kinoleinwand, aber als Karl-May-Leser war man gefesselt. Nie zuvor ist der Orient-Stoff so originalgetreu verfilmt worden. Sehenswert die Leistung von Heinz Schubert als Hadschi Halef Omar.

KARL MAY (PERSON)
siehe: May, Karl Friedrich.

»KARL MAY« (FILM)
Kinofilm (D 1974). Mit Helmut Käutner (Karl May), Kristina Söderbaum (Emma May), Käthe Gold (Klara May), Attila Hörbiger (Max Dittrich), Willy Trenk-Trebitsch (Rudolf Lebius), Heinz Moog (Oskar Gerlach), Mady Rahl (Pauline Münchmeyer), Lil Dagover (Bertha von Suttner), Rudolf Prack (Justizminister). Produzent und Regisseur: Hans Jürgen Syberberg. – *Inhalt:* Während sich Karl May im Jahre 1899 auf Ceylon aufhält, setzt in Deutschland eine publizistische Kampagne gegen ihn ein, die ihn mehr als zehn Jahre beschäftigen wird. May ist überzeugt, daß aus ihm die Seele der Menschheit spreche. In Radebeul beschließt er: »Ich muß zum Märchen werden.« – *Der Karl-May-Fan meint:* Opulentes Bilderkino, großartige Schauspieler und ein exzellenter Helmut Käutner als Karl May. Doch wer nicht mindestens die → Wollschläger-Biographie als Libretto gelesen hat, versteht in dieser wagnerianischen May-Oper nicht viel. Nach über drei Stunden Film ist Karl May in den Ewigen Jagdgründen und der betäubte Zuschauer im Nirwana.

»KARL MAY« (FERNSEHSERIE)
Fernsehfilm (D 1992). Mit Henry Hübchen (Karl May), Florian Knorn (Karl als Kind), André Wiedner (Karl als Jugendlicher), Petra Kelling (Mutter May), Hanns Jörn Weber (Vater May), Kati Grasse (Christiane May), Anja Stange (Auguste May), Evamaria Bath (Großmutter May), Gerry Wolff (Barbier Pollmer), Ulrike Mai (Emma Pollmer), Madeleine Lierk (Pauline Münchmeyer), Günter Junghans (Heinrich Münchmeyer), Angelika Bötger (Minna Ey), Anne-Kathrein Kretzschmar (Klara Plöhn), Jürgen Mai (Friedrich Fehsenfeld), Dieter Mann (Rudolf Lebius). Produzent, Buch und Regie: Klaus Überall. – Kurz vor seinem Tod berichtet Karl

Henry Hübchen in »Karl May« (1992).

May einem Journalisten in seiner Radebeuler Villa »Shatterhand« über sein Leben. In sechs Episoden tauchen alle Personen auf, die in seiner Biographie eine größere Rolle spielten. *Der Karl-May-Fan meint:* Mühevolles Unternehmen des Regisseur-Produzenten Klaus Überall, für das ZDF während der Wendezeit in der DDR gedreht. Viel raschelndes Papier, die armen Weber laufen herum wie aus dem Ei gepellt.

KARL-MAY-ARCHIV

Archiv, Dokumentationszentrum und Arbeitsstelle zur Wirkungsgeschichte Karl Mays in Göttingen (gegründet 1965). Umfaßt die Abteilungen: Bücher (Primär- und Sekundärliteratur); Zeitschriften (Periodika, einschließlich Comics); Akten (Korrespondenz, Schriftgut, Filmakten); Nachlässe; Presse-Ausschnittarchiv; Fotos (Pressefotos, Negative, Diapositive); Medien (Filme, Videos, Tonträger); Gegenstände und Objekte (Spielwaren, Souvenirs, Requisiten u.a.). Veranstaltungen: → Karl-May-Fest, Göttinger Archivtag, Verleihung des → *Scharlih*, Karl-May-Ausstellungen. Veröffentlichungen: *Schriften zur Filmgeschichte; Veröffentlichungen aus dem Karl-May-Archiv; Jahrbuch des Karl-May-Archivs.*

Anschrift: Karl-May-Archiv e.V., Am Fuchsberg 21, D-37077 Göttingen. (Präsenzbibliothek. Kein Publikumsverkehr möglich, Besuche nur nach Absprache.)

Spenden (steuerlich absetzbar): Empfänger: Stadtkasse Göttingen, Konto: Sparkasse Göttingen (BLZ 260 500 01) Konto-Nr. 42. Angabe: »Zugunsten Karl-May-Archiv e.V.«.

Link: http://www.karl-may-archiv.de

KARL-MAY-BROT

Gebäck »aus Butter, Zucker, Mehl, Mandeln, Sultaninen und Gewürzen des Orients«. Hergestellt von der *Konditorei Dolze* in Radebeul. Name per → Warenzeichen geschützt.

KARL-MAY-BRUNNEN

Gibt es seit 1995 in → Bad Segeberg (Karl-May-Platz am Kalkbergtheater). Der Brunnen ist einer Pferdetränke nachgebildet und wird gekrönt von einer Karl-May-Büste (nach → Selmer Werner).

KARL-MAY-FEST

Größte Veranstaltung der Karl-May-Szene (seit 1992). Durchgeführt vom → Karl-May-Archiv (Göttingen). Treffpunkt für Künstler, Wissenschaftler, Verleger, Leser, Sammler und Fans. Veranstaltet in Städten, die einen besonderen Bezug zu Karl May haben (Radebeul, Bad Segeberg, Berlin). Zu den Gästen zählten → Karin Dor, → Elke Sommer, → Marie Versini, → Eddi Arent, → Martin Böttcher, Klaus Maria Brandauer, → Artur Brauner, → Pierre Brice, → Chris Howland, → Harald Leipnitz, → Gojko Mitic, → Freddy Quinn, → Otto Waalkes, → Theo Waigel, → Horst Wendlandt. Die Schirmherrschaft übernahmen die Ministerpräsidenten → Kurt Biedenkopf und Heide Simonis, der

Regierende Bürgermeister Eberhard Diepgen u.a. Auf dem Fest wird alljährlich der → *Scharlih* verliehen.

Für Sammler: In den Jahren 1993 bis 1999 ist jeweils ein *Programmheft* zum Karl-May-Fest erschienen.

Information: Thomas Winkler, Harmsweg 9 b, D-22179 Hamburg, Tel./Fax (040) 61 47 79.

KARL-MAY-FESTTAGE

Jährliches Stadtfest in → Radebeul am Himmelfahrtswochenende. Großes Volksfest mit Karl-May-Bezügen: »Das abenteuerliche Fest für die gesamte Familie auf dem 2 km langen Karl-May-Pfad im wildromantischen Lößnitzgrund.« Programmpunkte: Indianer-Pow-Wow, Westernstadt »Little Tombstone«, Orientbasar »Hadschi Halef Omar«, Sternreitercamp, Goldwaschen im Lößnitzbach, Eisenbahnüberfälle, Military Camp. Beteiligt ist auch das → Karl-May-Museum.

Information: Stadtverwaltung Radebeul, Bildungs- und Kulturamt, Altkötzschenbroda 21, D-01445 Radebeul.

Link: http://www.radebeul.de/Stadt/Feste.html

Karl-May-Fest: Nostalgie mit Martin Böttcher, Marie Versini, Christopher Barker (v.l.n.r.).

KARL-MAY-FILME

siehe auch: Bildplatte, DVD, Heimkino, Video.

Nach Romanen von Karl May oder über seine Person wurden bis heute 25 Kinofilme gedreht. Damit liegt er in der Statistik der Verfilmungen deutscher Schriftsteller an zweiter Stelle (nach Ludwig Ganghofer mit 33 Verfilmungen); zählt man die → Fernsehfilme hinzu, nimmt er mit deutlichem Abstand die Spitzenposition ein.

Die Karl-May-Kinofilme (in chronologischer Reihenfolge): → *Auf den Trümmern des Paradieses* (1920); → *Die Todeskarawane* (1920); → *Die Teufelsanbeter* (1921); *Durch die Wüste* (1936); → *Die Sklavenkarawane* (1958); → *Der Löwe von Babylon* (1959); → *Der Schatz im Silbersee* (1962); → *Winnetou 1. Teil* (1963); → *Old Shatterhand* (1964); → *Der Schut* (1964); → *Winnetou 2. Teil* (1964); → *Unter Geiern* (1964); → *Der Schatz der Azteken* (1965); → *Die Pyramide des Sonnengottes* (1965); → *Der Ölprinz* (1965); → *Durchs wilde Kurdistan* (1965); → *Winnetou 3. Teil* (1965); → *Old Surehand 1. Teil* (1965); → *Im Reiche des silbernen Löwen* (1965); → *Das Vermächtnis des Inka* (1966); → *Winnetou und das Halbblut Apanatschi* (1966); → *Winnetou und sein Freund Old Firehand* (1966); → *Winnetou und Shatterhand im Tal der Toten* (1968); → *Karl May* (1974); → *Die Spur führt zum Silbersee* (1990).

Literatur: Michael Petzel: *Karl-May-Filmbuch.* Bamberg 1998. (Erweiterte Fassung: Gütersloh 1999.)

KARL-MAY-GESELLSCHAFT

Literarisch-wissenschaftliche Vereinigung, gegründet 1969 in Hannover. Zentrum der Karl-May-Forschung in Deutschland. Gibt Jahrbuch der Karl-May-Gesellschaft heraus und veranstaltet alle zwei Jahre Karl-May-Kongreß. Gründungsmitglieder sind Ekkehard Bartsch, Erich Heinemann, Ernst Hildebrandt, Hartmut Kühne, Kurt Morawietz, → Claus Roxin, Bernhard Scheer, Alfred Schneider, Ulrich Freiherr von Thüna, Ursula Wardenga und Mario Wernerus. Die Karl-May-Gesellschaft (KMG) will dem Autor einen angemessenen Platz in der Literaturgeschichte verschaffen, wobei sie besonderes Gewicht auf das »symbolische« Spätwerk Karl Mays legt. Zum → Karl-May-Verlag hat die KMG über lange Zeit ein gespanntes Verhältnis. 1972 erhebt der Verlag Klage gegen Verleger, Herausgeber und Redakteure des Jahrbuchs 1971 wegen Urheberrechtsverletzung. 1973 kommt es zu einer Vereinbarung zwischen den streitenden Parteien, derzufolge die schwebenden Verfahren beendet werden und der Verlag die Öffnung seines Archivs zusagt. Vorsitzende: Bernhard Scheer (1969-71), Claus Roxin (1971-99), Reinhold Wolff (ab 1999). »Wenn sich die Karl-May-Gesellschaft auch als eine Vereinigung versteht, die wissenschaftliche Forschung betreibt, so heißt das nicht, daß es in ihren Reihen immer stockernst zugehen muß. Auch Karl May besaß viel Humor.« (Erich Heinemann 1995)

Vorstand: Prof. Dr. Reinhold Wolff (1. Vorsitzender); Prof. Dr. Helmut Schmiedt (Stellv. Vorsitzender); Hans Grunert (Geschäftsführer). **Mitgliedsbeitrag:** DM 50,- pro Jahr. **Literatur:** Erich Heinemann: *Eine Gesellschaft für Karl May.* Husum 1994. – Arbeitsgemeinschaft Literarischer Gesellschaften e.V. (Hrsg.): *Literarische Gesellschaften in Deutschland.* Berlin 1995.

Anschrift: Karl-May-Gesellschaft e.V., Karl-May-Straße 5, D-01445 Radebeul.

Link: http://karlmay.uni-bielefeld.de/kmg.htm

KARL-MAY-HAIN

Hübsche Parkanlage in Radebeul gegenüber der → Villa Shatterhand mit einem Gedenkstein, der an den Dichter erinnert. Heutiger Name: *Karl-May-Park.* Karl May kaufte das Grundstück 1896 und legte darauf einen Obstgarten an. 1930 von → Klara May vertraglich der Stadt Radebeul übereignet. Es wurde eine Parkanlage geschaffen, deren Errichtung die Witwe des Dichters und der → Karl-May-Verlag finanzierten, während die laufenden Kosten von der Stadt übernommen wurden. Die Einweihung fand am 2.7.1932 statt.

KARL-MAY-HAUS HOHENSTEIN-ERNSTTHAL

Geburtshaus Karl Mays in Hohenstein-Ernstthal (Karl-May-Straße 54, ursprünglich Niedergasse 111). Heute Museum mit Wohn- und Arbeitsraum der Weberfamilie May. Wechselnde Sonderausstellungen. – Karl May in seiner Autobiographie *Mein Leben und Streben*: »Mutter hatte ganz unerwartet von einem entfernten Verwandten ein Haus geerbt (...). Freilich war das Haus nur drei schmale Fenster breit und sehr aus Holz gebaut, dafür aber war es drei Stockwerke hoch und hatte ganz oben unter dem First einen Taubenschlag, was bei andern Häusern bekanntlich nicht immer der Fall zu sein pflegt. Großmutter, die Mutter meines Vaters, zog in das Parterre, wo es nur eine Stube mit zwei Fenstern und die Haustür gab. Dahinter lag ein Raum mit einer alten Wäscherolle, die für zwei Pfennige pro Stunde an andere Leute vermietet wurde. (...) Im ersten Stock wohnten die Eltern mit uns. Da stand der Webstuhl mit dem Spulrad. Im zweiten Stock schliefen wir mit einer Kolonie von Mäusen und einigen größeren Nagetieren, die eigentlich im Taubenschlage wohnten und des Nachts nur kamen, uns zu besuchen.« – *Geschichte:* 1836 erbt Karl Mays Mutter → Christiane Wilhelmine May das Haus. Am 25. Februar 1842 wird Karl May hier geboren. 1845 verkauft die Mutter das Haus an den

Das Karl-May-Haus in Hohenstein-Ernstthal zu DDR-Zeiten.

Webermeister Wilhelm August Friedrich Stiezel, um ihre Ausbildung als Hebamme in Dresden zu finanzieren. Die Familie zieht in eine Mietwohnung am Ernstthaler Markt. Am 26.5.1929 wird an der Vorderfront des Hauses eine Gedenktafel enthüllt. 1932 erhält die Straße am Geburtshaus den Namen *Karl-May-Straße*. 1968 Übernahme des Hauses durch die Firma Webunion KG (seit 1972 VEB Webunion). 1975 Übernahme durch den VEB Möbelstoff- und Plüschwerke Hohenstein-Ernstthal. Am 1.4.1979 geht das Haus in den Bestand der Gebäudewirtschaft der Stadt Hohenstein-Ernstthal über. 1980 wird es unter Denkmalschutz gestellt. 1982 erfolgt eine Fassadenrenovierung, das Gebäude wird nicht mehr zu Wohnzwecken genutzt. Am 17.3.1983 beschließt der Rat des Kreises Hohenstein-Ernstthal die Einrichtung eines Museums. Es schließt sich eine grundlegende Rekonstruktion an. Am 12.3.1985 wird das *Karl-May-Haus* mit dem nachgestalteten Wohn- und Arbeitsraum der Familie May eröffnet. 1987 gründet sich ein *Wissenschaftlicher Beirat Karl-May-Haus*. Am 15.9.1997 muß das Museum aufgrund gravierender Bauwerkschäden geschlossen werden. Der Dachstuhl wird abgerissen und komplett saniert. Dabei erfolgt eine neue Raumaufteilung im Dachgeschoß, wodurch man eine etwas größere Ausstellungsfläche gewinnt. Am 25.2.1998 wird das Haus mit der Ausstellung der Arbeiten zu einem Karikaturwettbewerb wiedereröffnet.

Anschrift: Karl-May-Haus, Karl-May-Straße 54, D-09337 Hohenstein-Ernstthal, Tel. (03723) 42159. **Direktor:** André Neubert. **Vorsitzender Wissenschaftlicher Beirat:** Dr. Christian Heermann. **Öffnungszeiten:** Dienstag, Mittwoch, Donnerstag und Freitag 9.00 – 12.00 und 13.00 – 16.00 Uhr. Sonnabend und Sonntag 13.00 – 17.00 Uhr. **Literatur:** Hans Zesewitz: *Karl Mays Geburtshaus*. In: *Karl May auf sächsischen Pfaden*. Bamberg 1999. **Link:** http://karlmay.uni-bielefeld.de/kmg/kmh/

KARL-MAY-JAHRBÜCHER

Veröffentlichungen, die das ramponierte Image Karl Mays aufpolieren sollten. Mit zahlreichen Beiträgen der harmlosen Art (»Wie mir Karl May über die Schmerzen des Zahnziehens hinweghalf«). Erschienen zwischen 1918 und 1933, anfangs beim Verlag Schottlaender in Dresden, darauf beim Karl-May-Verlag Radebeul. Initiator und erster Herausgeber war der Jurist Dr. Rudolf Beissel (geb. 1894; gest. 1986). Trotz ihres leichtgewichtigen Inhalts gehören die

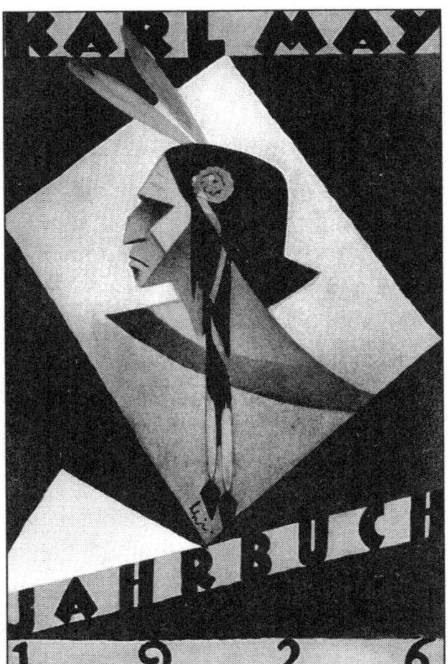

Karl-May-Jahrbuch 1926.

Bände heute zu den gesuchten Sammlerstücken (Preis pro Band: ca. 200 Mark). 1978 unternahm der Karl-May-Verlag den Versuch einer Neubelebung der Jahrbuchreihe, der jedoch erfolglos blieb.

Für Sammler: *Jahr-May-Jahrbuch 1918-19*. Jeweils Dresden: Schottlaender. – *Karl-May-Jahrbuch 1920-33*. Jeweils Radebeul: Karl-May-Verlag. – *Karl-May-Jahrbuch 1978-79*. Jeweils Bamberg/Braunschweig: Karl-May-Verlag/Graff.

KARL-MAY-HÖHLE

Höhle im Oberwald bei Hohenstein-Ernstthal. Diente Karl May 1869 als Zufluchtsort. Es handelt sich um den Rest eines Bergbaustollens zur Eisenerzgewinnung aus dem 17. Jh. Die Erkundung und Erhaltung wurde in den 20er Jahren von dem Hohenstein-Ernstthaler Heimatforscher → Hans Zesewitz betrieben. Von Hohenstein-Ernstthal über ausgeschilderten Wanderweg zu erreichen.

Information: Stadtinformation Hohenstein-Ernstthal, Altmarkt 30, D-09337 Hohenstein-Ernstthal, Tel. (03723) 402474.

KARL-MAY-MUSEUM BAMBERG

Bestand zwischen 1960 und 1994 in Bamberg. Getragen vom → Karl-May-Verlag. Das Museum wurde eingerichtet, nachdem die Situation in der DDR es als unwahrscheinlich erscheinen ließ, daß das einstige → Karl-May-Museum Radebeul wieder seine frühere Funktion erfüllen könnte. Nach der Trennung der staatlich verwalteten → Karl-May-Stiftung (Dresden) vom Karl-May-Verlag ging ein großer Teil des Inventars der → »Villa Shatterhand« in den Westen, darunter Karl Mays Arbeitszimmer, die Bibliothek, die Möbel aus dem Salon und zahlreiche Bilder (u.a. das Gemälde *Der Chodem* von → Sascha Schneider). Zusammen mit der Indianersammlung von Franz Stöckler wurden die Ausstellungsstücke ab 1961 in einer provisorischen Ausstellung in der Bamberger Hainstraße 37 gezeigt. Als Verwalter fungierte der Cherokee-Indianer → Silkirtis Nichols. Ab 1970 fand das Museum sein Domizil in dem Verlagsgebäude E.T.A.-Hoffmann-Str. 2. 1983 schließlich fand ein letzter Umzug in die Hainstraße 11 statt. Hier bestand das Museum bis zu seiner Schließung im Jahre 1994. Nach der Wende in der DDR wurde abermals ein Vertrag zwischen Karl-May-Verlag und Karl-May-Stiftung geschlossen. Für einen Millionenbetrag ging ein Großteil der 1960 nach Bamberg gekommenen Bestände wieder in den Besitz der Stiftung über und wurde 1995 an den Ursprungsort nach Radebeul überführt.

Literatur: *75 Jahre Verlagsarbeit für Karl May und sein Werk 1913 – 1988*. Bamberg 1988.

KARL-MAY-MUSEUM RADEBEUL

Radebeul, Karl-May-Straße 5 (früher: Hölderlinstraße). Mekka aller Karl-May-Fans. Die bedeutendste aller Karl-May-Gedenkstätten. Eröffnet 1928. Besteht aus der → *Villa Shatterhand*, dem einstigen Wohnhaus Karl Mays, und dem 1928 errichteten Blockhaus → *Villa Bärenfett* mit der Patty-Frank-Sammlung.

Nach 1945 umbenannt in *Indianermuseum*. In der DDR zeitweise als Kinderhort genutzt. Als Karl-May-Museum wiedereröffnet am 29.2.1985. Seit 30.3.1995 wieder mit dem originalgetreuen Inventar ausgestattet (Karl Mays Arbeitszimmer, Bibliothek und Empfangssalon). Höhepunkte der Besichtigungstour bilden die legendären Gewehre Silberbüchse, Henrystutzen und Bärentöter sowie Karl Mays tintenbekleckster Schreibtisch, an dem ein Großteil seiner Werke entstand. Das Museum wird von der Karl-May-Stiftung unterhalten. Seit der Eröffnung im Jahr 1928 wurde es von rund 6,5 Mio. Gästen besucht.

Anschrift: Karl-May-Straße 5, D-01445 Radebeul, Tel. (0351) 8373010. **Direktor:** René Wagner. **Kustos:** Hans Grunert. **Öffnungszeiten:** März – Oktober: Dienstag – Sonntag 9.00 – 18.00 Uhr. November – Februar: Dienstag – Sonntag 10.00 – 16.00 Uhr. Montags (außer an Feiertagen) sowie am 1. Jan., 24., 25., 31. Dez. geschlossen.
Link: http://www.karl-may-museum.de

KARL-MAY-REGEL

Von Hans Conzelmann, Göttinger Professor für Neues Testament (geb. 27.10.1915; gest. 20.6.1989), formulierter Grundsatz zur Interpretation antiker historiographischer Texte, in denen Geschichtliches und Literarisches eine kaum trennbare Einheit bilden: »Eine genaue Milieuschilderung oder auch die breite Wiedergabe wörtlicher Rede beweist für die Geschichtlichkeit oder ›Richtigkeit‹ des erzählten Ereignisses jedenfalls überhaupt nichts« – wie bei Karl May.

KARL-MAY-RITT

Seit 1992 von der Reiterin Renate Kleucker organisierter Sternritt quer durch Deutschland zu wechselnden Karl-May-Orten.

KARL-MAY-SPIELE

siehe: Altenbrak; Annaberg-Buchholz; Bad Segeberg; Bischofswerder; Elspe; Gföhl; Mörschied; Rathen; Staatz; Theateraufführungen; Weitensfeld; Winzendorf.

KARL-MAY-STIFTUNG

Rechtsfähige Einrichtung, die gemäß Karl Mays letztem Willen über sein Erbe verfügt. Errichtet 1913, Sitz: Radebeul. Wichtigste Aufgabe der Stiftung ist gegenwärtig der Unterhalt von → Karl-May-Museum mit Villa Bärenfett und der Grabstätte Karl Mays. Zur Erfüllung des Stiftungszwecks verfügt sie über Barmittel und mehrere Immobilien in Radebeul und Dresden. Über Einnahmen aus den Werken Karl Mays kann sie nicht mehr verfügen, weil die Urheberrechte erloschen sind bzw. an den Karl-May-Verlag übertragen wurden.
Aus der Präambel: *»Der Schriftsteller Karl May (1842-1912) hat in seiner Letztwilligen Verfügung vom 8. März 1908 seine Gattin Klara May (1864-1944) zur Universalerbin mit der Maßgabe eingesetzt, daß bei ihrem Tode seine gesamte Hinterlassenschaft (»... Alles,*

was ich besitze und was meine Werke noch einbringen werden ...«) einer mildtätigen Stiftung zufallen solle, die bestimmt war, mittellosen begabten Menschen Ausbildungsbeihilfe und notleidenden Schriftstellern und Journalisten Unterstützung zu gewähren. Diese »Karl-May-Stiftung« wurde von Klara May bereits am 5. März 1913 beim Königlichen Ministerium des Kultus und öffentlichen Unterrichts in Dresden errichtet und durch zwei Erbverträge vom 11. Dezember 1913 und 26. Januar 1926 zur Erbin des gesamten May-Vermögens eingesetzt, das ihr am 31. Dezember 1944 zufiel. Nachdem durch Eingliederung in eine Sammelstiftung zwischenzeitlich (1949-1985) ihre volle Rechtspersönlichkeit eingeschränkt war, wurde der Karl-May-Stiftung durch Beschlüsse des Rates des Bezirkes Dresden vom 23. Januar 1985 und 10. November 1987 die Rechtsfähigkeit wiedergegeben, die an den ursprünglichen Rechtsstatus anknüpft. – Da inzwischen durch Einrichtung des Karl-May-Museums (seit 1928 Indianerausstellung und seit 1985 Karl-May-Ausstellung im Grundstück bzw. Wohnhaus des Schriftstellers) das Stiftungsvermögen beträchtlichen Zuwachs erhalten und der Stiftungszweck durch verbesserte Sozialverhältnisse weitgehend seine Bedarfsvoraussetzung verloren hat, wurde der Karl-May-Stiftung am 15. November 1991, mit Änderungen vom 9. Mai 1992, 9. Mai 1993, 18. Juni 1995 und 5. April 1997, eine im Sinne des Stifterwillens erweiterte Satzung gegeben.«

Über den Stiftungszweck: *»Zweck der Stiftung ist es, das Andenken an den Schriftsteller Karl May und seine Werke, deren erzieherische Absicht der Ausbreitung von Toleranz, Völkerverständigung und Friedensliebe galt, zu erhalten und zu pflegen. Das geschieht durch die Förderung musealer Einrichtungen und Gedenkstätten Karl Mays und damit in Verbindung stehender kultur- und regionalgeschichtlicher, literarischer und bildungsmäßiger Belange und Vorhaben sowie bestimmter sozialer Maßnahmen. Dies bestimmt im einzelnen die folgenden Aufgaben:*

a) Auf- und Ausbau eines zentralen Karl-May-Archivs in Radebeul, das alle erhaltenen und ermittelbaren Zeugnisse der Lebens- und Rezeptionsgeschichte sowie des literarischen Schaffens Karl Mays sammelt und als wissenschaftliche Forschungsstätte dient;

b) Erhaltung und Pflege der stiftungseigenen Gedenkstätten, insbesondere des Wohnhauses Karl Mays und seiner Grabstätte sowie Unterstützung des Karl-May-Hauses Hohenstein-Ernstthal bei ausgewählten Aufgaben;

c) Finanzierung von Maßnahmen, die für Fortbestand und Betriebsfähigkeit des stiftungseigenen Karl-May-Museums notwendig sind sowie solchen, die dessen Bedeutung und Anziehungskraft erhöhen;

d) Vergabe von Stipendien und Fördermitteln für Arbeits- und Forschungsvorhaben, die im Sinne der oben genannten Ideale Karl Mays besonders förderungswürdig sind;

e) Vorbereitung und Herausgabe von Druckerzeugnissen, die inhaltlich mit der Sammlungs-, Ausstellungs- und Forschungstätigkeit der Karl-May-Stiftung zusammenhängen;

f) Einrichtung und Verleihung eines »Karl-May-Preises« für besondere Leistungen und Verdienste im Sinne des Stiftungszweckes;

g) Zusammenarbeit mit gleichgerichteten Gesellschaften oder Institutionen des In- und Auslands, insbesondere der Karl-May-Gesellschaft e. V. Hamburg;

h) Unterstützung von in Not geratenen Schriftstellern, Journalisten und Redakteuren im Sinne des ursprünglichen Stiftungszwecks.«

Kuratorium: Wolfgang Mischnick (Präs.), Prof. Dr. Claus Roxin (Vizepräs.). **Vorstand:** Dr. Volkmar Kunze (Vors.), Dr. Jochen Rascher (Stellv.). **Geschäftsführer:** René Wagner.
Anschrift: Karl-May-Stiftung, Karl-May-Straße 5, D-01445 Radebeul.
Link: http://www.karl-may-stiftung.de

KARL-MAY-STORY

Titel eines Musikwerks von Siegfried Ulbrich mit Walter Richter als Sprecher der Zwischentexte. Die erste Langspielplatte überhaupt, die mit einer Karl-May-Thematik erschienen ist.
Für Sammler: *Karl-May-Story*. Saba (ca. 1959).

KARL-MAY-VERLAG

Sitz Bamberg und Radebeul. Gibt seit seiner Gründung im Jahr 1913 *Karl May's → Gesammelte Werke* in den bekannten → *Grünen Bänden* heraus. Neben dieser Leseausgabe erscheinen im Verlag auch 33 Bände der Freiburger Erstausgabe (→ Fehsenfeld-Ausgabe) als Nachdruck. Außerdem umfangreiches Veröffentlichungsprogramm von Sekundärschriften zu Karl May. Gegründet am 1.7.1913 von → *Klara May*, → *Friedrich Ernst Fehsenfeld* und → *Euchar Albrecht Schmid* als Verlag der *Karl-May-Stiftung Fehsenfeld & Co* (Radebeul). Am 5.1.1915 Umbenennung in *Karl-May-Verlag Fehsenfeld & Co* (Radebeul). Fehsenfeld scheidet 1921 aus dem Verlag aus. Nach dem Tod Klara Mays sind ab 11.12.1945 Gesellschafter die → Karl-May-Stiftung, E. A. Schmid und sein ältester Sohn → Joachim. Da der Verlag nach dem Krieg keine Genehmigung zur Wiederaufnahme der Produktion erhält, vergibt er zwischen 1948 und 1955 Lizenzrechte an die Firmen *Globus-Verlagsgesellschaft* (Hamburg), *Bayerische Verlagsanstalt* (Bamberg), *Keysersche Verlagsbuchhandlung* (Heidelberg) und den *Verlag Carl Ueberreuter* (Wien). Unter dem Namen »Karl-May-Bücherei« veröffentlichen die beteiligten Verlage fast alle Bände der Gesammelten Werke. Am 1.1.1950 wird in Bamberg, der Heimat von Euchar Albrecht Schmid, von Sohn → Joachim der *Verlag Joachim Schmid* gegründet, auf den alle Verlagsrechte an Karl Mays Werken übertragen werden. 1.1.1952: Gründung des → *Ustad-Verlags*, der 1955

Prospekt des Karl-May-Verlags (1965).

mit Herstellung und Vertrieb von »Karl May's Gesammelten Werken« beginnt. 1.8.1959: Gesellschafter des *Karl-May-Verlags Joachim Schmid & Co* sind die Brüder *Joachim*, → *Lothar* und → *Roland Schmid.* 1960 kommt es zur Trennung von Verlag und Stiftung, wobei die Bibliothek Mays und diverse Einrichtungsgegenstände in den Westen gelangen. Der Verlag besitzt zwei Häuser in der noblen Bamberger Hainstraße. 1960 wird ein provisorisches Karl-May-Museum eingerichtet, das zweimal in größere Räumlichkeiten umzieht. Nachdem im Zuge der Filmwelle die Verkaufszahlen emporgeschnellt sind, entsteht 1968 im Bamberger Vorort Bug ein großes Auslieferungslager. Nach dem Tod Rolands und dem Ausscheiden von Joachim leitet Lothar Schmid den Verlag ab 1993 als Alleininhaber. Nach Abschluß eines Vertrages mit der Karl-May-Stiftung kommt es 1995 zur Rückführung von Bibliothek und Mobiliar nach Radebeul. Bereits ein Jahr zuvor ist das Bamberger Karl-May-Museum geschlossen worden. Ebenfalls 1995 wird das Auslieferungslager Bug geschlossen, der Verlag bezieht Büroräume am Rande der Bamberger Innenstadt (Schützenstr. 30). 1995 tritt Lothars Sohn → *Bernhard* in die Geschäftsführung ein. Seit 1996 ist der Verlag nominell auch wieder in Radebeul vertreten. Das Unternehmen hat einen geschätzten Jahresumsatz von 5 Mio. Mark (1999).

Anschrift: Karl-May-Verlag, Schützenstr. 30, D-96047 Bamberg, Tel. (0951) 982060.

Link: www.karl-may.de

KARL-MAY-WERKSTATT

Unternehmen in Klein Rönnau, Schleswig-Holstein. Inhaberin Elke Ussat. Steht in der Nachfolge der Segeberger Karl-May-Werkstätten von → Friedrich Jürgens. Stellt Indianerausrüstungen für Einzel- und Großhandel sowie Indianerfreunde her.

Anschrift: Karl-May-Werkstatt, Inh. Elke Ussat, Wilhelm-Kistenmacher-Str. 24, D-23795 Klein Rönnau, Tel. (04551) 82399.

KARTENSPIELE

siehe auch: Puzzlespiele; Würfelspiele.

»18, 20, nur nicht passen« geht mit Karl May nicht. Quartettspiele mit Winnetou, Old Shatterhand und anderen Figuren gibt es dagegen in Hülle und Fülle. Bereits in den 30er Jahren erschien ein *Karl-May-Quartett* (mit Bildern von → Carl Lindebergh, bei der Firma *ISM*). 1951 brachte die traditionsreiche Münchener *Spiele-Fabrik Franz Schmidt* ein *Winnetou-* , ein *Old Shatterhand-* und bald darauf ein *Orient-Quartett* heraus. Der große Boom kam mit der Filmwelle der 60er Jahre. Die *Spielefirma F.X. Schmid* kam ab 1964 mit den Quartettspielen *Winnetou I, II und III* sowie *Unter Geiern* auf den Markt. Allein das Quartett *Winnetou I* brachte es auf eine Anfangsauflage von 30.000 Stück. Die Spiele waren so erfolgreich, daß die Firma bald darauf noch eine ganze Serie von → Puzzlespielen nachschob. Um 1978 erschienen die Karten unter dem Titel *Abenteuerquartett* als Neuauflage. Schließlich gab es das erfolgreiche

Quartett ca. 1979 noch einmal in einer Miniaturausgabe in zwei Teilen unter dem Titel *Super Mini: Winnetou's Abenteuer.*

Die Karl-May-Kartenspiele: Karl-May-Quartett (ISM). **Winnetou-Quartett** (Franz Schmidt). **Old-Shatterhand-Quartett** (Franz Schmidt). **Orient-Quartett** (Franz Schmidt). **Winnetou. Ein Karl-May-Quartett.** (S+S). **Winnetou-Quartett** (S+S). **Winnetou. Das neue Karl-May-Quartett.** (S+S). **Karl-May-Quartett** (ASS). **Im wilden Westen** (Berliner Spielkarten). **Winnetou** (aus Film *Winnetou 1. Teil*, F.X. Schmid). **Winnetou II** (aus Film *Winnetou 2. Teil*, F.X. Schmid). **Unter Geiern** (aus Film *Unter Geiern*, F.X. Schmid). **Winnetou III** (aus Film *Winnetou 3. Teil*, F.X. Schmid). **Wilder Westen** (mit Foto aus dem Film *Der Schatz der Azteken*, ASS). **Winnetou 1 Abenteuerquartett** (aus Film *Winnetou 1. Teil*, F.X. Schmid). **Winnetou 2 Abenteuerquartett** (aus Film *Winnetou 2. Teil*, F.X. Schmid). **Winnetou 3 Abenteuerquartett** (aus Film *Winnetou 3. Teil*, F.X. Schmid). **Super Mini: Winnetou's Abenteuer I** (F.X. Schmid). **Super Mini: Winnetou's Abenteuer II** (F.X. Schmid). **PELIKAN Mini-Quartett: Wildwest** (Pelikan Schreibgeräte). **PELIKAN Mini-Quartett: Indianer** (Pelikan Schreibgeräte).

KASKADEURE

Gibt es im deutschen Kino seit den *Winnetou*-Filmen: jugoslawische Reiter, die vor laufender Kamera waghalsige Stürze ausführen. Stunts wurden ausschließlich von jugoslawischen Spezialisten ausgeführt, die darin seit den (von italienischen Produzenten finanzierten und in Jugoslawien gedrehten) »Muskel-und-Sandalen«-Filmen Experten waren. Der am häufigsten beschäftigte Kaskadeur der Karl-May-Filme war der Kroate Sime Jagarinec (genannt »Jaso«), der auch Pierre Brice doubelte. Er stellte einen Guinness-reifen Rekord auf, indem er sich im Dienste Karl Mays in drei aufeinanderfolgenden Filmen den Fuß brach (*Old Surehand, Winnetou und das Halbblut Apanatschi, Winnetou und sein Freund Old Firehand*). Das hinderte ihn nicht, seinen Beruf unverdrossen weiter auszuüben. Andere Mitglieder der Kaskadeurtruppe waren: Ivo Kristof, Miroslav »Isus« Buhin, Stjepan »Stef« Spoljaric, Mirko Latinovic, Kemo Jahic, Emil Mikuljan, Milan Sosa, Nikola »Nosko« Gec, Marijan »Dado« Habazin, Vlado »Snjovko« Simac, Lugo Knezevic, Ivo »Beli« Novak, Franjo »Franc« Biankini.

KATASTROPHE

Am 29.6.1999 brannte im Freilichttheater in → Bad Segeberg ein künstlicher Felsen ab, der einen wichtigen Teil der Kulisse bildete. Bundesweit gab es Schlagzeilen: »Winnetous Berg: In vier Minuten weggeschmolzen« (*BILD*). »Winnetou-Land ist abgebrannt. Winnetou weint!« (*Dresdner Morgenpost*). Nachdem die Kulisse in Rekordzeit notdürftig wieder aufgebaut war, wurden die Spiele ohne jede Unterbrechung fortgesetzt.

KATZWEILER

Gemeinde bei Kaiserslautern. Kleine Karl-May-Spiele auf dem Reiterhof Hach (»Bonanza-Ranch«) seit 1999. 2000 steht *Die Felsenburg* auf dem Spielplan.

KAUGUMMIBILDER

In den 50er und 60er Jahren kaute es fast jeder: Kaugummi der Marke *ok Bubble Gum*. Die geriffelten Kaugummistreifen (konnte man in Portionen abbrechen) wirkten ungeheuer amerikanisch, wurden aber von der deutschen *Kaugummifabrik Walter E. Schumann* in Hamburg produziert. In der Verpackung befand sich jeweils ein farbiges Sammelbild (auf gewachstem Papier und meist von erbärmlicher Druckqualität). 1954 erschien erstmals eine Karl-May-Serie mit Bildern von Carl Lindeberg. Besonders erfolgreich jedoch waren Farbfotos von den Karl-May-Spielen → Bad Segeberg (fotografiert von dem Segeberger Karl-May-Fotografen Walter Rebhuhn).

Lindeberg-Alben: *Der Schatz im Silbersee.* Bd. 1 und 2 (jeweils 64 Bilder). Kaugummifabrik Schuma, Hamburg-Altona (1954). **Bildserien der Karl-May-Spiele Bad Segeberg:** *In den Schluchten des Balkan* (1960). *Der Ölprinz* (1961). *Der Kriegszug der Ogellallah und Shoshonen* (= *Unter Geiern*, 1962). *Durch die Wüste* (1963). *Der Schatz im Silbersee* (1964). *Old Surehand* (1965). *Winnetou I* (1957?). *Winnetou II* (1966). *Unter Geiern* (1967). Nach Motiven *Der Schut* (= *In den Schluchten des Balkan*, 1968). *Die Felsenburg* (1969).

KAUKA, ROLF

Comic-Zeichner und Trickfilmproduzent (geb. 9.4.17 Markranstädt/Leipzig). Deutscher Walt Disney. Leitete Zeichenstudio in Grünwald bei München. Gründer der Comic-Zeitschrift → *Fix und Foxi*, in der mehrere Karl-May-Serien erschienen. Gab außerdem das Comic-Album *Winnetou-Zeichenfilmbuch* (Zeichnungen: Walter Neugebauer) und die Schallplatte *Winnetou und Old Shatterhand* (ca. 1964) heraus.

Rolf Kauka: Zeichenfilmbuch Winnetou.

KÄUTNER, HELMUT

Regisseur und Schauspieler (geb. 25.3.1908 Düsseldorf; gest. 22.4.1980 Castellina, Italien) Spielte die Titelrolle in Hans Jürgen Sybergs *Karl May* (1974). Einer der wenigen Aushänge-Regisseure des deutschen Films. Arbeitete nach Studium der Kunstgeschichte, Theaterwissenschaft und Philologie zunächst als Kabarettautor. Seine erste Filmrolle spielte er bereits 1932, als Regisseur begann er 1939. Während der Nazizeit drehte er meist unterhaltsame Filme mit Niveau, u.a. die

Komödie *Kitty und die Weltkonferenz* (1939), das Melodram *Romanze in Moll* (1943) und das kleinbürgerliche Drama mit dem Hauch von großer Welt *Große Freiheit Nr. 7* (1944). Als sein bestes Werk gilt der noch vor Kriegsende gedrehte Film *Unter den Brücken* (1945). An seinen Nachkriegsfilmen wird vor allem die handwerkliche Sauberkeit gerühmt; große Erfolge erzielt er mit *Des Teufels General* (1955) und *Der Hauptmann von Köpenick* (1956). Seit den 60er Jahren ist er fast nur noch als Schauspieler tätig. Seine Verkörperung des alten Karl May gehört zu seinen herausragenden Leistungen und trägt ihm 1975 das *Filmband in Gold* ein. Die Person Karl Mays war ihm allerdings unsympathisch, und mit Regisseur Syberberg kam es zur Auseinandersetzung: »Sauereien spreche ich nicht!«

Filme als Regisseur: *Kitty und die Weltkonferenz* (1939; *Kleider machen Leute* (1940); *Auf Wiedersehen, Franziska!* (1941); *Wir machen Musik* (1942); *Romanze in Moll* (1943); *Große Freiheit Nr. 7* (1944); *Unter den Brücken* (1945); *In jenen Tagen* (1947); *Der Apfel ist ab* (1948); *Epilog* (1950); *Die letzte Brücke* (1954); *Des Teufels General* (1955); *Himmel ohne Sterne* (1955); *Ludwig II.* (1955); *Der Hauptmann von Köpenick* (1956); *Monpti* (1957); *Die Zürcher Verlobung* (1957); *Der Schinderhannes* (1958); *Der Rest ist Schweigen* (1959); *Das Glas Wasser* (1960); *Die Gans von Sedan* (1960); *Der Traum von Lieschen Müller* (1961); *Das Haus in Montevideo* (1963); *Lausbubengeschichten* (1965); *Die Feuerzangenbowle* (1970); *Derrick* (1974, TV); *Mulligans Rückkehr* (1977, TV).
Link: http://german.imdb.com/Name?K%E4utner,+Helmut

KELTER-VERLAG

Martin-Kelter-Verlag.

KINDERBÜCHER

Karl May regt an. Kinder zum Spielen, Autoren zum Schreiben. Es gibt zahlreiche Kinder- und Jugendbücher, in denen Karl May, Winnetou oder Old Shatterhand eine Rolle spielen. Das vorerst letzte hat Lothar Reichel geschrieben; es trägt den verheißungsvollen Titel *Winnetou darf nicht sterben* (Würzburg 1996).

Weitere Kinder- und Jugendbücher: Gustav Renker: *Der große Winnetou. Eine Schülergeschichte*. Gütersloh 1935. – Alexander Tuma: *Schatten der Prärie. Auf Old Shatterhands Pfaden*. Wien 1950. – Karl Bruckner: *Der Häuptling und seine*

Helmut Käutner in Karl May (1974).

Freunde. Eine lustige Erzählung von ›kleinen‹ Indianern und ›großen‹ Komödianten. Wien 1952. – Wolf-Dieter von Tippelskirch: *Der kleine Winnetou.* Hannover / Berlin 1964. (Vom selben Autor noch weitere Titel in der *Winnetou*-Reihe.)

KINOFILME

siehe: Karl-May-Filme.

KINSKI, KLAUS

D.i. Nikolaus Günther Nakszynski. Schauspieler und Autor (geb. 18.10.1926 Zoppot, Polen; gest. 23.11.1991 Lagunitas, Kalifornien, USA). Der Irre vom Dienst im deutschen Film der sechziger Jahre wirkte ein einziges Mal bei Karl May mit: In → *Winnetou 2. Teil* spielte er den Unterbanditen Luke (der im Roman gar nicht vorkommt). Bei den Dreharbeiten in Jugoslawien verhielt sich der exzentrische Schauspieler ausgesprochen sanftmütig. Seine wiederkehrenden Tobsuchtsanfälle hatten Kinski in der Filmbranche den Spitznamen »Adolf« eingetragen. Eine Nebenrolle in *Doktor Schiwago* verschaffte ihm auch internationale Angebote; seinen künstlerischen Höhepunkt erreichte er in den Filmen von Werner Herzog (*Aguirre – Der Zorn Gottes, Nosferatu, Fitzcarraldo*). Karl May hat ihn dagegen nicht interessiert. Vermutlich fand er ihn zu langweilig. Oder zu verrückt.

Wichtige Filme: *Morituri (1948); Entscheidung im Morgengrauen* (1951); *Um Thron und Liebe* (1955) *Ludwig II – Glanz und Elend eines Königs* (1955); *Hanussen* (1955); *Zeit zu leben und Zeit zu sterben* (1958); *Der Rächer* (1960); *Die toten Augen von London* (1961); *Das Geheimnis der gelben Narzissen* (1961); *Die seltsame Gräfin* (1961); *Das Rätsel der roten Orchidee* (1962); *Die Tür mit den sieben Schlössern* (1962); *Das Gasthaus an der Themse* (1962); *Kali Yug* (1963); *Der letzte Ritt nach Santa Cruz* (1963); *Das Geheimnis der schwarzen Witwe* (1963); *Der Zinker* (1963); *Der schwarze Abt* (1963); *Das indische Tuch* (1963); *Scotland Yard jagt Dr. Mabuse* (1963); *Winnetou 2. Teil* (1964); *Wartezimmer zum Jenseits* (1964); *Das Geheimnis der chinesischen Nelke* (1964); *Die Gruft mit dem Rätselschloß* (1964); *Das Verrätertor* (1964); *Doktor Schiwago* (1965); *Neues vom Hexer* (1965); *Unser*

Klaus Kinski, ganz friedlich bei den Dreharbeiten zu »Winnetou 2. Teil« (1964) mit Pierre Brice.

Mann aus Istanbul (1965); *Für ein paar Dollar mehr* (1965); *Das Gold von Sam Cooper* (1966); *Das Geheimnis der gelben Mönche* (1966); *Gern hab ich die Frauen gekillt* (1966); *Das Rätsel des silbernen Dreiecks* (1966); *Marrakesch* (1966); *Mit Django kam der Tod* (1967); *Sumuru, die Tochter des Satans* (1967); *Töte Amigo* (1967); *Die blaue Hand* (1967); *Sartana – Bete um deinen Tod* (1968); *Leichen pflastern seinen Weg* (1968); *Venus im Pelz* (1969); *Adios Companeros* (1970); *Dracula im Schloß des Schreckens* (1970); *Nachts, wenn Dracula erwacht* (1970); *Drei Amen für den Satan* (1971); *Ein Einsamer kehrt zurück* (1972); *Aguirre, der Zorn Gottes* (1972); *Nachtblende* (1975); *Nobody ist der Größte* (1975); *Jack The Ripper* (1976); *Madame Claude und ihre Gazellen* (1977); *Nosferatu – Phantom der Nacht* (1979); *Woyzeck* (1979); *Buddy Buddy* (1981); *Die schwarze Mamba* (1982); *Fitzcarraldo* (1982); *Kommando Leopard* (1985); *Nosferatu in Venedig* (1986); *Cobra Verde* (1988); *Paganini* (1989); *Mein geliebter Feind* (1999).

Literatur: Klaus Kinski: *Ich bin so wild nach deinem Erdbeermund.* München 1975. –Philippe Setbon: *Klaus Kinski. Seine Filme – sein Leben.* München1983.

Link: http://www.dem.de/entertainment/stars/index2.html

KIPP, RUDOLF

Filmproduzent, Autor und Regisseur (geb. 26.8.1919 Eichwalde; gest.15.1.1990 Hamburg). Drehte die frühen Dokumentarfilme *Karl May in Bad Segeberg* (1969) und *Urlaub nach Maß: Mit Karl May nach Amerika* (1973). Seit seiner Jugend Karl-May-Fan. Kameraassistent bei der Tobis. Ab 1941 als Filmberichterstatter einer Propaganda-Kompanie in Griechenland, Italien, Frankreich und Holland. Ab 1946 Wochenschau-Kameramann. Anfang der 50er Jahre Gründung der *Rudolf-W.-Kipp-Filmproduktion (R.K.F.)* in Hamburg. Über 100 Produktionen (Dokumentar-, Kultur-, Unterrichts- und Werbefilme). Seine wichtigsten Auftraggeber sind der NDR und das ZDF. Filmsammler (mit eigenem Filmbunker) und Karl-May-Experte (Forschungen über die Karl-May-Stummfilme). Der Nachlaß von Rudolf W. Kipp befindet sich bei der Gesellschaft für Filmstudien in Hannover.

Filme: *Ein gotischer Traum* (1952); *Sprung nach Afrika* (1955); *Bis ans Ende der Welt* (1965); *Bilddokumente zur Geschichte des Films* (1967); *Karl May in Bad Segeberg* (1969); *Der 7. Kontinent* (1970); *Urlaub nach Maß: Mit Karl May nach Amerika* (1973); *Die Entstehung der beiden deutschen Staaten* (1980).

Literatur: Rudolf W. Kipp: *Die Lu-Droop-Story.* In: M-KMG 37/38 (1978).

Link: http://www.cinegraph.de/lexikon/Kipp_Rudolf/biografie.html

KIRST, HANS HELLMUT

Schriftsteller und Journalist (geb. 5.12.1914 Osterode, Ostpreußen; gest. o.A.). Arbeitete 1965 an einem Drehbuch für ein Filmprojekt *Die Karl-May-Story.* Der Film, der das abenteuerliche Leben Karl Mays darstellen sollte, kam nicht zustande. Kirst hatte zuvor mit Landserfilmen wie *08/15* und *Fabrik der Offiziere* große Erfolge erzielt.

KISCH, EGON ERWIN

Tschechischer Journalist und Schriftsteller (geb. 29.4.1885 Prag; gest. 31.3.1948 Prag). Karl-May-Sympathisant. Besuchte Karl May in seiner Radebeuler Villa. Seit 1904 als Journalist tätig. Unternahm weite Reisen nach Rußland, Afrika, USA, China. 1937 im spanischen Bürgerkrieg auf Seiten der Republikaner. 1939 Emigration nach New York. 1940 – 1946 in Mexiko. 1946 Rückkehr nach Prag.

Über seinen Besuch bei Karl May im Jahre 1910 berichtet er: (»Im Wigwam Old Shatterhands« In: Hetzjagd durch die Zeit. Frankfurt/M. 1974.)

Werke: *Aus Prager Gassen und Nächten.* 1912. *Der rasende Reporter.* 1925. *Hetzjagd durch die Zeit.* 1926. *Abenteuer in fünf Kontinenten.* 1934. *Entdeckungen in Mexiko.* 1945. GWB 1960ff.

KLEKIH-PETRA

D.i. »Weißer Vater«. Romanfigur aus → *Winnetou I.* Lehrer von → Winnetou und → Nscho-tschi. Stammt aus Deutschland: »Mein größter Stolz bestand darin, Freigeist zu sein, Gott abgesetzt zu haben, bis auf das Tüpfel nachweisen zu können, daß der Glaube an Gott ein Unsinn ist.« Aus Reue über seinen Irrweg geht er in den Wilden Westen. Wird von Rattler erschossen, als er sich schützend vor Winnetou wirft. Bittet → Old Shatterhand, Winnetous Freund zu werden. – Eine der psychologisch und entwicklungsgeschichtlich interessantesten Figuren Karl Mays. Erscheint in verkürzter, doch treffender Darstellung in → *Winnetou 1. Teil* (1963, gespielt von Hrvoje Svob).

KOCHREZEPTE

Er war einst, was Alfred Biolek heute ist: Vorkocher der Nation. Von Horst Scharfenberg stammt das Basiswerk für Karl-May-bewußte Ernährung: »Zu Gast an fremden Feuern«. Hinter Speisen wie »Apatschenfrühstück« und »Balyk Tschorbaßü« und verbergen sich allerdings so wenig aufregende Gerichte wie Maisbrei und Fischsuppe.

Literatur: Horst Scharfenberg: *Zu Gast an fremden Feuern. Das Karl-May-Kochbuch.* Bamberg 1975.

KOHL, HELMUT

Bundeskanzler a.D. (geb. 3.4.1930 Ludwigshafen am Rhein). Karl-May-Fan. »Mit dem Namen dieses Schriftstellers verbinden sich intensive Erinnerungen an meine Jugendzeit, als ich fast alle Bände dieses Autors förmlich verschlungen habe und mich von ihm in die Weiten Amerikas oder die Wüsten Arabiens entführen ließ.« (*Stuttgarter Zeitung* vom 6.7.1983)

KOLMA PUSCHI

D.i. Tehua Bender. Romanfigur. Erscheint → in *Old Surehand.* Angehörige der Moqui-Indianer. Mutter von → Old Surehand und → Apanatschka. Ihr Mann, ein Weißer, starb durch die Schuld von Daniel Etters und Lothaire Thibaut.

Jahre später erscheint Tehua im Wilden Westen in männlicher Gestalt als rätselhafter Krieger Kolma Puschi. Befreit Winnetou und Old Shatterhand aus den Händen → Old Wabbles. Old Shatterhand vereint sie mit ihren Söhnen Old Surehand und Apanatschka; Etters und Thibaut ereilt ihr gerechtes Schicksal. – Die interessante Figur wurde nie für den Film entdeckt. Eine eindrucksvolle Interpretation gelang → Ingrid van Bergen bei den Karl-May-Spielen → Bad Segeberg 1992 in dem Stück *Old Surehand.*

KOLPORTAGE (VERTRIEBSFORM)

Von franz. *col* = Nacken, *porter*: tragen, hausieren. Heftchenliteratur mit billigem Lesestoff, vor allem im 19. Jh. verbreitet. Erschien meist wöchentlich und wurde von Hausierern feilgeboten. Der zeitweise erfolgreichste Kolportageverlag Deutschlands wurde von dem Dresdner Verleger → H.G. Münchmeyer betrieben. Für ihn schrieb Karl May fünf bandwurmartige Romane: → *Das Waldröschen*, → *Die Liebe des Ulanen*, → *Der verlorene Sohn*, → *Deutsche Herzen, Deutsche Helden*, → *Der Weg zum Glück*. Robert Kraft, der ähnlich produktiv schrieb wie Karl May, soll die Arbeit nur unter ständiger Alkoholzufuhr bewältigt haben.

Literatur: Rudolf Schenda: *Volk ohne Buch.* Frankfurt/M. 1970. – Christoph F. Lorenz: *Karl Mays zeitgeschichtliche Kolportageromane.* Frankfurt/M. / Bern 1981.

KOLPORTAGE (STIL)

»Ein sehnsüchtiger Spießbürger, der selbst ein Junge war, durchstieß den Muff seiner Zeit. Er kolportierte nicht die Ideale des Bürgertums (feine Leute, Salonglanz), auch nicht die Rittergeschichten aus dem Biedermeier. Sondern er kolportierte nochmals den Indianerroman aus der Zeit Coopers, der revolutionären Ideale (als die Wilden noch bessere Menschen waren). Der Flitter des Jahrmarkts kam hinzu, der echte Budenorient, wie er zur Kolportage gehört, damit sich die Freizügigkeit nicht in kruder Natur erschöpfte, sondern färbt und in Traumschichten spiegelt. Fast alles ist nach außen gebrachter Traum der unterdrückten Kreatur, die großes Leben haben will...« (Ernst Bloch, Erbschaft dieser Zeit, Stuttgart 1962)

Literatur: Gert Ueding: *Glanzvolles Elend. Versuch über Kitsch und Kolportage.* Frankfurt/M. 1973.

KOMPARSEN

Das Glück eines Komparsen (vulgo: Statist) in → Bad Segeberg: dabeigewesen zu sein. Einmal Winnetou ganz nahe sein – dafür würde mancher sogar umsonst mitspielen. Beim Film dagegen sind eher abgebrühte Komparsen-Profis tätig. Berühmtester Komparse der Karl-May-Filmgeschichte: → Karl Dall in *Winnetou 1. Teil* (1963). Die Komparsen in den Winnetou-Filmen empfanden sich sogar als Großverdiener. In Titos Jugoslawien hatte man dafür die Bewohner der umliegenden Bauerndörfer herangekarrt. Keiner hatte jemals von Karl May gehört, geschweige denn vor einer Filmkamera gestanden. Pro Komparse und

Tag mußte die deutsche Produktionsfirma an die jugoslawische Staatsfilmgesellschaft 6 Mark bezahlen.

Literatur: Karl-May-Archiv (Hrsg.): *Karl-May-Fest 1999*. Göttingen 1999.

KÖRNER, LUDWIG

Regisseur und Autor. Führte Regie bei der Berliner Aufführung von *Winnetou – Der rote Gentleman* (Premiere: 4.12.1929 Berlin, Theater in der Königgrätzer Straße). Es handelte sich dabei praktisch um eine Uraufführung, denn Körner hatte die Textfassung von → Hermann Dimmler, die der Uraufführung am Münchner Deutschen Theater zugrunde lag, einer durchgreifenden Bearbeitung unterzogen. Den Winnetou in Berlin spielte Hans Otto (geb. 1900), der 1933 von den Nazis ermordet wurde.

KÖSTER, HANS-HEINRICH

Stadtamtmann in → Bad Segeberg (gest. 27.12.1972). Vater der Karl-May-Spiele Bad Segeberg. Von 1953 bis 1969 innerhalb der Stadtverwaltung für die Spiele zuständig. Ideenreicher Organisator und Inspirator des Theaters. Kümmerte sich um die Verteilung von Handzetteln an den Ostseestränden (mit Indianertrupp!). Wußte Rat, wenn statt eines Schimmels ein Rappe gebraucht wurde (schwarz anspritzen!). Stattete den »Orient« mit einem Kamel aus (von Hagenbeck geliehen!) Lebte mit seiner Familie in Bad Segeberg in einem ausgedienten Eisenbahnwaggon.

Komparsen bei den Aufnahmen zu »Winnetou 1. Teil« (1963).

KOSTÜME

Kleider machen Leute. Das wußte auch Karl May. Zünftig staffierte er sich als Old Shatterhand und Kara Ben Nemsi aus und ließ → Fotografien von sich verbreiten. Nur was die Leute sehen, glauben sie. May war selbst beeindruckt, als er seine Fotos sah: »Ich bin wirklich Old Shatterhand resp. Kara Ben Nemsi!« Kinder sind oft bessere Indianer. Das Kostüm gehört dazu, zumindest einige Requisiten, denn nur so gelingt die lustvolle Verwandlung. Manchmal schafft es einer, als Erwachsener den kindlichen Mummenschanz zu wiederholen. Wenn in → Bad Segeberg Indianerstatisten gesucht werden, ist der Andrang riesengroß. 1999 wurde auf einer Auktion das Kleid von Marilyn Monroe versteigert, das sie auf der Geburtstagsfeier von John F. Kennedy trug. Befänden sich Karl-May-Reliquien im Auktionsgut, würde es an Bietern nicht mangeln. Die schönsten Kostüme schuf → Irms Pauli für die Karl-May-Filme: das mythische Gewand Winnetous, Lex Barkers Lederwams, den Flickenrock von → Sam Hawkens. Vieles schlummert schon in geheimen Hutschachteln. Das Winnetou-Kostüm ist im Deutschen Filmmuseum in Frankfurt/M. zu bewundern. Es sind die Zipfel der Karl-May-Welt.

Literatur: Deutsches Filmmuseum (Hrsg.): *Kostüme: Irms Pauli.* [Katalog] Frankfurt/M. 1990.

Hans-Heinrich Köster: Der Vater der Karl-May-Spiele Bad Segeberg.

KÖTZSCHENBRODA

Stadt in der Lößnitz, bis 1934 selbständig. Heute Teil von Radebeul (Radebeul-West).

KOVACIC, ZVONKO

Kroatischer Filmproduzent (geb. 3.7. 1927 Zagreb, Kroatien). Produktionschef von → Jadran-Film (Zagreb). Produzierte gemeinsam mit → Horst Wendlandt *Der Schatz im Silbersee* (1962) und die folgenden Winnetou-Filme mit Pierre Brice, Lex Barker und Stewart Granger. Seine letzte Karl-May-Produktion war 1968 → *Winnetou und Shattterhand im Tal der Toten.*

DE KOWA, VICTOR

Schauspieler (geb. 8.3.1904 Hochkirch; gest. 8.4.1973 Berlin). Spielte in → *Winnetou und sein Freund Old Firehand* (1966) den Ravenhurst (die Figur kommt bei Karl May nicht vor). Der stets aristokratisch wirkende Schauspieler erlebte einen frühen Karrierehöhepunkt am Preußischen Staatstheater in Berlin, dem er von 1935 bis 1943 angehörte. Spielte große Bühnenrollen unter der Intendanz von Gustav Gründgens. Nach Kriegsende großer Einsatz bei der Wiederbelebung des Theaters. Leitete die Berliner *Tribüne.* Seinen größten Filmerfolg hatte er in Zuckmayers *Des Teufels General* (1954). Noch mehr als durch Bühnen- und Filmtätigkeit wird das Bild seiner Persönlichkeit geprägt durch sein politisches Engagement. Zur Zeit des Nationalsozialismus rettete de Kowa vielen seiner Kollegen das Leben; nach Kriegsende setzte er sich als Begründer der deutschen Pax-Bewegung aktiv für den Friedensgedanken ein. Victor de Kowa war mit der Japanerin Miki Tanaka verheiratet. Unter dem Titel *Als ich noch Prinz war in Arakadien* veröffentlichte er seine Lebenserinnerungen. Wurde 1972 mit dem Bundesverdienstkreuz ausgezeichnet. Der Schauspieler starb nach mehrjährigem Leiden an Zungenkrebs. »Ich bemühe mich, nicht nur zu existieren, sondern zu leben«, sagte er in einem seiner letzten Interviews. In dem Film *Winnetou und sein Freund Old Firehand* hatte er 1966 eine undankbare Rolle als komisch-steifer englischer Armeeoffizier. Es war sein letzter Filmauftritt.

Ausgewählte Filme: *Ein Lied geht um die Welt* (1933); *Die Finanzen des Großherzogs* (1934); *Versprich mir nichts!* (1937); *Die göttliche Jette* (1937); *Kleiner Mann – ganz groß!* (1938); *Wir machen Musik* (1942); *Altes Herz wird wieder jung* (1943); *Intimitäten* (1944); *Peter Voss, der Millionendieb* (1946); *Zwischen gestern und morgen* (1947); *Des Teufels General* (1954); *Der veruntreute Himmel* (1958); *Scampolo* (1958); *Eine Nacht in Monte Carlo* (1959); *Schlußakkord* (1960); *Es muß nicht immer Kaviar sein* (1961); *Der Fälscher von London* (1961); *Das Haus in Montevideo* (1963); *Begegnung in Salzburg* (1963); *Winnetou und sein Freund Old Firehand* (1966). **Bücher:** *Als ich noch Prinz war von Arkadien.* Nürnberg 1959. **Schallplatten:** *Victor de Kowa erzählt indianische Märchen.* Philips 1442 DY.

Link: http://german.imdb.com/Name?de+Kowa,+Viktor

KOZIOL, HEINRICH H.

Österreichischer Schauspieler und Regisseur (geb. 9.10.1946). Gründete 1988 mit Peter Görlach und → Heinz Koziol die Karl-May-Festspiele in → Gföhl in Österreich. Leitete die Spiele bis 1993 als Intendant und Regisseur. Seit 1995 als Intendant und Regisseur bei den Karl-May-Festspielen → Weitensfeld in Österreich. Ebenfalls 1994 inszenierte er für die Wiener Stadthalle das Stück *Winnetou und Old Shatterhand*, das trotz der Mitwirkung von Raimund Harmstorf als Old Shatterhand ein finanzieller Mißerfolg wurde.

KOZIOL, HEINZ

Stiefsohn von Heinrich H. Koziol. 1988 Mitbegründer der Karl-May-Spiele → Gföhl. Trat als Schauspieler in zahlreichen Karl-May-Stücken auf.

KOZIOL, THOMAS

Sohn von Heinrich H. Koziol. Winnetou-Darsteller bei den Karl-May-Spielen → Gföhl, der → Wiener Stadthalle, den Karl-May-Spielen → Weitensfeld und → Winzendorf.

KROATIEN

siehe auch: Jugoslawien.

Kroatien ist das Land der → Karl-May-Filme. Hier fand man die Landschaften, die aussahen wie der wilde Westen – oder wie man sich den wilden Westen 1962 vorstellte. Ein Unbekannter war Karl May für die Kroaten zum damaligen Zeitpunkt nicht. Bereits 1911 erschien eine *Winnetou*-Ausgabe auf Serbokroatisch. In den 20er und 30er Jahren kamen rund 20 verschiedene Ausgaben auf den Markt. Im Verlag *Mladost* (Zagreb) erschien 1955 *Der Schatz im Silbersee*, weitere elf Titel folgten zwischen 1962 und 1965, wobei vermutlich die Winnetou-Filme eine Rolle spielten (u.a. *Winnetou, Old Surehand, Winnetous Erben*). Eine weitere Ausgabe erschien zwischen 1963 und 1965 bei *Otokar Kersovani* (Rijeka) und umfaßte insgesamt 23 Bände, darunter auch seltenere Titel wie *Zepter und Hammer, Die Juweleninsel, Rodriganda* und *Das Buschgespenst*. Den kompletten *Orient*-Zyklus veröffentlichte 1965 der Verlag *Matica hrvatska* (Zagreb). Wie auch andernorts erlahmte das Interesse der Verlage nach dem Ende der Filmwelle.

KRUG, MANFRED

Schauspieler. Karl-May-Fan: »Er hat meine Kindheit versüßt, neben meiner Oma. Auf den lasse ich nichts kommen.«

»KRÜGER-BEI« (BUCH)

Roman von Karl May, erstmals 1894/95 in Fortsetzungen erschienen in der Zeitschrift → *Deutscher Hausschatz*, als Buch *Satan und Ischariot II* 1897. Bearb.: GWB 21 *Krüger Bei* (Teile auch: GWB 47 *Professor Vitzliputzli*). Bildet mit GWB 20 *Die Felsenburg* und GWB 22 *Satan und Ischariot* eine Serie.

Die in einem Quecksilberbergwerk gefangen gehaltenen Auswanderer werden befreit und von Mimbrenjo- und Yuma-Indianern sicher nach Texas geleitet. Dem Verbrecher Melton gelingt die Flucht. Höhepunkt des Romans: Um eine neue Spur aufzunehmen, reisen Old Shatterhand und Winnetou nach Kairo. In Tunis wollen sie ein neues Verbrechen der Melton-Familie verhindern.

KRÜGER-BEI (PERSON)

Romanfigur. Erscheint in *Orangen und Datteln, Satan und Ischariot* und dem Kolportageroman *Deutsche Herzen, Deutsche Helden*. Dient als Kommandant der Leibgarde (»Herr der Heerscharen«) beim Bei von Tunis. Stammt aus der Mark Brandenburg und ist zum Islam übergetreten. Tüchtiger Soldat, der gern dem Wein zuspricht. Er ist von geringer Schulbildung und hat seine Muttersprache zu drei Viertel vergessen. Pflegt eigenwillige Ausdrucksweise (»Setzen Sie Ihnen nieder!«).

KULENKAMPFF, HANS-JOACHIM

Schauspieler, Conférencier (geb. 27.4.1921 Bremen; gest. 14.8.1998 Salzburg, Österreich). Seine Samstagabend-Show *Einer wird gewinnen* (1964 – 1987) war erfolgreicher als *Wetten, daß?* Höhepunkt der samstagabendlichen Ratesendung war jeweils der Sketch, in dem sich Kuli in eine Gestalt der Geschichte oder der Weltliteratur verwandelte. Lange vor → Thomas Gottschalk spielte der einstige Quizmaster der Nation den Old Shatterhand (in der EWG-Sendung vom 20.3.1965). Beate Hasenau verkörperte kongenial die → Nscho-tschi. Kulenkampff (mit Bärenfellmütze) hing mannhaft am Marterpfahl, kam aber noch vor dem *Wort zum Sonntag* wieder frei.

Ausgewählte Filme: *Immer die Radfahrer* (1958); *Drei Mann in einem Boot* (1961); *Dr. med. Fabian – Lachen ist die beste Medizin* (1969); *Das Spukschloß von Baskermore* (1974, TV); *Ay, ay, Sheriff* (1974, TV); *Die große Freiheit* (1990, TV).

Link: http://german.imdb.com/Name?Kulenkampff,+Hans-Joachim

KURDISTAN

Karl-May-Handlungsort. Der Buchtitel *Durchs wilde Kurdistan* hat den Charakter einer umgangssprachlichen Wendung angenommen und findet regelmäßig Verwendung in Reportagen und Reiseberichten. Kamuran A. Bendir Khan: »Kein anderer als Karl May ist es gewesen, der einst die von den Kurden bewohnten Gebiete als »wildes Kurdistan« bezeichnet hat.« (1966)

L

LAFONTAINE, OSKAR

Politiker (geb. 16.9.1943). Bundesfinanzminister (1998-99) und SPD-Parteivorsitzender a.D. Karl-May-Fan: »Wir alle sind Winnetous Erben. Karl May, das ist ein Volksklassiker, der klassenlose deutsche Schriftsteller des 19. Jahrhunderts... Seine Lesebücher gehören zum gemeinsamen emotionalen Bestand der Nation.« (*Mittelbayerische Zeitung* vom 22.2.1992)

LANG, FRITZ

Filmregisseur und Autor (geb. 5.12.1890 Wien; gest. 2.8.1976 Beverly Hills, California, USA). Beeinflußt von Karl May. Zeitweise verheiratet mit der Karl-May-Liebhaberin → Thea von Harbou, die für ihn 1921 im Stil Mays den Film *Das indische Grabmal* schrieb (der Film sollte für die Joe-May-Filmgesellschaft gedreht werden, kam aber nicht zustande). Sein erster Film als Autor und Regisseur trägt den Titel *Halbblut* (1919, die Geschichte hat mit Karl May nichts zu tun; es geht um einen Mann, der an seiner Liebe zu einer Frau zerbricht). Ebenfalls 1919 dreht er den Abenteuerfilm *Die Spinnen* mit dem späteren Kara Ben Nemsi-Darsteller → Carl de Vogt und → Lil Dagover. Der Film war so erfolgreich, daß Lang die Regie von *Das Kabinett des Dr. Caligari* (1919) an Robert Wiene abgeben mußte, um möglichst schnell den zweiten Teil fertigzustellen. Nach Rückkehr aus dem Exil läßt sich Lang 1959 von → Artur Brauner überreden, die von seiner Frau geschriebene Abenteuergeschichte aus den 20er Jahren doch noch zu verfilmen (als Zweiteiler: *Der Tiger von Eschnapur* und *Das indische Grabmal*).

Filme: *Der müde Tod* (1921); *Dr. Mabuse, der Spieler* (1922); *Phantom* (1922); *Die Prinzessin Suwarin* (1923); *Die Nibelungen: Siegfried* (1924); *Die Nibelungen: Krimhilds Rache* (1924); *Metropolis* (1927); *Frau im Mond* (1929); *M* (1931); *Das Testament des Dr. Mabuse* (1933); *Liliom* (1935); *Western Union* (1941); *Der Tiger von Eschnapur* (1959); *Das indische Grabmal* (1959); *Das Testament des Dr. Mabuse* (1962).

Literatur: Peter Krauskopf: *Deutsche Zeichen, deutsche Helden.* Jb-KMG 1996.

LANGE, HELLMUT

Schauspieler (geb. 19.1.1923 Berlin). Cooper hat ihn voll erwischt, Karl May gestreift. Spielte 1969 die Titelrolle im ZDF-Vierteiler *Die Lederstrumpf-Erzählungen* (an der Seite von Pierre Massimi als *Chingachgook*). Auch in die Karl-May-Filme hätte er hervorragend hineingepaßt, doch sein Rollenfach als Heldengestalt war bereits von anderen besetzt. Immerhin kam er doch noch mit Karl May in Berührung: Nach dem gewaltigen *Lederstrumpf*-Erfolg wurde er von → Konrad Halver für die außerordentlich erfolgreiche → Europa-Hörspielproduktion verpflichtet. Er nahm mehrere Schallplatten auf und sprach in der Orient-Serie den *Kara Ben Nemsi.*

Karl-May-Hörspiele: *Durch die Wüste. Durchs wilde Kurdistan. Von Bagdad nach Stambul. In den Schluchten des Balkan. Durch das Land der Skipetaren. Der Schut. Kara Ben Halef.* **Ausgewählte Filme:** *Der Fälscher von London* (1958); *Das Halstuch* (1962, TV); *Das Nest der gelben Viper* (1964); *Liebesnächte in der Taiga* (1967); *Die Lederstrumpf-Erzählungen* (1969, TV); *John Klings Abenteuer* (1969/70, TV); *Salto mortale* (1969 – 1971, TV); *Hitler – ein Film aus Deutschland* (1977); *Rivalen der Rennbahn* (1997, TV). **TV-Moderation:** *Kennen Sie Kino?* (1971 – 1981).

Autogrammadresse: Hellmut Lange, Am Fichtenberg 14 B, D-12165 Berlin.

Link: http://german.imdb.com/Name?Lange,+Hellmut

LATA NALGUT

Auch: Lata Nalga. D. i. »Starke Hand«. Romanfigur in → *Deutsche Herzen, deutsche Helden* (Bearb.: GWB 62 *Im Tal des Todes*). Apachenhäuptling. Begleiter von Oskar Steinbach, der in Nordamerika nach den verschollenen Mitgliedern der Familie von Adlerhorst sucht. Erscheint als Randfigur in anderer Charakterisierung im Film *Old Shatterhand* (1964, Indianer in der Missionsstation). – → Arno Schmidt deutet den Namen als Indiz für Karl Mays angebliche Homoerotik: »Lata Nalga heißt laut May apatschisch ›Die starke Hand‹; während Jeder, der nur ein kleines spanisches Wörterbuch sein eigen nennt, feststellen wird, daß ›lata‹ dort ›breit‹ heißt, und ›nalga‹ der ›Hintern‹.« – Die Figur erscheint im Film → *Old Shatterhand* (1964, gespielt von Mavid Popovic).

LATEIN

Laut Karl-May-Verlag die 38. Sprache, in die Karl May übersetzt wurde. Die erste Übertragung ins Lateinische stammt aus dem Jahr 1998. Der emeritierte Studienrat Hans Linnartz übersetzte *Winnetou III* in *Vinnetu Tomus Tertius*, wobei er zahlreiche Vokabeln künstlich bildete. Fassungen in → Volapük und in Blindenschrift liegen bereits seit Jahrzehnten vor – ein Umstand, der vermuten läßt, daß Latein eben doch eher eine schwierige Sprache ist.

Glossar: *bubulcus* – Cowboy; *carabinum Henrici* – Henrystutzen; *deglubere* – skalpieren; *equus ignivomus* – Feuerroß; *explorator* – Scout; *Facies pallida* – Bleichgesicht; *fustis iaculatorius* – Schießprügel; *incantator* – Medizinmann; *laqueus missilis* – Lasso; *neoceraea* – Greenhorn; *occidens ferus* – der Wilde Westen; *palacurna palaga* – Nugget;

palus cruciatus – Marterpfahl; *Pecus Flumen* – Rio Pecos; *princeps olearius* – der Ölprinz; *saltus venatorii* – Jagdgründe; *Vetus Catabolochir* – Old Shatterhand; *viguamia* – Wigwam; *vir occiduus* – Westmann; *ursus horribilis* – Grizzlybär.

Literatur: Carolus May: *Vinnetu Tomus Tertius. Narratio itineraria quam in Latinum vertit Iohannes Linnartz.* Bamberg 1998.

LATRÉAUMONT

Autoren- → Pseudonym Karl Mays.

LATWESEN, KLAUS HAGEN

Schauspieler und Regisseur (geb. 26.6.1940 Hagen, Westfalen). Zwischen 1965 und 1987 Intendant, Regisseur, Autor, Schauspieler und Winnetou-Darsteller bei den Karl-May-Spielen → Bad Segeberg. 1961-64 schauspielerische Ausbildung an der Hochschule für Musik und Theater in Hannover. Erste Engagements an den Stadttheatern Hof und Bamberg. Niedersachsenmeister im Fünfkampf der Junioren. Sportarten: Reiten, Fechten, Schwimmen, Segeln, Boxen, Wasserski und Judo. Seine Biographie vermerkt: »Braucht kein Double«. Bei den Karl-May-Spielen Bad Segeberg erstmals 1965 in der Rolle von Old Firehands Sohn Harry. 1973 wird ihm der Part des Winnetou übertragen. Seiner Ausstrahlung und seiner sportlichen Darstellung verdanken die Segeberger Spiele einen neuen Besucheraufschwung. Der Schauspieler entwickelt sich zum Spezialisten für Action- und Jugendtheater. 1977-80 organisiert er Tourneen quer durch Deutschland und spielt *Winnetou* und *Der Schut* (»Wir waren knüppeldicke voll«). 1981 wird er nach dem Ausscheiden von → Harry Walther zum Intendanten der Segeberger Spiele berufen. Bis 1987 ist er außerdem als Autor, Regisseur und Winnetou-Darsteller tätig. Während dieser Periode unternimmt er mit Akteuren der Segeberger Spiele im Herbst 1984 eine Gastspielreise mit dem Stück *Unter Geiern* nach Stuttgart, Northeim und Berlin. Seinem Einsatz ist es zuzuschreiben, daß die Zuschauerzahlen in Segeberg von 80.000 auf 160.000 steigen. Als es der Festspielleitung jedoch gelingt, für 1988 den Publikumsmagneten → Pierre Brice zu verpflichten, wird Latwesens Vertrag zum Leidwesen seiner zahlreichen Fans nicht verlängert. Seine Inszenierungen zeichneten sich durch große Karl-May-Nähe aus; er selbst bezeichnete → Wulf Leisner als sein Vorbild. Mit seinem Ausscheiden setzt in Segeberg die Ära des Startheaters ein, wodurch die Besucherzahlen nochmals bis auf das Doppelte ansteigen (1991: 315.000). Der Schauspieler hat seinen unfreiwilligen Abgang nie verschmerzt. Mehr als 20 Jahre lang bestimmte Karl May seine Karriere. Latwesen gehört zu den prägenden Gestalten der Segeberger Karl-May-Spiele. Bis in die 90er Jahre versucht er, allerdings erfolglos, an verschiedenen Orten in Deutschland eine neue Karl-May-Bühne aufzubauen.

Karl-May-Inszenierungen und Rollen in Bad Segeberg: *Old Surehand* (1965, Apanatschka); *Winnetou II* (1966, Harry); *Unter Geiern* (1973, Winnetou); *Das Vermächtnis des Inka* (1974, Haukaropora); (1975, Winnetou); *Der Schatz im Silbersee* (1981, Winnetou); *Winnetou – Der rote Gentleman* (1982, Winnetou); *Old Surehand* (1983,

Winnetou); *Unter Geiern – Die Felsengeier* (1984, Winnetou); *Der Ölprinz* (1985, Winnetou); *Halbblut* (1986, Winnetou); *Winnetou I – Blutsbrüder* (1987, Winnetou). **Tournee Mondon:** *Winnetou* (1977, Winnetou); *Der Schut* (1980, Schut). **Segeberg-Tournee:** *Unter Geiern* (1984, Stuttgart, Northeim, Berlin; Winnetou). **Filme:** *Johannes durch den Wald* (1968, TV); *Auf der Reeperbahn nachts um halb eins* (1969); *Das kann doch unseren Willi nicht erschüttern* (1970); *Der Pfarrer von St. Pauli* (1970); *Sonne, Sylt und kesse Krabben* (1971); *OA jagt Oberärztin* (1999, TV).
Autogrammanschrift: Klaus-Hagen Latwesen, Alte Königstr. 41, D-22767 Hamburg.
Link: http://german.imdb.com/Name?Latwesen,+Klaus+Hagen

LAUBSÄGEARBEITEN

siehe auch: Memorabilia, Merchandising.
Horch mal, wer da sägt! Laubsägevorlagen mit Umrißzeichnungen von Winnetou und Old Shatterhand, nach dem Aussägen eigenhändig zu bemalen. Produziert wurden die sperrhölzernen Westernhelden von der traditionsreichen Modellbaufirma Johannes Graupner (Kirchheim/Teck). 1965 erschienen fünf Motive, zwei weitere 1978, abermals zwei weitere 1980. Allen Computerspielen zum Trotz: Die Laubsägevorlagen werden bis heute angeboten. Rätselhaft, in welchen Kinderzimmern sie aufgestellt werden.
Für Sammler: 1965: *Winnetou* (Bestellnr. 5485 e); *Old Shatterhand* (5486 e); *Winnetou* (5493 f); *Winnetou und Old Shatterhand* (5494 f); *Old Shatterhand* (5505 f). **1978:** *Old Surehand* (5495 e); *Winnetou* (5636 g). **1980:** *Winnetou* (5638 g); *Old Shatterhand* (5639 g).

LAVI, DALIAH

D.i. Daliah Lewinbuk. Schauspielerin und Sängerin (geb. 12.10.1942 Shavei Zion bei Haifa, Israel). Verkörpert 1963 die Rolle der → Paloma in → *Old Shatterhand*. Ihre Geschichte kann sich ein Publicity-Agent nicht besser ausdenken: Die zehnjährige Daliah bittet den Hollywood-Star Kirk Douglas bei Filmaufnahmen in Israel um ein Autogramm. Mit ihrem schwarzen Haar und großen dunkelbraunen Märchenaugen beeindruckt sie ihn derart, daß er einen befreundeten Regisseur auf sie aufmerksam macht. Knapp zehn Jahre später stehen die beiden gemeinsam als Liebe-

Laubsägearbeit »Winnetou und Old Shatterhand«.

spaar vor der Kamera (in *Im Schatten des Giganten*). Durch Vermittlung von Douglas hatte die Tochter einer Berlinerin und eines Russen zuvor ein Stipendium für eine Ballettausbildung am Königlichen Opernhaus in Stockholm erhalten. In Israel arbeitete sie anschließend im zarten Alter von 17 Jahren als Mannequin. 1960 wird sie in einem Café in Haifa von dem jungen Produzenten Raphael Nußbaum angesprochen. Er engagiert sie für seinen Film *Brennender Sand*, der ersten deutsch-israelischen Co-Produktion. Der deutsche Produzent → Artur Brauner wird auf sie aufmerksam und verpflichtet sie für einen *Mabuse*-Film an der Seite von → Lex Barker. 1962 spielt sie in Rolf Thieles leicht frivolem Streifen *Das schwarzweißrote Himmelbett*. Der nach Motiven von Karl May gedrehte Film *Old Shatterhand* markiert den Anfang ihrer internationalen Karriere, in deren weiterem Verlauf sie in Amerika, Deutschland und Frankreich arbeitet. Ab 1969 schließt sich eine zweite Karriere als Sängerin an. Mit Titeln wie *Liebeslied jener Sommernacht*, *Oh, wann kommst du* und *Wer hat mein Lied so zerstört, Ma* kann sie sich wochenlang in den Hitparaden plazieren. Daliah Lavi ist zweimal geschieden und hat einen Sohn Rouven. Sie lebt heute in den USA.

Ausgewählte Filme: *Brennender Sand* (1960); *Im Stahlnetz des Dr. Mabuse* (1961); *Das schwarz-weiß-rote Himmelbett* (1962); *Old Shatterhand* (1963); *Das große Liebesspiel* (1963); *Der Dämon und die Jungfrau* (1963); *Schüsse im Dreivierteltakt* (1965); *Lord Jim* (1965); *Geheimnis im blauen Schloß* (1966); *Leise flüstern die Pistolen* (1966); *Tolldreiste Kerle in ihren rasselnden Kisten* (1967); *Casino Royale* (1967); *Catlow* (1971). **Gesangstitel:** *Oh, wann kommst du* (1970); *Liebeslied jener Sommernacht* (1970); *Wer hat mein Lied so zerstört, Ma* (1971); *Willst du mit mir gehn* (1971); *Meine Art Liebe zu zeigen* (1972); *Nichts haut mich um – aber du* (1975); *Ich wollt' nur mal mit dir reden* (1984).

Link: http://german.imdb.com/Name?Lavi,+Daliah

LEBIUS, RUDOLF

Journalist, Gewerkschafter und Politiker (geb. 4.1.1868 Tilsit, Ostpreußen; gest. 4.4.1946 Berlin). Unerbittlichster Gegner Karl Mays – von diesem selbst schaudernd als »Karl-May-Töter« bezeichnet. Die Bekanntschaft zwischen beiden geht auf das Jahr 1904 zurück: Als Inhaber der chronisch finanzschwachen Dresdner Sonntagszeitung »Sachsenstimme« (später: »Pilatus«) versuchte Lebius, May als Mitarbeiter und Geldgeber zu gewinnen (»Wer am meisten zahlt, der hat uns!«). Da May ablehnte und auch ein anschließender Erpressungsversuch erfolglos blieb (durch Indiskretion Dresdner Beamter hatte Lebius von Mays Vorstrafen erfahren), begann Lebius am 11.9.1904 mit einer bis dahin beispiellosen Pressekampagne gegen den Autor, um ihn auf diese Weise auszuschlachten. Den sich anschließenden Rattenschwanz von öffentlich stark beachteten Beleidigungsprozessen nutzte Lebius, um sich auf Mays Kosten den Nimbus persönlicher Bedeutung zu verschaffen (seit 1906 fungierte Lebius als Vorsitzender des arbeitgeberfreundlichen »Gelben Arbeiterbundes«.) Seinen größten, wenngleich nur kurzen Triumph gegen May feierte Lebius am 12.4.

1910 vor einem Schöffengericht in → Charlottenburg. Nach dem Tod des Erfolgsautors ehrte ihn Lebius in seinem Berliner Monatsblatt *Der Nationaldemokrat* (Mai 1912) mit einer Fotomontage, die May in indianischem Kostüm mit Federschmuck zeigt – danach hat sich Lebius nie wieder über Karl May geäußert.

Werke: *Die Zeugen Karl May und Klara May. Ein Beitrag zur Kriminalgeschichte unserer Zeit.* Berlin-Charlottenburg 1910. Reprint (mit einer Einleitung von Jürgen Wehnert): Lütjenburg 1991. (Veröffentlichungen aus dem Karl-May-Archiv 1). **Literatur:** Siegfried Augustin: *Old Shatterhands Kampf mit der »Brennenden Blume«. Dokumentation eines Zweikampfs.* In: Ders./Walter Henle (Hrsg.): *Vom Old Shatterhand zum Sherlock Holmes. Ein Abenteuer-Almanach.* München 1986.

LEDEBUR, FRIEDRICH VON

Auch: Frederick Ledebur. D.i. Friedrich Graf von Ledebur-Wicheln. Österreichischer Weltenbummler und Schauspieler (geb. 3.6.1900 Nisko; gest. 25.12.1986 Linz, Österreich). Spielt in → *Der Schut* (1964) den »heiligen« Mübarek und in → *Der Schatz der Azteken* (1965) den alten Graf de → Rodriganda. Der Schauspieler ist eine der interessantesten Persönlichkeiten der Karl-May-Filme: Sein weißhaariger Charakterkopf und seine physische Ausstrahlung machen ihn unverwechselbar. Da er jedoch mit seinen kleinen Rollen stets im Schatten der Stars stand, nahm kaum je ein Klatschreporter von ihm Kenntnis. Ledebur ist Angehöriger eines alten österreichischen Adelsgeschlechts. Ausbildung an der Hochschule für Bodenkultur in Wien (Abschluß: Ingenieur). Entwickelt sich zum Weltenbummler und Schauspieler aus Leidenschaft. Spielt kleine, aber immer interessante Rollen in Filmen zwischen Hollywood und Cinecitta, wobei er sich souverän zwischen Kitsch und Kunst bewegt. Bekannt wird er 1956 als tätowierter Queequeg in John Hustons *Moby Dick*. 1956 überträgt Robert Rossen dem passionierten Reiter in *Alexander der Große* das Training der 2000 Pferde. → Lex Barker, mit dem zusammen er 1948 in Hollywood eine winzige Rolle als Bauarbeiter in dem Film *Mr. Blandings Builds His Dream House* gespielt hatte, bringt den »Count« 1964 in *Der Schut* unter. Produzent → Brauner ist von dem Charakterdarsteller so angetan, daß er ihn anschließend für seine Filme *Der Schatz der Azteken* und *Kampf um Rom* engagiert. In seinen letzten Jahren gehört Ledebur zu den Stammschauspielern von Federico Fellini. Ab 1970 lebte er, in zweiter Ehe verheiratet mit Gräfin Alice Hoyos, wieder in Österreich.

Ausgewählte Filme: *Mr. Blandings Builds His Dream House* (1948); *The Great Sinner* (1948); *Moulin Rouge* (1952); *Moby Dick* (1956); *Alexander der Große* (1956); *Die Brüder Karamasov* (1958); *Freud* (1962); *Barabbas* (1962); *Der Schut* (1964); *Der Schatz der Azteken* (1965); *Der Blaue Max* (1966); *Edipo Re – Bett der Gewalt* (1968); *Kampf um Rom* (1968); *Schlachthof 5* (1972); *Nobody ist der Größte* (1975); *Atemlos vor Angst* (1978); *Ginger und Fred* (1986).

Link: http://german.imdb.com/Name?Ledebur,+Frederick

LEDERHOSE

siehe auch: Bayern, München.

In seinem Büchlein *Karl May in der Lederhose* reiht Herbert Schneider (geb. 1922) Karl May unter die Pioniere der Bavarica-Literatur ein. Er beruft sich auf das Alpenepos → *Der Weg zum Glück*, mit dem der Sachse Karl May einen oberbayerischen Roman »aus dem Leben Ludwig II.« geschrieben hat. Das Werk erschien 1886, im Todesjahr des Königs, was sich vermutlich umsatzfördernd ausgewirkt hat. Dem Bayern-Tourismus hat May mit seinem Buch unschätzbare Dienste erwiesen: »Viele Tausende von Sachsen und Norddeutschen haben daraus ihre Vorstellungen über Bayern bezogen; kein Wunder, daß sie bald in zunehmendem Maße angereist kamen, um diese erstaunlichen Seppels und Sennerinnen persönlich kennenzulernen.« Die notwendigen Sprachkenntnisse können sie ebenfalls bei Karl May erwerben; gern verwendete Flüche und Ausrufe sind etwa: *Sapristi – veruseli – verteuxeli – verdimmi verdammi – verbuxbaumi – sappermentski – holldrio juch juch judirullilla juch!* Echte Bayern werden sich verwundert die Ohren reiben. Vermutlich sind Mays Apatschisch- und Arabisch-Kenntnisse auch nicht besser.

Literatur: Herbert Schneider: *Karl May in der Lederhose.* München 1961. (2. Aufl. 1989).

LEE, CHRISTOPHER

Britischer Schauspieler (geb. 27.5.1922 London). Berühmtester Dracula der Filmgeschichte (seit 1958). Ursprünglich von Produzent → Horst Wendlandt vorgesehen als Darsteller des Winnetou in *Der Schatz im Silbersee* (1962). Von der Physiognomie her durchaus vorstellbar. Glücklicherweise wurde gerade noch rechtzeitig → Pierre Brice gefunden, und Lee konnte Dracula bleiben. Wendlandt kannte den Schauspieler von den Aufnahmen zu seinem Edgar-Wallace-Film *Das Geheimnis der gelben Narzissen* (1961). 1974 war er der Obergangster in *James Bond – Der Mann mit dem goldenen Colt.*

Ausgewählte Filme: *Frankensteins Fluch* (1957); *Dracula* (1958); *A Tale of Two Cities* (1958); *Das Geheimnis der gelben Narzissen* (1961); *Das Rätsel der roten Orchidee* (1962); *Sherlock Holmes und das Halsband des Todes* (1962); *Der Dämon und die Jungfrau* (1963); *Das Schloß des Grauens* (1963); *Ich, Dr. Fu Man Chu* (1965); *Das Rätsel des silbernen Dreiecks* (1966); *Die 13 Sklavinnen des Dr. Fu Man Chu* (1966); *Die Schlangengrube und das Pendel* (1967); *Die Pagode zum fünften Schrecken* (1967); *Die Rache des Dr. Fu Man Chu* (1968); *Der Todeskuß des Dr. Fu Man Chu* (1968); *Die lebenden Leichen des Dr. Mabuse* (1969); *Der Hexentöter von Blackmoor* (1969); *Die drei Musketiere* (1973); *James Bond 007 – Der Mann mit dem goldenen Colt* (1974); *Palast der Winde* (1984, TV); *Mio, mein Mio* (1987); *Die Abenteuer des Odysseus* (1997, TV).

Link: http://german.imdb.com/Name?Lee,+Christopher

WALTER LEHNING VERLAG

Verlag für Unterhaltungsliteratur und Comics. Gegründet 1946 in Hannover. Begann 1953 mit der Produktion von Comics. Brachte die erste eigenständige *Karl-May*-Comicserie auf den Markt, die zwischen Februar 1963 und Januar

1965 veröffentlicht wurde (Titel Bd. 1 – 8: *Winnetou* [auf gelber Schriftleiste]. Bd. 9 – 52: *Karl May*). Enthalten waren die Geschichten *Winnetou*, *Kara Ben Nemsi* und *Old Surehand*. Als weitere Heftserie erschien zwischen September 1964 und September 1966 *Winnetou* (Titel auf schwarzer Schriftleiste, Bd. 1 – 20: *Winnetou*. Bd. 21 – 24: *Winnetou. Vereinigt mit ›Karl May‹*. Bd. 25 – 80: *Winnetou. Das einzige Jugendmagazin Deutschlands für Indianerkunde*.) Die *Winnetou*-Heftreihe wiederholte die drei Geschichten der *Karl-May*-Reihe in anderer Zusammenstellung. Beide Serien enthielten neben Karl May auch andere Bildgeschichten. Die Hefte erschienen 14tägig, zeitweise sogar wöchentlich. Zeichner waren → Helmut Nickel (*Winnetou*) und Harry Ehrt (*Winnetou, Kara Ben Nemsi, Old Surehand*). Zusätzlich erschienen Clubartikel, die der Leserbindung dienten: Abzeichen (*Winnetou, Kara Ben Nemsi, Old Surehand*), Wimpel (*Winnetou*), Briefbogen (*Karl-May-Club, Winnetou-Club*), Postkarten (*Winnetou, Kara Ben Nemsi*) und Clubausweis (*Club der Winnetou-Freunde*). Insgesamt veröffentlichte Lehning in der Zeit seines Bestehens über 4.600 Comictitel und fast 4.000 Romanhefte, Zeitschriften und Taschenbücher. Trotz seines gewaltigen Produktspektrums hatte der Verlag nur verhältnismäßig wenige kommerzielle Erfolge. Ende der sechziger Jahre mußte die Firma Konkurs anmelden. Die *Winnetou*-Serie entwickelte sich unter Comic-Liebhabern zum Klassiker. 1989 wurde sie in einer mehrbändigen Buchausgabe vom *Splitter-Verlag* nachgedruckt.

Reprint der Karl-May-Geschichten: Helmut Nickel: *Winnetou. Nach Karl May*. 9 Bände. München: Splitter 1989-1994. (= Nachdruck der Lehning-Serie.) **Literatur:** Siegmar Wansel (Hrsg.): *Illustrierte Deutsche Comic Geschichte. Bd. 6 und Bd. 11: Walter Lehning Verlag*. Köln 1987/1989. **Comic-Buchhandel:** Trivial Book Shop, Kurt Werth, Davenstedter Str. 123, D-30453 Hannover.

LEIBGERICHT

Brathuhn mit Reis. Das aß Karl May am liebsten. In seinem *Kostbuch*, wie es zur Jahrhundertwende in vielen Haushalten geführt wurde, hat der Autor peinlich genau seine Speisewünsche festgehalten. In der Woche vom 5. bis 12. Februar (vermutlich 1906) gab es: *Leber oder Rindsroulade mit Kartoffelbrei; Petersilien-*

Lehning-Verlag: Der legendäre »Winnetou«-Comic.

wurzel mit Möhren oder Semmel; Karpfen mit Rotkraut; Wirsingkohl mit Fleisch, z.B. Koteletts; Milchhirse, Sirup, Butterbohnen; Kalbsbraten. Und natürlich: *Brathuhn mit Reis.*

Literatur: Horst Scharfenberg: *Zu Gast an fremden Feuern. Das Karl-May-Kochbuch.* Bamberg 1975.

LEIPNITZ, HARALD

Schauspieler (geb. 22.4.1926 Wuppertal). Spielte zweimal überzeugend den Bösewicht in Karl-May-Filmen: den aalglatten Ölprinzen in → *Der Ölprinz* (1965) und den eiskalten Banditenchef Silers in → *Winnetou und sein Freund Old Firehand* (1966). Seine Karriere begann 1963 mit dem Film *Die endlose Nacht*, für den er den Bundesfilmpreis bekam. Den Durchbruch erlebte er 1965 mit dem Krimi-Dreiteiler *Die Schlüssel* nach Francis Durbridge, der ihm die Tür zu weiteren Filmprojekten öffnete. Rückkehr zu Karl May 1987 mit einer kleinen Rolle in *Zärtliche Chaoten*: Dort spielte er neben → Pierre Brice als Winnetou und → Thomas Gottschalk als Möchte-Gern-Old-Shatterhand den enervierten Regisseur eines Karl-May-Films.

Ausgewählte Filme: *Die endlose Nacht* (1963); *Die Gruft mit dem Rätselschloß* (1964); *Die Banditen vom Rio Grande* (1965); *Die Schlüssel* (1965, TV); *Mädchen hinter Gittern* (1965); *Der Ölprinz* (1965); *Der unheimliche Mönch* (1965); *Winnetou und sein Freund Old Firehand* (1966); Sperrbezirk (1966); *Lieselotte von der Pfalz* (1966); *Playgirl* (1966); *Die dreizehn Sklavinnen des Dr. Fu Man Chu* (1966); *Die blaue Hand* (1967); *Herrliche Zeiten im Spessart* (1967); *Zuckerbrot und Peitsche* (1968); *Frau Wirtin hat auch einen Grafen* (1968); *Justine* (1968); *Lady Hamilton – Zwischen Schmach und Liebe* (1969); *Der Kerl liebt mich und das soll ich glauben?* (1969); *Bengelchen liebt kreuz und quer* (1969); *Ich schlafe mit meinem Mörder* (1970); *Die blutigen Geier von Alaska* (1973); *Alle Menschen werden Brüder* (1973); *Gott schützt die Liebenden* (1973); *Vier gegen die Bank* (1976, TV); *Das chinesische Wunder* (1977); *Kir Royal* (1986, TV); *Zärtliche Chaoten* (1987); *Das Karussell des Todes* (1996, TV).

Schallplatte: *Ich klopf' heut' nacht an deine Tür.* Polydor (1967).

Autogrammadresse: Harald Leipnitz, Poschinger Str. 12, D-81679 München.

Link: http://german.imdb.com/ Name? Leipnitz,+Harald

Harald Leipnitz als »Der Ölprinz« (1965).

LEIPZIG

Karl-May-Stadt. Ort einer der frühen Straftaten Karl Mays. Am 20.3.1865 mietet er als »Notenstecher Hermin« ein Zimmer und kauft bei einem Kürschnermeister einen Biberpelz; er tritt dabei unter dem Namen → Hermes auf. Bei der Lieferung des Pelzes in seine Wohnung entfernt er sich damit. Durch eine ahnungslose Mittelsperson läßt er das Kleidungsstück am 21.3. in einem Leihhaus versetzen. Als er den Erlös am 27.3. abholen lassen will, wird er nach einem Handgemenge festgenommen. Dabei sei ihm, wie das polizeiliche Protokoll vermerkt, ein Beil »unter dem Rocke vorgeglitten«. Am 8.6.1865 wird er wegen drei Betrugstaten vom Bezirksgericht Leipzig zu vier Jahren und einem Monat Arbeitshaus verurteilt. – Im August 1902 hält sich May mit Ehefrau Emma und Klara Plöhn im *Hotel Hauffe* am Roßplatz auf (existiert nicht mehr). Es kommt zu schweren ehelichen Auseinandersetzungen. – 1943 wird bei den ersten Bombenangriffen auf die Messestadt das große Leipziger Lager des Karl-May-Verlags nahezu vernichtet. – 1983 liefert der Leipziger *Kommissions- und Großbuchhandel (LKG)* das erste Karl-May-Buch der DDR *(Winnetou Band I)* aus.

LEISNER, WULF

Regisseur und Autor (geb. 1907 Itzehoe; gest. 1977 Krefeld). Von 1954 bis 1970 Intendant der Karl-May-Spiele → Bad Segeberg. Zusammen mit dem Stadtoberinspektor → Hans-Heinrich Köster prägende Gestalt der Segeberger Spiele. Schrieb Textbücher, führte Regie und entdeckte wichtige Darsteller wie → Heinz Ingo Hilgers (Winnetou). Große Bedeutung für die Entwicklung des Karl-May-Theaters allgemein. Unter seiner Ägide kommt es zu einer bedeutenden Ausweitung der Stoffe (zuvor wurden im wesentlichen nur die Stücke *Winnetou* und *Der Schatz im Silbersee* aufgeführt). Nie wieder gibt es später so viele Erst-Dramatisierungen von Karl-May-Romanen. Leisners Inszenierungen halten sich eng an die Mayschen Vorlagen, wobei er besonders auf ethnologische Genauigkeit achtet (originale Indianertänze und -musik). Die Stücke sind gekennzeichnet durch einen hohen Dialoganteil (erst Mitte der 70er Jahre setzt der Trend zum Action-Theater ein). Nach seinem Weggang von Bad Segeberg versucht Leisner 1971, mit ehemaligen Mitarbeitern in → Mülheim a.d. Ruhr noch einmal ein neues Karl-May-Theater aufzubauen. Der großangelegte Versuch scheiterte jedoch.

Karl-May-Aufführungen: In *Bad Segeberg*: *Der Schatz im Silbersee* (1954, Intendanz, Regie); *Hadschi Halef Omar* (1955, Intendanz, Buch, Regie); *In den Schluchten des Balkan* (1956, Intendanz, Buch, Regie); *Winnetou* (1957, Intendanz, Regie); *Der Schatz im Silbersee* (1958, Intendanz, Buch, Regie); *Hadschi Halef Omar* (1959, Intendanz, Buch, Regie); *In den Schluchten des Balkan* (1960, Intendanz, Buch, Regie); *Der Ölprinz* (1961, Intendanz, Buch, Regie); *Unter Geiern* (1962, Intendanz, Buch, Regie); *Durch die Wüste* (1963, Intendanz, Buch, Regie); *Der Schatz im Silbersee* (1964, Intendanz, Buch, Regie); *Old Surehand* (1965, Intendanz, Buch, Regie); *Winnetou II – Ribanna und Old Firehand* (1966, Intendanz, Buch, Regie); *Unter Geiern – Der Sohn des Bärenjägers* (1967, Intendanz, Buch, Regie); *In den Schluchten des Balkan* (1968, Intendanz, Buch, Regie); *Die Felsenburg* (1969, Intendanz, Buch, Regie); *Der Ölprinz* (1970, Intendanz, Buch, Regie); *In den Schluchten des Balkan* (1972, Buch); *Old Surehand* (1975, Buch). **In *Mülheim a.d. Ruhr*:** *Old Shatterhand und Winnetou – Das Geheimnis der Bonanza* (1971).

LESER

Wer liest eigentlich Karl May? Seine frühen Romane gelangten ursprünglich als Leseheftchen zu den kleinen Leuten (→ Kolportage). Er stieg auf zum populären Autor des mittleren und gehoben Bürgertums. Nur einige Romane waren vom Autor ausdrücklich »für die Jugend« bestimmt – wie alt die auch immer war. Nach seinem Tod begann der Karl-May-Verlag, ihn zeitgemäß als → *Volksschriftsteller* zu etablieren. Die Masse seiner Leser waren jedoch Jugendliche. In den 50er und 60er Jahren gab es in den Jugendbuchabteilungen der Buchhandlungen und Warenhäusern eigene Karl-May-Regale. Heute sind die jugendlichen Leser wahrscheinlich in der Minderzahl (aktuelle Untersuchungen fehlen allerdings). Eher ist es wohl so, daß ein Großteil der Karl-May-Käufer »Nostalgie-Leser« sind, die das rauschhafte Leseerlebnis der Pubertät im Selbstversuch wiederholen wollen (generell erfolglos) oder die Bücher an Kinder und Enkel verschenken (meist wirkungslos).

Literatur: Rudolf Schenda: *Volk ohne Buch.* Frankfurt/M. 1970.

»DIE LETZTE SPUR« (HÖRSPIEL)

Frühes Karl-May-Hörspiel von → Günter Eich. Unter der Regie von Harald Braun vom *Reichssender Berlin* ausgestrahlt am 30.3.1937 (25. Todestag Mays).

Letzte Worte: Karl Mays Tod mit Rosen in Syberbergs »Karl May« (1974).

LETZTE WORTE

»Um 7 Uhr abends legte er sich schlafen, setzte aber seine Selbstgespräche in einem undeutlichen Murmeln fort. Gegen 8 Uhr richtete er sich plötzlich im Bett auf, sah mit leuchtenden Augen, die nichts von seiner Umgebung zu fassen schienen, in die Ferne und sagte mit klarer Stimme: ›Sieg, großer Sieg, ich sehe alles rosenrot!« (Karl-May-Verleger → Euchar Albrecht Schmid 1916 über »May's Heimgang«. Zur Todesstunde weilte allein → Klara May bei ihrem Mann.)

LEUCHTENBERG

Gemeinde in Bayern. 1992 und 1993 wurde im Rahmen der Burgfestspiele das Karl-May-Stück *Der Keryhof* (nach einer Episode aus → *Der Weg zum Glück*; bearb: GWB 68 *Der Wurzelsepp*) aufgeführt. Die Volkstheater-Aufführung erhielt begeisterte Kritiken, hatte aber einen nicht zu unterschätzenden Nachteil: Nur Einheimische konnten was verstehen.

LICHTBURG

Kino in Essen, Kettwiger Straße. Deutschlands größter historischer Filmpalast mit 1664 Sitzplätzen. In den fünfziger und sechziger Jahren unter der Leitung von Heinrich Jaeck und Ilse Menz Deutschlands bedeutendstes Premierenkino. Veranstaltungsort der Welturaufführungen von → *Winnetou 2. Teil* (1964) und → *Winnetou 3. Teil* (1965), außerdem glanzvolle Premieren mit Starbesuch bei → *Unter Geiern* (1964) und → *Winnetou und das Halbblut Apanatschi* (1966). Nirgends war die Karl-May-Begeisterung der sechziger Jahre größer als hier im Revier.

Literatur: *70 Jahre Lichtburg Essen 1928 – 1998.* [Festschrift] Essen 1998. – *30 Jahre Lichtburg Essen 1950 – 1980.* [Festschrift] Essen 1980. – Thomas Bertram (Hrsg.): *Der rote Korsar. Traumwelt Kino der fünfziger und sechziger Jahre.* 1998.

»DIE LIEBE DES ULANEN« (BUCH)

»Original-Roman aus der Zeit des deutsch-französischen Krieges«. Kolportageroman von Karl May. 1983-85 erschienen in der Zeitschrift *Deutscher Wanderer* im Verlag von → *H.G. Münchmeyer* (Dresden). Im selben Verlag in Heftform (1900-01) und als Buchausgabe (1901-02) veröffentlicht. 1905-06 erscheint eine illustrierte Ausgabe im Verlag von → *A. Fischer* (Dresden). Einzeltitel: *Die Herren von Königsau*, *Napoleons letzte Liebe*, *Der Kapitän der Kaisergarde*, *Der Spion von Ortry*, *Durch Kampf zum Sieg*. Zentrales Thema ist das Schicksal der Familie von Königsau, das über drei Generationen hinweg von 1814 bis 1871 dargestellt wird. Die zahlreichen Handlungsfäden werden zusammengehalten durch die Figur des preußischen Ulanenrittmeisters Richard von Königsau, der sich in Marion de Sainte-Marie verliebt, sie aus dem Kerker rettet und vor der Vergewaltigung von Oberst de Rallion bewahrt. Die beiden verloben sich schließlich.

Literatur: Karl May: *Der Weg nach Waterloo* (= GWB 56), *Das Geheimnis des Marabut* (= GWB 57), *Der Spion von Ortry* (GWB 58), GWB 59 *Die Herren von Greifenklau* (= GWB 59).

LIMBACH-OBERFROHNA

Gemeinde in Sachsen, nahe Chemnitz. In der Gaststätte Wünschmann ließ Karl May am 31.5.1869 fünf Billardkugeln im Wert von 20 Talern mitgehen, was dem heutigen Hotel *Lay-Haus* (ein Neubau) zur Ehre gereicht.

LINDE

Hersteller von Modellfiguren aus Weichplastik. In den sechziger Jahren erschienen zahlreiche Figuren (mindestens 34), die teilweise den → Hausser-Figuren nachempfunden waren. Sie hatten eine Höhe von 7 cm und waren in der Gestaltung gröber als die Figuren der Konkurrenz.

Einige Linde-Figuren: *Winnetou, Old Shatterhand, Sam Hawkens, Klekih-petra, Rattler, Poller.*

Literatur: Malte Ristau: *Aufstellfiguren nach Karl May.* In: Figuren-Magazin 2 (1995).

LINDEBERG, CARL

Maler und Grafiker (geb. 1876 Schweden; gest. 27.5.1961 Stockholm). Gilt neben → Zdenek Burian als der klassische Karl-May-Maler. Schuf Titelbilder zu den → Gesammelten Werken und, als Krönung seiner Arbeit, rund 350 Szenendarstellungen (entstanden Mitte der dreißiger Jahre). Lindeberg, der bei einer deutschen Firma in → Radebeul arbeitete, war 1918 von Karl-May-Verleger → Euchar Albrecht Schmid entdeckt worden. 1945, nach der Zerstörung Dresdens, kehrte der fast 70jährige nach Schweden zurück, blieb Karl May aber weiterhin verbunden. Seine Szenendarstellungen erlebten große Verbreitung in Form von Sammelbildern. In den sechziger Jahren brachte die Fernsehzeitschrift *Gong* seine Zeichnungen als Bilderstrip.

Literatur: *Karl May in Bildern. Geschichten aus dem Wilden Westen.* Luzern und Frankfurt/M. o.J. *Karl May in Bildern. Geschichten aus dem Orient.* Luzern und Frankfurt/M. o.J. (Die Bücher enthalten eine Auswahl der Sammelbilder als Reproduktionen.)

Sir David Lindsay: Gerhard Hoenisch bei den Karl-May-Spielen Bad Segeberg 1963.

LINDEN, ERNST VON

Autoren- → Pseudonym Karl Mays.

LINDSAY, SIR DAVID

Romanfigur, erscheint vor allem in → *Durch Wüste und Harem,* → *Durchs wilde Kurdistan, Von Bagdad nach Stambul, In den Schluchten des Balkan, Durch das Land der Skipetaren* und *Der Schut*. Spleeniger englischer Lord mit grenzenlosem Selbstbewußtsein, dabei aber tapfer und von verläßlicher Freundschaft gegenüber Kara Ben Nemsi. – Einen historischen Namensvetter hat die literarische Figur in David Lindsay (1856 – 1922), einem Mitglied der Royal Geographic Society in London, der als Landvermesser und Forscher in Australien tätig war. – Im Kinofilm wird Lindsay verkörpert von → Theo Lingen (mit preußischer Akuratesse) in → *Die Sklavenkarawane* (1958) und → *Der Löwe von Babylon* (1959) sowie von → Dieter Borsche (manchmal wirklich witzig) in → *Der Schut* (1965), → *Durchs wilde Kurdistan* → und *Im Reiche des silbernen Löwen* (1965). Im Fernsehen gespielt von Eduard Wiemuth in der nicht ausgestrahlten Serie → *Mit Karl May im Orient* (1963) und Ferdy Mayne (stilvoll und nicht, wie so oft, zur Karikatur verzerrt) in → *Kara Ben Nemsi Effendi* (1973/75).

LINGEN, THEO

D. i. Theodor Schmitz. Schauspieler und Regisseur (geb. 10.6.1903 Hannover; gest. 10.11.1978 Wien, Österreich). Spielte unter spanischer Sonne den großkarierten → Sir David Lindsay in → *Die Sklavenkarawane* (1958) und → *Der Löwe von Babylon* (1959). Sein erstes Theaterengagement hatte Lingen 1921 an der *Schauburg* in Hannover. Nach seinem Debüt schrieb ein Kritiker: »Der junge Schauspieler mit seiner pfiffigen Dümmlichkeit, den auffallenden Propellerohren und der näselnden Aussprache scheint ein komisches Genie zu sein.« Der hatte allerdings ganz andere Ziele und wollte sein Publikum als Tragöde erobern. Doch er ergab sich bald seinem Schicksal und spielte ab 1933 ausschließlich komische Rollen. Spezialisiert war er auf näselnde Diener und tollpatschige Würdenträger. In 24 Filmen trat er gemeinsam mit Hans Moser auf. War der Lieblings-

Theo Lingen in »Die Sklavenkarawane« (1958).

schauspieler von Curt Goetz, → Bertolt Brecht und → Adolf Hitler. Mit Goebbels geriet er in Konflikt, da seine Frau Halbjüdin war und er es ablehnte, sich von ihr zu trennen. Bewunderer, die ihn auf der Straße ansprachen, um »etwas Witziges« zu hören, beschied er: »Verzeihen Sie bitte. Aber ich bin heute sozusagen gewissermaßen quasi eventuell kaum gleichsam für niemand zu sprechen...« In den beiden Karl-May-Filmen meistert der Schauspieler seine Aufgabe gewohnt professionell, ist aber im Grunde eine Fehlbesetzung. Eine bessere Figur hätte er vermutlich in der Rolle des kauzigen Vogelkundlers Pfotenhauer gemacht. Der *Cinegraph* hält Lingens Karl-May-Auftritt gar für eine Selbstdemontage, die »nicht ohne Peinlichkeit« sei.

Ausgewählte Filme: *M – Eine Stadt sucht einen Mörder* (1931); *Das Testament des Dr. Mabuse* (1933); *Ich heirate meine Frau* (1934); *Der Tanz auf dem Vulkan* (1938); *Das indische Grabmal* (1938); *Opernball* (1939); *Rosen in Tirol* (1940); *Wiener Blut* (1942); *Glück muß man haben* (1945); *Um eine Nasenlänge* (1949); *Der Theodor im Fußballtor* (1950); *Der Mustergatte* (1956); *Drei Mann auf einem Pferd* (1957); *Ein Lied geht um die Welt* (1958); *Die Sklavenkarawane* (1958); *Der Löwe von Babylon* (1959); *Pension Schöller* (1960); *Eine Frau fürs ganze Leben* (1960); *Die Gans von Sedan* (1960); *Tonio Kröger* (1964); *Zum Teufel mit der Penne* (1968); *Die Lümmel von der ersten Bank* (1968); *Wir hau'n die Pauker in die Pfanne* (1970); *Die Feuerzangenbowle* (1970); *Hilfe, die Verwandten kommen* (1971); *Die tollen Tanten schlagen zu* (1972); *Immer Ärger mit Hochwürden* (1972); *Hauptsache Ferien* (1972); *Lady Dracula* (1977). **Literatur:** Theo Lingen: *Ich über mich. Interview eines Schauspielers mit sich selbst.* Velber 1963. – Theo Lingen: *Komiker aus Versehen.* München/Wien 1986.

Link: http://german.imdb.com/Name?Lingen,+Theo

LINGEN VERLAG

Im Lingen Verlag (Köln) erschien in den Jahren 1978-1980 eine 21-bändige Ausgabe *Karl May Reiseerzählungen*. Diese von Ulrich Riemerschmidt bearbeitete Serie (ohne Bandnumerierung) umfaßt die wichtigsten Amerika- und Orientromane Mays und wurde weitgehend außerhalb des Buchhandels (in Zeitungsgeschäft u.ä.) vertrieben.

LIPPE, JÜRGEN VON DER

Entertainer und Showmaster. Karl-May-Fan. Sammelt Karl May in der → Radebeuler Ausgabe. Fragt in seinen Sendungen auch schon mal Karl-May-Experten aus.

LITAUEN

Karl May kann in dem kleinen baltischen Staat auf eine zuverlässige Leserschaft bauen. Als erste litauische Karl-May-Ausgabe erschien 1929 *Durch die Wüste* (3 Bde., Übersetzung: Jonas Valeitis). Bis 1940 folgten sieben weitere Übersetzungen. Unter kommunistischer Herrschaft waren weitere Veröffentlichungen nicht möglich. Im Zeichen von Perestroika und Glasnost kam es ab 1986, also noch unter sowjetischer Oberhoheit und vor der staatlichen Unabhängigkeit (1991), zu einer Karl-May-Renaissance. Seitdem erschienen die Bände *Winnetou I* (1986), *Winnetou II* (1988), *Winnetou III* (1989), *Der Schatz im Silbersee* (1993), *Der Geist des Llano Estacado* (1993), *Der Sohn des Bärenjägers* (1994), *Das Vermächtnis des Inka* (1999). Ein Zeichen der litauischen Karl-May-Begeisterung ist ein eigenes kleines Karl-May-Museums, das seit 1994 in zwei Räumen des *Landesmuseums Kelme* existiert (aufgebaut von Henrikas Paulauskas).

Anschrift des Karl-May-Museums: Landesmuseum Kelme, Dvaro 5, 5470 Kelme, Republik Litauen.

LLANO ESTACADO

Span. »abgesteckte Ebene«. Wüstenähnliches Gebiet in Texas und New Mexico (USA). Handlungsort in → *Der Geist des Llano Estacado*. Durch → Geier-Banditen werden die wegweisenden Pfähle umgesteckt und nichtsahnende Siedler in die Falle gelockt. Wurde im Film *Unter Geiern* (1964) in Jugoslawien nachgestaltet. Die amerikanische Universitätsprofessorin und Karl-May-Expertin Meredith McClain (Lubbock, Texas) veranstaltet für Karl-May-Fans Reisen zum echten Llano Estacado.

Werke: Karl May: *Unter Geiern* (= GWB 35). **Literatur:** Meredith McClain: *Karl Mays Llano estacado und die Wirklichkeit heute.* In: Jb-KMG 1994.

Links: Der Llano Estacado in Jugoslawien (»Unter Geiern«, 1965).
Rechts: Erich Loest liest seinen Karl-May-Roman in Ägypten.

LOEST, ERICH

Schriftsteller (geb. 24.2.1926 Mittweida). Die Stimme Sachsens in der deutschen Gegenwartsliteratur. Schrieb den Karl-May-Roman → *Swallow, mein wackerer Mustang* (1980). Sohn eines Kaufmanns. Gegen Kriegsende zur Wehrmacht eingezogen. 1947 bis 1950 Redakteur bei der *Leipziger Volkszeitung*. Seit 1950 freier Schriftsteller. Gerät durch DDR-kritische Äußerungen in Mißkredit. 1953 Ausschluß aus dem Schriftstellerverband. 1957-64 Häftling im berüchtigten Zuchthaus Bautzen. Kann ab 1966 wieder publizieren, hat aber weiterhin Probleme mit der Staatsführung und siedelt 1981 in die Bundesrepublik über. Lebt seit 1990 wieder in Leipzig. Zahlreiche Auszeichnungen. Erste literarische Beschäftigung mit Karl May bereits in *Pistole mit 16*. Im Rahmen seiner Funktion als *Stadtschreiber von Mainz* verfaßt er für das ZDF den Filmessay *Karl May reist zu den lieben Haddedihn* (1998, mit → Peter Sodann als Karl May).

Werke: *Pistole mit 16. Erzählungen*. Hamburg 1979. *Swallow, mein wackerer Mustang. Karl-May-Roman*. Leipzig 1996 (erstmals 1980). *Es geht seinen Gang oder Mühen in unserer Ebene* (1978). *Durch die Erde ein Riß. Ein Lebenslauf*. Hamburg 1991. *Völkerschlachtdenkmal* (1984). *Nikolaikirche* (1995, auch verfilmt). **Film:** *Karl May reist zu den lieben Haddedihn* (6.9.1998 ZDF).

Autogrammadresse: Erich Loest, Schkeuditzer Str. 23, D-04155 Leipzig.

LOM, HERBERT

D. i. Herbert Charles Angelo Kuchacevich ze Schluderpacheru. Schauspieler (geb. 9.1.1917 Prag, Österreich-Ungarn). Spielt den Cornel → Brinkley in → *Der Schatz im Silbersee* (1962). Ist die finsterste Banditengestalt der Karl-May-Filme und schwere Konkurrenz für den Oberschurken → Mario Adorf in → *Winnetou 1. Teil* (1963). Lom, in Tschechien geboren, kam mit Rolls Royce und Chauffeur zum Drehort; ein bescheidener Luxus angesichts der Tatsache, daß im Hotel des Drehstabs die einzige Dusche nur stundenweise funktionierte. Zum Weltstar wurde er allerdings nicht durch Karl May, sondern durch die *Pink-Panther*-Serie, in der er den regelmäßig im Wahnsinn endenden Kommissar Dreyfus spielt.

Ausgewählte Filme: *Die schwarze Rose* (1950); *Ladykillers* (1955); *Operation Tiger* (1957); *Spartacus* (1960); *El Cid* (1961); *Das Rätsel der unheimlichen Maske* (1962); *Der Schatz im Silbersee* (1962); *Ein Schuß im Dunkeln* (1964); *Onkel Toms Hütte* (1965); *Die Nibelungen: Krimhilds Rache* (1966); *Das Bildnis des Dorian Gray* (1970); *Hexen bis aufs Blut gequält* (1970); *Der rosarote Panther kehrt zurück* (1974); *Inspector Clouseau – Der beste Mann bei Interpol* (1976); *Inspector Clouseau – Der irre Flic mit dem heißen Blick* (1978); *Der rosarote Panther wird gejagt* (1982); *Der Fluch des rosaroten Panthers* (1983); *Quatermain – Auf der Suche nach dem Schatz der Könige* (1985); *Ein Papst zum Küssen* (1991); *Der Sohn des rosaroten Panthers* (1994).

Link: http://german.imdb.com/Name?Lom,+Herbert

LONDON

Reiseziel Karl Mays und seiner Frau Klara im November / Dezember 1908. Wahrscheinlich ist, daß die Reise am 28.11. begann und am 6.12. endete. In London besucht May neben traditionellen Touristenorten das Britische Museum und erwirbt in einem indischen Laden exotische Ausstattungsstücke für die → »Villa Shatterhand«. Der eigentliche Grund der Reise ist jedoch der Versand unzähliger Postkarten, mit denen bei Lesern und Redakteuren in Deutschland der Eindruck erweckt werden soll, Karl May kehre jetzt erst von seiner (tatsächlich nur kurzen) → Amerikareise zurück.

Literatur: *In fernen Zonen. Karl Mays Weltreisen.* Bamberg 1999 (= GWB 82).

LORIOT

D.i. Vicco von Bülow. Karikaturist, Schauspieler (geb. 12.11.1923 Brandenburg). Karl-May-Fan: »Ich interessiere mich für Karl May, Puccini und Operntenöre.«

LOW, BRUCE

D.i. Ernst Bjelke. Holländischer Schlagersänger und Schauspieler (geb. 26.3.1913 Paramaribo, Surinam; gest. 4.3.1990 München). Spielte den Old Shatterhand 1966 und 1968 in der → Deutschlandhalle Berlin und 1975 in der Stadthalle → Wien. Der Vater lebte als Missionar in Surinam. Nach Umzug in die Niederlande während der Schulzeit Amateurmusiker und Schauspieler. Kam als Abiturient nach Berlin, wo er sich das Geld für sein Gesangsstudium als Chorsänger in Operetten verdiente. Erste Erfolge als Schlagersänger in den 50er Jahren. War später vor allem als Schauspieler und Journalist tätig. In den 70er Jahren Comeback als Sänger mit religiösen Titeln, die er mit suggestiver Stimme vorzutragen verstand. An die Karl-May-Aufführungen erinnert er sich: »Meine Auftritte in der Deutschlandhalle haben mir immer Spaß gemacht. Das Berliner Publikum geht so richtig mit. Als ich einmal bei *Winnetou* mit meinem Pferd stürzte, rief jemand vom Rang: ›Bruce, steigst du immer so ab?‹«

Karl-May-Aufführungen: In *Berlin*: *Winnetou* (1966); *Der Schatz im Silbersee* (1968). **In *Wien*:** *Winnetou* (1975). **Gesangstitel:** *Wenn die Sonne scheint in Texas* (1956); *Geisterreiter* (1958); *Das alte Haus von Rocky Docky* (1958); *Noah* (1971); *Das Kartenspiel* (1974); *Die Legende von Babylon* (1978).

»DER LÖWE VON BABYLON« (FILM)

Kinofilm (D/Sp 1959) Mit Helmuth Schneider (Kara Ben Nemsi), Georg Thomalla (Hadschi Halef Omar), Theo Lingen (Sir David Lindsay), Fernando Sancez (Professor Ignaz Pfotenhauer), Rafael Luis Calvo (Säfir), Mara Cruz (Säfa), Pilar Cansino (Irida), Pedro Giménez (Ikbal). Produzenten: Heinz Neubert (DCF), Jesus Saiz. Regie: Johannes Kai, Ramón Torrado. – *Inhalt:* Kara Ben Nemsi und Hadschi Halef Omar legen einer Schmugglerbande das Handwerk und geben einem Vater seine verschollenen Kinder wieder. – *Der Karl-May-Fan meint:* Dunkle Verliese und geheime Grüfte verursachen angenehmen Nervenkitzel. Nach Karl Mays *Bei den Trümmern von Babylon* frei, aber mit Wiedererkennungseffekt inszeniert.

Video: EuroVideo

Link: http://www.movieline.de/c/display.n/DATA0028701

LÖWEN, P. VAN DER

Autoren- → Pseudonym Karl Mays.

LUDWIG, ROLF

Deutscher Schauspieler (geb. 28.7.1925 Stockholm, Schweden; gest. 27.3.1999 Berlin). Hauptrolle in → *Das Buschgespenst* (1986), dem ersten Karl-May-Fernsehfilm in der DDR überhaupt. Der in der DDR sehr populäre Schauspieler (»Rolli«) tritt als → Gustav Brandt alias *Fürst des Elends* in zahlreichen Masken und Verkleidungen auf und narrt seine Gegner als Bettler, Wurzelgnom oder Kräuterweiblein. Seine schauspielerische Leistung in dem Film brachte ihm höchste Anerkennung ein. In seinen Memoiren mit dem Titel *Nüchtern betrachtet* berichtet er, wie kurz vor den Dreharbeiten seine Frau verstarb und für ihn »eine Hölle« begann. Der Schauspieler (»Ich bin kein Trinker, ich bin ein Suffkopp«) erlitt 1993 einen Herzinfarkt und mußte sich einer schweren Herzoperation unterziehen. 1995 konnte man den 70jährigen noch einmal in einem herausragenden TV-Film sehen: der Verfilmung des → Erich-Loest-Romans *Nikolaikirche*.

Ausgewählte Filme: *Sommerliebe* (1955); *Das Feuerzeug* (1959); *Das Leben beginnt* (1960); *Viel Lärm um Nichts* (1964); *Kleiner Mann – was nun?* (1967); *Der Streit um den Sergeanten Grischa* (1968, TV); *Lotte in Weimar* (1974); *Die Legende von Paul und Paula* (1974); *Zünd an, es kommt die Feuerwehr* (1978), *Levins Mühle* (1980); *Die Grünstein-Variante* (1984, TV); *Das Buschgespenst* (1986, TV); *Sansibar oder Der letzte Grund* (1987, TV); *Nikolaikirche* (1995, TV).

Link: http://german.imdb.com/Name?Ludwig,+Rolf+(I)

LUGOSI, BÉLA

D.i. Béla Ferenc Dezcö Blasko. Schauspieler (geb.1882 Lugos, Ungarn; heute: Lugoj, Rumänien; gest. 16.8.1956). Der berühmteste Dracula der Filmgeschichte spielte in seinen Anfängen in den beiden Karl-May-Stummfilmen → *Die Todeskarawane* (1920) und → *Die Teufelsanbeter* (1921). Die Filme wurden in Berlin gedreht; Lugosi hielt sich dort auf, weil er aus seiner Heimat vor den Kommunisten geflüchtet war. 1921 wandert er in die USA aus und spielt in dem Bühnenstück *Dracula* die Titelrolle (1930 verfilmt). Diese Rolle prägte sein Image auf Dauer, obwohl er im Film nur noch ein einziges Mal einen Vampir dargestellt hat (in *Abbott und Costello treffen Frankenstein*). Der lange Zeit drogenabhängige Lugosi stirbt 1956 während der Dreharbeiten zu *Plan 9 aus dem Weltall*, dem angeblich schlechtesten Film aller Zeiten.

Ausgewählte Filme: *Casanova* (1918); *Die Todeskarawane* (1920); *Die Teufelsanbeter* (1920); *Lederstrumpf 1. Teil: Der Wildtöter und Chingachgook* (1920); *Lederstrumpf 2.*

Teil: Der letzte der Mohikaner (1920); *Der Januskopf* (1920); *Tanz auf dem Vulkan* (1921); *Apachenrache* (1921); *Das Zeichen des Vampirs* (1935); *Der Rabe* (1935); *Tödliche Strahlen* (1936); *Ninotschka* (1939); *Der Wolfsmensch* (1941); *Der Leichendieb* (1945); *Abbott und Costello treffen Frankenstein* (1948); *Die Rache des Würgers* (1956); *Plan 9 aus dem Weltall* (1958). **Literatur:** Gary und Susan Svehla: *Bela Lugosi.* Baltimore, Maryland 1995.

Link: http://german.imdb.com/Name?Lugosi,+Bela

LYRIK

»Als lyrischen Dichter müssen wir uns Herrn May verbitten!« formulierte der Literaturkritiker Hermann Cardauns im Jahr 1902. Tatsache ist, daß nur wenige May-Normalverbraucher wissen, daß der Verfasser spannender Abenteuerbücher auch gedichtet (und komponiert) hat. Insofern sind seine Gedichte durchaus eine Entdeckung. Ein Gottfried Benn ist aus Karl May jedoch nie geworden, und trotz einiger technischer Fertigkeit sind die Elaborate meist allzusehr zeitverhaftet, als daß sie den Leser wirklich berühren könnten. In der 1988 erschienenen DDR-Ausgabe von *Himmelsgedanken* wird May etwas mokant als »sächsisches Kehlchen« bezeichnet (analog zum »schlesischen Schwan« Friederike Kempner). Was den Verlag nicht hinderte, neben der normalen Ausgabe für 11.80 Mark eine gediegene Lederausgabe für 58 Mark herauszugeben.

Werke: Karl May: *Himmelsgedanken.* Freiburg i. Br. 1900 (= GWB 49 *Lichte Höhen*). **Literatur:** Walter Schönthal: *Karl May als Lyriker.* Sonderheft KMG 76 (1988). – Christoph F. Lorenz: *»Als lyrischen Dichter müssen wir uns Herrn May verbitten«. Anmerkungen zur Lyrik Karl Mays.* In: Jb-KMG 1982.

M

MACHU PICCHU

Inkafestung in → Peru. Rätselhafte heilige Stadt über dem Tal des Urubamba-Flusses. Erscheint in dem Karl-May-Film → *Das Vermächtnis des Inka* (1966). Bei Karl May kommt sie nicht vor. Kann sie auch nicht. Sie wurde erst 1911 von dem Amerikaner Hiram A. Bingham entdeckt.

MACKE, AUGUST

Maler (geb. 3.1.1887 Meschede; gefallen 26.9.1914 in der Champagne). Karl-May-Fan. Malte May-inspiriert »Indianer mit Pferden«.

MADISON, GUY

D.i. Robert Ozell Moseley. Schauspieler (geb. 19.1.1922 Bakersfield, California, USA; gest. 6.2.1996 Palm Springs, California, USA). Stellt in → *Old Shatterhand* (1964) als *Captain Bradley* einen Bösewicht in Uniform dar. Zwei Jahre spielt er die Heldenrolle in → *Das Vermächtnis des Inka* (1966), wo er als → *Jaguar* → Lex Barker Konkurrenz macht. Der gutaussehende Schauspieler wurde erstmals von David O. Selznick in dem Film *Since you went away* (1944) eingesetzt. Auf den legendären Hollywood-Produzenten geht auch der Künstlername Guy Madison zurück: der »guy«, nach dem sich die Mädchen gern umdrehen. Den Grundstein seiner Karriere legt er mit seinem Auftritt in der amerikanischen

Guy Madison in »Das Vermächtnis des Inka« (1966).

TV-Serie *Die Abenteuer von Wild Bill Hickock*, die von 1951 bis 1958 lief. Wie viele US-Schauspieler geht er in den 60er Jahren nach Rom, wo er in einigen Kolossal- und Kostümfilmen mitwirkte. Der Bekanntschaft mit → Lex Barker verdankt er seine Rolle in *Old Shatterhand*, die zu seinen größten Leinwanderfolgen zählt. *BRAVO* berichtete: »Er kann reiten und schießen wie der Teufel, und im Bogenschießen ist er beinahe unerreicht.« Er trat anschließend noch in zahlreichen mittelmäßigen → Italo-Western und Kriegsfilmen auf, bis er in den 70er Jahren in die USA zurückkehrt. Seine letzte große Rolle ist ein Auftritt in einer TV-Version von Howard Hawks *Red River*. Die Jahre vor seinem Tod sind überschattet von langen Krankheiten. Der Schauspieler, der zweimal verheiratet war, starb 1996 im Alter von 74 Jahren in Palm Springs an einem Emphysem.

Filme: *Testpiloten* (1955); *Präriebanditen* (1956); *Draußen wartet der Tod* (1956); *Die Männer um Hilda Crane* (1956); *Das Teufelsweib von Montana* (1958); *La Schiava di Roma* (1960); *Old Shatterhand* (1964); *Der Henker von Venedig* (1964); *Das Geheimnis der Lederschlinge* (1964); *Sandokan und der Leopard* (1964); *Die Rache des Sandokan* (1964); *Schnelle Colts für Jeannie Lee* (1964); *Die Abenteurer von Tortuga* (1965); *Das Vermächtnis des Inka* (1966); *Die unerbittlichen Fünf* (1966); *Die Satansbrut des Colonel Blake* (1968); *Seine Winchester pfeift das Lied vom Tod* (1968); *Bleigewitter* (1970); *The Love Boat* (1979, TV); *Red River* (1988, TV).

Link: http://german.imdb.com/Name?Madison,+Guy

MAFFAY, PETER

Rockmusiker. Ehrenhäuptling der Karl-May-Spiele → Bad Segeberg. Trägt den Namen: »Der mit Liedern Herzen gewinnt«.

MALER

siehe: Askin, Firuz; Bergen, Claus; Burian, Zdenek; Dill, Klaus; Dömken, Carl Heinz; Lindeberg, Carl; Macke, August; Schneider, Sascha; Werner, Selmar.

MALI ALAN

Bergmassiv des Velebit in Kroatien, im Hinterland von Zadar. Von der Straße Maslenica – Obrovac (Abzweigung nach Sveti Rok) führt die Paßstraße auf den majestätischen Tulove-Grede-Gipfel, der unter anderem die charakteristische Kulisse des → Nugget Tsil in den Winnetou-Filmen abgegeben hat. Auf der schwer zugänglichen Vorderseite des Gipfels wurde 1965 Winnetous Sterbeszene gedreht, um die eine ähnliche Geheimniskrämerei veranstaltet wurde wie heute um eine neue *Star Wars*-Episode. Das Gelände ist teilweise vermint, da sich während des Kroatien-Krieges hier Stellungen der Kraijina-Serben befanden. Räumkommandos gibt es nicht, die Bergbauern verlassen sich auf ihre Schafe.

Karl-May-Filme, die am Mali Alan gedreht wurden: *Winnetou 1. Teil* (1963); *Unter Geiern* (1964); *Winnetou 3.* Teil (1965); Old *Surehand 1. Teil* (1965); *Winnetou und das Halbblut Apanatschi* (1966).

MARAH DURIMEH

Romanfigur. Kurden-Fürstin, über hundert Jahre alt. Erscheint in → *Durchs wilde Kurdistan*, → *Im Reiche des silbernen Löwen* und *Ardistan und Dschinnistan* sowie im Drama → *Babel und Bibel*. Verbirgt sich hinter dem *Ruh 'i Kulyan* (»Geist der Höhle«), an den sich die Menschen wenden, wenn sie Hilfe brauchen. In Mays eher mütterlich fixiertem Spätwerk allegorische Gestalt (»Menschheitsseele«), die Frieden stiftet und gleichrangig neben Winnetou steht. – Erscheint im Film → *Im Reiche des silbernen Löwen* (1965) als Großmutter von → Ingdscha (gespielt von → Anne-Marie Blanc).

Literatur: Hartmut Vollmer: *Marah Durimeh oder Die Rückkehr zur ›großen Mutter‹*. In: Heinz Ludwig Arnold (Hrsg.): *Karl May*. München 1987 (Sonderband text + kritik). – Hans Wollschläger: *»Die sogenannte Spaltung des menschlichen Innern, ein Bild der Menschheitsspaltung überhaupt.« Materialien zu einer Charakteranalyse Karl Mays*. In: Jb-KMG 1972/73.

MARATHON

Auf einem *Karl-May-Marathon* im Rahmen der *Wortkomm*-Messe in Köln wurde am 15.8.1998 das komplette Buch *Winnetou I* vorgelesen. Zu der Aktion hatten sich weitaus mehr Lesewillige gemeldet, als der veranstaltende WDR gebrauchen konnte. Ein Querschnitt der Veranstaltung wurde am 5.11.1998 gesendet.

MARHEINECKE, REINHARD

Karl-May-Fan (geb. 12.5.1955 Hamburg), der als Hobbyautor Karl Mays Figuren wiederauferstehen läßt und seine Romane im Selbstverlag vertreibt.

Werke: *Die Jagd des Old Shatterhand* (1994), *Der Mestize und der Skalpjäger* (1995), *An den Ufern des Missouri* (1995), *Winnetou und der alte Richter* (1996), *Der Goldschatz der Badlands* (1997), *Der Eisenbahnbaron* (1998), *Winnetous Testament Bd. 1* (zusammen mit Jutta Laroche, 1999). **Hörbücher:** *Das Geheimnis der blauen Rose* 1, 2 (1998). **Über die Karl-May-Spiele Bad Segeberg:** *Karl May am Kalkberg* (1999; zusammen mit Nicolas Finke).

MARISCHKA, FRANZ

Ps.: Francois Petit. Filmregisseur, Autor, Produzent (geb. 2.7.1918 Unterach am Attersee, Österreich). Enkel des Operettenkomponisten Victor Leon und Halbbruder von Georg Marischka. Produzierte 1966 den Karl-May-Film → *Das Vermächtnis des Inka*. Marischka war 1939 nach England emigriert. Nach dem Zweiten Weltkrieg kommt er als Offizier der US-Besatzungstruppen nach Deutschland. Ab 1952 Wohnsitz in München. Dreijahresvertrag als Autor bei der → Constantin-Film. In den 50er und 60er Jahren erfolgreich als Regisseur seichter Lustspiele im Alpen-Ambiente. In den 70er Jahren einer der Protagonisten der Sexwelle im deutschen Kino. Erreichte Höhepunkt mit *Liebesgrüße aus der Lederhose* (1974). *Das Vermächtnis des Inka* blieb sein einziger Ausflug

ins Western-Milieu. Das Thema »Karl May« kommt allerdings noch einmal als ironische Anspielung in seiner 1982 gedrehten Klamotte *Ein dicker Hund* vor.
Einige Filme: *Mikosch im Geheimdienst* (1959); *Am Sonntag will mein Süßer mit mir segeln geh'n* (1961); *Allotria in Zell am See* (1963); *Das Vermächtnis des Inka* (1966); *Der Mann mit dem goldenen Pinsel* (1969); *Laß jucken, Kumpel* (1972); *Liebesgrüße aus der Lederhose* (1974); *Drei Lederhosen in St. Tropez* (1980); *Ein dicker Hund* (1982); *Dirndljagd am Kilimandscharo* (1983); *Sunshine Reggae auf Ibiza* (1983).
Link: http://german.imdb.com/Name?Marischka,+Franz

MARISCHKA, GEORG

Filmregisseur und Autor (geb. 29.6.1922, Wien, Österreich; gest. 9.8.1999, München). War der wohl beste Karl-May-Kenner im deutschen Filmbetrieb. Drehte 1958 in Spanien seinen ersten Karl-May-Film → *Die Sklavenkarawane*. Schrieb für Produzent → Artur Brauner die Drehbücher zu → *Der Schut* (1964), → *Der Schatz der Azteken* (1965) und → *Die Pyramide des Sonnengottes* (1965). Produzierte 1966 gemeinsam mit seinem Halbbruder → Franz Marischka → *Das Vermächtnis des Inka*. Es war der einzige Film der Karl-May-Welle, in dem weder Lex Barker noch Pierre Brice mitspielten. Ein weiteres Karl-May-Projekt unter dem Titel *Der schwarze Gerard* kam nicht mehr zustande. Der Napoleon-Spezialist war verheiratet mit der Schauspielerin Ingeborg Schöner. Aus einer anderen Beziehung stammt die Tochter Carolin Ohrner.
Filme (wenn nicht anders angegeben, als Regisseur): *Die Sünderin* (1951, Drehbuchautor); *Hanussen* (1955); *Die Sklavenkarawane* (1958, auch Drehbuch); *Mit Himbeergeist geht alles besser* (1960); *Axel Munthe – Der Arzt von St. Michele* (1962); *Der Schut* (1964, Drehbuch); *Der Schatz der Azteken* (1965, Drehbuch); *Die Pyramide des Sonnengottes* (1965, Drehbuch); *Das Vermächtnis des Inka* (auch Drehbuch). **Als Schauspieler:** *Die Akte Odessa* (1974); *Lieb Vaterland magst ruhig sein* (1974); *Monaco Franze* (1983, TV); *Kir Royal* (1986, TV); *Der Rosengarten* (1989); *Die schnelle Gerdi* (1989, TV); *Forsthaus Falkenau* (1989, TV); *Schtonk* (1992); *Willi und die Windzors* (1996, TV).
Link: http://german.imdb.com/Name?Marischka,+Georg

MARKENRECHT

siehe auch: Memorabilia; Merchandising; Warenzeichen.
Die Namen »Winnetou« und »Old Shatterhand« haben nicht nur magischen Klang, sondern sind auch bares Geld wert. Der Fan darf sie ehrfurchtsvoll aussprechen, eine kommerzielle Verwendung bedarf jedoch der Genehmigung durch den jeweiligen Rechteinhaber. Seit 1995 gilt in Deutschland das neue Markenrecht, das es jedem ermöglicht, beim Deutschen Patentamt (München) die Eintragung eines Namenspatents zu beantragen. Seither ist ein gewaltiger Markt entstanden, in dem es selten ohne Streit abgeht. Umstritten ist vor allem das »bizarre Phänomen« (*DER SPIEGEL*), daß sich clevere Zeitgenossen die Namen von toten Berühmtheiten patentieren lassen, um sie gewinnbringend nutzen oder wieder veräußern zu können. So sind etwa folgende Namen geschützt: Johann Sebastian Bach, Ludwig van Beethoven, Theodor Fontane,

Martin Luther, Friedrich Nietzsche, Friedrich von Schiller und Frank Sinatra. Der → Karl-May-Verlag hat zahlreiche Figurennamen unter seine Kontrolle gebracht; auch der Name »Karl May« darf kommerziell nicht ohne Zustimmung des KMV verwendet werden.

MARTERPFAHL

Ist bei den Indianern das, was im Mittelalter die »Eiserne Jungfrau« war. Kommt bei Karl May in finaler Funktion praktisch nicht vor. Die berühmteste Marterpfahlszene: Old Shatterhand und seine Freunde → Sam Hawkens, → Will Parker und Dick Stone am Pfahl bei den Apatschen in *Winnetou I*. Das rettende Gottesurteil verhütet Schlimmeres. – Keineswegs alle Indianerstämme stellten ihre Gefangenen an Marterpfähle. Bei den Prärieindianern war er ungebräuchlich. Dagegen waren die Irokesen und → Apatschen als fürchterliche Marter-Experten verrufen. Die Marter galt als tödliche Mutprobe und rituelle Handlung, nicht als Folter zur Erzwingung von Geständnissen.

MATHÄSER-FILMPALAST

In den 60er Jahren bedeutendes Uraufführungskino in → München (Bayerstraße). Ort zahlreicher Premieren der Winnetou-Filme mit → Pierre Brice, → Lex Barker und → Stewart Granger. Riesengedränge wie in besten Kinozeiten. Wurde im März 1997 stillgelegt und 1999 endgültig abgerissen. An seine Stelle tritt ein Multiplex-Kino.

MATTEL

1976 brachte die US-Spielwarenfirma Mattel (»Barbie«) ein Abenteuerfiguren-Set *Karl May* heraus. Die Figuren hatten nicht das romantische Aussehen wie die früheren → Elastolin-Modelle, sondern orientierten sich in ihrer kantigen Gestaltung an amerikanischen Action-Helden (»Big Jim«). Trotz großem Werbeaufwand wurde die Serie ein Flop; den Figuren fehlte jegliche May-Aura, auch

Vorankündigungsannonce zur Uraufführung von »Old Shatterhand« im Mathäser-Filmpalast in München (1964).

wollte kaum jemand die astronomischen Preise zahlen (*Winnetou auf Pferd* für stattliche 457 Mark).

Wichtige Produkte der Karl-May-Serie (Bestellnummer und Bezeichnung): 00-9404: *Winnetou*; 00-9405: *Old Shatterhand*; 00-9414: *Old-Shatterhand-Ausstattung*; 00-9415: *Winnetou-Ausstattung*; 00-9497: *Old Firehand*; 00-9498: *Old Surehand*; 00-9499: *Bloody Fox*; 90-7383: *Pferd Iltschi*; 90-7384: *Pferd Hatatitla*.

MAVERICK

D.i. Dirk Gläsner. Country- und Schlagersänger (geb. 26.6.1964 Leverkusen). Winnetou-Fan. Komponist, Texter und Interpret des nostalgischen Karl-May-Songs *Mein Freund Winnetou* (1995, produziert von Peter Orloff). Uraufgeführt auf dem Karl-May-Fest 1996 in Radebeul. – Als *Maverick* bezeichneten Cowboys ein Rind, das kein Brandzeichen trug. Es galt als herrenlos und gehörte demjenigen, der es zuerst mit dem Lasso einfing.

Für Sammler: Maverick: *Mein Freund Winnetou*. TMK 006413.

Autogrammadresse: Maverick, c/o Dirk Gläsner, Franz-Kail-Str. 9, D-51375 Leverkusen.

MAY, CHRISTIANE WILHELMINE

Geb. Weise. Mutter Karl Mays (geb. 11.4.1817 Hohenstein; gest. 15.4.1885 Ernstthal). Absolvierte eine Hebammenausbildung und ermöglichte durch ihre Einkünfte die Augenoperation ihres erblindeten Sohns. »Meine Mutter war eine Märtyrerin, eine Heilige, immer still, unendlich fleißig, trotz unserer eigenen Armut stets opferbereit für andere, vielleicht noch ärmere Leute. Sie war ein Segen für jeden, mit dem sie verkehrte, vor allen Dingen ein Segen für uns, ihre Kinder.« (1910)

MAY, EMMA LINA

Geb. Pollmer. Erste Ehefrau Karl Mays (geb. 22.11.1856 Hohenstein; gest. 13.12.1917 Arnsdorf bei Dresden). Uneheliche Tochter von Emma Ernestine Pollmer. Die Mutter stirbt zwölf Tage nach der Geburt, die Gestalt des Vaters, angeblich ein Barbiergeselle, bleibt im Dunkeln. Das Kind wächst beim Großvater Christian Gotthilf Pollmer auf. Karl May verliebt sich 1876 in die »schwarzhaarige, vollbusige Lokalschönheit« (Gunter G. Sehm) und heiratet sie am 17.8.1880 in Ernstthal. Die Ehe zwischen der lebenslustigen jungen Frau und dem 14 Jahre älteren Schriftsteller verläuft unglücklich und wird nach dramatischen Krisen am 4.3.1903 in Dresden geschieden. Karl May heiratet wenige Wochen später seine langjährige Sekretärin Klara Plöhn, die der spiritismusgläubigen Emma zuvor einen »Geisterbrief« geschickt hatte und sie damit zur Einwilligung in die Scheidung bewegen konnte.

Literatur: Fritz Maschke: *Karl May und Emma Pollmer. Die Geschichte einer Ehe*. Bamberg 1973.

MAY, HEINRICH AUGUST

Vater Karl Mays (geb. 18.9.1810 Ernstthal; gest. 6.9.1888 Ernstthal). Webergeselle in Ernstthal. War vermutlich ein außereheliches Kind. May berichtet über ihn: »Mein Vater war ein Mensch mit zwei Seelen. Die eine Seele unendlich weich, die andere tyrannisch, voll Übermaß im Zorn, unfähig, sich zu beherrschen. Er besaß hervorragende Talente, die aber alle unentwickelt geblieben waren, der großen Armut wegen. Er hatte nie eine Schule besucht, doch aus eigenem Fleiße fließend lesen und sehr gut schreiben gelernt. Er besaß zu allem, was nötig war, ein angeborenes Geschick... Er konnte geradezu herzgewinnend sein, doch hatten wir selbst in den heitersten und friedlichsten Augenblicken das Gefühl, daß wir auf vulkanischem Boden standen und von Moment zu Moment einen Ausbruch erwarten konnten. Dann bekam man den Strick oder den ›Hans‹ so lange, bis Vater nicht mehr konnte.« (1910)

MAY, JOHANNE CHRISTIANE

Geb. Kretzschmar. Großmutter Karl Mays väterlicherseits (geb. 15.9.1780 Ernstthal; gest. 19.9.1865 Ernstthal). Im Unterschied zur »Hohensteiner Großmutter« (Großmutter mütterlicherseits) »Ernstthaler Großmutter« genannt. Die »Märchengroßmutter«. Las den Kindern der Familie Märchen vor, nach dem Bericht Mays vor allem aus einem »Der Hakawati« betitelten Buch. Entzündete die Phantasie des jungen Karl und prägte ihn: »Großmutter erzählte eigentlich nicht, sondern sie schuf; sie zeichnete; sie malte; sie formte. Jeder, auch der widerstrebendste Stoff gewann Gestalt und Kolorit auf ihren Lippen. Und wenn zwanzig ihr zuhörten, so hatte jeder einzelne von den zwanzig den Eindruck, daß sie das, was sie erzählte, ganz nur für ihn allein erzähle. Und das haftete; das blieb. Mochte sie aus der Bibel oder aus ihrer reichen Märchenwelt berichten, stets ergab sich am Schluß der innige Zusammenhang zwischen Himmel und Erde, der Sieg des Guten über das Böse und die Mahnung, daß alles auf Erden nur ein Gleichnis sei, weil der Ursprung aller Wahrheit nicht im niedrigen, sondern nur im höheren Leben liege.« (1910)

MAY, KARL

siehe auch unter: Karl May.

MAY, KARL FRIEDRICH

Schriftsteller (geb. 25.2.1842 Ernstthal; gest. 30.3.1912 Radebeul). Geboren als fünftes von 14 Kindern des Webers → Heinrich August May und seiner Frau → Christiane Wilhelmine May geb. Weise. Die Familie lebt in großer materieller Not, zehn der Kinder sterben kurz nach der Geburt. Vermutlich erblindet Karl May in frühester Kindheit aufgrund von mangelhafter Ernährung, erlangt aber nach einer Operation die Sehkraft wieder. Als 14jähriger wird er 1856 als Proseminarist in das Lehrerseminar → Waldenburg aufgenommen. Weil er kurz vor Weihnachten einige Talgkerzen an sich nimmt, wird er von der Anstalt verwiesen. Es ist ihm aber möglich, seine Ausbildung in Plauen fortzusetzen, wo er im September 1861 die Lehramtsprüfung besteht. May ist kurzzeitig Hilfslehrer in → Glauchau, danach Fabrikschullehrer in Altchemnitz. Am 26.12.1861 wird er in Hohenstein unter der Anschuldigung verhaftet, einem Zimmergenossen eine Taschenuhr, eine Tabakspfeife und eine Zigarrenspitze entwendet zu haben. Er wird zu einer sechswöchigen Gefängnisstrafe verurteilt, die er 1862 in → Chemnitz verbüßt. Bei der Musterung im

Karl May.

selben Jahr wird er für untauglich befunden. 1863 wird ihm die Erlaubnis entzogen, im Schuldienst tätig zu sein. Daraufhin begeht er bis 1865 mehrere Diebstähle und Betrügereien. Er wird gefaßt und zu einer Arbeitshausstrafe von vier Jahren und einem Monat verurteilt, die er ab Juni 1865 im Zwickauer Gefängnis Schloß Osterstein verbüßt. Wegen guter Führung wird er im November 1868 vorzeitig entlassen, begeht aber kurze Zeit später neue Straftaten. Im Juli 1870 wird er verhaftet, kann aber bei einem Lokaltermin seine Fesseln sprengen und entkommen. Er wird in Nordböhmen aufgegriffen und zu vier Jahren Zuchthaus verurteilt. Die Strafe verbüßt er in vollem Umfang von Mai 1870 bis Mai 1874 im Zuchthaus → Waldheim. Nach seiner Entlassung bietet ihm der Dresdner Verleger → Heinrich Gotthold Münchmeyer 1875 eine Stelle als Redakteur an. May gründet die Zeitschriften *Deutsches Familienblatt* und *Schacht und Hütte*. In der Erzählung → *Old Firehand* tritt im gleichen Jahr erstmals der Apatschenhäuptling Winnetou auf. 1876 lernt May in Ernstthal seine spätere Frau → Emma Pollmer kennen. Der erste Roman *Der beiden Quitzows letzte Fahrten* erscheint 1876/77 als Zeitschriftenabdruck. 1877 trennt sich May von Münchmeyer und wird freier Schriftsteller. 1879 muß er eine dreiwöchige Haftstrafe wegen Amtsanmaßung verbüßen. Es ist sein letztes Delikt, danach wird er nicht mehr straffällig. Am 17.8.1880 heiratet May Emma Pollmer. Er ist mittlerweile Mitarbeiter des → *Deutschen Hausschatz*, dem er über Jahre verbunden bleibt. In dieser Zeitschrift erscheint ab 1881 sein großer Orient-Zyklus → *Giölgeda Padishanün*. 1882-87 schreibt May für Münchmeyer fünf umfangreiche → Kolportageromane, die ihm später heftige Angriffe eintragen. Zwischen 1887 und 1897 verfaßt er für die Knabenzeitschrift → *Der gute Kamerad* acht umfangreiche Erzählungen »für die Jugend«, die zu seinen beliebtesten Werken zählen, darunter → *Der Schatz im Silbersee* und → *Der Ölprinz*. 1890 ziehen Karl und Emma May von Dresden nach Niederlößnitz (später ein Ortsteil von → Radebeul). 1891 schließt der inzwischen bekannte Schriftsteller einen Vertrag mit dem Freiburger Verleger → Friedrich Ernst Fehsenfeld; ab 1892 erscheinen dort *Karl May's Gesammelte Reiseromane*, die Mays Popularität weiter steigern. 1896 bezieht das Ehepaar die → »Villa Shatterhand« in → Radebeul. 1899 bis 1900 unternimmt Karl May eine große → Orientreise, auf der ihn zum Teil seine Frau und das befreundete Ehepaar Klara und → Richard Plöhn begleiten. Auf dieser Reise erlebt der Schriftsteller einen seelischen Umbruch. Danach ist er nicht mehr der alte. Er schreibt »symbolisch«. Nach Radebeul zurückgekehrt, erfährt er, daß der Verleger → Adalbert Fischer seine bei Münchmeyer erschienenen Kolportageromane erneut herausbringt. Wegen des unberechtigten Nachdrucks erhebt May 1901 Klage gegen Fischer. Damit beginnt eine Serie von Prozessen, die sich praktisch bis zu seinem Lebensende hinzieht. Am 14.1.1903 wird die Ehe von Karl und Emma May geschieden. Der Schriftsteller heiratet → Klara Plöhn geb. Beibler, die Witwe seines Freundes Richard Plöhn. 1904 wird der Journalist → Rudolf Lebius zu Mays erbittertstem Gegner und macht publik, daß der Autor vorbestraft ist. May muß sich an verschiedenen Fronten verteidigen, worunter seine

Gesundheit zusehends leidet. 1908 bricht er zusammen mit Klara zu seiner zweiten großen Reise auf, die ihn nach Nordamerika führt. Die Eindrücke fließen in seine letzte große Reiseerzählung *Winnetou IV* ein. April 1910 wird Lebius, der behauptet hatte, May sei ein »geborener Verbrecher«, vom → Charlottenburger Amtsgericht freigesprochen, die wohl demütigendste Niederlage im Leben Mays. Erst in der Berufungsverhandlung wird Lebius wegen Beleidigung zu 100 Mark Geldstrafe verurteilt. Am 22.3.1912 hält der Schriftsteller vor 3000 Zuhörern im Wiener → Sophiensaal eine Rede mit dem Thema: → »Empor ins Reich der Edelmenschen«. Das Publikum spendet ihm emphatischen Beifall. Auf der Reise zieht er sich eine Erkältung zu. Karl May stirbt am 30.3.1912 in Radebeul an Herzversagen. Er wird am 3.4. auf dem Radebeuler Friedhof beigesetzt.

Literatur: Hans Wollschläger: *Karl May in Selbstzeugnissen und Bilddokumenten.* Reinbek bei Hamburg 1965. – *Karl May. Grundriß eines gebrochenen Lebens.* Zürich 1976. – Martin Lowsky: *Karl May.* Stuttgart 1987. – Thomas Ostwald: *Karl May – Leben und Werk.* 4. Auflage Braunschweig 1977. – Hermann Wohlgschaft: *Große Karl May Biographie.* Paderborn 1994.

MAY, KARL

Deutsch-kanadischer Maler und Bildhauer (geb. 1901 Reinowitz; gest. o.A.), dem seine Namensgleichheit mit dem berühmten Autor völlig gleichgültig geblieben ist.

Literatur: Rolf Italiaander: *Karl May.* O.O. (Quebec) 1967.

Karl May.

MAY, KAROLINE WILHELMINE
siehe: Selbmann, Karoline Wilhelmine.

MAY, KLARA
Geb. Beibler, verw. Plöhn (geb. 4.7.1864 Dessau; gest. 31.12.1944 Radebeul). Frau des mit Karl May befreundeten Textilfabrikanten Richard Plöhn; arbeitete viele Jahre als Mays Sekretärin. Nach dem Tod ihres Mannes heiratete sie den Schriftsteller, der sich von seiner Frau Emma scheiden ließ, am 30.3.1903. Als wiederum früh Verwitwete (May starb am 30.3.1912) wurde sie zur eigenwilligen Nachlaßverwalterin, die auch vor der Vernichtung von Dokumenten nicht zurückschreckte, um das ihr vorschwebende Bild eines »heiligen« Karl May in der Öffentlichkeit durchzusetzen. Sie betrieb die Gründung des → Karl-May-Verlags und die Einrichtung eines → Karl-May-Museums. Im Alter stand sie dem Nationalsozialismus nahe und wurde Mitglied der NSDAP. 1938 wollte sie Mays Roman *Und Friede auf Erden!* im Sinne der Nazi-Ideologie »überarbeiten« lassen – ein Unterfangen, das der Verleger → Euchar A. Schmid abwenden konnte. Zu Karl Mays hundertstem Geburtstag 1942 ließ sie ihren »halbjüdischen« ersten Mann, an dessen Seite Karl May beerdigt worden war, exhumieren und einäschern, um am May-Mausoleum auf dem Radebeuler Friedhof eine nationale Feierstunde mit Naziprominenz veranstalten zu können – ein Vorhaben, das sich immerhin nicht erfüllte.
Werke: *Mit Karl May durch Amerika.* Radebeul 1931; *Unter dem Hakenkreuz um die Erde.* In: *Freiheitskampf.* 1934. **Literatur:** Christian Heermann: *Karl May, der Alte Dessauer und eine »alte Dessauerin«.* Dessau 1990. – Siegfried Augustin: *Klara May.* In: *Lexikon der Reise- und Abenteuerliteratur.* 33. Lieferung. 1996.

MAY, PAUL
D.i. Paul Ostermayr. Filmregisseur (geb. 8.5.1909 München; gest. 1976). Regisseur von → *Winnetou und das Halbblut Apanatschi* (1966). Wurde nach vierzehn Tagen durch → Harald Philipp ersetzt, weil er das Drehpensum nicht bewältigte. Entstammte einer berühmten Münchner Film-Dynastie. Spezialist für Heimat- und Soldatenfilme (größter Erfolg: die *08/15*-Serie). In den 60er Jahren inszenierte er publikumswirksame TV-Mehrteiler nach Romanen von Francis Durbridge *(Melissa).* War es Karl May, der ihn zu seinem Pseudonym inspirierte?
Filme: *Der Edelweißkönig* (1939); *Waldrausch* (1939); *08/15* (1954); *08/15 2. Teil* (1955); *08/15 in der Heimat* (1955); *Weißer Holunder* (1957); *Und ewig singen die Wälder* (1959); *Heimat, deine Lieder* (1959); *Soldatensender Calais* (1960); *Via Mala* (1961); *Waldrausch* (1962); *Scotland Yard jagt Dr. Mabuse* (1963); *Acht Stunden Zeit* (1965, TV); *Die Schlüssel* (1965, TV); *Melissa* (1966, TV); *Mittsommernacht* (1970).
Link: http://german.imdb.com/Name?May,+Paul

MAYSTER

Vorsicht, Humor. Für manchen Fan ist es das liebste Kosewort. Journalisten zeigen damit, daß sie sich auskennen. Kann man nicht mehr hören.

MEDAILLEN

Nicht Wertanlage, sondern Fanartikel, auch wenn von den Anbietern bisweilen der gegenteilige Eindruck erweckt wird. In den 70er und 80er Jahren erschienen in größerem Umfang Medaillen mit Karl-May-Motiven. Es handelt sich um Sammlerprägungen, die in Feinsilber, Gold oder Kupfer aufgelegt waren. Neben Einzelprägungen wurden drei umfangreiche Medaillen-Serien von den Firmen *Dr. Ising* und *Sir Rowland Hill* sowie dem Karl-May-Liebhaber *Ekkehard Fröde* (teilweise im Auftrag des → Karl-May-Hauses) angeboten. Ein Unikum ist eine sogenannte *CD-Medaille* von Ekkehard Fröde aus dem Jahr 1993. Auf dem Avers sind abgebildet Karl May, Martin Böttcher und Lex Barker. Das Revers enthält in einer Vertiefung eine herausnehmbare CD mit der *Old-Shatterhand-Melodie* von Martin Böttcher.

Für Sammler: ***Serie »Dr. Ising«:*** 12 Medaillen in Feinsilber oder Gold, Durchmesser 40 mm. Avers: Reliefportrait von Karl May nach Entwurf von Carl Beyer. Revers: Karl-May-Figuren nach Zeichnungen des Malers Zdenek Burian. ***Serie »Ekkehard Fröde«:*** 18 Medaillen in Kupfer, Silber oder Gold, Durchmesser 40 mm. Motive: u.a. Karl-May-Haus, Karl-May-Museum, Karl-May-Höhle, 80 Jahre Karl-May-Verlag, 155. Geburtstag Karl May, 70. Todestag Sascha Schneider. Die ersten Medaillen erschienen noch zu DDR-Zeiten. ***Serie »Sir Rowland Hill«:*** 24 Medaillen in Silber, Durchmesser 40 mm. Avers: Karl-May-Portrait, »150 Jahre Karl May«. Revers: die berühmtesten Karl-May-Figuren. **Literatur:** Christian Heermann, Alfred Klein, Gerhard Schley: *Karl May. Katalog Medaillen und Plaketten.* Neustrelitz 1994.

Das Medium-Terzett: Die Karl-May-Sänger (1964).

MEDIUM-TERZETT

Gesangstrio aus dem Wiehengebirge. Karl-May-Sänger. Gegründet 1960. Sicherte 35 Jahre lang die musikalische Grundversorgung in deutschen Landen. Unauffällig, liebenswürdig, beständig. Größter Hit: *Ein Loch ist im Eimer*. Bekannt geworden jedoch mit den Titeln *Der Schatz im Silbersee, Winnetou* und *Lebewohl, Winnetou*. Mitglieder: Lothar Nitschke, (geb. 26.5.1932 Breslau), Wilfried Witte (geb. 1.3.1935 Voxtrup), Helmut Niekamp (geb. 7.5.1933 Voxtrup). Traten in Afrika, Japan, Skandinavien, Rußland, Kanada, Nord- und Südamerika auf, besonders gern aber im *Blauen Bock*. Erhielten für *Winnetou* 1964 den *Bronzenen Löwen* von Radio Luxemburg und 1994 den → *Scharlih* von → Karl-May-Archiv und → Karl-May-Stiftung. 1999 starb der Chef Helmut Niekamp. Zwei Jahre zuvor sagten die langjährigen Männerfreunde auf die Frage, was wäre, wenn einer von ihnen ausfiele: »Das wäre wohl das Ende des Medium-Terzetts. Einen Ersatz können wir uns nicht vorstellen.«

Gesangstitel: *Der ganze Kahn ist voller Heimweh* (1961); *Der Schatz im Silbersee* (1963); *Winnetou* (1963); *Buffalo Bill* (1964); *Lebewohl, Winnetou* (1965); *Ein Loch ist im Eimer* (1968); *Drei Chinesen mit dem Kontrabaß* (1968). **Literatur:** Siegmund Helms: *Schlager in Deutschland.* Wiesbaden 1972.

Link: http://online.prevezanos.com/schlager/m/medium.shtml

MEDIZIN

Wo gehauen, geritten und geschossen wird, da wimmelt es von Verletzten. Karl Mays Romane sind eine Fundgrube für Mediziner. In seiner 1972 erschienenen Dissertation *Die Medizin in Karl Mays Amerika-Bänden* versucht Gert Asbach ernsthaft eine Bestandsaufnahme aller medizinischen Phänomene bei Karl May, was natürlich nur als Parodie enden kann. May, der selber gern Arzt geworden wäre (Karl → Sternau), erweist sich als Anhänger der sanften Medizin und der Homöopathie und empfiehlt (in *Old Surehand*) für die Wundbehandlung die Heilkräuter *Tschitutlischi* und *Disbitar' ntscho*: »Ich habe beide Pflanzen, die wahrhaft Wunder wirken, nicht in Deutschland, auch nicht im Osten der Vereinigten Staaten gefunden. Die Apachen nennen, außer den zwei schon aufgeführten Namen, das eine wie das andere Kraut *Schis-inteh-tsi*, zu deutsch Indianerpflanze, und behaupten, es sei ein Geschenk des großen Geistes für seine roten Söhne, und werde mit ihnen einst aussterben.«

Literatur: Ludwig Patsch: *Dr. med. Karl May.* Manuskript Wien 1939. – Gert Asbach: *Die Medizin in Karl Mays Amerika-Bänden.* Med. Diss. Düsseldorf 1973.

»MEIN FREUND WINNETOU« (FILM)

Fernsehfilm (F/D/CH 1980). Mit Pierre Brice (Winnetou), Eric Do Hieu (Tashunko), Siegfried Rauch (Old Shatterhand), Ralf Wolter (Sam Hawkins), Leutnant Merrill (Arthur Brauss), Jean-Claude Deret (Napoleon Charbonneau), Léopoldo Frances José Antonio Marroz (Sammy Cook), Anna Laura (Winona). Produktion: Otto Fischer, Alex de Lesseps (Intertel). Regie: Marcel Camus. – *Inhalt:* Winnetou trifft auf den jungen Indianermestizen Tashunko und wird zu seinem Lehrer. Durch das Dorf der Cheyenne soll eine Eisenbahnstrecke gebaut werden. Bei einem Überfall wird die junge Indianerin Winona, in die sich Tashunko verliebt hat, getötet. – *Der Karl-May-Fan meint:* Wirre Geschichte, bei der es nicht um Karl May, sondern indianische Lebensphilosophie geht. Absolut spannungslos. Old Shatterhand hat eine Statistenrolle, von Sam Hawkens kennt der Drehbuchschreiber (Jean-Claude Deret nach einem Exposé von Pierre Brice) nicht mal den richtigen Namen.

»MEIN LEBEN UND STREBEN« (BUCH)

Autobiographie Karl Mays. Erschienen 1910 (mit dem Zusatz »Band I«) im Verlag → *Fr. E. Fehsenfeld* (Freiburg i. Br.). Ein zweiter Band ist nie erschienen. Aufgrund einer einstweiligen Verfügung, die Mays Prozeßgegner → Rudolf Lebius erwirkt hatte, mußte das Buch aus dem Handel genommen werden; es wurden nur 500 Exemplare verkauft. Erst 1975 wurde *Mein Leben und Streben* wieder allgemein zugänglich (als Nachdruck). In GWB 34 *Ich* war lange Zeit nur eine stark bearbeitete Fassung enthalten; mit der 38. Auflage 1992 ist wieder eine große Annäherung an den Originaltext erreicht worden. Die Schrift steht in direktem Zusammenhang mit den gerichtlichen Auseinandersetzungen des Autors. May selbst äußert gegenüber seinem Verleger, daß das Werk von ihm so geschrieben sei, »daß es mir die Prozesse zu gewinnen hilft. Es hat nur diesen einen Zweck, weiter keinen, trotz des hohen biographischen und psychologischen Werthes, den es besitzt«. – Die besten Chancen, das gesuchte Buch zu erwerben, haben Sammler in Österreich. Das Verbot von *Mein Leben und Streben* galt nur für Deutschland, im deutschsprachigen Ausland (Österreich-Ungarn, Schweiz) konnte die Schrift dagegen ausgeliefert werden. – Eine Dramatisierung der Lebensgeschichte Karl Mays wurde unter dem Titel *Mein Leben und Streben* 1932 in Graz aufgeführt.

Literatur: Karl May: *Mein Leben und Streben.* Reprint: Hildesheim / New York 1975, 2. Aufl. 1982, 3. Aufl. 1997. – Hans Wollschläger: *Mein Leben und Streben.* In: *Karl-May-Handbuch.* Stuttgart 1987.

»MEISTGELESENER SCHRIFTSTELLER«

siehe: Auflage.

Gern verwendetes Attribut, um Karl Mays literarische Bedeutung zu belegen (Presse, Verlage, Fans). Stimmt, wenn man die deutsche Gesamtauflage (alle Ausgaben) zugrunde legt (rund 100 Mio). Stimmt nicht in Bezug auf das aktuelle Leseverhalten. Bei Jugendlichen ist Karl May weitgehend out – zum Leidwesen von Eltern und Großeltern, die sich andere Weihnachtsgeschenke ausdenken müssen.

MEMORABILIA

siehe auch: Markenrecht; Merchandising; Nunwarz, Adolf; Sammelbilder; Unterhaltungsspiele; Warenzeichen.

Fan-Artikel zum Sammeln und Erinnern, ansonsten von nur geringem Nutzwert. Vorläufer sind die 1897 erschienenen Karl-May-Fotografien aus dem Verlag von → Adolf Nunwarz. Vor allem erschienen Memorabilia zu den → Karl-May-Filmen der 60er Jahren, aber auch zu den Karl-May-Spielen in → Bad Segeberg und → Elspe und zu Karl-May-Figuren allgemein. Aus dem Angebot der Karl-May-Spiele Bad Segeberg 1999: *Plüschbiber Häuptling ›Großer Biber‹, Regenschirm mit Indianermotiv, Aufkleber ›40 Jahre Karl-May-Spiele‹, Tasse mit Old-Shatterhand-Motiv, Baseballcap mit Indianermotiv.* – Die Winnetou-Filme sind in Deutschland das erste Beispiel einer kommerziellen Verwertung von Folgeprodukten in großem Maßstab. Damit setzte eine Entwicklung ein, die in den USA bereits in den 30er Jahren begonnen hatte. Die großen Hollywood-Filmstudios kontrollierten die Vermarktung von Memorabilia, die gleichzeitig der Werbung für die Filme dienten. Besonders umsatzträchtig waren die Filme *Vom Winde verweht* und *Casablanca* sowie Serien wie die Shirley-Temple- und Walt-Disney-Filme oder Western mit Tom Mix, Ken Maynard, Hoot Gibson und Buch Jones. Heute ist das → Merchandising-Geschäft ein eigener Posten in der Kalkulation von Blockbuster-Filmen, der bisweilen die reinen Kinoeinnahmen übersteigt (z.B. bei *Stars Wars – Episode 1*).

MERCHANDISING

siehe auch: Markenrecht; Memorabilia; Sammelbilder; Unterhaltungsspiele; Warenzeichen.

Kommerzielle Nutzung von Nebenrechten, z.B. Vertrieb von Fan-Artikeln zu Kinofilmen. Bei Karl May planmäßig durchgeführt erstmals in den 70er Jahren durch die *Karl May Verwaltungs- und Vertriebs-GmbH* (Bamberg), einer Tochterfirma des → Karl-May-Verlags. Die Firma erteilte Lizenzen u.a. für Senfgläser, Socken, Unterwäsche, Decken und Sammelalben. Die Produkte zeigten Motive aus den → Karl-May-Filmen oder gezeichnete Karl-May-Figuren. Seit den 90er Jahren versucht der Karl-May-Verlag, sich über die Eintragung von → Markenzeichen Rechte zu sichern. Allerdings ist der Markt für Karl-May-Produkte inzwischen stark geschrumpft. – Karl-May-Biograph Hans Wollschläger, der einst Gutachten zu Karl-May- Filmdrehbüchern verfaßte, bezeichnete 1965 das Geschäft mit Merchandising-Artikeln (»Heftchenhaufen über Spielzeug, Waffen, Schokolade und den Plattschall der Phonoindustrie bis hin zum Filmgefummel, das nach May sich nennt«) im Slang der 68er als »Eskapaden der Warengesellschaft«. Gerechterweise muß man sagen, daß der »Popstar aus Sachsen« schon zu Lebzeiten – mutatis mutandis – Teil der damaligen Unterhaltungsindustrie war, die er geschickt zu nutzen verstand (→ Fotografien). Mays Erzählungen zielten auf Bedürfnisbefriedigung seiner Leser. Keinen anderem Zweck dient selbst die trivialste Hervorbringung der Merchandising-Industrie. Ob es sich dabei um Kitsch, Trödel oder Nippes handelt, ist für den Konsumenten unerheblich. John Steinbeck zum Thema: »Ich vermute, die Wahrheit ist, daß ich den alten Kram einfach liebe.«

MERHAMEH

Letzte Erzählung, die Karl May geschrieben hat (1910). Die Titelgestalt ist eine Huldigung an seine jugendliche Verehrerin → Marie Luise Droop. Die allegorische Geschichte endet mit dem Ausruf: »Es sei Friede! Es sei Friede!«

Werke: Karl May: *Das Zauberwasser* (= GWB 48).

MERIL, MACHA

Französische Schauspielerin (geb. 3.9.1940 Rabat, Marokko). Spielt das Siedlermädchen Lizzy in → *Der Ölprinz* (1965) und ergattert zum Happy End Mario Girotti alias → Terenec Hill. Tochter eines russischen Emigrantenpaares. Kam mit ihren Eltern 1946 nach Paris. Ist 1960 zum ersten Mal auf der Leinwand zu sehen und geht nach einem Filmangebot in die USA. In einem Zeitraum von knapp zwei Jahren heiratet sie, wird geschieden und kehrt nach Paris zurück. Ihr Durchbruch ist 1964 der Auftritt in Jean-Luc Godards *Eine verheiratete Frau*, wo sie sich unbekleidet in den Armen zweier Männer wiederfindet. Die französische Filmzeitschrift *Cinema 65* schrieb begeistert: »Es ist Macha Meril, die den Wert des Films ausmacht. Macha, die die Reinheit eines neuen Zeitalters, die Einzigartigkeit der Grazie verkörpert.« So empfand wohl auch der Karl-May-Produzent → Horst Wendlandt, der kurz zuvor die Französin → Marie Versini zum deutschen Teenie-Schwarm gemacht hatte. Macha Meril, die mit Stupsnäschen und keckem Blick durch den *Ölprinz*-Film stiefelt, konnte an diesen Erfolg allerdings nicht anschließen. In Deutschland blieb ihr eine Kar-

Macha Meril in »Der Ölprinz« (1965).

riere versagt, in Frankreich dagegen ist sie bis heute eine bekannte und gefragte Schauspielerin.

Ausgewählte Filme: *Eine verheiratete Frau* (1964); *Der Ölprinz* (1965); *Belle de Jour – Schöne des Tages* (1967); *Die Farbe des Todes* (1975); *Chinesisches Roulette* (1976); *Zärtliche Cousinen* (1981); *Das Auge* (1983); *Vogelfrei* (1985); *Zauber der Venus* (1991); *Die Zeit der Jugend* (1998); *Tramontane* (1999, TV).

Link: http://german.imdb.com/Name?b99651

MEXIKO

Erscheint als Handlungsort vor allem in dem wildbewegten Kolportageroman → *Das Waldröschen.* – Verschiedene Karl-May-Romane wurden als spanische Ausgaben nach Mexiko exportiert; daneben gibt es auch einige in Mexiko selbst gedruckte Ausgaben. – Die Karl-May-Filme → *Der Schatz der Azteken* (1965) und → *Die Pyramide des Sonnengottes* (1965) sollten ursprünglich in Mexiko gedreht werden, enthalten jedoch nur Insertmaterial der Tempelstätten. – Zahlreiche Karl-May-Filme der 60er Jahre wurden in den Kinos des Landes in spanisch synchronisierter Fassung gezeigt, so *Caravana de esclavos* (*Die Sklavenkarawane*, 1959), *El tesoro del Lago de la Plata* (*Der Schatz im Silbersee*, 1962) und *El salvaje Kurdistan* (*Durchs wilde Kurdistan*, 1965).

»MICKY MAUS«

In den 60er Jahren meistgelesene Jugendzeitschrift in Deutschland. Erscheint bis heute im Ehapa-Verlag (Stuttgart). Neben von Walt Disney inspirierten Micky-Maus- und Donald-Duck-Comics wurden zwischen 1964 und 1966 auch zwei Bilderserien aus den Karl-May-Filmen → *Der Schut* (1964) und → *Winnetou 3. Teil* (1965) veröffentlicht. Das Blatt kopierte damit das Erfolgsmodell der Fernsehzeitschrift → *Bild und Funk*, ohne deren bedeutenden Auflagenzuwachs verzeichnen zu können.

Filme und Bildergeschichten: *Der Schut* (22 Folgen, Nr. 42/1964 – 12/1965); *Winnetou 3. Teil* (15 Folgen, Nr. 44/1965 – Nr. 7/1966).

»MICKYVISION« / »MV 66« / »MV 67«

Schwesterzeitschrift von → *Micky Maus* aus dem Ehapa-Verlag (Stuttgart). Veröffentlichte auch Comics, die nicht auf Walt Disney zurückgehen (z.B. die Urfassung von *Asterix und Obelix*). 1966 und 1967 erschienen Bilderserien aus den Karl-May-Filmen → *Old Surehand 1. Teil* (1966), → *Winnetou und das Halbblut Apanatschi* (1966) und → *Winnetou und sein Freund Old Firehand* (1967). Die Serien erschienen in Konkurrenz zu ähnlichen Veröffentlichungen in → *Bild und Funk* und → *Bunte Illustrierte*. Den Filmhersteller hat es gefreut, und die Fans hatten viel zu sammeln.

Filme und Bildergeschichten: *Old Surehand 1. Teil* (14 Folgen, Nr. 2-16/1966); *Winnetou und das Halbblut Apanatschi* (Nr. 17/1966 – Nr. 4/1967); *Winnetou und sein Freund Old Firehand* (16 Folgen, Nr. 5-20/1967).

Gojko Mitic bei den Aufnahmen zu »Unter Geiern« (1964).

MITIC, GOJKO

Jugoslawischer Schauspieler (geb. 13.6.1940 in Leskovac, Serbien). Ist Pierre Brice immer dicht auf den Fersen. 1964 trat der Belgrader Sportstudent mit dem Modellkörper gleich in drei Winnetou-Filmen auf. In → *Old Shatterhand* hat er einen winzigen Auftritt als tanzender Apatschenkrieger, in → *Winnetou 2. Teil* spielt er den Unterhäuptling der Assiniboins, und in → *Unter Geiern* erscheint er in seiner ersten größeren Rolle als Häuptling Wohkadeh. Im Titelvorspann dieses Films wird er noch als »Georg Mitic« aufgeführt, weil man dem Publikum keine ungewohnten Namen zumuten mochte. Ein Jahr später entdeckt ihn die ostdeutsche DEFA, die ihn als Chefindianer in ihren Indianerfilmen einsetzt. Mit dieser Serie wird Mitic einer der populärsten Darsteller in der DDR. Der Film *Die Söhne der Großen Bärin* (1966) wird von 9 Mio. Besuchern gesehen. 1988 spielt er im Zuge der Karl-May-Rehabilitierung in der DDR in dem Fernsehfilm → *Präriejäger in Mexiko* den Häuptling Bärenherz. Wie viele andere DDR-Schauspieler hat er nach der Wende Schwierigkeiten, sich in einem gewandelten Umfeld durchzusetzen. 1971 tritt er auf der kleinen Freilichtbühne in → Thale im Harz als Winnetou auf. Im Jahr darauf jedoch gelingt ihm ein überraschender Karrieresprung: Bei den Karl-May-Spielen in → Bad Segeberg wird er Nachfolger von → Pierre Brice. Unter der Regie von Brice tritt er auch 1999, inzwischen 59 Jahre alt, in *Halbblut* auf. 1999 erscheint er in dem Film *Helden wie wir*. Gojko Mitic lebt in Berlin.

Alle Karl-May-Filme: *Old Shatterhand* (1964); *Winnetou 2. Teil* (1964); *Unter Geiern* (1964). **Alle DEFA-Indianerfilme:** *Die Söhne der Großen Bärin* (1966); *Chingachgook, die Große Schlange* (1967); *Spur des Falken* (1968); *Weiße Wölfe* (1969); *Tödlicher Irrtum* (1970); *Osceola* (1971); *Tecumseh* (1972); *Apachen* (1973); *Ulzana* (1974); *Blutsbrüder* (1975); *Severino* (1978); *Blauvogel* (1979); *Der Scout* (1983); *Atkins* (1985). **Karl-May-Fernsehfilm:** *Präriejäger in Mexiko* (1988). **Als Winnetou in Thale:** *Winnetou* (1991). **Als Winnetou in Bad Segeberg:** *Old Surehand* (1992); *Der Ölprinz* (1993); *Der Schatz im Silbersee* (1994); *Winnetou I* (1995); *Winnetou und der Scout* (1996); *Winnetou und Old Firehand* (1997); *Unter Geiern* (1998); *Halbblut* (1999). **CD:** *Ein Wigwam steht in Babelsberg.* All Score Media ASM 002 (1999). **Literatur:** Frank-Burkhard Habel: *Gojko Mitic, Mustangs, Marterpfähle. Die DEFA-Indianerfilme. Das große Buch für Fans.* Berlin 1997. – Gojko Mitic: *Erinnerungen. Aufgezeichnet von Alex Wolf.* Berlin 1996.
Autogrammadresse: Gojko Mitic, Grünauer Str. 59, D-12557 Berlin.
Link: http://www.cinegraph.de/lexikon/Mitic_Gojko/biografie.html

»MIT KARL MAY IM ORIENT« (FILM)

Fernsehfilm (D 1963). Mit Harry Walther (Kara Ben Nemsi), Osman Ragheb (Hadschi Halef Omar), Eduard Wiemuth (Sir David Lindsay), Bingi von Jakobowsky (Nelly), René Magron (Amasat), Harald Maresch (Abrahim Mamur / Galingré), Branko Lustig (Onbaschi), Jerko Borosch (Aischa). Produktion: Michael Arthur für FFG. Regie: Francesco Stefani. – *Inhalt:* Motive aus *Durch die Wüste* und anderen Orient-Bänden. – *Der Karl-May-Fan meint:* Das will schon etwas heißen: Eine ganze Fernsehserie wird produziert und verschwindet dann im Keller, weil sie so schlecht ist, daß sich das ZDF nicht traut, sie seinen Zuschauern zu zeigen. Heute liegen die Filme im → Karl-May-Archiv – bisher unbesichtigt.

MOABIT

Stadtteil von Berlin. Im Kriminalgerichtsgebäude (Turmstraße) fand am 18.12.1911 vor dem Landgericht III die Berufungsverhandlung im Beleidigungsprozeß May ./. Lebius statt. Der Beklagte wurde zu einer Geldstrafe von 100 Mark verurteilt. Der Journalist → Rudolf Lebius hatte May als »geborenen Verbrecher« bezeichnet. Im ersten Verfahren vor dem Amtsgericht → Charlottenburg war er freigesprochen worden. Prozeßvertreter Mays in der Berufungsverhandlung war Justizrat Erich Sello, einer der renommiertesten Anwälte von Berlin.

MORITZBURG

Residenzstadt in Sachsen. Heimat des → Hobble Frank: »Sie werden es sofort der Reenheit oder der Reinheet meines syntaxischen Ausdruckes anhören, daß ich in derjenigen Gegend Deutschlands existiert habe, in welcher bekanntlich das gelenkigste und hochgeläutertste Deutsch geschprochen wird, nämlich in Moritzburg, bei der Residenzschtadt Dresden, wissen Sie, wo das Schloß mit dem Bildnisse Augusts des Starken und den berühmten Karpfenteichen sich

Mit Karl May im Orient: Kara Ben Nemsi (Harry Walther, r.) und Hadschi Halef Omar (Osman Ragheb).

befindet.« (*Der Geist des Llano Estakado*) – Der Teich von Moritzburg mit Insel und unterirdischem Gang hat vermutlich das Vorbild zum → Silbersee abgeben.
Literatur: Euchar Albrecht Schmid: *Der unterirdische Gang*. Bamberg 1984.

MÖRSCHIED

Gemeinde (800 Einwohner) bei Idar-Oberstein. Naturbühne mit Karl-May-Festspielen (seit 1990). Veranstaltet werden die Spiele vom Verein *Freilichtbühne Mörschied e.V.*, Regisseur und Organisator ist Hans-Joachim Klein. Die Bühne (80 m lang, 25 m tief) verfügt über Felslandschaft und Westerndorf-Kulisse; es stehen 1.000 Sitzplätze zur Verfügung. Besucher 1998: 6.000. *Der Karl-May-Fan meint:* Kleine Bühne mit guten Spielmöglichkeiten. Viel Engagement bei den Amateurschauspielern. »Gute Unterhaltung in einer Weise, daß auch Karl May seinen Roman wiedererkannt hätte« (Jutta Laroche).
Die Inszenierungen (in Klammern Spielzeit): *Der Lockruf des Goldes* (1990); *Der Kampf um die heiligen Berge* (1991); *Winnetou I* (1992); *Winnetou II* (1993); *Winnetou III* (1994); *Der Schatz im Silbersee* (1995); *Der Ölprinz* (1996); *Old Surehand* (1997); *Halbblut* (1998); *Winnetou I* (1999); *Der Sohn des Bärenjägers* (2000).
Anschrift: Freilichtbühne Mörschied e.V., Hans-Joachim Klein, Äckerchen 30, D-55758 Mörschied.
Link: http://www.hunsrueck.com/karl-may/index.html

MOTIVE (LITERARISCHE)

siehe: Anschleichen; Blutsbrüderschaft; Zweikampf.

MUES, DIETMAR

Schauspieler, Kabarettist, Autor (geb. 1945 Dresden). Schrieb die parodistischen Karl-May-Programme *Karl May – Ein sächsischer Träumer?* und *Träume, Tod und Filzpantoffeln*. Brachte damit in den 90er Jahren auf zahlreichen Gastspielen die Zuschauer zum Lachen. Ausgebildet an der Hochschule für Musik und Darstellende Kunst, Hamburg. Nach Engagements in Kiel, Nürnberg und Mannheim ab 1974 zwölf Jahre lang am Deutschen Schauspielhaus Hamburg. Darsteller in zahlreichen Fernsehfilmen (*Tatort*). Der Schauspieler lebt in Hamburg.

MÜLHEIM A. D. RUHR

Stadt in Nordrhein-Westfalen. 1971 Karl-May-Spiele auf der Freilichtbühne an der Dimbeck mit dem Stück *Old Shatterhand und Winnetou – Das Geheimnis der Bonanza*. Es wurde geschrieben und inszeniert von → Wulf Leisner, der nach seinem Ausscheiden in → Bad Segeberg in Mülheim, nahe seinem Wohnort Krefeld, einen neue Karl-May-Spielstätte aufbauen wollte. Obwohl er von einem Teil des Segeberger Ensembles unterstützt wurde (→ Heinz Ingo Hilgers spielte den Winnetou, Manfred Petersen den Old Shatterhand), war dem mit viel Aufwand gestarteten Unternehmen kein Glück beschieden. Es blieb bei einer einzigen Spielzeit.

MÜLSEN ST. JACOB

Ort in Sachsen bei Glauchau. Karl May beschlagnahmte hier als »höherer Beamter der geheimen Polizei« am 15.6.1869 bei der Frau des Bäckermeisters Christian Wappler 28 Taler angeblichen Falschgeldes.

MÜNCHEN

Karl-May-Stadt. Karl May war 1897 und 1898 in der bayerischen Metropole zu Gast. Im Juli 1897 hielt er im Hotel Trefler vor Hunderten von Verehrern stundenlange Vorträge über seine angeblichen Reisen. Seinem Verleger Fehsenfeld berichtet er: »Erster Tag über 900 Besucher, zweiter Tag über 600, dritter wieder 800. Bin gegen Abend zur Seitentür hinaus und entflohen. Dann standen die Gymnasiasten, um Autogramme zu erjagen, in solchen Massen vor dem Hotel, daß die Tramway nicht hindurch konnte und sie mit dem Schlauch auseinandergespritzt werden mußten. Tatsache!« – Ähnliche Szenen wiederholten sich, als am 11.12.1963 die Premiere des Films → *Winnetou 1. Teil* im → Mathäser-Filmpalast stattfand. Die von Autogrammjägern umlagerten Schauspieler Lex Barker, Pierre Brice und Marie Versini mußten sich durch den Hinterausgang in Sicherheit bringen. München war in den 60er Jahren Premierenort für die meisten Karl-May-Filme. – Am 8.11.1919 fand im Deutschen Theater die erste Aufführung eines Karl-May-Stücks *(Winnetou)* statt.

Wichtige Karl-May-Örtlichkeiten: Mathäser-Filmpalast (Bayerstr.; Premieren der Winnetou-Filme; das Haus existiert heute nicht mehr); **Gloria-Palast** (am Karlsplatz, ehemals Sitz des Gloria-Filmverleihs, der einige Karl-May-Filme herausbrachte); **Hotel Königshof** (am Karlsplatz; der äußerlich häßliche Kasten war die Herberge der Karl-May-Stars); **Franziskaner** (Lex Barker, Pierre Brice und viele Filmleute haben hier die berühmten Weißwürste gegessen); **Albert-Roßhaupter-Str. 73** (einst stand hier die Zentrale des Constantin-Filmverleihs; das Haus existiert heute nicht mehr).

MÜNCHMEYER, HEINRICH GOTTHOLD

Verleger und Kolportagehändler (geb. 29.6.1836 Lauterbach; gest. 6.4.1892 Davos-Platz). Besitzer eines florierenden Verlags für Unterhaltungsliteratur in Dresden (ab 1862). Wichtigster Verleger für Karl May in seiner Anfangszeit. Ursprünglich Zimmergeselle, später Dorfmusikant. May steht insgesamt in drei Zeitabschnitten mit ihm in Verbindung: Von 1875 bis 1977 betreut er als Redakteur das Wochenblatt *Der Beobachter an der Elbe*. Zwischen 1882 und 1888 und dann wieder im Jahr 1903 ist er als freier Mitarbeiter für Münchmeyer tätig. Er schreibt fünf umfangreiche → Kolportageromane, die zuerst als Leseheftchen, später in Buchform erscheinen. Über Münchmeyer äußert sich May in *Mein Leben und Streben*: »Wichtig ist, daß Verleger Münchmeyer eine ausgesprochene geschäftliche Vorliebe gerade für bestrafte Mitarbeiter hatte. Geht man die Schriftsteller und Schriftstellerinnen durch, die für ihn geschrieben haben, so bilden die Bestraften einen ganz bedeutenden Prozentsatz von ihnen. Das bemerkte ich schon bald, nachdem ich bei ihm eingetreten war. Auch Walther, sein Hauptfaktotum, von dem er alles tun ließ, was niemand wissen durfte, war vorbestraft. Gleich nach meiner Übernahme der Redaktion brachte er mir einen Wiener Postbeamten, der sich an der Kasse vergriffen hatte, als Mitarbeiter. Als sich ähnliche Fälle wiederholten und ich ihn nach seinen Gründen fragte, antwortete er: ›Mit einem Schriftsteller, der bestraft worden ist, kann man machen, was man will, denn er fürchtet, daß seine Vorstrafen verraten werden. ›Also auch ich?!‹ rief ich aus, erstaunt über diese Aufrichtigkeit. ›Unsinn!‹ entgegnete er. ›Mit Ihnen ist das etwas ganz anderes. Wir sind Freunde!‹« (1910).

MUSIK

Karl May und seine Romane haben zahlreiche Spuren in der Musik hinterlassen. Karl May selbst, zeitweise als Kantor tätig, hat einige musikalische Kleinwerke hinterlassen (*Ave Maria, Vergiß mich nicht*). Fast unübersehbar sind die durch seine Erzählungen bewirkten Folgeerscheinungen auf dem Gebiet des Schlagers sowie der Film- und Bühnenmusik. Auf dem Gebiet des Schlagers markieren das → *Medium-Terzett* in den 60er und die Gruppe → *Superboys* in den 90er Jahren den Höhepunkt. In der Filmmusik ist der Name von → *Martin Böttcher* untrennbar mit den → Karl-May-Filmen verbunden; Böttchers Musik macht die Karl-May-Welt auf geradezu idealtypische Weise hörbar.

Literatur: Hartmut Kühne, Christoph F. Lorenz: *Karl May und die Musik*. Bamberg 1999.

MUTTER THICK

Romanfigur. Erscheint in *Old Surehand II*. Resolute Schankwirtin. Bei ihr treffen sich Old Shatterhand, → Dick Hammerdull und → Pitt Holbers und nehmen die Verfolgung des General Douglas auf. Von Old Shatterhand erbittet sie eine Haarlocke als Andenken. Sie rupft so kräftig, daß bei ihm eine kahle Stelle zurückbleibt.

MYSTERIÖS

Viele Mitwirkende der Karl-May-Filme starben unter merkwürdigen und bisweilen mysteriösen Umständen. Old Shatterhand → Lex Barker erlag mitten in Manhattan auf offener Straße einem Herzinfarkt, nur 54 Jahre alt. Regisseur → Harald Reinl wurde von seiner zweiten Frau Daniela auf Teneriffa erstochen. Die Kostümbildnerin Itms Pauli starb bei einem Verkehrsunfall, als ihr Auto gegen einen Baum prallte. Der Wagen wurde von ihrem Lebensgefährten gesteuert. Der amerikanische Regieassistent Charles M. Wakefield brachte sich mit einem Revolver um. Der Garderobier Helmut Preuss wurde am Kurfürstendamm in Berlin ermordet. Der Täter, angeblich aus dem Homosexuellenmilieu, konnte nie gefaßt werden.

N

NACHAHMER

May macht süchtig zum Selberschreiben. 82 Bände sind nicht genug. Vor allem: es gibt so viele Fragen, die ungeklärt sind. Deshalb hat es schon immer Versuche gegeben, Karl May weiterzuschreiben. Stammvater aller Nacherzähler ist → Franz Kandolf. Von ihm stammt der in die Gesammelten Werke aufgenommene Band GWB 50 *In Mekka*. Hier einige May-Epigonen mit ihren Büchern:

- Friederike Chudoba: *Winnetou und Tapferes Herz*. 3 Bde. Wien: Pollischansky 1989. (Erzählt von einer Europäerin, die mit Winnetou bis zu dessen Tod verbunden war. Sie sieht ihn als ein »weites Land, das von einer Frauenseele umschlossen wird«.)
- → Edmund Theil: *Jagd auf die Raubkarawane*. 6 Bde. Wien 1977-80 (Neuauflage München 1986).
- Nscho-tschi: *Winnetous Schwester*. Köln: Mescalero-Verlag. 1. Bd. 1984, 2. Bd. o.J. (1988). (Für alle, die gern wissen wollen, was im Leben Nscho-tschis passierte, bevor sie Old Shatterhand kennenlernte. Ihr Pseudonym wollte die Verfasserin nicht lüften.)
- Nscho-tschi: *Das Herz des Trappers*. Köln: Mescalero-Verlag o.J. (1988). (Nscho-tschi Nr. 2 erzählt weiter. Die Geschichte von Sam Hawkens und wie er seinen Skalp verlor.)
- → Reinhard Marheinecke: *Die Jagd des Old Shatterhand, Der Mestize und der Skalpjäger, An den Ufern des Missouri, Winnetou und der alte Richter, Der Goldschatz der Badlands, Der Eisenbahnbaron, Winnetous Testament*. Hamburg: 1994-99. (Geschichten nach Karl May von einem Karl-May-Fan. Ein Oeuvre, das allmählich Maysche Ausmaße annimmt.)

NACHLASS I

Karl May hinterließ bei seinem Tod im Jahr 1912 einen Nachlaß im Wert von 140.000 Reichsmark, eine für die damalige Zeit bedeutende Summe. Nach heutiger Kaufkraft gerechnet war er Millionär. May starb kinderlos; zu Erben erklärte er testamentarisch seine Frau Klara und die zu gründende → Karl-May-Stiftung.

NACHLASS II

Die Geschichte einer Odyssee: Weil Karl May in der DDR nicht mehr erwünscht war, wechselten 1960 wichtige Teile seines Nachlasses, die sich bis dahin in der → »Villa Shatterhand« befunden hatten, nach Bamberg. Dort richtete der → Karl-May-Verlag ein neues (anfangs provisorisches) → Karl-May-Museum ein. 1994 kehrte der größte Teil des »Bamberger Nachlasses« in drei Möbelwagen nach Radebeul zurück. Dafür erhielt der Karl-May-Verlag einen Betrag von 3,5 Mio. Mark. Zum Nachlaß gehören rund 4.000 Objekte, darunter 2.500 Bücher. Besondere Schätze: der Schreibtisch des Schriftstellers, das Empfangszimmer der »Villa Shatterhand« mit dem Gemälde »Das Gewissen« von → Sascha Schneider und – eine Haarlocke Karl Mays.

NATIONALSOZIALISMUS

siehe auch: Hitler, Adolf; Scheer, Bernhard; Schemm, Hans.

Eine einheitliche Beurteilung Karl Mays hat es im Nationalsozialismus nicht gegeben. Kein einziges Buch von Karl May war verboten, auch nicht *Friede auf Erden!*, dessen pazifistische Tendenz den Machthabern durchaus mißfallen haben dürfte, wenn sie es denn gelesen hätten. In der Öffentlichkeit war bekannt, daß Hitler Karl Mays Bücher schätzte; von ihm selbst sind mehrfach positive Äußerungen bezeugt. Führende Parteimitglieder haben sich zu Karl May bekannt, teilweise in exaltierten Formulierungen. Am bekanntesten ist der Ausspruch des bayerischen Kultusministers Hans Schemm (1891 – 1935): »Zum deutschen Buben und Mädel gehört mehr als die sogenannte Schulbravheit, nämlich Mut, Entschlußkraft, Schneid, Abenteuerlust und Karl-May-Gesinnung!« (*Nürnberger Zeitung* vom 27.1.1934) Andererseits gab es aber auch verhalten kritische bis aggressiv ablehnende Äußerungen. In einem Beitrag des Lehrers Wilhelm Fronemann über aus »weltanschaulichen Gründen« abzulehnende Jugendliteratur heißt es in einem Artikel der *Kölnischen Zeitung* vom 1.9.1934: »Wie verwirrt die Lage ist, zeigt die neue Propagandawelle für den guten alten Karl May, der es sich zu Lebzeiten sicher nicht hat träumen lassen, daß seine Kolportage im Dritten Reich als mustergültige literarische Gestaltung für die Jugend von hohen und höchsten Stellen empfohlen würde: denn er war ein Verherrlicher jeder Rassenmischung, überzeugter Pazifist und Freund der → Berta von Suttner, seine Gesinnung paßt also zur nationalsozialistischen Gedankenwelt wie die Faust aufs Auge.« Generell waren aus Sicht der Machthaber die Vorteile Karl Mays als Jugendlektüre höher zu bewerten als seine weltanschaulichen Schwächen. Zu keiner Zeit bestand für seine Werke die Gefahr eines Verbots; dies kann allein schon durch Hitlers unverhohlene Sympathie ausgeschlossen werden. Viel eleganter wäre der Weg gewesen, »anstößige Stellen« umzuformen (»auszumerzen«). Es wäre eine Untersuchung wert, ob durch die Bearbeiter von Karl Mays Romanen, evtl. auch in vorauseilendem Gehorsam, entsprechende Eingriffe vorgenommen wurden.

Literatur: Erich Heinemann: *Karl May paßt zum Nationalsozialismus wie die Faust aufs Auge. Der Kampf des Lehrers Wilhelm Fronemann.* In: Jb-KMG 1982. -Günter Scholdt: *Hitler, Karl May und die Emigranten.* In: Jb-KMG 1984.

NEUER DEUTSCHER REICHSBOTE

Seit ca. 1757 in Stolpen (bei Dresden) jährlich erscheinender Volkskalender mit belletristischem Anhang. 1867-1872 herausgegeben im Verlag von Oskar Schneider, anschließend im Verlag von Julius Hanzsch (beide in Stolpen). Wohl durch Vermittlung von Kolporteuren konnte May seine ersten Veröffentlichungen in diesem Kalender unterbringen; Texte von ihm sind ab Jahrgang 1873 (erschienen im September 1872) nachweisbar. In früheren Jahrgängen (verschollen) können weitere Beiträge von ihm enthalten sein. May hielt dem Stolpener Miniatur-Verlag bis zu dessen Verkauf an einen Meißener Unternehmer im Jahr 1887 die Treue und veröffentlichte darin mindestens 14 Gedichte und Erzählungen (überwiegend Ersterscheinungen) sowie den erbaulichen Aufsatz *Ein wohlgemeintes Wort* (Jg. 1883) – eine Philippika gegen den zeitgenössischen Kolportageroman, zu dessen bedeutendstem deutschsprachigem Vertreter May in den folgenden Jahren wurde. – Mays Verbindung zu den Stolpenern Verlegern wurde erst 1994 entdeckt.

Literatur: Karl May: *Ein wohlgemeintes Wort. Frühe Texte aus dem »Neuen deutschen Reichsboten« 1872-1886. Mit einer Einleitung von Peter Richter und Jürgen Wehnert.* Lütjenburg 1994. (Veröffentlichungen aus dem Karl-May-Archiv 2).

NIAGARA-FÄLLE

Reiseziel Karl Mays auf seiner Amerika-Reise vom 28.9. bis 4.10.1908. »Nun wohnten wir am Clifton-House, unweit der kanadische Mündung der Hängebrücke. Man hat von diesem Hotel aus einen geradezu unvergleichlichen Blick auf das grandiose Schauspiel der stürzenden Wassermassen. Die besten Zimmer liegen in der ersten Etage und sind den Fällen zugewendet.« (*Winnetou IV*, bearb.: GWB 33 *Winnetous Erben*).

Literatur: *In fernen Zonen. Karl Mays Weltreisen.* Bamberg 1999.

NICHOLS, SILKIRTIS

D.i. »Buffalo Child Long Lance«. Indianer mit Cherokee-Mutter und Choctaw-Vater. Kam als US-Soldat nach Deutschland. Bis 1971 Führer im Karl-May-Museum Bamberg. 1966 wurde der Zwei-Meter-Mann von Wulf Leisner als Darsteller zu den Karl-May-Spielen → Bad Segeberg geholt, nachdem er zuvor schon in → Dinslaken auf der Freilichtbühne gestanden hatte. In den 90er Jahren trat »Nicki«, wie er von seinen Freunden genannt wurde, regelmäßig in der Westernstadt *No Name City* in Bayern auf.

Karl-May-Aufführungen: In ***Bad Segeberg*****:** *Winnetou II – Ribanna und Old Firehand* (1966); *Unter Geiern – Der Sohn des Bärenjägers* (1967); *Die Felsenburg* (1969); **In** ***Dinslaken*****:** *Unter Geiern – Der Sohn des Bärenjägers* (1965). **Fernsehfilm:** *Ein Indianer in Deutschland* (13.10.1997 BR).

Silkirtis Nichols bei den Karl-May-Spielen Bad Segeberg 1965.

NICKEL, HELMUT

Deutscher Comic-Zeichner (geb. 1924 bei Dresden). Schuf den ersten deutschen Karl-May-Comic für die Comic-Serie *Karl May* (1963-65) im → Walter Lehning Verlag (Hannover). Besuchte schon als kleiner Junge das → Karl-May-Museum in Radebeul und fertigte dort Zeichnungen an. Bis 1988 Direktor am *Metropolitan Museum* in New York. Über die Karl-May-Serie berichtet er: »Eine Karl-May-Serie herauszubringen, war ein alter Wunschtraum von mir. Er scheiterte aber an dem Copyright-Monopol des Karl-May-Verlages. Erst als das Copyright 1962 ablief, konnte man dies verwirklichen. Die Serie mit *Winnetou I* zu beginnen, war mein Vorschlag. *Winnetou* wurde ab August 1960 sozusagen auf Vorrat gezeichnet, damit man bei Ablauf des Copyrights sofort auf dem Markt sein konnte. Die Figurenentwicklung bei Karl May ist nicht so schwer, da er ja genaue Beschreibungen der Personen gibt. Meine Frau war entzückt zu sehen, wie sehr Lex Barker und Marie Versini meinen bereits früher entstandenen Darstellungen von Old Shatterhand und Nscho-tschi ähnelten. Pierre Brice als Winnetou konnte kaum anders aussehen.«

Werke: Helmut Nickel: *Winnetou. Nach Karl May.* 9 Bände. München: Splitter 1989-1994. (= Nachdruck der Lehning-Serie.)

NIEDERLANDE

Land mit der größten Verbreitung von Karl Mays Werk außerhalb des deutschen Sprachraums. Niemand hat im Ausland so ausgiebig Karl May gelesen wie die Holländer, und nirgendwo anders erschien eine solche Vielzahl von Karl-May-Ausgaben in so vielen Verlagen. Erste Karl-May-Veröffentlichung in den Niederlanden 1890 *De Oude Dood* (üb.: *Der alte Tod*; = *Der Scout*, erschienen im *Deutschen Hausschatz* 1888/89). Umfangreiche Werkausgaben brachten heraus: *A.G. Schoonderbeek* (Laren 1919ff.), *Hollandsch Uitgeversfonds* (Amsterdam 1933ff.), *Het Boekhuis* (Ledeberg-Gent/Antwerpen 1934ff.), *H.J.W. Becht* (Amsterdam 1949ff.), *Het Spectrum* (Utrecht bzw. Antwerpen 1958ff.), *W & L Boeken, Loeb Uitgevers* (Amsterdam 1983ff.), *Kadmos* (Utrecht 1988ff.). Da der Urheberschutz auf Karl Mays Werke in Holland bereits 1932 erlosch, drängte seit diesem Zeitpunkt eine große Anzahl von bearbeiteten und stark gekürzten Ausgaben auf den Markt. Insgesamt sind etwa 500 Titel erschienen, die von 56 Verlagen verbreitet wurden. Comic-Ausgaben von Mays Werken wurden aufgrund der Urheberrechtssituation viel früher als in Deutschland veröffentlicht; 1948 erschien *Karl May* Heft 1: *De sklavenkaravaan*, Heft 2: *Winnetou het grote opperhoofd*. Einen Höhepunkt erreichte die Buchproduktion während der Karl-May-Filmwelle der 60er Jahre. Fast alle Filme der Serie waren auch in Holland zu sehen; sie wurden nach der allgemeinen Gewohnheit in englisch synchronisierter Fassung mit holländischen Untertiteln gezeigt.

Literatur: Ferdinand C. de Rooy: *Old Shatterhand ock voor U!* Tilburg 1955. – Maarten van Diggelen, Hans-Dieter Steinmetz: *Die holländischen Karl-May-Ausgaben. 100 Jahre Karl May in den Niederlanden.* Sonderheft KMG 87. – J.C. Osterbaan: *Een ketting van boeken.* Krabbendijke 1999.

NOSTALGIE
siehe auch: Fanclubs; Fans; Memorabilia.

NSCHO-TSCHI
Romanfigur. Erscheint in *Winnetou I.* Apatschen-Squaw. Schöne Schwester Winnetous, ca. 18 Jahre alt. Pflegt den im Kampf verwundeten Old Shatterhand und verliebt sich in ihn. Auf dem Weg nach St. Louis, wo das Mädchen die Sitten und Gebräuche der Weißen kennenlernen will, wird es wie ihr Vater → Intschu tschuna von → Santer ermordet. – Die ultimative Traumfrau der Karl-May-Romane. Kann durch frühen Tod Old Shatterhand nicht gefährlich werden, was das Ende von Männerfreundschaft und Abenteuer bedeutet hätte. – Im Film → *Winnetou 1. Teil* (1963) spielte → Marie Versini die Freundin von → Lex Barker (Old Shatterhand). Der populäre Teenagerschwarm verkörperte die Rolle anschließend noch einmal in → *Winnetou und sein Freund Old Firehand* (1966), wofür es keine literarische Vorlage gibt.

NUNWARZ, ADOLF
siehe: Fotografien; Memorabilia; Schießer, Alois.
Verleger von Karl-May-Fotografien. Bediente die Träume der Fans von Old Shatterhand und Kara Ben Nemsi und bot 1887 »Photographien des berühm-

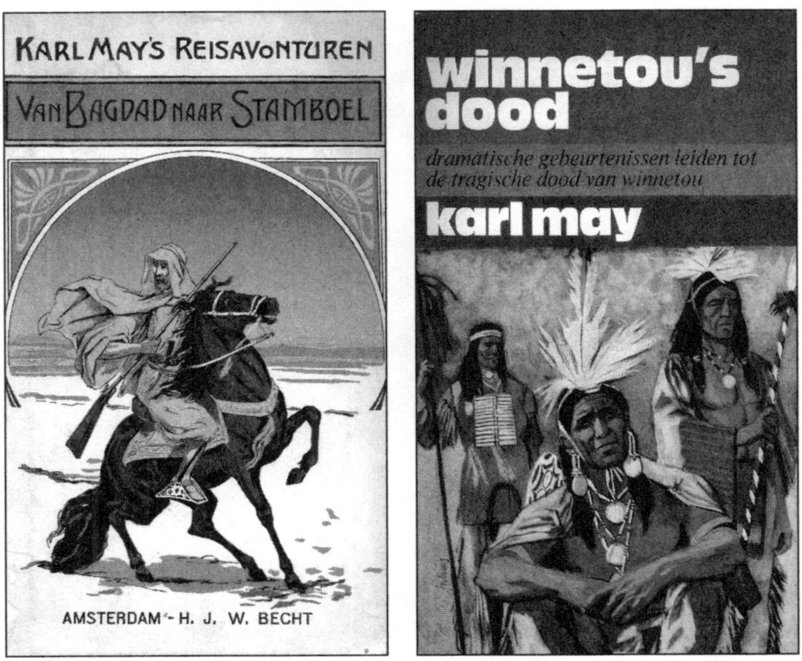

Niederländische Karl-May-Ausgaben.

Nscho-tschi (Marie Versini in »Winnetou 1. Teil«).

ten und beliebten Reiseschriftstellers Dr. Karl May« an. Die Bilder waren von dem Karl-May-Verehrer → Alois Schießer im Jahr zuvor in Radebeul aufgenommen worden; Nunwarz hatte die Negativplatten für seinen Verlag erworben. Karl May förderte den Vertrieb 1886 mit einer »Geschäftsbeihilfe« von 2.700 Mark. Nunwarz wie auch May hatten offensichtlich eine Marktlücke erkannt: »Der bisherige überraschende Absatz beweist die allseitig freudige Aufnahme dieser Bilder bei den so zahlreichen Verehrern dieses Meisters der Schilderung«, meldete 1897 Nunwarz' Geschäftspartner Fidelis Steurer im *Börsenblatt für den deutschen Buchhandel*. Nach Differenzen zwischen May und dem Fotografen kündigte der Schriftsteller den Vertrag jedoch im gleichen Jahr. 1902 sollen May und Nunwarz »in aller Herrgottsfrühe, als kaum der Tag graute«, die 101 Negativplatten in der Donau versenkt haben. Eine Herausforderung für Schatzsucher.

Literatur: Josef Mittermaier: *Ein Schriftsteller und sein Fotograph.* In: *Karl-May-Jahrbuch 1978*. Bamberg / Braunschweig 1978.

O

OLD DEATH

Romanfigur in *Winnetou II*. Auch genannt: *Der Scout* (eigentlich: *Henry Harton*). Bedeutender Westmann. Sein Name geht auf seine hagere Gestalt zurück (er scheint nur aus Haut und Knochen zu bestehen). Charakteristisch ist seine ständige Redensart: »Ich kalkuliere...«. Mit Old Shatterhand, den er anfangs für ein Greenhorn hält, ist er auf der Suche nach dem Bankierssohn William Ohlert und verfolgt dessen Entführer Gibson. Im Verlauf des Abenteuers wird er erschossen, ohne daß es ihm vergönnt ist, das Ende des Verbrechers zu erleben. – Die Urfassung der Geschichte wurde 1995 vom Nymphenburger Verlag unter dem Titel *Winnetou und der Scout* veröffentlicht. Das Buch bildete die Grundlage für die gleichnamige Inszenierung der Karl-May-Spiele → Bad Segeberg 1996 mit → *Reiner Schöne* als Old Death. Zwar weicht der Schauspieler im Aussehen völlig von Mays Beschreibung ab (»Die Augen lagen tief in ihren Höhlen, und auf dem Schädel gab es nicht ein einziges Haar«), doch folgt die Bühnenfassung in ihren Grundzügen der Karl-May-Geschichte (Old Death stirbt am Schluß).

OLD FIREHAND

Romanfigur, erscheint erstmals 1875 in der Indianergeschichte → *Inn-nu-woh, der Indianerhäuptling* in der von May geleiteten Zeitschrift → *Deutsches Familienblatt*, in veränderter Form 1879 erschienen in *Im fernen Westen*. Die endgültige Fassung der Geschichte erscheint 1893 in *Winnetou II*. Old Firehands indianische Frau → Ribanna wird von Parranoh (d.i. Tim Finnetey) getötet, das Kind Harry (ursprünglich Ellen) gerettet. In der Urfassung stirbt auch Old Firehand, in *Winnetou II* wird er nur schwer verwundet, weil ihm in dem inzwischen erschienen Roman → *Der Schatz im Silbersee* vom Autor May eine bedeutende Rolle zugewiesen worden ist. In der Handlung, die nach den ursprünglichen Ereignissen spielt, ist er, nicht Old Shatterhand, die eigentliche Hauptperson. Firehand (bürgerlicher Name: Winter) bekämpft den Roten Cornel (→ Brinkley), wehrt den Angriff auf die Butler-Farm ab, verhindert den Überfall auf den Zug im Tunnel und führt die Westleute schließlich zum → Silbersee. Old Firehand erscheint erstmals im Film 1966 in → *Winnetou und sein Freund*

Old Firehand in einer Darstellung, die mit Karl May nichts zu tun hat (Old Firehand wird gespielt von → Rod Cameron). Im selben Jahr war die Old Firehand/Ribanna-Episode erstmals auf der Bühne bei den Karl-May-Spielen → Bad Segeberg zu sehen (*Winnetou II – Ribanna und Old Firehand*). Die Aufführung (mit Hein Reimann als Old Firehand) hielt sich eng an die Vorlage.

Werke: Karl May: *Winnetou II* (= GWB 8). *Der Schatz im Silbersee* (= GWB 36). *Old Firehand* (= GWB 71).

OLD SHATTERHAND

Name des Ich-Erzählers in Karl Mays Wildwest-Erzählungen (erscheint in den »Jugenderzählungen« wie z.B. *Der Schatz im Silbersee* in der 3. Person). Blutsbruder Winnetous. Von ihm auch als »Scharlih«, »Schar-lih« oder »Scharlieh« angeredet. Wird auch als »Charley« und in *Winnetou IV* (GWB 33 *Winnetous Erben*) als »Karl May« bezeichnet. Berühmtester Westmann, dessen Name von seinem gefürchteten »Jagdhieb« herrührt. Das Attribut »old« kennzeichnet nicht

Old Firehand mit Bärenfellmütze: Rod Cameron in dem Film »Winnetou und sein Freund Old Firehand« (1966).

sein Alter, sondern seine Erfahrung. Seine Gegner erschrecken allein bei der Nennung seines Namens, während andere Westleute ihm Ehrfurcht und Respekt erweisen. Eine Vorläuferfigur erscheint in der Erzählung *Old Firehand* (1875). Der Name selbst taucht erstmals in der Erzählung *Unter Würgern* (1879) auf. In *Der Sohn des Bärenjägers* (1887) steht Old Shatterhand auf dem Höhepunkt seiner literarischen Entwicklung. Der Westmann wird, ein beliebter Kunstgriff Mays, als unbedarfter Neuling in die Handlung eingeführt. »Er war von nicht sehr hoher und nicht sehr breiter Gestalt. Ein dunkelblonder Vollbart umrahmte sein sonnenverbranntes Gesicht. Er trug ausgefranste Leggins und ein ebenso an den Nähten ausgefranstes Jagdhemd, lange Stiefel, welche er bis über die Knie emporgezogen hatte, und einen breitkrämpigen Filzhut, in dessen Schnur rundum die Ohrenspitzen des grauen Bären steckten. Sein Gewehr schien vor einer Stunde aus der Hand des Büchsenmachers hervorgegangen zu sein. Seine Stiefel waren makellos eingefettet und die Sporen ohne eine Spur von Rost. Seinem Anzuge war kaum eine Strapaze anzusehen, und wahrhaftig, er hatte sogar seine Hände rein gewaschen.« So rein wie seine Erscheinung ist seine Gesinnung. Sobald er – meist an seinen Gewehren – als der berühmte Old Shatterhand erkannt worden ist, fällt ihm in jeder Gruppe die unbestrittene Führerrolle zu. Er verfügt über herausragende Fähigkeiten, kann die rätselhaftesten Spuren deuten und ist ein meisterlicher Schütze. »Mit der unbewaffneten Faust fällt er den stärksten Feind.« Er vermeidet, soweit es geht, Blutvergießen und schont das Leben seiner Gegner. Old Shatterhands

Links: Lex Barker in »Der Schatz im Silbersee« (1962).
Rechts: Harry Walther bei den Karl-May-Spielen Bad Segeberg (1964).

Omnipotenz wird nicht einmal von Winnetou erreicht, der ihm ansonsten ebenbürtig ist. Mit dem Apatschen verbindet ihn eine tiefgehende Beziehung, die für Karl May das Idealbild einer Freundschaft darstellt. Wenn sich die Gefährten nach langer Trennung wiedersehen, soll sich die Rührung auch auf den Leser übertragen: »›Schar-lih!‹ rief er frohlockend. Er öffnete die Arme, und wir lagen uns am Herzen. ›Schar-lih, shi shteke, shi nta-ye – Karl, mein Freund, mein Bruder!‹ fuhr er, beinahe weinend vor Freude, fort. ›Shi int... ni int..., shi itchi ni itchi – mein Auge ist dein Auge, und mein Herz ist dein Herz!‹ Auch ich war so ergriffen von diesem so ganz und gar unerwarteten Wiedersehen, daß mir das Wasser in die Augen trat.« *(Winnetou III)* In *Winnetou I* wird die Entwicklung des Helden vom Greenhorn (das im Grunde bereits über alle Kenntnisse verfügt) zum anerkannten Westmann dargestellt. Der Waffenschmied Henry ist sein erster Lehrmeister und erkennt: »›Entweder Ihr habt den Teufel, Sir, oder Ihr seid zum Westmann rein geboren.‹« Im Eisenbahnerlager beweist er gegenüber Rattler seine körperlichen Fähigkeiten: »Er konnte nicht weiter reden, denn ich schlug ihm die Faust an die Schläfe, daß er steif wie ein Sack niederstürzte und betäubt liegen blieb.« Von seinem Mentor → Sam Hawkens erhält er seinen Kriegsnamen: »›Aber Sir, das ist ja fürchterlich! In Eure Finger möchte ich auf keinen Fall geraten. Man sollte Euch wahrhaftig Shatterhand nennen, weil ihr einen baumlangen und baumstarken Menschen mit einem einzigen Fausthiebe niederschmettert. So etwas habe ich noch nie gesehen!‹« Klekih-Petra, der weiße Lehrer der Apatschen, bittet ihn, Win-

Links: Bruce Low beim Karl-May-Festival Deutschlandhalle Berlin (1968).
Rechts: Jochen Bludau bei den Karl-May-Spielen Elspe (1978).

netous Freund zu werden. Obwohl die erste Begegnung in Feindschaft endet, erkennt Old Shatterhand, daß sein Leben auf unerklärliche Weise mit dem des Indianers verbunden ist: »Ich hatte während der letzten Tage so viel an Winnetou gedacht, daß er mir innerlich immer näher getreten war; er war mir wert geworden, ohne daß es seiner Gegenwart oder gar seiner Freundschaft dazu bedurft hatte, gewiß ein eigenartiger seelischer Vorgang, wenn auch nicht grad ein psychologisches Rätsel.« Nachdem sich Old Shatterhands Unschuld herausgestellt hat, schließen er und Winnetou Blutsbrüderschaft. Der Vorgang nimmt in der Darstellung von Winnetous Vater Intschu tschuna eine geradezu religiöse Dimension an: »... er wird das Blut Winnetous trinken, und dieser wird das seinige genießen; dann ist er Blut von unserm Blute und Fleisch von unserm Fleische.‹« Die Liebe von Winnetous Schwester → Nscho-tschi erschreckt den zölibatären Old Shatterhand: »Mein Lebensplan schloß, wie ich annahm, eine Verheiratung überhaupt aus.« Die Entscheidung wird dem Schicksal zugeschoben; die Indianerin stirbt unter den Kugeln Santers. »Autobiographisch gesehen ist Winnetou der Freund, den May sich immer gewünscht hat und den er sich nun in seiner Phantasie selber schuf; zugleich ist Winnetou ein Teil seines eigenen Selbst.« (Kosciuszko) Nach dem Einschnitt, den die → Orientreise 1899/1900 für ihn bedeutete, beschäftigt sich Karl May fast ein Jahrzehnt lang nicht mehr mit der Figur des Old Shatterhand. Sie taucht erst wieder auf in der Reiseerzählung *Winnetou IV* (GWB 33 *Winnetous Erben*), die der Autor nach den Eindrücken seiner → Amerikareise schreibt. In dem zum

Links: Siegfried Rauch in »Mein Freund Winnetou« (1980).
Rechts: Rüdiger Bahr auf der »Winnetou«-Tournee (1982).

→ Alterswerk gerechneten Roman ist Old Shatterhand jedoch nicht mehr der omnipotente Held, sondern dient als Herold für Mays Vorstellungen vom sich entwickelnden → Edelmenschen.

»OLD SHATTERHAND« (FILM)

Kinofilm (D/F/I 1964). Mit Lex Barker (Old Shatterhand), Pierre Brice (Winnetou), Daliah Lavi (Paloma), Guy Madison (Captain Bradley), Ralf Wolter (Sam Hawkens), Alain Tissier (Tujunga), Gustavo Rojo (Corporal Bush), Rik Battaglia (Dixon), Charles Fawcett (General Taylor), Mirko Ellis (Joe Burker), Bill Ramsey (Timpe). Produzent: Artur Brauner (CCC). Regie: Hugo Fregonese. – *Inhalt:* Winnetou und Old Shatterhand decken die Machenschaften einer Bande von Landräubern auf. Winnetous Adoptivsohn kommt dabei ums Leben. – *Der Karl-May-Fan meint:* Ein Karl-May-Buch mit dem Titel *Old Shatterhand* gibt es nicht. Die Handlung ist in den wesentlichen Zügen frei erfunden. Trotzdem: ein hervorragender Western.

Video: Polyband.

Link: http://www.movieline.de/c/display.n/DATA0034959

OLD SUREHAND

Romanfigur in *Old Surehand I – III.* Eigentlich: Leo Bender. Berühmter Westmann. Sohn von → Kolma Puschi und Bruder von → Apanatschka. Durch ein Verbrechen von Daniel Etters wurde ihm die Familie entrissen. Er trifft auf

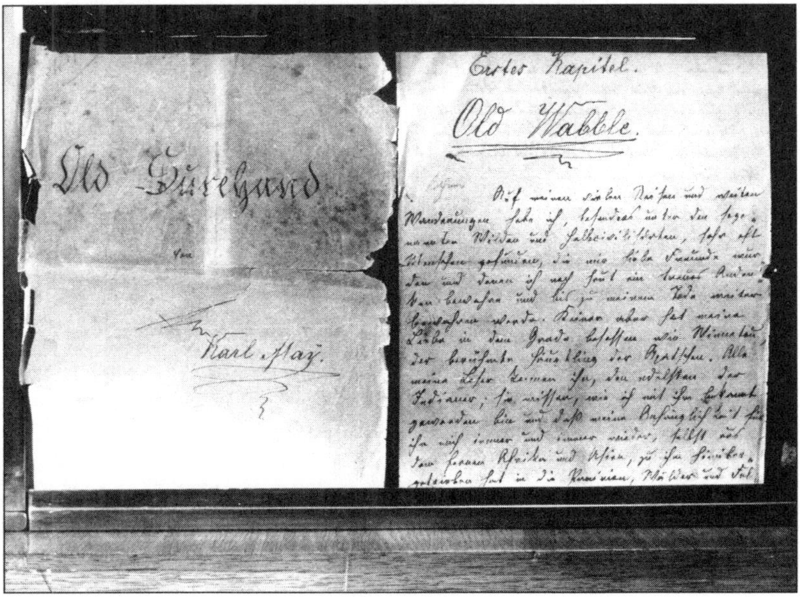

Old Surehand: Der Anfang von Karl Mays Manuskript.

Apanatschka, ohne daß sich die Brüder erkennen, und bestreitet mit ihm einen → Zweikampf. Der Kampf endet unentschieden, weil die beiden Kontrahenten gleich stark sind. Old Shatterhand ist es zu verdanken, daß Old Surehand seine Mutter wiederfindet und Apanatschka als seinen Bruder erkennt. Der Verbrecher Etters sühnt seine Untaten, indem sein Unterleib von Felsbrocken zerquetscht wird. – Old Surehand erscheint in den Filmen → *Unter Geiern* (1964), → *Der Ölprinz* (1965) und → *Old Surehand 1. Teil*. Mit der Romanfigur hat die Charakterisierung der Gestalt (gespielt von → Stewart Granger) nichts zu tun. In Old *Surehand 1. Teil* wird sein bürgerlicher Name genannt: Johnny Garden. – Die erste Dramatisierung des Stoffes erfolgte in den fünfziger Jahren in den Niederlanden beim Openluchtspel Ruurlo, Rijkenbargse Bos. Die erste deutsche Dramatisierung war das Stück *Old Surehand* bei den Karl-May-Spielen → Bad Segeberg 1965 (Buch und Inszenierung: → Wulf Leisner). – Die erste Hörspielfassung lief 1963 im Westdeutschen Rundfunk, Köln (Buch: Betty Sörensen, Regie: Kurt Meister).

Werke: Karl May: *Old Surehand I* (= GWB 14). *Old Surehand II* (= GWB 15). **Literatur:** Dieter Sudhoff, Hartmut Vollmer (Hrsg.): *Karl Mays ›Old Surehand‹*. Paderborn 1995.

»OLD SUREHAND 1. TEIL« (FILM)

Kinofilm (D/YU 1965). Mit Stewart Granger (Old Surehand), Pierre Brice (Winnetou), Letitia Roman (Judith), Larry Pennell (General), Mario Girotti (Toby), Paddy Fox (Old Wabble), Wolfgang Lukschy (Richter Edwards), Erik Schumann (Captain Miller). Produzent: Horst Wendlandt (Rialto). Regie: Alfred Vohrer. – *Inhalt:* Old Surehand entlarvt einen biederen Geschäftsmann als Mörder seines Bruders. Winnetou verhindert durch sein Eingreifen einen Indianerkrieg. – *Der Karl-May-Fan meint:* Gut gemachter Western mit Witz, aber ohne Bezug zur Romanvorlage von Karl May. Die Pierre-Brice-Fans waren seinerzeit sauer, weil Winnetou nur eine Statistenrolle spielte. Die Karl-May-Serie neigt sich erkennbar ihrem Ende zu.

Video: Kinowelt.

Link: http://www.dem.de/entertainment/kino/102/102343.html

OLD WABBLE

Romanfigur aus *Old Surehand I und III*. Eigentlich: *Fred Cutter*, genannt *König der Cowboys*. Berühmter Westmann, ca. 90 Jahre alt; erhielt seinen Namen aufgrund seines »wackelnden Ganges und weil ihm der Anzug so schlotterig am dürren Leibe hing«. Ständige Redensart: »Th'is clear«. Indianerhasser und Verächter des christlichen Glaubens. Anfangs auf Seiten Old Shatterhands, wird er zu dessen erbittertem Feind. Die Utahs stecken ihn in einen gespaltenen Baumstamm, wodurch sein Unterleib langsam zerquetscht wird. – Old Wabble ist im Romanwerk Karl Mays einer der wenigen »gebrochenen« Charaktere und eine der psychologisch ausgefeiltesten Figuren. Der Name wird auch verwendet in den Filmen → *Unter Geiern* (1964), → *Der Ölprinz* (1965) und →

Old Surehand 1. Teil (1965, jeweils dargestellt von Paddy Fox = Milan Srdoc). Die Charakterisierung ist jedoch völlig anders als im Original; Old Wabble ist im Film eine Witzfigur, deren Merkmal ängstliches Schlottern ist.
Werke: Karl May: *Old Surehand I* (= GWB 14). *Old Surehand II* (= GWB 15).

OLMS PRESSE

Zweig des auf Reprintdrucke spezialisierten Verlags Georg Olms (Hildesheim, Zürich, New York) mit Themen aus dem Bereich der populären Kultur. Machte mit den 1969 begonnenen Nachdrucken der Kolportageromane Karl Mays die alten Originalveröffentlichungen neu zugänglich und gab damit der im Entstehen begriffenen wissenschaftlichen Karl-May-Forschung wesentliche Impulse. Es erschienen 28 Bände, die von Klaus Hoffmann und Ekkehard Bartsch herausgegeben wurden.
Für Sammler: *Das Waldröschen I-VI* (1969-1971). *Der verlorene Sohn I-VI* (1970-1972). *Der Weg zum Glück I-VI* (1971; 2. Auflage 1997). *Die Liebe des Ulanen I-V* (1976). – Weitere Reprintdrucke: *Mein Leben und Streben* (hrsg. von Hainer Plaul; 1972; 2. Auflage 1982; 3. Auflage 1997). *Die Rose von Kairwan* (hrsg. von Ekkehard Bartsch; 1974). *Erzgebirgische Dorfgeschichten* (hrsg. von Ekkehard Bartsch; 1977).

ÖLPRINZ

Romanfigur aus *Der Ölprinz*. Eigentlich: Grinley. Will dem Bankier → Rollins und dessen Buchhalter Baumgarten eine nicht existierende Ölquelle verkaufen. Dazu verbündet er sich mit seinem Stiefbruder Buttler und dem verräterischen Scout Poller. Ihre Pläne werden von Old Shatterhand belauscht, Buttler und Grinley am Ende von den Navajos erschossen. – Ölig-elegant von → Harald Leipnitz auf die Leinwand gebracht.

»DER ÖLPRINZ« (BUCH)

Reiseerzählung, von Karl May ausdrücklich »für die Jugend« bestimmt. Erstmals veröffentlicht als Zeitschriftenabdruck in → *Der gute Kamerad* 1893/94. Als Buch erstmals 1897 bei der → *Union Deutsche Verlagsgesellschaft* (Stuttgart). → Sam Hawkens führt eine Gruppe von deutschen Auswanderern nach Arizona, darunter die resolute → Rosalie Ebersbach, der junge Adolf Wolf, der mit ihm befreundete Indianer → Schi-So, der in Deutschland Forstwirtschaft studiert hat, und der spleenige Kantor Aurelius Hampel, der unbedingt eine Wildwest-Heldenoper komponieren will. Sie geraten in eine Auseinandersetzung mit der Verbrecherbande der »Finders«, die von Buttler geleitet werden. Dessen Stiefbruder Grinley, genannt → »der Ölprinz«, will dem Bankier → Rollins eine falsche Ölquelle verkaufen. Als zwischen Nijoras und Navajos das Kriegsbeil ausgegraben wird, gerät der Treck der Auswanderer zwischen alle Fronten. Old Shatterhand und Winnetou bringen Hilfe. – Verfilmt 1965 als → *Der Ölprinz*. Die erste Theateraufführung fand 1961 bei den Karl-May-Spielen → Bad Segeberg statt. Zahlreiche Hörspieladaptionen.
Werke: Karl May: *Der Ölprinz* (= GWB 37).

»DER ÖLPRINZ« (FILM)

Kinofilm (D/YU 1965). Mit Stewart Granger (Old Surehand), Pierre Brice (Winnetou), Harald Leipnitz (Ölprinz), Macha Meril (Lizzy), Mario Girotti (Richard Forsythe), Antje Weisgerber (Frau Ebersbach); Walter Barnes (Campbell), Paddy Fox (Old Wabble), Heinz Erhardt (Kantor Hampel), Gerhard Frickhöffer (Kovacz). Produktion: Horst Wendlandt (Rialto). Regie: Harald Philipp. – *Inhalt:* Winnetou und Old Surehand entlarven einen falschen Ölprinzen und verschaffen einer Gruppe von Siedlern eine neue Heimat. – *Der Karl-May-Fan meint:* Spurenelemente der Karl-May-Vorlage sind noch erkennbar. Old Shatterhand wurde durch Old Surehand ersetzt. Der Name *Grinley* für den Ölprinz kommt nicht vor. Als Western annehmbar und mit einer Prise Humor inszeniert. Gut fotografiert die Floßfahrt; störend allerdings die im Studio aufgenommenen Rückpro-Einstellungen.

Video: Kinowelt.

Link: http://www.dem.de/entertainment/kino/102/102380.html

OMNIA-FILM

Exportfirma für Kinofilme. Rechtehandel sowie Vorbereitung und Durchführung von Co-Produktionen. Maßgeblich beteiligt an der Produktion der Karl-May-Filme → *Old Shatterhand* (1964), → *Der Schut* (1964), → *Der Schatz der Azteken* (1965) und → *Die Pyramide des Sonnengottes* (1965). Gegründet von dem deutsch-rumänischen Bankkaufman Carol Hellman (= Karl Hellmann) ca. 1950, erloschen ca. 1980. Bedeutendste Weltvertriebsfirma in Deutschland während der fünfziger und sechziger Jahre. Hellman schuf für → Artur Brauner die Verbindung zur italienischen *Serena-Film* (Roberto Dandi) und zur französischen *Franco-London-Film* (Henry Deutschmeister). Die *Criterion-Film* (Paris, Co-Produzent von *Old Shatterhand* und *Der Schut*) war eine Tochterfirma der Omnia. – Von Filmsammlern sehr gesucht sind die colorierten Aushangfotos der Omnia zu den Karl-May-Filmen.

OPERETTE

Ist nicht fast alles bei Karl May Operette? Eine richtige Karl-May-Operette gab es in den zwanziger Jahren auf der Bühne in München unter dem Titel *Fräulein Rothaut*. Allerdings machten sich die Verfasser einen Jux auf Karl May. Das mochte das Publikum nicht leiden, und so wurde das Unternehmen ein Reinfall. Ein bißchen Ernst muß sein...

ORIENT (I)

»Der Traum der Kolportage ist: nie wieder Alltag; und am Ende steht Glück, Liebe, Sieg. Der Glanz, auf den die Abenteuergeschichte zugeht, wird nicht, wie in der Magazingeschichte durch reiche Heirat und dergleichen gewonnen, sondern durch aktive Ausfahrt in den Orient des Traums.« (Ernst Bloch)

ORIENT (II)

»Bei Allah, dieser Karl May hat den Orient im Hirn und Herzen mehr verstanden als ein Heer heutiger Journalisten, Orientalisten und ähnlicher Idiotisten.«

Quelle: Rafik Schami in: *Der Rabe 31.* Zürich 1991.

ORIENTREISE KARL MAYS

Am 26.3.1899 bricht Karl May, 57 Jahre alt und etablierter Schriftsteller, zu seiner ersten Reise in den Orient auf. Seine Reisekasse beinhaltet den stolzen Betrag von 50.000 Mark, er wird 16 Monate wegbleiben. Am 4.4.1899 verläßt er Genua mit dem Dampfer »Preußen« (Norddeutscher Lloyd). Am 9.4.1899 betritt er in Port Said erstmals außereuropäischen Boden. Am 23.5.1899 mietet er in Kairo den Araber Sejjid Hassan als Diener und nennt ihn »Sejjid Omar«. Mit ihm reist er über Siut und Luxor nach Assuan (6.6.1899). Anschließend schifft er sich nach Beirut ein. Dort bleibt er bis zum 8.7. in Quarantäne. Am 17.7.1899 erreicht er Palästina und besucht Haifa, Nazareth, Jaffa und schließlich Jerusalem, wo er sich drei Wochen aufhält. Von Suez aus reist er nach Aden und Massaua am Roten Meer und fährt mit der »Bayern« (Norddeutscher Lloyd) weiter nach Colombo auf Ceylon (Ankunft 6.10.1899). Nach dreiwöchigem Aufenthalt reist er mit der »Vindobona« (Triester Lloyd) weiter nach Penang (damals britisch). Eine weitere Schiffsreise bringt ihn nach Padang auf Sumatra (Aufenthalt bis zum 24.11.1899). Anschließend kehrt er nach Port Said zurück (Ankunft 11.12.1899).

Während Karl May bis jetzt allein unterwegs war, findet der zweite Teil der Reise gemeinsam mit seiner Frau Emma und dem befreundeten Ehepaar → Plöhn statt. Bis zum 27.4.1900 hält man sich in Kairo auf und besichtigt während dieser Zeit die Pyramiden von Gizeh. Am 28.4.1900: Reise nach Palästina mit Besuchen von Jaffa, Jerusalem, Hebron, Jericho, Tiberias und Haifa. Anschließend Weiterreise nach Beirut, Baalbek und Damaskus. Rückkehr nach Beirut, von dort am 18.6.1900 Schiffsreise nach Istanbul, wo sich die Reisegesellschaft zwei Wochen aufhält. Am 7.7.1900 Rückfahrt über Athen, Korinth, Patras, Korfu, Brindisi, Bologna und Venedig. 25.7.1900: Von Venedig über Verona nach Bozen. 30.7.1900: München. Am 31.7.1900 erreicht das Ehepaar May wieder Radebeul. May schreibt: »Nach anderthalb Jahren endlich wieder daheim! Nun bin ich wieder Sklaven meiner Leser!« – Die Orientreise beeinflußt entscheidend die weitere Entwicklung des Autors. Danach schreibt er »symbolisch«. Die Zeit der Abenteuerromane ist vorbei, das → Alterswerk beginnt.

Literatur: Hans Wollschläger, Ekkehad Bartsch: *Karl Mays Orientreise 1899/1900. Dokumentation.* In: Jb-KMG 1971, Hamburg 1971. – *In fernen Zonen. Karl Mays Weltreisen.* Bamberg 1999. – Amand von Ozoroczy: *Karl May und der Orient.* In: KMJb 1918.

ORTOLANI, RIZ

Italienischer Filmkomponist (geb. 1931 Pesaro, Italien). Schuf die Musik zu → *Old Shatterhand* (1964). Wurde weltberühmt mit der Melodie *More* aus dem Film *Mondo Cane* (Oscar-Nominierung). Komponierte die Musik zu zahlreichen Hollywoodfilmen und Italowestern. Zuvor hatte er bereits die deutsche Produktion *Flying Clipper* (1962) eindrucksvoll vertont. Für den Song *Forget Domani* aus dem Film *Der gelbe Rolls Royce* erhielt er einen Golden Globe, der Titel wurde von Frank Sinatra aufgenommen. Der Komponist lebt und arbeitet in Rom. Er ist mit der Sängerin Katyna Ranieri verheiratet. Die Musik *Old Shatterhand* ist eine seiner einfallsreichsten und gelungensten Kompositionen und der aufwendigste Soundtrack der Karl-May-Filme überhaupt. Das einzige Mal in einem Karl-May-Western wurde ein Chor eingesetzt. Die Musik wurde unter Leitung des Komponisten in Berlin von Mitgliedern der Berliner Symphoniker eingespielt. Merkwürdigerweise wurde bei Erscheinen des Films – anders als bei den → Martin-Böttcher-Musiken – keine Schallplatte mit der Filmmusik herausgebracht. Die erste Veröffentlichung erfolgte erst im Jahr 1985. Eine CD mit der kompletten Filmmusik erschien 1999.

Ausgewählte Filme: *Ursus im Tal der Löwen* (1961); *Verliebt in scharfe Kurven* (1962); *Flying Clipper – Traumreise unter weißen Segeln* (1962); *Gesetz der Bravados* (1963); *Mondo cane* (1963); *Old Shatterhand* (1964); *Abrechnung in Vera Cruz* (1964); *Der gelbe Rolls Royce* (1965); *Die glorreichen Reiter* (1965); *Gefahr im Tal der Tiger* (1966); *Der Gehetzte der Sierra Madre* (1966); *Der Tod ritt dienstags* (1967); *Siebenmal lockt das Weib* (1967); *Mögen sie in Frieden ruh'n* (1968); *Schlacht um Anzio* (1968); *Kampf um Rom* (1968); *Die letzte Rechnung zahlst du selbst* (1968); *Die Platinbande* (1968); *Lady Hamilton – Zwischen Schmach und Liebe* (1969); *Ausbruch der 28* (1970); *Django – Die Nacht der langen Messer* (1970); *Das Rätsel des silbernen Halbmonds* (1971); *Leise weht der Wind des Todes* (1971); *Sie verkaufen den Tod* (1972); *Die Valachi-Papiere* (1972); *Das Geheimnis des gelben Grabes* (1972); *Casanova & Co* (1976); *Das Phantom im Mädchenpensionat* (1978); *Die zwei Gesichter einer Frau* (1981); *Allein gegen die Mafia* (1984, TV); *Christopher Columbus* (1985, TV); *Der Mörder-Alligator* (1989); *Michelangelo: Aufbruch eines Genies* (1991, TV); *Voyeur* (1994). **Schallplatte:** *Old Shatterhand.* Celine CLSP 5001-X (1985). **CD:** *Old Shatterhand.* Cobra CR 002 (1999).
Link: http://german.imdb.com/Name?Ortolani,+Riz

ÖSTERREICH

»Es ist nun einmal so, ich habe eine Schwäche für jeden Österreicher« (Karl May). Das war wohl gegenseitig. In Österreich befindet sich die zweitgrößte Lesergemeinde Mays. Zu den Karl-May-Forschern der ersten Stunde zählten zahlreiche Österreicher (Franz Cornaro, → Otto Forst-Battaglia, Joseph Höck, → Amand von Ozoróczy, Ludwg Patsch). 1928 findet eine der ersten Theateraufführungen eines Karl-May-Werkes in → Wien statt (*Winnetou*, Renaissance-Theater). Eine der ersten → Doktorabeiten über Karl May verfaßt ein Österreicher (Emanuel Kainz). Zahlreiche Mitarbeiter und Schauspieler der → Karl-May-Filme sind Österreicher (die Regisseure → Georg Marischka und →

Harald Reinl, der Produzent Carl Szokoll, der Kameramann Siegfried Hold, die Schauspieler → Sieghardt Rupp). Mehrere Freilichtbühnen (→ Gföhl, → Staatz, → Weitensfeld, → Winzendorf) zeigen Karl-May-Aufführungen.
Literatur: Wilhelm Brauneder (Hrsg.): *Karl May in Österreich.* Husum 1996.

OTTO

siehe: Waalkes, Otto.

OZORÓCZY, AMAND VON

Schauspieler und Karl-May-Forscher (geb. 1885; gest. 1977 Wien). Hatte Karl May noch persönlich kennengelernt. Burgschauspieler. Spielte 1974 in Sybergs → *Karl May* den Pater Ildefons Schober.

P

PÄDAGOGIK

siehe auch: Nationalsozialismus; Schule.

Bereits zu Lebzeiten Karl Mays setzte unter Pädagogen der Streit ein, ob Karl May ein Schundliterat und Verderber der Jugend sei oder ob seine Bücher ohne bleibende Schäden gelesen werden könnten. Die Vermutung liegt nahe, daß die Auseinandersetzung die Leselust der Betroffenen eher gesteigert hat. 1919 urteilte der Reformpädagoge → Ludwig Gurlitt weise: »Schädliche Wirkungen der May-Lektüre sind mehr behauptet als nachgewiesen worden.« 1971 hieß es in der Brockhaus Enzyklopädie, daß der Einfluß Mays auf die Jugend »meist gedämpft positiv beurteilt wird«. Inzwischen haben sich die Verhältnisse so weit gewandelt, daß viele Pädagogen froh sein würden, wenn Jugendliche ein Karl-May-Buch in die Hand nehmen würden.

Literatur: Franz Weigl: *Karl Mays pädagogische Bedeutung*. Ubstadt 1975. (Zuerst München 1909.) – Karl Wilker: *Karl May – ein Volkserzieher? Eine dringende Abwehr zum Schutze unserer Jugend gegen die Verherrlichung Mays*. Langensalza 1910. – Ludwig Gurlitt: *Gerechtigkeit für Karl May!* Radebeul 1919. – Ingrid Bröning: *Die Reiseerzählungen Karl Mays als literaturpädagogisches Problem*. Düsseldorf 1973. – Anneliese Hölder: *Das Abenteuerbuch im Spiegel der männlichen Reifezeit*. Ratingen 1967.

PALOMA

Auch: *Paloma-Nakana* (d.i. »Taube des Urwaldes«); bürgerlich: *Almy Wilkins*. Eine Weiße, die am Silber-

Paloma (Daliah Lavi 1964 in »Old Shatterhand«).

see unter dem Schutz der Apatschen lebt. Figur aus *Deutsche Herzen, Deutsche Helden* (bearb.: GWB 62 *Im Tal des Todes*). Erscheint in ähnlicher Charakterisierung in dem Film → *Old Shatterhand* (1964, gespielt von → Daliah Lavi). Weil sie dort an einem Wasserfall lebt, wird ihr Name mit »Taube der schäumenden Wasser« übersetzt. 1995 erscheint die Figur zusammen mit Old Firehand als *Paloma Nakama* bei den *Winnetou-Spielen* → Gföhl in dem Stück *Winnetou und Old Firehand – Die Tränen der Paloma Nakama.*

PARKER, WILL

Romanfigur. Erscheint in *Winnetou I und II, Der Ölprinz* und den Erzählungen *Old Firehand* und *Im fernen Westen.* Westmann, ständiger Begleiter von → Sam Hawkens und Dick Stone. Zusammen bilden die Gefährten das *Kleeblatt.* Parker »hatte ein großes, dunkles Tuch turbanartig um den Kopf gewunden und trug eine rote Husarenjacke«. So erscheint die Figur auch in dem Film → *Winnetou 1. Teil* (1963, gespielt von Husein Cokic). Will Parker ist auch zu sehen in → *Old Shatterhand* (1964, gespielt von Vojkan Pavlovic), allerdings entspricht das Kostüm hier nicht der Beschreibung bei Karl May.

PARKLAND

Verlag in Stuttgart. Brachte 1992 eine 33bändige Karl-May-Ausgabe heraus (Texte in Lizenz vom → Haffmans Verlag, sog. → Züricher Ausgabe). Die Billigreihe (69 Mark bei *Mail Order Kaiser*) wurde innerhalb von drei Jahren 30.000 mal verkauft. Für die Verwendung des geschützten Titels → *Durch die Wüste* zahlte der Verlag eine Lizenz in Höhe von 30.000 Mark an den → Karl-May-Verlag.

PATTY FRANK

siehe: Frank, Patty.

PAULI, IRMS

siehe auch: Kostüme.

Kostümbildnerin (geb. 2.10.1926; gest. 16.6.1988). Ein kleines Experiment: Schließen Sie die Augen und stellen Sie sich Winnetou vor. Wie sieht er aus? Klar, wie der junge Pierre Brice. Und weiter? Ein helles Lederkostüm, das auf der Brust, an Ärmeln und Hosenbeinen abgesetzt ist mit blau-rot-weißen Zierstreifen. Fransen an Jacke und Hose, an den Füßen Mokassins, auf dem Kopf ein schwarz-weiß gemustertes Stirnband aus Klapperschlangenhaut. Sehen Sie: das ist Winnetou, nicht wie ihn Karl May erschuf, sondern Irms Pauli. Das Winnetou-Kostüm ist die wohl bedeutendste Ikone des deutschen Nachkriegsfilms, berühmter als jedes Ballkleid von Romy Schneider als Sissy. Es hat das Bild von Winnetou so geprägt, daß auf mindestens jeder zweiten Freilichtbühne der Winnetou ausstaffiert ist wie seinerzeit Pierre Brice von Irms Pauli. Urheberrechte hat sie nie geltend gemacht. Ein Exemplar des Winnetou-Kostüms ist im Deutschen Filmmuseum (Frankfurt/M.) ausgestellt, wo auch der künstlerische Nachlaß der Kostümbildnerin aufbewahrt wird.

Die Karl-May-Filme von Irms Pauli: *Der Schatz im Silbersee* (1962); *Winnetou 1. Teil* (1963); *Der Schut* (1964); *Winnetou 2. Teil* (1964); *Unter Geiern* (1964); *Der Ölprinz* (1965); *Durchs wilde Kurdistan* (1965); *Winnetou 3. Teil* (1965); *Old Surehand 1. Teil* (1965); *Im Reiche des silbernen Löwen* (1965); *Winnetou und das Halbblut Apanatschi* (1966); *Winnetou und sein Freund Old Firehand* (1966); *Winnetou und Shatterhand im Tal der Toten* (1968). **Literatur:** Deutsches Filmmuseum (Hrsg.): *Kostüme: Irms Pauli.* [Katalog] Frankfurt/M. 1990.

PAWLAK-VERLAG

Auf Nachdrucke spezialisierter Verlag (Herrsching am Ammersee). Veröffentlichte zwischen 1976 und 1978 als erster Verlag neben dem → Karl-May-Verlag eine Hardcover-Ausgabe mit dem Gesamtwerk des Autors. Pawlak griff auf die frühen Ausgaben zurück, so daß eine weitgehend originale Karl-May-Edition entstand (allerdings mit deprimierenden Einbandzeichnungen). In der Reihe kamen insgesamt 74 Bände heraus. Anschließend erschien eine Taschenbuchausgabe unter dem Reihentitel *Karl May. Reiseerzählungen in Einzelausgaben* zum Bandpreis von 1,95 Mark (»Pierre Brice: *Die Gelegenheit für Sammler!*«). 1991-93 erschien eine Lizenzausgabe dieser Reihe im Leipziger Kommissions- und Großbuchhandel *(Karl May. Werke in 74 Bänden)* mit einer wesentlich attraktiveren Einbandgestaltung.

Irms Pauli bei den Aufnahmen zu »Der Schatz im Silbersee« (1962).

Die Pawlak-Ausgabe: 1 *Winnetou Bd. 1.* 2 *Winnetou Bd. 2.* 3 *Winnetou Bd 3.* 4 *Winnetou Bd. 4.* 5 *Der Schatz im Silbersee.* 6 *Weihnacht.* 7 *Old Surehand Bd. 1.* 8 *Old Surehand Bd. 2.* 9 *Old Surehand Bd. 3.* 10 *Der Ölprinz.* 11 *Die Helden des Westens.* 12 *Durch Wüste und Harem.* 13 *Durchs wilde Kurdistan.* 14 *Von Bagdad nach Stambul.* 15 *In den Schluchten des Balkan.* 16 *Durch das Land der Skipetaren.* 17 *Der Schut.* 18 *Orangen und Datteln.* 19 *Am Jenseits.* 20 *Im Reiche des silbernen Löwen Bd. 1.* 21 *Im Reiche des silbernen Löwen Bd. 2.* 22 *Im Reiche des silbernen Löwen Bd. 3.* 23 *Im Reiche des silbernen Löwen Bd. 4.* 24 *Ardistan und Dschinnistan Bd. 1.* 25 *Ardistan und Dschinnistan Bd. 2.* 26 *Die Sklavenkarawane.* 27 *Im Lande des Mahdi Bd. 1.* 28 *Im Lande des Mahdi Bd. 2.* 29 *Im Lande des Mahdi Bd. 3.* 30 *Auf fremden Pfaden.* 31 *Und Friede auf Erden.* 32 *Der blaurote Methusalem.* 33 *Am Stillen Ozean.* 34 *Am Rio de la Plata.* 35 *In den Kordilleren.* 36 *Das Vermächtnis des Inka.* 37 *Satan und Ischariot Bd. 1.* 38 *Satan und Ischariot Bd. 2.* 39 *Satan und Ischariot Bd. 3.* 40 *Im fernen Westen.* 41 *Unter heißer Sonne.* 42 *Das Geheimnis des Bettlers.* 43 *Der Schatz der Mixtekas.* 44 *Der Fürst des Felsens.* 45 *Verschollen.* 46 *Rebellen der Sierra.* 47 *Am Teich der Krokodile.* 48 *Der Kaiser von Mexiko.* 49 *Verschwörung in Stambul.* 50 *Die Königin der Wüste.* 51 *Jagd durch die Prärie.* 52 *Arizona.* 53 *Der Engel der Verbannten.* 54 *Die Kosaken.* 55 *Im Auftrag seiner Majestät.* 56 *Napoleons letzte Schlacht.* 57 *Die Spione von Paris.* 58 *Hinter feindlichen Linien.* 59 *Entscheidung in Sedan.* 60 *Der Herr der tausend Masken.* 61 *Der Schmugglerkönig.* 62 *Die Verlorenen.* 63 *Sklaven des Goldes.* 65 *Das letzte Duell.* 66 *Das Zigeunergrab.* 67 *Die Dorftyrannen.* 68 *Der Baron.* 69 *Die Rivalen.* 70 *Das gefälschte Testament.* 71 *Das Gottesurteil.* 72 *Insel der Gefangenen.* 73 *Der Dukatenhof.* 74 *Mein Leben und Streben.*

PENNELL, LARRY

US-Schauspieler (geb. 21.2.1929 Uniontown, Pennsylvania, USA). Trat ein einziges Mal bei Karl May auf. In dem Film → *Old Surehand 1. Teil* spielt er 1965 den Anführer einer Bande von Desperados, der sich als biederer Geschäftsmann ausgibt, den Indianern wertlose Gewehre andreht und am Schluß von Old Surehand als Mörder seines Bruders entlarvt wird. Nach der Schulzeit ist er sieben Jahre als Baseball-Profi tätig und arbeitet anschließend zwei Jahre für den amerikanischen Geheimdienst in Südamerika. Seit 1955 erscheint er mit kleinen Rollen in unbedeutenden Hollywood-Filmen. 1962 erhält er das Angebot zur TV-Serie *Ripcord* (in Deutschland: *Sprung aus den Wolken*), mit der er schlagartig bekannt wird. Daraufhin verpflichtet ihn Winnetou-Produzent → Horst Wendlandt, der seine Karl-May-Serie mit international bekannten Namen zu schmücken versucht, für den *Old Surehand*-Film. Pennell spielt die Rolle des Gangsterchefs (»General«) mit öligem Charme, ohne jedoch recht überzeugen zu können. Sein Handicap besteht darin, daß er durch *Sprung aus den Wolken* als Sympathieträger bekannt geworden ist und nun in dem Karl-May-Film gegen den Typ besetzt ist. Anschließend dreht er die deutsch-italienische Coproduktion *Scharfe Schüsse auf Jamaica* (1965). Damit ist seine europäische Filmkarriere schon beendet. Er kehrt in die Staaten zurück, wo er vor allem Gastrollen in Fernsehserien übernimmt. Seine auffällige Ähnlichkeit mit Clark Gable führt dazu, daß er zweimal in der Rolle des großen Hollywood-Stars zu sehen ist: 1980 wirkt er in dem Fernsehfilm *Marilyn: The Untold Story* mit. 1989 spielt er den großen Hollywoodstar in *Another Chance* (dt.: *Ein hundsgemeiner Herzensbrecher*).

Ausgewählte Filme: *Geheimagent des FBI* (1959); *Sprung aus den Wolken* (1962, TV); *Old Surehand 1. Teil* (1965); *Scharfe Schüsse auf Jamaica* (1965); *Um 9 Uhr geht die Erde unter* (1970, TV); *Brother, Cry for Me* (1970); *Alienkiller* (1991); *Fear: The Halloween Night* (1999).

Link: http://german.imdb.com/Name?Pennell,+Larry

PERU

Handlungsort. Erscheint in dem Roman → *Das Vermächtnis des Inka.* 1966 Drehort des Films → *Das Vermächtnis des Inka.* Die Filmreklame versprach: »Gedreht an Originalschauplätzen«. Tatsächlich jedoch kommt die sagenumwobene Inkafestung → Machu Picchu, bei der ein Großteil der Aufnahmen entstand, bei Karl May nicht vor.

PETERS, WERNER

Schauspieler (geb. 7.7.1918 Werlitsch; gest. 30.3.1971 Wiesbaden). Der geniale Charakterdarsteller (Spezialität: schmierig-durchtrieben) ist nur ein einziges Mal in einem Karl-May-Film zu sehen, nämlich 1965 in dem Orient-Abenteuer → *Durchs wilde Kurdistan.* Seine ersten Ausbildungsjahre durchläuft der Landsmann von Karl May bei Detlev Sierck und Paul Smolny am Leipziger *Alten Theater.* Nach dem Zweiten Weltkrieg macht er rasch Karriere beim Film. Bekannt wird er in der Rolle des Dietrich Hessling in der Heinrich-Mann-Verfilmung *Der Untertan* (1951). Neben einigen bemerkenswerten Filmen ist er in zahllosen mittelmäßigen Streifen zu sehen, denen er durch seine Mitwirkung jedoch einen charakteristischen Stempel aufdrückt. In dem von → Artur Brauner produzierten Karl-May-Abenteuer spielt er den weinseligen *Mütesselin von Amadijeh.* Seine Darstellung gehört zu den schauspielerischen Kabinettstücken in der künstlerisch meist nicht besonders herausfordernden Filmserie. Der Auftritt macht den eher mittelmäßigen *Kurdistan*-Film sehenswert.

Ausgewählte Filme: *Affaire Blum* (1948); *Der Untertan* (1951); *Nachts, wenn der Teufel kam* (1957); *Strafbaillon 999* (1959); *Das Mädchen Rosemarie* (1959); *Die tausend Augen des Dr. Mabuse* (1960); *Im Stahlnetz des Dr. Mabuse* (1961); *Die unsichtbaren Krallen des Dr. Mabuse* (1962); *Der schwarze Abt* (1963); *Scotland Yard jagt Dr. Mabuse* (1963); *Die schwarzen Adler von Santa Fe* (1964); *Die Gruft mit dem Rätselschloß* (1964); *Durchs wilde Kurdistan* (1965); *Die Hölle von Macao* (1967); *Mister Dynamit – Morgen küßt Euch der Tod* (1967); *Die Tote aus der Themse* (1971); *Novellen aus dem wilden Westen* (1972, TV).

Link: http://german.imdb.com/Name?Peters,+Werner

PFERDE

siehe auch: Hatatitla; Iltschi; Rih; Swallow; Syrr.

Wer kennt noch Fury und Flicka? Karl Mays Wunderpferde Rih, Hatatitla und Iltschi galoppieren dagegen immer noch. Obwohl ihr geistiger Vater kein hippologischer Experte war, haben seine gefühlvollen Beschreibungen immer wieder Menschen zu Pferdeliebhabern gemacht. Ohne Pferde wäre der Karl-May-Roman nicht komplett. Auch die Karl-May-Filme konnten auf den vierbeinigen Freund des Menschen nicht verzichten. Man nannte sie deshalb »Pferdeopern«.

Literatur: Carl-Heinz Dömken: *Mein Hengst Rih*. Bamberg 1997. Neuauflage von: Carl-Heinz Dömken: *Mein Rih*. Friedberg 1979.

PFOTENHAUER, IGNATIUS

Auch: *Ignaz Pfotenhauer*, genannt *Vogel-Nazi*. Figur aus → *Die Sklavenkarawane*. Vogelkundler mit Doktortitel und auffälligem Riechorgan. Sammelt Material über die Vogelwelt im Sudan und spricht kräftigen bayerischen Dialekt. Erscheint auch in den Filmen → *Die Sklavenkarawane* (1958) und → *Der Löwe von Babylon* (1959, jeweils gespielt von → Fernando Sancho). Dort ist er bereits Professor, was er bei Karl May erst *nach* seinem Sudan-Abenteuer wird.

PHILATELIE

Am Thema »Karl May im Spiegel der Briefmarke« können sich Philatelisten begeistern. Zwar gibt es bisher nur eine einzige Karl-May- → Briefmarke (gelungen!), aber sonstige philatelistische Schmankerln (Ganzsachen, Allongen, Sonderstempel) zu Hauf. Die ersten Belege gehen zurück in die dreißiger Jahre. Aus dem Angebot für Fans: *Ganzsache »Karl-May-Portrait«* mit eingedruckter 3-Pfg.-Hindenburg-Marke (1938); *Ganzsache »Karl-May-Spiele Rathen«* mit eingedruckter 3-Pfg.-Hindenburg-Marke (1938); *Amtliche Bildpostkarte »Karl-May-Spiele Bad Segeberg«* mit eingedruckter 10-Pfg.-Heuss-Marke (1956); *Ersttagsblatt »Karl May«* mit Ersttags-Sonderstempel (1987). – Karl-May-Sonderstempel erschienen u.a. für das → Karl-May-Museum Radebeul (1938), zu den Karl-May-Spielen in → Rathen (1938), → Werder/Havel (1940), → Bad Segeberg, → Elspe und → Staatz, zum Karl-May-Todestag (1987) in → Bamberg, Bonn, Deggendorf, → Hohenstein-Ernstthal und → Radebeul.

Literatur: Deutsche Briefmarken-Zeitung Nr. 7 / 1998.

PHILIPP, HARALD

Filmregisseur (geb. 24.4.1921 Hamburg; gest. 5.7.1999 Berlin). Inszenierte die Karl-May-Filme → *Der Ölprinz* (1965) und → *Winnetou und das Halbblut Apanatschi* (1966). Nach Tätigkeit als Schauspieler und Regisseur am Theater profilierte sich Philipp in den 50er Jahren mit erfolgreichen Filmen aus dem Soldatenmilieu *(Strafbataillon 999)* und verschaffte sich einen Ruf als solider Handwerker. In den 60er und Anfang der 70er Jahre war er an fast allen Wellen des deutschen Kinos beteiligt (Karl May, Jerry Cotton, Edgar Wallace, Sex). Während der Filmkrise verlagerte er seinen Arbeitsschwerpunkt zum Fernsehen, für das er einige populäre Serien drehte *(Drei Damen vom Grill)*. In den 80er Jahren war er vor allem als Synchronregisseur tätig und bearbeitete zahlreiche US-Fernsehserien. 1962 drehte Philipp in Spanien den Film *Fremde sterben auf La Joya*, sein wohl bestes Werk. Für den anspruchsvollen Film fand er keinen Verleiher und zahlte jahrelang seine Schulden ab. Überliefert ist von ihm eine Episode am Rand der Dreharbeiten zu *Winnetou und das Halbblut Apanatschi* (1966). Am Ufer der Cetina sollte die Entführung des Jungen Happy gedreht werden. Philipp schlug sich immer weiter in das Ufergebüsch hinein. Mühsam folgten ihm Kameramann, Regieassistent und der übrige Drehstab, in der Annahme, der Regisseur suche den besten Kamerastandpunkt. Plötzlich drehte sich der Regisseur um und schrie entnervt: »Kann man denn hier nirgends in Ruhe p... ?!« Philipp lebte mit seiner Frau, der Schauspielerin Viola Liessen, bis zu seinem Tod in Berlin.

Ausgewählte Filme: *Siebenmal in der Woche* (1957); *Rivalen in der Manege* (1958); *Der Czardas-König* (1958); *Tausend Sterne leuchten* (1959); *Strafbataillon 999* (1959); *Division Brandenburg* (1960); *Unter Ausschluß der Öffentlichkeit* (1961); *Auf Wiedersehen* (1961); *Fremde sterben auf La Joya / Un Hombre solo* (1962); *Der Ölprinz* (1965); *Mordnacht in Manhattan* (1965); *Winnetou und das Halbblut Apanatschi* (1966); *Um Null Uhr schnappt die Falle zu* (1966); *Liebesnächte in der Taiga* (1967); *Blonde Köder für den Mörder* (1969); *Hurra, wir sind mal wieder Junggesellen* (1970); *Ehemänner-Report* (1971); *Die Tote aus der Themse* (1971); *Die Brücke von Zupanja* (1975); *Drei Damen vom Grill* (1977, TV).

Link: http://german.imdb.com/Name?Philipp,+Harald

PHILIPS

Schallplattenfirma (Sitz: Hamburg). Produzierte 1960 das erste Karl-May-Hörspiel auf Schallplatte. Der Erfolg wurde durch die 1962 startende Karl-May-Filmserie beflügelt. In kurzen Abständen erschienen insgesamt elf Hörspiele, die in den folgenden Jahren immer wieder neu aufgelegt wurden. Sprecher waren bekannte Schauspieler Hamburger Bühnen, darunter der unvergessene Joseph Offenbach.

Die Philips-Serie für Sammler: *Der Schatz im Silbersee; Winnetou; Der Schut; Unter Geiern; Der Ölprinz; Old Surehand; Durch die Wüste; Durchs wilde Kurdistan; Von Bagdad nach Stambul; In den Schluchten des Balkan; Old Firehand.*

PHILIPSEN, PREBEN

Dänischer Filmproduzent (geb. 18.1.1910 Kopenhagen, Dänemark). Produzent der *Winnetou*-Filme der sechziger Jahre (gemeinsam mit → Horst Wendlandt). Ursprünglich Pelzhändler und Lieferant des dänischen Königshauses. Gründet 1950 den → Constantin-Filmverleih (gemeinsam mit Waldfried Barthel; Sitz: Frankfurt/M., ab 1957 München). Der Name des Unternehmens geht auf Philipsens Vater Constantin zurück, der bereits 1897 in Kopenhagen die Produktionsfirma Rialto-Film ins Leben gerufen hatte. 1960 gründet der Sohn in Hamburg die → Rialto-Film Preben Philipsen (ab 1962: Berlin). Die Firma erzielt unter der Leitung von Horst Wendlandt erste Erfolge mit Edgar-Wallace-Verfilmungen, bevor sie 1962 mit → *Der Schatz im Silbersee* die Karl-May-

Welle im deutschen Kino auslöst. Die Produktion der folgenden Filme überläßt Philipsen weitgehend Wendlandt allein, der bereits Anfang der 60er Jahre Teilhaber der Firma wird. Finanzielle Schwierigkeiten veranlassen ihn, seine Firmenanteile an Wendlandt zu verkaufen. Philipsen ist noch bis 1975 in seinem Heimatland Dänemark als Produzent und Verleiher tätig, jedoch gelangten die Filme der letzten zehn Jahre nicht mehr nach Deutschland.

Ausgewählte Filme (als Produzent): *Der Mann, der nicht nein sagen konnte* (1958); *Der Frosch mit der Maske* (1959); *Unser Haus in Kamerun* (1961); *Der Fälscher von London* (1961); *Ich bin auch nur eine Frau* (1962); *Der Schatz im Silbersee* (1962); *Das indische Tuch* (1963); *Der unheimliche Mönch* (1965); *Nu stiger den* (1967); *Logneren* (1970); *Tre mand frem for en trold* (1967); *Skipper & Co* (1974); *Bejleren – en jydsk roverhistorie* (1975).

PIDA

D.i. »Hirsch«. Romanfigur. Erscheint in *Winnetou I*, *Winnetou II* und *Winnetous Erben*. Häuptling der Kiowas. Lieblingssohn → Tanguas. Nimmt Winnetous Testament an sich, um zu verhindern, daß es → Santer in die Hände fällt. Am Dunklen Wasser wird er mit Old Shatterhand Zeuge, wie sich Santer unbeabsichtigt in die Luft sprengt.

PLASTINOL

siehe auch: Figuren.

Markenname der Modellbaufirma Dietz (Nürnberg). Die Firma, die zwischen 1952 und 1954 existierte, produzierte eine *Old-Shatterhand*-Figur aus Masse (7 cm hoch). Die Figur erschien in Konkurrenz zum *Old Shatterhand* von → Hausser, hatte mit diesem jedoch keinerlei Ähnlichkeit.

PLAUEN

Stadt im Vogtland. 1860 bis 1861 besucht Karl May das Lehrerseminar der Stadt, nachdem er zuvor das Seminar in → Waldenburg wegen eines angeblichen → Kerzen-Diebstahls verlassen mußte. »Plauen ist mir nämlich sehr ans Herz gewachsen, denn dort habe ich bei Anders im Glassalon mein schönstes Bier getrunken und meine besten Schweinsknöcheln à la Omelette gegessen; voigtländi-

Preben Philipsen: Dänischer Karl-May-Produzent.

sche Klöße, so grüngeknüffte, waren, gloobe ich, ooch dabei.« (1899 in *Der schwarze Mustang*)

PLITWITZER SEEN

Kroat.: *Plitvicka Jezera*. Nationalpark (seit 1949) in Kroatien. Einer der berühmtesten Drehorte der Karl-May-Filme der sechziger Jahre und eine Landschaft fürs CinemaScope-Format. Eine Kette von 16 stufenförmig übereinanderliegenden Seen ist durch rauschende Wasserfälle, schäumende Kaskaden und Höhlensysteme miteinander verbunden. Seit 1979 auf der Unesco-Liste für Weltnaturerbe. Während des Bürgerkrieges Schauplatz von kriegerischen Auseinandersetzungen; dabei wurden touristische Einrichtungen stark in Mitleidenschaft gezogen. – In der Urlaubssaison sind die Seen stark besucht. Um alle Motive zu besichtigen, sollte man mindestens einen Tag einplanen. Die charakteristischen Holzstege, die direkt an den Wasserfällen entlangführen, waren zur Zeit der Dreharbeiten erst teilweise vorhanden. Sie wurden im Krieg stark beschädigt.

Karl-May-Filme an den Plitwitzer Seen: *Der Schatz im Silbersee* (1962); *Winnetou 2. Teil* (1964); *Winnetou 3. Teil* (1965). **Andere Filme:** *Tartaren in der Teufelsschlucht* (1961, mit Pierre Brice); *Verflucht, verdammt und hallelujah* (1972, mit Terence Hill); *Die blutigen Geier von Alaska* (1973, Regie: Harald Reinl).

Anschrift: Nationalpark Plitvicka Jezera, HR-53231 Plitvicka Jezera.

Link: http://www.np-plitvice.tel.hr/np-plitvice/info/infod.htm

PLÖHN, KLARA

siehe: May, Klara.

PLÖHN, RICHARD

Kaufmann (geb. 22.6.1853 Danzig; gest. 14.2.1901 Dresden). Vermögender Zellstoffabrikant in Radebeul. Gemeinsam mit seiner Frau Klara gehörte er zum engsten Freundeskreis von Karl May und dessen Frau Emma. Nach seinem Tod ließ Karl May für ihn ein → Grabmal errichten, in dem der Dichter später selbst beigesetzt wurde. Die sterblichen Überreste Plöhns, eines »Halbjuden«, wurden 1942 auf Betreiben der Nationalsozialisten und mit Einwilligung von Klara May aus der Grabstätte entfernt.

POLEN

Im komplizierten Verhältnis zwischen Deutschen und Polen war Karl May immer ein Sympathieträger. Daran konnten auch zwei Weltkriege nichts ändern. Eine erste Karl-May-Ausgabe erscheint bereits zu Lebzeiten Karl Mays im Jahr 1908. 1910 wird *Winnetou* auf polnisch veröffentlicht. Ab 1925 veröffentlichte der Verlag *Orient* eine Reihe von Romanen, die er in 50 Heftchen unterteilt hatte. Die erste Ausgabe nach dem Weltkrieg erscheint bereits 1947 in Warschau (*Skarb w Srebrnym Jeziorze / Der Schatz im Silbersee*). Auch während der Zeit des Sozialismus kommen weitere Bände heraus. Einen wahren Boom aber gibt es nach der Einführung demokratischer Reformen in den 80er und 90er Jahren. Bereits während der 60er Jahre liefen die Karl-May-Filme in Polen mit durchschlagendem Erfolg. Den Film → *Winnetou 1. Teil* (poln.: *Winnetou 1. Seria,* Start in Polen: 1965) sahen während einer 17monatigen Laufzeit 12,3 Mio. Besucher.

Literatur: Pete Wolf: *Karl May in »Ost« und »West«. Zur Karl-May-Rezeption in CSSR, Ungarn, Polen und anderen Ländern.* Sonderheft KMG 77 (1988).

POLLMER, EMMA

siehe: May, Emma.

PONITZ

Gemeinde in Sachsen. Am 10.4.1869 verhaftete Karl May hier den Seilermeister Krause, ohne jedoch mit der Beute fliehen zu können.

PORNOGRAPHIE (I)

Todsünde, denn das gibt es nicht bei Karl May (vgl. → Unsittlichkeiten). Winnetou kann nichts dafür, daß er 1971 den Autor Richard Amory (das kann doch nicht sein richtiger Name sein...) zu dem Roman *Rote Männer auf grünen Matten* inspirierte. Kostprobe: »Auf einem sonnengesprenkelten Pfad neben einer Douglasfichte legte sich der Indianer auf seinen Rücken nieder; seine Hüften wanden sich, und sein Penis ragte steil empor. Ephraim stürzte mit einem Stöhnen auf ihn. ›Oh, du‹, hauchte er, ›ich liebe dich!‹«

Nachzulesen in: Richard Amory: *Rote Männer auf grünen Matten oder Winnetous Erben.* München 1971.

PORNOGRAPHIE (II)

Der erbitterte Karl-May-Gegner Hermann Cardauns las 1902 den Kolportageroman *Deutsche Herzen, deutsche Helden* ganz genau und fand darin eine »abgrundtiefe Unsittlichkeit« mit »einer Dirnengeschichte von 35 Seiten« und »hier und da ein halber Druckbogen oder mehr mit schmutzigen Scenen, eine Portion einzelner Ekelhaftigkeiten«.

Literatur: Hermann Cardauns: *Herr Karl May von der anderen Seite.* In: Historisch-politische Blätter. München 1902.

Polnische Ausgabe von »Weihnacht«.

POSTER

Fanartikel zur Wanddekoration. Gesammelt werden Film-, Theater-, Ausstellungs- und Veranstaltungsplakate zu Karl May. Kommerzielle Plakate als → Merchandising-Produkt brachte ab 1977 die Firma *Scandecor* (Langen) heraus. Das Unternehmen begründete in Deutschland das Postergeschäft. Es erschienen verschiedene Schmuckplakate mit Pierre-Brice-Motiven. Nach einem *Winnetou-Filmfoto* (Nr. 1081/1977) und einer *Zeichnung mit Filmmotiven* (Nr. 1855) kamen einige Pierre-Brice-Aufnahmen auf den Markt, die speziell für diesen Zweck von R.W. Schlegelmilch in Calabrien fotografiert worden waren (*Nr. 1081/1979, 1724, 1887, 3069, 5042, 6299*). Äußerer Anlaß für die Kampagne war die bevorstehende Fernsehserie *Mein Freund Winnetou* (1980). Das Motiv 1724 wurde kurz nach Erscheinen, vermutlich aufgrund von Lizenzproblemen, zurückgezogen und ist unter Sammlern sehr gesucht. – 1997 veröffentlichte die Firma *Close Up Poster* (Ostfildern) einen Reprint des gesuchten Querformat-Filmplakats zu *Winnetou 1. Teil.*

Literatur: Karl-May-Archiv (Hrsg.): *Die Karl-May-Filme.* Göttingen 1986. (Eine Übersicht über alle Plakate und sonstigen Werbemittel.)

Spezialist für Poster-Sammler: Close Up Poster, Schönbergstr. 35, D-73760 Ostfildern.

POSTKARTEN

Schon Karl Mays Verlag *Fr. E. Fehsenfeld* (Freiburg) erfreute die frühen Fans mit Postkarten zum Sammeln. So richtig in Schwung aber kam die Postkartensammelei, als Filmstars abgebildet wurden. Für Filmsammler gehören solche Karten zu den beliebtesten Sammelobjekten. Bereits zum Karl-May-Film → *Durch die Wüste* gab es 1936 einen Postkartensatz aus dem seinerzeit sehr bekannten *Ross-Verlag*. Nach 1945 ging es den Herstellern von Filmpostkarten nie besser als zu Zeiten der Karl-May-Welle. Es erschienen nicht nur Starpostkarten, sondern ganze Motivserien mit durchlaufendem Text auf der Rückseite, so daß man den kompletten Film sammeln konnte.

Alle Filmpostkarten-Verlage: Freihoff (Essen): *Der Schatz im Silbersee, Winnetou 1. Teil, Old Shatterhand, Der Schut, Winnetou 2. Teil, Unter Geiern, Der Schatz der Azteken, Die Pyramide des Sonnengottes, Der Ölprinz, Durchs wilde Kurdistan, Winnetou 3. Teil, Old Surehand 1.*

Karl-May-Postkarte aus dem Fehsenfeld-Verlag.

Teil, Winnetou und das Halbblut Apanatschi, Winnetou und sein Freund Old Firehand, Winnetou und Shatterhand im Tal der Toten (jeweils in unterschiedlicher Stückzahl, SW). Der Verlag gab auch Großbilder im Format DIN A 5 heraus. **Heinerle Hugo Hein (Bamberg):** *Der Schut* (Nr. 1 – 48, F mit durchlaufender Filmgeschichte). Qualitativ die beste Farbserie, leider nur von einem Film erschienen. Als Wundertüte verkauft. **ISV Ilse Stern Verlagsgesellschaft (München):** *Der Schatz im Silbersee* (32 Motive; Nr. E 51 – E 82); *Winnetou 1. Teil* (35 Motive; Nr. E 1 – E 35); *Winnetou 2. Teil* (32 Motive; Nr. R 1 – R 32); *Unter Geiern* (Nr. 1 – 64); *Der Ölprinz* (Nr. 1 – 32); *Durchs wilde Kurdistan* (Nr. W 1 – W 6); *Winnetou 3. Teil* (Nr. 1 – 32); alle F mit durchlaufender Filmgeschichte. Sehr verbreitete Serien, zum Teil als Wundertüten durch die Firma Julius & Meyer (Saarbrücken) verkauft. **Kolibri Friedrich-W. Sander (Minden/Westfalen):** *Der Schatz im Silbersee, Winnetou 1. Teil, Old Shatterhand, Der Schut, Winnetou 2. Teil, Unter Geiern, Der Schatz der Azteken, Die Pyramide des Sonnengottes, Der Ölprinz, Durchs wilde Kurdistan, Winnetou 3. Teil, Old Surehand 1. Teil, Winnetou und das Halbblut Apanatschi* (jeweils in unterschiedlicher Stückzahl, SW). **Ross-Verlag (Berlin):** *Durch die Wüste* (Nr. 1 – 12, SW). **Franz Josef Rüdel Filmpostkartenverlag (Hamburg):** *Der Schatz im Silbersee, Winnetou 1. Teil, Old Shatterhand, Der Schut, Winnetou 2. Teil, Unter Geiern, Der Schatz der Azteken, Die Pyramide des Sonnengottes, Der Ölprinz, Durchs wilde Kurdistan, Winnetou 3. Teil, Old Surehand 1. Teil, Winnetou und das Halbblut Apanatschi, Winnetou und sein Freund Old Firehand, Winnetou und Shatterhand im Tal der Toten* (jeweils in unterschiedlicher Stückzahl, SW). Einige besonders attraktive Motive gab der Verlag als Großbilder im Format DIN A 5 heraus. Einzig zum Film *Winnetou und Shatterhand im Tal der Toten* erschien auch eine Farbserie (6 Motive, Nr. F 10 – F 15). **Link:** 101.298253@germanynet.de (Komplette Liste der Rüdel-Postkarten).

»PRÄRIEJÄGER IN MEXIKO« (FILM)

Fernsehfilm (DDR 1988). Mit Koljo Dontschev (Schwarzer Gerard), Gojko Mitic (Bärenauge), Andreas Schmidt-Schaller (Kleiner André), Djoko Rossich (Geierschnabel), Leon Niemczyk (Pablo Cortejo), Anamaria Chiuseleva (Josefa Cortejo), Renata Draltscheva (Emilia), Helmut Schellhardt (Benito Juarez), Horst Schulze (Kommandant), Hans Knötzsch (Pirnero), Ulrike Mai (Residella), Heinz Schröder (Lord Lindsay). Drehbuch: Hans Knötzsch nach den Romanen *Benito Juarez* und *Trapper Geierschnabel* von Karl May. Regie: Hans Knötzsch. – *Inhalt:* Mexiko 1866. Benito Juarez sammelt Verbündete für den Kampf gegen die Franzosen, unter ihnen der Schwarze Gerard, Trapper Geierschnabel und der Kleine André. Auch Häuptling Bärenauge von den Mixtecas beteiligt sich an dem Kampf. Er verhindert, daß den Franzosen das Fort Guadaloupe in die Hände fällt. – *Der Karl-May-Fan meint:* Die zweite Karl-May-Verfilmung des DDR-Fernsehens nach dem erfolgreichen *Buschgespenst* (1986) ist ein Reinfall. Die Filmleute blieben nicht klug an heimischen Drehorten, sondern wählten exotische Schauplätze: das wilde Mexiko, gefilmt im ebenso wilden Turkmenistan. Das Ergebnis war Langeweile pur, da konnte auch DEFA-Vorzeigeindianer → Gojko Mitic nichts retten.

PREISER

Die Kleinkunst-Werkstätten *Paul M. Preiser* (Steinsfeld) führten seit 1984 die Tradition der von → O. & M. Hausser geschaffenen → Elastolin-Figuren fort. Nachdem die Firma Hausser in Konkurs gegangen war, übernahm Preiser einen großen Teil der Werkzeuge und setzte die Produktion fort. Im Karl-May-Programm erscheinen die folgenden Kunststoffiguren:

Bestellnummern und Figuren: 7164 *Old Shatterhand (= Lex Barker);* 7165 *Santer;* 7166 *Tangua;* 7167 *Winnetou (= Pierre Brice);* 7168 *Old Shatterhand als Landvermesser;* 7169 *Sam Hawkens;* 7170 *Will Parker;* 7171 *Dick Stone;* 7172 *Rattler;* 7173 *Klekih-petra;* 7174 *Intschu tschuna;* 7175 *Winnetou;* 7176 *Nscho-tschi;* 7182 *Old Shatterhand auf Pferd;* 7183 *Winnetou auf Pferd;* 7185 *Old Shatterhand;* 7186 *Blitzmesser (Metan akva);* 7177 *Kara Ben Nemsi;* 7178 *Hadschi Halef Omar;* 7179 *Schut;* 7180 *Abu Seif;* 7181 *Krüger Bei;* 7184 *Kara Ben Nemsi auf Pferd.*

PRESTON

Figur aus dem Film → *Unter Geiern* (1964, gespielt von → Sieghardt Rupp). Chef der → Geier-Bande, die ihren Schlupfwinkel in einer verlassenen Goldgräberstadt hat. Die Figur kommt bei Karl May nicht vor. Sie ist Phantasieprodukt der Drehbuchautoren Eberhard Keindorff und Johanna Sibelius. Ein schlechtes dazu, denn Revolverhelden dieser Art sind May-untypisch.

PROMINENTE KARL-MAY-FANS

Bekennende Fans sind u.a. → Kurt Biedenkopf, → Thomas Gottschalk, Roman Herzog, → Helmut Kohl, → Loriot, Max Schmeling, → Theo Waigel (Ehrenhäuptling »Klingende Münze« der Karl-May-Spiele Bad Segeberg), Peter von Zahn. Siehe auch: → Joschka Fischer, → Hermann Hesse, → Theodor Heuss, → Egon Erwin Kisch, → Rio Reiser, → Johannes Mario Simmel, → Carl Zuckmayer.

PSEUDONYME

Romane und Erzählungen von Karl May sind zwischen 1875 und 1912 unter folgende Pseudonymen erschienen:

Capitain Ramon Diaz de la Escosura; M. Gisela; Karl Hohenthal; Fred Holm; D. Jam; Prinz Muhamel Latreaumont; Ernst von Linden; P. van der Löwen; Wilhelm Meier; Fritz Perner; Emma Pollmer.

Literatur: Werner G. Schmidtke: *Schmidtkes Pseudonym-Spiegel.* München 1984.

PSYCHOANALYSE

Reizthema in der Karl-May-Forschung. Nachdem → Arno Schmidt in seiner Psychoanalyse-Parodie *Sitara und der Weg dorthin* (1963) Karl May als »Homosexuellen« entlarvt hatte, entspann sich eine stark polemische Debatte darüber, ob dem »Phänomen Karl May« mit Hilfe einer tiefenpsychologischen Textanalyse beizukommen sei. Insbesondere den von → Hans Wollschläger in den ersten Jahrbüchern der Karl-May-Gesellschaft vorgelegten Werkuntersuchungen schlug die Skepsis jener May-Fans entgegen, denen diese Innenschau ihres Autors (einer wesentlichen Identifikationsfigur ihrer eigenen Persönlichkeit) als Verunglimpfung Karl Mays und über diesen Umweg als eigene Kränkung erlebten. May, der sich im Alter ausdrücklich als »Psycholog« verstand, hätte diese Diskussion vermutlich mit großem Interesse verfolgt. – Auch wegen der ungünstigen methodischen Voraussetzungen einer psychoanalytischen Textinterpretation – ohne Befragung des Autors kann nie exakt von einem bestimmten sprachlichen Symbol auf genau *einen* seelischen Beweggrund geschlossen werden, der für die Realisierung dieses Symbols verantwortlich ist – ist das Thema »Karl May und die Psychoanalyse« seit den 80er Jahren in den Hintergrund getreten. Absehen darf man dabei von eher spielerisch-assoziativen Textinterpretationen, die Mays Erzählwerk naiv als unmittelbare Spiegelung seiner realen Biographie deuten wollen.

Literatur: Hans Wollschläger: *»Die sogenannte Spaltung des menschlichen Innern, ein Bild der Menschheitsspaltung überhaupt.« Materialien zu einer Charakteranalyse Karl Mays.* In: Jb-KMG 1972/73. – *Karl May und die Psychoanalyse. Standpunkte und Kontroversen.* KMG-Sonderheft 51 (1984). – Udo Kittler: *Karl May auf der Couch? Die Suche nach der Seele des Menschen. Eine literaturpsychologische Studie zur Rezeption der »Lehre vom Unbewußten« im Spätwerk Karl Mays.* Ubstadt 1985.

PSYCHOLOGIE

»Bei Karl May hat es mit dem Erwachsen-Werden nicht richtig geklappt. Mit beispielloser Unverdecktheit hielt er am kindlichen Omnipotenz-Wahn fest... Kindlichen Leserinnen und Lesern wird bei May nicht nur durch die Verschonung mit der üblichen Jugendautoren-Herablassung wohlgetan – sie werden durch die infantile Unangreifbarkeit ihres Autors und Helden auch in ihrem Kind-Sein bestätigt, ja umschmeichelt. Diese integrierte Mischung von lässigem Verkennen des (falschen) Ernstes und von Ernstnehmen der Verkannten, macht, denke ich, einen großen Teil von Karl Mays Faszination aus.«

Quelle: Wolf-Dieter Bach: *Fluchtlandschaften.* In: Jb-KMG 1971. -Barbara Sichtermann. *Die Mayschen Reiseerzählungen als Jugendlektüre.* In: Harald Eggebrecht (Hrsg.): *Karl May – der sächsische Phantast.* Frankfurt/M. 1987.

PUEBLO

Von span. *pueblo*: Dorf. Bezeichnung der spanischen Eroberer für die festungsartigen Behausungen der Indianer. Die Häuser sind aus gebrannten Lehmziegeln errichtet und können bis zu fünf Stockwerke hoch sein. Die Geschosse liegen terrassenförmig übereinander. Sie sind durch Leitern miteinander verbunden; ins Innere der Gebäude gelangt man durch Falltüren in den Dächern. Pueblos werden von seßhaften Indianerstämmen bewohnt (z.B. den Hopis). Die Pueblo-Indianer gehören zu vier verschiedenen Sprachfamilien, ihre Kulturen sind jedoch eng verwandt. – Bei Karl May bewohnt Winnetous Stamm, die Mescalero-Apatschen, ein Pueblo am Ufer des Rio Pecos. Historisch ist dies vermutlich kaum haltbar, denn die → Apatschen waren mehrheitlich Jäger und

Pueblo: Bühnendekoration bei den Karl-May-Spielen Elspe 1984.

lebten gewöhnlich als Nomaden in Zelten (Tipis) oder Grashütten (Wickiups). – Das Pueblo der Apatschen erscheint auch in den Filmen → *Winnetou 1. Teil* (1963) und → *Winnetou 3. Teil* (1965, als Neukonstruktion). Auch auf der Bühne war es gelegentlich zu sehen, so in dem Musik- und Action-Schauspiel *Winnetou* (1982) sowie bei den Karl-May-Spielen in → Elspe (1978) und → Bad Segeberg (1995).

PUPPENTRICKFILM

Wer *Jim Knopf und die wilde 13* aus der Augsburger Puppenkiste mag, der sollte → *Die Spur führt zum Silbersee* nicht versäumen. Der einzige Puppentrickfilm nach Karl May entstand in mehrjähriger Arbeit unter der Leitung von Günther Rätz im DEFA-Trickfilmstudio Dresden. In der alten DDR wäre das Werk ein Riesenerfolg geworden; doch bei der Uraufführung 1990 war die Grenze geöffnet, und niemand interessierte sich mehr für Filme aus eigener Produktion. Die geplante Verfilmung von *Der Sohn des Bärenjägers* konnte der enttäuschte Regisseur nicht mehr verwirklichen.

PUSTET, FRIEDRICH

Verleger (geb. 1831; gest. 1902). Leiter des katholischen Verlags *Fr. Pustet* in Regensburg. Veröffentlichte in der Wochenzeitschrift → *Deutscher Hausschatz* die meisten der großen Reiseerzählungen von Karl May. Mit ihm führte May die literarische und geschäftliche Korrespondenz über seine Hausschatz-Erzählungen. Die Zeitschrift war 1874 von Pustets Vater Friedrich Pustet sen. und seinem Bruder Karl gegründet worden.

PUZZLE

Geduldsspiel. Geeignet, um sich ein Bild von Winnetou zu machen. Puzzlespiele erschienen vor allem zur Zeit der Karl-May-Filmwelle. Die renommierte Spielefabrik *F.X. Schmid* (München) produzierte in den 60er Jahren sechs Puzzlespiele mit Fotos aus *Winnetou*-Filmen, die jeweils 3 Bilder mit insgesamt 360 Teilen enthielten. Die Spiele waren so erfolgreich, daß sie 1972 und 1978 in veränderter Ausstattung nochmals herausgebracht wurden. 1978 erschien bei F.X. Schmid noch einmal ein *Puzzle 240: Winnetou* mit einem Foto aus → *Der Schatz im Silbersee*. Unter dem Titel *Puzzle-Spaß* ließen die alteingesesse-

Puppentrickfilm: »Die Spur führt zum Silbersee« (1990).

nen *Vereinigten Altenburger und Stralsunder Spielkarten-Fabriken* (Leinfelden) 1972 ein 144teiliges Foto von den Karl-May-Spielen → Bad Segeberg zusammensetzen. Schließlich erschienen in der Noch-DDR 1990 zwei Puzzlespiele mit Motiven aus dem Puppentrickfilm → *Die Spur führt zum Silbersee*. Sie wurden herausgegeben vom Progreß-Filmverleih (Berlin).

Die F.X. Schmid-Puzzles für Sammler: *Winnetou Puzzle 1* (nach *Winnetou 1. Teil*), *Winnetou Puzzle 2* (nach *Winnetou 2. Teil*), *Winnetou Puzzle 3* (nach *Winnetou 3. Teil*), *Winnetou Puzzle 4* (nach *Unter Geiern*), *Winnetou Puzzle 5* (nach *Winnetou und das Halbblut Apanatschi*), *Winnetou Puzzle 6* (nach *Der Schatz im Silbersee*). *Puzzle 240: Winnetou* (nach *Der Schatz im Silbersee*).

»DIE PYRAMIDE DES SONNENGOTTES« (BUCH)

Band der → Bamberger Ausgabe (GWB 52). Schöner Titel. Achtung: Kein Originalband von Karl May. Es handelt sich um einen Teil des Kolportageromans → *Das Waldröschen*. Zu der Serie gehören außerdem die Bände GWB *51 Schloß Rodriganda*, GWB 53 *Benito Juarez*, GWB 54 *Trapper Geierschnabel*, GWB 55 *Der sterbende Kaiser*.

»DIE PYRAMIDE DES SONNENGOTTES« (FILM)

Kinofilm (D/F/I 1965). Mit Lex Barker (Dr. Sternau), Gérard Barray (Graf Alfonso), Rik Battaglia (Verdoja), Ralf Wolter (Andreas Hasenpfeffer), Michèle Girardon (Josefa), Alessandra Panaro (Rosita Arbellez), Theresa Lorca (Karja), Gustavo Rojo (Potoca), Hans Nielsen (Don Pedro Arbellez), Kelo Henderson (Frank Wilson). Produzent: Artur Brauner. Regie: Robert Siodmak. – *Inhalt:* Fortsetzung des Mexiko-Abenteuers *Der Schatz der Azteken* (1965). Lex Barker, der meist malade darniederliegt, braucht die Schurken nicht zu bestrafen: Ein Aztekenschatz reißt sie in die Tiefe. – *Der Karl-May-Fan meint:* Ein typisches Karl-May-Ende in einem Film, der so bunt und so wirr ist wie die Romanvorlage *Schloß Rodriganda*. Sehenswert die falsche Pyramide.

Link: http://www.movieline.de/c/display.n/DATA0038477

PYROTECHNIK

siehe auch: Feuerwehr.

Das tödliche Feuer in → *Das Vermächtnis des Inka* sorgt dafür, daß die Schurken am Schluß ihre gerechte Strafe ereilt. Feuer und Explosionen werden von Karl May als Instrumente der Konfliktlösung (vom Helden unbeeinflußbar) und zur Bestrafung der Schurken (gleichsam als zerstörerischer Blitz aus dem Himmel) eingesetzt. Nur logisch, daß die Pyrotechnik in Theateraufführungen und in Verfilmungen von Karl Mays Werken ganz wichtig ist. Manchmal glaubt man jedoch, es bumst nur deshalb so laut, weil der Regisseur hofft, damit von der Schwäche des Drehbuches ablenken zu können. In den Freilichtaufführungen läßt sich seit Mitte der siebziger Jahre eine zunehmende Tendenz zur Rumserei beobachten (beginnend in → Elspe, sich fortsetzend in → Bad Segeberg und andernorts). In Elspe war es Peter Hüttemeister, der feuerwerkstechnisch eine neue Ära begründete, in Bad Segeberg eiferte ihm ein Pyro-Experte unter dem verheißungsvollen Namen Fred Feuerstein nach. Urvater der Karl-May-Pyrotechnik ist *Erwin Lange*, der legendäre Feuerwerker des deutschen Nachkriegsfilms, der nicht nur in fast allen → Karl-May-Filmen der 60er Jahre zündelte, sondern auch amerikanische Großproduktionen wie *Cleopatra* (1962) in Brand setzte.

»Die Pyramide des Sonnengottes« (1965): Filmbau in Jugoslawien.

Q

QUADFLIEG, WILL

Schauspieler und Rezitator (geb. 15.9.1914 Oberhausen). War 1938 an der Berliner Volksbühne *Winnetou*. In den fünfziger Jahren sprach er den Häuptling im NDR-Hörspiel *Fährten in der Prärie* von → Günter Eich. Mehr als Winnetou hat jedoch der *Faust* seine Karriere bestimmt, den er am Deutschen Schauspielhaus in Hamburg spielte (verfilmt 1960). Über die Berliner Karl-May-Inszenierung berichtet er: »Anstelle eines Weihnachtsmärchens spielten wir eine sehr naive Bühnenfassung von Karl Mays *Winnetou*. Das Vergnügen an diesem Stück begann für mich bei der Maske. Sie besorgte Meister Jabs, der grand old man der Maskenbildner für Bühne und Film in Berlin... Er schminkte und frisierte mich haargenau, wie Karl May seinen Winnetou beschrieben hatte: rotbraun, mit langem, schwarzen Haar. Als er fertig war und ich vor den Spiegel trat, erschrak ich vor mir selbst – und erlebte in besonderem Maße das Phänomen der Verwandlung... So trat ich auf und riß sowohl mein jugendliches Publikum wie auch die Eltern zu Begeisterungsstürmen hin. Wir konnten das Stück nicht oft genug ansetzen. So machten wir uns also den Spaß, einmal Indianer zu spielen und Winnetous und Old Shatterhands, den mein Freund Ernst Wilhelm Borchert spielte, Abenteuer durchzustehen.« *(Wir spielen immer, 1976.)*

Ausgwählte Filme: *Das Herz der Königin* (1940); *Kora Terry* (1940); *Anschlag auf Baku* (1942); *Die Zaubergeige* (1944); *Schwarze Augen* (1951); *Die Försterchristel* (1952); *Moselfahrt aus Liebeskummer* (1953); *Faust* (1960); *Dantons Tod* (1981); *Die Reise* (1986); *Der große Bellheim* (1992, TV). **Bücher:** Will Quadflieg: *Wir spielen immer. Erinnerungen.* Frankfurt/M. 1976.

Link: http://german.imdb.com/Name?Quadflieg,+Will

QUARTETTSPIELE

siehe: Kartenspiele.

QUIMBO

Romanfiguren. Der Name wird von Karl May verwendet für zwei unterschiedliche Personen. In → *Das Waldröschen* ist es ein farbiger Matrose auf der

Yacht von → Dr. Sternau. In *Der Boer van het Roer* (bearb.: GWB 23 *Auf fremden Pfaden*) und *An der Tigerbrücke* (bearb.: GWB 11 *Am Stillen Ozean*) handelt es sich um einen Basutokaffer, der Kara Ben Nemsi bei seinem → Südafrika-Abenteuer begleitet und später gezwungen wird, als Diener eines Piratenkapitäns zu arbeiten.

QUINN, FREDDY

D.i. Franz Eugen Nidl-Petz. Genannt: *Freddy*. Sänger, Schauspieler, Akrobat (geb. 27.9.1931 Wien). Gilt als einer der erfolgreichsten Sänger in der Geschichte des deutschen Schlagers. Spielte 1993 und 1994 bei den Karl-May-Spielen → Bad Segeberg den → Sam Hawkens. Schon 1964 wandelte der Junge von St. Pauli auf den Spuren Karl Mays: Sein → Sauerkraut-Western *Freddy im wilden Westen* (1964) wurde auf dem Höhepunkt der Karl-May-Welle in der Kulissenstadt von → *Old Shatterhand* (1964) bei Dubrovnik gedreht. In dem Film waren zahlreiche Darsteller zu sehen, die auch in den Karl-May-Filmen mitwirkten. Das Leben des Heimweh-Sängers (»Junge, komm bald wieder«) könnte selbst einem Karl-May-Roman entlehnt sein: Sein Vater war Ire, die Mutter Österreicherin. Die Schulzeit verlebte er in Wien, Belgien und in den USA. Sein erstes Engagement hatte er in einem Wanderzirkus. 1951 läßt er sich in Hamburg nieder, wo er 1954 einen Ausbildungsvertrag der Schallplattenfirma Polydor erhält. Als besonders erfolgreich erweist sich die Verbindung mit dem Komponisten Lothar Olias, mit dem er über Jahrzehnte zusammenarbeitet. Der Titel »Heimweh« (1956) wird eine der erfolgreichsten Produktionen der deutschen Schlagergeschichte (über 8 Mio. verkaufte Tonträger). Freddy trat in Spielfilmen, Theateraufführungen und Musicalproduktionen auf und war auch in den USA erfolgreich. 1957 besuchte er die Segeberger Spiele als Zuschauer, 1976 trat er vor dem Spiel mit einer Gesangseinlage als Stargast auf. Mit seiner Darstellung des Sam Hawkens erntete er entgegen den Unkenrufe mancher Kritiker überwiegend positive Kritiken. Ein Karl-May-Fan monierte: »Wenn er sein ständiges, nervtötendes Kichern zu Hause hätte lassen können, wäre er richtig gut gewesen.«

Ausgewählte Filme: *Heimatlos* (1958); *Freddy, die Gitarre und das Meer* (1958); *Freddy unter fremden Sternen* (1959); *Freddy und der Millionär* (1961); *Freddy und das Lied der Südsee* (1962); *Freddy, Tiere, Sensationen* (1964); *Freddy und das Lied der Prärie* (1964); *Haie an Bord* (1971).

Link: http://online.prevezanos.com/schlager/f/freddy.shtml

VON QUITZOW

Raubrittergeschlecht, erscheint in *Der beiden Quitzows letzte Fahrten*. Das Werk erschien 1876/77 mit dem Untertitel »Historischer Roman aus der Jugendzeit des Hauses Hohenzollern« in der von May gegründeten Zeitschrift *Feierstunden am häuslichen Heerde* (Verlag → H.G. Münchmeyer, Dresden). 1960 in bearbeiteter Form veröffentlicht als GWB 69 *Ritter und Rebellen*. Karl Mays einziger geschichtlicher Roman, in dem die Hauptpersonen historisch nachweisbar sind. Dietz und Kuno von Quitzow wollen das Unrecht ihres Vaters Dietrich sühnen, der als berüchtigter »Schwarzer Dietrich« Anführer einer Räuberbande ist und verantwortlich für den Tod von Frau und Kindern des Grafen Warwick. Dietrichs Vetter Claus von Quitzow, bei dem die beiden Brüder unterkommen, will einen reichen Geldtransport überfallen, den Warwick begleitet. Der Raubzug scheitert, Claus von Quitzow findet den Tod, Dietrich fällt in der Schlacht bei Angermünde. – *Der beiden Quitzows letzte Fahrten* wurde von Karl May nicht beendet, sondern von einem Bearbeiter (»Dr. Goldmann«) fortgeführt. Das Werk zählt zur Gruppe der Frühromane Karl Mays, zu denen noch *Auf See gefangen* (1878), *Szepter und Hammer* (1879) und *Die Juweleninsel* (1880) zählen.

Literatur: Karl May: *Ritter und Rebellen* (= GWB 79).

QUIZ

siehe auch: Kandidaten.

Trivial Pursuit à la Karl May. Unter Fans beliebte Prüfung, wer sich am besten im Karl-May-Universum auskennt. Schwierigkeitsgrade: Für Greenhorns – für Insider – für Wahnsinnige. Die genaue Kenntnis des kompletten Namens von → Hadschi Halef Omar wird als selbstverständlich vorausgesetzt. Hilfsmittel für Anfänger sind das Karl-May-Quizbuch von Gerd Frank und ein 1977 erschienenes Quizspiel der Spielefirma *F.X. Schmid* (München) unter dem Titel *Mit Winnetou im Wilden Westen* (»600 Fragen und Antworten über die abenteuerliche Pionierzeit des Wilden Westens«). Testfrage für Anfänger: Welchen Schimpfnamen geben die Feinde Winnetous dem Häuptling der Apatschen? (Antwort siehe unten).

Literatur: Gerd Frank: *Kennen Sie Karl May? Ein spannendes Quizbuch vom Karl-May-Experten der Fernseh-Reihe »Alles oder nichts«.* Bamberg 1970. (Antwort: Sie nennen ihn »Hund von einem Pimo«).

Quizbuch von Gerd Frank.

R

RABAL, FRANCISCO

D.i. Francisco Rabal Valera, genannt »Paco«. Schauspieler (geb. 8.3.1925 oder 1926 Aguilas, Murcia, Spanien). Spielte nur einmal in einem Karl-May-Film mit, da aber grandios gut: In → *Das Vermächtnis des Inka* (1966) war er der Gambusino mit wehendem roten Mantel und schauerlichem Lachen, der nicht nur das Inka-Gold, sondern auch die pausbäckige Graziella an sich zu reißen versucht. Rabal arbeitete mit renommierten Regisseuren wie Antonioni, Bunuel, Friedkin, Rocha, Saura und Visconti zusammen und war einer der meistbeschäftigten spanischen Schauspieler der Nachkriegszeit (über 200 Kinofilme). In den Spaghetti- und Paella-Western hatte er als herrliche Schurkengestalt einen festen Stammplatz. Regisseur → Georg Marischka: »Paco Rabal war der beste Schauspieler beim *Vermächtnis des Inka*. Mit ihm hätte ich gern einen weiteren Film gemacht – und er mit mir!«

Ausgewählte Filme: *La honradez de la cerradura* (1950); *Nazarin* (1958); *Viridiana* (1961); *Brot und Blut* (1961); *Mathias Sandorf* (1962); *Fra Diávolo* (1962); *Das Vermächtnis des Inka* (1966); *Hexen von heute* (1966); *Die Nonne* (1966); *Der lange Tag der Rache* (1966); *Cervantes* (1966); *Belle de Jour – Schöne des Tages* (1967); *Tödliche Eifersucht* (1969); *Goya* (1970); *Stukas über London* (1970); *Halleluja ... Amigo* (auch: *Der Dicke in Mexiko)* (1971); *Atemlos vor Angst* (1977); *Der Aufstieg des Paten* (1977); *Großangriff der Zombies* (1980); *Das Geheimnis der vier Kronjuwelen* (1982); *Der Bienenkorb* (1982); *Allein gegen die Mafia* (1984, TV); *Fessle mich!* (1990); *Kleiner Vogel* (1997); *Goya en Burdeos* (1999).

Literatur: Pedro Guerrero Ruiz: *Francisco Rabal.* Murcia 1992.

Link: http://german.imdb.com/Name?Rabal,+Francisco

RADEBEUL

»Große Kreisstadt« nahe Dresden (Sachsen). Mekka der Karl-May-Fans und Zentrum der Karl-May-Begeisterung in Deutschland. Wohnort Karl Mays von 1890 (Niederlößnitz) bis zu seinem Tod 1912 (→ »Villa Shatterhand«, Karl-May-Str. 5). Sitz des Karl-May-Museums und der Karl-May-Stiftung. Karl-May-Hain. Die Stadt entstand 1935 durch Zusammenschluß von Kötzschenbroda und Radebeul, die ihrerseits hervorgingen aus den Ursprungsorten

Radebeul, Naundorf, Zitzschewig, Lindenau, Kötzschenbroda, Fürstenhain, Serkowitz, Ober- und Niederlößnitz sowie Wahnsdorf. Radebeul ist historischer Mittelpunkt des sächsischen Weinbaus (Weinstraße, alljährliches Winzerfest). Mit Eröffnung von Deutschlands erster Ferneisenbahnverbindung zwischen Leipzig und Dresden setzte ab 1839 ein starker wirtschaftlicher Aufschwung ein. Zentrum der Druckindustrie (Planeta-Druckmaschinen). Traditionsbahn »Lößnitzdackel« nach Moritzburg und Radeburg. Puppentheatersammlung (seit 1960). Alljährlich volkstümliche → Karl-May-Festtage (im Lößnitzgrund). Zwischen 1913 und 1945 Sitz des → Karl-May-Verlags. Im *Steigenberger Parkhotel* (Nizzastr. 55) ist der Flügel des Winnetou-Komponisten → Martin Böttcher zu bewundern.

Wichtige Karl-May-Örtlichkeiten: Karl-May-Museum, Karl-May-Str. 5. **Friedhof Radebeul-Ost**, Serkowitzstr. (Gräber von Karl und Klara May, Patty Frank). **In Radebeul-West** (ehemals: Kötzschenbroda): **Villa Idylle**, Wilhelm-Eichler-Str. 8 (Wohnung Mays 1888-1890). **Wohnung Mays** (1890-1891), Lößnitzstr. 11. **Villa Agnes**, Lößnitzgrundstr. 2 (Wohnung Mays 1891 – 1896). **Friedensburg**, Obere Burgstr. 6 (Gaststätte, in die Karl May gern einkehrte; heute Hotel und Restaurant).

Fremdenverkehrsamt: Stadt Radebeul, Pestalozzistr. 6 a, D-01445 Radebeul, Tel. (0351) 83110.

Link: http://www.radebeul.de **und** http://www.dresden-regional.de/radebeul/rbhaupt.htm

Radebeul: Die Villa Shatterhand.

RADEBEULER AUSGABE

Gebräuchliche Bezeichnung für die zwischen 1913 und 1945 im → Karl-May-Verlag (Radebeul) erschienene Gesamtausgabe *Karl May's Gesammelte Werke*. Zuvor waren im Verlag Friedrich Ernst Fehsenfeld (Freiburg i. Br.) bereits *Karl May's gesammelte Reiseromane* (→ Freiburger Ausgabe) und *Karl Mays illustrierte Reiseerzählungen* (→ Illustrierte Fehsenfeld-Ausgabe) erschienen. Bis 1945 war die Reihe durch die Aufnahme von bisher fehlenden Erzählungen auf 65 Bände angewachsen. Die Texte sind in erheblichem Umfang bearbeitet. Bd. 50 *In Mekka* wurde von Franz Kandolf verfaßt.

Für Sammler: Band 1 *Durch die Wüste.* **2** *Durchs wilde Kurdistan.* **3** *Von Bagdad nach Stambul.* **4** *In den Schluchten des Balkan.* **5** *Durch das Land der Skipetaren.* **6** *Der Schut.* **7** *Winnetou I.* **8** *Winnetou II.* **9** *Winnetou III.* **10** *Orangen und Datteln.* **11** *Am stillen Ozean.* **12** *Am Rio de la Plata.* **13** *In den Kordilleren.* **14** *Old Surehand I.* **15** *Old Surehand II.* **16** *Im Lande des Mahdi I.* **17** *Im Lande des Mahdi II.* **18** *Im Lande des Mahdi III.* **19** *Kapitän Kaiman.* **20** *Satan und Ischariot I.* **21** *Satan und Ischariot II.* **22** *Satan und Ischariot III.* **23** *Auf fremden Pfaden.* **24** *Weihnacht.* **25** *Am Jenseits.* **26** *Im Reiche des silbernen Löwen I.* **27** *Im Reiche des silbernen Löwen II.* **28** *Im Reiche des silbernen Löwen III.* **29** *Im Reiche des silbernen Löwen IV.* **30** *Und Friede auf Erden.* **31** *Ardistan und Dschinnistan I.* **32** *Ardistan und Dschinnistan II.* **33** *Winnetou's Erben.* **34** *Ich.* **35** *Unter Geiern.* **36** *Der Schatz im Silbersee.* **37** *Der Ölprinz.* **38** *Halbblut.* **39** *Das Vermächnis des Inka.* **40** *Der blaurote Methusalem.* **41** *Die Sklavenkarawane.* **42** *Der alte Dessauer.* **43** *Aus dunklem Tann.* **44** *Der Waldschwarze.* **45** *Zepter und Hammer.* **46** *Die Juweleninsel.* **47** *Professor Vitzliputzli.* **48** *Das Zauberwasser.* **49** *Himmelsgedanken / Lichte Höhen.* **50** *In Mekka* (Fortführung von *Am Jenseits* von Franz Kandolf). **51** *Schloß Rodriganda.* **52** *Vom Rhein zur Mapimi / Die Pyramide des Sonnengottes.* **53** *Benito Juarez.* **54** *Trapper Geierschnabel.* **55** *Der sterbende Kaiser.* **56** *Der Weg nach Waterloo.* **57** *Das Geheimnis des Marabut.* **58** *Der Spion von Ortry.* **59** *Die Herren von Greifenklau.* **60** *Allah il Allah!* **61** *Der Derwisch.* **62** *Im Tal des Todes.* **63** *Der Zobeljäger / Zobeljäger und Kosak.* **64** *Das Buschgespenst.* **65** *Der Fremde aus Indien.*

RADEMANN, WOLFGANG

Fernsehproduzent. Der *Traumschiff*-Kapitän. Erfinder der erfolgreichsten deutschen Fernsehserien (*Schwarzwaldklinik*). Am Beginn seiner Karriere war er Reporter beim Berliner *Abend* und berichtete 1963 direkt vom Drehort in Jugoslawien von den Dreharbeiten zu → *Winnetou 1. Teil.*

RAJTER, DUNJA

Kroatische Schauspielerin und Sängerin (geb.3.3.1940 Nasice, Jugoslawien). Spielte Saloonschönheiten in → *Winnetou 1. Teil* (1963) und → *Unter Geiern* (1964). Tochter eines Musiklehrers. Mitglied im Opernchor von Zagreb, Kroatien (Jugoslawien). Schauspielausbildung, abgeschlossen mit Diplom. Wird als Schauspielschülerin von → Jadran-Film für die Rolle der Saloon-Schönheit »Belle« in *Winnetou 1. Teil* verpflichtet. Kommt 1964 nach Deutschland und macht Karriere als Sängerin und Schauspielerin (zahlreiche LPs, TV-Shows und

Filme). War verheiratet mit dem holländischen Kameramann Gerard Vandenberg und dem Sänger Les Humphries. Zu *Winnetou 1. Teil*: »Meine Rolle war so kurz, daß ich nicht mal mehr weiß, ob ich gut oder schlecht bin.« Während der Dreharbeiten hatte die Schauspielerin ein intensives Techtelmechtel mit → Mario Adorf (→ Santer) – ob sie dadurch in ihrer Konzentration beeinträchtigt wurde?

Ausgewählte Filme: *Winnetou 1. Teil* (1963); *Unter Geiern* (1964); *Der unheimliche Mönch* (1965); *Der Beginn* (1966, TV); *Der Mann, der den Eiffelturm verkaufte* (1970, TV); *Der Kommissar: Anonymer Anruf* (1970, TV); *Die Brut des Bösen* (1979).

Autogrammadresse: Dunja Rajter, c/o Agentur Reed, Treppendorfer Weg 13, D-12527 Berlin.

Link: http://online.prevezanos.com/schlager/r/rajter.shtml

RAMSEY, BILL

D.i. William McCreery Ramsey III. Amerikanischer Schlagersänger und Schauspieler (geb. 17.4.1931 Cincinnatti, Ohio, USA). Spielte den tollpatschigen Klavierspieler Timpe in → *Old Shatterhand* (1964). Seine Rolle als Musik-Clown hatte weder einen Bezug zu Karl May noch zur Handlung des Films und konnte deshalb in der US-Fassung bequem herausgeschnitten werden. Wenn der Komödiant mit seiner Rolle auch keinen nachhaltigen Eindruck hinterließ, so haben sich doch Schlager wie *Ohne Krimi geht die Mimi nie ins Bett, Zuckerpuppe* und *Souvenirs* für immer im Ohr festgesetzt. Der ehemalige Besatzungssoldat, der seit 1984 einen deutschen Paß besitzt, ist, anders als seine Kollegen → Chris Howland und → Gus Backus, kontinuierlich im Geschäft geblieben, was daran liegen mag, daß er sich ständig weiterentwickelt hat. Die witzigen Schlagerschnulzen von einst sind für ihn nur noch Nostalgie, heute hat sich Ramsey als exzellenter Jazz-Musiker etabliert. Seit zwanzig Jahren ist er mit seiner vierten Frau verheiratet. Was er bereut? »Daß ich nie Kinder bekommen habe, daß ich keine musikalische Ausbildung hatte, und daß ich es nie geschafft habe, abzunehmen.«

Ausgewählte Filme: *Das Rätsel der grünen Spinne* (1959); *Mit Himbeergeist geht alles besser* (1960); *Schlagerparade 1960* (1960); *Unsere tollen Tanten* (1961); *Heut gehn wir bummeln* (1961); *Die Abenteuer des Grafen Bobby* (1961); *Schlagerparade 1961* (1961); *Adieu, Lebewohl, Goodbye* (1961); *Am Sonntag will mein Süßer mit mir Segeln geh'n* (1961); *Das süße Leben des Grafen Bobby* (1962); *Ohne Krimi geht die Mimi nie ins Bett* (1962); *Cafe Oriental* (1962); *Old Shatterhand* (1963); *Heimweh nach St. Pauli* (1963); *Liebesgrüße aus Tirol* (1964); *Die Schweizermacher* (1978); *Tatort: Ausgespielt* (1997, TV).

Link: http://german.imdb.com/Name?Ramsey,+Bill

RATHEN

Kurort im Elbsandsteingebirge (Sachsen). Beliebter Erholungsort am Ufer der Elbe. Traditionsreicher Karl-May-Festspielort. Auf der romantischen *Felsenbühne* im Felsmassiv der *Bastei* fanden zwischen 1938 und 1941 die ersten

Karl-May-Freilichtspiele der Welt statt. Nach langer Pause wurden die May-Aufführungen 1984 im Rahmen der Renaissance des Schriftstellers in der DDR wieder aufgenommen. Gilt als »Europas schönste Felsenbühne« *(Sächsische Zeitung)*. 1936 eingeweiht mit dem *Basteispiel* von Kurt Arnold Findeisen. Mit über 2.000 Plätzen größte Freilichtbühne in Sachsen. Seit 1952 wird die Bühne regelmäßig durch die Landesbühnen Sachsen (Sitz: Radebeul) bespielt. Am 9.6.1984 Premiere von *Der Schatz im Silbersee*. Es handelte sich um das erste Karl-May-Stück, das in der DDR aufgeführt wurde. Den Winnetou spielte → Jürgen Haase, Old Shatterhand Herbert Graedtke. Die Aufführung stieß auf enormen Publikumszuspruch: »Die Felsenbühne Rathen, schon immer eines unserer attraktivsten und anziehendsten Naturtheater, ist in diesem Jahr geradezu ein Wallfahrtsort geworden.« (*Sächsische Neueste Nachrichten*, 31.10.1984) Nach der Wende ließ das Interesse spürbar nach; jedoch ist Karl May weiterhin unverzichtbarer Bestandteil des Rathener Spielplans. *Der Karl-May-Fan meint:* Richtig gutes Karl-May-Theater alten Stils. Eine wunderschöne Naturbühne, leider mit begrenzten Spiel- und Auftrittsmöglichkeiten. In Rathen hält man sich noch an den ollen Karl May und seine Bücher. Erst kommt das Stück, dann die Action. Beeindrucken soll das Spiel, nicht der Rummel drumherum.

Rathen: Karl-May-Spiele 1939.

Alle Karl-May-Inszenierungen (in Klammern Spielzeit): *Winnetou* (1938); *Winnetou* (1939); *Der Schatz im Silbersee* (1940); *Winnetou* (1941); *Der Schatz im Silbersee* (1984-1986); *Winnetou* (1987-1991); *Der Ölprinz* (1991); *Winnetou II* (1992); *Winnetou I, Winnetou II* (1993); *Winnetou I* (1994); *Old Surehand* (1995-1997); *Unter Geiern* (1998); *Unter Geiern oder Der Geist des Llano Estacado* (1999-2000). **Literatur:** Richard Thalheim: *Winnetou lebt!* Radebeul 1939. – *Das Vermächtnis des alten Indianers.* Rathen (1940).

Anschrift: Felsenbühne Rathen, D-01824 Kurort Rathen. **Theater:** Landesbühnen Sachsen, Meißner Str. 152, 01445 Radebeul, Tel. (0351) 70420. **Intendant:** Christian Schmidt. **Anfahrt zur Felsenbühne:** Mit der Bahn: Richtung Schöna; Dresden – Pirna – Rathen – Schmilka (Haltepunkt Rathen). Mit dem Schiff: Dampfer der Sächsischen Dampfschiffahrt; Dresden – Pirna – Rathen – Bad Schandau. Bus: Dresden – Pirna – Bastei; Stadt Wehlen – Bastei; Bad Schandau – Bastei. PKW über B 172 Pirna, Struppen (nicht über die Bastei!), Kurort Rathen (dort Großparkplatz an der Elbe). Elbüberquerung mit der historischen Gierseilfähre. Fußweg zur Bühne (ca. 30 min). Achtung: Der Aufstieg geht in die Waden! Für gemäßigte Wetterunbilden gibt es Regenumhänge.
Link: http://www.dresden-theater.de **und** http://www.kurort-rathen.de

RATINGEN

Stadt bei Düsseldorf (Nordrhein-Westfalen). Zwischen 1949 und 1994 (mit Unterbrechungen) Karl-May-Spiele auf der *Naturbühne Blauer See*. Malerische Spielstätte mit 32 m breiter und 18 m tiefer Bühne. Romantische Kulisse mit Felsen, Wald und kleinem See. 1.200 überdachte Sitzplätze. Entstanden in einem alten Marmorsteinbruch, wird die Bühne 1949 mit den ersten Karl-May-Freilichtspielen in Deutschland nach dem Krieg eröffnet (*Old Shatterhand*, Inszenierung: Fritz Theuring). Da Karl May als Bühnenautor im Stadtrat auf Widerstand stieß, werden die Spiele im darauffolgenden Jahr eingestellt. Zu einer Neuaufnahme kommt es in den Jahren 1961 bis 1963. Ihre Blütezeit erlebt die Bühne, als zwischen 1974 und 1994 das Karl-May-Ensemble aus → Elspe regelmäßig Gastspiele durchführt (zeitweise mit → Pierre Brice als Winnetou). Die meisten dieser Aufführungen waren ausverkauft. Weil die Stadt Ratingen für den Unterhalt der Bühne nicht mehr aufkommen konnte, mußten die Spiele eingestellt werden. – *Der Karl-May-Fan meint:* In Ratingen fanden wunderschöne Aufführungen statt, besonders nachts, wenn die Feuer der Indianer sich im Wasser des Sees spiegelten.

Alle Inszenierungen (in Klammern Spielzeit): *Old Shatterhand* (1949); *Winnetou* (1950); *Winnetou* (1961); *Der Schatz im Silbersee* (1962); *Der Ölprinz* (1963); *Der Schatz im Silbersee* (1974); *Im Tal des Todes* (1975); *Der Ölprinz* (1976); *Der Schatz im Silbersee* (1977); *Winnetou I* (1978); *Winnetou II* (1979); *Winnetou III* (1980); *Im Tal des Todes* (1981); *Der Schatz im Silbersee* (1982); *Winnetou II* (1985); *Winnetou III* (1986); *Der Schatz im Silbersee* (1987); *Der Ölprinz* (1990); *Unter Geiern* (1991); *Im Tal des Todes* (1992); *Der Schatz im Silbersee* (1993); *Winnetou I* (1994).

RAU, JOHANNES

Bundespräsident. Ehrenhäuptling der Karl-May-Spiele → Bad Segeberg. Trägt den Namen: »Starker Johannes«.

RAUCH, SIEGFRIED

Schauspieler (geb. 2. 4.1932 Lech). Old Shatterhand in der TV-Serie *Mein Freund Winnetou* (1980). Einst Darsteller mit Hollywood-Ambitionen (*Patton, Die 24 Stunden von Le Mans*). Steve McQueen war der Pate seines ältesten Sohns. Bayer aus Überzeugung (wohnt am Ammersee): »Ich habe die ganze Welt gesehen, aber in Bayern ist es immer noch am schönsten.« Wurde 1999 neuer Kapitän auf → Wolfgang Rademanns *Traumschiff*. Hatte an der Seite von Pierre Brice Miniauftritt als farblosester Old Shatterhand der Filmgeschichte. Woran allerdings nicht er, sondern das hanebüchene Drehbuch schuld war.

Ausgewählte Filme: *Kommissar X: Drei blaue Panther* (1967); *Der Mönch mit der Peitsche* (1967); *Mister Dynamit – Morgen küßt Euch der Tod* (1967); *Im Banne des Unheimlichen* (1968); *Ein Dreifach Hoch dem Sanitätsgefreiten Neumann* (1969); *Patton – Rebell in Uniform* (1969); *Die 24 Stunden von Le Mans* (1971); *Der Jäger von Fall* (1974); *Der Adler ist gelandet* (1976); *Waldrausch* (1977); *Es muß nicht immer Kaviar sein* (1977, TV); *Flucht nach Athena* (1979); *Mein Freund Winnetou* (1980, TV); *Der Stein des Todes* (1986); *Die glückliche Familie* (1987, TV); *Wildbach* (1993, TV); *Traumschiff* (1999, TV); *Bergwacht* (2000, TV). **Schallplatte:** Siegfried Rauch: *Mich stört der Regen nicht.* WEA 1979. **Als CD:** Compass 1996. **Literatur:** Siegfried Rauch: *Es muß nicht immer Steak sein... Meine besten Rezepte aus aller Welt.* München 1981.

Autogrammadresse: Siegfried Rauch, c/o Agentur Alexander, Lamontstr. 9, D-81679 München.

Link: http://german.imdb.com/Name?Rauch,+Siegfried

REDEWENDUNGEN

Zahlreichen Personen in Karl Mays sind charakteristische Redewendungen zugeordnet. Running gag, der das Lesevergnügen steigert.

Es sagen: Mijnheer Willem van Aardappelenbosch: »Ik ben een ongelukkige njilpaard« *(Kong-Kheou, das Ehrenwort).* **Dick Hammerdull:** »altes Coon« *(Old Surehand II).* **Sam Hawkens:** »wenn ich mich nicht irre« *(Winnetou).* **Hobble-Frank:** »merschtenteels« *(Der Schatz im Silbersee).* **Pitt Holbers:** »so habe ich nichts dagegen« *(Old Surehand II).* **Sir David Lindsay:** »Zahle alles, well« *(Durch die Wüste).* **Old Wabble:** »th'is clear« *(Old Surehand).* **Don Parmesan:** »Ich säble alles, alles herunter!« *(Das Vermächtnis des Inka).* **Reis Effendina:** »Wehe dem, der wehe tut!« *(Im Lande des Mahdi).* **Sans-ear:** »zum Beispiel« *(Winnetou III).* **Tante Droll:** »wenn's nötig ist« *(Der Schatz im Silbersee).*

REGISSEURE

siehe: Bludau, Jochen; Hübler-Kahla, J.A.; Gottlieb, Franz Josef; Graschberger, Toni; Gräwert, Günter; Körner, Ludwig; Koziol, Heinrich H.; Leisner, Wulf;

Marischka, Georg; Philipp, Harald; Reinl, Harald; Stein, Josef; Vohrer, Alfred; Walther, Harry.

REHBERGE

Freilichtbühne in Berlin-Wedding. Veranstaltungsort von Karl-May-Spielen in den Jahren 1963 und 1964 (jeweils *Old Surehand*). Initiator und Regisseur war der Berliner Schauspieler Joachim Mock, der auch den → Old Shatterhand spielte. Die Premierenkritik über die Karl-May-Gestalten: »Sie warfen die Tomahawks und zielten mit Donnerbüchsen, stimmten laut schallende Gesänge an und mischten die Romantik sehr liebevoll mit nachempfundener Völkerkunde. Wo es knallt, da laß dich ruhig nieder: Mocks Indianer schießen niemand nieder.« Eröffnet wurde die Freilichtbühne Rehberge 1936 anläßlich der Olympischen Spiele. Sie verlor ihre Attraktivität, nachdem Berlins Flugverkehr ab 1974 über das nahegelegene Tegel abgewickelt wurde und man nicht mehr verstehen konnte, was die Schauspieler deklamierten.

REINECKER, HERBERT

Drehbuchautor (geb. 24.12.1914 Hagen, Westfalen). Der Starautor des deutschen Fernsehkrimis (*Derrick*) schrieb das Drehbuch zum Kinofilm → *Winnetou und Shatterhand im Tal der Toten* (1968) – routiniert, aber ohne besondere Höhepunkte. In der Titelliste taucht er unter dem Pseudonym *Alex Berg* auf, was darauf schließen läßt, daß er die Karl-May-Bearbeitung zum damaligen Zeitpunkt nicht als karrierefördernde Tätigkeit ansah. Schon zuvor hatte er die Bücher zu den → Sauerkraut-Western *Der letzte Ritt nach Santa Cruz* (1964) und *Die Goldsucher von Arkansas* (1964) geschrieben. Reinecker spezialisierte sich später auf das Krimi-Genre und wurde zum Hausautor des ZDF. Seine quantitative Schreibleistung – darunter einige hundert Serienfolgen – ist ohne Beispiel in der deutschen TV-Landschaft und macht ihn – was die Produktivität angeht – zu einem Karl May des Fernsehzeitalters.

Ausgewählte Filme: *Kinder, Mütter und ein General* (1954); *Canaris* (1954); *Der Stern von Afrika* (1957); *Menschen im Netz* (1959); *Schachnovelle* (1960); *Schloß Gripsholm* (1963); *Kennwort: Reiher* (1964); *Der letzte Ritt nach Santa Cruz* (1964, Ps. Alex Berg); *Die Goldsucher von Arkansas* (1964, Ps. Alex Berg); *Maigret und sein größter Fall* (1966); *Der Mönch mit der Peitsche* (1967, Ps. Alex Berg); *Winnetou und Shatterhand im Tal der Toten* (1968, Ps. Alex Berg); *Der Tod im roten Jaguar* (1968, Ps. Alex Berg). **Ausgewählte Fernsehfilme und -serien:** *Die 5. Kolonne* (1963); *Der Tod läuft hinterher* (1967); *Babeck* (1968); *11 Uhr 20* (1970); *Der Kommissar* (1968 bis 1976); *Derrick* (1974 bis 1998), *Jakob und Adele* (1982 bis 1989).

Link: http://german.imdb.com/Name?Reinecker,+Herbert

REINL, HARALD

Regisseur (geb 9.7.1908 Bad Ischl, Österreich; gest. 9.10.1986 Puerto de la Cruz, Teneriffa, Spanien). Winnetous legendärer Regisseur. Schuf die Karl-May-Filme → *Der Schatz im Silbersee* (1962), → *Winnetou 1. Teil* (1963), →

Winnetou 2. Teil (1964), → *Winnetou 3. Teil* (1965) und → *Winnetou und Shatterhand im Tal der Toten* (1968). Im Jahr 1977 als Regisseur bei den Karl-May-Spielen in → Elspe engagiert. Geboren als Sohn von Hans Reinl (Bergrat und Ingenieur) und Ida Reinl geb. Schedl. Studium an der Universität Innsbruck. Der begeisterte Skifahrer wird 1930 in Österreich Akademischer Weltmeister und anschließend Mitglied der Ski-Nationalmannschaft. 1938 Promotion zum Dr. jur. Tätigkeit in einer Anwaltskanzlei. Kommt durch Zufall zum Film als Mitarbeiter des Regisseurs Arnold Fanck (*Stürme über dem Montblanc,*

Harald Reinl

Der weiße Rausch). Über den namhaften Bergfilmer lernt er Leni Riefenstahl kennen, für die er 1940/41 in dem Film *Tiefland* als Regieassistent tätig ist. 1949 debütiert er mit seinem ersten Spielfilm *Bergkristall*. Nach zahlreichen Heimatfilmen wechselt er 1958 ins Genre der Kriegs- und Actionfilme. 1959 dreht er den ersten Edgar-Wallace-Film *Der Frosch mit der Maske*, bereichert die *Mabuse*-Serie mit zwei Filmen und produziert mit *Der Schatz im Silbersee* den fulminanten Auftakt der Karl-May-Serie. Spätestens von jetzt an gilt Reinl als der Erfolgsregisseur des deutschen Kinos. Kritiker bezeichnen ihn als »Meister des deutschen Trivialfilms«. Zu den Karl-May-Filmen entwickelt der Naturliebhaber eine besondere Beziehung, weil sie seinen persönlichen Neigungen ideal entgegenkommen und ihm eine Mischung von sportlicher und filmischer Betätigung erlauben. → Lex Barker, der US-Darsteller des Old Shatterhand, begegnet ihm und seinem Kameramann → Ernst W. Kalinke anfangs mit Vorbehalten, da er sie für »alte Nazis« hält. 1966 entsteht, zum Teil mit Mitarbeitern der Karl-May-Filme, die Großproduktion *Die Nibelungen*. 1968 dreht er den letzten Film der Karl-May-Welle, *Winnetou und Shatterhand im Tal der Toten*. Seine anschließende Tätigkeit ist von dem Bemühen geprägt, in unterschiedlichen Genres Fuß zu fassen. Nach dem mißglückten Versuch, mit *Die Schlangengrube und das Pendel* einen deutschen Horrorfilm zu kreieren, beteiligt er sich an der Jerry-Cotton- und Pauker-Filmserie und dreht Filme nach Vorlagen von Jack London und Ludwig Ganghofer. Ein durchschlagender Erfolg gelingt ihm nicht mehr. Resonanz bei Presse und Publikum erzielt noch einmal der Dokumentarfilm *Erinnerungen an die Zukunft* nach Erich von Däniken. Sein letzter Film, den er als 74jähriger dreht, ist 1982 die müde Plotte *Im Dschungel ist der Teufel los*. – Reinl war dreimal verheiratet: Von ca. 1946-1950 mit Corinna Frank, von 1954-1968 mit der 30 Jahre jüngeren → Karin Dor, die in vielen seiner Film zu sehen ist (Sohn Andreas, geb. 1955), und ab 1976 Jahre mit der 33 Jahre jüngeren tschechischen Schauspielerin Daniela Maria Dana, mit der er ab 1979 in seinem Haus am Stadtrand von Puerto de la Cruz auf Teneriffa (Calle Granados Nr. 5) lebt. Sein Vermögen verliert Reinl durch Bauspekulationen; er lebt zuletzt mittellos und ist dem Alkohol verfallen. Am 9.10.1986 wird er von seiner ebenfalls alkoholabhängigen Frau erstochen. – Reinl schuf als Regisseur die naiv-märchenhafte Aura der ersten Winnetou-Filme. Der überragende Erfolg der Serie geht nicht zuletzt auf sein Geschick zurück, Motive des amerikanischen Western und des deutschen Heimatfilms zu einer wirkungsvollen Mixtur zu verschmelzen. Dabei ging ihm nach eigenem Bekenntnis Wirksamkeit vor Qualität. Produzent → Artur Brauner urteilte: »Es gab keinen, der mehr vom Medium Film und seinen Wirkungsmöglichkeiten verstanden hätte. Und er hat immer an das Geld seines Produzenten gedacht – größte Effekte mit geringstem Aufwand!« 1966 prognostizierte Heiko R. Blum: »In späteren Zeiten wird man in ihm wahrscheinlich den typischen Vertreter der 20 Jahre deutschen Nachkriegsfilms sehen und nicht Käutner, Staudte und Hoffmann.«

Alle Filme: *Oster-Skitour in Tirol* (1939); *Wildwasser* (1939); *Zehn Jahre später* (1948); *Bergkristall* (1949); *Funk und Sport* (1951); *Gesetz ohne Gnade* (1951); *Weiße Hölle Montblanc* (1951); *Fegefeuer der Liebe* (1951); *Der Herrgottschnitzer von Ammergau* (1952); *Hinter Klostermauern* (1952); *Der Klosterjäger* (1953); *Rosen-Resli* (1954); *Der schweigende Engel* (1954); *Ein Herz schlägt für Erika* (1955); *Solange du lebst* (1955); *Die Fischerin vom Bodensee* (1956); *Johannisnacht* (1956); *Almenrausch und Edelweiß* (1957); *Die Prinzessin von St. Wolfgang* (1957); *Die Zwillinge vom Zillertal* (1957); *Die grünen Teufel von Monte Cassino* (1958); *Romarei – Das Mädchen mit den grünen Augen* (1958); *U 47 – Kapitänleutnant Prien* (1958); *Der Frosch mit der Maske* (1959); *Paradies der Matrosen* (1959); *Die Bande des Schreckens* (1960); *Wir wollen niemals auseinandergehn* (1960); *Der Fälscher von London* (1961); *Im Stahlnetz des Dr. Mabuse* (1961); *Die unsichtbaren Krallen des Dr. Mabuse* (1961); *Der Schatz im Silbersee* (1962); *Der Teppich des Grauens* (1962); *Die weiße Spinne* (1963); *Winnetou 1. Teil* (1963); *Der Würger von Schloß Blackmoor* (1963); *Zimmer 13* (1963); *Winnetou 2. Teil* (1964); *Der letzte Mohikaner* (1965); *Der unheimliche Mönch* (1965); *Winnetou 3. Teil* (1965); *Die Nibelungen 1. Teil: Siegfried* (1966); *Die Nibelungen 2. Teil: Kriemhilds Rache* (1967); *Die Schlangengrube und das Pendel* (1967); *Dynamit in grüner Seide* (1968); *Der Tod im roten Jaguar* (1968); *Winnetou und Shatterhand im Tal der Toten* (1968); *Todesschüsse am Broadway* (1968); *Dr. med. Fabian – Lachen ist die beste Medizin* (1969); *Pepe, der Paukerschreck* (1969); *Wir hau'n die Pauker in die Pfanne* (1970); *Erinnerungen an die Zukunft* (1970); *Wer zuletzt lacht, lacht am besten* (1971); *Verliebte Ferien in Tirol* (1971); *Kommissar X jagt die roten Tiger* (1971); *Sie liebten sich einen Sommer* (1972); *Schrei der schwarzen Wölfe* (1972); *Grün ist die Heide* (1972); *Die blutigen Geier von Alaska* (1973); *Schloß Hubertus* (1973); *Ein toter Taucher nimmt kein Geld* (1974); *Der Jäger von Fall* (1974); *Botschaft der Götter* (1976); *...und die Bibel hat doch recht* (1977); *Götz von Berlichingen mit der eisernen Hand* (1979); *Sieben Weltwunder der Technik* (1981, TV); *Im Dschungel ist der Teufel los* (1982). **Filme über Harald Reinl:** *Die heile Welt der Märchenhelden* (26.2.1974 ZDF); *Harald Reinl – Kino ohne Probleme* (15.1.2.1986 BR).
Literatur: Leni Riefenstahl: *Memoiren*. München/Hamburg 1987. – Michael Petzel: *Karl-May-Filmbuch*. Bamberg 1998. – Joachim Kramp: *Hallo! Hier spricht Edgar Wallace. Die Geschichte der deutschen Kriminalfilmserie von 1959 – 1972*. Berlin 1998. – Dirk Brüderle, Christos Tses: *Jerry Cotton. George Nader und seine Filme*. o.O. 1998.
Link: http://german.imdb.com/Name?Reinl,+Harald

REISEN AUF DEN SPUREN KARL MAYS

Auf den Spuren Kara Ben Nemsis und Hadschi Halef Omars hieß ein Reiseangebot des Reisebüros Staffa in Wien. Es verhieß eine »14tägige Spurensuche in Südtunesien«. Die Reise startete am 10.4.1976. Der Karl-May-Fan Thomas Winkler bot 1982 unter dem Titel *Winnetour* eine Reise zu den Filmdrehorten in Jugoslawien an (»Die Sensation für Karl-May-Freunde!«). Ebenfalls eine *Winnetour* in die USA hat in den 90er Jahren mehrfach der Berliner Buchhändler Thomas Grafenberg organisiert. Die Bezeichnung ist inzwischen als Markenzeichen geschützt. In Dresden betreibt der Karl-May-Freund Rudolf

Weingartner die Firma *Karl-May-Tours*. Sie vermittelt allerdings vorzugsweise Kuraufenthalte in Ungarn.

Literatur: *Karl-May-Atlas*. Bamberg 1997. – Peter Groma: *Auf den Spuren Karl Mays*. Frankfurt/M. / Berlin 1964. – Peter Groma: *Auf Winnetous Spuren*. Frankfurt/M. / Berlin 1965.

REISER, RIO

D.i. Ralph Möbius. Sänger und »König von Deutschland« (geb. 1.1950 Berlin; gest. 20.8.1996 Fresenhagen). Karl-May-Fan. Die posthum erschienene CD *Am Piano 1* (1998) erinnerte an die Karl-May-Begeisterung des Künstlers mit einem Cover, das in Aufmachung und Farbgebung den → Grünen Bänden nachempfunden war. Nachdem der → Karl-May-Verlag aus Wettbewerbsgründen auf Unterlassung geklagt hatte, wurde die Aufmachung geändert. Die Erstfassung ist ein gesuchtes Sammlerstück.

CD: Rio Reiser: *Am Piano 1*. Möbius 02002 (1998).

Anschrift: Buschfunk Vetriebs GmbH, Rodenbergstr. 8, D-10439 Berlin.

Link: http://www.rioreiser.de/bio/bio.html

RELIGION

Manche Stunde im Sattel verbringt Kara Ben Nemsi mit frommen Bekehrungsgesprächen. Am Anfang von *Durch die Wüste* führt Hadschi Halef Omar mit ihm den berühmten Dialog über die Religion: »›Und ist es wirklich wahr, Sihdi, daß du ein Giaur bleiben willst, ein Ungläubiger, welcher verächtlicher ist als ein Hund, widerlicher als eine Ratte, die nur Verfaultes frißt?‹ – ›Ja.‹ – ›Effendi, ich hasse die Ungläubigen und gönne es ihnen, daß sie nach ihrem Tode in die Dschehenna kommen, wo der Teufel wohnt; aber dich möchte ich retten vor dem ewigen Verderben, welches dich ereilen wird, wenn du dich nicht zum Ikrar bil Lisan, zum heiligen Zeugnisse, bekennst. Du bist so gut, so ganz anders als andere Sihdis, denen ich gedient habe, und darum werde ich dich bekehren, du magst wollen oder nicht.‹« – Im Wilden Westen verkörpert Old Shatterhand die Spitze der Tugendpyramide. Sein Handeln wird von den Werten Menschlichkeit, Christlichkeit und Nächstenliebe bestimmt. Worte und Taten bilden bei ihm eine Einheit. Seinen Gefährten gilt er als Vorbild. Sam Hawkens: »Grad so, wie ihr denkt und redet, muß jeder Mensch und Christ denken, reden und handeln.« Allerdings hat seine Menschenliebe auch Grenzen; er gesteht, daß es durchaus zu einem Zwiespalt in ihm zwischen dem Menschen und dem Westmann kommen kann und ihm bisweilen der Finger am Abzug zucken will. – Durch den Umgang mit Old Shatterhand wird Winnetou zum Christ. An einem dunklen See führt er mit dem Blutsbruder ein nächtliches Glaubensgepräch. Eindrucksvoll gestaltet May seine Sterbeszene: »Als der letzte Ton verklungen war, wollte er sprechen – es ging nicht mehr. Ich brachte mein Ohr ganz nah an seinen Mund, und mit der letzten Anstrengung der schwindenden Kräfte flüsterte er: ›Schar-lih, ich glaube an den Heiland. Winnetou ist ein Christ. Lebe wohl!‹« *(Winnetou III)*

Literatur: Oliver Gross: *Old Shatterhands Glaube. Christentumsverständnis und Frömmigkeit Karl Mays in ausgewählten Reiseerzählungen.* Husum 1999. -Walter Schönthal: *Christliche Religion und Weltreligionen in Karl Mays Leben und Werk.* Sonderheft KMG 5 (1978).

REY, FERNANDO

D. i. Fernando Casado Arambillet. Spanischer Schauspieler (geb. 20.9.1917 La Coruna, Spanien; gest. 9.3.1994, Madrid, Spanien). In → *Das Vermächtnis des Inka* (1966) spielt er den winzigen Part des Präsidenten von Peru. Darüber kann man sich wundern, denn Fernando Rey, der hierzulande nur Cineasten bekannt ist, gilt als einer der bedeutendsten spanischen Schauspieler. Er wirkte in zahlreichen Filmen von Bunuel mit und spielte unter Regisseuren wie Orson Welles, Robert Altman und Ridley Scott. Seinen bedeutendsten Auftritt hatte er 1971 als Drogenboß Alain Charnier in *French Connection* von William Friedkin. Warum dann seine Auftritte in zahlreichen Paella-Western und die winzige Rolle bei Karl May? Weil sich in Spanien wie in Italien kein Schauspieler zu schade ist für diese Art von Rollen. Hauptsache, die Kasse stimmt.

Ausgewählte Filme: *Die Liebenden von Toledeo* (1952); *Der große Verführer* (1956); *Die letzten Tage von Pompeji* (1960); *Kadmos, Tyrann von Theben* (1961); *Die Sklaven Roms* (1961); *Bis aufs Blut* (1962); *Der Boß hat sich was ausgedacht* (1964); *El Greco* (1965); *Das Vermächtnis des Inka* (1966); *Die Rückkehr der glorreichen Sieben* (1966); *Kopfgeld: Ein Dollar* (1966); *Flucht aus der Taiga* (1968); *Die Rache der glorreichen Sieben* (1969); *Tristana* (1969); *Zwei Companeros* (1971); *French Connection – Brennpunkt Brooklyn* (1971); *Der diskrete Charme der Bourgeoisie* (1972); *Die Teufelsschlucht der wilden Wölfe* (1974); *French Connection II* (1975); *Dieses obskure Objekt der Begierde* (1977); *Die Kameliendame* (1981); *Die Bekenntnisse des Hochstaplers Felix Krull* (1982, TV); *Rhapsodie in Blei* (1985); *Nackter Tango* (1990); *1492: Die Eroberung des Paradieses* (1992, TV).

Link: http://german.imdb.com/Name?Rey,+Fernando

REZENSIONEN

Um für sein symbolistisches Spätwerk zu werben, das die Leser zu → Edelmenschen läutern sollte, aber bei ihnen auf Unverständnis und entsprechend geringen Absatz stieß, versuchte sich May als Rezensent in eigener Sache. Mit Hilfe von Freunden, die ihren Namen zur Verfügung stellten, lancierte er kongeniale Besprechungen seiner Werke. Als Mays mittelbares oder sogar unmittelbares Werk erweisen sie sich durch ein Geflecht bestimmter idealistischer und apologetischer Formulierungen, deren Ausformulierung nur ihm selbst zugetraut werden kann. So erschien am 15.7.1903 unter der Verfasserangabe → Max Dittrich folgende Rezension der *Erzgebirgischen Dorfgeschichten. Karl Mays Erstlingswerke* (Dresden-Niedersedlitz 1903) in »Ueber Berg und Thal«, dem »Organ des Gebirgsvereins für die sächsische Schweiz«:

»Jedes Buch hat seine Geschichte. Das ist auch bei dem vorliegenden der Fall. Der Verfasser desselben, einer der beliebtesten und erfolgreichsten Erzähler der Gegenwart, erfuhr vor längerer Zeit wegen der Eigenart seiner in hunderttausend von Exemplaren verbreiteten Reiseromane heftige Anfeindungen von verschiedenen Seiten. Mays frühere Erzählungen sollten von zweideutigen und unsittlichen Stellen, wie sie in Kolportage-Ware stets zu finden wären, wimmeln. Die damals gegen May erhobenen, aber bis heute unbewiesenen Anklagen beantwortet er nun durch Herausgabe seiner Erstlingswerke, wodurch der Leserwelt die Möglichkeit geboten wird, sich selbst ein Urteil zu bilden über jene Behauptungen der May-Gegner. Soviel über die Genesis des vorliegenden Buches, welches sechs Dorfgeschichten aus dem Erzgebirge enthält, eine immer hübscher und eigenartiger als die andere, welche denjenigen mit gleichem Milieu von Rosegger, W. O. v. Horn oder Berthold Auerbach in keiner Weise nachstehen und wie sie das Leben und Wesen von Land und Leuten in lebensfrischer Gestaltung vorführen und plastisch vor Augen stellen. Karl May ist eine Art Sascha Schneider auf literarischem Gebiete. Wie dieser nimmt auch er sich gern zum Vorwurf große Lebenssymbole und tiefe menschliche Leidenschaften, Tugenden und Laster. In den Dorfgeschichten Mays aber weht der ganze Zauber der Heimat, klingt Heimatlust und Heimatweh in vielfacher Gestaltung und herzerquickender Frische und Natürlichkeit. Ich enthalte mich im Interesse des Lesers einer Inhaltsangabe der vorliegenden sechs Dorfgeschichten, in denen alle Typen des Erzgebirges in treuer Wiedergabe zu finden sind. ›Sonnenscheinchen‹ und ›Geldmännel‹ vergißt sicherlich niemand, der diese Geschichte einmal gelesen hat. Sie erinnern in ihrer Gesamtheit lebhaft an die Figuren Ludwig Richters, des Volks- und Heimatmalers. Die Ausstattung des Buches ist gut; nur die ekelhafte, die Bücher rasch ruinierende Hefterei mit Draht sollte der Verlag nicht weiter anwenden lassen. Sächsische Schul- und Volksbibliotheken mögen ganz besonders auf Mays Erzgebirgische Dorfgeschichten hingewiesen werden.« – Was kein Rezensent wissen konnte: Die beiden besonders hervorgehobenen Geschichten »Sonnenscheinchen« und »Das Geldmännle« waren keine »Erstlingswerke«, sondern von May eigens für diese Ausgabe verfaßt worden, um ihm die Aura des Spätwerks zu verleihen. Der Band wurde ein Flop und fünf Jahre später verramscht.

RIALTO-FILM

Filmfirma. Gegründet 1960 in Hamburg von dem dänischen Filmproduzenten → Preben Philipsen als *Rialto Film Preben Philipsen Filmproduktion und Filmvertrieb GmbH*. Sein Vater Constantin Philipsen hatte bereits 1897 in Kopenhagen eine gleichnamige Produktionsfirma ins Leben gerufen. Nachdem 1960 → Horst Wendlandt Produktionschef der Rialto geworden ist, wird der Firmensitz 1962 nach Berlin verlegt. Die neue Firmierung lautet *Rialto Film Preben Philipsen GmbH & Co KG*. Unter der Leitung von Wendlandt, der Geschäftsführung und Firmenanteile übernimmt, erzielt die Firma große Erfolge mit Verfilmungen nach Edgar Wallace (seit 1960) und Karl May (seit 1962). → *Der Schatz im Silbersee* wird zum Auslöser der Karl-May- und Westernwelle in Deutschland und gibt den Anstoß zur Produktion der ersten

→ Italowestern. Als Preben Philipsen in seiner Heimat in finanzielle Schwierigkeiten gerät, zieht er sich 1976 aus dem Unternehmen zurück und verkauft seine Geschäftsanteile an Horst Wendlandt. Die Firma geht über in die Wendlandt Verwaltungsgesellschaft mbH, gleichzeitig wird die Rialto Film GmbH gegründet (Geschäftsführer: Horst Wendlandt und sein Sohn Matthias). Mit der neuen Gesellschaft setzt Wendlandt seine erfolgreiche Produzententätigkeit fort. Er beteiligt sich an internationalen Coproduktionen und bringt Filme von → Terence Hill und Bud Spencer, → Otto Waalkes und → Loriot in die Kinos. Bedeutende Einnahmen fließen der Rialto aus dem Lizenzgeschäft zu; die Firma hält die Rechte an neun Winnetou-Filmen, die inzwischen zum Repertoireangebot der Fernsehanstalten zählen. Mit ihren Verfilmungen hat die Firma bedeutenden Anteil an dem Umstand, daß Karl May als Autor in Deutschland auch 90 Jahre nach seinem Tod einen außerordentlich hohen Bekanntheitsgrad genießt.

Alle Rialto-Filme: *Der Frosch mit der Maske* (1959); *Der rote Kreis* (1960); *Die Bande des Schreckens* (1960); *Der grüne Bogenschütze* (1961); *Die toten Augen von London* (1961); *Das Geheimnis der gelben Narzissen* (1961); *Der Fälscher von London* (1961); *Die seltsame Gräfin* (1961); *Unser Haus in Kamerun* (1961); *Das Rätsel der roten Orchidee* (1962); *Die Tür mit den sieben Schlössern* (1962); *Das Gasthaus an der Themse* (1962); *Ich bin auch nur eine Frau* (1962); *Der Schatz im Silbersee* (1962); *Der Zinker* (1963); *Der schwarze Abt* (1963); *Das indische Tuch* (1963); *Winnetou 1. Teil* (1963); *Zimmer 13* (1964); *Wartezimmer zum Jenseits* (1964); *Die Gruft mit dem Rätselschloß* (1964); *Winnetou 2. Teil* (1964); *Der Hexer* (1964); *Unter Geiern* (1964); *Das Verrätertor* (1964); *Neues vom Hexer* (1965); *Der Ölprinz* (1965); *Winnetou 3. Teil* (1965); *Old Surehand 1. Teil* (1965); *Der unheimliche Mönch* (1965); *Winnetou und das Halbblut Apanatschi* (1966); *Der Bucklige von Soho* (1966); *Winnetou und sein Freund Old Firehand* (1966); *Das Geheimnis der weißen Nonne* (1966); *Das älteste Gewerbe der Welt* (1967); *Die blaue Hand* (1967); *Die Zeit der Kirschen ist vorbei* (1967); *Der Mönch mit der Peitsche* (1967); *Der Hund von Blackwood Castle* (1968); *Im Banne des Unheimlichen* (1968); *Die vollkommene Ehe* (1968); *Der Gorilla von Soho* (1968); *Die Lümmel von der ersten Bank* (1968); *Wie der nackte Wind des Meeres* (1969); *Der Mann mit dem Glasauge* (1969); *Das Gesicht im Dunkeln* (1969); *Klassenkeile* (1969); *Das Leben zu Zweit* (1969); *Der Kerl liebt mich – und das soll ich glauben?* (1969); *Dr. med. Fabian* (1969); *Wie kommt ein reizendes Mädchen wie Sie zu so einem Gewerbe?* (1969); *Die Herren mit der weißen Weste* (1970); *Was ist den bloß mit Willi los?* (1970); *Die Feuerzangenbowle* (1970); *Groupie Girl* (1970); *Hurra, wir sind mal wieder Junggesellen* (1971); *Die Tote aus der Themse* (1971); *Rosy und der Herr aus Bonn* (1971); *Unser Willi ist der Beste* (1971); *Das Rätsel des silbernen Halbmondes* (1972); *Das Geheimnis der grünen Stecknadel* (1972); *Willi wird das Kind schon schaukeln* (1972); *Der Killer und der Kommissar* (1972); *Hauptsache Ferien* (1972); *Die Schlange* (1973); *Mein Name ist Nobody* (1973); *Nobody ist der Größte* (1975); *Das Schlangenei* (1977); *Plattfuß in Afrika* (1978); *Sie nannten ihn Mücke* (1978); *Eine einfache Geschichte* (1979); *Eine Faust geht nach Westen* (1981); *Lola* (1981); *Der Mann im Pyjama* (1981); *Die Sehnsucht der Veronika Voss* (1981); *As der Asse* (1981); *Ein Mann meiner Größe* (1984); *Erste Sehnsucht*

(1984); *Momo* (1985); *Otto – Der Film* (1985); *Mit dem Wind um die Welt* (1987); *Otto – Der neue Film* (1987); *Ödipussi* (1988); *Beim nächsten Mann wird alles anders* (1989); *Otto – Der Außerfriesische* (1989); *Der Skipper* (1990); *Papa ante portas* (1991); *Einmal Arizona* (1991); *Cosimas Lexikon* (1992); Wir Enkelkinder (1992); *Otto – Der Liebesfilm* (1992); *Kein Pardon* (1993); *Die Troublemaker* (1995); *Der Mann auf der Bettkante* (1995, TV); *Die Tote von Amelung* (1995, TV); *Edgar Wallace: Die Katze von Kensington* (1996, TV); *Edgar Wallace: Der Blinde* (1996, TV); *Edgar Wallace: Das Karussell des Todes* (1996, TV); *Sjöwall-Wahlöo* (1996, TV); *Gnadenlos* (1996, TV); *OK Garage* (1997, TV); *Palmetto – Dumme sterben nicht aus* (1998); *Julia – Kämpfe für Deine Träume* (1998, TV); *Ein tödliches Verhältnis* (1998); *Edgar Wallace: Die unheimlichen Briefe* (1998, TV); *Edgar Wallace: Die vier Gerechten* (1998, TV); *Edgar Wallace: Das Haus der toten Augen* (1998, TV); *Edgar Wallace: Whiteface* (1998, TV); *Edgar Wallace: Das Schloß des Grauens* (1998, TV); *Gnadenlos 2* (1999); *Die Handschrift des Mörders* (1999, TV); *Otto – Der Katastrofenfilm* (2000).

Literatur: Joachim Kramp: *Hallo! Hier spricht Edgar Wallace. Die Geschichte der deutschen Kriminalfilmserie von 1959 – 1972.* Berlin 1998.

Link: http://www.dem.de/entertainment/stars/r/rialto_film.html

RIBANNA

Auch: »Die Rose vom Quicourt«. Romanfigur aus *Winnetou II*. Tochter des Assiniboins-Häuptlings → Tah-Scha-Tunga. Frau von → Old Firehand. Mutter von Ellen (in der frühen Erzählung *Old Firehand*) bzw. Harry (in *Winnetou II*). »Sie war schön wie die Morgenröte, und lieblich wie die Rose des Gebirges.« Winnetou und Old Firehand lieben sie, Ribanna entscheidet sich für Old Firehand und heiratet ihn; gemeinsam haben sie zwei Kinder. Der weiße Jäger Tim Finnetey, der unter dem Namen »Parranoh« Häuptling der Atabasken geworden ist, begehrt Ribanna ebenfalls und entführt sie während einer Abwesenheit Old Firehands. Als es zum Kampf mit den Verfolgern kommt, tötet er Ribanna. Parranoh wird von Winnetou erschossen. – Ribanna gehört zu den beliebtesten Figuren bei Dramatisierungen von Karl Mays Werken, weil sie die einzige Frau ist, in die sich Winnetou verliebt. Sie erscheint u.a. in der Verfilmung → *Winnetou 2.*

Ribanna: Gisela Gressmann bei den Karl-May-Spielen Bad Segeberg 1966.

Teil (1964, gespielt von → Karin Dor). Der Handlungsverlauf weicht von der Originalgeschichte jedoch völlig ab. Ribanna verliebt sich in Winnetou (Pierre Brice), der aber auf sie verzichtet, um den Frieden zu retten. Im Dienste der guten Sache heiratet Ribanna einen Weißen, den Armeeleutnant Merril. Damit endet die Geschichte, Winnetou reitet entsagungsvoll von dannen.

RIH

Pferd von Kara Ben Nemsi. Vollbringt nach geheimem Ritual (Hand zwischen die Ohren legen, Koransure ins Ohr murmeln!) wahre Wunderdinge. Unvergessen der Sprung über die Verräterspalte. Der Karl-May-Zeichner → Carl-Heinz Dömken, zugleich Züchter edler arabischer Pferde, setzte Rih ein Denkmal, indem er Original-May-Texte zu einem Roman über Rih zusammenfaßte: »Unvergeßlich aber wie der Hadschi Halef Omar ist mir mein Rih, das herrlichste Pferd, das ich je zwischen meinen Schenkeln hatte und das mir – obwohl ›nur‹ ein Tier – zu einem Freund wurde, wie ich ihn nur selten in meinem Leben fand, das ganz bestimmt nicht gerade arm an Freundschaften war.«

Literatur: Carl-Heinz Dömken: *Mein Hengst Rih.* Bamberg 1997. Neuauflage von: Carl-Heinz Dömken: *Mein Rih.* Friedberg 1979.

RIO PECOS

Eines der berühmtesten Landschaftsmotive bei Karl May. Real: Fluß im Südwesten der Vereinigten Staaten. Entspringt in den Sangre de Cristo Mountains (New Mexico) und mündet nach 1.183 km in den Rio Grande (Texas). Bei Karl May erscheint der Fluß in mythischer Verklärung. Am Rio Pecos liegt die Heimat von Winnetous Stamm, den Mescalero- → Apatschen. – Ebenfalls ohne Anspruch auf geographische Genauigkeit, sondern als landschaftliche Ikone, erscheint der Rio Pecos in den Filmen → *Winnetou 1. Teil* und → *Winnetou 3. Teil.* Der Fluß mit dem Apatschenpueblo an seinem Steilufer gehört zu den bildwirksamsten Motiven der Karl-May-Filme. Gedreht wurde es am → Zrmanja-Canyon bei Obrovac (Kroatien).

RODRIGANDA, ALFONZO DE

Romanfigur aus → *Das Waldröschen.* Sohn des spanischen Grafen Emanuel de Rodriganda. Wird als Kleinkind zu Emanuels Bruder Ferdinando nach Mexiko gebracht, um später dessen Erbe anzutreten. Auf der Schiffsüberfahrt gegen den Sohn des verbrecherischen Gasparino → Cortejo ausgetauscht. – Erscheint auch im Film → *Der Schatz der Azteken* (1965, gespielt von Gerard Barray). Dort spielt die Familiengeschichte mit der Kindsvertauschung keine Rolle mehr; der jugendliche Alfonzo (im Film: Alfonso) ist zum mißratenen Sohn des greisen Grafen Ferdinando (im Film: Fernando) de Rodriganda mutiert.

RODRIGANDA, FERDINANDO DE

Romanfigur aus → *Das Waldröschen.* Spanischer Graf mit riesigem Grundbesitz in Mexiko. Bruder von Emanuel de Rodriganda. Dessen Sohn zieht er als künftigen Erben auf, ohne zu ahnen, daß ihm von Gasparino → Cortejo ein falsches Kind untergeschoben worden ist. – Erscheint auch im Film → *Der Schatz der Azteken* (1965, gespielt von → Friedrich von Ledebur). Erhalten geblieben ist das Motiv, daß sich der Graf (im Film: Fernando) wegen der Familienehre duellieren muß. Während er im Buch überlebt und durch ein Gift scheintot gemacht wird, stirbt er im Film an den Folgen der Schußverletzung.

ROJO, GUSTAVO

D.i. Gustavo Rojo Pinto. Schauspieler (geb. 12.10.1923 Montevideo, Uruguay). Wichtiger Darsteller in den Karl-May-Filmen von → Artur Brauner. Begann als Bösewicht in → *Old Shatterhand* (Corporal Bush), war darauf jugendlicher Held und Liebhaber in → *Der Schatz der Azteken* und → *Die Pyramide des Sonnengottes* (Potoca), schließlich Partner von → Marie Versini in → *Durchs wilde Kurdistan* und → *Im Reiche des silbernen Löwen* (Ahmed el Corda). Nahm in den Brauner-Filmen den Platz ein, der bei Horst Wendlandt von → Götz George und → Mario Girotti ausgefüllt wurde. Sohn der mexikanischen Schriftstellerin Mercedes Pinto und Bruder der Schauspieler Rubén Rojo und Pituca de Foronda. Geboren an Bord eines Frachtschiffs unter der Flagge von Uruguay. Wohnte mit seiner Familie auf Kuba, wo er als Sprecher bei Radio Havanna arbeitete. Mit seinem Bruder ging er mit einer Theatergruppe nach Mexiko; dort gelang es ihm, im Filmgeschäft Fuß zu fassen. In fünf Jahren drehte er 33 Filme und stieg zum populären Filmstar auf. Ab 1951 setzte der Schauspieler »mit der eleganten Figur eines Stierkämpfers« (*Hör Zu*) seine Karriere in Spanien fort. In den 60er Jahren war er vor allem in Kostümfilmen und Western zu sehen. 1966 trat er als Winnetou beim *Karl-May-Festival* in der → Deutschlandhalle Berlin auf (der Old Shatterhand wurde von → Bruce Low gespielt). Als die Rollenangebote ausblieben, ging er in den 70er Jahren zurück nach Mexiko, wo er weiterhin zu den bekanntesten Schauspielern zählt. Rojo war verheiratet mit den Schauspielerinnen Mercedes Castellanos und Erika Remberg. Von Erika Remberg ist als Scheidungsgrund die Aussage überliefert: »Er war mir zu schön!«

Ausgewählte Filme: *Tarzan in Gefahr* (1948); *Aufstand im Inselparadies* (1954); *Die Verlobten des Todes* (1956); *Alexander der Große* (1956); *Operation Tiger* (1957); *Schön ist die Liebe am Königssee* (1960); *Schlagerrevue 1962* (1961); *Old Shatterhand* (1963); *Die Todesstrahlen des Dr. Mabuse* (1964); *Der Chef wünscht keine Zeugen* (1964); *Der Schatz der Azteken* (1965); *Die Pyramide des Sonnengottes* (1965); *Dschinghis Khan* (1965); *Durchs wilde Kurdistan* (1965); *Im Reiche des silbernen Löwen* (1965); *Frauen, die durch die Hölle gehen* (1966); *Komm mit zur blauen Adria* (1966); *Laß die Finger von der Puppe* (1967); *Mister Dynamit – Morgen küßt euch der Tod* (1967); *Gwangis Rache – Das Tal der Dinosaurier* (1969); *Fahr zur Hölle, Gringo* (1969); *Die Rache des Pancho Villa* (1970); *El Condor* (1970); *Natacha* (1971); *Divorcio a la andaluza* (1975); *Confidente de secundaria* (1996, TV). **Schallplatte:** *Mandolinen spielt für mich / Hört die Glocken der Liebe.* Vogue DV 14044 (1963).

Link: http://german.imdb.com/Name?Rojo,+Gustavo

ROLLINS

Romanfigur. Der Name wird von Karl May mehrfach verwendet. Der bekannteste Rollins erscheint in *Winnetou II*. Er ist Begleiter und Kumpan von → Santer, der sich in das Vertrauen von Old Shatterhand und Winnetou einschleicht, indem er sie aus der Gefangenschaft von Santer befreit. Natürlich wird er durchschaut und gefangengenommen, unglücklicherweise aber von → Sam Hawkens wieder befreit. – Im Film → *Winnetou 3. Teil* erscheint der im Buch relativ unbedeutende Rollins als Oberschurke und Mörder Winnetous (1965, gespielt von → Rik Battaglia). Santer war bereits in → *Winnetou 1. Teil* dramaturgisch »verbraucht« worden. Die Personenführung hat keinerlei Ähnlichkeit mit der Buchvorlage. – Andere Personen gleichen Namens in *Old Surehand II* und *Der Ölprinz*.

ROMAN, LETITIA

Auch: Leticia Roman. D.i. Letizia Novarese. Italienische Schauspielerin (geb. 12.8.1941 Rom, Italien). Spielte in → *Old Surehand 1. Teil* (1965) die weibliche Hauptrolle (Judith). Die »hartnäckigste Fehlbesetzung des deutschen Films« (*Süddeutsche Zeitung*) hatte bei → Artur Brauner bereits *Fanny Hill* verkörpert und zog nun auch für → Stewart Granger bereitwillig die Bluse aus. Bereits als 20jährige hatte die Tochter eines römischen Filmausstatters ihre erste Hauptrolle gespielt. Die → *Bunte Illustrierte* wußte zu berichten, daß die lebenslustige Darstellerin ungern ohne Männer lebte, von tiefgründigen Gesprächen nichts wissen wollte und mit Wonne ihre Fotos in den Zeitungen betrachtete. Ein Jahr nach dem *Old-Surehand*-Film hört ihre Karriere plötzlich auf. Hatte sie den Mann ihres Lebens gefunden?

Ausgewählte Filme: *Piraten von Tortuga* (1961); *Das Gold der sieben Berge* (1961); *Pontius Pilatus* (1962); *Die schwarzen Reiter von Tula* (1962); *Fanny Hill* (1964); *Heirate mich, Cherie* (1964); *Die schwedische Jungfrau* (1965); *Das Liebeskarussell* (1965); *Die Herren* (1965); *An der Donau, wenn der Wein blüht* (1965); *Old Surehand 1. Teil* (1965); *Der Mann im grünen Hut* (1966); *Sechs Pistolen jagen Professor Z* (1966).

Link: http://german.imdb.com/ Name?Rom%E1n,+Let%EDcia

Letitia Roman bei den Aufnahmen zu »Old Surehand 1. Teil« (1965).

ROMANHEFTE (KARL-MAY-INHALT)

Lesestoff, vorzugsweise am Kiosk und in Bahnhofsbuchhandlungen erhältlich. Kennzeichen: bei rückläufiger Auflage immer noch massenhaft verbreitet, zirkuliert meist unter mehreren Endverbrauchern. Früher hießen die Klassiker *Billy Jenkins* und *Tom Prox*, später *Jerry Cotton* und *Wyatt Earp*. Auch Karl May gab es als Romanheft. Seine → Kolportage-Romane waren die frühen Vorläufer der Romanhefte. In den 60er Jahren erschienen Auszüge aus Karl-May-Büchern in Heftchenform. Die umfangreichste Serie brachte, noch vor Ablauf des Urheberschutzes für Karl May im Jahr 1962, der Arthur-Moewig-Verlag (München) heraus. Unter Fans besonders gesucht sind die Hefte 15-20 aus der Serie *Karl May* (Walhalla und Praetoria Verlag). Karriere in diesem Genre machte der einstige Heftchenschreiber Karl May allerdings nicht mehr.

Romanheft-Serien: Karl May (München: Arthur-Moewig-Verlag 1961 – 1962): Band 1 – 5: *Der Schatz im Silbersee;* 6 – 10: *Der Ölprinz;* 11 – 15: *Unter Geiern;* 16 – 17: *Halbblut;* 18 – 20: *Kapitän Kaiman;* 21 – 29: *Durch die Wüste / Allah il Allah;* 30 – 35: *Durchs wilde Kurdistan;* 36 – 40: *Winnetou I.* **Karl May** (Regensburg: Verlagshaus Fritz Vogl [Bd. 1 – 14] und Walhalla und Praetoria Verlag [Bd. 15 – 20] ca. 1964 – 1967). **Karl-May-Abenteuer** (Stuttgart: Weiden-Verlag 1965): Bd. 1: *Ein Greenhorn.* [Mehr nicht erschienen.]

ROMANHEFTE (KARL-MAY-TITELBILDER)

siehe auch: Bastei-Verlag; Martin-Kelter-Verlag.

Kein Romanheft ohne wirkungsvolles Titelbild. Zahlreiche Hefte hatten in den 60er und 70er Jahren (manchmal auch später noch) knallige Farbbilder aus Karl-May-Filmen auf dem Titel. Eine kleine Sammlergemeinde macht Jagd auf sie. Vor allem die Heftserien *Kelter-Western* und *Wyatt Earp* (beide Hamburg: Martin-Kelter-Verlag) brachten regelmäßig Motive aus → Karl-May-Filmen.

Karl-May-Titel bei *Kelter-Western*: 419, 420, 422, 423, 424, 428, 429, 437, 439, 441, 449, 451, 452, 454, 459, 461, 463, 464, 465, 466, 471, 475, 476, 478, 479, 480, 482, 483, 484, 488, 489, 490, 491, 492, 493, 498, 499, 500, 503, 504. **Bei *Wyatt Earp*:** 127, 128, 131, 133, 134, 135, 136, 137, 138, 139, 141, 143, 145, 146, 149, 150, 151, 153, 156, 157, 158, 159, 160, 162, 165, 166, 168, 170, 171, 179, 182, 183, 185, 186, 189, 191, 193,

Titelseite zu einem Karl-May-Romanheft aus dem Regensburger Verlagshaus (ca. 1965).

194, 195, 196, 197, 198, 199, 200, 202, 203, 205, 207, 208, 209, 210, 211, 212, 213, 215, 216, 219, 220, 227, 228, 229, 256.

ROSEGGER, PETER

Schriftsteller (geb. 31.7.1868 Alpl b. Krieglach, Österreich; gest. 26.6.1918 Krieglach, Österreich). Vielgelesener volkstümlicher Erzähler (*Als ich noch der Waldbauernbub war*). Herausgeber der Monatszeitschrift *Heimgarten* in Graz. Glaubte, daß May den Orient bereist habe und veröffentlicht 1877 seine Erzählung *Die Rose von Kahira*. Schreibt über May: »Wie die keineswegs durchsichtige Persönlichkeit Mays auch sein mochte – mir war sie jedenfalls sympathischer als das gemeine Pharisäertum seiner Feinde –, die Bücher, die er verfaßte, sind eine ausgezeichnete Jugendlektüre, an der nur trockene, weltfremde Pädagogen und solche, die Knabenseelen nicht kennen, herummäkeln können.« (*Heimgarten*, 1912).

Werke: *Waldheimat* (1877); *Der Gottsucher* (1883); *Jakob der Letzte* (1888); *Das ewige Licht* (1896); *Als ich noch der Waldbauernbub war* (1902); *Die Försterbuben* (1908); *Lasset uns von Liebe reden* (1909).

ROSENBERGER, RAIMUND

Komponist, Arrangeur, Dirigent (geb. 17.7.1917 München; gest. 30.10.1990 München). Schuf die Musik zu den Karl-May-Filmen → *Durchs wilde Kurdistan* und → *Im Reiche des silbernen Löwen* (jeweils 1965, Mitautor: Mordechei Olari-Nozyk). Von 1946 bis 1952 Theaterkapellmeister, anschließend freischaffender Komponist. Arbeitete hauptsächlich für den Berliner Produzenten → Artur Brauner. Ab 1973 Präsident des Deutschen Komponistenverbandes, ab 1982 Aufsichtsratsvorsitzender der GEMA. Ausgezeichnet 1983 mit dem Bundesverdienstkreuz, 1987 mit dem GEMA-Ehrenring. Seine wenig einfühlsame Karl-May-Musik gehört nicht zu den Glücksfällen des Genres. Als *Durchs wilde Kurdistan* in den Kinos lief, gehörte die Schallplatte mit der Filmmusik zu den Ladenhütern; da nur wenige Exemplare in den Verkehr kamen, wurde sie später zur gesuchten Rarität. Die Musik zu *Im Reiche des silbernen Löwen* erschien, obwohl besser geraten, vorsorglich nicht mehr auf Platte. Sie wurde erstmals im Jahr 1999 veröffentlicht – 34 Jahre nach dem Filmstart.

Ausgewählte Filme: *Rosen für den Staatsanwalt* (1959); *Das Testament des Dr. Mabuse* (1962); *Frauenarzt Dr. Sibelius* (1962); *Der Henker von London* (1963); *Durchs wilde Kurdistan* (1965); *Im Reiche des silbernen Löwen* (1965); *Mädchen hinter Gittern* (1965); *Heintje – Ein Herz geht auf Reisen* (1969). **Schallplatte:** *Durchs wilde Kurdistan*. Telefunken SLE 14390-P (1965). **CD:** *Im Reiche des silbernen Löwen*. Cobra CR003 (1999).

ROTHAUT

Karl May hat sich nichts dabei gedacht. In Jugoslawien war man 1962 bei den Filmaufnahmen zu → *Der Schatz im Silbersee* sensibler. Ganz im Sinne der Parteilehre wurde streng darauf geachtet, daß die Indianer nicht schlechter dargestellt wurden als die Weißen. Aus einem Drehprotokoll von 1962: »Deshalb darf in der jugoslawischen Fassung der Begriff »Roter Mann«, »Roter Bruder« oder gar überhaupt »Rothaut« nicht verwendet werden. Wir müssen alle von May original übernommenen schlechten Charakterzüge, wie z.B. die des *Großen Wolfs*, nicht nur ausmerzen, sondern ins positive Gegenteil verkehren.«

ROTHLEIN, WILLIAM

Amerikanischer Schauspieler (geb. 1944 New York, N.Y., USA) Spielte den Inka-Prinzen Haukaropora in → *Das Vermächtnis des Inka* (1966). Mit der Rolle hinterließ er so nachhaltigen Eindruck, daß er noch in einem zweiten Karl-May-Film von → Georg Marischka auftreten sollte: *Der Schwarze Gérard*. Da der *Inka*-Film finanziell floppte und die Karl-May-Welle sich dem Ende zuneigte, kam es nicht mehr dazu. Rothlein ging zurück in die USA und trat nie wieder in einem deutschen Film auf.

Filme: *Das Vermächtnis des Inka* (1966); *Rambo II – Der Auftrag* (1985); *Fist Fighter* (1988); *Condition Red* (1995); *The Zen-Master* (1998); *The Call Back* (1998).

ROXIN, CLAUS

Prof. Dr. iur. (geb. 1931 Hamburg). Vorsitzender (1971-99) der → Karl-May-Gesellschaft. Mitglied im Aufsichtsrat der → Karl-May-Stiftung. Wortmächtiger Anwalt Karl Mays. Nach Professur in Göttingen Ordinarius für Strafrecht, Strafprozeßrecht und allgemeine Rechtstheorie, Direktor des Instituts für die gesamten Strafrechtswissenschaften an der Universität München (emeritiert). Herausgeber der *Jahrbücher der Karl-May-Gesellschaft* (mit Hans Wollschläger u.a.). Auftritte in zahlreichen Fernsehsendungen als Strafrechts- und Karl-May-Experte. Seit 1999 Ehrenvorsitzender der Karl-May-Gesellschaft. Roxin ist verheiratet und lebt bei München.

Werke: *Strafrecht. Allgemeiner Teil. Bd. 1* (2. Aufl. 1994). *Täterschaft und Tatherrschaft* (6. Aufl. 1994). Strafverfahrensrecht (24. Aufl. 1995).

RÜDEL, FRANZ JOSEF

Verleger für Filmpostkarten. »Rüdel-Filmpostkarten« waren in den 60ern ein Begriff wie in den 30ern die »Ross-Postkarten«. Sie zeigten ausgewählte Starporträts, die von den Filmgesellschaften extra zu diesem Zweck hergestellt worden waren. Seinen geschäftlichen Höhepunkt erreichte der *Franz Josef Rüdel Film-*

William Rothlein als Haukaropora in »Das Vermächtnis des Inka« (1966).

postkartenverlag mit dem Vertrieb von Postkarten aus den Karl-May-Filmen. Die Schwarzweiß-Postkarten gab es in exzellenter Qualität (»echt Foto«!) in Kaufhäusern und Schreibwarengeschäften. Einige besonders attraktive Fotos gab der Verlag als Großbilder im Format DIN A 5 heraus. Zum Film → *Winnetou und Shatterhand im Tal der Toten* erschien neben den Schwarzweiß-Postkarten auch eine Farbserie mit 6 Motiven.

Rüdel-Postkarten erschienen zu den Karl-May-Filmen: *Der Schatz im Silbersee, Winnetou 1. Teil, Old Shatterhand, Der Schut, Winnetou 2. Teil, Unter Geiern, Der Schatz der Azteken, Die Pyramide des Sonnengottes, Der Ölprinz, Durchs wilde Kurdistan, Winnetou 3. Teil, Old Surehand 1. Teil, Winnetou und das Halbblut Apanatschi, Winnetou und sein Freund Old Firehand, Winnetou und Shatterhand im Tal der Toten.*

Link: 101.298253@germanynet.de (Übersicht über alle Karl-May-Postkarten von Rüdel).

RUMÄNIEN

Spielt in Karl Mays Werk keine Rolle als Handlungsort. Es gibt jedoch zahlreiche Erwähnungen der Walachei und der walachischen Sprache. Die erste nachgewiesene Übersetzung ins Rumänische erscheint 1932/33 (→ *Das Waldröschen*, Verlag Hertz). Schon zuvor gab es für die ungarische Minderheit in Rumänien herausgegebene Karl-May-Erzählungen in ungarischer Sprache (ab 1922 nachgewiesen). Für die deutsche Minderheit kommt ebenfalls in den 20er Jahren die Erzählung *Das sprechende Leder* (Klausenburg: Verlag Junges Siebenbürgen) heraus. Zwischen 1930 und 1980 erscheinen in rumänischer Sprache u.a. *Die Liebe des Ulanen, Durch die Wüste, Durchs wilde Kurdistan, Winnetou, Sand des Verderbens, Halbblut, Die Juweleninsel, Der Derwisch, Im Tal des Todes, Der Schatz im Silbersee* und *Das Vermächtnis des Inka*. Ende der 60er und Anfang der 70er Jahre kommt es zu einer Häufung von Neuausgaben, die auf die auch in Rumänien sehr erfolgreichen Karl-May-Filme zurückzuführen ist. Dazu erscheinen zahlreiche Sammelbilder mit Pierre Brice und Lex Barker in einfacher Qualität. Für die deutsche Minderheit erscheint 1968 *Der Schatz im Silbersee* (Bukarest: Jugendbuchverlag) und 1970 *Old Surehand* (Bukarest: Kriterion). 1985 druckt die Banater Zeitung *Das Buschgespenst* in deutscher Sprache

Claus Roxin: Karl-May-Forscher.

ab. In den 90er Jahren schließlich rollt eine wahre Karl-May-Welle über Rumänien hinweg. Nach dem Systemwechsel erscheinen bei einer Vielzahl von Verlagen innerhalb weniger Jahre rund 40 verschiedene Karl-May-Ausgaben.

Literatur: Klaus-Peter Heuer: *Karl May in Rumänien.* Sonderheft KMG 21 (1980). Berlin. – Pete Wolf: *Karl May in »Ost« und »West«. Zur Karl-May-Rezeption in CSSR, Ungarn, Polen und anderen Ländern.* Sonderheft KMG 77 (1988). **Karl-May-Filme:** *Prin Kurdistanul salbatic (Durchs wilde Kurdistan); Winnetou 3 (= Winnetou 3. Teil); Winnetou in valea mortii (= Winnetou und Shatterhand im Tal der Toten).*

RUNDFUNK

Nachdem der Rundfunk im Deutschen Reich 1925 den offiziellen Sendebetrieb aufgenommen hatte, dauerte es nicht lange, bis Karl May als Programmbestandteil entdeckt wurde. Eine Selbstverständlichkeit ist das nicht, denn die frühen Sendegesellschaften versuchten sich mit kulturell anspruchsvollen Sendungen zu legitimieren, wozu Karl May eher wenig geeignet schien. In der ersten größeren Sendung, die auf ihn zurückgeht, erscheint er folgerichtig unter einer Tarnkappe. Es handelt sich um ein Hörspiel des Karl-May-Verehrers → Günter Eich mit dem Titel → *Fährten in der Prärie.* Die Regie hat der später namhafte Filmregisseur Harald Braun. Übertragen wurde die Livesendung am 11.7.1936 vom *Reichssender Berlin.* Als → Hörspiel dramatisierte Karl-May-Erzählungen wurden vor dem 2. Weltkrieg, vor allem aber während der 50er und 60er Jahre, von den öffentlich-rechtlichen Rundfunkanstalten gesendet. Daneben gibt es zahlreiche Features (Hörbilder) zur Biographie Karl Mays, die besonders gern an runden Geburts- oder Todestagen ausgestrahlt wurden. Einen weiteren Bereich der Karl-May-Präsenz im Hörfunk stellen Karl-May-Musiken in vielen Ausdrucksformen dar, vor allem als → Schlager und als → Filmmusik. Auf dem Gebiet der Filmmusik gibt es zahlreiche Einspielungen, die in den 60er und 70er Jahren speziell für Rundfunkanstalten entstanden sind.

Filmmusikaufnahmen im Rundfunk: Martin Böttcher: *Fantasie aus ›Der Schatz im Silbersee‹*, **Rundfunkorchester Hannover** für den NDR. Martin Böttcher: *Fantasie aus ›Der Schatz im Silbersee‹*, **Orchester Hermann Hagestedt** für den WDR. Martin Böttcher: *Karl-May-Filmmelodien,* **Rundfunkorchester Hannover** für den NDR. Martin Böttcher: *Karl-May-Suite,* **Jugend-Akkordeon-Orchester Aach-Linz** für den SDR. Martin Böttcher: *Karl-May-Suite*, **Jugendorchester Akkordeonschule Heilbronn** für den SDR.

RUPP, SIEGHARDT

Schauspieler (geb. 14.6.1931 Bregenz, Österreich). Mal war er als Karl-May-Schurke bei → Wendlandt, mal bei → Brauner zu sehen. Er spielte den Geier-Boß → Preston in → *Unter Geiern* (amerikanisch, kalt und laut) und Abu Seif, den Vater des Säbels, in → *Im Reiche des silbernen Löwen* (lauernd, gefährlich, brutal). Rupp besuchte das Reinhardt-Seminar in Wien und spielte in Klagenfurt, Salzburg und Wien Theater. Weil ihn immer wieder Zweifel an seiner künstlerischen Berufung befielen, arbeitete er gelegentlich als Bauernknecht und Holzfäller. 1959 drehte er seinen ersten Film. Meistens mußte er finstere Burschen aller Art spielen, vorzugsweise in Heimatfilmen oder Western. Einen Karriereschub erlebte er im Jahr 1971. Als Zollfahnder Kressin im WDR-*Tatort* brachte er mit müdem Charme Alkoholschmuggler und Drogenhändler zur Strecke. Rupp damals: »Im Grunde bin ich trotz meiner Karriere ein einfacher Typ geblieben; ich sitze lieber in einer Kneipe und ein trinke ein Bier, als daß ich mit Kollegen sündhaft teuren Sekt schlürfe.«

Ausgewählte Filme: *Der Teufel spielte Balalaika* (1961); *Wilde Wasser* (1962); *Die Försterchristel* (1962); *Waldrausch* (1962); *Der letzte Ritt nach Santa Cruz* (1963); *Unter Geiern* (1964); *Tim Frazer jagt den geheimnisvollen Mr. X* (1964); *Für eine Handvoll Dollar* (1964); *Sie nannten ihn Gringo* (1965); *Die Liebesquelle* (1965); *Ich suche einen Mann* (1965); *Im Reiche des silbernen Löwen* (1965); *Sartana* (1966); *Die große Sause* (1966); *Wer kennt Jonny R.?* (1966); *Unbezähmbare Angélique* (1967); *Angélique und der Sultan* (1967); *Mittsommernacht* (1967); *Heintje – Ein Herz geht auf Reisen* (1969); *Komm liebe Maid und mache* (1969); *Alle Kätzchen naschen gern* (1969); *Tatort: Kressin und der Laster nach Lüttich* (1971, TV); *Tatort: Kressin stoppt den Nordexpreß* (1971, TV); *Käpt'n Rauhbein auf St. Pauli* (1971); *Wer stirbt schon gerne unter Palmen?* (1974); *Der Bockerer* (1981).

Autogrammadresse: Sieghardt Rupp, Khevenhüllerstr. 17, A-1180 Wien.

Link: http://german.imdb.com/Name?Rupp,+Sieghardt

RUSSLAND

Seit 1880 begann Karl May in Rußland bekannt zu werden, wo seine Romane anfangs unter den deutschrussischen Bürgern kursierten. Die *Moskauer Deutsche Zeitung* schrieb: »Die neuen Karl-May-Romane sind spannend. Der Autor wird bei uns bald allgemeine Anerkennung finden.« 1891 erschien die erste russische May-Erzählung im Verlag *Iwan Sytin & Co.* Verleger Sytin hatte fast alle Romane Karl Mays in seiner Bibliothek und baute sein Unternehmen bis zum Ausbruch des Ersten Weltkriegs zum größten russischen Verlag auf. Die Oktoberrevolution brachte alle Verlagsaktivitäten zum Erliegen und bedeutete auch für Karl May das Ende seiner offiziellen Existenz in Rußland. Einen Hauch von Perestroika gab es erst 1965, als in Moskau der Film → *Old Shatterhand* gezeigt wurde. In den achtziger Jahren liefen dann mehrere Karl-May-Filme in den Kinos. »Dies war die Wiedergeburt der Werke Karl Mays im neuen Rußland« (Batalow). 1992 erschienen die *Winnetou*-Bände in russischer Sprache im *Olymp-Verlag* (Moskau) in einer für deutsche Verhältnisse unvorstellbaren Auflage von jeweils 300.000 Exemplaren.

Literatur: Anatoli Batalow: *Karl May im alten Rußland.* In: Wilhelm Brauneder: *Karl May und Österreich.* Husum 1996.

S

SACHSEN

siehe auch: Dresden; Elbsandsteingebirge; Hohenstein-Ernstthal; Moritzburg; Radebeul; Rathen.

Karl-May-Land. Königreich. Seit 1990 Bundesland. Zu den berühmtesten Sachsen gehören neben Karl May August der Starke, Richard Wagner und Friedrich Nietzsche. In Sachsen wurden Teebeutel, Mundwasser und Spiegelreflexkamera erfunden. Die Kunststadt Dresden gehörte schon zu Beginn des 20. Jhs. zu den wirtschaftlich stärksten Regionen Deutschlands. 40 Jahre DDR konnten ebensowenig am Selbstbewußtsein des sächsischen Menschen kratzen wie der Umstand, daß alle Welt sich über die Mundart lustig macht: »Was Sachsen sin von echtem Schlaach, die sind nicht dod zu griechn. Drifft die och Gummer Dach fier Daach, ihr froher Mut wärd siechen« (Lene Voigt). Daß die Sachsen Karl May für sich vereinnahmt haben, mag ebenfalls für ihre Cleverness sprechen, denn sein Geburtshaus in Ernstthal stand nicht auf kursächsischem, sondern Schönburgischem Land. May war bei seiner Geburt im Jahre 1842 Untertan des Grafen von Schönburg-Hinterglauchau. Die Schönburgische Souveränität ging erst am 15.11.1878 vollständig auf Sachsen über.

Literatur: Christian Heermann (Hrsg.): *Karl May auf sächsischen Pfaden*. Bamberg 1999. Claus P. Müller-Thurau: *Die Sachsen kommen. Ein Psychogramm der neuen Macher*. München 1993.

SÄCHSISCHE SCHWEIZ

siehe: Elbsandsteingebirge.

SAIZ, JESUS

auch: *Jesus Saiz-Fernandez*. Spanischer Filmproduzent (*Aquila Films*), Atelierbesitzer (*Sevilla Studios*, Madrid) und Drehbuchautor. Co-Produzent (gemeinsam mit Heinz Neubert) der Karl-May-Filme → *Die Sklavenkarawane* (span.: *Caravana de Esclavos*, 1958) und → *Der Löwe von Babylon* (span.: *En las ruínas de Babilonia*, 1959). Die Filme wurden für den spanischen Markt jeweils mit einer gesonderten Fassung hergestellt (Abweichungen zur deutschen Fassung).

Link: http://us.imdb.com/Name?S%E1iz,+Jes%FAs

SALA, OSCAR

Komponist und Arrangeur (geb. 18.7.1910 Greiz). Von ihm wurde das Zischen der Pfeile kreiiert, das in → *Der Ölprinz* (1965) beim Angriff der Navajos auf der Siedlertreck zu hören ist. Eine Lappalie? Der musikalische Tüftler hatte kurz zuvor ein weltberühmtes Geräusch geschaffen. Seinem einzigartigen *Trautonium* (konstruiert von Friedrich Trautwein) entstammt das furchteinflössende Zischen der *Vögel* (1963) von Alfred Hitchcock. Das Surren der Indianer-Pfeile klingt ganz ähnlich, wurde aber speziell für den Film in Berlin aufgenommen.

Filmmusiken oder Effekte: *Die Vögel* (1963); *Der Würger von Schloß Blackmoor* (1963); *Der Fluch der gelben Schlange* (1963); *Die Todesstrahlen des Dr. Mabuse* (1964); *Der Ölprinz* (1965); *Herrliche Zeiten im Spessart* (1967).

Link: http://german.imdb.com/Name?Sala,+Oskar

SALGARI, EMILIO

Italienischer Schriftsteller (geb. 21.8.1862 Verona, Italien; gest. 25.4.1911 Madonna di Campiglio, Italien). Schrieb vielgelesene Abenteuerromane (rund 90 Bände). Wird als »italienischer Karl May« bezeichnet. Die Handlung seiner Geschichten spielt in exotischen Gefilden (Wilder Westen, Indien, Antarktis). Mit Karl May verbindet ihn, daß er nie (oder fast nie) gereist ist. Salgari selbst vermittelte den Eindruck, daß er in jungen Jahren als Kapitän zur See auf langen Reisen die fremden Erdteile besucht habe, die er in seinen Romanen schildert. Seine Romane zielen im wesentlichen auf äußere Spannung und erreichen nicht Karl Mays Intensität. Zahlreiche seiner Werke wurden verfilmt (u.a. *Die Vergeltung des roten Korsaren*, ital. *Il figlio del Corsaro Rosso,* mit → Lex Barker).

Deutsche Ausgaben: *Die Piraten des Malayischen Meeres (1897); Die Geheimnisse des schwarzen Dschungel (1905); Die Robbenjäger der Baffins-Bai (1913); Sandokan, der Pirat von Malaiensee (1977); Sandokan, Abenteurer der Meere (1979).*

SAMMELBILDER

siehe auch: Carl Lindeberg; Eikon; Kaugummibilder; Zigarettenbilder.

So etwas wie Rabattmarken für Kinder: Sammelbilder, die es als Zugabe beim Kauf eines bestimmten Produkts gab. Margarine und Käse waren als Zugabeprodukte beliebt, aber es konnten auch Papas Zigaretten sein. Gesammelt wurden die Bilder in großformatigen Alben. Zu den Themenbereichen gehörten Filmstars, Sportler und geschichtliche Ereignisse. Der bunte Karl May war stets besonders beliebt. Die Bildmotive waren in den verschiedenen Bildserien oft identisch: Meist fanden die speziell zu diesem Zweck geschaffenen Motive des Karl-May-Malers → Carl Lindeberg Verwendung. Während der Karl-May-Fillmwelle fanden die Filmbildalben des Schweizer → Eikon-Verlags große Verbreitung. Viele Sammelserien wurden mehrfach aufgelegt.

Für Sammler (in der Reihenfolge des Erscheinens): Karl-May-Serienbilder. Bd. 1 und 2 (jeweils 120 Bilder). Heising: Champignon-Camembert (ca. 1935). **Karl May's Welt der**

Abenteuer (36 Bilder). Mannheim: Biox-Zahnpasta 1950. **Mit Karl May im Wilden Westen** (120 Bilder). Norden: Onno-Behrends-Tee 1950. **Mein Karl-May-Buch.** Orientbilder bei Persern, Türken und Bulgaren (120 Bilder). Norden: Onno-Behrends-Tee 1951. **Mit Karl May auf Abenteuern.** Bd. 1 (120 Bilder) und 2 (180 Bilder). Köln: Kiddy-Kaugummi o.J. **Mit Karl May auf Reisen und Abenteuern.** Bd. 1 (120 Bilder) und 2 (180 Bilder). Baden-Baden: Eilebrecht-Zigaretten (ca. 1952). **Der Schatz im Silbersee.** Bd. 1 und 2 (jeweils 64 Bilder). Hamburg-Altona: Kaugummifabrik Schuma (1954). **Mit Karl May auf Reisen und Abenteuern.** Bd. 1 – 3 (jeweils 60 Bilder). Leer: Ostfriesische Tee-Union – Wilken's Teegroßhandelsgesellschaft (1956). **Karl May. Der Sohn des Bärenjägers** (48 Bilder). Grevenbroich: Quäker-Nährmittel (1965).

SAMMLER

Karl May als Jugendreminiszenz ist hochgradig emotional besetzt und wird deshalb in allen Erscheinungsformen gesammelt: Nicht nur in Form von Autographen und Büchern, sondern auch in sämtlichen Produkten der Wirkungsgeschichte, z.B. Comics, Postkarten, Spielwaren, Zeitschriften, Schallplatten, Videos und Souvenirs. Einen besonderen Schwerpunkt bilden Plakate und Fotos zu den Karl-May-Filmen, die auf → Auktionen Höchstpreise erzielen.

Bedeutende Karl-May-Sammler: Erwin Jordan (Bücher), Falk Klinnert (Waizendorf), Friedhelm Spürkel (Bücher), Thomas Winkler (Film).

SANCHO, FERNANDO

Spanischer Schauspieler (geb. 7.1.1916 Zaragoza, Spanien; gest. 31.7.1990 Madrid, Spanien). War in allen deutsch-spanischen Karl-May-Filmen dabei. In → *Die Sklavenkarawane* (1958) und → *Der Löwe von Babylon* (1959) spielte er den komischen Prof. Ignaz Pfotenhauer, in → *Durchs wilde Kurdistan* (1965) und → *Im Reiche des silbernen Löwen* (1965) den würdigen Padischah. Gehörte zu den meistbeschäftigten spanischen Schauspielern seiner Zeit. Beruflicher Höhepunkt während der Euro-Westernwelle.

Filme: *Der Stern von Afrika* (1957); *Die Sklavenkarawane* (1958); *Der Löwe von Babylon* (1959); *Taxi nach Tobruk* (1960); *König der Könige* (1961); *Lawrence von Arabien* (1962); *55 Tage in Peking* (1963); *Agent 3 S 3 kennt kein Erbarmen* (1965); *Die Gejagten der Sierra Nevada* (1965); *Durchs wilde Kurdistan* (1965); *Im Reiche des silbernen Löwen* (1965); *Blaue Bohnen für ein Halleluja* (1967); *Django – Nur der Colt war sein Freund* (1967); *X 312 – Flug zur Hölle* (1971); *Die Rückkehr der reitenden Leichen* (1973).

Link: http://german.imdb.com/Name?Sancho,+Fernando+(I)

SANTER

Meistgehaßte Romangestalt. Ermordet → Intschu tschuna und → Nscho-tschi (in *Winnetou I*). Auf der Suche nach dem Gold der Apatschen löst er eine versteckte Sprengladung aus und stürzt in die Tiefe (in *Winnetou III*). Im Kinofilm → *Winnetou 1. Teil* (1963) dargestellt von → Mario Adorf, bei den Karl-May-Spielen → Bad Segeberg 1976 von → Raimund Harmstorf.

SARRASANI

Weltberühmtes Zirkusunternehmen, gegründet von Hans Stosch-Sarrasani (1873 – 1934). Ursprünglich in → Radebeul ansässig. Ab 1912 festes Zirkusgebäude in → Dresden. 1928 organisierte Sarrasani gemeinsam mit dem → Karl-May-Verlag den berühmten Indianerbesuch am → Grabmal Karl Mays, bei dem der Lakota-Häuptling Susetscha Tanka (»Große Schlange«) eine Rede hielt. Bereits 1913 hatte der umtriebige Zirkusdirektor erstmals eine Gruppe von Indianern engagiert. 1940 setzte das Unternehmen unter der Leitung von Hans Stosch-Sarrasani jr. die 1938 begonnenen Karl-May-Spiele auf der Felsenbühne → Rathen in Form von »Wild-West-Spielen« fort. Es traten u.a. Kunstschützen, Messerwerfer und der »echte Sioux-Indianer« Os-Ko-Mon auf.

»SATAN UND ISCHARIOT« (BUCH)

Romanzyklus von Karl May (bearb.: GWB 20 → *Die Felsenburg*, GWB 21 → *Krüger Bei,* GWB 22 *Satan und Ischariot*). Erstmals als Fortsetzungsroman erschienen in der Zeitschrift → Deutscher Hausschatz unter den Einzeltiteln *Die Felsenburg* (1893/94), *Krüger Bei* (1894/95) und *Die Jagd auf den Millionendieb* (1895/96). Die *Satan-und-Ischariot*-Serie gehört zu den spannendsten Romanen Karl Mays. Im letzten Teil der Trilogie wird Harry Melton von seinem Bruder Thomas umgebracht. Der will zusammen mit seinem Neffen Jonathan auf betrügerische Weise eine Millionenerbschaft an sich bringen. Old Shatterhand und seine Freunde durchkreuzen die Pläne; Thomas Melton gibt sich selbst den Tod, Jonathan Melton geht in der Einzelhaft zugrunde.

SAUERKRAUT-WESTERN

siehe auch: Euro-Western; Italo-Western.

Der Erfolg von → *Der Schatz im Silbersee* löste in Deutschland in den Jahren 1963-65 eine Reihe von Nachfolgefilmen aus, die im Ausland als *Sauerkraut-Western* bezeichnet wurden. Die Filme konnten, anders als die → Italo-Western, keine eigenständige Ästhetik entwickeln, sondern lehnten sich in Handlung und Motivik eng an die Karl-May-Filme an. Beteiligt waren die Produzenten → Artur Brauner, Alfons Carcasona, Wolf Hartwig, Aldo von Pinelli, Karl Spiess und Kurt Ulrich. Den Höhepunkt der Serie markieren die Filme *Die Flußpiraten vom Mississippi* (Regie: Jürgen Roland, mit → Hansjörg Felmy und Tony Kendall) und *Der letzte Mohikaner* (Regie: → Harald Reinl, mit Joachim Fuchsberger, Anthony Steffens und → Karin Dor). Eine österreichische Nebenform stellt der Peter-Alexander-Film *Graf Bobby, der Schrecken des Wilden Westens* (1965) dar.

Die Sauerkraut-Western: *Die Flußpiraten vom Mississippi* (1963); *Der letzte Ritt nach Santa Cruz* (1964); *Die letzten Zwei vom Rio Bravo* (1964); *Freddy und das Lied der Prärie* (1964); *Die Goldsucher von Arkansas* (1964); *Heiß weht der Wind* (1964); *Duell vor Sonnenuntergang* (1965); *Die schwarzen Adler von Santa Fe* (1965); *Sie nannten ihn Gringo* (1965); *Der letzte Mohikaner* (1965); *Onkel Toms Hütte* (1965); *Graf Bobby,* *der Schrecken des Wilden Westens* (1965); *Die Hölle von Manitoba* (1965); *Wer kennt Jonny R.?* (1966).

»SCHACHT UND HÜTTE«

Wochenblatt für Schacht- und Hüttenarbeiter, 1875 von Karl May begründet. In der im Verlag von → *H.G. Münchmeyer* erscheinenden Zeitschrift veröffentlicht der Autor unterhaltende und populärwissenschaftliche Beiträge, darunter auch seine *Geographischen Predigten*, in denen bereits vom »fernen Westen und der Ausrottung der Indianer« die Rede ist. Um die Auflage zu steigern, reist May eigens nach Essen (Krupp) und Berlin (Borsig). Trotzdem mußte das Blatt bereits im August 1887 wegen zu geringer Abonnentenzahl eingestellt werden. Die anschließend gegründete Nachfolgezeitschrift trägt den Titel *Feierstunden am häuslichen Heerde*.

SCHALLPLATTEN

Schallplatten (bzw. CDs) sind neben Film, Radio und Fernsehen das wichtigste Medium für Karl-May-Adaptionen. Zu unterscheiden sind Tonträger mit → Hörspielaufnahmen und Musikaufnahmen. Die Musikaufnahmen unterteilen sich in → Filmmusik und → Schlager. Das erste Karl-May-Hörspiel auf Schallplatte war *Der Schatz im Silbersee*, veröffentlicht 1960 von → Philips. Die erste Musikaufnahme mit einem eigenständigen Karl-May-Titel war vermutlich *Das hat uns schon Karl May erzählt* von Micky und Gaby (Ariola 1961). Den größten kommerziellen Erfolg erzielten die Filmmusik-Aufnahmen von → Martin Böttcher, besonders die *Old-Shatterhand-Melodie* (Polydor 1963). Die skurrilste Veröffentlichung ist eine Mini-CD mit der *Old-Shatterhand-Melodie*, die Bestandteil einer Karl-May-Medaille war (Ekkehard Fröde 1994).

SCHARLIH

Kosename Winnetous für Old Shatterhand (»Mein Bruder Scharlih!«). Scharlih = Karl = Karl May. – Auszeichnung der Karl-May-Szene. Seit 1992 verliehen von → Karl-May-Archiv, → Karl-May-Stiftung, → Karl-May-Museum und (seit 1999) → Karl-May-Verlag. Ausgezeichnet werden Persönlichkeiten, die sich um das Fortleben von Karl May verdient gemacht haben. Die »Scharlih«-Statuette stammt von dem Berliner Bildhauer Prof. → Wilfried Fitzenreiter. Die Verleihung findet alljährlich auf dem → Karl-May-Fest statt.

Die bisherigen Scharlih-Preisträger (nach Jahren): **Lex Barker** (1992), **Marie Versini** (1993); **Karin Dor, Martin Böttcher** und das **Medium Terzett** (1994); **Rik Battaglia** (1965); **Artur Brauner** (1996); **Eddi Arent** (1997); **Carl-Heinz Dömken** und **Horst Wendlandt** (1998); **Pierre Brice** (1999).

»DER SCHATZ DER AZTEKEN« (FILM)

Kinofilm (D/F/I 1965). Nach Motiven aus *Schloß Rodriganda, Die Pyramide des Sonnengottes, Benito Juarez, Trapper Geierschnabel*. Mit Lex Barker (Dr. Sternau), Gérard Barray (Graf Alfonso), Rik Battaglia (Verdoja), Michèle Girardon (Josefa), Ralf Wolter (Andreas Hasenpfeffer), Alessandra Panaro (Rosita Arbellez), Theresa Lorca (Karja), Gustavo Rojo (Potoca), Hans Nielsen (Don Pedro Arbellez), Kelo Henderson (Frank Wilson). Produzent: Artur Brauner (CCC). Regie: Robert Siodmak. – *Inhalt:* Dr. Sternau alias der »Herr des Felsens« reist im Auftrag von Präsident Lincoln nach Mexiko, um den Schatz der Azteken zu suchen und der gerechten Sache des Rebellenpräsidenten Juarez zum Sieg zu verhelfen. – *Der Karl-May-Fan meint:* Knallbuntes Spektakel mit Kämpfen und Verfolgungsjagden am laufenden Band, untermalt von bombastischer Musik. Kultkino für harte Fans.

Video: Polyband.

Link: http://www.movieline.de/c/display.n/DATA0041114

»DER SCHATZ IM SILBERSEE« (BUCH)

Reiseerzählung. Erstmals veröffentlicht in der Zeitschrift → *Der Gute Kamerad*, Stuttgart 1890/91, als Buchausgabe 1894. Neben *Winnetou* das berühmteste und erfolgreichste Karl-May-Buch. Die Handlung kreist um den sagenumwobenen Silbersee, der sich in großer Höhe in der Bergwelt der Rocky Mountains befindet. Ein reiches indianisches Volk vergrub einst seine heiligen Schätze auf dem Grunde eines Talkessels, der dann geflutet wurde. So entstand der Silbersee. Der Verbrecher Brinkley hat einen Mann namens Engels ermordet und ihm den Lageplan eines Schatzes abgenommen, der am Silbersee zu finden sein soll. Außer ihm sind auch → Old Firehand, → Tante Droll und Fred Engel, der Sohn des Ermordeten, auf dem Weg zum See. Zu der Gruppe stoßen später Lord Castlepool, Gunstick Uncle und Humply Bill. Gemeinsam wehren die Westleute den Angriff des Cornel auf Butlers Farm ab und verhindern einen Überfall auf einen Geldtransport der Kansas-Eisenbahn. Dabei kommen ihnen Winnetou und Old Shatterhand zu Hilfe; der Cornel wird auf der Flucht von Utah-Indianern getötet. Gegen ihren Häuptling »Großer Wolf« besteht Old Shatterhand einen Kampf auf Leben und Tod. Schließlich wird der Silbersee erreicht. Die Utahs ertrinken in einem einstürzenden Geheimgang. Der See bewahrt sein Geheimnis, aber Old Firehand erhält die Erlaubnis, die Silberminen die Umgebung auszubeuten.

Werke: Karl May. *Der Schatz im Silbersee* (= GWB 36). **Literatur:** Hansotto Hatzig: *Karl-May-Register zu »Der Schatz im Silbersee«*. Sonderheft KMG 38 (1982). – Fritz Prüfer: *Wettlauf*. In: KMJb 1924.

»DER SCHATZ IM SILBERSEE« (FILM)

Kinofilm (D/YU). Mit Lex Barker (Old Shatterhand), Pierre Brice (Winnetou), Götz George (Fred Engel), Karin Dor (Ellen Patterson), Ralf Wolter (Sam Hawkens), Eddi Arent (Lord Castlepool), Marianne Hoppe (Mrs. Butler). Produzent: Horst Wendlandt (Rialto). Regie: Harald Reinl. – *Inhalt:* »Wir sehen sie von Angesicht zu Angesicht«, erzählt der Sprecher im Prolog. Winnetou und Old Shatterhand verfolgen die goldgierigen Tramps, befreien die Butler-Farm und verhelfen dem Recht zum Sieg. Der böse Cornel vergluckert mit dem Schatz im trüben Schlamm. – *Der Karl-May-Fan meint:* Der schönste Karl-May-Film, der Fans trotz starker Abweichungen vom Buch (kein Old Firehand! kein Hobble-Frank! kein Eisenbahnüberfall!) zufriedenstellt. Pierre Brice und Lex Barker sind so gut wie nie, und die Musik von Martin Böttcher schwelgt im schönsten Prärierausch. Ein romantisches Märchen von Harald Reinl, das zum Weihnachtsrepertoire des Fernsehens gehört und noch in Jahrzehnten über die Bildschirme flimmern wird.

Video und DVD: Kinowelt.

Link: http://www.dem.de/entertainment/kino/102/102342.html

SCHEER, BERNHARD

siehe auch: Nationalsozialismus.

Karl-May-Freund. In den 60er Jahren Regierungsvizepräsident in Oldenburg. 1969 Gründungsvorsitzender der Karl-May-Gesellschaft e.V., schrieb 1934 in dem Zeitungsaufsatz *Karl May und die deutschen Jungen*: »Wir wollen es halten wie Old Shatterhand! Wir wollen ihm nacheifern! Unseren Feinden verzeihen und sie mit Liebe überwältigen – aber: den Zeigefinger am Abzug des Bärentöter oder Henrystutzens und – notfalls mögen die Waffen sprechen! Deutsche Jungens! Macht es wie Old Shatterhand: Nächstenliebe und Friedenswillen – aber wer Euch anrempelt, dem schlagt die Schmetterfaust an den Schädel! Howgh!« (*Siegerländer National-Zeitung* vom 2.3.1934)

SCHEMM, HANS

siehe auch: Nationalsozialismus.

Nationalsozialistischer Politiker (geb. 1891; gest. 1935). Karl-May-Leser. Schöpfer des meistzitierten Ausspruchs über Karl May während der NS-Zeit: »Zum deutschen Buben und Mädel gehört mehr als Schulbravheit: Mut, Initiative, Schneid, Abenteuerlust und Karl-May-Gesinnung! (in dieser Fassung im *Schwarzen Korps* vom 1.4.1937). Ursprünglich Lehrer. Gauleiter der *NSDAP Bayerische Ostmark*. Gründete den *Nationalsozialistischen Lehrerbund (NSLB)*. 1933 Bayerischer Kultusminister. SA-Gruppenführer. Starb bei Flugzeugunglück. Die Herkunft des May-Zitats ist ungeklärt. Eine frühere Fassung wurde in der *Nürnberger Zeitung* vom 27.1.1934 abgedruckt: »Zum deutschen Buben und Mädel gehört mehr als die sogenannte Schulbravheit, nämlich Mut, Entschlußkraft, Schneid, Abenteuerlust und Karl-May-Gesinnung!«

SCHERIF

Karl-May-Leser wissen mehr: Kein Sheriff, sondern ein Nachkomme des Propheten. Als Scherif verkleidet, besiegte Kara Ben Nemsi die beiden → Aladschy.

SCHIBA-BIGK

Romanfigur in → *Der Geist des Llano Estacado*. Komantsche. Wird von → Geier-Banditen überfallen, wobei sein Vater getötet wird. Er entkommt und rächt den Tod des Vaters. Im Film → *Unter Geiern* (1964) ist die Figur in der Gestalt des → Wokadeh aufgegangen.

SCHIESSER, ALOIS

Karl-May-Fotograf (geb. 1866; gest. 1945). Nahm als Student und Karl-May-Verehrer im April 1896 während eines Besuchs in der → *Villa Shatterhand* in Radebeul 101 → Fotografien von dem Schriftsteller auf. Die Technik der Fotografie war verhältnismäßig neu; Karl May erkannte offensichtlich sogleich die Bedeutung von Bildern als Werbeträger und stellte sich ebenso willig wie geschmeichelt für die heute kurios anmutenden Aufnahmen zur Verfügung. Die Negativplatten wurden von dem Fotografen → Adolf Nunwarz aus Linz-Urfahr (Österreich) erworben und vermarktet.

SCHIFF

Ein kompletter Mississippi-Dampfer war erstmals in einer Karl-May-Aufführung zu sehen bei den Karl-May-Spielen → Bad Segeberg 1996 in der Inszenierung *Winnetou und der Scout*. Zur Gaudi des Publikums blieb der Steamer einmal während seiner Rundfahrt durch den Wilden Westen im Sand der Arena stecken. Auch mit vereinten Kräften konnte er nicht mehr flottgemacht werden. Die Schauspieler umspielten das Schiff souverän.

SCHI-SO

Romanfigur aus → *Der Ölprinz*. Sohn des Navajo-Häuptlings Nitsas-Ini und einer Weißen aus Deutschland. Hat in der Heimat seiner Mutter die Schule besucht (in → Kötzschenbroda) und Forstwirtschaft studiert. Zusammen mit seinem Freund Adolf Wolf und einem deutschen Auswanderertreck kehrt er in den Westen zurück, um seinem Volk mit seinen neu erworbenen Kenntnissen nützlich zu sein.

SCHLAGER

siehe auch: Backus, Gus; Jürgens, Curd; Maverick; Medium-Terzett; Siegel, Ralph; Sulke, Stephan.

Der deutsche Schlager liebte Karl May – damals, in den 60er Jahren (die Liebe flackerte danach immer wieder auf). Der Umschwärmte konnte sich dagegen nicht wehren – andererseits: eine gewisse gegenseitige Anziehungskraft mag man nicht ausschließen wollen. Es ist kein allzu weiter Weg von Karl Mays frühen → Kolportageromanen (*Der Weg zum Glück*) zur deutschen Schnulzenherrlichkeit (*Was macht Karl May auf Hawaii?*). Grundmotive der Karl-May-Schlager sind Fernweh, Freundschaftsidylle und klamottiger Humor. Der Großteil der kommerziell inspirierten Produkte entstand im Fahrwasser der Winnetou-Filme. Unter den Interpreten befinden sich prominente Kräfte des deutschen Schlagerwesens wie *Dschinghis Khan* und → *Waterloo & Robinson*; es kommt aber auch vor, daß ernstzunehmende Künstler das Thema May aufgreifen (→ Stephan Sulke). Klassischer Vertreter des Genres ist das → Medium-

Terzett, das in den 60er Jahren seine größten Erfolge mit und um Karl May feierte.

Die großen Karl-May-Schlager (in alphabetischer Reihenfolge nach Interpreten): **Gus Backus:** *Ach wär ich doch Old Shatterhand* (1964); **Bonanza-Trio:** *Winnetou und Old Shatterhand* (ca. 1975); **Die Colorado-Singers:** *Intschu-Tschuna* (ca. 1964); *Nscho-tschi* (ca. 1964); **Dschinghis Khan:** *Hadschi Halef Omar* (1979); **Wolfgang Edenharder:** *Am liebsten wär ich Winnetou* (1997); **Die Flußpiraten:** *Old Shatterhand* (1963); **Gaby & Petra:** *Der rote Mohn von Missouri* (1964); **Jimmy:** *Das hat uns schon Karl May erzählt* (ca. 1962); **Curd Jürgens:** *Winnetou* (1981); **Dirk Maverick:** *Mein Freund Winnetou* (1995); **Medium-Terzett:** *Der Schatz im Silbersee* (1963); *Winnetou* (1963); *Lebewohl, Winnetou* (1965); **Die Melodian-Boys:** *Das war Winnetous bester Freund* (ca. 1964); **Micky und Gaby:** *Das hat uns schon Karl May erzählt* (1961); **Die Monacos:** *Der Schatz im Silbersee* (1963); *Winnetou* (1963); **The Moonriders:** *Winnetou* (1986); **Die Nordwinds:** *Der Schatz im Silbersee* (ca. 1963); **Rodgau Monotones:** *Karl May* (1982); **Hartmut Scott:** *Was macht Karl May auf Hawaii?* (ca. 1965); **Das Silbersee-Trio:** *Winnetous bester Freund* (1963); *Nscho-tschi, rote Rose der Prärie* (1963); **Karli Stephan:** *Winnetou* (1970); **Stephan Sulke:** *Mein lieber Onkel May* (1976); **Truck Stop:** *Oh Winnetou, oh Winnetou* (1991); **Albert Vossen:** *Lebewohl, Winnetou* (1965) **Waterloo & Robinson:** *Winnetou* (1987); **Anneli Weiss:** *Winnetous Schwester* (1965); **Die Winnetous:** *Das war die Welt von Winnetou* (1973) **Johnny Zens:** *Der König der Cowboys* (ca. 1998).

Für Sammler: Einige der heute schwer zugänglichen Aufnahmen enthält die CD *Winnetou, Du warst mein Freund* (Bear Family 1996, mit umfangreichem Booklet).

»SCHLOSS RODRIGANDA«

Teil des Kolportageromans → *Das Waldröschen* (bearb. GWB 51). Sitz der Grafen Emanuel → de Rodriganda in Spanien. Der Titel wird auch verwendet in der Bühneneinrichtung *Schloß Rodriganda oder Die Verfolgung rund um die Erde* von Goetz Loepelmann, Astrid Fischer-Windorf und Michael Oberer (Premiere am 19.6.1998 in Kiel, Schauspielhaus). Zugrunde liegt die Inszenierung *Das Waldröschen* aus dem Jahr 1977 in Hannover.

Literatur: *Schloss Rodriganda. Eine Verfolgung rund um die Erde. Revue von Karl May. Dramatisiert von Astrid Fischer-Windorf, Götz Loepelmann, Wolfgang Trevisany und Gerhard Weber. Programmbuch Vereinigte Städtische Bühnen Krefeld und Mönchengladbach.* 1985

SCHMELING, MAX

siehe auch: Schmetterschlag.

Boxweltmeister (geb. 1905). Ehrenhäuptling der Karl-May-Spiele → Bad Segeberg (»Sicheres Auge«). Bekennender Karl-May-Fan: »Ich habe Karl May als Junge und auch später noch mit großer Begeisterung gelesen.«

SCHMETTERSCHLAG

»Ah, das waren noch Kerle da in dem Buch! Der braune Winnetou und Old Shatterhand, die alte Schmetterhand, der unscheinbare alte Trapper, der so gigantische, märchenhaft wirkende Backpfeifen auszuteilen verstand. Was waren alle Kinnhaken und Upper-Cuts der Neuzeit im Vergleich mit diesen pyramidalen Maulschellen!« (Hans Dominik: *Moderne Piraten*, 1931)

SCHMID, BERNHARD

Karl-May-Verleger (geb. 29.3.1962 Bamberg). Sohn von → Lothar Schmid. Gesellschafter des → Karl-May-Verlags ab 1995 (zusammen mit seinem Vater). Herausgeber von Bänden der → Bamberger Ausgabe und Werken zur Karl-May-Forschung. Lebt in → Bamberg.

SCHMID, EUCHAR ALBRECHT

Karl-May-Verleger (geb. 29.8.1884 Gemünden am Main, gest. 15.7.1951 Bad Liebenstein/Thüringen). Dr. jur. Setzte sich seit 1906 publizistisch für Karl May ein, den er wiederholt persönlich traf. Gemeinsam mit → Klara May und → Friedrich Ernst Fehsenfeld gründete er am 1.7.1913 in Radebeul den → Karl-May-Verlag und übernimmt die Geschäftsführung. Führt die *Gesammelten Reiseerzählungen* bis Bd. 65 fort (→ Radebeuler Ausgabe). Die Reihe trägt entscheidend dazu bei, Karl May zum Markenzeichen zu entwickeln und sein Überleben auf dem Buchmarkt langfristig zu sichern. 1921 heiratet der durch ein Augenleiden stark behinderte Verlagschef seine Mitarbeiterin Katharina Barthel, mit der er vier Söhne hat: → Joachim, Wolfgang (geb. 1924, im 2. Weltkrieg gefallen), → Lothar und → Roland. Nach dem Krieg leitet er die Übersiedlung des Verlages in seine fränkische Heimat nach → Bamberg ein. E. A. Schmid stirbt während eines Kuraufenthalts in Thüringen.

SCHMID, JOACHIM

Karl-May-Verleger (geb. 29.6.1922 Dresden). Ältester Sohn von → Euchar Albrecht und → Katharina Schmid. Gründete 1950 in Bamberg den *Verlag Joachim Schmid*, mit dem die Verlagerung des → Karl-May-Verlags aus der DDR in den Westen eingeleitet wurde. Gesellschafter des Karl-May-Verlags 1960-93 (zusammen mit seinen Brüdern → Lothar und → Roland). Im Triumvirat der Brüder war er zuständig für die geschäftlichen Belange. Bundesverdienstkreuz am Band für den Wiederaufbau des Verlags. Er ist verheiratet und hat fünf Töchter.

SCHMID, KATHARINA

Geb. Barthel (geb. 1.9.1898 Radebeul, gest. 29.12.1974 Bamberg). Frau von → Euchar Albrecht Schmid, Mutter von → Joachim, Wolfgang, → Lothar und → Roland Schmid. Hatte in ihrer Kindheit in Radebeul noch den alten Karl May kennengelernt. Tritt 1914 im Alter von 16 Jahren als Kontoristin in den ein Jahr zuvor gegründeten → Karl-May-Verlag ein und heiratet 1921 ihren Chef. Nach dem Tod ihres Mannes (1951) und dem Eintritt ihrer Söhne in die Verlagsleitung übt sie als Seniorchefin in → Bamberg jahrzehntelang großen Einfluß auf die Entwicklung des Verlags aus. Mit besonderem Engagement betreibt sie die Einrichtung eines verlagseigenen Karl-May-Museums (eröffnet 1960).

SCHMID, LOTHAR

Karl-May-Verleger (geb. 10.5.1928 Dresden). Sohn von → Euchar Albrecht Schmid und → Katharina Schmid. Gesellschafter des → Karl-May-Verlags (1960-92 mit seinen Brüdern → Joachim und → Roland bzw. den Erben Rolands, 1993-95 als Einzelperson, ab 1995 mit seinem Sohn Bernhard). Herausgeber GWB 74ff. (→ Bamberger Ausgabe) und von Werken zur Karl-May-Forschung. 1944 Luftwaffenhelfer und Militärdienst. 1947-52 Jurastudium, anschließend Referendariat. Im Triumvirat der Brüder war er als Verlagsjurist tätig und zuständig für Filmlizenzen und Merchandising. Internationaler Schach-Großmeister und internationaler Fernschachgroßmeister. Internationaler Schiedsrichter des Weltschachverbandes (u.a. Weltmeisterschaftskampf zwischen Fischer und Spassky 1972 in Reykjavik). 1994 Bundesverdienstkreuz am Bande für langjähriges Engagement in den Schachverbänden. Hobby: Schach (bedeutende Schachsammlung mit Bibliothek und Figuren). Schmid ist verheiratet und hat zwei Söhne und eine Tochter. Er lebt in → Bamberg.
Autogrammadresse: Lothar Schmid, Hainstr. 51, D-96047 Bamberg.

SCHMID, ROLAND

Karl-May-Verleger (geb. 15.5.1930 Dresden; gest. 4.1.1990 Bamberg). Sohn von → Euchar Albrecht und → Katharina Schmid geb. Barthel. Bis zu seinem

Lothar Schmid (l.) zusammen mit seinem Sohn Bernhard (Foto: Kurt Kleucker).

Tod Mitgesellschafter des → Karl-May-Verlags (zusammen mit seinen Brüdern → Joachim und → Lothar). Herausgeber GWB 66-73 (→ Bamberger Ausgabe) sowie reich kommentierter Faksimiledruck der 33-bändigen → Freiburger Ausgabe. War im Triumvirat der Brüder zuständig für Herstellung und literarische Belange. Hervorragender Kenner von Mays Biographie und Werk. Initiierte Ende der 60er Jahre die Herausgabe der authentischen Urtexte Mays (beginnend mit GWB 71 *Old Firehand*).

SCHMIDT, ARNO

Schriftsteller (geb. 18.1.1914 Hamburg; gest. 3.6.1979 Celle). Heide-Poet, schwankend zwischen Genie und Wahnsinn. Karl May analysierte er mit Leidenschaft (seit 1933). 1963 erscheint sein umstrittenes Hauptwerk über den Autor: *Sitara und der Weg dorthin*. Darin wird Karl May psychoanalytisch auf die Couch gelegt. Quintessenz: Karl May sei ein »gewaltiger Pfuscher«, ein uneingestandener Homosexueller, dessen Werk ein unerschöpfliches Chaos von Kitsch, Projektionen und Absurditäten bildet. Daneben allerdings rechnet Schmidt Mays symbolische Spätwerke der Hochliteratur zu. Das *Sitara*-Buch erregt in der Karl-May-Gemeinde heftigen Widerspruch. In ihrer Schrift *Arno Schmidt & Karl May. Eine notwendige Klarstellung* (1973) stellen Heinz Stolte und Gerhard Klußmeier klar, daß Schmidt, der Schriftsteller und kein Arzt war, zahlreiche methodische Fehler unterlaufen sind.

Werke: Arno Schmidt: *Sitara und der Weg dorthin. Eine Studie über Wesen, Werk & Wirkung Karl Mays. Neuausgabe.* 1997. **Literatur:** Heinz Stolte, Gerhard Klußmeier: *Arno Schmidt & Karl May. Eine notwendige Klarstellung.* Hamburg 1973. – Martin Henkel: *BLUFF auch mare ignorantiae oder Des king!s neue Kleider. Eine Studie zu Wesen, Werk und Wirkung Arno Schmidts.* Hamburg 1992. – Josef Huerkamp: *Erläuterungen, Materialien & Register zu Arno Schmidts »Sitara und der Weg dorthin«.* München 1979. – Wolfgang Martynkewicz: *Arno Schmidt mit Selbstzeugnissen und Bilddokumenten dargestellt.* Reinbek 1992. – Michael Sagorny: *Harte Attacken & warme Gefühle. Wie Arno Schmidt Karl May verarztet.* Paderborn 1994.

SCHNEIDER, HELMUTH

Schauspieler (geb. 18.12.1920 München; gest. 17.3.1972 Rio de Janeiro, Brasilien). Spielte 1959 in → *Der Löwe von Babylon* den vierten → Kara Ben Nemsi der Filmgeschichte. Seine Eltern übersiedelten nach Brasilien, als er zwei Jahre alt war. Kehrte auf Wunsch seines Vaters nach Deutschland zurück, um das Abitur zu machen. Besuchte in Berlin eine Schauspielschule. Stand 1942 erstmals auf der Bühne. Nach dem Krieg Filmkarriere in Brasilien. In den fünfziger Jahren auch in Deutschland mit zahlreichen Filmrollen erfolgreich. 1971 ging er wieder nach Brasilien, wo noch seine Mutter lebte. Beim Überqueren einer Straße in Rio de Janeiro wurde er von einem Auto erfaßt und erlag wenige Minuten später seinen Verletzungen. Helmuth Schneider war mit Carmen-Sylva Schneider verheiratet und hatte einen Sohn. 1966 berichtete der Schauspieler mit den strahlend blauen Augen von einem Erlebnis, das ihm in Phnom-

Penh in Kambodscha widerfuhr. Sein alter Karl-May-Film lief dort, wie er sagte, »mit Riesenerfolg« in einem Kino. Als der Kinobesitzer von seiner Anwesenheit erfuhr, ließ er ihn mit einer blumengeschmückten Fahrrad-Rikscha abholen und präsentierte ihn dem begeisterten Publikum.

Ausgewählte Filme: *Der Fischer vom Heiligensee* (1955); *Tausend Melodien* (1956); *Jägerblut* (1957); *Cavalcade* (1958); *Der Löwe von Babylon* (1959); *Drei weiße Birken* (1961); *Captain Sindbad* (1963); *Brennt Paris?* (1966); *...und morgen fahrt ihr zur Hölle* (1967); *Angelique und der Sultan* (1967); *Gott mit uns* (1969); *Die Lederstrumpf-Erzählungen* (1969, TV); *Die zum Teufel gehen* (1969); *Tatort: Der Richter in Weiß* (1971, TV).

Link: http://us.imdb.com/Name?Schneider,+Helmuth

SCHNEIDER, SASCHA

D. i. Rudolf Karl Alexander Schneider. Maler und Bildhauer (geb. 21.9.1870 St. Petersburg; gest. 18.8.1927 Swinemünde). Schöpfer symbolistischer Zeichnungen und Gemälde nach Motiven und Figuren von Karl May. Entwarf Deckelbilder für Fehsenfeld-Bände (→ Freiburger Ausgabe). Bekanntestes Werk ist das Großgemälde »Der Chodem« (Das Gewissen; entstanden 1903/1904 für die → Villa Shatterhand). Geboren als Sohn eines deutschen Druckereibesitzers in St. Petersburg. Nach vorübergehendem Aufenthalt in der Schweiz läßt sich die Familie in den 80er Jahren in Dresden nieder. Besuch der Kunstakademie Dresden. Ab ca. 1898 großformatige Wandgemälde in Florenz, Leipzig und Weimar. 1904 Professor für Aktmalerei an der Kunsthochschule Weimar. Nach einem Diabetesanfall stirbt der Maler auf einer Schiffsreise. Ein künstlerischer Durchbruch gelang nie. Es ist sein Schicksal, daß er allein als Maler Karl Mays bekannt blieb.

Literatur: Hansotto Hatzig: *Karl May und Sascha Schneider. Dokumente einer Freundschaft.* Bamberg 1967. – Rolf Günther; Klaus Hoffmann: *Sascha Schneider & Karl May.* Hrsg. von der Karl-May-Stiftung. Dresden 1989.

SCHNEIDER, WILLY

Kammersänger (geb. 1905; gest. 1989). Schunkelte sich mit Weinliedern durch die 60er Jahre. Besaß sämtliche Karl-May-Bände. »Besonders freute sich Willy Schneider über eine Postkarte, die sein Lieblingsautor Karl May einmal geschrieben hat. Eine *Neue-Blatt*-Leserin, die

Sascha Schneider: Buchdeckeleinband »Durch die Wüste« (1904).

selbst eine begeisterte Karl-May-Anhängerin ist, schenkte ihm die wertvolle Karte.«

SCHOKOLADE

Kennen Sie noch die Schiebeschachteln mit Schokolade, wo die Figuren beim Hin- und Herschieben immer andere Köpfe und Beine kriegen? Gab es natürlich auch mit Karl May (1964 von *Trumpf-Schokolade*). Besonders lustig, wenn die Wüstensöhne Indianerköpfe kriegen und die zarte Nscho-tschi mit den Beinen von Old Death rumläuft. Das Spiel ist abendfüllend: 13250 Verwandlungen sind möglich. Sehr gesuchtes und sehr seltenes Sammlerstück: Wer hebt schon eine Schokoladen-Schachtel auf?

SCHÖNE, CHRISTIANE WILHELMINE

Geb. May (geb. 28.5.1844 Ernstthal; gest. 30.4.1932 Ernstthal). Schwester Karl Mays. Gehört zu den drei überlebenden Geschwistern Karl Mays. 10 Geschwister starben kurz nach der Geburt. Wurde im gleichen Haus wie Karl May geboren (→ Karl-May-Haus).

SCHÖNE, REINER

Schauspieler und Sänger. Spielte 1996 bei den Karl-May-Spielen → Bad Segeberg im Stück *Winnetou und der Scout* die Rolle des → Old Death. Machte Karriere als Musical-Star (*Hair*, *Jesus Christ Superstar*). War in zahlreichen US-Produktionen beschäftigt und trat im Jahr 2000 in der → Horst-Wendlandt-Produktion *Otto – Der Katastrofenfilm* auf.

Ausgewählte Filme: *Sabata kehrt zurück* (1971); *Change* (1975); *Im Zeichen des Drachen* (1975); *Götz von Berlichingen mit der eisernen Hand* (1979); *Gnadenlos* (1986); *Johnny Handsome* (1989); *Die Geschichte der Dienerin* (1990); *Grüne Tomaten* (1991); *Rosamunde Pilcher: Magie der Liebe* (1998, TV); *Die Todesgrippe von Köln* (1999, TV); *Otto – Der Katastrofenfilm* (2000).

Link: http://german.imdb.com/Name?Scheine,+Raynor **und** http://www.reinerschoene.com/

SCHREIBWAREN

Schüleretuis und *Fotoalben* mit eingeprägtem Winnetou-Motiv aus dem Film → *Winnetou 2. Teil* stellte 1965 die Fa. *Jakob Gallus* (Seligenstadt) her. In den 70er Jahren gab es in allen Kaufhäusern *Malblöcke* mit farbenprächtigen Titelfotos aus den Karl-May-Filmen. Produziert wurden sie von dem Schreibwarenhersteller *Herlitz* (Berlin). Bei Herlitz konnte, wer wollte, sich rundum mit Karl May eindecken: Die Schreibwarenkollektion »Winnetou« enthielt unter anderem *Bleistifte, Bleistiftanspitzer, Radiergummis, Malkästen, Notizbücher* und *Schlüsselanhänger* – alles im grün-goldenen Karl-May-Design mit den Titelbildern der → *Grünen Bände*. Einen *Schulranzen* mit *Winnetou*-Motiv stellte die Firma *Leda Leonhard Daum* (Leinach) her. *Karl-May-Schüleretuis* (»aus superleichtem und strapazierfähigem Nylon-Material«) gab es von der *Leder-*

warenfabrik G. A. Steinmann (Nürnberg). Unter anderem war das Motiv »Sklavenkarawane« erhältlich.

SCHUBERT, HEINZ

Schauspieler (geb. 12.11.1925 Berlin; gest. 12.2.1999 Hamburg). Spielte den → Hadschi Halef Omar in der TV-Serie → *Kara Ben Nemsi Effendi* (1973/75). Seine listig-verschmitzte Darstellung ist die wohl beste Interpretation der klassischen Karl-May-Figur. Gleichzeitig mit der Ausstrahlung der Karl-May-Serie avancierte Schubert zur bundesdeutschen Kultfigur, woran aber nicht Karl May schuld war, sondern eine WDR-Fernsehserie, die Fernsehgeschichte machte: In *Ein Herz und eine Seele* (1973, Autor: Wolfgang Menge) war der Schauspieler als »Ekel« Alfred Tetzlaff der Inbegriff des deutschen Spießers. Schubert hatte seine Karriere 1950 in Berlin begonnen, wo → Bertolt Brecht ihn ans Theater am Schiffbauerdamm holte. Dort spielte er u.a. in *Mutter Courage* und *Der gute Mensch von Sezuan*. Nach dem Mauerbau ging er an die Münchner Kammerspiele und später zum Hamburger Schauspielhaus. Von 1989 an arbeitete er als Schauspieler ohne feste Ensemblebindung. Heinz Schubert starb an einer Lungenentzündung. Er wurde mit dem *Adolf-Grimme-Preis* in Gold und der *Goldenen Kamera* ausgezeichnet.

Ausgewählte Filme: *Ein Herz und eine Seele* (1973, TV); *Kara Ben Nemsi Effendi* (1973/75, TV); *Hitler – ein Film aus Deutschland* (1977); *Der große Bellheim* (TV).

Link: http://german.imdb.com/Name?Schubert,+Heinz+(I)

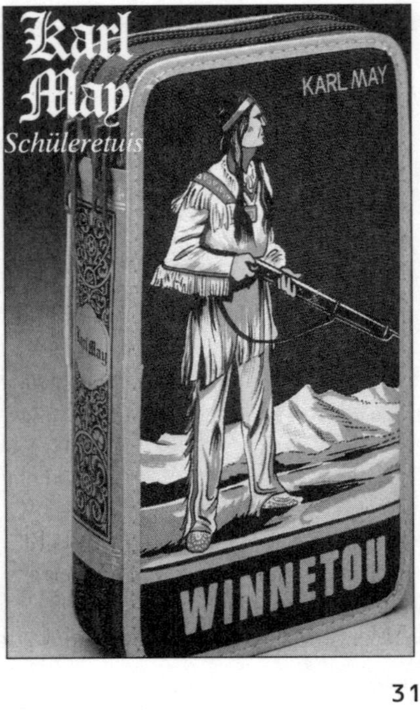

SCHULE I

»Der Unterricht war kalt, streng, hart. Es fehlte ihm jede Spur von Poesie. Anstatt zu beglücken, zu begeistern, stieß er ab... Ich war in Beziehung auf das, was ich geistig besaß, eine Qualle, die weder innerlich noch äußerlich einen halt besaß und darum auch keinen Ort, an dem sie sich daheim zu fühlen vermochte...« (Karl May: *Mein Leben und Streben*, 1910)

SCHULE II

Früher verpönt als Schundliteratur, heute beliebtes Unterrichtsmaterial in der Schule: Karl May findet sich regelmäßig in Lesebüchern. Zum Bei-

Schreibwaren: Schüleretui Winnetou.

spiel in dem Unterrichtswerk *Deutsch in...* 7 (Paderborn: Schöningh 1999). Dumm nur, daß der Reiz des Verbotenen dahin ist. Schlimmer noch: Was in der Schule gelesen wird, hat als Privatlektüre meistens ausgespielt (»Sprecht darüber, wie Winnetou beschrieben wird und wie diese Beschreibung auf euch wirkt. Welche Absicht könnte Karl May gehabt haben, Winnetou in dieser Weise darzustellen?«) Spannung ade. Karl May in der Schule: leider kein Grund zur Freude.

Literatur: Friedrich Munzel: *Karl Mays Erfolgsroman ›Das Waldröschen‹. Eine didaktische Untersuchung als Beitrag zur Trivialliteratur der Wilhelminischen Zeit und der Gegenwart.* Hildesheim/New York 1979. – Ingmar Winter: *Der Indianer in Fiktion und Wirklichkeit. Eine Unterrichtssequenz über Karl May in einer 4. Grundschulklasse.* In: M-KMG 68 (1986).

SCHÜLER, THOMAS

Schauspieler. Winnetou-Darsteller bei den Karl-May-Spielen in → Bad Segeberg von 1976-80. Aufsehenerregend, weil er den Winnetou mit freiem Oberkörper spielte und das bei jedem Wetter durchhielt. Urteilt über die Segeberger Spiele: »Wir haben Ende der 70er Jahre noch Phantasien bedient. Wir hatten wunderbare Szenen. Heute empfinde ich das nicht mehr hier. Es ist mir alles etwas zu nüchtern geworden. Wir hatten damals keinen drehbaren Saloon, keinen Bären, keinen Adler – wir haben den Adler *gesehen*. Wir brauchten das nicht, sondern haben uns anderer Mittel bedient. Man muß auf seine Phantasie vertrauen!«

Karl-May-Aufführungen: *Winnetou I + II* (1976); *Der Schwarze Mustang* (1977); *Durchs wilde Kurdistan* (1978); *Old Firehand* (1979); *Im Tal des Todes* (1980).

SCHUMANN, ERIK

Schauspieler (geb. 15.2.1925 Greschwitz/Grimma). Spielt in → *Old Surehand 1. Teil* (1965) einen Kavallerieoffizier und warnt als Captain Miller → Stewart Granger vor einem Indianerüberfall. Die Narben in seinem Gesicht verdankt er einem Unfall während der Dreharbeiten im Alan-Gebirge. Als ein Scheinwerfer explodierte, warf ihn sein scheuendes Pferd direkt in die Glasscheibe. Der Schauspieler war davon überzeugt, in

Erik Schumann in »Old Surehand 1. Teil« (1965).

Old Surehand 2. Teil wieder dabei zu sein. Nur: Der Film wurde nie gedreht. Der gebürtige Sachse wollte ursprünglich Musiker werden. Bekannt wurde er vor allem durch Rollen in Kriegsfilmen von Frank Wisbar. Im Anschluß an seine Filmkarriere arbeitete Schumann hauptsächlich in Synchronstudios.

Ausgewählte Filme: *Himmel ohne Sterne* (1955); *Studentin Helene Willfüer* (1956); *Vater, Mutter und neun Kinder* (1958); *Der Spion mit den zwei Gesichtern* (1958); *Natürlich die Autofahrer* (1959); *Nacht fiel über Gotenhafen* (1960); *Fabrik der Offiziere* (1960); *Frage Sieben* (1961); *Barbara* (1961); *Durchbruch Lok 234* (1963); *Die Zeit der Schuldlosen* (1964); *Old Surehand 1. Teil* (1965); *In Frankfurt sind die Nächte heiß* (1966); *Das Rasthaus der grausamen Puppen* (1967); *Paradies der flotten Sünder* (1968); *Auf der Reeperbahn nachts um halb eins* (1969).

Link: http://german.imdb.com/Name?Schumann,+Erik

SCHUT

Der Gelbe. Auch: Kara Nirwan. Romanfigur aus dem *Durch die Wüste*-Zyklus. Ist der große Schurke im Hintergrund. Erwähnt in *In den Schluchten des Balkan* und *Durch das Land der Skipetaren*; entlarvt und von Kara Ben Nemsi zur Strecke gebracht in *Der Schut* (stürzt mit seinem Pferd in die Verräterspalte). – Im Film → *Der Schut* (1964) glänzend dargestellt von → Rik Battaglia, in der TV-Serie → *Kara Ben Nemsi Effendi* (1975) eher farblos von dem spanischen Bösewicht-Spezialisten Eduardo Fajardo.

»DER SCHUT« (BUCH)

Reiseerzählung. Erstmals 1888 erschienen in der Wochenzeitschrift → *Deutscher Hausschatz* als Teil der Erzählung *Durch das Land der Skipetaren* (bearb. GWB 6 *Der Schut*). Erste Buchausgabe 1892. → Kara Ben Nemsi und → Hadschi Halef Omar – Das Buch wurde 1964 verfilmt. 1975 fand die Geschichte in dem Fernsehfilm *Kara Ben Nemsi Effendi* Verwendung. Auf der Bühne gingen Motive des Buches 1956 in das Stück *In den Schluchten des Balkan* bei den Karl-May-Spielen → Bad Segeberg ein. Die erste eigenständige Dramatisierung schuf 1980 → Klaus-Hagen Latwesen.

Werke: Karl May: *Der Schut* (= GWB 6).

»DER SCHUT« (FILM)

Kinofilm (D/F/I 1964). Mit Lex Barker (Kara Ben Nemsi), Marie Versini (Tschita), Rik Battaglia (Schut), Ralf Wolter (Hadschi Halef Omar), Dieter Borsche (Sir David Lindsay), Chris Howland (Archie), Annette (Marianne Hold). Produzent: Artur Brauner (CCC). Regie: Robert Siodmak. – *Inhalt:* Der Schut versetzt das Land in Angst und Schrecken. Kara Ben Nemsi und Halef setzen sich auf seine Spur und sorgen für Gerechtigkeit. Doch wenn es das Mädchen Tschita nicht gegeben hätte, wäre die Sache schlecht für Kara ausgegangen... – *Der Karl-May-Fan meint:* Ein Karl-May-Film mit viel Komik und Atmosphäre. Es zahlt sich aus, daß mit → Georg Marischka ein Karl-May-Experte das Drehbuch geschrieben hat.

Video: Polyband.
Link: http://www.movieline.de/c/display.n/DATA0041435

DER SCHWARZE GÉRARD

D.i. Gérard Mason. Figur aus dem Kolportageroman *Das Waldröschen.* Berühmter Westmann, ursprünglich Verbrecher in Paris. Seine Mutter stammt aus Deutschland. Hat im Westen Gold gefunden. Sein Gewehr besitzt einen Schaft aus Gold. Steht in Mexiko auf der Seite von Benito Juarez. Liebt Resedilla Pirnero, die er schließlich heiratet. Bei der Einnahme von Guadeloupe trifft er auf seine einstige Liebe, die schöne Spionin Emilia. Mit Trapper Geierschnabel trägt er ein Ohrfeigenduell aus. Sorgt dafür, daß Henrico Landola und die Cortejo-Familie ihrer Strafe nicht entkommen. – Die Figur erscheint in dem Fernsehfilm → *Präriejäger in Mexiko* (1988, gespielt von Koljo Dontschev). Georg Marischka plante 1965 einen Film *Der Schwarze Gérard* mit → William Rothlein in der Titelrolle. Das Projekt wurde nicht realisiert.

DER SCHWARZE MUSTANG

D. i. Tokvi Kava. Titelgestalt aus *Der Schwarze Mustang.* Komantschenhäuptling und grimmiger Weißenhasser. Plant einen Überfall auf das Eisenbahnerlager Firwood Camp und raubt Winnetou und Old Shatterhand die Gewehre. Old Shatterhand bestraft ihn, indem er ihn kahlscheren läßt und ihm zwei abgeschnittene Chinesenzöpfe anhängt. Am Schluß wird er verprügelt. Karl May in Ehren: Das ist schlimmer als manches Filmdrehbuch.
Werke: Karl May: *Halbblut* (= GWB 36).

SCHWEIZ

Eine kurze Stippvisite in der Schweiz macht Karl May auf dem Weg nach Genua, von wo er seine → Orientreise antreten will. Am 31.3.1899 fährt er am Vierwaldstätter See vorbei nach Lugano. Er schreibt das Gedicht *Am Gotthardt* aus dem Zyklus *Eine Pilgerreise in das Morgenland.* Im September 1901 ist er abermals in der Schweiz. Er verbringt einen Kuraufenthalt auf der Rigi und schreibt den Schluß des Romans *Et in terra pax.* – Karl May ist in der Alpenrepublik seit Erscheinen der → *Freiburger Ausgabe* ein beliebter Autor,

Der Schut: Rik Battaglia im gleichnamigen Film (1964).

hat aber nie die Aufmerksamkeit gefunden wie etwa in → Österreich, der → Tschechoslowakei und in den → Niederlanden. Zwischen 1933 und 1945 stößt er wegen seiner angeblichen Deutschtümelei zunehmend auf Ablehnung. Es gibt nur wenige originär Schweizer Karl-May-Ausgaben. Um 1912 erscheint → *Das Waldröschen* als Raubdruck, dann erst wieder 1946 in Zürich eine überarbeitete *Winnetou*-Ausgabe. Die bedeutendste in der Schweiz angesiedelte May-Edition bringt 1991 der renommierte → Haffmans-Verlag (Zürich) auf den Markt. Er plant eine 99bändige historisch-kritische Gesamtausgabe, die aber wegen mangelnder Nachfrage bald wieder eingestellt wird. Auf ausgesprochen positive Resonanz stoßen dagegen die Karl-May-Filme der 60er Jahre. Nach dem Kinoeinsatz werden sie mehrfach im deutschsprachigen Programm des Schweizer Fernsehens gezeigt. Im Zusammenhang mit den Filmen steht auch das erfolgreichste Karl-May-Buchprojekt, das es jemals in der Schweiz gegeben hat: eine Serie von Sammelalben mit Filmbildern aus dem → Eikon-Verlag (Belp bei Bern). 1980 schließlich wird die Fernsehserie → *Mein Freund Winnetou* von einer Schweizer Filmgesellschaft coproduziert.

Literatur: Nicolas Lindt: *Aus menschlichen Gründen*. Wald (Schweiz) 1985.

SEE GENEZARETH

Besuchte Karl May auf seiner Orientreise im Mai 1900.

SEIFENBLASEN

Karl May regt die Phantasie an – auch die der Filmemacher. Aus einem Bericht über ein Filmvorhaben aus dem Jahr 1998: »*Der Bärenjäger* soll ein spektakulärer Abenteuerwestern echter ›Karl-May-Prägung‹ werden, der in seiner Charakteristik an die Film-Ära der 60er Jahre anschließt. Regie soll Alfred Nienaus führen, der den Film *Seifenblasen* mit Eddie Constantine drehte.«

SELBMANN, KAROLINE WILHELMINE

Geb. May (geb. 9.6.1849 Ernstthal; gest. 1.12.1945 Ernstthal). Schwester Karl Mays. Gehört zu den drei überlebenden Geschwistern Karl Mays. 10 Geschwister starben kurz nach der Geburt.

SELIM AGHA

Figur aus *Durchs wilde Kurdistan*. Türke. Befehlshaber der Arnauten in Amadijah, verantwortlich für das Gefängnis, in dem → Amad el Ghandur gefangengehalten wird. Erscheint im Film → *Durchs wilde Kurdistan* (1965) als Selin Aga, gespielt von dem spanischen Schauspieler José M. Caffarel.

SENDADOR, EL

Romanfigur in *In den Kordilleren*. Berühmter Andenführer, der zusammen mit seinem Sohn zahlreiche Verbrechen begangen hat. Stürzt in eine Felsschlucht und wird von Old Shatterhand geborgen. Sterbend bereut er seine Taten.

SENITZA

D.h. »Augapfel«. Romanfigur in *Durch die Wüste*. Kara Ben Nemsi befreit sie in Ägypten aus dem Harem von Abrahim Mamur und gibt sie ihrem Verlobten Isla Ben Maflei zurück. Die montenegrinische Christin wurde einst von Barud el Amasat entführt und an Abrahim Mamur verkauft. – Erscheint auch in den Filmen → *Durch die Wüste* (1936, dargestellt von Katharina Berger) und → *Die Sklavenkarawane* (1958, dargestellt von Mara Cruz).

SEX

Bei Karl May Fehlanzeige. Seine anonym verfaßten Kolportageromane (→ *Das Waldröschen*) wurden einst als » abgrundtief unsittlich« verurteilt. Das Erregungspotential erreicht jedoch nicht einmal RTL-Niveau (durchsichtige Gewänder! schwellender Busen! Textprobe → *Unsittlichkeiten*). Die Karl-May-Filme der 60er Jahre gingen hin und wieder etwas weiter. In → *Old Shatterhand* (1964, von der FSK »freigegeben ab 12 Jahren«) springt Paloma splitterfasernackt von einem Wasserfall. Wer scharfe Augen hat, erkennt, daß es nicht → Daliah Lavi, sondern ein frierendes Double war. In dem von Karl May inspirierten Buch *Rote Männer auf grünen Matten* von Richard Amory befinden sich die Indianer nicht auf dem Kriegs- sondern dem Friedenspfad. Die Helden des Romans lieben sich wie Winnetou und Old Shatterhand – und noch ein bißchen mehr: »Ein anderer Mann schritt auf die Lichtung zu, blieb eine Armlänge vom ersten entfernt auf der Wolldecke stehen und ließ ebenfalls seinen Lendenschurz fallen.« → Arno Schmidt hätte seine Freude gehabt.

Literatur: Richard Amory: *Rote Männer auf grünen Matten oder Winnetous Erben.* München 1971.

SIEGEL, RALPH

Komponist, Produzent, Musikverleger (geb. 30.9.1945 München). Sohn von Ralph Maria Siegel. Produzierte Stars wie Peter Alexander, Katja Ebstein, Karel Gott und Roberto Blanco. Mit *Ein bißchen Frieden* (Nicole) ganz auf der Linie von Karl May *(Et in terra pax)*. Schrieb 1982 die Musik zu dem »Action- und Musik-Schauspiel« *Winnetou* (unter anderem mit dem Titel *Frieden für dies Land*, gesungen von Claudia Condor). Bereits 1979 landete die von ihm aufgebaute Gruppe → *Dschinghis Khan* mit *Hadschi Halef Omar* einen veritablen Hitparadenerfolg. Hobbies: trinkt gern Pils, fährt Rolls Royce.

Autogrammadresse: Ralph Siegel, c/o Jupiter-Records, Friedastr. 22, D-81479 München.

SILBERBÜCHSE

siehe auch: Bärentöter; Gewehre; Henrystutzen.

Legendäres Gewehr von Winnetou. Der Schaft ist mit silbernen Nägeln beschlagen. Angeblich soll Winnetou mit ihm begraben worden sein. Karl May will es vor Grabräubern in Sicherheit gebracht haben. Die im → Karl-May-Museum gezeigte Büchse hat zwei Läufe, ist 114 Zentimeter lang und 6 Kilo schwer.

Wegen fehlender Zündkanäle ist sie nicht schußfähig. Museumskustos Hans Grunert: »Beim ersten Schuß würde sie explodieren.« 1920 ließ Mays Witwe → Klara die im Lauf der Jahre ramponierte Silberbüchse restaurieren und ein Duplikat anfertigen. Dabei wurden die ursprünglichen Sternnägel des »Originals« durch Stifte mit Silberplättchen ersetzt. – In den Karl-May-Filmen kamen von *Der Schatz im Silbersee* (1962) bis *Winnetou und Shatterhand im Tal der Toten* drei verschiedene Modelle der Silberbüchse zum Einsatz. – Eine Spielzeug-Silberbüchse bietet die Firma *J.G. Schrödel* (Nürnberg) an (im Katalog 1994). Beschreibung: »12 Schuß-Pfeilgewehr, antik, Zink / Kunststoff. Silbernägel im Beutel beigefügt.«

Literatur: Klaus Hoffmann, Jochen Rascher, Peter Richter: *Silberbüchse – Bärentöter – Henrystutzen. Die berühmtesten Gewehre des Wilden Westens*. Radebeul 1990 (Schriftenreihe des Karl-May-Museums).

SILBERSEE

Berühmter Karl-May-Ort in der Reiseerzählung *Der Schatz im Silbersee*. Durch phonetischen Wohlklang besonders geeignet für Film- und Schlagertitel. Die genaue Lage ist unbekannt; als Vorbild hat Karl May vermutlich Teich und Insel von Schloß → Moritzburg (Sachsen) genommen. Einen echten Silbersee gibt es südöstlich von Salt Lake City (Utah) im Wasatchgebirge. Auf der Landkarte zur Buchausgabe des Karl-May-Verlags findet sich das mythenumrankte Gewässer dagegen östlich vom Green River. Noch größere Anziehungskraft als der »echte« Silbersee übt auf Karl-May-Fans der Filmdrehort aus. Touristenführer an den → Plitwitzer Seen (Plitvicka jezera) in Kroatien zeigen den

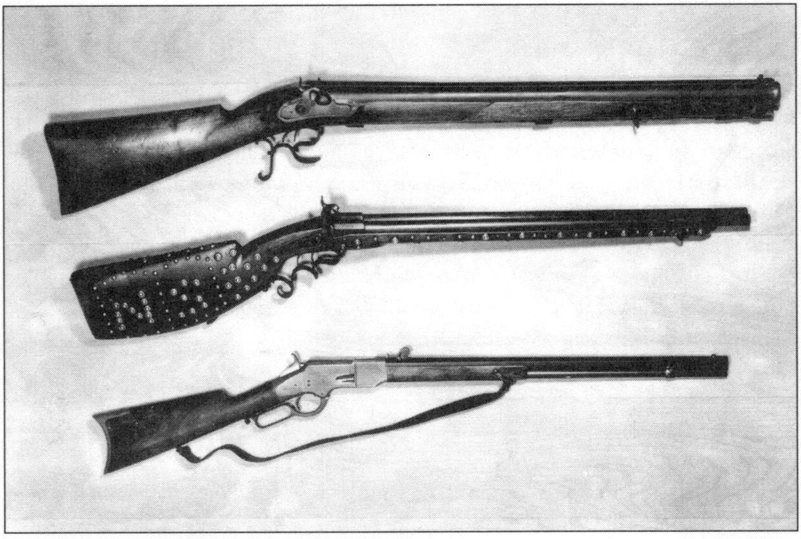

Die drei berühmtesten Gewehre des Wilden Westen: Bärentöter, Silberbüchse, Henrystutzen (von oben).

genauen Ort, wo sich der »Silbersee« aus → *Der Schatz im Silbersee* (1962) befindet. Da den Einheimischen bekannt ist, welch magischen Klang der Name für deutsche Touristen hat, wurde zeitweise auch ein Gewässer auf den Kornati-Inseln zum Silbersee befördert. Daran stimmt allerdings nur, daß sich auch hier ein malerischer Filmdrehort (nicht Karl May!) befand. – Auf den Namen »Silbersee« ist ein Badesee bei Langenhagen (Niedersachsen) getauft. Vermutlich gibt es an anderen Orten noch Doppelgänger.

SIMMEL, JOHANNES MARIO

Schriftsteller (geb. 7.4.1924 Wien). Wie Karl May Bestsellerautor (Gesamtauflage 1999: 73 Mio.). Karl-May-Fan: »Ich bin ein begeisterter Anhänger Karl Mays.« (1973)

Werke: *Gott schützt die Liebenden* (1957); *Es muß nicht immer Kaviar sein* (1960); *Bis zur bitteren Neige* (1962); *Liebe ist nur ein Wort* (1963); *Der Schulfreund* (1964); *Lieb Vaterland, magst ruhig sein* (1965); *Alle Menschen werden Brüder* (1967); *Und Jimmy ging zum Regenbogen* (1970); *Der Stoff, aus dem die Träume sind* (1971); *Die Antwort kennt nur der Wind* (1973).

SIODMAK, ROBERT

Regisseur (geb. 8.8.1900 Dresden; gest. 10.3.1973 Locarno). Inszenierte die Karl-May-Filme → *Der Schut* (1964), → *Der Schatz der Azteken* (1965) und → *Die Pyramide des Sonnengottes* (1965). Regisseur von Weltgeltung. Der Landsmann Karl Mays, sein Leben lang ein Flunkerer, verbreitete gern die Legende, er sei in Memphis, Tennessee, geboren. Seine Eltern sind der Kaufmann Ignatz Siodmak (Sohn eines Rabbiners) und die in Leipzig gebürtige Rosa Philippine Blum. In Dresden besucht der junge Siodmak das Dreikönigsgymnasium. Um 1925 kommt er zum Film und arbeitet als Cutter bei Harry Piel. 1929 dreht er als erstes eigenes Werk den dokumentarischen Spielfilm *Menschen am Sonntag*, der ihm einen Vertrag bei der UFA einbringt. 1933 emigriert er mit seiner Frau Bertha Odenheimer nach Paris (die Ehe bleibt kinderlos). 1939 flüchtet er in die USA, wo er mit Kriminalfilmen der »schwarzen

Auf dem Weg zum Silbersee. Zeichnung von Carl Lindeberg.

Serie« international Karriere macht. Seine bedeutendsten Filme in dieser Zeit sind *Die Wendeltreppe* (1945), *Der schwarze Spiegel* (1946) und *Die Killers* (1946), der ihm eine Oscar-Nominierung einbringt. 1951 kehrt er nach Europa zurück und dreht mit Burt Lancaster den Abenteuerfilm *Der rote Korsar*. In Deutschland entstehen die hochdekorierten Filme *Die Ratten* (1955) und *Nachts, wenn der Teufel kam* (1957). Die Karl-May-Filme, die er für → Artur Brauner inszeniert, werden von Kritikern allgemein als Tiefpunkt seiner Karriere (»naives Bilderkino«) betrachtet. Zu *Der Schut* bemerkt Karl Prümm 1998: »Über weite Strecken ist der Film platt und geheimnislos. Nichts ist durchdrungen, zusammengefügt. Die Komparsen stehen wie bestellte Staffage herum, sind ganz sichtbar teilnahmslos und uninstruiert. Siodmak, der Adaptionskünstler, der Leser und Entdecker, läßt keine Lektürehaltung erkennen, keine Auseinandersetzung mit der Vorlage, ein schrecklich interesseloses ›Werk‹.« Der letzte Film des Regisseurs ist der desaströse *Kampf um Rom* (1968). Siodmak verliert den Anschluß an das Filmgeschäft und lebt, der Vergessenheit anheimgefallen, in Locarno, wo er 1973, wenige Wochen nach dem Tod seiner Frau, in einem Krankenhaus stirbt. Seine Karl-May-Filme (Prümm: »Widerlegung seiner besten Arbeiten«) laufen 1998 im Rahmen einer Werkschau auf der Berlinale.

Ausgewählte Filme: *Menschen am Sonntag* (1930); *The Spiral Staircase* (1945); *The Dark Mirror* (1946); *The Killers* (1946); *The Great Sinner* (1949); *The Crimson Pirate* (1952); *Die Ratten* (1955); *Mein Vater, der Schauspieler* (1956); *Nachts, wenn der Teufel kam* (1957); *Katja, die ungekrönte Kaiserin* (1959); *Mein Schulfreund* (1960); *Der Schut* (1964); *Der Schatz der Azteken* (1965), *Die Pyramide des Sonnengottes* (1965); *Custer of the West* (1967); *Kampf um Rom* (1968). **Film über R. S.:** *Bei sich zu Hause in Ascona: Robert Siodmak.* (Sendereihe: Link). TV: 13.4.1971, SRG (Schweiz). **Literatur:** Robert Siodmak: *Zwischen Berlin und Hollywood. Erinnerungen eines großen Filmregisseurs.* Hrsg. von Hans C. Blumenberg. München 1980. – Wolfgang Jacobsen und Hans Helmut Prinzler (Hrsg.): *Siodmak Bros. Berlin – Paris – London – Hollywood.* Berlin 1998. – Deborah Lazaroff Alpi: *Robert Siodmak. A Biography, with Critical Analysis of His Films Noirs and a Filmography of All His Works.* Jefferson, N.C. 1998.

Link: http://us.imdb.com/Name?Siodmak,+Robert

Robert Siodmak (l.) mit Lex Barker bei den Dreharbeiten zu »Die Pyramide des Sonnengottes« (1965).

SITARA

Imaginärer Stern, der das geistige Abbild der Erde darstellt. Beschrieben im *Märchen von Sitara*, das der Autobiographie → *Mein Leben und Streben* (1910) vorangestellt ist. Es stellt – im Stil einer orientalischen Erzählung – den Grund riß einer mythischen Allegorisierung von Mays Weltsicht und Welterfahrung dar. Sitara besteht aus dem Tiefland → Ardistan und dem Hochland → Dschinnistan. Das Leben des Menschen soll aus dem Aufstieg des Menschen von Ardistan nach Dschinnistan bestehen. Das Erreichen dieses Ziels ist für May gleichbedeutend mit der »Lösung der Menschheitsfrage«.

SKALP

Abgezogene Kopfhaut. Der berühmteste Skalp, der durch indianisches Einwirken verlustig ging, gehört → Sam Hawkens. Der Trapper trägt seit dem Vorfall eine Perücke. – Den Indianern galt die Kopfhaut und das Haar als Sitz der Lebenskraft und der Seele. Skalpe wurden gegerbt, bemalt und – damit sie nicht schrumpften – auf einen runden Rahmen gespannt. Skalphaare schmückten die Nähte der Kleidung.

SKANDINAVIEN

Das Verhältnis zu Karl May ist in den Nordländern eher unterkühlt. Nur → Finnland macht eine Ausnahme, was auf den engagierten Verleger Werner Söderström zurückzuführen ist. In Norwegen sind nur 1938 und 1944 Übersetzungen erschienen. In Schweden läßt sich die erste Übersetzung bereits 1892 nachweisen. Vor allem der Verlag *B. Wahlström* (Stockholm) brachte bereits vor 1945 Karl-May-Ausgaben heraus. Zuletzt erschienen 1964 *Im Todestal* und *Der schwarze Mustang*. Seit den 70er Jahren ist es (abgesehen von zwei Nachauflagen) zu keinen weiteren Publikationen gekommen. – Die Karl-May-Filme liefen in → Dänemark, → Finnland, Schweden und Norwegen.

»DIE SKLAVENKARAWANE« (BUCH)

Erstmals erschienen 1889/90 als Fortsetzungsroman in der Zeitschrift → *Der Gute Kamerad* (Stuttgart). Gehört zu den speziell für die Jugend geschriebenen Erzählungen Karl Mays. Im Mittelpunkt stehen die Abenteuer des deutschen Gelehrten Dr. Emil Schwarz im Sudan, der wegen seiner Brille »Vater der vier Augen« genannt wird. Sein Bruder Joseph fällt bei dem Versuch, die Einwohner des Dorfes Ombula vor einem Überfall zu warnen, in die Hände von Sklavenjägern unter der Führung von → Abu el Mot. Der berüchtigte Menschenräuber zwingt ihn, mit der Sklavengabel um den Hals dem Überfall zuzuschauen. In dem Elendszug der »Sklavenkarawane« wird Joseph in die »Seribah«, das Lager der Banditen, verschleppt. Mit Hilfe des Mudirs von Faschoda gelingt es Emil, seinen Bruder zu befreien und Abu el Mot und seinen Komplizen Abd el Mot gefangenzunehmen. Man übergibt sie den Behörden, während die anderen Sklavenjäger von den befreiten Gefangenen umgebracht werden. – Der Roman wurde 1958 unter dem Titel → *Die Sklavenkarawane* verfilmt. An eine

Bühnenfassung hat sich wegen der dramaturgischen Schwierigkeiten (wo kriegt man all die schwarzen Sklaven her?) kein Theater herangewagt; dagegen wurde der spannende Stoff auch als → Hörspiel bearbeitet.

Literatur: Heinz Stolte: *Ein Literaturpädagoge. Untersuchungen zur didaktischen Struktur in Karl Mays Jugendbuch ›Die Sklavenkarawane‹*. Jb-KMG 1972-76.

Link: http://karlmay.uni-bielefeld.de/kmg/primlit/jugend/sklavenk/index.htm

»DIE SKLAVENKARAWANE« (FILM)

Kinofilm (D/Sp 1958). Mit Viktor Staal (Kara Ben Nemsi), Georg Thomalla (Hadschi Halef Omar), Theo Lingen (Sir David Lindsay), Fernando Sancho (Professor Ignaz Pfotenhauer), Mara Cruz (Senitza), José Guardiola (Abu el Mot), Rafael Luis Calvo (Murad Ibrahim), Julio Nunes (Hamid), Antonio Casa-Arenzana (Mudir von Faschodah). Produzenten: Heinz Neubert (DCF), Jesus Saiz-Fernandez. Regie: Georg Marischka, Ramón Torrado. – *Inhalt:* Kara Ben Nemsi und Hadschi Halef Omar entkommen dem Sklavenjäger Abu el Mot und befreien die schöne Senitza aus den Händen von Ibrahim Mamur. Doch der gerissene Abu el Mot bekommt nicht nur Senitza in seine Hände, sondern sogar Kara. Da schlägt Halefs große Stunde. – *Der Karl-May-Fan meint:* Gar nicht ungeschickte Verbindung der zwei Karl-May-Bücher *Durch die Wüste* und *Die Sklavenkarawane*. Der Film ist etwas angestaubt, und Kara Ben Nemsi schaut genau so aus, wie man sich einen UFA-Helden vorstellt. Trotzdem schon allein wegen Georg Thomalla sehenswert.

Video: EuroVideo.

Link: http://www.movieline.de/c/display.n/DATA0043224

SLOWAKEI

siehe auch: Tschechien.

Gehört wie Tschechien zu den Ländern mit der größten Karl-May-Begeisterung, wenngleich der Umfang speziell slowakischer Aktivitäten geringer ist. Eigene Buchausgaben (mit vergleichsweise geringer Auflage) erschienen in Verlagen in Bratislava. Die Karl-May-Filme, die in der ehemaligen CSSR in synchronisierter Fassung liefen, wurden mit speziellem slowakischen Werbematerial ausgestattet.

SÖDERBAUM, KRISTINA

Schauspielerin (geb. 5.9.1912 Stockholm; gest. o.A.). Spielte in Syberbergs → *Karl May* (1974) mit feuchten Augen Karl Mays erste Frau Emma. Nach Besuch des Lyzeums in Stockholm und von Internaten in Frankreich und in der Schweiz wird sie 1936 von Erich Waschneck für den Film *Onkel Bräsig* entdeckt. Heirat mit dem Regisseur Veit Harlan. Tritt in UFA-Renommierstreifen wie *Das unsterbliche Herz, Immensee, Die goldene Stadt* und *Kolberg* auf. Unter der Regie von Harlan dreht sie 1940 den folgenschweren Film *Jud Süß*. Da sie in vielen Filmen mit schöner Regelmäßigkeir durch Selbstmord im Wasser zu enden pflegte, erhielt sie im Volksmund den Beinamen *Reichswasserleiche*. Seit

1966 arbeitete sie als Fotoreporterin. In *Karl May* trat sie an der Seite von zahlreichen ehemaligen UFA-Kollegen auf. Besonders erwähnenswert war der Film für sie anscheinend nicht: in ihrer Autobiographie wird er nur beiläufig mit einem Satz erwähnt.

Filme: *Onkel Bräsig* (1936); *Das unsterbliche Herz* (1939); *Die Reise nach Tilsit* (1939); *Jud Süß* (1940); *Der große König* (1942); *Die goldene Stadt* (1942); *Immensee* (1943); *Opfergang* (1944); *Kolberg* (1945); *Unsterbliche Geliebte* (1950); *Hanna Amon* (1951); *Die Gefangene des Maharadscha* (1954); *Karl May* (1974); *Night Train to Venice* (1992).

Literatur: Kristina Söderbaum: *Nichts bleibt immer so. Erinnerungen*. München 1992.

Link: http://us.imdb.com/Name?S%F6derbaum,+Kristina

SODANN, PETER

Schauspieler. Spielte Karl May in dem Filmessay von → Erich Loest *Karl May reist zu den lieben Haddedihn* (1998 ZDF). Bekannt geworden vor allem als *Tatort*-Kommissar Ehrlicher. In dieser Funktion hatte er in der → *Tatort*-Folge *Auf dem Kriegspfad* (1.8.1999 MDR) mit Karl-May-Museum Radebeul und Karl-May-Spielen Rathen zu tun. Hauptamtlich ist er als Intendant des *Neuen Theaters* in Halle/S. tätig. Sodann über Karl May: »Er war ein großartiger Phantast, der wunderbare Figuren gezimmert hat.«

Autogrammadresse: Peter Sodann, c/o Neues Theater, Große Ulrichstr. 51, D-06108 Halle/S.. **Link:** http://german.imdb.com/Name?Sodann,+Peter

»DER SOHN DES BÄRENJÄGERS« (BUCH)

Erstmals erschienen 1887 als Fortsetzungsroman in der Zeitschrift → *Der Gute Kamerad* (Stuttgart). Erste der speziell für die Jugend geschriebenen Erzählungen Karl Mays. Spielt vor dem Hintergrund des Yellowstone-Parks. Martin Baumann, der Sohn des Bärenjägers, erhält von dem Indianer Wokadeh die Nachricht, daß sein Vater von den Sioux zu Tode gemartert werden soll. Gemeinsam mit einer Gruppe von Freunden, zu denen sich Old Shatterhand und Winnetou gesellen, kämpft man gegen Schoschonen- und Upsaroka-Indianern, bis es im Finale gelingt, Baumann zu befreien und die Sioux unter Ausnutzung vulkanischer Gewalten zu besiegen. – Frei verfilmt 1964 unter dem Titel → *Unter Geiern*.

Peter Sodann als Karl May (1998).

Werke: Karl May: *Unter Geiern* (= GWB 35).

SOMMER, ELKE

D. i. Elke Schletz. Schauspielerin (geb. 5.11.1940 Berlin). Beweist, daß Karl May einen immer wieder einholt. Spielte 1964 in → *Unter Geiern* als jugendlich frische Annie die weibliche Hauptrolle. 35 Jahre später trat sie bei den Karl-May-Spielen → Bad Segeberg als Big Mama im Stück *Halbblut* auf. Galt in den 60er Jahren als hervorragendes Beispiel für das deutsche Fräuleinwunder. Karriere in den USA als »Sauerkraut-Bardot« (The New York Times: »a most inflammable-looking girl«). Die Pfarrerstochter wuchs in Erlangen auf, nachdem die Familie 1942 aus Berlin evakuiert worden war. Arbeitete nach Schulabschluß in London als Au-pair. Beabsichtigte, Sprachen zu studieren und Dolmetscherin zu werden. Während eines Urlaubsaufenthalts zusammen mit der Mutter in Italien wurde sie mit 18 Jahren zur »Miss Viareggio« gewählt. Regisseur Vittorio de Sica vermittelt ihr daraufhin eine erste Filmrolle. Nach ihrem ersten deutschen Film *Das Totenschiff* 1959) erhält sie von Produzent → Artur Brauner, der ganz in der Nähe ihres Geburtsortes in Berlin-Spandau seine Filmateliers betreibt, einen Dreijahresvertrag für sechs Kinofilme. Der Film *Das Mädchen und der Staatsanwalt* bedeutet für sie den Einstieg ins amerikanische Filmgeschäft. Sie spielt das, was man eine »Sexbombe« nennt, obwohl sie im Privatleben alles andere ist; ihre Freunde schätzen sie als Kumpel, mit dem man eine zünftige Runde Skat spielen kann. In ihren Rollen zeigt sie »einen Hang zur komischen Übertreibung, zur aufgedreht-naiven Ulkigkeit« (Cinegraph). Wichtigster Film dieser Zeit ist *Ein Schuß im Dunkeln* mit Peter Sellers als Inspector Clouseau unter der Regie von Blake Edwards. Ab MItte der siebziger Jahre tritt sie häufig in US-Fernsehproduktionen auf, spielt die Titelrolle in dem Musical *Irma la Douce* und gastiert in zahlreichen Theaterproduktionen in den USA und in Deutschland. Eine zweite Karriere macht sie als Malerin, sie verfaßt ein Kochbuch und veröffentlicht 1989 ihre Autobiographie. 1964 heiratet Elke Sommer den amerikanischen Journalisten Joe Hyams. Seit 1980 lebt sie mit dem Psychologen Tom Bohla zusammen. Auszeichnungen: 1963 *Motion Picture Award* (Beste ausländische Schauspielerin in *The Price*). 1967 und 1968 *Goldener*

Elke Sommer in »Unter Geiern« (1964).

Bambi. An die Dreharbeiten zu *Unter Geiern* erinnert sie sich: »Eines Tages während der Dreharbeiten bei Split in Jugoslawien fliegt mein Wohnwagen einfach davon. Schuld war einer der gefürchteten Bora-Stürme. Alles war kaputt – nur meine Thermoskanne konnte ich unversehrt retten. Pierre Brice fragte: Elke, wo bleibt dein Nervenschock? Aber für so was hatte ich keine Zeit.«
Wichtige Filme: *Das Totenschiff* (1959); *Am Tag als der Regen kam* (1959); *Himmel, Amor, Zwirn* (1960); *...Und sowas nennt sich Leben* (1961); *Auf Wiedersehen* (1961); *Cafe Oriental* (1962); *Das Mädchen und der Staatsanwalt* (1962); *Nachts ging das Telefon* (1962); *Verführung am Meer* (1963); *Die Sieger* (1963); *Der Preis* (1963); *Unter Geiern* (1964); *Ein Schuß im Dunkeln* (1964); *Die Puppen* (1965); *Goldfalle* (1965); *Völlig falsch verbunden* (1965); *Die Hölle von Macao* (1967); *An einem Freitag in Las Vegas* (1968); *Die Reise nach Wien* (1973); *Einer von uns beiden* (1973); *Per Saldo Mord* (1975); *Das Netz* (1976); *Sieben Stuntmen räumen auf* (1979, TV); *Der Mann im Pyjama* (1981); *Der Stein des Todes* (1986); *Anastasia* (1986, TV); *The Thing – Gene außer Kontrolle* (1992). **Literatur:** Elke Sommer: *»Unter uns Pfarrerstöchtern« – Oder? Eine autobiographische Zwischenbilanz.* Wien 1989.
Autogrammadresse: Elke Sommer, Atzelsberger Str. 46, D-91080 Marloffstein.
Link: http://german.imdb.com/Name?Sommer,+Elke

SOMMERLATTE, ULRICH

Komponist und Dirigent (geb. 21.10.1914 Berlin). Schuf atmosphärisch dichte Filmmusiken zu den Orientabenteuern → *Die Sklavenkarawane* (1958) und → *Der Löwe von Babylon* (1959). Verfaßte zahlreiche Orchesterwerke (für Rundfunkanstalten), z.T. mit Anklängen an Karl May (*Fiesta mexicana*, *Westernsuite*, *Die Rose von Shiraz*, *Böhmische Hochzeit*). Daneben Arrangeur für zahlreiche bekannte Filmkomponisten. Der Künstler lebt am Tegernsee. Die Karl-May-Soundtracks sind bis auf die Titelmusik zu *Die Sklavenkarawane* nicht veröffentlicht.
Alle Filme: *Schule für Eheglück* (1954); *Vater, unser bestes Stück* (1957); *Rübezahl, der Herr der Berge* (1957); *Rot ist die Liebe* (1957); *Die Sklavenkarawane* (1958); *Laß mich am Sonntag nicht allein* (1959); *Der Löwe von Babylon* (1959).
Link: http://german.imdb.com/Name?Sommerlatte,+Ulrich

SOPHIENSAAL

siehe auch: Berta von Suttner; Edelmensch; »Et in terra pax«; Hitler, Adolf; Wien.

Veranstaltungslokalität in → Wien. Ort des letzten öffentlichen Auftritts von Karl May am 22.3.1912, acht Tage vor seinem Tod. Auf Vermittlung der Friedensnobelpreisträgerin → Bertha von Suttner hält der Dichter einen Vortrag unter dem Titel *Empor ins Reich der Edelmenschen*, in dem er sich die gegen ihn gerichteten Vorwürfe verteidigt und seine Friedensgedanken propagiert. 2000 Zuhörer, unter ihnen angeblich (in geliehenen Stiefeln) → Adolf Hitler, bringen dem Autor Ovationen dar. Heute ist der Sophiensaal ein Veranstaltungszentrum für Jugendliche.

Literatur: Ekkehard Bartsch: *Karl Mays Wiener Rede. Eine Dokumentation.* In: Jb-KMG 1970.

SOWA, MICHAEL

Maler (geb. 1945 Berlin). Schuf die Titelbilder zur historisch-kritischen Karl-May-Ausgabe des → Haffmans Verlags (→ Züricher Ausgabe). Bekannt geworden mit der Darstellung galoppierender Schweinchen. Bereicherte die Palette der Karl-May-Illustrationen um eine amüsante, allerdings recht unheldische Variante: Die Titelbildgestalten gucken meist recht dumm aus der Wäsche.

SPANDAU

Berliner Bezirk. Einst nicht nur Ort des alliierten Kriegsverbrechergefängnisses (Rudolf Heß, Albert Speer), sondern – in den 50er Jahren – auch Zentrum der deutschen Filmproduktion (→ Artur Brauner). In den Ateliers der → CCC-Film, in einem der entlegensten Winkel des Bezirks (die *Verlängerte Daumstraße* sucht man auf Stadtplänen oft vergebens), entstanden die Innenaufnahmen zu fast allen Karl-May-Filmen der 60er Jahre. Die Umgebung sah so herrlich düster und verfallen aus, daß auch etliche Aufnahmen zu den Edgar-Wallace-Filmen hier gedreht wurden. Durch die Baumaßnahmen zur Spandauer Wasserstadt hat sich die Umgebung des Filmstudios inzwischen einschneidend verändert.

SPANIEN

Eines der ersten exotischen Karl-May-Abenteuer spielt auf der iberischen Halbinsel (*Der Gitano*, erschienen 1875, bearb.: GWB 38 *Halbblut*). Bereits als junger Knabe sah May in Spanien ein Land der Verheißung (dort waren die Helden aus den Romanen der Leihbücherei beheimatet; um die Not der Eltern zu lindern, wollte er Rinaldo Rinaldini und Himlo Himlini zu Hilfe holen). Eine bedeutende Rolle spielt das Land auch als Heimat der Adelsfamilie → de Rodriganda y Sevilla mit Schloß in Olsunna in dem Kolportageroman → *Das Waldröschen*. – Als erste Übersetzung ins Spanische erschien 1915 im Verlag Gustavo Gili

Michael Sowa:
Karl-May-Titelbild für den Haffmans Verlag.

(Barcelona) der sechsbändige *Orient*-Zyklus. In den 40er Jahren brachten die Verlage Molino (Barcelona) und Horizontes (Valencia) ganze Karl-May-Reihen heraus. Nach 1945 erschienen Ausgaben bei Bruguera, Favenzia und Dalmau Socias. In den 60er und 70er Jahren war Karl May in allen Buchhandlungen erhältlich, was auf die auch in Spanien erfolgreichen Karl-May-Filme zurückging. Fast alle Filme liefen in den Kinos des Landes in synchronisierter Fassung. – Wegen seiner Landschaftsmotive und seines Klimas ist Spanien ein beliebter Filmdrehort. 1958/59 wurden hier die ersten beiden Farbfilme nach Karl-May-Romanen gedreht: → *Die Sklavenkarawane* und → *Der Löwe von Babylon* (in und um Madrid). In der Filmlandschaft bei Almeria (Andalusien) entstand 1965 die Doppelproduktion → *Durchs wilde Kurdistan* und → *Im Reiche des silbernen Löwen*. Alle diese Filme wurden mit spanischen Coproduzenten hergestellt.

SPÄTWERK

siehe: Alterswerk.

SPEISEN

siehe: Leibgericht.

SPEMANN, WILHELM

Verleger (geb. 24.12.1844 Unna; gest. 29.6.1910 Stuttgart). Leiter des *Verlags W. Spemann* in Stuttgart. In der von ihm herausgegebenen Zeitschrift → *Deutscher Hausschatz* erscheinen ab 1879 zahlreiche Arbeiten Karl Mays, darunter seine beliebtesten Jugenderzählungen. Der Verlag wurde am 1.1.1873 gegründet und geht am 1.1.1890 in der → *Union Deutsche Verlagsgesellschaft* auf.

Literatur: Adolf Spemann: *Wilhelm Spemann: Ein Baumeister unter den Verlegern*. Stuttgart 1943.

SPIELWAREN

siehe: Computerspiele; Figuren; Kartenspiele; Unterhaltungsspiele.

DER SPIEGEL (I)

Anscheinend gab's gerade nichts Wichtigeres in der Welt: Gleich zweimal in seiner Geschichte widmete *DER SPIEGEL*, Deutschlands Nach-

Spanisches Filmplakat zu »Der Schut«.

richtenmagazin Nr. 1, Karl May die Titelstory (Nr. 37/1962 »Karl der Deutsche« und Nr. 18/1995: »Karl May und die Deutschen – Weiter Weg zu Winnetou«). 1962 stand May vor dem Gipfelpunkt seines posthumen Ruhms, wenige Wochen später begann die Karl-May-Welle im deutschen Kino. Die 1995er Titelgeschichte, ohne erkennbaren Anlaß entstanden, verfaßte *SPIEGEL*-Herausgeber und Karl-May-Fan Rudolf Augstein persönlich.

DER SPIEGEL (II)

Auch der *SPIEGEL* ändert seine Meinung. 1963 über *Winnetou 1. Teil*: »Regisseur Harald Reinl hat den besten Einfall (Lokomotive walzt banditenbesetzten Saloon nieder) durch allzu nervöses Arrangement verspielt. Die parallel laufenden Liebesgeschichten Shatterhand/Winnetou und Shatterhand/Nscho tschi (Marie Versini) bekräftigt die Theorie des May-Deuters Arno Schmidt, Mays Werke seien der Ausfluß seiner verdrängten homoerotischen Komplexe.« – 1999 sieht man alles nicht mehr so verbissen. Über *Winnetou 2. Teil*: »Die Verfilmung des Karl-May-Stoffes (1964) von Harald Reinl ist nicht mehr die jüngste, aber grundsolide. Lex Barker als Old Shatterhand, Pierre Brice, der unverwüstliche Winnetou, und Karin Dor als Apachenhirne verwirrende Schönheit verderben den Spaß nicht. Howgh – der *SPIEGEL* hat gesprochen.« Es weht der Mantel der (Film-)Geschichte.

DER SPIEGEL: Zweimal war Karl May auf dem Titel.

SPIRITISMUS

Kontaktaufnahme mit den Geistern verstorbener Menschen. War Karl May nicht fremd. Séancen fanden ab 1889 im Haus des befreundeten Ehepaars → Plöhn, aber auch in Mays Haus in → Kötzschenbroda statt. May hat daran teilgenommen, war aber anscheinend nicht so fasziniert wie seine Frau Emma und Klara Plöhn, die seine zweite Frau werden wird. Die Sitzungen finden zeitweise zweimal in der Woche statt. Für Emma May hat ihre Spiritismusgläubigkeit fatale Folgen. Klara übermittelt der Freundin 1902 einen »Geisterbrief«. Daraufhin unterschreibt Emma eine Einwilligung in die Scheidung.

Literatur: Axel Mittelstaedt: *Karl May und der Spiritismus.* In: KMJb 1978.

SPOERL, HEINRICH

Schriftsteller (geb. 8.2.1887 Düsseldorf; gest. 25.8.1955 Rottach-Egern). Der Verfasser humorvoller Unterhaltungsromane und heiterer Erzählungen teilt mit Karl May eine Gemeinsamkeit: Sein berühmtestes Buch *Die Feuerzangenbowle* (1933) lebt davon, daß die Hauptfigur in eine andere Rolle schlüpft. Beide Autoren schreiben »Lügen-Geschichten«. Über Karl May: »Ist Karl May Kitsch? Die hohe Auflage spricht dafür, die Dauer des Erfolges dagegen. Was ist an ihm auszusetzen? Daß er lügt, ist das Beste an ihm. Damit rückt er in die Reihe der Märchenerzähler.« (1937)

Werke: *Die Feuerzangenbowle* (1933); *Wenn wir alle Engel wären* (1936); *Der Maulkorb* (1936); *Man kann ruhig darüber sprechen* (1937); *Der Gasmann* (1940); *Die Hochzeitsreise* (1946); *Der eiserne Besen* (1949); *Ich vergaß zu sagen* (1956).

SPRACHEN (I)

»Ich spreche und schreibe: Französisch, Englisch, Italienisch, Spanisch, Griechisch, Lateinisch, Hebräisch, Rumänisch, Arabisch sechs Dialekte, Persisch, Kurdisch zwei Dialekte, Chinesisch zwei Dialekte, Malayisch, Namaqua, einige Sunda-Idiome, Suaheli, Hindustanisch, Türkisch und die Indianersprachen der Sioux, Apachen, Komantschen, Snakes, Uthas, Kiowas, nebst dem Ketschumany drei südamerikanische Dialekte. Lappländisch will ich nicht mitzählen.« (Karl May 1894 an Carl Jung) – Kann man im Ernst so übertreiben? Eher wird ihn doch wohl der Schalk geritten haben...

SPRACHEN (II)

Der Altertumsforscher Karl Kerényi (1897-1973) erzählt, er habe als Junge ein Verzeichnis sämtlicher bei Karl May vorkommenden arabischen, türkischen und anderen fremdsprachigen Wörter angelegt (*Tage- und Wanderbücher*, 1968). Für echte Karl-May-Fans ist das nichts Neues. Nie berichtet wird allerdings, daß jemand seine bei Karl May erworbenen Sprachkenntnisse erfolgreich angewendet hat.

SPRACHEN III

Mays Kenntnisse der Indianersprachen gründen sich auf das Werk *Zwölf Sprachen aus dem Südwesten Nordamerikas* von Albert S. Gatschet, erschienen 1876.

»DIE SPUR FÜHRT ZUM SILBERSEE«

Puppentrickfilm (DDR 1990). Mit den Stimmen von Gerd Grasse (Old Shatterhand), → Henry Hübchen (Winnetou), Dieter Wien (Cornel Brinkley), Viktor Deiß (Hobble-Frank), Hans Jürgen Hanisch (Tante Droll), Klaus Mannchen (Großer Bär), Reinhard Michalke (Sheriff). Produktion: Thomas Wedegärtner (DEFA). Regie: Günter Rätz. – *Inhalt:* 1.000 Dollar Belohnung sind auf den rothaarigen Cornel Brinkley ausgesetzt. Aber der gerissene Bursche stülpt sich eine schwarze Wuschelperücke über und besteigt unerkannt den Dampfer, auf dem sich auch seine Verfolger befinden... – *Der Karl-May-Fan meint:* Drolliges Puppen-Abenteuer, mit Liebe ins Bild gesetzt. Daran freuen sich Kinder und Erwachsene. Jugendliche aber, für die Karl May seinen *Schatz im Silbersee* ausdrücklich geschrieben hat, können damit wenig anfangen.

STAAL, VIKTOR

Schauspieler (geb. 15.2.1909 Frankstadt/Mähren; gest. 1982). Trat in → *Die Sklavenkarawane* (1958) als dritter → Kara-Ben-Nemsi-Darsteller der Filmgeschichte auf. Nach Besuch der Schauspielschule in Wien Engagements an verschiedenen Bühnen. Von 1935 bis 1945 Filmvertrag bei der UFA in Berlin, wo er vor allem als Liebhaber zu sehen war. 1946-47 Schauspieler am Theater am Schiffbauerdamm in Berlin. In den fünfziger Jahren zahlreiche Filmrollen in mittelmäßigen Unterhaltungsfilmen. 1958 drehte er in Spanien unter der Regie von Georg Marischka das Afrika-Abenteuer *Die Sklavenkarawane*, konnte jedoch als Kara Ben Nemsi nicht überzeugen und stand im Schatten von → Georg Thomalla als → Hadschi Halef Omar. Nachdem er sich mit den Produzenten überworfen hatte, wurde im Folgefilm → *Der Löwe von Babylon* seine Rolle von → Helmuth Schneider übernommen. Staal war verheiratet mit der Schauspielerin Hansi Knoteck und lebte bis zu seinem Tod in Oberbayern.

Ausgewählte Filme: *Ein Mädel vom Ballett* (1936); *Ritt in die Freiheit* (1936); *Frauen für Golden Hill* (1938); *Umwege zum Glück* (1939); *Liebesschule* (1940); *Wetterleuchten um Barbara* (1941); *Hab' mich lieb* (1942); *Du gehörst zu mir* (1943); *Nora* (1944); *Via Mala* (1945); *Zwischen gestern und morgen* (1947); *Einmaleins der Ehe* (1949); *Veronika, die Magd* (1951); *Wenn abends die Heide träumt* (1952); *Tante Jutta aus Kalkutta* (1953); *Der dunkle Stern* (1955); *Das Leben geht weiter* (1956); *Spion für Deutschland* (1956); *Wetterleuchten um Maria* (1957); *Blaue Jungs* (1957); *Taiga* (1958); *Die Sklavenkarawane* (1958); *Hubertusjagd* (1959); *Wilde Wasser* (1962); *Der Pastor mit der Jazztrompete* (1962); *Der Jäger von Fall* (1974); *Die Standarte* (1977).

Link: http://us.imdb.com/Name?Staal,+Viktor

Viktor Staal in »Die Sklavenkarawane« (1958).

STAATZ

Gemeinde in Niederösterreich, 50 km nördlich von Wien (im Bezirk Laa an der Thaya). Auf der Freilichtbühne zwischen 1987 und 1999 Karl-May-Spiele. Erstes Freilichttheater, in dem in Österreich Karl-May-Aufführungen stattfanden. Gegründet von Paul Roberts als »Jugendfestspiele«. In der ersten Saison 10.000 Besucher. 1996 und 1997 wurden unter dem neuen Leiter Oliver Ciontea anstelle von Karl-May-Stücken *Buffalo Bill's Wild West Stories* aufgeführt. 1998 und 1999 führte man die Karl-May-Serie fort, während man im Jahr 2000 wiederum auf ihn verzichtete. *Der Karl-May-Fan meint:* »Positiv fiel uns in Staatz die Freundlichkeit und Hilfsbereitschaft sämtlicher Akteure auf; so kam uns etwa der Old-Shatterhand-Mime nachgelaufen, weil wir doch eigentlich Fotos von ihm machen wollten.« (Torsten Greis 1993)

Karl-May-Aufführungen in Staatz: *Winnetou* (1987); *Winnetou II* (1988); *Winnetous Tod* (1989); *Unter Geiern* (1990); *Halbblut* (1991); *Der Ölprinz* (1992); *Der Schatz im Silbersee* (1993); *Old Surehand* (1994); *Winnetou im Tal des Todes* (1995); *Winnetou kehrt zurück* (1998); *Winnetou I* (1999).

Link: http://msc.nanet.at/festspiele_staatz

STARSCHNITT

Wenn es einen Pulitzer-Preis für Teenager-Postillen gäbe – für diese Idee hätte ihn → *BRAVO* verdient. Von Woche zu Woche durfte ein neuer Körperteil des Lieblingsstars ausgeschnitten werden. Es begann mit Zehenspitzen und Wade und endete mit dem Scheitel. Handelte es sich um einen besonders populären Schauspieler oder Sänger, mußte man sich in Geduld üben, weil es dann besonders viele Teile gab. Eines Tages hing die ganze Karl-May-Familie lebensgroß an der Wand, und wenn man die Figuren Jahre später wieder abnahm, war die Tapete ausgebleicht. Winnetou war so beliebt, daß es ihn gleich dreimal gab; einmal davon zusammen mit seiner Schwester Nscho-tschi. Erfunden wurde der Starschnitt von *BRAVO*-Chefredakteurin Lieselotte Krakauer. Den Beginn machte 1959 Brigitte Bardot.

Für Sammler: Als Karl-May-Starschnitt erschienen in der Bravo: *Pierre Brice, Lex Barker, Marie Versini, Pierre Brice, Pierre Brice und Marie Versini gemeinsam.*

STEEGER, INGRID

Schauspielerin. Spielte 1995 bei den Karl-May-Spielen → Bad Segeberg. War Anfang der 70er Jahre vielbeschäftigte Darstellerin in Sex-Filmklamotten. Profilierte sich als Ulknudel mit Marilyn-Monroe-Ambitionen in den TV-Serien *Klimbim* und *Zwei himmlische Töchter* (mit Iris Berben).

Filme: *Der Gorilla von Soho* (1968); *Oswalt Kolle: Dein Mann, das unbekannte Wesen* (1969); *Blutjunge Verführerinnen* (1971); *Die Tote aus der Themse* (1971); *Liebe in drei Dimensionen* (1973); *Klimbim* (1973, TV); *Drei Männer im Schnee* (1974); *Zwei himmlische Töchter* (1978, TV); *Der große Bellheim* (1992, TV); *Die blaue Kanone* (199, TV).

Link: http://german.imdb.com/Name?Steeger,+Ingrid

STEEL, ANTHONY

D.i. Anthony Maitland-Steel. Britischer Schauspieler (geb. 21.5.1919 Chelsea, London, England). Spielt den Bösewicht *Forrester* in dem Karl-May-Film → *Winnetou 2. Teil* (1964). Bekannt machte ihn vor allem der Umstand, daß er zwischen 1956 und 1959 mit der schwedischen Sexbombe Anita Ekberg verheiratet war. Als Schauspieler errang er Popularität durch seine Rolle als Wildhüter Bob Payton in den Afrika-Epen *Schwarzes Elfenbein* (1951) und *Westlich Sansibar* (1954). Die Filme, die mit Erfolg auch in Deutschland gezeigt wurden, sind der Grund, warum der Schauspieler 1964 von Produzent → Horst Wendlandt für die Karl-May-Serie verpflichtet wird. Als Oberschurke in *Winnetou 2. Teil* erweckt er aber eher Mitleid und steht im Schatten seines Partners → Klaus Kinski, der ihn in der Intensität der Darstellung weit übertrifft. Während der Dreharbeiten in Jugoslawien sticht ihm seine damalige Frau, die österreichische Schönheitskönigin Hanni Melcherl, bei einem Streit eine Schere in die Achselhöhle. 1975 tritt er in dem Soft-Sexfilm *Die Geschichte der* O. auf. In den 90er Jahren lebt der Schauspieler in London und ist auf staatliche Fürsorge angewiesen. Er lehnt es ab, über seine Filmvergangenheit zu sprechen.

Filme: *Schwarzes Elfenbein* (1951); *Wer zuletzt lacht* (1951); *Der Freibeuter* (1953); *Westlich Sansibar* (1954); *Ferien in der Silberbay* (1961); *Winnetou 2. Teil* (1964); *Die Goldsucher von Arkansas* (1964); *Zwei Girls vom roten Stern* (1966); *Ich spreng' Euch alle in die Luft* (1968); *Schlacht um Anzio* (1968); *Die Geschichte der* O. (1975); *Monster Club* (1980); *Mord im Spiegel* (1981).

Link: http://german.imdb.com/Name?Steel,+Anthony

STEIN, JOSEF

Regisseur der Karl-May-Stummfilme *Auf den Trümmern des Paradieses* (1920) und *Die Todeskarawane* (1920). Hat während der Ära des Stummfilms mehrere Filme gedreht. Beim Tonfilm lassen sich keine Produktionen mehr nachweisen.

Ausgewählte Filme: *Das Spitzentuch der Fürstin Wolkowska* (1917); *Die Geächteten* (1917); *Auf den Trümmern des Paradieses* (1920), *Die Todeskarawane* (1920).

Link: http://german.imdb.com/Name?Stein,+Josef

STEMMLE, ROBERT A.

D.i. Robert Adolf Stemmle. Nennung meist nur als: R.A. Stemmle. Regisseur, Produzent, Drehbuchautor (geb. 10.6.1903 Magdeburg; gest. 24.2.1974 Baden-Baden). War als Autor beteiligt an den Drehbüchern zu → *Old Shatterhand* (1964, zusammen mit Ladislas Fodor und → Hugo Fregonese) sowie → *Der Schatz der Azteken* (1965) und → *Die Pyramide des Sonnengottes* (1965, jeweils zusammen mit Ladislas Fodor und → Robert Siodmak). Der Lehrersohn wird zunächst ebenfalls Lehrer, bevor er 1927 in Berlin ein Studium der Literatur und Theatergeschichte aufnimmt. Später ist er als Puppenspieler tätig, schreibt Romane und gehört zu den Gründern des Berliner Kabaretts *Katakombe*. 1936-1942 Chefdramaturg der Tobis-Film in Berlin, für die er zahlreiche Drehbücher verfaßt. Durch seine Filmtätigkeit kommt es zum ersten professionellen Kontakt mit Karl May: Mit dem → Karl-May-Verlag führt er Verhandlungen über eine Verfilmung von → *Der blaurote Methusalem*, die allerdings aufgrund des Krieges nicht zustande kommt. Bereits vor Kriegsende ist Stemmle auch als Filmregisseur tätig, außerdem schreibt und inszeniert er Theaterstücke. In den 60er Jahren arbeitet er kontinuierlich für den Berliner Filmproduzenten → Artur Brauner. Sein Interesse gilt aufsehenerregenden Justizfällen. Er gibt einen *Neuen Pitaval* heraus und ist in seinen letzten Lebensjahren ständiger Autor der Fernsehserie *Unter Ausschluß der Öffentlichkeit*. Stemmle war in erster Ehe mit der Schauspielerin Gerda Maurus verheiratet, ab 1968 mit Anneliese Lippert. Der Kritiker Friedrich Luft urteilt: »Er war ein solider und kenntnisreicher Mann in einem Medium, in dem sich sonst so gern und meistens unertappt die Scharlatane tummeln. Er war immens fleißig.«

Drehbücher (wenn nicht anders angegeben): *Der Rebell* (1932); *Reifende Jugend* (1933); *Krach um Jolanthe* (1934); *Ich war Jack Mortimer* (1935, Buch mit Thea von Harbou); *Traumulus* (1935); Der *Raub der Sabinerinnen* (1936, auch Regie); *Donauschiffer* (1940, auch Regie); *Quax, der Bruchpilot* (1941); *Affaire Blum* (1948); *Berliner Ballade* (1948, Regie); *Der Biberpelz* (1949); *Epilog* (1950); *Sündige Grenze* (1951); *Toxi* (1952, auch Regie); *Emil und die Detektive* (1954, auch Regie); *...und abends in die Scala* (1958); *Gestehen Sie, Dr. Corda!* (1958); *Mein Schulfreund* (1960); *Die seltsame Gräfin* (1961); *Jeder stirbt für sich allein* (1962, TV); *Das Testament des Dr. Mabuse* (1962); *Der Henker von London* (1963); *Old Shatterhand* (1964); *Die Gruft mit dem Rätselschloß* (1964); *Das Ungeheuer von London-City* (1964); *Der Schatz der Azteken* (1965); *Die Pyramide des Sonnengottes* (1965); *Der Fall Kaspar Hauser* (1966, TV); *Rasputin* (1966, TV); *Anastasia* (1967, TV). **Literatur:** *»Denn er war wer, und er konnte was!« Ein Magdeburger erobert die Filmwelt. Robert Adolf Stemmle 1903 – 1974.* [Festschrift R.A. Stemmle-Kuratorium] Magdeburg o.J.

Link: http://us.imdb.com/Name?Stemmle,+Robert+A.

STERNAU, KARL

Genannt: Matava-se, d.i. »Herr des Felsens«. Romanfigur aus → *Das Waldröschen* (bearb.: *Schloß Rodriganda, Die Pyramide des Sonnengottes*). Deutscher Arzt und Westmann. Verfolgt durch fünf dicke Bücher die verbrecherische → Cortejo-Sippe (Gasparino, Alfonzo, Pablo, Josefa) und ihre Helfershelfer (darunter Henrico Landola und → Verdoja). Alfonzo hat sich in die adlige Familie der → Rodrigandas als falscher Graf eingeschlichen. Er soll einmal die Herrschaft übernehmen. Um seine verbrecherische Karriere zu fördern, ist jedes Mittel recht – von Kindsvertauschung bis zur Giftmischerei. Der Held Sternau hat dagegen einen schweren Stand; 16 Jahre muß er auf einer Südseeinsel schmoren, bis er endlich gerettet wird. Dann aber ist die Rache nicht mehr fern. In Mexiko vollzieht sich das Schicksal der Cortejos. – Dr. Sternau erscheint auch in den Filmen → *Der Schatz der Azteken* und → *Die Pyramide des Sonnengottes* (jeweils 1965, gespielt von → Lex Barker).

Dr. Sternau: Lex Barker in »Der Schatz der Azteken« (1965).

STOLTE, HEINZ

Karl-May-Forscher (geb. 22.3.1914 Großenbaum; gest. 2.3.1992 Hamburg). Literaturwissenschaftler, Volkskundler, Professor. Begründer der wissenschaftlichen Karl-May-Forschung. Verfaßte die erste → Doktorarbeit über Karl May (*Karl May und das Geheimnis seines Erfolges*, Phil. Diss. Jena 1936). Während des Nationalsozialismus Mitglied der SA. Nach dem Krieg in der Lehrerausbildung tätig (Pädagogisches Institut Uni Hamburg). Mitglied des Vorstandes der → Karl-May-Gesellschaft. Zahlreiche Festreden und Veröffentlichungen zu Karl May.

Werke: Heinz Stolte: *Der Volksschriftsteller Karl May. Beitrag zur literarischen Volkskunde.* Radebeul 1936. [Nachdruck: Bamberg 1979.] – Heinz Stolte, Gerhard Klußmeier: *Arno Schmidt und Karl May. Eine notwendige Klarstellung.* Hamburg 1973. – Heinz Stolte: *Der schwierige Karl May.* Husum 1989. – Heinz Stolte: *Karl May in meinem Leben.* Bamberg 1992.

STRASSENNAMEN

Selten, daß Stadtväter von allein auf die Idee kommen, eine Straße oder einen Platz nach Karl May zu benennen. Wenn man als Karl-May-Fan aber ordentlich drängelt, hat man manchmal Glück. Vorbildfunktion haben: Berlin (Karl-May-Straße), Hohenstein-Ernstthal (Karl-May-Straße), Radebeul (Karl-May-Straße), Bad Segeberg (Karl-May-Platz). Auch das gibt es: In Bug bei Bamberg wurde die Karl-May-Straße wieder umbenannt, als der Karl-May-Verlag sein Auslieferungslager schloß. Aber doch nicht etwa, weil der Steuerzahler nicht mehr da war?

STRAUSS, FRANZ JOSEF

Politiker. Bayerischer Ministerpräsident (geb. 6.9.1915 München; gest. 3.10.1988 Regensburg). Karl-May-Fan. »Ich denke noch mit Vergnügen an die Lektüre der Märchen, nicht nur der Gebrüder Grimm, sondern auch Hauffs, Bechsteins, Andersens. Auch Karl May durfte nicht fehlen. Ich habe wohl alle Bände der gesammelten Ausgabe gelesen.« (1979)

STUHL, KARL MAYS

So bekommt man Karl Mays Sitzfleisch: Der Schreibtischstuhl des Schriftstellers aus seinem Radebeuler Arbeitszimmer kann als originalgetreue Replik erworben werden. Der Preis (3000 Mark) liegt etwas über einem Designermöbel.

Kontakt: Karl-May-Museum, Karl-May-Straße 5, D-01445 Radebeul.

STUMMFILME

Während der Stummfilmzeit entstanden drei Kinofilme nach Karl May: → *Auf den Trümmern des Paradieses* (1920), *Die Todeskarawane* (1920) und *Die Teufelsanbeter* (1921). Die Vorlagen stammen aus dem orientalischen Erzählkreis Karl Mays. Kara Ben Nemsi wird gespielt von dem zeitgenössischen Heldendarsteller → Carl de Vogt, Hadschi Halef Omar von Meinhart Maur. In zwei Filmen tritt auch der spätere Dracula-Darsteller → Béla Lugosi auf. – Erstaunlich ist weniger, daß Karl May bereits während der Stummfilmzeit verfilmt wurde, sondern, daß es so spät geschah und daß die Produzenten der Orient-Thematik den Vorzug vor dem Western gaben. Die Kinoproduktion hatte sich in Deutschland bereits auf industriellem Niveau etabliert, und die exotischen Romane Karl Mays mußten sich zur Herstellung bewegter Bilder geradezu aufdrängen. Der erste allgemein als »Western« anerkannte Film entstand bereits 1903 (*The great Train Robbery*, dt.: *Der große Eisenbahnüberfall*, Regie: Edwin S. Porter). Initiiert wurden die Filme von der Karl-May-Verehrerin → Marie Luise Droop, die für die Produktion gemeinsam mit dem Karl-May-Verlag die Firma → Ustad-Film (Sitz: Berlin) gründete. Die Außenaufnahmen fanden in der Umgebung von Dresden und Berlin statt. Regie führten → Josef Stein (*Auf den Trümmern des Paradieses, Die Todeskarawane*) und Ertugrul Moussin-Bey (*Die Teufelsanbeter*; Moussin-Bey wurde später einer der Begründer der türkischen Filmwirtschaft). Die von der Presse anfangs stark beachteten Filme wurden aufgrund schwacher Drehbücher (Marie Luise Droop, Erwin Báron) kein Erfolg; zwei geplante Filme (*Vom Stamme der Verfluchten; Old Shatterhand*) erschienen nicht mehr. – Die Filme gelten heute als verschollen, es existieren nur wenige Standfotografien.

Zur Geschichte der Stummfilme: Michael Petzel: *Karl-May-Filmbuch* (Bamberg/Radebeul 1998). Über Marie Luise Droop: Wolfgang Jacobsen und Heike Klapdor: *Merhameh. Karl Mays schöne Spionin.* In: Jörg Schöning (Hrsg.): *Triviale Tropen. Exotische Reise- und Abenteuerfilme aus Deutschland 1919 – 1939.* München 1997.

Link: http://www.cinegraph.de/cgbuch/b9/droop_idx.html

STUTTGART

Karl-May-Stadt. Sitz des → Union-Verlages, in dem zwischen 1890 und 1899 Karl Mays berühmteste Jugenderzählungen (*Der Schatz im Silbersee* u.a.) in Buchform erschienen. Am 12.12.1962 Welturaufführung von → *Der Schatz im Silbersee* im Universum-Filmtheater (heute abgerissen). Erstaufführungen mit Stargastspiel von → *Winnetou 1. Teil* (1963), → *Unter Geiern* (1964), → *Old Surehand 1. Teil* (1965) und → *Winnetou und das Halbblut Apanatschi* (1966).

STUTTGARTER AUSGABE

Karl-May-Gesamtausgabe in 53 Bänden. Erschienen 1992-96 im *VS Verlagshaus Stuttgart* (Bertelsmann). Hrsg. von Heinrich Pleticha und Siegfried Augustin. Die Ausgabe beruht weitgehend auf den Erstveröffentlichungen. Die Buchgestaltung im Stil des 19. Jahrhunderts ist ein Augenschmaus für jeden Fan. Von allen Gesamtausgaben, die auf Karl Mays Erstausgaben beruhen, ist dies mit Abstand die schönste.

Für Sammler: Bd. 1 *Durch Wüste und Harem.* 2 *Winnetou 1.* 3 *Durchs wilde Kurdistan.* 4 *Winnetou 2.* 5 *Von Bagdad nach Stambul.* 6 *Winnetou 3.* 7 *In den Schluchten des Bal-*

kan. 8 *Am Rio de la Plata.* 9 *Durch das Land der Skipetaren.* 10 *In den Cordilleren.* 11 *Der Schut.* 12 *Satan und Ischariot 1.* 13 *Orangen und Datteln.* 14 *Satan und Ischariot 2.* 15 *Die Sklavenkarawane.* 16 *Satan und Ischariot 3.* 17 *Weihnacht.* 18 *Im Lande des Mahdi 1.* 19 *Der Schatz im Silbersee.* 20 *Im Lande des Mahdi 2.* 21 *Der Sohn des Bärenjägers.* 22 *Im Lande des Mahdi 3.* 23 *Ardistan und Dschinnistan 1.* 24 Der schwarze *Mustang.* 25 *Ardistan und Dschinnistan 2.* 26 *Old Surehand 1.* 27 *Im Reich des silbernen Löwen 1.* 28 *Old Surehand 2.* 29 *Im Reich des silbernen Löwen 2.* 30 *Old Surehand 3.* 31 *Eine deutsche Sultana.* 32 *Im Reich des silbernen Löwen 3.* 33 *Die Königin der Wüste.* 34 *Im Reich des silbernen Löwen 4.* 35 *Der Ölprinz.* 36 *Der Fürst der Bleichgesichter 1.* 37 *Die Herren von Königsau.* 38 *Der Fürst der Bleichgesichter 2.* 39 *Auf fremden Pfaden.* 40 *Napoleons letzte Liebe.* 41 *Der Engel der Verbannten.* 42 *Der Kapitän der Kaisergarde.* 43 *Das Vermächtnis des Inka.* 44 *Der Spion von Ortry.* 45 *Der blaurote Methusalem.* 46 *Durch Kampf zum Sieg.* 47 *Am Stillen Ocean.* 48 *Und Friede auf Erden!* 49 *Fürst und Leiermann.* 50 *Winnetou 4.* 52 *Am Jenseits.* 53 *Karl May – Leben und Wirkung.*

SUCHT

»Suchtverhalten: dieses Hineinkuscheln in den großen roten Wohnzimmersessel mit dem dicken Schmöker in der Hand, dieses Eintauchen in die dunklen, blutigen Gründe des Wilden Westens oder die sonnendurchglühten Wüstenlandschaften des Orients. Ich bekam Scharlach, der mir meine Karl-May-Bände aber noch näher brachte. Ich las sie wieder und wieder, übertraf meine Freunde mit derselben Sucht. Wir wurden durch Karl May alle neu getauft. Ich wurde Hadschi Halef Omar, dessen Schlangennamen ich selbstverständlich mit allen Zusätzen hersagen konnte (und kann).« (Unbekannter Autor unter dem Pseudonym *Halef* in der *Nordbayerischen Zeitung* vom 22.2.1992.)

SÜDAFRIKA

Kommt bei Karl May als Handlungsort vor in *Der Boer van het Roer* (bearb.: GWB 23 *Auf fremden Pfaden*). Die Erstfassung der Erzählung erschien1877/78 unter dem Titel *Der Africander* bzw. *Ein Abenteuer in Südafrika.* Im Mittelpunkt steht die Burenfamilie van Helmers, denen Kara Ben Nemsi einen Brief ihrer holländischen Verwandten übergeben soll. Jan van Helmers (der »Boer van het Roer«) verteidigt seine Farm gegen einen Zulu-Angriff mit einem dressierten Leoparden und einem kämpferischen Straußenvogel. – 1962, dem 50. Todesjahr Karl Mays, brachten gleich zwei Verlage einen May-Titel heraus: Der Verlag *Human & Rousseau* (Kapstadt) veröffentlichte *Deur die woestyn*, bei *van Schaik* (Pretoria) erschien *Winnetou – Opperhoof van die Apache-Indiane.* In den 60er und 70er Jahren wurden auch die erfolgreichen → Karl-May-Filme in Südafrika gezeigt.

SÜDAMERIKA

siehe auch: Peru.

In Südamerika spielen die Romane *Am Rio de la Plata*, *In den Kordilleren* und → *Das Vermächtnis des Inka*. – In den spanischsprechenden Ländern sind zahlreiche Karl-May-Ausgaben erhältlich (meist durch Vermittlung von spanischen Verlagen). Starke Verbreitung in Argentinien durch Exilanten und später durch geflüchtete Nazis. In den Antiquariaten von Buenos Aires findet man alte und kostbare Karl-May-Ausgaben. – Die Karl-May-Filmwelle der sechziger Jahre hinterließ ihre Spuren auch in Südamerika. Zahlreiche Filme wurden in Brasilien von MGM verliehen.

SULKE, STEPHAN

Schweizer Sänger, Komponist, Texter (geb. 27.12.1943 Shanghai, China). Sohn eines deutsch-jüdischen Emigranten. Schrieb mit *Mein lieber Onkel May* eines der schönsten Lieder über Karl May. War in den 80er Jahren in den Hitparaden vertreten. Größter Erfolg: *Uschi*. Nach mehrjährigem Rückzug aus dem Showgeschäft 1999 Versuch eines Comebacks. Sulkes Karl-May-Titel ist eine nostalgisch-verklärte Reminiszenz an die Helden der Jugend und eine Sympathiebekundung für den Autor: »Mein lieber Onkel May, / war das ein schöner Mann! / Mein lieber Onkel May, / an den kam keiner ran! // Wie der mich mit auf Reisen nahm / in seine heile Welt, / so mitten aus den Schulaufgabn: Komm mit, wenn dir's gefällt! / Da tauschte ich mein Zimmer und bekam / ein weites Sternenzelt.«

Ausgewählte Musiktitel: *Der Mann aus Rußland* (1982); *Uschi* (1982); *Ganz so hatt' ich's mir nicht vorgestellt* (1990).

SUPER-8-FILM

siehe: Heimkino.

SUPERBOYS

Pop-Duo (Dancefloor). Kam am 12.9.1998 mit einer Cover-Version der 34 Jahre alten *Winnetou-Melodie* von Martin Böttcher überraschend auf Platz 1 der altehrwürdigen *ZDF-Hitparade* (vor Roland Kaiser und Matthias Reim). Der Versuch, den Erfolg 1999 mit der *Old-Shatterhand-Melodie* zu wiederholen, mißlang.

CDs: *Ich wünscht Du wärst bei mir* (= Martin Böttcher: Winnetou-Melodie). Jive RTD 103.2080.3 PC 16 (1998). – *Wish u were here* (= Martin Böttcher: Winnetou-Melodie). Jive RTD 199.2080 (1998). – *Die Sonne und das Meer* (= Martin Böttcher: Old-Shatterhand-Melodie). Jive RTD 103.2407.3 PC 16 (1999).

Autogrammadresse: Superboys, c/o Jive Records, Am Klapperhof 33, D-50670 Köln.

SURCOUF, ROBERT

Französischer Seefahrer und Kapitän eines Kaperschiffes gegen die Engländer (geb. 12.12.1773 Saint-Malo; gest. 8.7.1827 Saint-Malo). Erscheint bei Karl May erstmals 1882 in *Robert Surcouf – Ein Seemannsbild* in der Zeitschrift → *Deutscher Hausschatz*, dann 1894 in *Ein Kaper* (bearb.: *Der Kaperkapitän*; in

GWB 38 *Halbblut*). Surcoufs Abenteuer wurden in Frankreich mehrfach verfilmt *(Unter der Flagge des Tigers* und *Donner über dem Indischen Ozean*, mit Gerard Barray als Surcouf).

SUTTNER, BERTHA VON

Schriftstellerin (geb. 9.6.1843 Prag, gest. 21.6.1914 Wien). Berühmt geworden durch den 1889 erschienenen Roman »Die Waffen nieder!«, für den sie 1905 den Nobelpreis erhielt. Lud Karl May 1912 zu seinem letzten öffentlichen Auftritt nach → Wien in den → Sophiensaal ein. In ihrem Nachruf auf Karl May schreibt sie: »Wer den schönen, alten Mann an jenem Abend des 22. März sprechen gehört, durch ganze zwei Stunden, begeisterungsvoll, in die höchsten Regionen des Gedankens strebend – der mußte das Gefühl gehabt haben: In dieser Seele lodert das Feuer der Güte.« Karl May hat von ihr wahrscheinlich den Begriff des → Edelmenschen übernommen.

Literatur: Brigitte Hamann: *Bertha von Suttner. Ein Leben für den Frieden.* München 1986. – Hansotto Hatzig: *Bertha von Suttner und Karl May.* In: Jb-KMG 1971. – Harald Steffan: *Bertha von Suttner.* Reinbek bei Hamburg 1998.

SWALLOW

Pferd in *Old Firehand* (1875). Winnetou, der in der Erzählung zum ersten Mal auftaucht, schenkt das edle Tier dem Ich-Erzähler, der noch nicht Old Shatterhand genannt wird. Titelgestalt in dem Roman von Erich Loest *Swallow, mein wackerer Mustang* (1980).

Literatur: Karl May: *Old Firehand.* GWB 71. Bamberg 1967. – Erich Loest: *Swallow, mein wackerer Mustang. Karl-May-Roman.* (1980).

SYBERBERG, HANS JÜRGEN

Regisseur, Autor und Produzent (geb. 8.12.1935 in Nossendorf, Vorpommern). Schrieb, inszenierte und produzierte 1974 → *Karl May*, den bisher einzigen Kinofilm über das Leben des Schriftstellers. Großangelegter Versuch, Leben und Wirkung Mays als Exempel deutscher Geistesverfassung zu sehen (im Rahmen einer Filmtrilogie*: Ludwig – Requiem für einen jungfräulichen König, Karl May, Hitler – ein Film aus Deutschland*). – Gutsbesitzerssohn, nach 1945 in Rostock und Berlin aufgewachsen. 1956-1967 Studium der Literaturwissenschaft und Kunstgeschichte. Promotion in München über *Das Absurde bei Dürrenmatt*. Ab 1963 erste Dokumentarfilme (u.a. über Fritz Kortner und Romy Schneider). Seit den 70er Jahren Beschäftigung mit mythosträchtigen Figuren (mit besonderer Vorliebe für Wagner). S. entfernt sich im Laufe seiner Entwicklung immer mehr vom traditionellen Erzählkino; charakteristisch für seine Filme ist eine opernähnliche Ästhetik und eine pathetisch-mystische Atmosphäre. *Karl May* besetzt er mit einer imposanten Riege von UFA-Altstars, an der Spitze → Helmut Käutner. Der mit zahlreichen Preisen ausgezeichnete Film, verliehen von dem amerikanischen Großverleih Warner-Columbia, war an der Kinokasse ein finanzieller Flop.

Filme: *Romy. Anatomie eines Gesichts* (1965); *Scarabea – Wieviel Erde braucht der Mensch?* (1969); *Sex-Business made in Paising* (1969); *Ludwig – Requiem für einen jungfräulichen König* (1972); *Theodor Hirneis oder Wie man ehem. Hofkoch wird* (1973); *Karl May* (1974); *Winifred Wagner und die Geschichte des Hauses Wahnfried von 1914 – 1975* (1975); *Hitler – ein Film aus Deutschland* (1977); *Parsifal* (1982, TV); *Die Nacht* (1986, TV); *Fräulein Else* (1989, TV); *Die Marquise von O.* (1989, TV); *Ein Traum, was sonst* (1994). **Werke:** *Syberbergs Filmbuch.* München 1976. – *Hitler, ein Film aus Deutschland.* Reinbek 1978. – *Die freudlose Gesellschaft.* München/Wien 1981.
Link: http://us.imdb.com/Name?Syberberg,+Hans-J%FCrgen

SYNCHRONISATION

Manchem Fan gefällt die Stimme des Stars mehr als der Star selbst. In den Karl-May-Filmen sprechen deutsch: Rainer Brandt (der »König der Kalauer«, für → Rik Battaglia in → *Der Schatz der Azteken* und → Larry Pennell in → *Old Surehand 1. Teil*; außerdem in *Die Zwei* und den Terence-Hill-Filmen); Michael Chevalier (für → Gustavo Rojo in → *Der Schatz der Azteken* und → *Durchs wilde Kurdistan*; außerdem der dicke Hoss in *Bonanza*, Omar Sharif in *Dr. Schiwago*); Thomas Eckelmann (für → Pierre Brice); Heinz Engelmann (für → Stewart Granger); Gert Günther Hoffmann (für → Lex Barker; außerdem Stimme von Sean Connery und Rock Hudson); Margot Leonhard (für → Elke Sommer; außerdem Stimme von Marilyn Monroe, Brigitte Bardot und Diana Rigg in *Mit Schirm, Charme und Melone*); Arnold Marquis (der »König der Stars«, für Walter Barnes und → Rik Battaglia als Rollins; außerdem John Wayne, Richard Widmark, Humphrey Bogart); Dietmar Schönherr (für → Gustavo Rojo in → *Old Shatterhand*); Siegfried Schürenberg (Oberst Merril in → *Winnetou 2. Teil* und Marschall Bazaine in → *Der Schatz der Azteken*).

SYRR

Pferd im symbolischen Spätwerk → *Im Reiche des silbernen Löwen.* Schwarzschimmel des Schahs von Persien, den normalerweise nur er selbst reiten kann. Als Zeichen seiner Wertschätzung schickt der Schah-in-Schah das Tier Kara Ben Nemsi, der es im entscheidenden Rennen gegen Ahriman Mirza, das Oberhaupt der dunklen Mächte, reitet. Als Kara gewinnt, erschießt Ahriman in Raserei sein eigenes Pferd, das ihm sterbend den Kopf zerbeißt.

T

TAH-SCHA-TUNGA

Figur aus *Winnetou II*. Vater von → Ribanna. Häuptling der Assiniboins. Wird bei Karl May nur erwähnt. Erscheint dagegen ausführlich in dem Film → *Winnetou 2. Teil* (1964, als Tah-Sha-Tunga, gespielt von Bogdan Buljan) sowie in anderer Charakterisierung in dem Fernsehfilm → *Winnetous Rückkehr* (1998, als Tasha-Tunga, gespielt von Jimmy Herman).

TAMBERLANI, CARLOS

Italienischer Schauspieler. Bei Karl May kleine Rolle, große Wirkung: Spielte eindrucksvoll den rachsüchtigen Inka-Priester Anciano in → *Das Vermächtnis des Inka* (1966). Tamberlani war ursprünglich Professor für Theaterwissenschaft und Publizistik. Unter seinen über dreißig Büchern ist auch ein Werk über *Das deutsche Theater* (erschienen 1938). Als Schauspieler drehte er über 120 Filme.

TANGUA

Romanfigur in *Winnetou I und III*. Erscheint auch in *Winnetous Erben*. Häuptling der Kiowas. Vater von → Pida. Feind von Winnetou und Old Shatterhand, der ihm bei einem Duell die Knie zerschmettert. → Santer wird nach dem Mord an Intschu tschuna und Nscho-tschi von ihm aufgenommen. Erscheint in treffender Charakterisierung in dem Film → *Winnetou 1. Teil* (1963, gespielt von Tomislav Erak).

TANTE DROLL

Romanfigur in *Der Schatz im Silbersee, Der Ölprinz* und *Der Schwarze Mustang* (bearbeitet in: *Halbblut*, GWB 38). Eigentlich: Sebastian Melchior Pampel. Droll ist ein tüchtiger Westmann mit einer ähnlich originellen Kleidung wie → Sam Hawkens. Wegen seiner Fistelstimme wird er *Tante* genannt. Vetter von → Hobble-Frank, mit dem er das sächsische Idiom teilt. Im *Schatz im Silbersee* verfolgt er im Auftrag eines Detektivbüros den Roten Cornel → Brinkley. In *Der Ölprinz* warnt er den Bankier *Rollins* vor dem falschen → Ölprinzen *Grinley*. Seine ständige Redensart lautet »wenn es nötig ist«. – Die dankbare

Tangua: Tomislav Erak in »Winnetou 1. Teil« (1963)

Figur der Tante Droll wurde oft bei Theaterinszenierungen nach Karl May eingesetzt. Im Film fand sie dagegen nie Verwendung.

»TATORT«

Deutschlands erfolgreichste Krimiserie. Am 1.8.1999 lief die Folge *Auf dem Kriegspfad*. Sie beginnt damit, daß im → Karl-May-Museum ein Wachmann mit einem Tomahawk erschlagen wird. Schauplätze waren u.a. die → Villa Bärenfett in Radebeul und die Felsenbühne → Rathen. Als Kommissar: Karl-May-Leser und -Darsteller → Peter Sodann. Ausgestrahlt im ARD-Programm vom MDR. Für Fans schön anzusehen, die Handlung jedoch zum Einschlafen.

TAZ

Die *Tageszeitung* in Berlin schreibt einwandfrei die frechsten Karl-May-Kritiken. Über die Wiederauferstehung von Winnetou in → *Winnetous Rückkehr* (1998): »Danke ZDF, danke Karl May, danke Doppelherz! Winnetou reitet wieder. Aber nicht irgendein Winnetou, nein, unser Winnetou, der Winnetou: Pierre Brice. Der geschmeidige Franzose, die schöne Rothaut, der fleischgewordene Gut-Indianer verregneter Sonntagnachmittage vor der Glotze. Die Mainzer haben ihn aus den ewigen Jagdgründen geholt, um unsere Kinderträume vom naturtrüben Edelmenschen noch einmal zu wecken und endgültig totzureiten. Der Kukident-Drei-Phasen-Sender lacht der privaten Konkurrenz frech ins Gesicht und läßt die Zombies los: Pierre Brice, den Richard Claydermann der Camembertverkäufer.«

TELEFONKARTEN

Man sammelt ja sonst nichts. Alles um Karl May gibt es inzwischen auch auf Karte: Biographisches, Filmisches, Comics und eine Huldigung an Pierre Brice.
Für Sammler: *Film Winnetou und sein Freund Old Firehand* (ca. 1992); *Winnetou-Comic* (2 Motive, 1993); *Karl May Telekom Leipzig* (1994); *Pierre Brice* (1994); *Karl May-Geburtsstadt Hohenstein-Ernstthal* (6 Motive, 1994 – 1995).

THALE

Gemeinde im Ostharz. Karl-May-Spiele im *Harzer Bergtheater Thale* 1991 *(Winnetou)*, 1992 *(Der Schatz im Silbersee)* und 1998 *(Unter Geiern)*. Durchgeführt vom Nordharzer Städtebundtheater (Standorte: Halberstadt und Quedlinburg). Die wie ein antikes Amphitheater angelegte Bühne (gegr. 1903) liegt unmittelbar am bekannten Hexentanzplatz. Den Zuschauern bietet sich ein prächtiger Ausblick über die Gipfel des Harzes. Begründet wurden die Spiele von Intendant Dieter Braun (auch Buch). Die Rolle des Winnetou wurde 1991 von → Gojko Mitic gespielt, der in der Nachwendezeit eine neue Karriere aufzubauen versuchte. Bei der Inszenierung des Folgejahres übernahm → Djamal Atassi den Part, da Mitic zu den Karl-May-Spielen → Bad Segeberg wechselte. Ab 1993 fanden die Karl-May-Aufführungen im nahegelegenen → Altenbrak statt. Erst 1998 wurde auch Thale wieder mit einem Karl-May-Stück bespielt.

Urteil des Karl-May-Fans: Idyllisch gelegene Bühne. Aufgrund der Bühnenarchitektur jedoch nur beschränkte Auftrittsmöglichkeiten für die Schauspieler, was sich beim Reiten, Anschleichen und Überfallen nachteilig auswirkt.

Alle Karl-May-Inszenierungen (in Klammern Spielzeit): *Winnetou* (1991); *Der Schatz im Silbersee* (1992); *Unter Geiern* (1998).

Anschrift: Harzer Bergtheater Thale, Hexentanzplatz, D-06502 Thale.

Theater: Nordharzer Städtebundtheater, Marschlinger Hof 17/18, D-06484 Quedlinburg, Tel. (03946) 96220.

Link: http:/www.halberstadt.de

THEATER

siehe auch: Altenbrak; Annaberg-Buchholz; Bad Bentheim; Bad Segeberg; Barkhausen; Berlin; Bischofswerda; Cuxhaven; Deutschlandhalle; Dinslaken; Elspe; Freilichttheater; Gföhl; Homburg/Saar; Jonsdorf; Mülheim; Mörschied; Rathen; Ratingen; Rehberge; Staatz; Thale; Weitensfeld; Wien; Wiesmoor; Winzendorf.

Wenn Kinder gern Indianer spielen, dann muß das auch im Theater funktionieren, klar. Vorzugsweise geeignet für Karl May sind Freilichttheater, weil es da Büsche zum Anschleichen gibt und man in der Pause Eis kaufen kann. Mit diesem Rezept wurden die jährlichen Aufführungen im schleswig-holsteinischen → Bad Segeberg zum Synonym für Karl-May-Spiele (seit 1952). Zum weniger bekannten, aber zahlenmäßig erfolgreicheren Konkurrenten entwickelten sich die Karl-May-Festspiele in → Elspe, die auf ein großes Besucherpotential aus dem nahen Ruhrgebiet setzen können (seit 1958). Begonnen hatte Karl Mays Open-Air-Tradition bereits in der Vorkriegszeit mit den Spielen in → Rathen im Elbsandsteingebirge (1938 – 1941; dann wieder seit 1984). Weitere größere Freilichtaufführungen fanden statt: während des Krieges in → Werder/Havel, nach dem Krieg in → Ratingen (Naturbühne Blauer See), → Cuxhaven und → Mörschied sowie nach der Wende in der DDR in → Altenbrak und → Annaberg-Buchholz. Eine lebendige Freilichtbühnen-Szene entwickelte sich in den siebziger Jahren in Österreich. Hier wetteifern Bühnen in → Staatz, → Gföhl, → Winzendorf und → Weitensfeld um die Gunst des Publikums. Die erste Theateraufführung eines Karl-May-Stoffes überhaupt fand am 8.11.1919 im Deutschen Theater in München statt. Während der folgenden fünfzehn Jahre fanden die meisten Aufführungen in Theaterhäusern statt. Nach dem Krieg dagegen war Karl May überwiegend auf Freilichtbühnen präsent; Aufführungen in geschlossenen Häusern waren in der Minderzahl.

Wichtige Karl-May-Aufführungen (außer den o.g. Festspielorten): **1919** *Winnetou* (München, Deutsches Theater). **1928** *Winnetou* (Wien, Renaissance-Theater). **1929** *Winnetou – Der rote Gentleman* (Berlin, Theater in der Königgrätzer Straße). **1931** *Winnetou* (Brünn); *Winnetou* (Dresden, Albert-Theater). **1932** Mein Leben und Streben (Graz). **1938** *Winnetou* (Warnsdorf/Böhmen, Waldoper am Tollenstein); *Winnetou* (Berlin, Volksbühne); *Winnetou* (Hildesheim). **1939** *Winnetou* (Wien, Freilichtbühne am Prater); *Winnetou* (Beuthen, Landestheater); *Winnetou* (Hamburg, Thalia-Theater); *Winnetou* (Halberstadt, Stadttheater); *Winnetou* (München, Volkstheater). **1940** *Winnetou*

(Halle, Stadttheater); *Karl-May-Spiele* (Werder/Havel). **1941** *Old Shatterhand und Winnetou* (Steyr/Österreich, Stadttheater). **1942** *Winnetou* (Prag, Urania-Theater). **1944** *Der schwarze Mustang* (Antwerpen, Jugendtheater). **1946** *Old Shatterhand und Winnetou am Silbersee* (Wien, Neues Schauspielhaus). **1947** *Old Shatterhand und Winnetou am Silbersee* (Urfahr b. Linz/Österreich, Stadttheater); *Old Shatterhand und Winnetou am Silbersee* (Wien, Raimund-Theater); *Winnetou* (Hannover); *Winnetou* (Wolfenbüttel). **1948** *Winnetou* (Schleswig). **1949** *Winnetou* (München, Isarauen); *Winnetou* (Voerde). **1950** *Winnetou* (Berlin, Bühne der Jugend); *Winnetou* (Bremerhaven); *Winnetou* (Dinslaken); *Winnetou* (Kassel); *Winnetou* (Neuwied); *Winnetou* (Stuttgart); *Winnetou* (Wiesbaden). **1951** *Winnetou (Mainz, Stadttheater); Winnetou* (Mönchengladbach). **1952** *Winnetou* (Cuxhaven, Freilichtbühne); *Winnetou* (Hamburg, Theater am Besenbinderhof); *Winnetou* (Karlsruhe); *Winnetou* (Mainz). **1953** *Winnetou* (Bad Bentheim, Freilichtbühne). **1954** *Winnetou* (Gelsenkirchen); *Winnetou* (Ichenhausen); *Winnetou* (Nürnberg). **1957** *Winnetou* (Eschwege). **1958** *Winnetou* (Neubeuren b. Rosenheim). **1959** *Winnetou* (Dinslaken). **1960** *Der Schatz im Silbersee* (Bad Bentheim, Freilichtbühne). **1962** *Winnetou – Opperhoofd der Apachen* (Ruurlo, Rijkenbargse Bos/Niederlande). **1963** *Old Surehand* (Berlin, Freilichtbühne Rehberge). **1964** *Old Surehand* (Berlin, Freilichtbühne Rehberge); *Unter Geiern* (Berlin, Kammerspiele); *Winnetou* (Cuxhaven, Freilichtbühne). **1965** *Der Schatz im Silbersee* (Cuxhaven, Freilichtbühne); *Unter Geiern – Der Sohn des Bärenjägers* (Dinslaken); *Der Schatz im Silbersee* (Wiesmoor); *Der Überfall auf Fort Tucson* (Homburg/Saar, Waldbühne). **1966** *Winnetou* (Berlin, Deutschlandhalle); *Unter Geiern – Der Sohn des Bärenjägers* (Dinslaken); *Der schwarze Mustang* (Homburg/Saar, Waldbühne). **1967** *Unter Geiern* (Berlin, Kammerspiele); *Unter Geiern* (Wiesmoor); *Old Shatterhand* (Emmendingen); *Der Kampf um die Bonanza* (Homburg/Saar, Waldbühne). **1968** *Der Schatz im Silbersee* (Berlin, Deutschlandhalle); *Der Schatz im Silbersee* (Homburg/Saar, Waldbühne). **1969** *Das Vermächtnis des Inka* (Homburg/Saar, Waldbühne). **1971** *Der Ölprinz* (Homburg/Saar, Waldbühne); *Old Shatterhand und Winnetou – Das Geheimnis der Bonanza* (Mülheim a.d. Ruhr, Freilichtbühne an der Dimbeck). **1973** *Winnetou I* (Barkhausen, Freilichtbühne Porta Westfalica). **1974** *Winnetou und Old Shatterhand* (Wien, Stadthalle). **1975** *Winnetou* (Wien, Stadthalle). **1976** *Der Schatz im Silbersee* (Wattenscheid). **1977** *Winnetou* (Tournee Mondon); *Das Waldröschen* (Hannover, Schauspielhaus am Ballhof). **1978** *Karl May oder Ein Leben am Marterpfahl* (Solothurn, Werkstatt-Theater). **1979** *Winnetou* (Tournee Mondon). **1980** *Der Schut* (Tournee Mondon); *Winnetou, der Apache* (Wien, Stadthalle). **1984** *Unter Geiern* (Stuttgart, Cannstatter Wasen); *Unter Geiern* (Northeim, Freilichtbühne); *Unter Geiern* (Berlin, Waldbühne); *Ihr seid ein Greenhorn, Sir!* (Berlin, Theater der Freundschaft). **1985** *Schloß Rodriganda* (Mönchengladbach, Schauspielhaus). **1986** *Ich bin ein Hakawati* (Radeberg, Arbeitertheater VEB Robotron). **1988** *Seelenlust und Augenweide. Wagner & Winnetou geben sich die Ehre* (Dresden, Staatsschauspiel). **1990** *Seelenlust und Augenweide. Wagner & Winnetou geben sich die Ehre* (Ludwigsburg, Festspiele). **1992** *Der Keryhof* (Leuchtenberg, Burgfestspiele); *Deutsche Herzen, Deutsche Helden* (Bamberg, Concordia). **1993** *Der Keryhof* (Leuchtenberg, Burgfestspiele). **1997** *Tumult auf Villa Shatterhand* (Dortmund, Stadttheater). **1998** *Schloß Rodriganda* (Kiel, Schauspielhaus).

THOMALLA, GEORG

Schauspieler (geb. 14.2.1915 Kattowitz, Schlesien; gest. 25.8.1999 Starnberg). Spielte den Hadschi Halef Omar als grandioses Plappermaul in → *Die Sklavenkarawane* (1958) und → *Der Löwe von Babylon* (1959). Der ausgebildete Koch lernte Schauspielerei bei einer Wanderbühne. Spielte Theater und Kabarett in Memel, Dömitz, Berlin und München. War seit 1941 in über hundert Filmen zu sehen. Durchbruch 1951 mit *Fanfaren der Liebe*. Im Fernsehen erfolgreich mit der Serie *Komische Geschichten mit Thomalla*. Große Erfolge feierte der Komiker zusammen mit dem Autor Curt Flathow, der ihm zahllose Bühnen- und Filmrollen auf den Leib schrieb. Bekannt wurde er auch als Synchronstimme von Danny Kaye und Jack Lemmon. In Bad Gastein betrieb der leidenschaftliche Hobby-Koch ein Hotel. Er starb nach längerer Krankheit am Starnberger See.

Ausgewählte Filme: *Fanfaren der Liebe* (1951); *Der keusche Lebemann* (1952); *Oh, diese Ferien* (1958); *Scampolo* (1958); *Die Sklavenkarawane* (1958); *Der Löwe von Babylon* (1959); *Das Spukschloß im Spessart* (1960); *Juanito* (1960); *Der Traum von Lieschen Müller* (1961); *Adieu, Lebewohl, Goodbye* (1961); *Die Försterchristel* (1962); *Lausbubengeschichten* (1965); *Wenn Ludwig ins Manöver zieht* (1967); *Die Lümmel von der ersten Bank* (1968); *Immer Ärger mit den Paukern* (1968); *Hilfe, ich liebe Zwillinge* (1969); *Herzblatt* (1969); *Hurra, wir sind mal wieder Junggesellen* (1970); *Hochwürden drückt ein Auge zu* (1971); *Crazy – total verrückt* (1973); *Lilien in der Bank* (1992).

Link: http://german.imdb.com/Name?Thomalla,+Georg

THEIL, EDMUND

Schriftsteller (geb. 1917). Veröffentlichte 1977-1980 einen sechsbändigen Abenteuerroman nach dem Vorbild Karl Mays. Hauptfiguren sind Sahdik, Beduine vom Stamm der Haddedihn und Enkel Hadschi Halef Omars, und der deutsche Ich-Erzähler Hami. Format und Ausstattung der Bände sind, abgesehen von der Einbandfarbe, den GWB angepaßt. Obwohl der Zyklus 1986 (Schneider-Verlag, München) und später als Lizenzausgabe bei → Bertelsmann noch zweimal erschien, fand der Autor keinen Verleger für die Fortsetzung des ursprünglich auf 12 Bände angelegten Zyklus. *Der Karl-May-Fan meint:* Auch sechs Bände waren schon sehr viel!

Für den Sammler: Bd. 1 *Im Schatten der Pyramide* (1977). 2 *Am See der Krokodile* (1977). 3 *Die Sänften des Todes* (1976). 4 *In der Oase des Orakels* (1978). 5 *Die Dünen der Vergeltung* (1979). 6 *Bei den Rittern der Wüste* (1980).

THOMAS, PETER

Filmkomponist (geb. 1.12.1925 Breslau). Komponierte nicht nur die Musik zu zahlreichen Edgar-Wallace-Filmen, sondern auch zu → *Winnetou und sein Freund Old Firehand* (1966). Der Soundtrack paßt gut zu einem harten Italo-Western – und das sollte dieser Karl-May-Film nach dem Willen von Produzent → Horst Wendlandt auch sein. Die Karl-May-Fans mäkelten jedoch, daß sich die Musik beim Angriff der Banditen so anhöre wie bei der ebenfalls von

Thomas vertonten *Raumpatrouille* vom Raumkreuzer Orion. Später versuchte sich der geniale Komponist noch einmal an Karl May (→ *Mein Freund Winnetou*, TV 1980), aber es war deutlich, daß hier zwei inkompatible Welten aufeinanderstießen.

Ausgewählte Filme: *Und immer ruft das Herz* (1959); *Der Frosch mit der Maske* (1959); *Die seltsame Gräfin* (1961); *Ich bin auch nur eine Frau* (1962); *Die Tür mit den sieben Schlössern* (1962); *Die endlose Nacht* (1963); *Der Zinker* (1963); *Das indische Tuch* (1963); *Das Wirtshaus von Dartmoor* (1964); *Verspätung in Marienborn* (1964); *Die Gruft mit dem Rätselschloß* (1964); *Der Hexer* (1964); *Das Verrätertor* (1964); *Onkel Toms Hütte* (1965); *Der letzte Mohikaner* (1965); *Schüsse aus dem Geigenkasten* (1965); *Neues vom Hexer* (1965); *Mordnacht in Manhattan* (1965); *Der unheimliche Mönch* (1965); *Winnetou und sein Freund Old Firehand* (1966); *Der Bucklige von Soho* (1966); *Die Schlangengrube und das Pendel* (1967); *Der Hund von Blackwood Castle* (1967); *Raumpatrouille* (1967, TV); *Dynamit in grüner Seide* (1968); *Babeck* (1968, TV); *Der Gorilla von Soho* (1968); *Erinnerungen an die Zukunft* (1970); *Die Herren mit der weißen Weste* (1970); *Der Stoff, aus dem die Träume sind* (1972); *Steiner – Das eiserne Kreuz 2. Teil* (1978); *Café Wernicke* (1978, TV); *Ein Mann für alle Fälle* (1978, TV); *Mein Freund Winnetou* (1980, TV). **Schallplatte:** *Originalmusik zu der TV-Serie Mein Freund Winnetou.* Europa 115 692.6 (1980). **CD:** *Winnetou und sein Freund Old Firehand.* Tarantula FIC SP 10001 (1991). *Onkel Toms Hütte.* Bear Family BCD 16238 AH (1998). Peter Thomas Filmmusik. Polydor 845 872-2 (ca. 1998). **Literatur:** *Filmmusik von Peter Thomas.* Hamburg o.J. **Link:** http://german.imdb.com/Name?Thomas,+Peter

TIMPE, HAS UND KAS

Karl-May-Figuren in *Der Schwarze Mustang* (bearbeitet in: GWB 38 *Halbblut*). Zwei Vettern aus Deutschland, die sich auf der Suche nach einer angeblichen Erbschaft zufällig im Wilden Westen treffen. Die Figur *Timpe* in dem Film → *Old Shatterhand* (gespielt von → Bill Ramsey) weist keine Parallelen zu den Originalfiguren auf.

TISSIER, ALAIN

Französischer Schauspieler (29.3.1942 Orly bei Paris, Frankreich). Spielte in → *Old Shatterhand* (1964) Winnetous Adoptivsohn Tujunga, der für die gute Sache stirbt. Der teuerste deutsche Western machte den »Jungen mit dem sanften Blick« (*BRAVO*) über Nacht in Deutschland bekannt. Stapelweise kam die Fan-Post, aber die Karriere war zu Ende, ehe sie richtig begann. Der Schützling von Pierre Brice (»Ich bin ein hoffnungsloser Romantiker«) war nie wieder im deutschen Kino zu sehen. Der Traum vom Starruhm erwies sich als Sternschnuppe – schnell verglüht.

Schallplatte: *Was mir der Morgen bringt / Wie ein schöner Tag.* Polydor 52 807 (1967). **Link:** http://german.imdb.com/Name?Tissier,+Alain

TOBIS, ERNST

siehe: Frank, Patty.

TOMAHAWK
Streitaxt. Typische indianische Waffe. Kam allerdings durch die Weißen nach Amerika. Metalltomahawks wurden in großem Umfang von Händlern an die Indianer verkauft. Besonderer Beliebtheit erfreute sich der Pfeifentomahawk (multifunktional wie ein Schweizermesser: eine Seite Tomahawk, andere Seite Friedenspfeife).

TOMBSTONE
Historische Westernstadt in Arizona, USA. Schießerei am O.K. Corral zwischen Wyatt Earp, Doc Holliday. Partnerstadt der → Karl-May-Stiftung. Austausch von Ausstellungen.

TORRADO, RAMÓN
Spanischer Filmregisseur. War Co-Regisseur bei → *Die Sklavenkarawane* und → *Der Löwe von Babylon* (1959). Von den Filmen wurde bereits während der Dreharbeiten eine separate spanische Version hergestellt.

TRAPPER GEIERSCHNABEL
Romanfigur, erscheint in dem Kolportageroman *Das Waldröschen* (bearb: GWB 54 *Trapper Geierschnabel*). Verdankt seine ungewöhnliche Physiognomie Karl Mays Vorliebe für ausgefallene Nasen. Pfadfinder, eigentlich Dragonerkapitän in der US-Armee. Legt sich furchtlos in einen leeren Sarg, um Gasparino → Cortejo und Kapitän Henrico Landola zu erschrecken. – Die ergiebige Figur erscheint auch in dem Fernsehfilm *Präriejäger in Mexiko* (1988, gespielt von Djoko Rossich). Die Produzenten → Artur Brauner und → Horst Wendlandt planten bereits in den sechziger Jahren jeweils eigene Verfilmungen unter dem Titel *Trapper Geierschnabel* (Drehbuch 1964 für Rialto-Film von → Fred Denger).

TRAUERFEIER
Als 1999 in Berlin die Trauerfeier für Herbert K., den Produktionsleiter vieler Winnetou-Filme, stattfand, erklang zum Beginn der Zeremonie – die *Winnetou-Melodie* von → Martin Böttcher.

Trapper Geierschnabel: Djoko Rossich in »Präriejäger in Mexiko« (1988).

TRENKER, LUIS

Schauspieler und Regisseur (geb. 4.10.1893 Ortisei, Italien; gest. 13.4.1990 Bolzano, Italien). Der Alpenfex wollte gern einen Karl-May-Film drehen, in dem er als Old Shatterhand durch die Berge kraxeln konnte. Das Projekt blieb in der Wand.

TRINKGLÄSER

Gehören zur Grundausstattung des echten Fans: »Gläser mit Titelbildmotiven der Gesammelten Werke in attraktiver Geschenkverpackung«. 6 Motive erhältlich. Gut geeignet zum Genuß von Karl-May- → Bier. Zu beziehen vom → Karl-May-Verlag.

TRUCK STOP

Deutsche Country-Band aus Hamburg. Produzierte 1991 den Song *Winnetou*. Bandmitglieder: Cisco Berndt, Knut Bewersdorff, Erich Doll, Teddy Ibing, Uwe Lost, Lucius Reichling. Die Gruppe (gegründet 1972) spielte anfangs englischen Country-Rock. Ab Mitte der siebziger Jahre mit deutschen Texten erfolgreich. Größter Erfolg: *Ich möcht' so gern Dave Dudley hör'n* (1977). Karl May spielt beim *Winnetou*-Lied keine Rolle: »Oh Winnetou, ich werd' genau so rot wie du, wenn mir ein Mädchen in die Augen schaut...«.

Musiktitel: *Ich möcht' so gern Dave Dudley hör'n* (1977); *Der Tramp* (1978); *Take it easy, altes Haus* (1979); *Der wilde, wilde Westen* (1980); *Old Texas Town, die alte Westernstadt* (1980); *Easy Rider* (1981); *Hillybilly Country Lilly* (1983); *Ein Tag wie ein Freund* (1984); *Arizona-Arizona* (1990).

TSCHECHIEN

siehe auch: Slowakei

»Kein Volk außer dem deutschen hat den Dichter so geliebt wie die Tschechen« (Hansotto Hatzig). In keinem anderen Land außerhalb des deutschen Sprachraums wurden so viele verschiedene Karl-May-Titel veröffentlicht wie in Tschechien (Holland hat es auf mehr Ausgaben gebracht bei weniger Titeln). Die ersten May-Bücher (26 hervorragend ausgestattete Bände) erscheinen bereits zu Lebzeiten des Dichters (ab 1890) im renommierten Verlag Vilimek (Prag). Ab 1930 veröffentlichte der Verlag Touzimský und Moravec (Prag) eine 60-bändige Ausgabe (Illustrationen: Zdenék Burian). Nach dem Krieg kamen mehrbändige Ausgaben in den Verlagen Albatros und Olympia heraus (ab 1958). Der Zusammenbruch des Sozialismus führte zu einer wahren May-Renaissance, wobei der reaktivierte Verlag Touzimský und Moravec eine rege Veröffentlichungstätigkeit entwickelte. – Auch die meisten Kinofilme wurden mit großem Erfolg aufgeführt. Vor dem Krieg lief → *Durch die Wüste* (1936), in den 60er und 70er Jahren erlebten die Filme der Karl-May-Welle mit → Pierre Brice, → Lex Barker und → Stewart Granger einen enormen Publikumszuspruch. → *Der Schatz der Azteken* (1965) wurde auf den Filmfestspielen in Karlsbad gezeigt. Pierre Brice besuchte bereits in den 60er Jahren die tschechischen Fans. 1993 erschien eine Gesamtausgabe der Filme auf Videocassette *(Densy)*. 1997 liefen die Karl-May-Filme mit großem Erfolg im Privatfernsehen.

Literatur: *Geächtet oder geachtet? 32 Tschechen äußern sich über Karl May*. In: KMJb 1932. S. 218-368. – Pete Wolf: *Karl May in »Ost« und »West«. Zur Karl-May-Rezeption in CSSR, Ungarn, Polen und anderen Ländern*. Sonderheft KMG 77 (1988).

TSCHITA

Figur aus dem Film → *Der Schut* (1964, gespielt von → Marie Versini). Tochter des Bauern Osko, Verlobte von Omar. Wird vom → Schut verschleppt und rettet Kara Ben Nemsi. Die Figur kommt im Roman nicht vor. Im Kolportageroman → *Deutsche Herzen, Deutsche Helden* trägt jedoch eine Tochter von

Tschechische Ausgabe von »Winnetous Erben«.

Alban und Anna Adlerhorst den Namen Tschita (= Blume). Möglicherweise hat ihn Drehbuchautor und Karl-May-Kenner → Georg Marischka von hier übernommen. In der verbreiteten → Bamberger Ausgabe allerdings ist aus Tschita Lisa geworden.

TUCHOLSKY, KURT

Schriftsteller (geb. 9.1.1890 Berlin; gest. 21.12.1935 Hindas b. Göteborg, Schweden). Der Herausgeber der »Weltbühne« war kein Karl-May-Fan. Von ihm stammt das Psychogramm des gläubigen Karl-May-Lesers: »Wir Deutschen sind merkwürdige Leute. Nicht etwa, daß wir uns ruhig gestehen: Auch wir wollen uns einmal ausruhen und leichte Bücher lesen, auch wohl ruhig einmal einen richtigen Quark – das ist kein Mann, der nicht aus vollen Kräften banal sein kann – nein, wenn wir's schon tun, dann lügen wir uns irgendein Brimborium darumherum. Es gibt Leute, denen dieser Karl May – mir ist der Bursche immer als Ausbund der Fadheit vorgekommen – lieb und teuer ist. Aber sie sagen's nicht. Sie malen ihm eine Glorie an: Ihr meint, das sei einfach ein Unterhaltungsschriftsteller für die reifere Jugend gewesen? Gott bewahre, ein Philosoph war das, ein Mann mit den allegorischsten Hintergedanken, ein schwerer, vollbärtiger, sächsischer Denker, weiland zu Radebeul, jetzt in der Unsterblichkeit.« (1918)

TV

siehe: Fernsehen; Fernsehfilme.

U

ÜBERALL, KLAUS

Regisseur und Produzent (geb. 23.11.1924 Osnabrück). Produzierte, schrieb und inszenierte die TV-Serie → *Karl May* (D 1992). Die Serie wurde gänzlich in der DDR gedreht (für das ZDF). Da die Produktion unversehens in die Wendezeit fiel, entwickelte sie sich zu einem großen finanziellen Risiko für den Produzenten. – Klaus Überall ist verheiratet mit der Sängerin Katja Ebstein und lebt in der Nähe von München.

ÜBERSETZUNGEN

Karl Mays Werke sind zahlreich in andere Sprachen übersetzt worden. Bis heute konnten Übersetzungen in 39 Sprachen bibliographisch erfaßt werden. Bereits bei Karl Mays Tod im Jahr 1912 lagen Übersetzungen in 12 Sprachen vor. In den 60er Jahren zählte May nach einer *Unesco*-Erhebung zu den am meisten übersetzten deutschsprachigen Autoren. Die erste Übersetzung ist 1881 in → Frankreich entstanden. Elf Jahre vor dem Start von »Karl May's gesammelte Reiseromane« im Verlag von → Fr. E. Fehsenfeld (Freiburg i. Br.) beginnt die Pariser Tageszeitung *Le Monde* am 12.11.1881 mit dem Abdruck von Teilen des späteren sechsbändigen Orient-Zyklus (bearb. GWB 1 *Durch die Wüste* etc.) Die ersten Folgen der Geschichte waren in Deutschland kurz zuvor unter dem Titel → *Giölgeda Padishanün* in der Familienzeitschrift → Deutscher Hausschatz (Regensburg) erschienen.

Übersetzungen u.a. in: Afrikaans, Bulgarisch, Chinesisch, Dänisch, Englisch, Estnisch, Finnisch, Französisch, Griechisch, Hebräisch, Holländisch, Italienisch, Japanisch, Lateinisch, Litauisch, Lettisch, Norwegisch, Polnisch, Portugiesisch, Rumänisch, Russisch, Schwedisch, Serbokroatisch, Slowakisch, Slowenisch, Spanisch, Tschechisch, Ukrainisch, Ungarisch und Vietnamesisch, außerdem in Esperanto, Volapük und in Blindenschrift.

UFF!

siehe auch: Howgh!

Indianischer Ausruf des Erstaunens. S.v.w. »Ach du meine Güte. Was ist denn hier los? Warum gehen denn die Pferdehufe in die verkehrte Richtung?« Vorbildlich durch lakonische Kürze. Könnte Beiträge im Parlament und in Zeitungen prägnant zuspitzen. Wichtig: die Augen kurz überrascht aufblitzen lassen.

UHR (I)

Mythisches Requisit der Karl-May-Autobiographie. In zwei verhältnismäßig wertlosen Objekten, der gebrauchten Uhr und den ebenso legendären → Kerzenresten, verdichtet sich für May die Überzeugung, unverhältnismäßig stark und im Grunde ungerecht bestraft worden zu sein. 1861 wird May beschuldigt, während seiner Tätigkeit als Fabrikschullehrer in Altchemnitz einem Zimmergenossen eine Taschenuhr entwendet zu haben. In seiner Autobiographie *Mein Leben und Streben* schreibt er: »Ich bin der Sohn blutarmer Webersleute. Man hielt mich für begabt. Man wünschte, ich solle studieren. Aber für Gymnasium und Universität gab es keine Spur von Mitteln. Da hungerten und kümmerten meine Eltern und Geschwister jahrelang, um mir durch den Seminarbesuch zu ermöglichen, Lehrer zu werden. Ich ward es, war aber dann so arm, daß ich nicht einmal die allerbilligste Taschenuhr besaß, die Zeit des Unterrichts zu regeln. Ich lehrte an einer Fabrikschule und wohnte mit dem Buchhalter in einem Zimmer und einer Schlafstube zusammen. Er hatte beides vorher allein gehabt und zürnte mir darüber, daß er nun nicht mehr der alleinige Herr seiner Räume und Besuche war. Er war sehr wohlhabend. Er besaß zwei Uhren. Eine neue, gute, und eine alte, sehr billige, die er nicht mehr brauchte. Sie hing unbenutzt an der Wand. Ich bat ihn, mir für die Zeit des Schulunterrichts doch diese alte zu borgen, bis ich mir eine kaufen könne. Er tat es. Ich steckte sie täglich ein, wenn ich zur Schule ging. Ich steckte sie auch einmal ein, als ich zu Weihnachten meine Eltern und Geschwister besuchte, die sich unendlich freuten, nun ausgehungert und ausgekümmert zu haben und in mir die Hoffnung auf eine bessere Zukunft erblicken zu dürfen. Es waren meine ersten Ferien als Lehrer, nicht nur äußerlich, sondern auch innerlich wahre Weihnachtsferien. Es war mir, als ob ich mich diesen armen, hoffnungsfreudigen Anverwandten als Christgeschenk zu bescheren hätte. Sie sollten ihre Ehre und Freude an mir erleben und nur Gutes von mir erfahren. Kaum war ich bei ihnen angekommen, so wurde ich von einem mir nachgeschickten Gendarm verhaftet und, weil ich mich in meinem maßlosen Entsetzen wie ein wirklicher Dieb benahm, wegen Diebstahls mit sechs Wochen Gefängnis bestraft.« (1910)

Literatur: Hermann Wohlgeschaft: *Große Karl May Biographie. Leben und Werk.* Paderborn 1994.

UHR (II)

Nicht jeder richtet sich wie Winnetou nach dem Stand der Sonne. Greenhorns haben die Wahl zwischen Wanduhr *Winnetou* (65,00 Mark) oder Armbanduhr *Winnetou* (99,00 Mark). Erhältlich beim → Karl-May-Verlag.

UMWELTSCHUTZ

Überraschend aktuell sind Gedanken Karl Mays zum Umgang mit der Natur. Bereits 1891 äußerte er sich etwa zum Thema »Robbenschlachten«. In der Erzählung *Seehundsjagd*, erschienen 1891 in der Knabenzeitschrift → *Der gute Kamerad*, beschreibt er, wie der junge Fred Sommer vom Jagdfieber gepackt wird: »Seehundsjagd! Robbenschlag! Ich war natürlich ganz begeistert und träumte eine Woche lang in jeder Nacht von Seebären und Seelöwen, mit denen ich im Kampfe lag.« Doch dann wandelt sich die romantische Begeisterung in Entsetzen: »Es überlief mich ein mit Grauen gemischtes Mitleid, als ich sah, daß ein jeder sich auf den nächsten Seehund warf, um ihn mit einem Hieb auf die Nase zu töten. Die Tiere hatten so große, schöne Augen und ein gar so hilfloses Aussehen.«

Literatur: Ekkehard Bartsch: *»Mensch und Tier« und Gedanken Karl Mays zum Umweltschutz*. In: Jb-KMG 1975.

UNGARN

Kürzere literarische Bezüge zum Land erscheinen in GWB 41 → *Die Sklavenkarawane*, GWB 17 *Der Mahdi* und *Geographische Predigten*. Karl May wurde in Ungarn bereits zur Zeit der österreichisch-ungarischen Doppelmonarchie viel gelesen. Da Deutsch in Ungarn meist ohne Probleme verstanden wird, waren zahlreiche deutsche Ausgaben im Umlauf. Als erste ungarische Buchfassung erschien 1896 *Die Sklavenkarawane* (*A rabszolga-karaván*; Verlag Athenaeum, Budapest; Übersetzung: Rikárd Arkövi). Ab 1898 kam die erste größere Karl-May-Reihe im Verlag Stephaneum (Budapest) heraus (Übersetzung: Lajos Szekrényi): *Am Stillen Ozean, Am Rio de la Plata, In den Kordilleren, Weihnacht, Winnetou I-III*. Ab 1906 veröffentlichte der Verlag Athenaeum (Budapest) die umfangreichste ungarische May-Ausgabe (Übersetzung: Károly Szabó, Lajos Mikes u.a.): *Aus der Heimat der Datteln (A datolya honából = GWB 10), Am Rio de la Plata, Der Bärenjäger, Von Bagdad nach Stambul, Am Stillen Ozean, Durch das Land der Skipetaren, In den Kordilleren, Der Schut, Im Lande des Mahdi, Durchs wilde Kurdistan, Der schwarze Mustang, Auf fremden Pfaden, Der Ölprinz, Das Vermächtnis des Inka, In den Schluchten des Balkan, Der Schatz im Silbersee, Die Sklavenkarawane, Durch die Wüste, Die Königin der Wüste, Der Schatz der Mixtecas*. Die Athenaeum-Ausgaben wurden bis 1946 aufgelegt. Daneben erschienen zahlreiche Ausgaben kleinerer Verlage. Unter sozialistischer Herrschaft kam die Veröffentlichung von Karl-May-Büchern zwischen 1947 bis 1963 zum Erliegen. 1964 begann der Verlag Móra (Budapest) mit einer Karl-May-Reihe, die durch den auch in Ungarn erfolgreich laufenden Kinofilm → *Der Schatz im Silbersee (Az Ezüst-tó kincse)* inspiriert worden war: *Der Schatz im Silbersee* (Erstauflage 1964: 99.000 Exemplare), *Winnetou I-III, Das Vermächtnis des Inka, Der Sohn des Bärenjägers, Der Geist der Wüste (= Der Geist des Llano Estacado), Der Ölprinz, Professor Vitzliputzli*. Die Texte waren stark bearbeitet. 1987 brachte Móra einen opulenten *Winnetou*-Band im DIN-A-4-Format heraus.

Literatur: Klaus-Peter Heuer: *Karl-May-Bibliographie.* In: Pete Wolf: *Karl May in »Ost« und »West«. Zur Karl-May-Rezeption in CSSR, Ungarn, Polen und anderen Ländern.* Sonderheft KMG 77 (1988). – János Zlinszky. *Karl May in Ungarn.* In: Wilhelm Brauneder: *Karl May in Österreich.* Husum 1996.

UNION-VERLAG

Abkürzende Bezeichnung für *Union Deutsche Verlagsgesellschaft* (Stuttgart). Durch Zusammenschluß der Verlage → W. Spemann, Adolf und Paul Kröner am 1.6.1890 entstandene Aktiengesellschaft. Veröffentlichte zwischen 1890 und 1899 Karl Mays bedeutende Jugenderzählungen in Buchform. Es handelt sich um acht Erzählungen, die seit 1887 in der Zeitschrift → *Der gute Kamerad* erschienen und bei den jugendlichen Lesern auf außergewöhnliche Resonanz stießen. Die roten *Union*-Bände, die in mehreren Auflagen auf den Markt kamen, sind heute gesuchte Sammlerobjekte.

Die Union-Bände: *Der Sohn des Bärenjägers* (1890, Sammelband mit den Erzählungen *Der Sohn des Bärenjägers* und *Der Geist des Llano Estacado*, bearb. in GWB 35 *Unter Geiern*). *Der blau-rote Methusalem* (1892). *Die Sklavenkarawane* (1893). *Der Schatz im Silbersee* (1894). *Das Vermächtnis des Inka* (1895). *Der Ölprinz* (1897). In der »Kamerad-Bibliothek«: *Der schwarze Mustang* (1899, bearb. in GWB 38 *Halbblut*).

UNSITTLICHKEITEN

siehe auch: Bearbeitungen.

Der schlimmste Vorwurf, gegen den sich May ab 1901 nach Lüftung seiner Autorschaft an den im Verlag → H. G. Münchmeyer erschienenen → Kolportageromanen zu erwehren hatte, lautete auf »abgrundtiefe Unsittlichkeit«. Gemeint waren damit etliche sexuell anzügliche Passagen, an denen die bürgerlichen Kritiker (→ Ferdinand Avenarius, Hermann Cardauns oder der Benediktinermönch Ansgar Pöllmann) sich nur insgeheim erfreuen konnten, öffentlich aber ereifern mußten. May trat die Flucht nach vorn an, entrüstete sich mehr als alle anderen und bezichtigte den Münchmeyer-Verlag, seine Texte heimlich verändert zu haben. (Gewiß zu Unrecht: Als er 1895 für den Band *Old Surehand II* im Kapitel »Der Königsschatz« einen längeren Abschnitt aus dem → *Waldröschen*

Union-Verlag: Buchausgabe von »Der blaurote Methusalem«.

übernahm, tilgte er stillschweigend alle einschlägigen Passagen.) Hundert Jahre später kann die monströse Stelle (aus: *Das Waldröschen*) zitiert werden, ohne daß sich das Papier rötet: Karja lag »gefesselt am Boden, eine Schönheit preisgebend, so voll und üppig, so sinnberückend, wie Pardero (...) noch keine gesehen hatte. Er warf sich auf sie. Er umarmte und küßte sie auf die Wangen, den Hals und den Busen; er wollte die herrlichen Reize betasten und prüfen, aber das Mädchen wälzte sich hin und her, daß ihm sein Vorhaben nicht gelang.« Das war's.

»UNTER GEIERN« (BUCH)

Die Ausgabe des Karl-May-Verlags enthält die Erzählungen → *Der Geist des Llano Estacado* und → *Der Sohn des Bärenjägers*. Hauptfiguren sind Old Shatterhand und Winnetou (Old Surehand kommt im Gegensatz zur Filmversion nicht vor). Ein Originalwerk *Unter Geiern* von Karl May hat es nie gegeben. Der Titel ist eine Erfindung des Karl-May-Verlags und unterliegt weiterhin dem Urheberschutz.

Literatur: Karl May: *Unter Geiern* (= GWB 35).

»UNTER GEIERN« (FILM)

Kinofilm (D/F 1964). Mit Stewart Granger (Old Surehand), Pierre Brice (Winnetou), Elke Sommer (Annie), Götz George (Martin Baumann), Walter Barnes (Baumann), Sieghardt Rupp (Preston), Gojko Mitic (Wokadeh), Paddy Fox (Old Wabble). Produzent: Horst Wendlandt (Rialto). Regie: Alfred Vohrer. – *Inhalt:* Winnetou und Old Surehand entlarven den Mörder der Frau von Bärenjäger Baumann, retten einen Siedler-Treck und bringen die Geier-Bande zur Strecke. – *Der Karl-May-Fan meint*: Krachendes Western-Spektakel mit einer Prise Sex und nicht ohne Brutalitäten. Sehenswert Hollywood-Star → Stewart Granger, dessen väterlicher Old Surehand jedoch mit der Originalfigur nichts zu tun hat.

Video: Kinowelt.

Link: http://www.dem.de/entertainment/kino/102/102357.html

UNTERHALTUNGSSPIELE

Der Mensch, der nicht liest oder Filme schaut, spielt. Auch dabei ist er von Karl May umzingelt, egal ob er würfelt, puzzelt oder die Karten mischt. Spätestens seit den 30er Jahren gibt es → Würfel- und → Kartenspiele mit Figuren von Karl May, später kamen noch → Puzzlespiele hinzu. Für eine Belebung des → Memorabilia-Angebots sorgten die Karl-May-Spiele in → Bad Segeberg (Indianerkopf zum Zusammenbasteln mit 300 Puzzleteilen). Die Spitzenposition (auflagenmäßig) halten natürlich die → Merchandising-Artikel der Karl-May-Filme (z.B. mit dem *Super Mini: Winnetou's Abenteuer* oder dem Bilderlotto *Winnetou und sein Freund Old Firehand*.

UNTERHOSEN

Wer Winnetou und Old Shatterhand auf Unterhemd und Unterhose trägt, aus dem kann nur ein anständiger Mann werden. Zu dumm nur, daß die abenteuerliche Motivwahl für das Untendrunter von der Umwelt unentdeckt blieb. Vielleicht war das der Grund, warum die Textilfirma Haux (Albstadt-Ebingen) mit ihrer Karl-May-Kollektion (Feinripp, 100 % Baumwolle, Kollektion 1976/77 und 1977/78) relativ erfolglos blieb.

URHEBERRECHT

Der Urheberschutz für die Originaltexte Karl Mays ist 1962 ausgelaufen. Weiterhin geschützt sind die bearbeiteten Fassungen des → Karl-May-Verlags. Nachgedruckt werden dürfen also nur Originaltexte, nicht aber Texte, die den GWB oder Lizenzausgaben entnommen sind. Geschützt sind auch Titel, die vom Karl-May-Verlag »erfunden« worden sind, z.B. *Durch die Wüste* (ursprünglich: *Durch Wüste und Harem*), *Unter Geiern* (original: zwei Einzelerzählungen unter dem Titel *Der Geist des Llano Estacado* und *Der Sohn des Bärenjägers*), *Halbblut* und *Das Buschgespenst* (original: Erzählteil aus *Der verlorene Sohn*).

URLAUB

Im Pullman-Ferienpark in Eging am See (Bayerischer Wald) können Freizeit-Indianer Karl-May-Urlaub machen. Die komplett möblierten Ferienhäuser tragen die Namen »Winnetou«, »Old Shatterhand«, »Sitting Bull«, »Jesse James« und »Buffalo Bill«. Nebenan liegt die Erlebnis-Westernstadt »Pullman-City« mit Saloon, Indianerdorf und Western-Eisenbahn. Unentwegte können auf dem Gelände auch ein Tipi oder eine Trapperlodge mieten.

Information: Pullman-Ferienpark, Ruberting 7, D-94535 Eging am See, Tel. (08544) 96110.

USA

In Winnetous Geburtsland ist Karl May so gut wie unbekannt. Eine dreibändige Ausgabe des *Winnetou* erschien um die Jahrhundertwende unter dem Namen der Bearbeiterin M. A. Taggart. Eine sehr schön aufgemachte Ausgabe kam Ende der 70er Jahre beim Verlag Seabury Press heraus; sie umfaßte die Bände der

Unterwäsche à la Karl May.

Orient-Serie, einen zweibändigen *Winnetou* und interessanterweise das Spätwerk *Ardistan und Dschinnistan*. Eine nur bescheidene Aufmerksamkeit konnten im Heimatland des Western die Karl-May-Filme der 60er Jahre erzielen. Die Kinowerbung zielte dabei nicht auf Karl May, der für niemanden ein Begriff gewesen wäre, sondern auf die in den USA bekannten Darsteller Lex Barker, Stewart Granger, Elke Sommer (!), Larry Pennell und Rod Cameron.

Die Karl-May-Filme in den USA: *Treasure of Silver Lake (Der Schatz im Silbersee, 1962); Apache Gold (Winnetou 1. Teil, 1963); Shatterhand (Old Shatterhand, 1964); The Shoot (Der Schut, 1964); Last of the Renegades (Winnetou 2. Teil, 1964); Frontier Hellcat (Unter Geiern, 1964); Rampage at Apache Wells (Der Ölprinz, 1965); The Desperado Trail (Winnetou 3. Teil, 1965); Flaming Frontier (Old Surehand 1. Teil, 1965); Thunder at the Border (Winnetou und sein Freund Old Firehand, 1966).*

Literatur: R.H. Cracroft: *The American West of Karl May*. Utah (USA) 1969.

USTAD

D.h. »Meister«. Allegorische Figur in *Im Reiche des silbernen Löwen III und IV*. Ehrfurchtsgebietende Gestalt mit schlohweißem Bart. Führer der Dschamikun. Gleicht Abraham. Hat sich mit seinen Büchern den Haß der Presse zugezogen, kann aber seine Gegner mit Hilfe von → Marah Durimeh und dem Schah von Persien besiegen. Selbstspiegelung Karl Mays.

USTAD-FILM

Produktionsgesellschaft der Karl-May- → Stummfilme. Gegründet 1920 u.a. von → Marie Luise Droop und → Adolf Droop unter Beteiligung des Karl-May-Verlags. Für Karl-May-Kenner ließ sich der Name leicht als *Karl-May-Filmgesellschaft* entschlüsseln. Die Firma ging aufgrund des geringen Erfolgs der Filme bereits 1921 in Konkurs.

USTAD-VERLAG

Schwesterverlag des → Karl-May-Verlags 1952-1960 (Sitz: Bamberg). Der Name des Karl-May-Verlags durfte von der Familie → Schmid nach der Übersiedlung in den Westen aus rechtlichen Gründen nicht verwendet werden.

USA: Filmplakat zu »Der Schatz im Silbersee«.

V

VAJDA, MARIJAN DAVID

Regisseur (geb. 1950 Belgrad, Jugoslawien). Inszenierte den Fernsehfilm → *Winnetous Rückkehr* (1998), in dem der Apatsche von den (Schein-)Toten aufersteht. Ausgebildet an der Filmhochschule in Wien. In Los Angeles Tätigkeit u.a. als Regieassistent von Marvin Chomsky bei der TV-Serie *Holocaust*. 1989 von Karl-May-Produzent → Horst Wendlandt als Regisseur eines wenig erfolgreichen *Otto*-Films engagiert. Prophezeite 1996 während der Aufnahmen zu dem *Winnetou*-Revival am Drehort in Südspanien: »Entweder wird's ein Riesenreinfall oder ein Bombenerfolg. Dazwischen gibt's nix.« (*SPIEGEL*). Es passierte das erste (*Süddeutsche Zeitung*: »So ein Quatsch«).

Ausgewählte Filme: *Otto – Der Außerfriesische* (1989); *Das sprechende Grab* (1994); *Hagedorns Tochter* (1994, TV); *Mörderischer wohnen – Der Tod des letzten Mieters* (1997, TV); *Polizeiruf 110: Sumpf* (1998, TV); *Winnetous Rückkehr* (1998, TV).

Autogrammadresse: Marijan David Vajda, Trogerstr. 38 / 2, D-81675 München.

Link: http://german.imdb.com/ Name?Vajda,+Marijan+David

VANDERSTEEN, WILLY

Flämischer Comic-Produzent. Schöpfer der in Belgien populären Comic-Figuren *Suske & Wiske*. Schuf die Albenreihe *Karl May*, die zwischen 1962 und 1987 im Verlag *Standaard* (Antwerpen/Amsterdam) erschien (insgesamt 87 Bände). Die ersten 16 Alben adaptieren Romane von Karl May (*Winnetou I und II, Unter Geiern, Der Sohn des Bärenjä-*

Vandersteen-Comic.

gers). In den folgenden Alben beschränkte man sich auf die Verwendung des Karl-May-Personals und erfand eigene Stories. Als Zeichner wirkten an der Serie mit: Karel Verschuere, Eduard de Rop, Karel Biddeloo und Frank Sels. Die Albenreihe ist in Deutschland nicht erschienen. Die ersten 16 Alben erschienen jedoch ab 1965 in veränderter Form in der → *Bessie*-Heftserie des → Bastei-Verlags (Bergisch Gladbach; *Bessie* ist ebenfalls eine Vandersteen-Schöpfung). Für den Wiederabdruck eliminierte man den Karl-May-Bezug. Aus *Old Shatterhand* wurde der Ranchersohn *Andy Cayoon*, *Winnetou* mutierte zu dessen Blutsbruder *Schneller Hirsch*, *Sam Hawkens* zum knollennasigen Trapper *Mike Moore*. Die Titelfigur, die Colliehündin *Bessie*, wurde nachträglich in die vorhandenen Zeichnungen eingefügt. Die Geschichte der Vandersteen-Comics ist einer der seltenen Fälle, in denen Winnetou das Nachsehen hatte und Karl May auf der Strecke blieb.

Die Karl-May-Comics bei Vandersteen: Bd. 1: *Old Shatterhand.* 2: *Winnetou.* 3: *De berenjager.* 4: *De pelsjagers.* 5: *De zwarte mustang.* 6: *Llano Estacado.* 7: *Jennifer en Phowi.* 8: *Old Shurehand.* 9: *Outlaw.* 10: *De duivelskop.* 11: *Vuurwater.* 12: *De totem van Winnetou.* 13: *Het masker.* 14: *De zilverbuks.* 15: *De zingende draad.* 16: *De woudlopers.* Reihe geht bis Bd. 87. **Literatur:** *Die Sprechblase* Nr. 163 (1998) [Bessy-Spezialausgabe].

VATER

Karl Mays Vater (→ Heinrich August May, geb. 1810; gest. 1888) war kein angenehmer Mensch. Er wird von Zeitgenossen als liederlicher Trunkenbold beschrieben, erzog seine Kinder schon mal mit dem Ochsenziemer, war allerdings auch weich und gutmütig. Damit aus dem kleinen Karl was rechtes wird, muß der Sohn Fibeln und Gebetbücher abschreiben. Später, in seinen Romanen, wimmelt es von Vätern – guten wie bösen. In den Orient-Erzählungen erscheinen: der *Vater der elf Haare, Vater der Flinte, Vater der Frömmigkeit, Vater der Fünfhundert, Vater der Hälfte, Vater der Keule, Vater der Kraft, Vater der Liebe, Vater der Prügel, Vater der Schiffsführer, Vater der Selbstverständlichkeit, Vater der Stärke, Vater der vier Augen, Vater der Wenigen, Vater der zwölf Zehen, Vater des Blutes, Vater des Entsetzens, Vater des Friedens, Vater des Gelächters, Vater des Kampfes, Vater des Opfers, Vater des Säbels, Vater des Salzes, Vater des Sieges, Vater des Storches, Vater des Todes, Vater des Windes, Vater des Zornes, Vater ohne Söhne*. Klekih-Petra ist der *Weiße Vater der Apatschen* und Karl Hammer trägt in Peru den Ehrentitel *Vater Jaguar*.

VERDOJA

Romanfigur. Erscheint in → *Das Waldröschen*. Hauptmann in der Armee von Benito Juarez. Spieler und Raufbold. Verbündet sich mit → Pablo Cortejo. Rücksichtsloser Feind von → Karl Sternau. Begehrt Emma Arbellez, die Tochter des Verwalters der Hacienda del Erina. Verschleppt Sternau und seine Freunde Anton Helmers, Emma Arbellez, Mariano und Karja in eine Pyramide. Büßt im Kampf mit Sternau ein Auge ein. Beim Sturz in einen Brunnenschacht verletzt er sich so schwer, daß er für den Rest seines Lebens gelähmt ist. – Erscheint in ähnlicher Charakterisierung in den Filmen → *Der Schatz der Azteken* und → *Die Pyramide des Sonnengottes* (jeweils 1965, dargestellt von → Rik Battaglia); anders als im Roman ist er jedoch zum Hauptschurken avanciert. Er versinkt mit dem Aztekenschatz in glühender Lava.

VEREIN DER FREUNDE DER VOLKSLITERATUR

Verein zur Pflege und Erforschung populärer Heftchenliteratur (Sitz: Wien, Österreich). Behandelt wird neben Autoren wie Billy Jenkins und Tom Prox regelmäßig auch Karl May. In den 70er Jahren machte der Verein von sich reden, weil er sich in seinem Organ *Blätter für Volksliteratur* von psychoanalytischen Forschungsbeiträgen der → Karl-May-Gesellschaft distanzierte, die er als Herabsetzung Karl Mays ansah.

Anschrift: Mengergasse 51, A-1210 Wien. **Obmann:** Dr. Peter Soukup. **Redaktion *Blätter für Volksliteratur*:** Karl Ganzbiller, Föhrengasse 5, A-3434 Wilfersdorf. **Mitgliedsbeitrag:** öS 150,- / DM 22,- pro Jahr.

VEREINE

Seit jeher reizt Karl May zur Vereinsmeierei: einen sympathischen Spleen pflegt man am besten gemeinsam. Bereits 1896 klagt May: »Wer kennt alle die May-Klubs, deren Ehrenmitglied ich bin? Wer zählt die Verbindungen, die akademischen und unakademischen Gesangsvereine, die Lese-, Fecht-, Turn- und anderen Vereine, die Stamm-, Skat- und Kaffeetische, welche mir durch Depeschen, Briefe, Karten, Blumen und sonstige Spenden beweisen, daß ich jährlich etwa zwanzig Geburts- und dreißig Namenstage habe?« (*Freuden und Leiden eines Vielgelesenen*). Ein früher *Karl-May-Club* (Vorsitz: Dr. Josef Weigl) bestand 1898 in München. Karl May stattete seinen Fans sogar einen Besuch ab. Aus der Satzung: »Ordentliches Mitglied kann jeder unbescholtene, den besseren Kreisen angehörige Mann werden, der sich zu den auf den Grundsätzen der christlichen Kultur basierenden Anschauungen des Dr. Karl May bekennt.« Nach Karl Mays Tod gründeten seine Jünger 1912 die *Karl-May-Vereinigung* (Vorsitz: Josef Coböken, → Dr. Adolf Droop). 1918 entstand in Berlin der *Karl-May-Bund* (Vorsitz: Dr. Rudolf Beissel). 1942 gab es an gleichem Ort den *Deutschen Karl-May-Bund* (Vorsitz: Gerhard Henninger). Alle diese Gruppen hatten kein langes Leben; die letzte wurde 1944 von der Gestapo als »staatsfeindlich« aufgelöst. Nach dem Krieg existierte zwischen 1963 und 1968 die Arbeitsgemeinschaft *Karl-May-Biographie* (Vorsitz: → Prof. Dr. Heinz Stolte). Sie war Vorläuferin der 1969 gegründeten → *Karl-May-Gesellschaft* (Sitz: Hamburg, später Berlin), die sich innerhalb kurzer Zeit zur bedeutendsten Vereinigung von Karl-May-Anhängern entwickelte und der Karl-May-Forschung in den 70er Jahren wesentliche Impulse gab. 1965 gab es in Trier den *Karl-May-Klub* (Leiter: Wolfgang Marko), der ein einziges Mal mit einem Heft »Karl-May-Nachrichten« an die Öffentlichkeit trat. Ende der 80er Jahre entstanden in der DDR verschiedene → Karl-May-Freundeskreise, die auch nach der Wende weiterbestanden (erste Gründung 1987 → Freundeskreis Karl May Cottbus). Diese Gruppierungen widmeten sich besonders der persönlichen Kontaktpflege, konnten aber auch zahlreiche unbekannte Details zur Biographie Mays ermitteln. Merke: Karl-May-Freunde tun sich gern zusammen. Einsame Waldläufer sind eher selten.

VERLAGE

Bis zum Jahr 1962 war Karl May urheberrechtlich gesehen Alleinbesitz eines einzigen Verlags: des → Karl-May-Verlags in Bamberg (früher Radebeul). Mit Ablauf des Urheberschutzes bemächtigten sich zahlreiche andere Verlage des zur damaligen Zeit erfolgsträchtigen Autors. Die Gebrüder → Schmid als Inhaber des Karl-May-Verlags hatten sich allerdings gut gewappnet: Der Großteil der auf dem Markt befindlichen Ausgaben war von Mitarbeitern des Verlags bearbeitet und unterlag auf diese Weise einer verlängerten Schutzfrist. Konkurrenzverlage, die ahnungslos anstelle einer Urfassung eine bearbeitete Ausgabe nachdruckten, erlebten oft ein böses Erwachen und ein finanzielles Debakel. Als einzigem Verlag gelang es zwischen 1963 und 67 → Bertelsmann, eine eigenständige Karl-May-Ausgabe (30 Bände) herauszubringen (in Lizenz auch bei *Mosaik* 1966). Bei anderen Reihen (u.a. *Tosa*, *Buch und Zeit*, *Ueberreuter*) handelte es sich um Lizenzausgaben des Karl-May-Verlages. Erst ab Mitte der 70er Jahre drängten verstärkt andere Verlage mit umfangreichen Ausgaben auf den Buchmarkt: → *Pawlak* (74 Bände, 1976-78), *Lingen* (1978), → *Verlag Neues Leben* (61 Bände, 1983-99), → *Haffmans* (1991), abermals *Bertelsmann* (52 Bände, 1992-96), *Nymphenburger* (6 Bände, 1995/96), → *Weltbild* (neue Reihe ab 1999). Dadurch trat eine Marktsättigung ein, die für den Karl-May-Verlag, der sich auch als Bewahrer des Mayschen Oeuvres versteht, bedrohliche Ausmaße annahm. Trotzdem gelang es dem Verlag bis heute, sich ein stabiles Lesepublikum zu erhalten (geschätzter Jahresumsatz: 5 Mio. DM).

VERLAG NEUES LEBEN

Einst bedeutender DDR-Verlag mit Sitz in Berlin, der sich über die Wende hinwegretten konnte (Geschäftsführer: Rudolf Chowanetz). Bringt seit 1983 die Romane Karls Mays als ge-

Verlag Neues Leben: »Durch Wüste und Harem«.

schlossene Reihe heraus. Die bekanntesten Titel erschienen zu Beginn der Karl-May-Renaissance in der DDR und hatten eine Auflage von jeweils 250.000 Exemplaren (eine selbst unter sozialistischen Vorzeichen rekordverdächtige Zahl). Die Reihe wurde auch nach der Wende fortgeführt, später aber wegen des starken Konkurrenzdrucks durch den → Weltbild-Verlag verramscht. Einige Erweiterungsbände erschienen später in kleiner Auflage. Bisher sind 63 Titel erschienen (zuletzt: *Weihnacht*). 1999 trat Neues Leben in eine Kooperation mit dem → Weltbild-Verlag (Augsburg) ein, für dessen »Augsburger Ausgabe« er die meisten Texte zur Verfügung stellte.

Die Karl-May-Ausgabe vom Verlag Neues Leben: *Winnetou 1. Band. Winnetou 2. Band. Winnetou 3. Band. Winnetou 4. Band. Old Surehand 1. Band. Old Surehand 2. Band. Old Surehand 3. Band. Satan und Ischariot 1. Band. Satan und Ischariot 2. Band. Satan und Ischariot 3. Band. Der Schatz im Silbersee. Der Ölprinz. Der Sohn des Bärenjägers. Der Geist des Llano Estacado. Der schwarze Mustang. Auf fremden Pfaden. Durch Wüste und Harem. Durchs wilde Kurdistan. Von Bagdad nach Stambul. In den Schluchten des Balkan. Durch das Land der Skipetaren. Der Schut. Im Lande des Mahdi 1. Band. Im Lande des Mahdi 2. Band. Im Lande des Mahdi 3. Band. Orangen und Datteln. Am Jenseits. Ardistan und Dschinnistan 1. Band. Ardistan und Dschinnistan 2. Band. Die Sklavenkarawane. Im Reiche des silbernen Löwen 1. Band. Im Reiche des silbernen Löwen 2. Band. Im Reiche des silbernen Löwen 3. Band. Im Reiche des silbernen Löwen 4. Band. Am Rio de la Plata. In den Kordilleren. Das Vermächtnis des Inka. Am Stillen Ozean. Der blau-rote Methusalem. Die Herren von Königsau. Napoleons letzte Liebe. Der Kapitän der Kaisergarde. Der Spion von Ortry. Durch Kampf zum Sieg. Eine deutsche Sultana. Die Königin der Wüste. Der Fürst der Bleichgesichter Teil 1. Der Fürst der Bleichgesichter Teil 2. Der Engel der Verbannten Teil 1. Der Engel der Verbannten Teil 2. Die Tochter des Granden; Der Schatz der Mixtekas; Matavase, der Fürst des Felsens Teil 1. Matavase, der Fürst des Felsens Teil 2. Ein Gardeleutnant, Die Abenteuer des Schwarzen Gerard, Kaiser Max von Mexiko, Erkämpftes Glück Teil 1. Erkämpftes Glück Teil 2. Erkämpftes Glück Teil 3. Die Rose von Kairwan. Old Firehand. Weihnacht.*

Adresse: Verlag Neues Leben, Rosenthaler Str. 36, D-10178 Berlin.

»DER VERLORENE SOHN«: TITELSEITE EINES KOLPORTAGEHEFTS.

»DER VERLORENE SOHN«

Kolportageroman Karl Mays. Unter dem Titel *Der verlorene Sohn oder Der Fürst des Elends* in 101 Heften anonym erschienen von 1883 bis 1885 im Verlag von → H.G. Münchmeyer (Dresden-Niedersedlitz). Unter vollem Verfassernamen als illustrierte Buchausgabe ab 1904 im Verlag → A. Fischer (Dresden-Niedersedlitz) mit den Einzelbänden *Sklaven des Elends*, *Sklaven der Arbeit*, *Sklaven der Schande*, *Sklaven des Goldes* und *Sklaven der Ehre*. Zentrales Thema ist der Kampf des wackeren Förstersohns Gustav Brandt um den Nachweis seiner Unschuld und die Bestrafung der wirklich Schuldigen. Nach 20jährigem Aufenthalt in der Fremde kehrt der verloren geglaubte Sohn in die Heimat zurück, ist als geheimnisvoller »Fürst des Elends« Schutzengel der Armen und führt am Ende den Baron Franz von Helfenstein seiner gerechten Bestrafung zu. – In Teilen verfilmt unter dem Titel → *Das Buschgespenst* (DDR 1986).

Literatur: Karl May: *Das Buschgespenst* (= GWB 64); Karl May: *Der Fremde aus Indien* (= GWB 65); *Der verlorene Sohn* (= GWB 74); *Sklaven der Schande* (= GWB 75); *Der Eremit* (= GWB 76).

»DAS VERMÄCHTNIS DES INKA« (BUCH)

Reiseerzählung, von Karl May ausdrücklich »für die Jugend« bestimmt. Erstmals veröffentlicht als Zeitschriftenabdruck in → *Der gute Kamerad* 1891-1892. Als Buch erstmals 1895 bei der → *Union Deutsche Verlagsgesellschaft* (Stuttgart). Der Deutsche Karl Hammer, genannt Vater → Jaguar, bringt als Führer einer Reisegruppe den jungen Anton Engelhardt zu seinem Vater nach Lima. Ihnen schließen sich der kauzige Dr. Morgenstern mit seinem Diener Fritz Kiesewetter und dem exzentrischen Don Parmesan an. Der Stierkämpfer Antonio Perillo und Benito Pajara, genannt »der große Gambusino«, wollen die Regierung stürzen. Perillo hat einst den Vater des letzten Inka Haukaropora ermordet, Pajaro hat den Bruder Karl Hammers auf dem Gewissen. In der Mordschlucht, nahe dem verborgenen Inkaschatz, kommt es zur entscheidenden Auseinandersetzung. – 1966 von → Georg Marischka mit großer Karl-May-Nähe verfilmt. 1974 erstmals als Bühnenfassung bei den Karl-May-Spielen → Bad Segeberg.

Literatur: Karl May: *Das Vermächtnis des Inka* (= GWB 39).

»DAS VERMÄCHTNIS DES INKA« (FILM)

Kinofilm (D/I/Sp 1965). Mit Guy Madison (Jaguar), William Rothlein (Haukaropora), Francisco Rabal (Gambusino), Heinz Erhardt (Professor Morgenstern), Walter Giller (Fritze Kiesewetter), Chris Howland (Don Parmesan), Geula Nuni (Graziella), Rik Battaglia (Antonio Perillo), Carlo Tamberlani (Anciano), Fernando Rey (Präsident Castilla). Produzent: Frank Marischka. Regie: Georg Marischka. – *Inhalt:* Karl Hansen, genannt »der Jaguar«, gerät bei der Jagd auf »el Gambusino«, den Mörder seines Bruders, in Auseinandersetzungen zwischen Rebellen und aufständischen Inkas. Zwar kann er den Schurken mit den gräßlichen Sachen seiner gerechten Strafe zuführen, kann aber nicht verhindern, daß der junge Inkaprinz Haukaropora seinen Einsatz für den Frieden mit dem Leben bezahlt. – *Der Karl-May-Fan meint:* Erstaunlich frische und um Karl-May-Nähe bemühte Umsetzung des Romans durch den Karl-May-Fachmann Georg Marischka. Eindrucksvoll der Amerikaner William Rothlein als Haukaropora.

Link: http://www.movieline.de/c/display.n/DATA0049884

VERSINI, MARIE

Schauspielerin und Autorin (geb. 10.8.1940 Paris). Karl-May-Star. Berühmt geworden als → Nscho-tschi in → *Winnetou 1. Teil* (1963). Spielte außerdem → Tschita in → *Der Schut* (1964), → Ingdscha in → *Durchs wilde Kurdistan* (1965) und → *Im Reiche des silbernen Löwen* (1965). 1966 übernahm sie die Nscho-tschi-Rolle ein zweites Mal in → *Winnetou und sein Freund Old Firehand.* Tochter eines Gymnasialprofessors in Paris mit korsischen Vorfahren. Erste Theaterrolle mit 16 Jahren. Zwischen 1958 und 1960 ist sie Mitglied der Comédie Française (u.a. *Les Miserables* von Victor Hugo und *Was ihr wollt* von Shakespeare). Erster Film 1957 *Eine Geschichte zweier Städte* (*A Tale of Two Cities,* mit Dirk Bogarde). 1962 spielt sie die Julia in Shakespeares *Romeo und Julia* auf dem Festival von Arles. In Deutschland dreht sie im gleichen Jahr unter der Regie von Rolf Thiele *Das schwarz-weiß-rote Himmelbett* (mit Thomas Fritsch und → Daliah Lavi). Produzent → Horst Wendlandt verpflichtet sie daraufhin für seinen zweiten Karl-May-Film *Winnetou 1. Teil.* Die Rolle als Schwester Winnetous verschafft ihr in Deutschland außerordentliche Popularität (die Zeitschrift *Wochenend* 1965: »Millionen sind verliebt in ihr apartes Gesicht«). Zusammen mit Pierre Brice bildet sie das neue Traumpaar des deutschen Films (»Pierre ist mein bester Freund. Er ist immer nett und der beste Kamerad, mit dem man zusammenarbeiten kann.«) Jahrelang erhält sie als beliebteste Filmschauspielerin den *Goldenen Otto* der Zeitschrift → *BRAVO.* Den Erfolg der Karl-May-Filme kann sie in ihren anderen Filmen allerdings nicht wiederholen; in Erinnerung bleibt allenfalls die Produktion *Liebesnächte in der Taiga* (1967, von

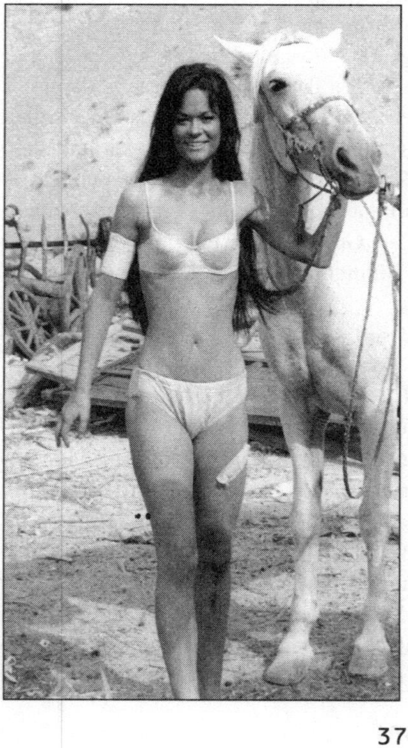

Marie Versini bei den Aufnahmen zu »Winnetou und sein Freund Old Firehand«.

Karl-May-Regisseur → Harald Philipp). Zuvor hatte sie eine schauspielerisch beeindruckende Vorstellung in dem Rudolf-Jugert-Film *Kennwort Reiher* (als Partnerin von Peter van Eyck) abgegeben. Ende der 60er Jahre ist ihre Filmkarriere in Deutschland beendet; nur das Fernsehen kann der Schauspielerin danach noch Rollen anbieten, die ihrem Talent angemessen sind. In den 90er Jahren arbeitet sie in Frankreich am Theater und schreibt Drehbücher. 1993 erhält sie für ihre Verdienste um Karl May den → Scharlih und erklärt: »Ich träume gern von dieser Zeit.« Marie Versini ist mit dem Regisseur Pierre Viallet verheiratet und lebt in Paris und auf der Atlantikinsel Ré.

Alle Filme: *Eine Geschichte zweier Städte* (1957); *La cambiale* (1960); *Il peccatodegli anni verdi* (1960); *Junge, mach dein Testament* (1961); *Paris Blues* (1961); *A la recontre de Robert Schumann* (1961, Regie Pierre Viallet); *The Young Racers* (1962); *Das schwarz-weiß-rote Himmelbett* (1962); *Jaqueline Pascal* (1962, Regie: Pierre Viallet); *Winnetou 1. Teil* (1963); *Im Tempel des weißen Elefanten* (1964); *Kennwort: Reiher* (1964); *Der Schut* (1964); *2 x 2 im Himmelbett* (1964); *Durchs wilde Kurdistan* (1965); *Im Reiche des silbernen Löwen* (1965); *Brennt Paris?* (1965); *Ferien mit Piroschka* (1966); *Die 13 Sklavinnen des Dr. Fu Man Chu* (1966); *Winnetou und sein Freund Old Firehand* (1966); *Liebesnächte in der Taiga* (1967). **Ausgewählte Fernsehfilme:** *Es braust ein Ruf wie Donnerhall* (1971); *Arsene Lupin* (1973); *Sergeant Berry* (1973/74); *Tante Emma* (1977); *Preussenkorso* (1978); *Die Pawlaks* (1982); *Die schöne Wilhelmine* (1985); *Hallo, Onkel Doc* (1994).

Autogrammnmadresse: M Versini, 23 Residence Elyseé, F-78170 La Celle-St. Cloud.
Link: http://german.imdb.com/ Name?Versini,+Marie

VIDEO

siehe auch: Bildplatte; DVD; Heimkino; Laserdisc.

Alle Karl-May-Farbfilme von *Die Sklavenkarawane* bis Syberbergs *Karl May* sind als Videofassungen erhältlich. Die meisten Filme sind bereits mehrfach in jeweils veränderter Ausstattung erschienen. Die Produktionen der → CCC erschienen erstmals 1979 auf Video (bei *Toppic*), die Winnetou-Filme der → Rialto 1981 (bei *Taurus*). Als letzter Film kam 1999 *Das Vermächtnis des Inka* bei *Taurus* heraus. Ebenfalls 1999

Video: Karl-May-Video von Polyband.

erschien bei Bertelsmann eine *Karl-May-Collection* im Schuber mit insgesamt 16 Titeln in einheitlicher Ausstattung für 268 Mark. In zahlreichen Fällen handelt es sich bei den Videofassungen nicht um die Originalversion der Filme, sondern um gekürzte bzw. Fernsehfassungen (so zum Beispiel *Winnetou 1. Teil*).

Die Anbieter (Filme in der Reihenfolge der Kinoaufführung): *Die Sklavenkarawane* (Eurovideo); *Der Löwe von Babylon* (Eurovideo); *Der Schatz im Silbersee* (Kinowelt, früher Taurus); *Winnetou 1. Teil* (Kinowelt, früher Taurus); *Old Shatterhand* (Polyband, früher Toppic); *Der Schut* (Polyband, früher Toppic); *Winnetou 2. Teil* (Kinowelt, früher Taurus); *Unter Geiern* (Kinowelt, früher Taurus); *Der Schatz der Azteken* (Polyband, früher Toppic); *Die Pyramide des Sonnengottes* (Polyband, früher Toppic); *Der Ölprinz* (Kinowelt, früher Taurus); *Durchs wilde Kurdistan* (Polyband, früher Toppic); *Winnetou 3. Teil* (Kinowelt, früher Taurus); *Old Surehand 1. Teil* (Kinowelt, früher Taurus); *Im Reiche des silbernen Löwen* (Polyband, früher Toppic); *Das Vermächtnis des Inka* (Kinowelt); *Winnetou und das Halbblut Apanatschi* (Kinowelt, früher Taurus); *Winnetou und sein Freund Old Firehand* (Columbia); *Winnetou und Shatterhand im Tal der Toten* (Polyband, früher Toppic); Syberbergs *Karl May* (Karl-May-Museum).

VIEW MASTER

Gab es einst in jedem Kaufhaus: Bunte Bildscheiben mit stereoskopischen Aufnahmen, die mit einem speziellen Betrachtungsgerät angeschaut werden konnten. Hergestellt von der US-Firma *Sawyer's Inc.* (Portland, Oregon). Erfolgreiche View-Master-Serien (jeweils 3 Bildscheiben à 7 Fotos) erschienen zu den Filmen → *Winnetou 3. Teil* (1965), → *Old Surehand 1. Teil* (1965) und → *Winnetou und das Halbblut Apanatschi* (1966). Die Fotos wurden von dem Filmfotografen Gerd-Victor Krau mit einer speziellen Stereo-Kamera aufgenommen. Die Karl-May-Serien wurden (mit holländischem Textbuch) auch in den Niederlanden vertrieben. Im → Karl-May-Archiv Göttingen existiert auch eine View-Master-Bildserie *Der Ölprinz*, die nie veröffentlicht wurde. Heute gibt es Clubs, die die alten View-Master-Scheiben sammeln.

VILLA BÄRENFETT

Blockhaus auf dem Gelände der → *Villa Shatterhand* in Radebeul (eröffnet 1928). Das Gebäude ist Teil des → Karl-May-Museums und beherbergt eine der schönsten Indianer-Ausstellungen Europas. Der Name geht zurück auf eine Erzählung des → Hobble-Frank, der sich auf humoristische Weise über sein in ferner Zukunft geplantes Heim verbreitet (in → *Der Schatz im Silbersee*). Die Anlage des Gebäudes ist dem Blockhaus des Bärenjägers → Baumann nachempfunden (beschrieben in → *Der Sohn des Bärenjägers*). Ursprünglich Wohnhaus des Artisten und Weltreisenden → Patty Frank, von dem ein Großteil der Ausstellungsstücke stammt. Gezeigt werden ca. 850 Objekte aus dem Kulturkreis der nordamerikanischen Indianer mit den Themenbereichen: Vorkolumbianische Zeit, Athabasken in Alaska und Kanada, Indianer der Nordwestküste, Indianer Kaliforniens, Pueblo-Indianer, Indianer des östlichen Waldlandes, Waldläufer, Prärieindianer, Widerstandskampf und Geistertanzbewegung, moderne indianische Kunst. Im Untergeschoß renoviertes »Von-Quitzow-Gewölbe« (→ Quitzow), einst Zechkeller von Patty Frank; dient heute als Versammlungsraum.

Anschrift: Karl-May-Museum mit Villa Bärenfett, Karl-May-Str. 5, D-01445 Radebeul.

Link: http://www.karl-may-museum.de/indiannord.html

VILLA SHATTERHAND

Wohnhaus Karl Mays in Radebeul, Karl-May-Straße 5 (ursprüngliche Adresse: Kirchstr. 5; nach 1945: Hölderlinstr. 5). Von May bewohnt von 1896 bis zu seinem Tod 1912. An der Frontseite des repräsentativen Hauses (Kaufpreis: 37.300 Mark) ließ der Autor in goldenen Buchstaben die Aufschrift *Villa Shatterhand* anbringen. Bis 31.12.1944 noch von → Klara May bewohnt. 1961-84 Schulhort. Wurde nach umfassender Renovierung am 9.2.1985 als zentraler Bestandteil des Karl-May-Museums eröffnet. Heute beherbergt die klassizistische Villa das → Karl-May-Museum. Im Garten befindet sich die 1928 errichtete → Villa Bärenfett. Nach dem Einzug berichtete der stolze Hausbesitzer: »Meine Villa, welche wir natürlich ganz allein bewohnen, hat 1 Salon, 1 Musikzimmer, 1 Speisezimmer, 1 Studien- und 2 Bibliotheks-Zimmer, 1 Schlafzimmer, 2 Gastzimmer, Stube für das Hausmädchen, Garderobe, Küche mit großem Heerde, Obst- und andere Kammer, Waschhaus, Holz- und Kohlenhaus, Keller für Wein, Keller für Speisen, Wasserleitung für alle Zimmer und einen prächtigen Garten mit edlen Birnen, Äpfeln, Pflaumen, Pfirsichen, Aprikosen usw.« Man sieht: der Mann hatte es geschafft.

Anschrift: Karl-May-Museum, Karl-May-Str. 5, D-01445 Radebeul.

Link: http://www.karl-may-museum.de

Die Villa Bärenfett bei der Eröffnung im Jahre 1928.

VOGLER, KARL MICHAEL

Schauspieler (geb. 28.8.1928 Remscheid). Darsteller des → Kara Ben Nemsi in der TV-Serie → *Kara Ben Nemsi Effendi* (insgesamt 26 Folgen à 25 Min). Die Serie lief mit einer ersten Staffel im Jahr 1973, eine zweite Staffel folgte 1975. Der Schauspieler wurde gern in amerikanischen Kriegsfilmen als deutscher Offizier eingesetzt. Sein Spiel in der Karl-May-Serie ist angenehm zurückhaltend und verzichtet auf alle Heldentümelei. Vogler ist der bisher beste Kara Ben Nemsi der Filmgeschichte, auch wenn ihm das mythenbildende Charisma eines Lex Barker abgeht.

Ausgewählte Filme: *Die Bekenntnisse eines möblierten Herrn* (1962); *Die tollkühnen Männer in ihren fliegenden Kisten* (1965); *Der blaue Max* (1966); *Paarungen* (1967); *Wie ich den Krieg gewann* (1967); *Deep End* (1970); *Patton* (1970); *Kara Ben Nemsi Effendi* (1973/75); *Das alte Gewehr* (1975); *Zerschossene Träume* (1976); *Wallenstein* (1978, TV); *Ein Mann will nach oben* (1978, TV); *Diese Drombuschs* (1983, TV); *Schwein – Eine deutsche Karriere* (1994, TV); *Alle meine Töchter* (1995, TV).

Autogrammadresse: Karl-Michael Vogler, Auweg 8, D-82293 Seehausen/Staffelsee.

Link: http://german.imdb.com/Name?Vogler,+Karl+Michael

DE VOGT, CARL

Schauspieler (geb. 14.9.1885 Köln; gest. 1970 Berlin). Der erste Kara Ben Nemsi der Filmgeschichte. Spielte in den (verschollenen) → Stummfilmen → *Auf den Trümmern des Paradieses* (1920), → *Die Todeskarawane* (1920) und → *Die Teufelsanbeter* (1921). Gehörte zu den Stars der Stummfilmzeit. Begann seine Karriere in Berlin als jugendlicher Held am renommierten Königlichen Schauspielhaus am Gendarmenmarkt. Überragenden Erfolg hatte er 1919 als

Villa Shatterhand: Karl Mays Arbeitszimmer.

Partner von → Lil Dagover in dem Abenteuerfilm *Die Spinnen*, in dem es um einen sagenhaften Inkaschatz geht (Regie: → Fritz Lang). Während der Tonfilmzeit trat er in zahlreichen, wenn auch kleineren Rollen auf. Mit seiner einstigen Karl-May-Partnerin Anna von Palen *(→ Marah Durimeh)* spielte er 1934 in dem Film *Zu Straßburg auf der Schanz*. Bedeutendster Film war 1936 der legendenhafte *Fährmann Maria* mit Sybille Schmitz (Regie: Frank Wisbar). Nach dem Krieg fiel der Schauspieler der Vergessenheit anheim. Er trat noch in den → Artur-Brauner-Produktionen *Die Ratten* (1955) und *Der Würger von Schloß Blackmoor* (1963) auf. 1964 erschien Lex Barker als Kara Ben Nemsi in Brauners *Der Schut*. Niemand erinnerte sich daran, daß der einstige Kara Ben Nemsi der Stummfilmzeit in Berlin wohnte und sogar im selben Atelier gearbeitet hatte, in dem auch Szenen vom *Schut* entstanden. In seinen letzten Lebensjahren zog der ausgebildete Sänger durch Berliner Altersheime und trug Trink- und Vagantenlieder zur Laute vor.

Ausgewählte Filme: *Der Weg des Todes* (1916); *Ahasver* (1917); *Die Spinnen 1. Teil: Der Goldene See* (1919); *Der Herr der Liebe* (1919); *Halbblut* (1919); *Auf den Trümmern des Paradieses* (1920); *Die Todeskarawane* (1920); *Die Teufelsanbeter* (1921); *Die Spinnen 2. Teil: Das Brillantenschiff* (1920); *Waterloo* (1922); *U 9 Weddigen* (1927); *Zuflucht* (1928); *Waterloo* (1928); *Number 17* (1928); *Flachsmann als Erzieher* (1930); *Lumpenball* (1930); *Das Geheimnis der roten Katze* (1931); *Die Frau – die Nachtigall* (1931); *Das Lied der schwarzen Berge* (1932); *Die elf Schill'schen Offiziere* (1932); *Die Tänzerin von Sanssouci* (1932); *Teilnehmer antwortet nicht* (1932); *Die Nacht der großen Liebe* (1933); *Ein Lied geht um die Welt* (1933); *Liebesfrühling* (1933); *Wenn am Sonntagabend die Dorfmusik spielt* (1933); *Die Weiße Majestät* (1934); *Ich für Dich – Du für mich* (1934); Wilhelm Tell (1934); *Zu Straßburg auf der Schanz* (1934); *Fährmann Maria* (1936); *Wenn wir alle Engel wären* (1936); *Musketier Meier III* (1938); *Rheinische Brautfahrt* (1939); *Weltrekord im Seitensprung* (1940); *Briefträger Müller* (1953); *Die Ratten* (1955); *Der Würger von Schloß Blackmoor* (1963).

Link: http://german.imdb.com/Name?de+Vogt,+Carl

DE VOGT JR., CARL F.

Sohn von → Carl de Vogt (gest. 1999 München). Plante Verfilmung von Karl-May-Stoffen mit seiner eigenen Produktionsfirma. Nahm 1962 mit seiner Frau auf Einladung von →

Carl de Vogt: Der erste Kara Ben Nemsi der Filmgeschichte.

Horst Wendlandt an den Dreharbeiten von → *Der Schatz im Silbersee* teil. Erinnert sich: »Lex Barker war hinter jedem Rockzipfel her«.

VOHRER, ALFRED

Filmregisseur (geb. 29.12. 1918 Stuttgart; gest. 3.2.1986 München). Regisseur der Winnetou-Filme → *Unter Geiern* (1965), → *Old Surehand 1. Teil* (1965) und → *Winnetou und sein Freund Old Firehand* (1966). Drehte rund 45 Kinofilme, darunter 13 Edgar-Wallace- und sechs Simmel-Filme, 30 *Derrick*-Krimis, acht Episoden *Der Alte*, sechs Folgen *Traumschiff* und die ersten zwölf Folgen der *Schwarzwaldklinik*. – Der Kaufmannssohn Vohrer wollte ursprünglich Schauspieler werden, doch eine schwere Verletzung in den letzten Kriegstagen – er verlor den rechten Arm – vereitelte diese Absicht. Er arbeitete als Spielleiter am Theater, beim Rundfunk und als Synchronregisseur und gründete zusammen mit Joseph Wolf die Synchronfirma *Ultrasynchron*. 1958 drehte er seinen ersten eigenen Spielfilm als Regisseur. Seine Karriere wurde wesentlich beeinflußt durch die Zusammenarbeit mit Produzent → Horst Wendlandt, dessen Lieblingsregisseur er wurde. Wendlandt beabsichtigte ursprünglich, ihm die Regie des ersten Karl-May-Films → *Der Schatz im Silbersee* (1962) anzuvertrauen, konnte sein Vorhaben aber erst 1964 mit dem Film *Unter Geiern* verwirklichen. Vohrer entwickelte einen härteren und realistischeren Inszenierungsstil als sein Vorgänger → Harald Reinl, der seinerseits stets die märchenhaften und romantischen Elemente betonte. Der Regisseur lebte mit seinem Adoptivsohn in einer Villa im Berliner Grunewald. Er starb 1986 in seiner Stammsuite 501 im Münchner Hotel Königshof. Es war der erste Drehtag zu einer neuen Folge der Krimiserie *Der Alte*. Alfred Vohrer ist auf dem Waldfriedhof in Berlin-Dahlem bestattet. Er zählt zu den kommerziell erfolgreichsten Regisseuren des deutschen Nachkriegskinos. Seine Filme wurden dreimal mit der → *Goldenen Leinwand* ausgezeichnet.

Alle Filme: *Meine 99 Bräute* (1958); *Schmutziger Engel* (1958); *Verbrechen nach Schulschluß* (1959); *Mit 17 weiß man nicht* (1960); *Unser Haus in Kamerun* (1961); *Die toten Augen von London* (1961); *Die Tür mit den sieben Schlössern* (1962); *Das Gasthaus an der Themse* (1962); *Ein Alibi zerbricht* (1963); *Der Zinker* (1963); *Das indische Tuch* (1963); *Wartezimmer zum Jenseits* (1964); *Unter Geiern* (1964); *Der Hexer* (1964); *Old Surehand 1. Teil* (1965); *Neues vom Hexer* (1965); *Winnetou und sein Freund Old Firehand* (1966); *Lange Beine – lange Finger* (1966); *Der Bucklige von Soho* (1966); *Der Hund von Blackwood Castle* (1967); *Die blaue Hand* (1967); *Der Mönch mit der Peitsche* (1967); *Im Banne des Unheimlichen* (1968); *Der Gorilla von Soho* (1968); *Sieben Tage Frist* (1969); *Herzblatt* (1969); *Der Mann mit dem Glasauge* (1969); *Das gelbe Haus am Pinnasberg* (1970); *Perrak* (1970); *Und Jimmy ging zum Regenbogen* (1971); *Liebe ist nur ein Wort* (1971); *Und der Regen verwischt jede Spur* (1972); *Der Stoff, aus dem die Träume sind* (1972); *Alle Menschen werden Brüder* (1973); *Gott schützt die Liebenden* (1973); *Wer stirbt schon gerne unter Palmen?* (1974); *Die Antwort kennt nur der Wind* (1974); *Drei Männer im Schnee* (1974); *Derrick* (1974, TV); *Jeder stirbt für sich allein* (1975); *Der Edelweißkönig* (1975); *Das Schweigen im Walde* (1976); *Anita Drö-*

gemöller und die Ruhe an der Ruhr (1977); *Der Alte* (1977, TV); *Das Traumschiff* (1983, TV); *Schwarzwaldklinik* (1985, TV).
Link: http://german.imdb.com/Name?Vohrer,+Alfred

VOLAPÜK

1880 entwickelte Kunstsprache. Vorläufer von → Esperanto. Bereits 1888 erschien der erste Karl-May-Text auf Volapük: *Tävaventürs in Kurdän ed in Lapän* von Dr. Karl May. Zugrunde lagen die Reiseerzählungen *Christi Blut und Gerechtigkeit* (unter dem Titel Schefakas Geheimnis in GWB 48 *Das Zauberwasser*) und *Saiwa tjalem* (in GWB 23 *Auf fremden Pfaden*).
Literatur: Karl May: *Tävaventürs in Kurdän ed in Lapän*. München 1888.

VOLKSFESTE

Feste Feiern mit Karl May. Das ist wie Fasching im Sommer. Öfter mal kommt Veranstaltern von Volksfesten die Idee, daß es besonders bunt zugeht, wenn man sich als Scheich oder Indianer verkleidet. In der Karl-May-Geburtsstadt → Hohenstein-Ernstthal fand bereits 1934 ein *Bergfest* unter der Überschrift »Im Zauberreiche Karl Mays« statt (»Der echte Henrystutzen, die echte Silberbüchse, echte Skalpe!«). Eine traditionsreiche Veranstaltung ist der *Mai-Markt* in Kaiserslautern. 1961 stand der Festumzug, organisiert von »General Knüller«, unter dem Motto *Auf den Spuren Karl Mays*. 1965 hieß das Karl-May-Thema *Durch Wüsten und Schluchten* (»Hochinteressanter Festzug. Erstmals in Deutschland.«) In der Karl-May-Stadt → Radebeul gibt es seit 1992 → *Karl-May-Festtage* mit einem großen Familienprogramm.

VOLKSSCHRIFTSTELLER

Tümelndes Markenzeichen für Karl May. Gern verwendet in der Zeit des Nationalsozialismus. Auch in den 50er und 60er Jahren vom → Karl-May-Verlag als Werbeargument eingesetzt. Ob die Nähe zum »Volk« ein Ausdruck für Qualität ist, darüber gehen die Meinungen auseinander. »Was zwanzig Jahre sich erhält und die Neigung des Volks hat, das muß schon etwas sein.« (Goethe) »›Volksschriftsteller‹? Das ist eben nur ein rücksichtsvollerer Ausdruck für Kitsch.« (Arno Schmidt)

VRHOVEC, IVO

Kroatischer Filmproduzent (geb. am 21.1.1925 Zagreb, Kroatien). 1955-1968 Generaldirektor der → Jadran-Film, Zagreb. Produzierte seit 1962 gemeinsam mit → Horst Wendlandt (Rialto-Film) die Winnetou-Filme. Nach Ende der Serie von 1968 bis 1978 stellvertretender Bürgermeister bzw. Oberbürgermeister der kroatischen Hauptstadt Zagreb, der Hauptstadt der damaligen jugoslawischen Teilrepublik Kroatien. Entwickelte Beziehungen zur deutschen Partnerstadt Mainz (die Mainzer Straßenbahnwagen verkehren heute noch in Zagreb).

W

WAALKES, OTTO

Komiker (geb. 22.7.1948 Emden). Bekennender Ostfriese und Winnetou-Fan. Einst Spaßvogel der Nation.

Autogrammadresse: Otto Waalkes, c/o Rüssl Musikverlag GmbH, Papenhuder Str. 61, D-22087 Hamburg.

WAGNER, RICHARD

Mit ihm wird Karl May immer wieder gern verglichen – nicht nur, weil er Sachse ist. »Beide in ihrer Art großartig und größenwahnsinnig. Beide in ihren Werken sentimental und brutal. Beide vor allem im deutschsprachigen Raum gefeiert von einer enorm großen und geradezu süchtigen Gefolgschaft.« (Viola Roggenkamp in *Die Zeit*, 11.8.1989). Als Figur taucht Richard Wagner (neben Franz Liszt und König Ludwig II.) in Karl Mays Kolportageroman → *Der Weg zum Glück* auf (»Du auch hier, Herr Komponist! Das ist auch schön! Hier hast meine Patsch! Willkommen auch!«) Während seiner → Orientreise besuchte Karl May im Jahr 1900 das Sterbezimmer Wagners in Venedig: »Ich stand auf der Stelle, wo er starb. Tiefbewegt. Künstlerwallen.« Schon 1969 verglich → Rudolf W. Kipp in seinem Fernsehfilm *Karl May in Bad Segeberg* die Fest-

Otto: Ottifant mit Winnetou.

spielbesucher am Kalkberg mit denen vom Grünen Hügel in Bayreuth. Am 28.5.1988 wurde in Dresden eine grotesk-komische Szenencollage unter dem Titel *Seelenlust & Augenweide. Wagner und Winnetou geben sich die Ehre* uraufgeführt (Produktion der Dresdner Musikfestspiele mit Unterstützung des Staatsschauspiels Dresden; Regie: Carsten Ludwig).

WAIGEL, THEO

Bundesminister der Finanzen a.D. (geb. 22.4.1939 Oberrohr, Schwaben). Karl-May-Fan. Hielt auf dem → Karl-May-Fest 1999 für → Pierre Brice die Laudatio. »Karl May ist auch bei uns zu Hause. Die handlichen grünen Bände im Leinenrücken mit goldenen Buchstaben werden immer wieder hervorgeholt, vor allem, wenn in Kino und Fernsehen Filme nach diesen Romanen laufen. Die schöne → Marie Versini, der blonde → Lex Barker, der finstere Schuft → Mario Adorf wecken die Erinnerung an den begehrtesten Lesestoff der Schulzeit. Aber vor allem Pierre Brice hat sich durch diese Verfilmungen eingeprägt: Karl Mays Winnetou erhielt durch ihn seine heutige Gestalt.« *(Mittelbayerische Zeitung, 22.2.1992).*

WALDENBURG

Stadt in Sachsen. Vom 29.9.1856 bis 28.1.1860 besucht Karl May das *Fürstlich Schönburgische Lehrerseminar.* Im November 1859 findet man bei ihm sechs Talglichter (→ Kerzen), die er für das Weihnachtsfest zu Hause entwendet hat. Die Lehrerkonferenz attestiert ihm einen »infernalischen Charakter«; das Kultusministerium in Dresden verfügt seine »gänzliche Entfernung aus dem Seminar«. Im Jahre 2000 erinnert sich die Stadt des verlorenen Sohnes und veranstaltet ihm zu Ehren *Karl-May-Festspiele.* Aufgeführt wird das Stück *Winnetou I* (auf der Naturbühne Grünfelder Park).

Literatur: Klaus Hoffmann: *Der ›Lichtwochner‹ am Seminar Waldenburg. Eine Dokumentation über Karl Mays erstes Delikt (1859).* In: Jb-KMG 1976.

Karl-May-Festspiele: Fremdenverkehrsamt Waldenburg, Markt 22, D-08396 Waldenburg, Tel. (037608) 21000.

WALDHEIM

Stadt in Sachsen. Im Zuchthaus der Stadt verbüßt Karl May vom 3.5.1870 bis zum 2.5.1874 eine vierjährige Haftstrafe wegen Betrugs, Fälschung und Diebstählen, bei denen er eine Beute von etwas mehr als 140 Talern gemacht hatte. Die Strafe muß er wegen Rückfälligkeit bis auf den letzten Tag absitzen. Zeitweise wird ihm die Betreuung der 1.700 Bände umfassenden Anstaltsbibliothek übertragen. Der katholische Anstaltskatechet Kochta zieht ihn zum Orgelspiel heran. Nicht richtig ist die Annahme, Karl May habe seine Bücher im Zuchthaus geschrieben. In Wirklichkeit war in Waldheim jede literarische Tätigkeit ausgeschlossen. Allerdings war es May selbst, der dafür sorgte, daß es zu dieser Legende kam. In seiner Autobiographie *Mein Leben und Streben* (1910) heißt es: »Ich schrieb Manuskripte. Sobald eines fertig war, schickte ich es heim. Die Eltern vermittelten dann zwischen mir und den Verlegern. Ich schrieb diesen nicht direkt, weil sie jetzt noch nicht erfahren sollten, daß der Verfasser der Erzählungen, die sie druckten, ein Gefangener sei.« Bei seiner Entlassung sagt May zum Aufseher Müller: »Herr Schließer, mich sehen Sie hier niemals wieder!«

Literatur: Hainer Plaul: *Resozialisierung durch »progressiven« Strafvollzug. Über Karl Mays Aufenthalt im Zuchthaus zu Waldheim von Mai 1870 bis Mai 1874.* In: Jb-KMG 1976.

»DAS WALDRÖSCHEN« (BUCH)

Kolportageroman Karl Mays. Veröffentlicht unter dem Titel *Waldröschen oder Die Räuberjagd rund um die Erde. Großer Enthüllungsroman über die Geheimnisse der menschlichen Gesellschaft*. Das berühmteste Kolportagewerk seiner Zeit. Als Verfasser wird »Capitain Ramon Diaz de la Escosura« genannt. Der erste von fünf Lieferungsromanen, die Karl May für den Verlag von → H.G. Münchmeyer (Dresden) schrieb. Als Heftausgabe erstmals 1882-84 erschienen (109 Lieferungen, Gesamtumfang: 2612 Seiten). 1902/03 kommt der Roman unter Karl Mays Namen in einer illustrierten Buchausgabe des Verlegers → Adalbert Fischer heraus. Die abenteuerliche Geschichte (Vorbilder: Eugène Sue, Alexandre Dumas) beginnt damit, daß der deutsche Arzt Dr. Karl Sternau nach Spanien gerufen wird, wo er das Leben des spanischen Grafen Emanuel de Rodriganda retten soll. Er gerät in eine verbrecherische Intrige der Cortejo-Sippe, die sich durch eine Kindsvertauschung in den Besitz der Erbschaft des Grafen setzen will. Große Teile der Handlung spielen in Mexiko vor dem Hintergrund der Auseinandersetzung zwischen Benito Juarez und dem Vasallenkaiser Maximilian III. Der Name des Romans bezieht sich auf die Tochter von Sternau und seiner Frau Rosa de Rodriganda, das »Waldröschen«, das, während ihr Vater 16 Jahre lang auf der Teufelsinsel schmachten muß, zu einem blühenden jungen Mädchen heranwächst. Auf einem großen Festball in dem deutschen Städtchen Rheinswalden resümiert Sternau am Schluß des Romans: »Die Nebenpersonen des Romans haben den verdienten Lohn gefunden. Die Treuen und Gerechten genießen die Früchte ihres Handelns, die Schlechten sind verkommen oder gestorben. So will es Gott!«. – Die Wissenschaft sieht *Das Waldröschen* als exemplarisches Werk der Kolportageliteratur (zahlreiche Abhandlungen und Dissertationen). Teile des Riesenromans wurden verfilmt: → *Der Schatz der Azteken* (1965), → *Die Pyramide des Sonnengottes* (1965) und → *Präriejäger in Mexiko* (1988).

Werke: Karl May: *Schloß Rodriganda* (= GWB 51); *Die Pyramide des Sonnengottes* (= GWB 52); *Benito Juarez* (= GWB 53); *Trapper Geierschnabel* (= GWB 54); *Der sterbende Kaiser* (= GWB 55). **Literatur:** Friedhelm Munzel: *Karl Mays Erfolgsroman »Das Waldröschen«. Eine didaktische Untersuchung als Beitrag zur Trivialliteratur der Wilhelminischen Zeit und der Gegenwart.* Hildesheim/New York 1979.

Link: http://www.karl-may-stiftung.de/roeschen.html

»DAS WALDRÖSCHEN« (THEATER)

Theatereinrichtung von Götz Loepelmann und Astrid Fischer-Windorf. Erste Bearbeitung eines Kolportageromans von Karl May für das Theater. Uraufführung: 23.10.1977 in Hannover (Ballhof). Untertitel: »Melodramatischer Bilderbogen in 38 Bildern«. Grundidee: Ein Kitschroman wird parodiert. Konnte nicht funktionieren, weil nur das Erhabene zur Parodie taugt, nicht das Triviale. Trotzdem war das Stück ein Premierenerfolg. Der *Mannheimer Morgen* urteilte: »Keiner kitscht feiner als Karl May«.

Literatur: Götz Loepelmann, Astrid Fischer-Windorf: *Das Waldröschen oder Die Verfolgung rund um die Erde. Ein melodramatischer Bilderbogen von Karl May.* Hildesheim / New York 1977.

WALSER, MARTIN

Schriftsteller (geb. 24.3.1927 Wasserburg). Karl-May-Fan. »Ich bin ein Karl-May-Bewunderer: immer schon gewesen und geblieben. Ich glaube, daß er für jedes Lebensalter geschrieben hat. Als ich ihn früher las, las ich das Abenteuerliche; heute glaub ich, es war das Tröstliche im Abenteuerlichen, das ihn so lesbar macht.« (1973)

WALTHER, HARRY

Schauspieler und Regisseur (geb. 1927; gest. 22.4.1988). Von 1961 bis 1968 Darsteller des → Old Shatterhand und → Kara Ben Nemsi bei den Karl-May-Spielen in → Bad Segeberg. Spielte 1961 den Kara Ben Nemsi in der TV-Serie → *Mit Karl May im Orient* (nur teilweise vorgeführt auf der Funkausstellung Berlin 1963). 1965 Regie bei einer Karl-May-Freilichtaufführung in → Dinslaken. 1975 bis 1980 Intendant und Regisseur der Segeberger Spiele. Der in Thüringen gebürtige Walther studierte in Halle und arbeitete als Schauspieler in Schwerin und Magdeburg. Zusammen mit dem Winnetou-Darsteller → Heinz Ingo Hilgers bildet er in den 60er Jahren das Konkurrenz-Paar zu den Film-Blutsbrüdern Lex Barker und Pierre Brice. Als Intendant der Spiele ahmt er das in → Elspe entwickelte Konzept nach, die zuvor wortlastigen Karl-May-Stücke mit filmischen Action-Elementen zu beleben. 1976 leitet er mit der Verpflichtung von → Raimund

Harry Walther als Old Shatterhand bei den Karl-May-Spielen Bad Segeberg.

Harmstorf als → Santer die Ära des Star-Theaters ein (im gleichen Jahr gibt → Pierre Brice sein Debüt in Elspe). Trotz dieser Neuerungen zeichnen sich die Segeberger Spiele unter seiner Ägide durch eine weitgehende Karl-May-Treue aus. Die zurückgehenden Zuschauerzahlen führten zu seiner Ablösung als Intendant; die Karl-May-Spiele wurden aus dem Verantwortungsbereich der Stadt in die kommerzielle Kalkberg GmbH überführt. Walther ging 1981 als Intendant des E.T.A.-Hoffmann-Theaters nach → Bamberg. Er starb 1988 in einer Schwarzwälder Kurklinik im Alter von 60 Jahren.

Karl-May-Aufführungen: In *Bad Segeberg*: *Der Ölprinz* (1961, Old Shatterhand); *Unter Geiern* (1962, Old Shatterhand); *Durch die Wüste* (1963, Kara Ben Nemsi); *Der Schatz im Silbersee* (1964, Harry Walther); *Old Surehand* (1965, Old Shatterhand); *Winnetou II – Ribanna und Old Firehand* (1966, Old Shatterhand); *Unter Geiern – Der Sohn des Bärenjägers* (1967, Old Shatterhand); *In den Schluchten des Balkan* (1968, Kara Ben Nemsi); *Old Surehand* (1975, Intendanz, Regie); *Winnetou I + II* (1976, Intendanz, Buch, Regie); *Der Schwarze Mustang* (1977, Intendanz, Buch, Regie); *Durchs wilde Kurdistan* (1978, Intendanz, Buch, Regie); *Old Firehand* (1979, Intendanz, Buch, Regie); *Im Tal des Todes* (1980, Intendanz, Buch, Regie). **In *Dinslaken*:** *Unter Geiern – Der Sohn des Bärenjägers* (1965, Regie).

WALTHER, KARL-HEINZ

Schauspieler und Regisseur (geb. 22.1.1929; gest. 4.10.1995). Von 1973 bis 1995 Regisseur der Karl-May-Festspiele → Elspe. Schuf zusammen mit → Jochen Bludau den bis heute für Elspe typischen Inszenierungsstil mit schnellen Szenenwechseln und actionbetonter Dramaturgie. Höhepunkt seiner Tätigkeit in Elspe war die Zusammenarbeit mit Winnetou-Star → Pierre Brice. Während seiner Regietätigkeit erreichte die Zuschauerzahl die Rekordhöhe von 400.000 pro Spielzeit. Walther war Gründer des Zimmertheaters in Heidelberg und von 1965 bis 1994 Intendant des Grenzlandtheaters Aachen. An den Karl-May-Inszenierungen in Elspe war seine Frau als Regieassistentin beteiligt.

Karl-May-Inszenierungen außer Elspe: *Winnetou, der Apache* (Wien 1980); *Das Geheimnis des Feuerberges* (Wien 1983).

WARENZEICHEN

siehe auch: Markenrecht; Merchandising; Urheberrecht.

Vorläufer des → Markenrechts. Schützte Bezeichnungen vor der Verwendung durch Konkurrenten. In den 70er und 80er Jahren häufig verwendetes Verfahren, mit dem vor allem die *Karl-May-Spiele* → *Elspe* und der → *Karl-May-Verlag* ihre kommerziellen Interessen zu schützen versuchten. Als Warenzeichen wurden die bekanntesten Figurennamen und sogar der Name »Karl May« selbst geschützt. Die *Karl May Verwaltungs- und Vertriebs-GmbH* (Bamberg) erteilte Lizenzen für die unterschiedlichsten Produkte, darunter Sammelbildalben, Senfgläser und → Unterhosen mit Filmmotiven. Daß ausgerechnet Karl May, in dessen imaginärem Universum die Gesetze des Kapitalismus aufgehoben sind, Bestandteil der »Warengesellschaft« ist, stellte für manchen Leser ein nachhaltiges Ärgernis dar. Andererseits: Würde es nicht immer wieder Unternehmer und Produzenten geben, die in der literarischen Hinterlassenschaft Mays auf eine Bonanza zu stoßen hoffen, wäre das Nachleben des Schriftstellers zweifellos um manche exotische Blüte ärmer – und um manches Produkt, das oft von denjenigen am eifrigsten gesammelt wird, die den Produzenten am heftigsten verdammen.

WATERLOO & ROBINSON

Österreichisches Sängerduo (Hans Kreuzmayr und Sepp Krassnitzer). Gegründet 1970. Veröffentlichte 1987 den Nostalgie-Titel *Winnetou*. Das Duo war vor allem Mitte bis Ende der 70er Jahre erfolgreich. Ab Anfang der 80er gingen die beiden Sänger zeitweise getrennte Wege. Kreuzmayr trat 1999 als Winnetou bei den Karl-May-Spielen → Winzendorf in Österreich auf. Den dadurch erreichten Popularitätszuwachs nutzt er zu verstärkten gemeinsamen Auftritten mit seinem Partner.

Musiktitel: *Hollywood* (1974); *Meine kleine Welt* (1976); *Du bist frei* (1977); *Ich denk noch oft an Marianne* (1979); *Winnetou* (1987).

WEBSITES

Motto: Nicht reiten – surfen. Karl May ist mit hervorragenden Websites so gut wie kaum ein anderer Autor im Internet vertreten. Abrufbar sind Informationen zur Biographie, zu einzelnen Werken, zu Filmen und zu Museen. Verschiedene May-Bücher sind sogar komplett ins Netz gestellt. Fans können in verschiedenen Foren miteinander diskutieren (teilweise mit Paßwort) oder sich in Gästebücher eintragen.

Web-Adressen (Auswahl):

http://www.karl-may-magazin.de/scout/index.htm
(Umfassende Linksammlung und sehr gute Seite des Fan-Magazins Karl May & Co).

http://www.karl-may-gesellschaft.de/ (Karl-May-Gesellschaft).

http://karlmay.uni-bielefeld.de/kmg/kmh/index.htm (Karl-May-Haus).

http://www.karl-may-museum.de/ (Karl-May-Museum).

http://www.karl-may-stiftung.de/ (Karl-May-Stiftung).

http:/ /www.karl-may.de/ (Karl-May-Verlag).

http://www.karl-may-archiv.de/ (Informationen aus dem Karl-May-Archiv).

http://kino.freepage.de/karl-may-filmarchiv
(Fan-Seite mit guten Vergleichen Film – Buch, dazu zahlreiche Links).

http://home.t-online.de/home/H_philipp/karlmay.htm (Fan-Seite).

»DER WEG ZUM GLÜCK«

Kolportageroman Karl Mays. Letzter von fünf Lieferungsromanen für den Verleger → H.G. Münchmeyer. Ursprünglich anonym 1886/87 in 109 Heften (2616 Seiten) erschienen; der Untertitel lautet: »Roman aus dem Leben Ludwig des Zweiten«. 1904 kommt der Roman unter Karl Mays Namen in einer illustrierten Buchausgabe des Verlegers → Adalbert Fischer heraus; er umfaßt die Einzelbände *Die Murenleni*, *Der Wurz'nsepp*, *Der Geldprotz* und *Der Krikelanton*. In der Haupthandlung des Romans wird der Lebensweg der Sennerin Magdalena Berghuber, der Murenleni, beschrieben, einem Patenkind des Wurzelsepp. Auf der Alm begegnet ihr Ludwig II., der von ihrer Stimme fasziniert ist und ihr eine Ausbildung als Opernsängerin anbietet. Ihr Geliebter, der Krickelanton, ist gegen diese Karriere, und es kommt zum Bruch zwischen den Liebenden.

Werke: Karl May: *Der Peitschenmüller* (= GWB 66); *Der Silberbauer* (= GWB 67); *Der Wurzelsepp* (= GWB 68); *Der Habicht* (= GWB 73).

WEIN

Mochte auch Karl May. Am 31.8.1907 besucht der Schriftsteller mit seiner Frau Klara das Winzerfest im Bilz-Sanatorium in Radebeul. Seit 1992 keltert der Winzer *Karl May* vom *Weingut Liebenauer Hof* in Osthofen (Rheinhessen) einen speziellen »Karl-May-Wein« (wahlweise »Huxelrebe trocken« oder »Portugieser Dornfelder«). Die Flaschen gibt es mit speziellem grün-goldenen Karl-May-Etikett.

Bestelladresse: Weingut Liebenauer Hof, Ludwig-Schwamb-Str. 26, D-67574 Osthofen.

WEISSPFLOG, CHRISTIAN FRIEDRICH

Pate Karl Mays (geb. 1819; gest. 1894). Ernstthaler Schmiedemeister und Verwandter im Geiste: »Ich hatte einen Paten, welcher als Wanderbursche weit in der Welt herumgekommen war. Der nahm mich in der Dämmerstunde und an Feiertagen, wenn er nicht arbeitete, gern zwischen seine Knie, und mir und den rundum sitzenden Knaben von seinen Fahrten und Erlebnissen zu berichten. Er war ein kleines, schwächliches Männlein, mit weißen Locken, aber in unseren Augen ein gar gewaltiger Erzähler, voll übersprudelnder, mit in das Alter hinüber geretteter Jugendlust und Menschenliebe. Alles, was er berichtete, lebte und wirkte fort in uns, er besaß ein ganz eigenes Geschick, seine Gestalten gerade das sagen zu lassen, was uns gut und heilsam war, und in seine Erlebnisse Szenen zu verflechten, welche so unwiderstehlich belehrend, aneifernd oder warnend auf uns wirkten. Wir lauschten atemlos, und was kein strenger Lehrer, kein strafender Vater bei uns erreichte, das erreichte er so spielend leicht durch die Erzählungen von seiner Wanderschaft. Er hat seine letzte Wanderung schon längst vollendet; ich aber erzähle an seiner Stelle weiter…« *(Karl May 1899).*

WEITENSFELD-GURKTAL

Gemeinde in Kärnten, Österreich. Seit 1995 *Karl-May-Festspiele* auf der Freilichtbühne. Viertes Freilichttheater, das in Österreich Karl-May-Stücke aufführte (nach → Staatz, → Gföhl und → Winzendorf). Gegründet von → Heinrich H. Koziol, der zuvor die Karl-May-Spiele Gföhl ins Leben gerufen hatte. Veranstalter ist die *Gurktaler Festspielorganisation GmbH*. Freilichtbühne mit

2.000 Sitzplätzen, Western-City mit Saloon und Indianerzelten. Besucher 1998: 30.000. Die Inszenierung ist geprägt durch Action und gekonnte Stunt-Einlagen; Westerneisenbahn und → Martin-Böttcher-Musik. In der Spielzeit 1998 Engagement des Wiener Schauspielers Erwin Strahl (verheiratet mit Waltraud Haas). Strahl (»Ich war schon als kleiner Bub ein Karl-May-Fanatiker«) spielte hinterlistig-charmant den »Ölprinzen«. Sehenswert auch → Thomas Koziol als Winnetou (bis 1999, danach in → Winzendorf) und Michael Thomas als Old Shatterhand. *Urteil des Karl-May-Fans:* »Weitensfeld ist ein Erlebnis für große und kleine Karl-May-Fans.« (Katja Warlich 1998)

Inszenierungen (in Klammern Spielzeit): *Winnetou I* (1995); *Der Schatz im Silbersee* (1996); *Winnetou II* (1997); *Der Ölprinz* (1998); *Winnetou III* (1999).

Anschrift: Gurktaler Festspielorganisation GmbH, A-9344 Weitensfeld.

Link: http://www.karlmay.at/

WELTBILD-VERLAG

Konkurrenz für den Karl-May-Verlag: Die Augsburger Buchfabrik mit → Bertelsmann-Ambitionen (Jahresumsatz: 1 Milliarde Mark) gibt eine umfangreiche Karl-May-Edition heraus (»Augsburger Ausgabe«). Die Reihe umfaßt Mays frühe → Münchmeyer-Romane (in der → Fischer-Ausgabe). Die Textvorlagen wurden vom → Verlag Neues Leben (Berlin) erworben; es erscheinen jedoch auch einige Texte, die noch nicht in der Karl-May-Reihe des ehemaligen DDR-Verlags herausgekommen waren. Die künstlerische Bearbeitung der Illustrationen hat der Karl-May-Maler → Firuz Askin vorgenommen.

Die Weltbild-Ausgabe: 1 *Deutsche Herzen – Deutsche Helden I: Eine deutsche Sultana* (1999). 2 *Deutsche Herzen – Deutsche Helden II: Die Königin der Wüste* (1999). 3 *Deutsche Herzen – Deutsche Helden III: Der Fürst der Bleichgesichter I* (1999). 4 *Deutsche Herzen – Deutsche Helden IV: Der Fürst der Bleichgesichter II* (1999). 5 *Deutsche Herzen – Deutsche Helden V: Der Engel der Verbannten I* (1999). 6 *Deutsche Herzen – Deutsche Helden VI: Der Engel der Verbannten II* (1999). 7 *Karl May – Leben, Werk, Wirkung* (1999). 8 *Das Waldröschen I: Die Tochter des Granden* (1999). 9 *Das Waldröschen II: Der Schatz der Mixtecas* (1999). 10 *Das Waldröschen III: Matavase, der Fürst des Felsens I* (1999).

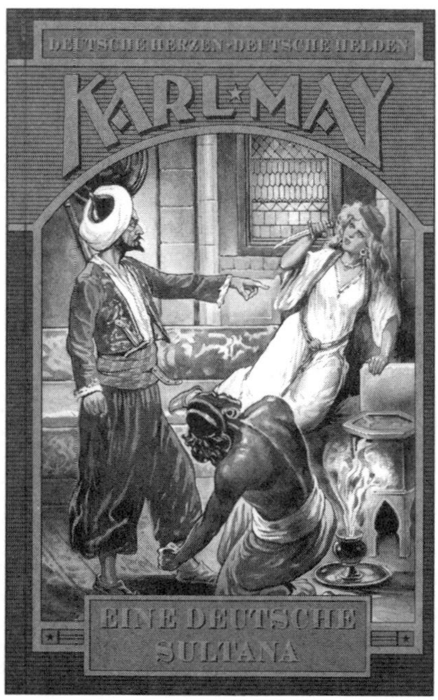

Weltbild-Verlag: Deckelbild der Karl-May-Ausgabe.

11 *Das Waldröschen IV: Matavase, der Fürst des Felsens II* (1999). 12 *Das Waldröschen V: Ein Gardeleutnant* (1999). 13 *Das Waldröschen VI: Die Abenteuer des Schwarzen Gerard* (1999). 14 *Das Waldröschen VII: Kaiser Max von Mexiko* (1999). 15 *Das Waldröschen VIII: Erkämpftes Glück I* (1999). 16 *Das Waldröschen IX: Erkämpftes Glück II* (1999). 17 *Das Waldröschen X: Erkämpftes Glück III* (2000). 18 *Der verlorene Sohn I: Sklaven des Elends* (2000). 19 *Der verlorene Sohn II: Sklaven der Arbeit* (2000). 20 *Der verlorene Sohn III: Sklaven der Schande* (2000). 21 *Der verlorene Sohn IV: Sklaven des Goldes* (2000). 22 *Der verlorene Sohn V: Sklaven der Ehre I* (2000). 23 *Der verlorene Sohn VI: Sklaven der Ehre II* (2000). 24 *Die Liebe des Ulanen I: Die Herren von Königsau* (2000). 25 *Die Liebe des Ulanen II: Napoleons letzte Liebe* (2000). 26 *Die Liebe des Ulanen III: Der Kapitän der Kaisergarde* (2000). 27 *Die Liebe des Ulanen IV: Der Spion von Ortry* (2000). 28 *Die Liebe des Ulanen V: Durch Kampf zum Sieg* (2000). 29 *Der Weg zum Glück I: Die Murenleni* (2000). 30 *Der Weg zum Glück II: Der Wurz'nsepp I* (2000). 31 *Der Weg zum Glück III: Der Wurz'nsepp II* (2000). 32 *Der Weg zum Glück IV: Der Geldprotz* (2000). 33 *Der Weg zum Glück V: Der Krikelanton I* (2000). 34 *Der Weg zum Glück VI: Der Krikelanton II* (2000).

Anschrift: Weltbild Verlag, Steinerne Furt, D-86129 Augsburg. **Redaktion:** Richard Mader.

WELTREISEN

Der »Weltreisende« Karl May unternahm im richtigen Leben nur zwei größere Reisen: Die erste, längere, führt ihn in den → Orient (März 1899 – Juli 1900), die zweite, die nur 42 Tage dauerte, nach Nordamerika (September / November 1908). In beiden Fällen schrieb Old Shatterhand resp. Kara Ben Nemsi Stapel von Ansichtskarten an Leser und Zeitungsredaktionen. Die Orientreise wird zum entscheidenden Wendepunkt in seinem Leben. In Deutschland beginnt während seiner Abwesenheit eine Pressekampagne gegen ihn, die sich praktisch bis zu seinem Lebensende hinzieht. Über die → Amerikareise berichtet Mays Witwe Klara in dem Buch *Mit Karl May durch Amerika* (Radebeul 1931), das – wider besseres Wissen – der Identifikation Karl Mays mit seiner Romanfigur Old Shatterhand Vorschub leistet.

Literatur: In *fernen Zonen. Karl Mays Weltreisen.* Bamberg 1999 (= GWB 82).

WENDEHALS

Der Lehrer *Wilhelm Fronemann* (geb.1880; gest. 1954) schrieb 1938 an das Ministerium für Volksaufklärung und Propaganda von Josef Goebbels zu Karl May: »Wie kann man unsere Jugend zum kolonialen Gedanken erziehen, wenn man ihr Bücher empfiehlt, in denen gegen Imperialismus, Gewaltpolitik, Machtstaat, Kolonialismus u.s.w. in der gehässigsten Weise losgezogen wird?« Derselbe Verfasser 1948 in einem Brief an die Lehrer in der damaligen Ostzone: »Leider ist der Schluß berechtigt, daß die raffinierten Quälereien, die Karl May häufig schildert, an den Foltermethoden der SS nicht unschuldig sind.«

WENDLANDT, HORST

D. i. Horst Gregor Gubanov. Filmproduzent und Filmverleiher (geb. 15.3.1922 Criewen b. Schwedt/Oder). Schöpfer der *Winnetou*-Filmserie der 60er Jahre, die er für den → Constantin-Filmverleih von → Waldfried Barthel produzierte. Entdecker von → Pierre Brice als Winnetou. Deutscher Megaproduzent (»Selznick von der Spree«). Geboren als Sohn eines russischen Landarbeiters und einer deutschen Mutter. Aufgewachsen bei einer Schwester der Mutter, die ihn adoptierte und deren Namen Wendlandt er annahm. 1939-1941 kaufmännischer Lehrling bei der Tobis-Filmkunst, Berlin. 1941-1944 Kassierer in den Tobis-Ateliers in Johannisthal. 1945-1945 als Kriegsgefangener in Frankreich. 1948-1952 Filmgeschäftsführer bei Carl Froelich. 1952-1954 Produktionsleiter bei der CCC-Film von → Artur Brauner. 1964-1960 Produktionschef der CCC, wo er unter anderem die Caterina-Valente-Filme herstellte. Seit 1960 selbständiger Filmproduzent. Geschäftsführer der von dem Dänen → Preben Philipsen gegründeten Produktionsfirma → Rialto Film (Hamburg, ab 1962 Berlin), an der er sich anfangs beteiligte, bis er sie später ganz übernahm. Mit der Rialto produzierte er rund 30 Edgar-Wallace-Filme (die längste und erfolgreichste Kriminalfilmserie, die je für das Kino gedreht wurde). Zwischen 1962

Horst Wendlandt (r.) mit Pierre Brice.

und 1966 entstanden die noch umsatzstärkeren Winnetou-Filme. 1973 Gründung des Tobis-Filmverleihs. Die Firma hatte einen sensationellen Erfolg mit der Wiederaufführung der Filme von Charlie Chaplin. Einige der zahlreichen weiteren Kassenerfolgen waren *Ein Mann sieht rot* mit Charles Bronson, das Remake von *King Kong* und *Apocalypse Now* von Francis Ford Coppola. Als Produzent schuf er in den 70er und 80er Jahren höchst erfolgreiche Filmserien mit → Terence Hill und Bud Spencer, → Otto und → Loriot. Statussymbole: Yacht, Rolls Royce, Gutshof in Bayern (100 Hektar) mit eigenem See. Leidenschaft: kubanische Monte-Cristo-Zigarren, Rotwein. Verheiratet mit Frau Ilsegard; Sohn Matthias (der angeblich die Idee zu den Karl-May-Filmen hatte) und Tochter Susan. Auf die Frage, ob er einmal einen Karl-May-Roman gelesen habe, antwortete Wendlandt: »Nein. Ich ließ mir für jeden Karl-May-Film 30 bis 50 Seiten lange Inhaltsangaben machen. Man kann nicht ein Buch buchstabengetreu nachmachen. Bei einem Wälzer von 600 Seiten muß man 400 Seiten weglassen. Da nimmt man sich die Figuren raus und entwickelt den Film selber.«

Literatur: Manfred Barthel: *So war es wirklich. Der deutsche Nachkriegsfilm.* München / Berlin 1986. – Joachim Kramp: *Hallo! Hier spricht Edgar Wallace. Die Geschichte der deutschen Kriminalfilmserien von 1959 – 1972.* Berlin 1998.

Autogrammadresse: Horst Wendlandt, c/o Rialto Film GmbH, Bismarckstr. 108, D-10625 Berlin.

Link: http://www.dem.de/entertainment/stars/h/horst_wendlandt.html

WERBUNG (FILM)

Das Erscheinungsbild Karl Mays wird seit den 60er Jahren geprägt durch die Werbung für die → Karl-May-Filme. Berühmt ist das Bild, auf dem die beiden Helden nebeneinander auf einem Felsen vor blauem Himmel stehen (→ Abb. Plakat zu *Winnetou 1. Teil*). Eine große Sammlerszene beschäftigt sich mit den Werbemitteln zu den Filmen. Gesammelt werden vor allem Plakate, Aushangfotos, Werberatschläge, Dias und Pressehefte. Die Werbekampagnen zu den Winnetou-Filmen wurden maßgeblich entwickelt von Theo Hinz, dem Werbefachmann der → Constantin-Film. Die gesuchten Filmplakate im Querformat wurden geschaffen von dem

Horst Wendlandt mit Uschi Glas während der Dreharbeiten zu »Winnetou und das Halbblut Apanatschi« (1966).

Münchner Maler *Dorul van der Heide*. Din-A-0-Plakate zu *Winnetou*-Filmen erreichen Auktionspreise zwischen 800 und 2000 Mark.

Literatur: Karl-May-Archiv (Hrsg.): *Die Karl-May-Filme. Verzeichnis der in der Bundesrepublik Deutschland erschienenen Werbemittel.* Göttingen 1993.

WERDER/HAVEL

Gemeinde bei Potsdam. Karl-May-Spiele im Jahr 1940, veranstaltet vom Gemeindekulturverband Sachsen. Mit großem Aufwand wollte man im Großraum Berlin den Erfolg der Karl-May-Spiele → Rathen wiederholen. Durch die Unterstützung von Wehrmacht und Technischer Nothilfe wurde – schon unter Kriegsbedingungen – ein eindrucksvoller Bühnenbau mit 8.000 Sitzplätzen geschaffen. Zu den Akteuren zählten einige prominente UFA-Schauspieler: Den → Old Shatterhand spielte Herbert A.E. Böhme, → Winnetou Kurt Max Richter, → Nscho-tschi war Ursula Grabley und → Santer der hochgelobte Adalbert von Schlettow. Zur Aufführung gelangten Szenen aus der *Winnetou*-Trilogie einschließlich des Todes von Nscho-tschi und Winnetou. Ein Titel für das Stück wurde nicht ausdrücklich genannt, die Veranstaltung lief unter der Überschrift *Karl-May-Spiele*. Die Premiere fand in Anwesenheit von Karl Mays Witwe Klara statt. Während der zweimonatigen Spielzeit erreichte man die enorme Zahl von 450.000 Besuchern. Wegen des Zweiten Weltkrieges fanden die Spiele keine Fortsetzung. Winnetou-Darsteller Kurt Max Richter (später: Curtmax Richter, geb. 1910) wurde später Regisseur und Chefsprecher beim Zirkus Sarrasani.

WERNER, SELMAR

Bildhauer, Maler und Grafiker (geb. 12.12.1864 Thiemendorf b. Altenburg; gest. 19.8.1953 Gera). Schöpfer verschiedener Kunstwerke, die in Zusammenhang mit Karl May stehen. Beeinflußt von Jugendstil und Neuidealismus. Ausbildung an der Königlichen Akademie zu Dresden, wo er Mitschüler von Ernst Barlach war. In der Folgezeit zahlreiche öffentliche und private Aufträge. 1902 entstand das große Figurenrelief für das → Grabmal des Karl-May-Freundes Richard Plöhn, in dem später auch der Schriftsteller beigesetzt wurde. Ab 1906 Mitglied des Lehr-

Karl-May-Gemälde von Selmar Werner.

körpers an seiner ehemaligen Ausbildungsstätte, 1907 Professor, 1919 eigene Meisterklasse. Für Karl May schuf er außerdem ein gemaltes Farbporträt, eine Marmorbüste des Schriftstellers und eine Bronzeplastik von Winnetou (heute im → Karl-May-Museum Radebeul; Replik in → Bad Segeberg, Karl-May-Platz).

Literatur: *Selmar Werner*. Hrsg. von der Städtischen Kunstsammlung Freital (o.J.).

WESTERN

siehe: Euro-Western; Italo-Western; Sauerkraut-Western.

WIEDERAU

Gemeinde in Sachsen bei Mittweida. Am 29.3.1869 beschlagnahmt hier Karl May als »Polizeilieutenant von Wolframsdorf« beim Krämer Carl Reimann eine Uhr und angebliches Falschgeld, wodurch ein Schaden von 18 Talern verursacht wurde.

WIEN

Karl-May-Stadt. Schon zu Lebzeiten hat der Autor in der Hauptstadt der Habsburger Doppelmonarchie zahlreiche Anhänger. Während eines Aufenthalts in Wien erzählt er Mitgliedern der kaiserlichen Familie am 22.2.1898 von den Abenteuern Old Shatterhands: »Dieser allerorts beliebte und viel bekannte Reiseschriftsteller wurde Dienstag von Ihrer kaiserlichen Hoheit der Frau Erzherzogin Marie Therese, im Beisein der Erzherzoginnen Maria Annunciata und Elisabeth, sowie der Kinder des Erzherzogs Otto und der hier weilenden Söhne des Herzogs Karl Theodor von Bayern in längerer Audienz empfangen und durch einen sehr ehrenden Empfang ausgezeichnet.« (*Reichspost*, 26.2. 1898) Am 22.3.1912 findet im → Sophiensaal der letzte öffentliche Auftritt Karl Mays statt. Während des Wiener Aufenthalts entsteht das vermutlich letzte Foto von Karl May, das ihn vor einem Kraftwagen zeigt. 1928 wird im Renaissance-Theater Wien zum ersten Mal in Österreich das Bühnenstück *Winnetou* aufgeführt. 1948 bis 1955 brachte der Wiener *Verlag Carl Ueberreuter* eine Lizenzausgabe der »Gesammelten Werke« und Karl-May-Taschenbücher heraus, die eine große Verbrei-

Wien 1912:
Die letzte Aufnahme von Karl May.

tung fanden. Zwischen 1975 und 1994 große Karl-May-Aufführungen in der → Wiener Stadthalle.

Literatur: Wilhelm Brauneder: *Karl May und Österreich.* Husum 1996.

WIEN, STADTHALLE

Veranstaltungszentrum in Wien. Vergleichbar der → Deutschlandhalle Berlin und der Westfalenhalle Dortmund. Zwischen 1975 und 1994 verschiedene Hallenproduktionen mit Karl-May-Inszenierungen. Beteiligt waren Stars wie → Pierre Brice (1978-80, 1983), → Raimund Harmstorf (1994) und → Bruce Low (1975). Die Aufführungen 1978 und 79 fanden als Gastspiel der Karl-May-Festspiele → Elspe statt.

Karl-May-Inszenierungen: *Winnetou* (1975); *Der Schatz im Silbersee* (1978; 150.000 Besucher); *Winnetou I* (1979; 130.000 Besucher); *Winnetou, der Apache* (1980; 180.000 Besucher); *Das Geheimnis des Feuerberges* (1983, 120.000 Besucher); *Winnetou und Old Shatterhand* (1994).

WIESMOOR

Gemeinde in Ostfriesland. Nicht nur Heimat von Wintertomaten, sondern 1965 und 1967 auch Veranstaltungsort von Karl-May-Spielen unter der Regie von → Toni Graschberger.

Karl-May-Inszenierungen: *Der Schatz im Silbersee* (1965); *Unter Geiern* (1967).

WILCKE, CLAUS

Schauspieler. Trat in zwei aufeinanderfolgenden Jahren bei den Karl-May-Spielen → Bad Segeberg und → Elspe auf. Spielte 1980 in Segeberg den Bandenführer Juan Cortinez, 1981 in Elspe den Old Firehand. Dort sang er auch den »Titelsong« zum Stück: »Frei wie der Wind«. Bekanntgeworden war er in den 60er Jahren durch die Fernsehserie *Percy Stuart.*

Karl-May-Inszenierungen: ***Bad Segeberg:*** *Im Tal des Todes* (1980); **In Elspe:** *Im Tal des Todes* (1981). **Filme:** *Verbrechen nach Schulschluß* (1959); *Am Tag, als der Regen kam* (1959); *Freddy und der Millionär* (1961); *Und sowas nennt sich Leben* (1961); *Via Mala* (1961); *Cafe Oriental* (1962) *Percy Stuart* (1969, TV); *Sylter*

Wiener Stadthalle: »Winnetou«-Aufführung 1975 (mit Bruce Low, Christiane Schuberth, Reza Khan).

Geschichten (1995, TV). **Schallplatte:** *Frei wie der Wind / Ein Cowboy aus Kentucky-Town.* Colonia 6.13098 AC (1981).
Link: http://german.imdb.com/Name?Wilcke,+Claus

WINNETOON

Ort in Nebraska, USA. Die Annahme, daß Karl May den Ort als Vorbild für den Namen *Winnetou* benutzt hat, ist jedoch widerlegt.
Literatur: Dietmar Grieser: *Die kleinen Helden.* München 1987.

WINNETOU (ALLGEMEIN)

Romanfigur. Edelster aller Indianer. Karl Mays bekannteste und berühmteste Figur. Häuptling der Mescalero-Apatschen. Taucht erstmals in der Erzählung *Old Firehand* (1875) auf, wo er noch zahlreiche Kennzeichen eines Wilden trägt (sammelt Skalpe, verschluckt Zigarettenstummel, erschrickt vor der Eisenbahn). In der später in die *Winnetou*-Trilogie eingearbeiteten Erzählung *Im wilden Westen* (1883) stellt May ihn als indianischen Helden dar, der über geradezu staatsmännische Fähigkeiten verfügt und sich auch bei den Weißen großes Ansehen erworben hat. Ein direktes Vorbild fand May in der Gestalt des indianischen Helden Rayon-Br-lant in Gabriel Ferrys *Der Waldläufer* (der Roman wurde von May ins Deutsche übersetzt). Winnetou überragt die anderen Indianer nicht nur durch sein Äußeres, das dem klassisch-römischem Schönheitsideal entspricht, sondern auch durch seine Charaktereigenschaften Mut, Klugheit, Besonnenheit und Gerechtigkeitsliebe: »Das also war der Mann, dessen Name

Links: Heinz Ingo Hilgers bei den Karl-May-Spielen Bad Segeberg 1964.
Rechts: Pierre Brice in »Winnetou 3. Teil« (1965).

an jedem Lagerfeuer lebte, dessen Ruf von dem einen Meere bis zum andern reichte, und dessen Taten in jedem Munde waren. Verehrt von den Freunden, war er zugleich geachtet und gefürchtet bei den Feinden. Er hatte noch niemals einem Gegner den Rücken gewandt, aber er war fern jedem Blutdurste, und Gerechtigkeit leitete alle seine Handlungen.« *(Im wilden Westen)* Merkwürdigerweise läßt Karl May den indianischen Helden in dieser Erzählung sterben – zu einem Zeitpunkt (1883), wo die Figur gerade ihre klassische Ausprägung erhalten hat. Winnetou erscheint – ohne wesentliche Änderungen – erst wieder ab dem Jahr 1887 im Rahmen der großen Jugenderzählungen für die Zeitschrift → *Der gute Kamerad* (beginnend mit *Der Sohn des Bärenjägers,* es folgen u.a. *Der Schatz im Silbersee* und *Der Ölprinz*). 1892 entschließt sich May, seine frühen Winnetou-Erzählungen zu einem Sammelwerk zusammenzuschließen, das gleichzeitig die, wie er sagt, Tragödie des Untergangs der roten Nation darstellen soll. 1993 erscheint der erste Band von *Winnetou, der Rote Gentleman* (später *Winnetou I*). Erstmals wird in diesem Buch dargestellt, wie sich Winnetou und Old Shatterhand kennenlernen und wie aus den einstigen Feinden Freunde und schließlich Blutsbrüder werden. Old Shatterhand, obwohl vor kurzem noch ein Greenhorn im wilden Westen, wird zum Beschützer und Lehrer Winnetous. Die Darstellung im dritten Band der Trilogie folgt im wesentlichen der früheren Erzählung *Im wilden Westen*, jedoch wird die Trauer Old Shatterhands intensiver dargestellt: »Winnetou tot! Diese beiden Worte sind genügend, um die Stimmung zu bezeichnen, in welcher ich mich damals befand. Es war, als ob ich mich von seinem Grabe gar nicht trennen könnte....

Links: Gustavo Rojo beim Karl-May-Festival Deutschlandhalle 1966.
Rechts: Klaus Hagen Latwesen bei den Karl-May-Spielen Bad Segeberg 1983.

Es verging eine halbe Woche, ehe ich mich aufraffte.« – Die Herkunft des Namens Winnetou konnte von der Forschung bisher nicht befriedigend erklärt werden. Karl May selbst gab 1898 an, der Ehrenname Winnetous sei »Brennendes Wasser«. – Die Gestalt des Winnetou wurde im Film kongenial (und über einen Zeitraum von vier Jahrzehnten ohne jede Konkurrenz) verkörpert von dem Franzosen → Pierre Brice. Eine Vielzahl von Winnetou-Darstellern gab es dagegen auf der Bühne. Auch hier steht Pierre Brice an der Spitze der Popularitätsskala, gefolgt von den Segeberg-Schauspielern → Heinz Ingo Hilgers und → Gojko Mitic.

Literatur: Dieter Sudhoff, Hartmut Vollmer: *Karl Mays ›Winnetou‹*. Frankfurt/M. 1989.**Winnetou (Alter)**

»Winnetou war geboren 1840 und wurde erschossen am 2.9.1974.« (Karl May an Sophie von Stieber am 21.3.1899)

WINNETOU (AUSSEHEN)

»Er war ganz so gekleidet wie Old Shatterhand, nur daß er anstatt der hohen Stiefel Mokassins trug. Auch eine Kopfbedeckung hatte er nicht. Sein langes, dichtes, schwarzes Haar war in einen hohen, helmartigen Schopf geordnet und mit eienr Klapperschlangenhaut durchflochten. Keine Adlerfeder schmückte diese indianische Frisur. Dieser Mann bedurfte keines solchen Zeichens, um als Häuptling erkannt und geehrt zu werden. Wer nur einen Blick auf ihn richtete, der hatte sofort die Überzeugung, einen bedeutenden Mann vor sich zu haben. Um den Hals trug er den Medizinbeutel, die Friedenspfeife und eine

Links: Jürgen Haase bei den Karl-May-Spielen Rathen 1983.
Rechts: Benjamin Armbruster bei den Karl-May-Spielen Elspe 1990.

dreifache Kette von Bärenkrallen, Trophäen, welche er sich selbst mit Lebensgefahr erkämpft hatte. In der hand hielt er ein doppelläufiges Gewehr, dessen Holzteile dicht mit silbernen Nägeln beschlagen waren. Dies war die berühmte Silberbüchse, deren Kugel niemals ihr Ziel verfehlte. Der Ausdruck seines ernsten, männlich schönen Gesichtes war fast römisch zu nennen; die Backenknochen standen kaum merklich vor, und die Hautfarbe war ein mattes Hellbraun mit einem leisen Bronzehauch. Das war Winnetou, der Apachenhäuptling, der herrlichste der Indianer. Sein Name lebte in jeder Blockhütte und an jedem Lagerfeuer. Gerecht, klug, treu, tapfer bis zur Verwegenheit, ohne Falsch, ein Freund und Beschützer aller Hilfsbedürftigen, gleichviel ob sie rot oder weiß von Farbe waren, so war er bekannt über die ganze Länge und Breite der Vereinigten Staaten und deren Grenzen hinaus.« (Karl May in *Der Sohn des Bärenjägers*, 1887).

»WINNETOU« (BUCH)

Neben → *Der Schatz im Silbersee* der berühmteste Roman Karl Mays. Unter dem Titel *Winnetou, der rote Gentleman* erstmals ab 1897 erschienen. May schrieb das Werk als Trilogie für die im Verlag → *Fr. E. Fehsenfeld* (Freiburg) erscheinenden → *Gesammelten Werke* (→ *Freiburger Ausgabe*). Bei der Abfassung des zweiten und dritten Bandes griff er auf mehrere frühere Arbeiten zurück, die er übernahm. Erzählt wird in der Ich-Form die Entwicklung des Greenhorns Karl May zum Westmann Old Shatterhand. Er lernt den Häuptlingssohn Winnetou kennen, erringt seine Freundschaft und wird schließlich sein Blutsbruder. Winnetous Vater → Intschu tschuna, Häuptling der Mescalero-Apatschen, und seine Schwester → Nscho-tschi werden von weißen Verbrechern unter der Führung → Santers ermordet. Es beginnt eine Suche nach dem Mörder, die einstweilen erfolglos bleibt. Nach zahlreichen gemeinsamen Abenteuern wird Winnetou im Kampf gegen räubererische Oglala-Indianer erschossen. Am Grab Intschu tschunas, wo Winnetous Testament vergraben ist, stößt Old Shatterhand auf Santer. Der Schurke raubt das Testament; als er sich jedoch des Goldes der Apatschen bemächtigen will, wird er Opfer einer Explosion, da Winnetou das Versteck gesichert hatte. Das Testament ist für immer verloren. Im weiteren Sinne gehört auch die 1909/10 erschienene Reiseerzählung *Winnetou IV* (bearb. GWB 33 → *Winnetous Erben*) zu dem Werk.
Werke: Karl May: *Winnetou I* (= GWB 7); *Winnetou II* (= GWB 8); *Winnetou III* (= GWB 9), *Winnetous Erben* (= GWB 33). **Literatur:** Gunter G. Sehm: *Der Erwählte. Die Erzählstrukturen in Karl Mays ›Winnetou‹-Trilogie.* Jb-KMG 1976.
Link: http://www.ub.uni-bielefeld.de/KarlMay/winnetou/index.htm

»WINNETOU 1. TEIL« (FILM)

Kinofilm (D/YU/F1963). Mit Lex Barker (Old Shatterhand), Pierre Brice (Winnetou), Mario Adorf (Santer), Marie Versini (Nscho-tschi), Ralf Wolter (Sam Hawkens), Chris Howland (Reporter). Produzent: Horst Wendlandt (Rialto). Regie: Harald Reinl. – *Inhalt:* Das »Greenhorn« Old Shatterhand entdeckt, daß der Abenteurer Santer eine Eisenbahnlinie widerrechtlich durch das Gebiet der Apatschen bauen läßt. Winnetou und sein Vater Intschu tschuna erkennen nicht, daß Old Shatterhand auf der Seite der Guten steht. Erst ein Gottesurteil überzeugt sie von seiner Unschuld. Winnetou und Old Shatterhand werden Blutsbrüder. Intschu tschuna und Nscho-tschi, Winnetous liebliche Schwester und Freundin Old Shatterhands, lassen am Nugget tsil ihr Leben, bevor ihren Mörder Santer sein gerechte Schicksal ereilt. – *Der Karl-May-Fan meint*: Neben *Der Schatz im Silbersee* ist dies die beste Karl-May-Verfilmung. Grandiose Landschaftsaufnahmen, Action am laufenden Band und Karl-May-Pathos pur: ein Jungentraum par excellence.

Video und DVD: Kinowelt.

Link: http://www.dem.de/entertainment/kino/102/102374.html

»WINNETOU 2. TEIL« (FILM)

Kinofilm (D/YU 1964). Mit Lex Barker (Old Shatterhand), Pierre Brice (Winnetou), Karin Dor (Ribanna), Anthony Steel (Forrester), Eddi Arent (Castlepool), Klaus Kinski (Luke), Mario Girotti (Leutnant Merril). Produzent: Horst Wendlandt (Rialto). Regie: Harald Reinl. – *Inhalt:* Winnetou will die Indianerstämme des Westens zu einer großen Friedenskonferenz versammeln. Das will der Ölbaron Forrester mit allen Mitteln verhindern, denn dann könnte er seinen dunklen Geschäften nicht mehr nachgehen. Der Friede verlangt von Winnetou ein hohes Opfer: Er muß auf Ribanna, die von ihm geliebte Häuptlingstochter der Assiniboins, verzichten. Forrester büßt es unter Pfeilen. – *Der Karl-May-Fan meint:* Ein romantischer Karl-May-Film mit wunderschönen Landschaftsaufnahmen und einem großartigen Ölbrand. Daß Ribanna lieber mit Mario Girotti alias Terence Hill geht als mit Winnetou, hat allerdings schon damals nicht ganz eingeleuchtet.

Video und DVD: Kinowelt.

Link: http://www.dem.de/entertainment/kino/102/102375.html

»WINNETOU 3. TEIL« (FILM)

Kinofilm (D/YU 1965). Mit Lex Barker (Old Shatterhand), Pierre Brice (Winnetou), Rik Battaglia (Rollins), Ralf Wolter (Sam Hawkens), Sophie Hardy (Ann), Carl Lange (Gouverneur). Produzent: Horst Wendlandt (Rialto). Regie: Harald Reinl. –

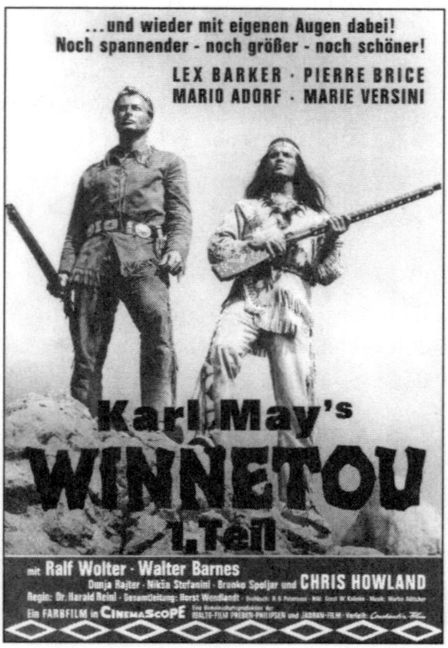

»Winnetou 1. Teil« (1963): Plakatmotiv der Erstaufführung.

Inhalt: Skrupellose Spekulanten wollen einen neuen Indianerkrieg entfesseln, um sich das wertvolle Apatschenland anzueignen. Deshalb soll Häuptling Winnetou aus dem Weg geräumt werden. Old Shatterhand kommt seinem Blutsbruder zu Hilfe. Auf den Höhen des Nugget tsil kommt es zur Entscheidungsschlacht. Die Truppen des Gouverneurs kommen zu spät. Winnetou stirbt an der Kugel, die seinem weißen Bruder galt. – *Der Karl-May-Fan meint:* Der Höhepunkt der Winnetou-Trilogie. Bei Winnetous Tod blieb einst kein Taschentuch trocken. Doch obwohl Regisseur Reinl alle Gefühlsregister zieht, erreicht der Film nicht die Intensität und das märchenhafte Flair seiner Vorgänger.

Video und DVD: Kinowelt.

Link: http://www.dem.de/entertainment/kino/102/102379.html

WINNETOU-TOURNEE

Versuch des Münchner Produzenten Peter Stenzel, 1982 mit *Winnetou* eine Deutschland-Tournee zu unternehmen. In dem »Action- und Musik-Schauspiel« spielte → Pierre Brice die Titelrolle, → Rüdiger Bahr den Old Shatterhand. Die Musik stammte von dem Schlagerkomponisten → Ralph Siegel (Titelsong »Friede für dies Land« von Claudia Condor). Die Inszenierung überstand gerade die Auftaktveranstaltung in der Dortmunder Westfalenhalle und ging dann glorios pleite. Stenzel ist Sohn der bekannten Filmmanagerin (und ehemaligen Brice-Agentin) Ruth Killer.

»WINNETOU UND DAS HALBBLUT APANATSCHI« (FILM)

Kinofilm (D/YU 1966). Mit Lex Barker (Old Shatterhand), Pierre Brice (Winnetou), Götz George (Fred Engel), Ursula Glas (Apanatschi), Ralf Wolter (Sam Hawkens), Walter Barnes (Mac Haller). Produzent: Horst Wendlandt (Rialto). Regie: Harald Philipp. – *Inhalt:* Apanatschi, bildhübsche Tochter eines weißen Siedlers und einer Indianerin, erbt eine Goldmine. Sie fällt in die Hände einer Bande von Banditen, die das Westernstädtchen Rocky Town terrorisiert. Winnetou und Old Shatterhand sorgen unter Einsatz von viel Dynamit für Ordnung. – *Der Karl-May-Fan meint:* Was romantisch und abenteuerlich beginnt, endet als wüstes und

»Winnetou 2. Teil« (1964): Plakatmotiv des Vorankündigungsplakats.

einfallsloses Spektakel. Die Banditen werden hinweggebombt, der Oberbösewicht von der Lokomotive plattgewalzt. Wäre da nicht die appetitliche Uschi Glas (damals noch »Ursula«), könnte man den Film vergessen.

Video: Kinowelt.

Link: http://www.dem.de/entertainment/kino/102/102382.html

»WINNETOU UND SEIN FREUND OLD FIREHAND« (FILM)

Kinofilm (D/YU 1966). Mit Rod Cameron (Old Firehand), Pierre Brice (Winnetou), Marie Versini (Nscho-tschi), Harald Leipnitz (Silers), Todd Armstrong (Tom), Victor de Kowa (Ravenhurst), Nadia Gray (Michèle), Rik Battaglia (Mendozza). Produzent: Horst Wendlandt (Rialto). Regie: Alfred Vohrer. – *Inhalt:* Old Firehand trifft auf Winnetou und Nscho-tschi. Gemeinsam mit ihnen beschützt er die Einwohner eines mexikanischen Dorfes vor dem rachelüsternen Silers mit seiner Bande. – *Der Karl-May-Fan meint:* Dünne Story ohne jeden Karl-May-Bezug, dafür mit dreisten Anleihen bei *Die glorreichen Sieben*. Als Italo-Western akzeptabel. Der letzte Winnetou-Film der → Rialto. Musterbeispiel, wie man eine Welle totreitet.

Video: Columbia.

Link: http://www.dem.de/entertainment/kino/104/104307.html

»WINNETOU UND SHATTERHAND IM TAL DER TOTEN« (FILM)

Kinofilm (D/I und D/YU 1968). Mit Lex Barker (Old Shatterhand), Pierre Brice (Winnetou), Karin Dor (Ellen Patterson), Rik Battaglia (Murdock), Ralf Wolter (Sam Hawkens), Eddi Arent (Castlepool), Clarke Reynolds (Cummings). Produzent: Artur Brauner (CCC). Regie: Harald Reinl. – *Inhalt:* Winnetou und Old Shatterhand beschützen die Tochter eines Offiziers vor goldgierigen Banditen und stellen die Ehre ihres Vaters wieder her. – *Der Karl-May-Fan meint:* Schwanengesang der Karl-May-Welle. Der letzte Film der Winnetou-Serie ist besser als manche frühere Produktion. Doch die Helden sind müde, der alte Schwung ist hin.

Anmerkung: Zur doppelten Coproduktion vgl. Michael Petzel: *Karl-May-Filmbuch*. Bamberg 1998.

Video: Polyband.

Link: http://www.movieline.de/c/display.n/DATA0051944

WINNETOU-KUGEL

Nicht waffenscheinpflichtiges Pendant zur Mozartkugel. Praline, hergestellt von der Konditorei Dolze in Radebeul. Name per Warenzeichen geschützt.

»WINNETOUS ERBEN« (BUCH)

Reiseerzählung von Karl May. Erstmals veröffentlicht 1909/10 in der Augsburger Postzeitung. Erste Buchausgabe 1910 unter dem Titel *Winnetou 4. Band* in der → Freiburger Ausgabe des Verlags → *Fr. E. Fehsenfeld*. In dem Buch verarbeitet May Endrücke seiner Amerikareise im Jahr 1908. In einem Hotel an den Niagara-Fällen trifft Old Shatterhand mit seiner Frau, dem »Herzle«, auf die beiden Söhne seines alten Erzfeindes Santer. Der eine will die Schuld seines Vaters sühnen, während der andere Old Shatterhand den feindlichen Sioux, Komantschen und Kiowas ausliefern will. Am Mount Winnetou, wo Tausende von Indianern versammelt sind, soll eine steinerne Kolossalstatue Winnetous errichtet werden. Old Shatterhand ist dagegen und überzeugt die versammelten Winnetou-Anhänger, indem er das Vermächtnis des Apatschenhäuptlings vorliest. Das Fundament der Statue stürzt ein und verschüttet die feindlichen Indianer. – Der Roman gehört zum → Alterswerk Karl Mays und benutzt das zum Teil vertraute Personal nur noch als Vehikel für die Botschaft des Schriftstellers. Old Shatterhand auf dem Weg ins Reich der → Edelmenschen.

Werke: Karl May: *Winnetous Erben* (= GWB 33).

»WINNETOUS RÜCKKEHR« (FILM)

Zweiteiliger Fernsehfilm (D 1998). Mit Pierre Brice (Winnetou), Candice Daly (Mary), Tobias Hoesl (Spencer), Pierre Semmler (John Mayotte), Manuel Trautsch (Timmy Mayotte), Christoph Moosbrugger (Hermann), Juraj Kukura (Robert DeWill), Diego Wallraff (Steven Shagan), Calvin Burke (Balthasar), Buffalo Child (Tanka), Lowen Raven (Kleiner Biber), Jimmy Herman (Tasha-Tunga). Produktion: Regina Ziegler (für ZDF). Regie: Marijan Vajda. – *Inhalt:* Der große Winnetou ist nicht tot. Er hat den Mordanschlag überlebt. Lange Jahre hauste er abgeschieden von den Menschen in einer Höhle. Er rettet die schöne Mary, die sich in ihn verliebt, stiftet Frieden zwischen den Assiniboins und einer Gruppe von Quäkern und bringt den skrupellosen Holzbaron DeWill zur Strecke. – *Der Karl-May-Fan meint:* »Als jahrelanger Winnetou-Fan muß ich zugeben, über die neuen Filme entsetzt zu sein. Von der schlechten Dramaturgie und Regie einmal abgesehen, hatten sie einfach eine schreckliche Handlung. Am meisten war ich darüber enttäuscht, daß sich Pierre Brice angeblich des Überlebenskampfes der Indianer Nordamerikas angenommen hat und dennoch in den Filmen die übelsten Klischees über dieses Volk bedient hat.« (Patricia L. im Internet)

Link: http://www.movieline.de/c/display.n/DATA0013413

Pierre Brice mit Candice Daly in »Winnetous Rückkehr« (1998).

WINNIES

Mini-Bockwürste à la Winnetou. Auf den Markt gebracht 1993 von der bayerischen Fleischwarenfabrik Wolf. Eine Anzeigenkampagne mit dem kleinen Comic-Indianer *Winnie* sollte den Bekanntheitsgrad von Winnetou ausnutzen (»Winnies schmecken großen und kleinen Indianern«). Da der Appetit bei den Fans nicht so groß war, wurde die Produktion 1994 wieder eingestellt.

WINZENDORF

Gemeinde in Niederösterreich, an der Hohen Wand, nahe Wiener Neustadt. Auf der Naturbühne seit 1994 *Karl-May-Spiele*. Drittes Freilichttheater, das in Österreich Karl-May-Stücke aufführte (nach → Staatz und → Gföhl). Gegründet von Peter Görlach und Heinz Ilesic. Als Träger fungiert der Verein *Karl May's Westernwelt Winzendorf*. Bühne in einem Kalksteinbruch mit Felsen, Schlucht und Wald. 2.000 Sitzplätze. Inszenierung mit Stunt-Einlagen und pyrotechnischen Effekten. Westernstadt mit Saloon. Regie: Ed. O. Saller (bis 1998), Jean-Jacques Pascal (ab 1999). Winnetou-Darsteller (bis 1998) Peter Görlach (zuvor in gleicher Funktion in → Gföhl), 1999 der österreichische Popsänger → Waterloo (= Johann Kreuzmayer), im Jahr 2000 → Thomas Koziol (zuvor → Weitensfeld). Die Bühne ist von Wien aus schnell über die Autobahn zu erreichen. *Der Karl-May-Fan meint:* »Ist absolut die schönste Karl-May-Bühne Österreichs. Winzendorf bietet Karl-May-Aufführungen, die 100mal besser sind als in Bad Segeberg. Grandios war die Inszenierung *Unter Geiern* im Jahr 1996: Ich fühlte mich wie in einem Winnetou-Film der 60er Jahre.« (Erich Hammerler)

Inszenierungen (in Klammern Spielzeit): *Winnetou I* (1994); *Der Ölprinz* (1995); *Unter Geiern* (1996); *Im Tal des Todes* (1997); *Winnetou II* (1998); *Winnetou und Old Surehand* (1999); *Halbblut* (2000).

Anschrift: Karl May's Westernwelt, Kalkmetzen 51, A-2722 Winzendorf.

Link: www.Karl-May.at/Winzendorf **und** www.Austria.EU.net/Winzendorf/

Winzendorf: Winnetou (Peter Görlach) und Old Shatterhand (Heinz Ilesic).

WISSENSCHAFT

Seit Bestehen der → Karl-May-Gesellschaft (KMG) hat das Interesse von Forschung und Wissenschaft an dem Autor stark zugenommen. »Die Gesellschaft nahm sich bei ihrer Gründung vor, ihrem Namensträger einen Platz in der Literaturgeschichte zu verschaffen. Inzwischen hat Karl May sein Entree in Universitäten und Hochschulen gefunden. In der Literaturgeschichtsschreibung sucht man seinen Namen nicht mehr vergeblich. May-Doktoren, junge Wissenschaftler, die mit ihm ihren Doktorhut erwarben, gibt es in beträchtlicher Zahl.« (KMG-Schriftführer Erich Heinemann 1995) Der Grund für die akademische Zuneigung liegt allerdings weniger in einer Neubewertung der literarischen Qualität Karl Mays, sondern im epidemischen Aufblühen der Trivialliteraturforschung in den 70er Jahren. Karl May avancierte zum klassischen Modellfall der Trivialliteratur und war als Forschungsgegenstand gefragt wie nie zuvor in seiner Geschichte. Günstig beeinflußt wurde diese Entwicklung durch den Umstand, daß eine große Zahl von begeisterten Hobby-Forschern Grundlagenmaterial bereitstellte, das Doktoranden oder beamtete Wissenschaftler nur noch in ihre Arbeiten einbauen mußten.

WOCHENARBEITSZEIT

»Ich arbeite auch jetzt noch wöchentlich drei Nächte hindurch. Montag nachmittag von 6 bis Dienstag 12 Uhr und ebenso von Mittwoch bis Donnerstag und von Freitag bis Samstag. Wem der Herrgott ein Pfund Verstand verliehen hat, der soll damit wuchern, denn er hat dermal einst Rechenschaft abzulegen.« (Karl May 1894 an Carl Jung)

»Wie Sie sehen, arbeite ich am Sonntag auch (wobei der Samstag als Arbeitstag selbstverständlich ist).« (Karl-May-Produzent Artur Brauner 1999)

WOCHENSCHAU

Die Wochenschau war immer dabei: Bei den Karl-May-Spielen in → Bad Segeberg und in → Ratingen, im → Karl-May-Museum in Bamberg, vor allem aber bei den Dreharbeiten und den Premieren der → Karl-May-Filme der 60er Jahre. Auf diese Weise kann man sich heute ein Bild machen von farbenprächtigen Karl-May-Ereignissen – wenn auch nur in schwarzweiß. Besonders die Aufnahmen »behind the scene« von den Winnetou-Filmen sind bei Karl-May-Fans hoch geschätzt, weiß man doch von daher, daß Winnetou herzhaft lachen kann, Pferde sich beim Stürzen nicht wehtun und Lex Barker ganz unheldisch eine Brille trug, wenn keine Kamera in der Nähe war.

WOKADEH

Romanfigur in *Der Sohn des Bärenjägers.* Mandan-Indianer. Wird nach Ausrottung seines Stammes von Ponca- und dann Oglala-Indianern adoptiert. Zieht mit Martin Baumann, dem → Hobble-Frank, dem Dicken Jemmy und dem Langen Davy zur Befreiung des Bärenjägers aus. – Erscheint in anderer Charakterisierung auch im Film → *Unter Geiern* (1964, dargestellt von → Gojko

Mitic). Dort ist Wokadeh Häuptling der Schoschonen, der vom Bärenjäger beleidigt wird und ihn in seine Gewalt bringt, um ihn im Tal des Todes seiner Bestrafung zuzuführen. Er erkennt jedoch rechtzeitig, daß nicht Baumann, sondern die → Geier die wahrhaft Schuldigen sind.
Werke: Karl May: *Unter Geiern* (= GWB 35).

WOLLSCHLÄGER, HANS

Schriftsteller und Übersetzer (geb. 17.3.1935 Minden). Karl-May-Forscher. Veröffentlichte 1965 die erste umfassende Biographie über Karl May (Arno Schmidt: »Eine der ganz raren Grund=Schriften über das Fänomen MAY«). Lektor und freier Mitarbeiter des Karl-May-Verlages in den Jahren 1957 bis 1970. Seit 1962 freier Schriftsteller. Stellvertretender Vorsitzender der → Karl-May-Gesellschaft und Mitherausgeber der Jahrbücher seit 1971. Bekannt geworden vor allem durch seine Übersetzung des *Ulysses* (1975) von James Joyce. 1976 Literaturpreis der Bayerischen Akademie der Schönen Künste. Seit 1983 Mitglied der Deutschen Akademie für Sprache und Dichtung. 1990 Dr. h.c. der Universität Bamberg. Wollschläger lebt seit 1958 in Bamberg.
Veröffentlichungen von Hans Wollschläger: *Karl May in Selbstzeugnissen und Bilddokumenten.* Reinbek bei Hamburg 1965. – *Karl May. Grundriß eines gebrochenen Lebens.* Zürich 1976. Erweiterte Neuausgabe: Dresden 1990. **Über Hans Wollschläger:** Rudi Schweikert (Hrsg.): *Hans Wollschläger.* Eggingen 1995. – Marie Eger, Andreas Scholz: *Hans Wollschläger.* In: *Kritisches Lexikon zur deutschsprachigen Gegenwartsliteratur.* 29. Lieferung 1988.

WOLTER, RALF

Schauspieler (geb. 28.11.1926 Berlin). Der Karl-May-Komiker des deutschen Kinos schlechthin. Sorgt dafür, daß die pathetischen Momente nicht zu lange dauern. Spielte den Westmann → Sam Hawkens, den Araber → Hadschi Halef Omar und den Schwaben Andreas Hasenpfeffer in insgesamt zehn Kinofilmen zwischen 1962 und 1968. 1980 trat er in der Fernsehserie → *Mein Freund Winnetou* abermals als Sam Hawkens auf. Ein letztes Mal verkörperte er den Westmann 1991 bei den Karl-May-Spielen in → Bad Segeberg, wo er nach Pierre Brice und Chris How-

Ralf Wolter als André Hasenpfeffer in »Der Schatz der Azteken« (1965).

land als dritter Star der Karl-May-Filme eine Rolle übernahm. Für den skalpierten Sam Hawkens war der Schauspieler durch eine anatomische Besonderheit prädestiniert: Bereits im Alter von 22 Jahren verlor er sein Haupthaar und verkörperte seitdem meist ältere Charaktere. Bezeichnet sich selbst als »Bonsai-Star«: großer Typ für kleine Rollen. Begonnen hatte der Vollblutkomödiant im Kabarett der 50er Jahre. 1951 erscheint er erstmals in einem Kinofilm und spielte seitdem in über 120 Produktionen mit. Es gab praktisch keine Welle im Kinogeschäft, an der der »König der Nebendarsteller« nicht beteiligt war: Neben den Karl-May-Filmen war er in Komödien von Kurt Hoffmann zu sehen, in den Heimatfilmen, Paukerfilmen oder den Roy-Black-Streifen der 70er Jahre. Er wirkte beim Schauspieler-Debüt von Thomas Gottschalk mit *(Piratensender Powerplay)* und in *Das Kondom des Grauens*. Im Alter von 70 Jahren feierte er in Berlin gleich zwei große Erfolge mit der Hauptrolle in dem Musical *Piraten* und in der Boulevard-Komödie *Der nackte Wahnsinn*. In seiner Freizeit grübelt der Schauspieler gern über »vertrackte Philosophien« und spielt Tennis und Billard. Daß er vor allem als Karl-May-Darsteller in die Filmgeschichte eingegangen ist, sieht er mit einem lachenden und einem weinenden Auge. Er vermutet, daß seine Grabinschrift einmal lauten wird: »Hier ruht Sam Hawkens, Künstlername Ralf Wolter«.

Filme: *Rosen für den Staatsanwalt* (1959); *Kauf dir einen bunten Luftballon* (1960); *Conny und Peter machen Musik* (1960); *Ramona* (1961); *Freddy und das Lied der Südsee* (1962); *Der Schatz im Silbersee* (1962); *Die zwölf Geschworenen* (1963, TV); *Winnetou 1. Teil* (1963); *Old Shatterhand* (1964); *Das Wirtshaus von Dartmoor* (1964); *Der Schut* (1964); *Die Goldsucher von Arkansas* (1964); *Der Schatz der Azteken* (1965); *Die Pyramide des Sonnengottes* (1965); *Durchs wilde Kurdistan* (1965); *Winnetou 3. Teil* (1965); *Im Reiche des silbernen Löwen* (1965); *Wer kennt Jonny R.?* (1966); *Winnetou und das Halbblut Apanatschi* (1966); *Die Heiden von Kummerow und ihre lustigen Streiche* (1967); *Mister Dynamit – Morgen küßt Euch der Tod* (1967); *Frau Wirtin hat auch einen Grafen* (1968); *Winnetou und Shatterhand im Tal der Toten* (1968); *Komm liebe Maid und mache* (1969); *Hilfe, mich liebt eine Jungfrau* (1969); *Heintje – Ein Herz geht auf Reisen* (1969); *Was ist denn bloß mit Willi los?* (1970); *Morgen fällt die Schule aus* (1971); *Grün ist die Heide* (1972); *Cabaret* (1972); *Alter Kahn und junge Liebe* (1973); *Waldrausch* (1977); *Das Schlangenei* (1977); *Graf Dracula beißt jetzt auch in Oberbayern* (1979); *Mein Freund Winnetou* (1980); *Piratensender Powerplay* (1982); *Eine Liebe in Deutschland* (1983); *Ein Schloß am Wörthersee* (1990, TV); *Otto – Der Liebesfilm* (1992); *Kondom des Grauens* (1996); *Titus, der Satansbraten* (1998, TV). **Schallplatte:** *Songs*. Intercord (1976).

Autogrammadresse: Ralf Wolter, Erkweg 9, D-81927 München.

Link: http://german.imdb.com/Name?Wolter,+Ralf

WUNDERLICH, PAUL

Maler und Bildhauer (geb. 1927 Eberswalde, Mark Brandenburg). Schuf 1981 das künstlerisch wohl interessanteste May-Portrait. 1947-1951 Studium an der Landeskunstschule Hamburg. 1951-1960 Lehrauftrag an der Hochschule für

Bildende Künste, Hamburg. 1961-1963 in Paris. 1963-1968 Professor an der Hochschule für Bildende Künste, Hamburg. Seit 1963 zahlreiche Einzelausstellungen, u.a. in Mons, Auckland, Minneapolis, Tokio, Brüssel. Auf seinem Karl-May-Portrait (Lithographie, 65 x 50 cm, Auflage 100 Exemplare) ist der Schriftsteller einfarbig dargestellt (und wirkt auch farblos). Farbig ist allein die Feder, mit der die Reiseabenteuer entstehen sollten. Das wohl schonungsloseste und desillusionierendste aller Karl-May-Bilder. Wirkt auf Hardcore-Fans eher abschreckend. Soll es wohl auch.

Adresse und Copyright: Paul Wunderlich, c/o Edition Wolfgang Huber, Berliner Str. 218, D-63011 Offenbach.

WUNDERTÜTEN

Wundertüten gab es beim Schreibwarenhändler, im Spielwarengeschäft oder auf dem Rummel. In der Tüte befand sich erstens Puffreis und zweitens eine Überraschung, eben das Wunder. Auf den ungefähren Inhalt war der junge Käufer entweder durch den Tütenaufdruck vorbereitet (»Karl May«!) oder durch das Volumen der Tüte. Ausbeulungen galten als sicheres Indiz dafür, daß die Tüte mit einer Figur gefüllt war. Wichtigster Wundertüten-Produzent war die Firma → Heinerle (Bamberg; → Figuren, → Filmpostkarten, → Sammelbilder). Außerdem gab es Wundertüten mit Karl-May-Inhalt u.a. von Julius & Erhardt (Saarbrücken; Filmpostkarten) und → Eikon (Belp bei Bern; Filmbilder).

WÜRFELSPIELE

siehe auch: Kartenspiele; Puzzlespiele.

Gehören zu den frühesten Karl-May-Spielen. Bereits in den 30er Jahren konnte man würfelnderweise *Die Reise nach dem Silbersee* unternehmen (rausgeschmissen wurde auch Winnetou). Ebenfalls in der Vorkriegszeit erschienen unter dem Obertitel *Wir reisen mit Karl May* die Orientspiele *Durch die Wüste* und *Vom Sinai zum Tigris*. Hersteller war die *Spiele-Fabrik Franz Schmidt* (München). Ganz heiß gewürfel wurde in den 60er Jahren. Mit kleinen Plastik-Indianern und bebilderten Spielplänen konnte man mit den *Bayer-*

Paul Wunderlich: Karl-May-Portrait (1981).

wald-Spielen der Firma *Walter Aulfes* (München) Winnetous Filmabenteuer nacherleben. 1977 erschien bei dem Karl-May-Spezialisten *F.X. Schmid* (München) *Winnetou. Ein spannendes Original-Karl-May-Spiel.*

Die Karl-May-Würfelspiele: Die Reise nach dem Silbersee (o.A.). **Wir reisen mit Karl May: Durch die Wüste** (Franz Schmidt). **Wir reisen mit Karl May: Vom Sinai zum Tigris** (Franz Schmidt). ***Winnetou 1*** (nach *Winnetou 1. Teil*; erschien in zwei unterschiedlichen Auflagen; Bayerwald), ***Winnetou 2*** (nach *Winnetou 2. Teil*, Bayerwald), ***Mit Winnetou durch den Wilden Westen*** (nach *Winnetou 3. Teil*, Bayerwald). ***Winnetou und sein Freund Old Firehand*** (nach dem Film, Bayerwald). **Winnetou. Das spannende Original-Karl-May-Spiel** (F.X. Schmid).

WURZELSEPP

D.i. Joseph Brendel. Romanfigur in Karl Mays Kolportageroman → *Der Weg zum Glück*. Ein urwüchsiger alter Bayer, der Krachlederne trägt und gern jodelt. Pate der Murenleni, deren verstorbene Mutter einst seine Geliebte war und die ihn verlassen hat. Vertrauter des bayerischen Königs Ludwig II. Sein Leben ist dem Glück seiner Mitmenschen gewidmet; er stiftet Ehen und führt verschleppte Kinder ihren Eltern zu. Als Geheimpolizist deckt er die Verbrechen des Silberbauern, des Talmüllers und des Samiel auf. Aus Kummer darüber, daß man Ludwig II. als Geisteskranken auf Schloß Berg bringt, stirbt er. Die Murenleni verwaltet sein Erbe, so daß der Wurzelsepp auch nach seinem Tod noch viele Menschen auf den »Weg zum Glück« führen kann.

Werke: Karl May: *Der Peitschenmüller* (= GWB 66); *Der Silberbauer* (= GWB 67); *Der Wurzelsepp* (≐ GWB 68); *Der Habicht* (= GWB 73).

WÜSTENBRAND

Nachbargemeinde von Mays Geburtsort Hohenstein-Ernstthal (mit Autobahnabfahrt an der BAB Jena – Dresden). Hinfahren muß man nicht – besser läßt man von dem exotischen Namen seine Phantasie in Bewegung setzen. Die flirrende Wüste hat auf diese Weise wahrscheinlich schon Karl May wahrgenommen.

X Y Z

ZEICHENTRICKFILM

Konkurrenz für Balu und Biene Maja: Winnetou gibt es auch als Zeichentrick. 1987 lief die Fernsehserie *Hallo – hier Karl May*, die als Zeichen-Legetrick animiert war. In der Rahmenhandlung war Ernst Fritz Fürbringer als Karl May zu sehen. Knapp zehn Jahre später erschien 1996 als zweite Serie *Winnetou*; sie war von tschechischen Zeichnern hergestellt und vollanimiert. Seit 1997 arbeitet die Hamburger Firma ASL an einem dritten Trickfilm-Projekt unter dem Titel *Winnetoons – Die Welt von Karl May*. Die Serie, von der ein Trailer gezeigt wurde, orientiert sich am Vorbild Walt Disney (*König der Löwen*).

Die Zeichentrickserien: *Hallo – hier Karl May* (D 1987). Zeichen-Legetrick mit Realteilen nach Motiven aus *Winnetou I, II* und *Der Schatz im Silbersee*. Sendung: 1987 SDR/SWF. *Winnetou* (D 1996). Vollanimierte Zeichentrickserie nach Motiven aus *Winnetou I*. Sendung: 1996 SDR/SWF. *Winnetoons – Die Welt von Karl May*. Geplante vollanimierte Zeichentrickserie nach Motiven aus *Der Sohn des Bärenjägers, Der Schatz im Silbersee, Der Ölprinz, Der schwarze Mustang, Winnetou I – III, Satan und Ischariot I + II und Old Surehand I – III.*

ZELT (INDIANER-)

Neben Gewehren und Federschmuck das wichtigste Requisit zum Indianerspielen. 1965 kam ein Indianerzelt (*Tipi*) auf den Markt, das mit Fotos aus dem Film → *Winnetou 1. Teil* geschmückt war. Das Zelt wurde auch in Frankreich angeboten (mit Aufdruck in französischer Sprache).

ZESEWITZ, HANS

Karl-May-Forscher (geb. 23.12.1888 Colditz, Sachsen; gest. 26.1.1976 Hohenstein-Ernstthal, Sachsen). Seit 1912 in → Hohenstein-Ernstthal als Lehrer tätig, wo er auch die Stadtbibliothek betreute. Setzte sich seit Beginn der zwanziger Jahre für Karl May ein und förderte die Erschließung der → Karl-May-Höhle.

Veröffentlichungen: *Alte Urkunden sprechen*. In: KMJb 1932. – *Die Karl-May-Höhle bei Hohenstein-Ernstthal*. Radebeul 1938. – *Karl Mays Geburtshaus*. In: *Karl May auf sächsischen Pfaden*. Bamberg 1999. – *Von der Mutter Karl Mays*. In: *Karl May auf sächsischen Pfaden*. Bamberg 1999.

ZIEGLER, REGINA

Filmproduzentin (geb. 8.3.1944 Quedlinburg). Neben → Artur Brauner und → Horst Wendlandt bedeutendste Produzentin in Berlin (*Regina-Ziegler-Filmproduktion*). Ließ Winnetou wiederauferstehen und drehte 1998 mit → Pierre Brice → *Winnetous Rückkehr*. Produzierte 1973 als 29jährige mit geliehenem Geld ihren ersten Film *Ich dachte, ich wäre tot* (Regie: ihr späterer Mann Wolf Gremm). Arbeitete mit Regisseuren wie Ulrich Schamoni, Thomas Mitscherlich, Peter Stein und Helma Sanders-Brahms zusammen. Kritiker zeigen sich beeindruckt von der Breite ihrer filmischen Produktion. Ihr Motto: »Nimm einen Regisseur und einen Autor und laß sie allein – auf diese Weise entstehen die besten Filme.« Die Ausnahme bestätigt die Regel. Bei dem Winnetou-Remake (als Zweiteiler für das ZDF gedreht) hatte die Produzentin nicht den erhofften Erfolg. Der verantwortliche ZDF-Redakteur Peter Beling äußerte sich 1999: »Mythen soll man ruhen lassen, das habe ich gelernt.«

Ausgewählte Filme als Produzentin: *Ich dachte, ich wäre tot* (1973); *Chapeau Claque* (1973); *Sommergäste* (1975); *Die Brüder* (1977); *Tod oder Freiheit* (1977); *Die große Flatter* (1978); *Fabian* (1978); *Panische Zeiten* (1980); *Malou* (1981); *Nach Mitternacht* (1981); *Kamikaze 1989* (1981); *Sei zärtlich, Pinguin* (1982); *Die Reise* (1985); *Die Spreepiraten* (1988, TV); *Jede Menge Schmidt* (1989, TV); *Korczak* (1990); *Die Hütte am See* (1991, TV); *Meine Tochter gehört mir* (1992); *Klippen des Todes* (1992, TV); *Mallorca, Liebe inbegriffen* (1993, TV); *Die Hütte am See II* (1993, TV); *Eine Frau will nach oben* (1994, TV); *Zuckerschnute* (1995, TV); *Tödliche Umarmung* (1996, TV); *Winnetous Rückkehr* (1998, TV); *Solo für Klarinette* (1998); *Die Häupter meiner Lieben* (1999); *Sturmzeit* (1999, TV).

Autogrammadresse: Regina Ziegler, Neue Kantstr. 14, D-14057 Berlin.

Link: http://german.imdb.com/Name?Ziegler,+Regina

ZIGARETTENBILDER

siehe auch: Kaugummibilder; Sammelbilder.

Sammelbilder mit Karl-May-Zeichnungen von gab es um 1952 als Zugabe zu *Eilebrecht*-Zigaretten. Die Bilder konnten in zwei Alben (*Mit Karl May auf Reisen und Abenteuern*) gesammelt werden. Ähnliche Sammelserien gab es auch von anderen Nahrungs- und Genußmittel-Produzenten.

ZINNFIGUREN

Wie schön: aus Zinn gibt es nicht nur Soldaten, sondern auch Karl-May-Gestalten. Zinnfiguren gehören zu den ersten Spielwaren, die in Zusammenhang mit Karl May entstanden sind. Man unterscheidet flache und vollplastische Figuren. Die ersten Karl-May-Zinnfiguren wurden um 1900 von der Firma *Heinrichsen* (Nürnberg) als flache Wildwest-Figuren herausgebracht und waren bereits fabrikmäßig bemalt. Zwischen 1931 und 1932 erschienen auf Anregung von → Euchar Albrecht Schmid zwei Serien Flachfiguren: *Der Schatz im Silbersee* und *Durch die Wüste*. Beide Serien sind noch heute bei der Firma *Aloys Ochel* (Kiel) erhältlich. Seit 1994 bietet die Firma *Wilken* (Baldham) eine Serie mit flachen Figuren aus dem Orient-Zyklus an. Zwei vollplastischen Figuren *Old Shatterhand* und *Kara Ben Nemsi* wurden in den 90er Jahren von der Firma *Peipp* (Dresden) geschaffen. Einen vollplastischen *Karl May mit Friedenspfeife* hat *Bernhard Reinwarth* modelliert.

Zinnfiguren von Ochel (Auswahl): *Serie **Der Schatz im Silbersee**: Der große Wolf; Der lange Davy; Der dicke Jemmy; Winnetou und Old Shatterhand; Winnetou schießend; Tante Droll; Hobble-Frank; Gunstick-Uncle; Humply-Bill; Großer und Kleiner Bär. Serie **Durch die Wüste**: Kara Ben Nemsi im Galopp; Kara Ben Nemsi im Schritt reitend; Hadschi Halef Omar im Schritt reitend; Scheik Mohammed Emin, Allah anrufend; Lord Lindsay zu Fuß; Scheik Amad el Ghandur zu Fuß; Scheik Zedar Ben Huli zu Fuß als Gefangener.* **Literatur:** *Karl May u. s. Werke. Eine Ausstellung der Klio Freunde der Zinnfigur.* Berlin **Verein:** Klio Freunde der Zinnfigur, Peter Rein, Gärtnerstr. 13, D-12207 Berlin.

ZOUNDS!

Ausruf der Bekräftigung. »Alle Wetter! Das macht Euch keiner nach, Mr. Shatterhand. Zehn Indsmen und zwei Grizzlybären mit einem einzigen Jagdhieb!«

ZRMANJA

Fluß in Kroatien. Der *Zrmanja-Canyon* bei Obrovac (im Hinterland von Zadar) ist der berühmteste Drehort der Winnetou-Filme. Auf einem Plateau am Steilufer des Flusses stand das Indianer- → Pueblo der Apatschen. Der Platz am Fuße des Velebit-Gebirges gehört zu den Kult-Orten von → Drehort-Touristen und Karl-May-Fans. Er hat einen Symbolcharakter wie »Tara« in *Vom Winde verweht* oder die »Cartwright-Ranch« in der Fernsehserie *Bonanza*. Die Landschaft ist einsam, nur Schafe und Schlangen leisten dem Besucher Gesellschaft. Im Hintergrund stört ein riesiges Bauxit-Werk aus Tito-Zeiten die Idylle. Die Patronenhülsen, die man am Boden findet, könnten aus einem Karl-May-Film stammen. Aber Vorsicht: Nicht immer sind es Platzpatronen. Nur wenige Kilometer entfernt lag das im Bürgerkrieg von Serben gehaltene Territorium.

Karl-May-Filme, die am Zrmanja-Plateau gedreht wurden: *Winnetou 1. Teil* (Apatschen-Pueblo); *Winnetou 3. Teil* (Apatschen-Pueblo); *Old Surehand 1. Teil* (Winnetou und Old Surehand treffen sich); *Winnetou und Shatterhand im Tal der Toten* (Überfall der Sioux). **Aufnahmen an anderen Stellen des Canyons:** *Der Schatz im Silbersee* (Ritt der Tramps); *Winnetou und das Halbblut Apanatschi* (Ritt der Banditen); *Winnetou und Shatterhand im Tal der Toten* (Old Shatterhand lagert am Colorado). **Andere Filme:** *Und der Amazonas schweigt* (1964, mit Harald Leipnitz); *Die Banditen vom Rio Grande* (1965, mit Harald Leipnitz); *Duell vor Sonnenuntergang* (1965, mit Mario Girotti); *Scalawag* (1972, mit Kirk Douglas).

ZUCKMAYER, CARL

Schriftsteller (geb. 27.12.1896 Nackenheim am Rhein; gest. 18.1.1977 Visp, Schweiz). Erfolgreicher deutscher Dramatiker. Karl-May-Fan: »Die Deutschen, die immer nur geniale Novellisten hatten wie Goethe, Büchner und Kleist, haben in Karl May den einzigen grandiosen Erzähler von Männerschicksalen, und es fehlte nur wenig, so hätten sie in ihm den wirklich großen Epiker gehabt.« (1929) Der Verfasser von *Schinderhannes* (1927), *Hauptmann von Köpenick* (1930) und *Des Teufels General* (1946) führte ein Leben wie im Karl-May-Roman und schlug sich anfangs als Bohemien, Bänkelsänger und Filmkomparse durch. 1933 Aufführungsverbot und Übersiedlung nach Österreich. 1938 Flucht in die Schweiz, nach Kuba und in die USA. 1940-1946 Farmer in Vermont. Nach dem Krieg zahlreiche Preise und Ehrungen, 1956 Dr. h.c. Seine Tochter nannte er *Winnetou*. Warnung an Eltern: Die war damit keineswegs glücklich. Nach der Berliner Premiere von *Winnetou* (1929, Deutsches Theater) schrieb Zuckmayer verzückt in der *Vossischen Zeitung*: »Wir sahen sie wirklich leben, handeln, reden in der Sprache, die uns mit jedem Laut vertraut ist, die herrlichsten Helden, Götter, Heroen, unsrer Jugend, vielleicht unsres ganzen Lebens. Denn wie sollte uns jemals ein höheres, reineres Vorbild von Lebensmut, innerer und äußerer Tapferkeit, Freiheit und Herzenskraft erwachsen.«

Karl-May-Veröffentlichungen: *Palaver mit den jungen Kriegern über den großen Häuptling Karl May*. In: KMJb 1930. – *Winnetou auf der Bühne*. In: KMJb 1931. – *Karl May. Ein Phänomen*. In: Zuckmayer Bl. 6 (1980). **Fernsehfilm:** *Ich, Old Shatterhand und Kara Ben Nemsi* (21.3.1962 SDR/ARD).

ZÜRICHER (ZÜRCHER) AUSGABE

1992 im Parkland-Verlag (Stuttgart) erschienene Lizenzausgabe der damals vom → Haffmans Verlag (Zürich) betreuten → Historisch-kritischen Ausgabe. Die »Züricher Ausgabe« umfaßt Mays »Hauptwerke in 33 Bänden« mit Deckelbildern von → Klaus Dill. Diese attraktive gebundene Ausgabe wurde nur ein mäßiger Erfolg und bald darauf vom → Weltbild Verlag für 199 Mark verramscht. 1996 drückte der Haffmans Verlag eine noch preiswertere Taschenbuchausgabe dieser 33 Bände als »Zürcher Ausgabe« für 99 Mark auf den Markt. Die Firma Mail Order Kaiser (München) unterbot dies später mit nur noch 69 Mark, was einem Bandpreis von 2,09 Mark entspricht. Für den → Karl-May-Verlag bedeuteten diese Verkaufsaktionen, die mit massiver Werbung einhergingen, eine gefährliche Konkurrenz.

Für Sammler: Bd. 1 *Der Sohn des Bärenjägers*. 2 *Kong-Kheou, das Ehrenwort*. 3 *Die Sklavenkarawane*. 4 *Der Schatz im Silbersee*. 5 *Das Vermächtnis des Inka*. 6 *Der Ölprinz*. 7 *Der schwarze Mustang*. 8 *Durch die Wüste*. 9 *Durchs wilde Kurdistan*. 10 *Von Bagdad nach Stambul*. 11 *In den Schluchten des Balkan*. 12 *Durch das Land der Skipetaren*. 13 *Der Schut*. 14 *Am Rio de la Plata*. 15 *In den Cordilleren*. 16 *Im Lande des Mahdi I*. 17 *Im Lande des Mahdi II*. 18 *Im Lande des Mahdi III*. 19 *Winnetou I*. 20 *Winnetou II*. 21 *Winnetou III*. 22 *Satan und Ischariot I*. 23 *Satan und Ischariot II*. 24 *Satan und Ischariot III*. 25 *Old Surehand I*. 26 *Old Surehand II*. 27 *Old Surehand II*. 28 *Weihnacht!* 29 *Im Reiche des silbernen Löwen I*. 30 *Im Reiche des silbernen Löwen II*. 31 *Am Stillen Ocean*. 32 *Orangen und Datteln*. 33 *Auf fremden Pfaden*. – **Die »Zürcher (Taschenbuch-)Ausgabe«** weist eine andere Bandzählung auf: erst die 17 Amerika-, dann die 16 Orientbände.

LITERATUR ZU KARL MAY

1. KARL MAY - LEBEN UND WERK

Arnold, Heinz Ludwig (Hrsg.): *Karl May*. München 1987.

Böhm, Viktor: *Karl May und das Geheimnis seines Erfolges*. Wien 1955. Zweite, neu bearbeitete Auflage Gütersloh 1979.

Brauneder, Wilhelm (Hrsg.): *Karl May in Österreich. Realität - Fiktion - Rezeption. Bildung und Trivialliteratur*. Husum 1996.

Droop, Adolf: *Karl May. Eine Analyse seiner Reise-Erzählungen*. Köln-Weiden 1909. Reprint: Bamberg 1993.

Eggebrecht, Harald (Hrsg.): *Karl May - der sächsische Phantast. Studien zu Leben und Werk*. Frankfurt/M. 1987.

Farin, Klaus: *Karl May. Ein Popstar aus Sachsen*. München 1992.

Forst-Battaglia, Otto: Karl May. *Traum eines Lebens - Leben eines Träumers*. Bamberg 1966. (Neufassung von: *Karl May. Ein Leben, ein Traum*. Zürich/Leipzig/Wien 1931)

Hatzig, Hansotto: *Karl May und Sascha Schneider. Dokumente einer Freundschaft*. Bamberg 1967.

Heermann, Christian: *Der Mann, der Old Shatterhand war. Eine Karl-May-Biographie*. Berlin 1988. 2. Auflage 1990.

Heinemann, Erich: *Dichtung als Wunscherfüllung. Aussprüche über Karl May*. Bruchsal 1992.

Ilmer, Walther: *Karl May - Mensch und Schriftsteller, Tragik und Triumph*. Husum 1992.

Kastner, Jörg: *Das große Karl May Buch. Sein Leben. Seine Bücher. Die Filme*. Bergisch Gladbach 1992.

Klotz, Volker: *Abenteuer-Romane. Sue - Dumas - Ferry - Retcliffe - May - Verne*. München/Wien 1978.

Klußmeier, Gerhard; Hainer Plaul (Hrsg.): *Karl May. Biographie in Dokumenten und Bildern. Der große Karl-May-Bildband*. Hildesheim / New York 1978. Erweiterte Ausgabe: Ebd. 1992.

Kosciuszko, Bernhard (Hrsg.): *Großes Karl-May-Figurenlexikon*. 2. Auflage Paderborn 1996.

Lowsky, Martin: *Karl May*. Stuttgart 1987.

Maschke, Fritz: *Karl May und Emma Pollmer. Die Geschichte einer Ehe*. Bamberg 1973.

May, Karl: *Mein Leben und Streben. Vorwort, Anmerkungen, Nachwort, Sach-, Personen- und geographisches Namensregister von Hainer Plaul*. 3. Aufl. Hildesheim / New York 1997.

Plaul, Hainer (unter Mitwirkung von Gerhard Klußmeier): *Illustrierte Karl-May-Bibliographie*. Leipzig 1988. / München 1989.

Pleticha, Heinrich; Siegfried Augustin: *Karl May. Leben - Werk - Wirkung. Ein Handbuch*. Gütersloh 1996. Ausgburg 1999.

Schmiedt, Helmut: *Karl May. Studie zu Leben, Werk und Wirkung eines Erfolgsschriftstellers*. Königstein/Ts. 1979. 3. Aufl. Frankfurt/M. 1992.

Schmiedt, Helmut (Hrsg.): *Karl May*. Frankfurt/M. 1983. 2. Auflage 1984.

Schmid, Euchar Albrecht: *Eine Lanze für Karl May*. Radebeul 1919. 3. Aufl. Radebeul 1940.

Schmidt, Arno: *Sitara und der Weg dorthin. Eine Studie über Wesen, Werk & Wirkung Karl Mays*. Karlsruhe 1963. Bargfelder Ausgabe: Zürich 1993.

Stolte, Heinz: *Der Volksschriftsteller Karl May. Beitrag zur literarischen Volkskunde*. Radebeul 1936. Reprint: Bamberg 1979.

Sudhoff, Dieter / Hartmut Vollmer: *Karl Mays »Winnetou«. Studien zu einem Mythos*. Frankfurt/M. 1989.

Ueding, Gert: *Glanzvolles Elend. Versuch über Kitsch und Kolportage*. Frankfurt/M. 1973.

Ueding, Gert / Reinhard Tschapke (Hrsg.): *Karl-May-Handbuch*. Stuttgart 1987.

Wohlgeschaft, Hermann: *Große Karl May Biographie. Leben und Werk*. Paderborn 1994.

Wollschläger, Hans: *Karl May in Selbstzeugnissen und Bilddokumenten*. Reinbek 1965. Überarbeitete Neuausgabe: *Karl May. Grundriß eines gebrochenen Lebens*. Zürich 1976. 5. Auflage 1987.

2. KARL MAY - FILM, THEATER, MUSIK

Bardong, Matthias / Hermann Demmler / Christian Pfarr: *Lexikon des deutschen Schlagers*. Ludwigsburg 1992.

Barthel, Manfred: *So war es wirklich. Der deutsche Nachkriegsfilm*. München / Berlin 1986.

Brauner, Artur: *Mich gibt's nur einmal. Rückblende eines Lebens*. München / Berlin 1976.

Christ, Manfred: *Von Tarzan bis Old Shatterhand. Lex Barker und seine Filme. Mit allen Karl May Filmen ab 1958*. Tuningen 1994.

Deret, Jean-Claude: *Winnetou, le Mescalero. Photographies extraites du feuilleton televisé*. Paris 1980.

Dick, Rainer: *Lexikon der Filmkomiker*. Berlin 1999.

Dillmann-Kühn, Claudia: *Artur Brauner und die CCC. Filmgeschäft, Produktionsalltag, Studiogeschichte 1946 - 1990*. Frankfurt/M. 1990.

Frayling, Christopher: *Spaghetti Westerns. Cowboys and Europeans from Karl May to Sergio Leone*. London / Boston / Henley 1981.

Hembus, Joe: *Western-Lexikon. 1272 Filme von 1894 - 1975. Mit einem Vorwort von Sergio Leone*. München 1976.

Jenrich, Holger (Hrsg.): *Freunde fürs Leben. Von Asterix bis Zorro: Gefährten, Helden, Kultfiguren*. Essen 1996. Frankfurt/M. 1998.

Jeier, Thomas: *Der Western-Film*. München 1987.

Kasper, Hartmut (Hrsg.): *Deutsche Helden! Luis Trenker, Perry Rhodan, Steffi Graf und viele andere*. Leipzig: Reclam 1997.

Koebner, Thomas (Hrsg.): *Idole des deutschen Films. Eine Galerie von Schlüsselfiguren*. München 1997.

Kramp, Joachim: *Hallo! Hier spricht Edgar Wallace. Die Geschichte der deutschen Kriminalfilmserie von 1959 - 1972*. Berlin 1998.

Hartmut Kühne, Christoph F. Lorenz: *Karl May und die Musik*. Bamberg 1999

Lexikon des Internationalen Films. Völlig überarbeitete und erweiterte Neuausgabe. Das komplette Angebot in Kino, Fernsehen und auf Video. Redaktion: Horst Peter Koll, Stefan Lux, Hans Messias, Peter Strotmann. Hrsg. vom Katholischen Institut für Medieninformation und der Katholischen Filmkommission für Deutschland. Reinbek 1995.

Marheinecke, Reinhard / Nicolas Finke: *Karl May am Kalkberg*. Bamberg 1999.

Rafalzik, Arild / Fritz Tauber: *Lex Barker. »Mr. Old Shatterhand«. Sein Leben – seine Filme*. München 1994.

Seeßlen, Georg / Claudius Weil: *Western-Kino. Geschichte und Mythologie des Western-Films*. Reinbek 1979.

Siodmak, Robert: *Zwischen Berlin und Hollywood. Erinnerungen eines großen Filmregisseurs*. Hrsg. von Hans C. Blumenberg. München 1980.

Syberberg, Hans Jürgen: *Syberbergs Filmbuch*. München 1976.

Tses, Christos / Dirk Brüderle: *Jimmy. Stewart Granger. Ein Leben im Breitwandformat*. Kerken 1997.

Unucka, Christian (Hrsg.): *Karl May im Film. Eine Bilddokumentation*. Revidierte 2. Auflage. Hebertshausen 1991.

Weber, Reinhard / Andrea Rennschmid: *Die Karl-May-Filme*. o.O. 1990.

Winkler, Thomas: *Die Karl-May-Film-Story*. Hamburg o.J.

ABKÜRZUNGSVERZEICHNIS

ARD	Arbeitsgemeinschaft der Rundfunkanstalten Deutschlands
bearb.	bearbeitet
BR	Bayerischer Rundfunk (München)
F	Farbe
FSK	Freiwillige Selbstkontrolle der Filmwirtschaft (Wiesbaden)
GWB	Karl May's Gesammelte Werke (»Bamberger Ausgabe«, 82 Bände)
d.i.	das ist
dt.	deutsch
Jb-KMG	Jahrbuch der Karl-May-Gesellschaft
Jh.	Jahrhundert
KMG	Karl-May-Gesellschaft e.V. (Hamburg)
KMJb	Karl-May-Jahrbuch (1918 - 1933)
MDR	Mitteldeutscher Rundfunk (Leipzig)
NDR	Norddeutscher Rundfunk (Hamburg)
o.A.	ohne Angabe
poln.	polnisch
SDR	Süddeutscher Rundfunk (Stuttgart)
span.	spanisch
s.v.w.	so viel wie
SW	Schwarzweiß
SWF	Südwestfunk (Baden-Baden)
üb.	übersetzt
urspr.	ursprünglich
ZDF	Zweites Deutsches Fernsehen (Mainz)

DER AUTOR

Michael Petzel lebt in Göttingen. Mit zehn Jahren las er Durch das Land der Skipetaren und war wie viele Altersgenossen fasziniert von der Karl-May-Welt. In den vergangenen Jahren hat er für das Karl-May-Archiv eine bedeutende Sammlung aufgebaut und zahlreiche große Festveranstaltungen organisiert, die von Prominenten wie Elke Sommer, Klaus Maria Brandauer, Pierre Brice, Otto Waalkes und Theo Waigel besucht wurden. Zahlreiche Veröffentlichungen und Sendungen über Karl May. Sein »Karl-May-Filmbuch« (erschienen im Karl-May-Verlag, Bamberg) stand auf der Bestenliste von Süddeutscher Zeitung und Südwestfunk.

IMPRESSUM

Michael Petzel: Das grosse Karl-May-Lexikon
Von der Wüste zum Silbersee:
Der große deutsche Abenteuer-Mythos.
Alles über die Winnetou-Welt.
ISBN 3-89602-237-7
Herausgeber: Oliver Schwarzkopf.
Fotos: Karl-May-Archiv e.V.
Reproduktion Paul Wunderlich mit
freundlicher Genehmigung der
Edition Volker Huber, Offenbach.

KATALOG

Wir senden gern den kostenlosen Katalog.
Lexikon Imprint Verlag / Abt. Service,
Kastanienallee 32, 10435 Berlin.
Service-Telefon: 030 – 44 11 778.
Service-Fax: 030 – 44 11 783

INTERNET

www.lexikon-imprint.de
www.schwarzkopf-schwarzkopf.de
www.lexxxikon.de